U0601873

漢語史學報

第二十二輯

浙江大學漢語史研究中心編

上海教育出版社

目　録

CONTENTS

也談改“反”爲“切”*

——以《文選》諸版本音注術語的演變爲切入點

韓　丹　黄笑山

内容提要　從《文選》的版本演變推知，音注的反切後綴大規模地改“反”爲“切”始於北宋國子監本，其起點是徐鉉校定《説文解字》與之後一系列官方書籍的印刻。清儒所論隋唐“避反爲切”並無注音證據支持，今見宋代以前文獻中的反切格式皆爲“某某反”或“某某翻”，“切”字只用於行文論音，並未成爲音注的反切格式。北宋監本的影響使得“某某切”逐漸成爲主流的反切格式，但“某某反”始終未被完全替代。釐清“改反爲切”的範圍和時代，對考察音注來源，鑒定文獻版本和探索文本演變規律都有重要的價值。

關鍵詞　反切　音注術語　版本演變　《文選》

“反切”是一種中國傳統的注音方法，即以兩字標注一字之音，再加反切後綴表示拼合，如“東，德紅反”。幾乎每本音韻教科書都會講到“反切”的術語稱名，一般會指出反切興起於漢，原是綴“反”或“翻”的，唐代宗大曆後，因避忌“反”字，所以改綴“切”字。此説從清儒而來，代表清代以來的主流觀點。但我們在研究《文選》版本更替時，從音注中看到的情況却與此説有所不同，甚感疑惑。

《文選》是梁代昭明太子選編的詩文集，因所收作品文辭典雅，閱讀難度高，隋唐兩代有不少人爲之音訓，傳至今日的主要是李善和五臣兩家。就今之通行本而言，李善音注多爲“某某切”，而五臣音注則多作“某某反”。兩家作注都在唐大曆之前，按上説皆當用“反”字，爲何比五臣還早一個甲子的李善却改用“切”字了呢？這種矛盾促使我們思考李善本中的“某某切”很可能是在刊刻時改動的。换句話説，音注改“反”爲“切”所反映的，可能是刊刻時的定式，而不一定是注音時的原貌。

《文選》自宋以來歷代皆有刊刻，而且單注本、合注本、删注本等品類繁多，監刻、府刻、私刻、坊刻等應有盡有，很難斷言哪個本子可以直接反映李善音注或五臣音注的原始形態。好在兩家注本都有鈔本殘卷存世，爲考察其文本變遷提供了一個起點。從另一個角度説，《文選》音注是不可多得的音注文本演變的活化石，刊刻過程中音注變化的諸多細節問題，都可藉由《文選》豐富的版本資源一窺端倪。對音注術語“反”和“切”的選擇，也可從《文選》諸多版本中描繪出清晰的脈絡，因所得結論與前賢的看法有些許不同，特陳述如下，以求教於方家。

* 基金項目：國家社會科學基金重大項目“《經典釋文》文獻與語言研究”(14ZDB097)；“中、日、韓漢語音義文獻集成與漢語音義學研究”(19ZDA318)；國家社會科學基金重點項目“《文選》李善注校理”(14AZD074)。

一 《文選》諸本的"反"與"切"

南宋淳熙尤袤刻本爲今存最早的李善注完本,考其反切多用"切"字(正文 109 次,注文 2124 次①),亦有少數用"反"字(正文 53 次,注文 77 次)。南宋以後的李善本皆以尤刻本爲祖本,如元張伯顔本,明唐藩本、汪諒本、汲古閣本,清胡刻本等,我們稱之爲"尤刻本系列"。清代梁僧寶《切韻求蒙・綱領十條》謂"李善注《文選》反、切兼稱"。梁氏所見《文選》,即當爲尤刻本系列的李善注。但尤刻本的音注來源複雜,不少地方羼入了五臣音,如《文選序》李善無注文,尤刻本則存音注,且與五臣本同,不能作爲李善注"反、切兼稱"的證據。在尤刻本之前,北宋時期李善本有兩次刊刻記録。首次爲景德監本,雕版甫就未及正式刷印,便毁於火灾;燼毁後的天聖監本是在太清樓副本基礎上再次重刊的。天聖監本今有殘本②,基本能够反映李善音注在版刻之初的面貌。我們考察了天聖本的反切術語,除了一卷全爲"反"外(詳下),其餘皆爲"切"。然此"切"綴注音並非李善的反切格式,因爲早在唐高宗永隆間(680-681)鈔寫的《文選・西京賦》(敦煌寫卷 P. 2528)中 141 次反切一律用"反",無一例爲"切"。此本僅遲於李善上表二十年,比較忠實地反映了李善注的原貌。而五臣注亦有鈔本存世,今見日本平安時期的殘卷(三條本)卷中,正文夾注"音某"和"某某反"甚爲工整。由此可知李善與五臣音注反切最初都是綴"反"的。不僅如此,在日藏古鈔《文選集注》中,公孫羅、李善、五家、陸善經及《音决》所引蕭該、曹憲、許淹等,諸家反切近 4000 條,亦全作"反"。這説明自隋至唐各家作音悉皆用"反",直到五代傳鈔過程中③,都没有發生"改反爲切"的變化。

至於宋代及後代的刻本中,李善注用"切",五臣注爲"反",這也要從五臣本的刊刻情況説起④。五臣本早在後蜀已由宰相毋昭裔以私財鏤板付梓,蜀亡之後,其雕板悉歸宋廷,太宗特許毋氏子孫存板印售。祥符宫火後,昭裔子克勤將板上獻,收於國子監中,至於此板入監後有没有刷印則不詳⑤。後平昌孟氏因不滿"二川、兩浙"之本"模字大而部帙重,較本粗而舛脱夥",便以"小字楷書,深鏤濃印"重刊,並"考五經、《宋韻》以正之"⑥。南宋光宗時,建陽崇化書坊陳八郎又"將監本與古本參校考正"再刊五臣本⑦。此後中土不見五臣本重刻的記録。現將諸本中李善與五臣反切綴字的演變情況列入下表:

---

① 本文《文選》注音次數統計皆據我們自建的資料庫,因版本、認識、完善程度等因素影響,與同行統計或有出入,但不至影響觀察和結論。

② "天聖監本"學界多稱爲"北宋監本",國家圖書館藏 23 卷,臺灣博物院藏 11 卷。其刊刻的情況參見張月雲(1998:767-792);俞紹初、劉群棟、王翠紅(2013:5、24)。

③ 《文選集注》集於何時,學界仍有不同看法。俞紹初據"五家"稱名及卷中避諱字推測《文選集注》成書於五代南唐,今從俞説。參見俞紹初、劉群棟、王翠紅(2013:10)。

④ 檢今存兩種五臣注《文選》全本,南宋陳八郎本注"某某反"301 次,"某某切"34 次("切"字多出於鈔配之卷,恐非陳本原貌);明朝鮮正德本注"反"310 次,"切"僅 6 次。

⑤ 毋昭裔本今亡。據徐松《宋會要輯稿・職官》記載國子監劉崇超言"内《文選》只是五臣注本","年深訛缺,字體不全,有妨印造",當爲此本。參見常思春(2010)。

⑥ 孟氏本今亡,其刊刻情況略見於奎章閣本所附沈嚴《序》,南宋杭州貓兒橋鍾家刻本(殘)及明正德四年的朝鮮刻本都屬其翻刻本。

⑦ 陳八郎本今存全帙(部分爲鈔配),中國臺灣"中央"圖書館藏,1981 年影印。

表 1

鈔本			刻本				（合注本）
李善	反	敦煌本 集注本	**切**	**北宋天聖本 監刻**	南宋尤袤本 私刻	清胡刻本 私刻	北宋秀州本① 府刻
五臣	反	三條本 集注本	反	五代毋昭裔本 私刻	北宋孟氏本 坊刻	南宋陳八郎本 坊刻	

由表 1 可清晰看出，五臣本初刻於北宋前，兩宋諸本皆坊間私刻，仍存“某某反”；李善本則是北宋國子監首次整理刊刻的，改爲“某某切”。需要説明有兩點：

一是五臣本删略了正文句中夾注音的術語“反”和“音”字，僅在句末注音保留“反”和“音”字以與其他注文區别。蓋因正文夾注音“某某反”需占雙行小字的兩格而留一空，略去“反”字，可使文本版式簡潔。陳八郎本多删“反”而不删“音”，或可爲證。試舉卷二《西京賦》一例比較：

坻[音墀]崿鱗眴[音詢]　棧[仕眼反]齴[音眼]巉[助奄反]嶮[宜檢反]（擬五臣鈔本原貌）

坻[音墀]崿鱗眴[音詢]　棧[仕眼]齴[音眼]巉[助奄]嶮[宜檢反]（陳八郎本）

坻[墀]崿鱗眴[詢]　棧[仕眼]齴[眼]巉[助奄]嶮[宜檢反]（奎章閣本）

早期音義書的鈔本文獻，如《文選音》殘卷、《毛詩音》殘卷等，也常省略反切後綴，既便鈔寫，亦因雙行小字而不致混淆。

二是北宋秀州本是州府所刻的合注本，其中李善音依北宋監本作“某某切”，而正文中未省略反切後綴的五臣音則大多數保留了“某某反”，只有少量爲“某某切”，並没有貫徹國子監統一綴“切”的標準。有學者認爲奎章閣本（秀州本）正文中的“某某切”是因官府刻本避諱而改（孔令剛，2012：82），我們對奎章閣正文中所有的反切後綴進行了統計，並參照正德本、明州本、贛州本等本對比考察，認爲單純由“反”改“切”的情况極少，不似避忌所致。

綜上，從《文選》諸本的反切看，北宋州府官刻與坊間私刻皆不避用“反”，統一“改反爲切”的情况可能只發生在國子監刻本中。

二　“改‘反’爲‘切’”與北宋國子監刊刻

除了《文選》，其他書中的“改‘反’爲‘切’”也都與國子監的刊刻息息相關。我們以王國維《五代兩宋監本考》爲綫索，參考宿白《北宋汴梁雕版印刷考略》，對北宋國子監刊刻的韻書、字書、音義書一一考察，詳見表 2，其中監本各書音注多與《文選》李善注一致用“切”字，未“改反爲切”的情况主要有兩種：

第一種集中在經部。“九經”與《釋文》五代已有雕版，宋初所印蓋承五代舊板②。雖宋

① 秀州本是五臣與李善兩家音注的首次合刊，之後諸州學刻合注本（明州本、贛州本等）均本於此，其音注術語基本變化不大。秀州本今亡，兹借朝鮮翻刻的奎章閣本考察。

② 理由一：後唐明宗長興三年（932），宰相馮道奏請依唐石經文字刻印《九經》，委學官田敏等校讎刊定，到後周顯德六年（959）復校《九經》及《經典釋文》並刻板，校刊雕造工作持續二十二年方成。次年陳橋兵變，宋以代禪的方式完成政權轉移，二書雕板自然歸宋室所有。理由二：《宋史·儒林傳·李覺》載：“淳化初，上以經書板本有田敏輒删去者數字，命覺與孔維詳定。”田敏是五代監本的主要校勘者和責任人，宋初所用印板確爲五代監本。

初國子監也有重雕九經和《釋文》的記録，但重雕只集中在部分内容上，且底本仍是後唐明宗時太學博士李鶚所書《五經》印本（李鶚本）①，根本上來説，仍屬五代監本系統。

表 2

韻書		字書		音義書			
		五經文字	反	經典釋文	反	史記	反
廣韻	切	説文解字	切	**群經音辨**	**切**	漢書	反
景德韻略	切	宋本玉篇	切	**孟子音義**	**切**	後漢書	反
集韻	切	類篇	切	**律・音義**	**切**	晋書	（反）
禮部韻略	切			**揚子音義**	**切**	文選	切

＊表中的"反""切"指大貌而言，不排除零星混雜的情况。黑體爲宋人所作之音。

第二種集中在史部。今見"前三史"與《晋書》皆有隨文音義，但兩者的刊刻情况又有不同。《史記》宋刊僅《集解》一家，以今三家注觀之，以"反"爲主，亦用"切"字，可能是後代刊刻整理的結果。"三史"的文本在五代時已較穩定，國子監可能只是校勘，而非編纂，即如魏了翁《六經正誤序》（1985：243）所言："本朝胄監經史，多仍周舊。"《晋書》雖然也是北宋國子監首刊，但唐人何超的《晋書音義》實爲南宋池州本刊刻時始附入的，在此之前，《晋書音義》的刊刻情况不詳②，故其"某某反"實與北宋監本無關。

進一步觀察，北宋監本中音注用"切"字者，大致爲兩類：一類是前人所作，已有鈔本流傳的，除了《文選》外，集中在小學類的字、篇、韻系列；另一類是當朝人所作，直接進入刻本形態的，主要是補充經典與國家政令音義之類。兹將其音注底本與宋刻本的刊刻時間對比列出（見表 3），以考察從鈔本到刻本的變化。表中所列寫本《唐韻》切語全都用"反"，聲稱以孫愐《唐韻》音切爲定的北宋國子監刻大徐本《説文》音切則改用"切"③，這正是"改反爲切"的起點。

表 3

某某反（五代以前寫本）		某某切（北宋監本）			
字		**徐鉉校定《説文解字》**	太宗		
韻	陸法言《切韻》 孫緬《唐韻》	**陳彭年《廣韻》**	真宗	丁度《集韻》	仁宗
篇	顧野王《玉篇》	**陳彭年《玉篇》**	真宗	丁度《類篇》	仁宗
音		孫奭《孟子音義》	真宗	賈昌朝《群經音辨》	仁宗
義		孫奭《律・音義》	仁宗	佚名《揚子法言音義》	英宗

由上表可看出，"改反爲切"實與三個因素密切相關：

① 據《玉海》記載，乾德三年（965）宋太祖命人校勘《釋文》，别雕印行《開寶新定尚書釋文》，而《九經》直到宋真宗景德二年（1005）才因《尚書》等"四經訛舛，請以李鶚本别雕"，又大中祥符七年（1014），"《九經》及《釋文》有訛缺者，皆重校刻板"。見王國維（1976：14）。

② 今見《晋書》最早爲南宋刊本，其中早期的楊本、南圖本等均爲北宋監本的覆刻本，並未附入《晋書音義》，南宋中期池州本之後各本則多附《音義》。參聶溦萌（2013）。

③ 徐鉉等《上〈新修字義〉表》："《説文》之時未有反切，後人附益互有異同。孫愐《唐韻》行之已久，今並以孫愐音切爲定，庶夫學者有所適從。"見《説文解字》（1963：321）。

一是由北宋國子監首次刊刻。刊刻對文本的定形有着重大的意義,《文選》李善注就是經由北宋國子監整理刊刻的,音注就統一“改反爲切”了;而五臣注則首刊於後蜀,國子監未雕新版,仍作“某某反”。

二是經崇文院國子監實際修纂。字、韻、篇等書與《文選》一樣,都經歷了從“寫净本進呈”到開雕付印的過程,初命名時多有重修新定的字樣,例如從《重定切韻》到《大宋重修廣韻》,從《新定玉篇》到《大廣益會玉篇》,這些經過國子監編修的書都與其底本原貌有了很大不同,此時的“篇韻”已是“宋篇”“宋韻”了,“改反爲切”乃其形式表現之一。

三是時段集中,人員穩定。大規模的圖書校定和編纂,以太宗朝雍熙三年爲起點,持續到英宗朝治平年間,尤其在真宗、仁宗兩朝,編校參與者工作錯綜、相互配合,形成了比較穩定的工作組。徐鉉校定《説文》之前,曾參與宋初類書《太平廣記》《太平御覽》和《文苑英華》的編纂;《廣韻》編者陳彭年師事徐鉉;孫奭作《孟子音義》外,還校定了《莊子釋文》《爾雅音義》等;賈昌朝參與了《文選》的校勘,其所作《群經音辨》又是丁度等人在刊修《集韻》時奏請印行的;公孫覺領銜初校《文選》完成後,趁《文選》雕版的時間,校勘了孫奭的《律・音義》,接着又復校《文選》的刻板。

符合以上條件的還有宋初四大類書,我們對其版本和音注情況也進行了考察(見表 4)。

表 4

編纂時間		編纂人員	國子監本	音注術語
太平廣記	太宗(977—978)	李昉、徐鉉等	有	反(僅一例爲切)①
太平御覽	太宗(977—983)	李昉、徐鉉等	未知	反、(切)②
文苑英華	太宗(982—986)	李昉、徐鉉等	無	反、(切)③
册府元龜	真宗(1005—1013)	王欽若、孫奭等	有	反、切

雖然就今見各本而言,四大類書中皆有“反”有“切”,但諸本皆無宋刻全帙,今所見更非北宋本原貌。《太平廣記》現存最早版本是明本,即使是清代陳鱣、孫潛據以披校許自昌刻本、談愷刻本的宋抄、宋刻也皆爲南宋殘本(張國風,2002);《册府元龜》“祥符官刻”早佚,今殘存之宋刻本,一爲南宋新刊監本,一爲南宋蜀刻(馮惠民,1987);《太平御覽》和《文苑英華》在北宋時也許一直都是未定寫本,綴“切”之音爲後代刊刻時闌入的可能性比較大。退一步講,各書至少都不回避用“反”,統一改爲“切”字仍當以徐鉉校定《説文》及國子監雕版(986 年)爲起點④。值得一提的是,宋代“改反爲切”不包括個人行爲,例如徐鉉完成《説文》次年,又刊印其弟徐鍇《説文篆韻譜》,其書例皆用“反”,並未改“切”。據此我們認爲,北宋經過太宗、真宗、仁宗三朝逐漸發展和繁榮起來的,集編纂、校讎、雕造、印售爲一體的崇文院與國子監,才

---

① 《太平廣記》編成三年後國子監即已雕印,但不久又停印。《玉海》卷五四:“《廣記》鏤本頒天下,言者以爲非學者所急,墨板藏太清樓。”今檢明代嘉靖年間談愷刻本,發現只有卷一《木公》中“嚳,呼監切”一處作“切”,餘皆爲“反”。由於談本是據鈔本重刻的,因而我們傾向於認爲《太平廣記》中的反切原爲“某某反”。

② 《太平御覽》南宋時閩、蜀已刊,北宋有無監本,學界暫無定論。參見周生傑(2008:114-147)。

③ 據周必大《纂修文苑英華事始》載,《文苑英華》在真宗朝曾有兩次校勘,第二次與《文選》同時,但毁於宫火後,北宋無重雕之舉,其初刻本是南宋周必大的吉州本。今檢其注文有引《廣韻》《集韻》處,少量“切”字的闌入可能是南宋時校勘的結果。參見《文苑英華》(1966:8)。

④ 徐鉉等所進《校定〈説文解字〉狀》、中書門下省《新校定〈説文解字〉牒》日期爲雍熙三年十一月,見《説文解字》(1963:322-323)。

是"改反爲切"政策的實際制定者與執行者。

另外,考南宋監本亦未見明顯的"改反爲切"的傾向,北宋監本作"反"的仍作"反",如九經、三史、《經典釋文》等;爲"切"者亦仍爲"切",如《廣韻》《集韻》《禮部韻略》等。從根本上說,南宋監本與北宋州府刻本性質頗同,蓋如王國維《五代兩宋監本考》(1976:129)所言:"南渡初,監中不自刻書,悉令臨安府及他州郡刻之。"如南宋臨安府學紹興九年(1139)重雕賈昌朝《群經音辨》爲"切",是因北宋慶曆三年(1043)國子監已首次刊刻,而同爲臨安府元祐元年(1086)所刻遼僧行均《龍龕手鑒》則作"反"①。至於兩宋的私刻與坊間刻書,更不考慮用"反"或"切"的問題,基本只遵底本而行。

一言以蔽之,最初只有北宋太宗朝之後,國子監奉詔編纂刊刻的,與科舉考試、國家政策密切相關的儒家典籍才統一"改反爲切"。就北宋的音注文本言,"改反爲切"與何人編校何時刊刻相關,而與何人何時作音無關。一個文本的反切綴"反"或"切"一旦隨付梓定形,就不再輕易改變了。

三　對"改反爲切"動因的思考

關於"改反爲切",歷來多持"起自隋唐,惡避'反'字"之說,此與上述始於宋初官刻之論頗有不同,因此有必要重新審查舊說的依據。

最早明確指出反切術語更替現象的是清初顧炎武。其《音論》卷下(2012:72-73)曰:

> 反切之名,自南北朝以上,皆謂之"反"。孫愐《唐韻》則謂之"切"。蓋當時諱"反"字。如《荀子》"口行相反"、《戰國策》"上黨之民皆反爲趙"、《淮南子》"談語而不稱師是反也"、《家語》"其彊禦足以反是獨立",今本並作"返";《梁書·侯景傳》"取臺城如反掌"亦作"返",皆是後人所改(隋以前不避"反"字,漢器首山宫鐙"蒲坂"字作"蒲反")。而《水經》《說文》"汳"字,唐人亦改作"汴"(《路史》云:"隋煬帝惡其從反,易之。"),"飯"字亦或爲"飰"。
>
> 唐玄度《九經字樣·序》曰:"避以反言,但紐四聲,定其音旨。"(沙門神珙《四聲五音九弄反紐圖》序曰:"梁沈約創立紐字之圖。")其卷内之字,"蓋"字下云:"公害翻",代"反"以"翻"。"叉"字下云:"平表紐",代"反"以"紐"。是則"反"也、"翻"也、"切"也、"紐"也,一也。然張參《五經文字》並不諱"反",則知凡此之類,必起於大曆以後矣。

顧氏此說,謂隋唐諱惡"反"字,代以"翻、紐",與"切"爲一,起於大曆之後。有清一代,多本此說。如戴震《聲韻考》卷一(2002:416)言"合唐之季,避言反改曰切",王念孫校《博雅音》卷二"冗"字條(1939:1511)謂"變反言切,始自開元",以至四庫館臣《〈廣雅〉提要》(1965:341)"稱音字改反爲切,實始於唐開成間"、李汝珍《音鑒》卷二《第十二問反切總論》(2002:412)謂"因藩鎮不靖,諱反而言切"等,咸引開成中唐玄度《九經字樣》"避以反言"以及"《唐韻》謂之切"爲證。又有謂東晉北朝音注及早期《切韻》諸書已謂之"切",後人"改切爲反"之說者,如陳澧《切韻考》卷六(1997:443)說:

① 據《夢溪筆談》卷十五(2015:101)、《宋史·蒲宗孟傳》(1977:10571)所載,《龍龕手鏡》集於契丹重熙二年(宋明道二年,1033),元豐七年(1084)之後蒲宗孟在浙西取以鏤板。

《顔氏家訓》云:“徐仙民《毛詩音》反驟爲在遘,《左傳音》切椽爲徒緣”,又云:“河北切攻字爲古琮”,據此則東晋及北朝已謂之切矣。顔氏又云:“陽休之造《切韻》”,《梁書·周顒傳》云:“顒著《四聲切韻》”,此又《切韻》之名在陸法言以前者,陸氏書既名《切韻》,則必言“切”不言“反”(《經典釋文》多引《切韻》,如《舜典》:“讒,《切韻》仕咸反”“殄,《切韻》徒典反”,《釋文》之例言“反”不言“切”,故改“切”爲“反”耳)。

諸家所論,在時間跨度上從隋初至於唐末,陳澧則上溯至東晋。今謂其説,或囿於所見,或解讀偏駁,皆難成立,詳論如下。

(一)關於“《唐韻》謂之切”和“《切韻》必言切”

清人所謂“《唐韻》謂之切”,顯然是對《唐韻》原貌的誤解。因孫愐《唐韻》早佚,清人未能得見,便因徐鉉等人“以孫愐音切爲定”之言,把大徐《説文》音直接當成《唐韻》音,如梁僧寶《切韻求蒙》云:“顧、陸原書必曰‘反’,其曰‘切’乃二孫所改。《唐韻》雖已佚,而音切略見徐鉉所校《説文》”,便是將徐鉉校定《説文》時所改的“某某切”誤當成孫愐《唐韻》所改①。另外,也有可能因《廣韻》卷首題曰陸法言撰本,且載有陸氏原序及孫愐《唐韻序》,遂有徑稱之爲“陸法言《廣韻》”“孫愐《唐韻》”者(如《永樂大典》),而《康熙字典》中首列《唐韻》音“某某切”者蓋亦由此而來。近代敦煌本材料現出,《唐韻》切語與陸法言《切韻》、王仁昫《刊謬補缺切韻》等形式一致,例皆用“反”,無一爲“切”。將蔣斧本《唐韻》、敦煌《唐韻》殘卷(P.2018)等跟大徐音比較,還可發現無論反切用字還是切出的讀音,兩書並不全同(蔡夢麒,2011:118-121、125)。清人未重視徐鉉校定《説文》音時可能加入了自造的或其他來源的反切,自然也忽略了徐鉉校定及國子監雕版時“改反爲切”的可能性。類似情況也見於明代《永樂大典》,《大典》引“徐鍇《通釋》”“釋行均《龍龕手鏡》”等作“反”,引郭忠恕《佩觿》作“翻”,而引“許慎《説文》”“孫緬《唐韻》”“陸法言《廣韻》”等音則跟《大宋重修廣韻》、丁度《集韻》、吴棫《韻補》、韓道昭《五音集韻》《洪武正韻》等一樣作“切”。故或謂《永樂大典》所引皆存作音原貌,而未深究許慎作《説文》時尚無反切,而清以後所輯或散見他書的《説文音隱》《説文》舊音,皆爲“某某反”,所謂“許慎《説文》”作“某某切”者,可能就是宋代刊刻的大徐本;而“孫緬《唐韻》”“陸法言《廣韻》”可能也是宋代以後刊刻的《廣韻》的一種(徐朝東,2012:259)。因此,清人據《説文》音或“孫愐《唐韻》”謂“改反爲切”必在隋唐,乃是將宋代重修新刊的結果誤解爲作音時的原貌了。

儘管注音用“切”的時間較顧炎武等人所論爲晚,但各方面材料證明“自南北朝以上,皆謂之反”並没有問題,因此陳澧所謂“東晋及北朝已謂之切矣”之説,便無法成立。其“既名《切韻》,則必言‘切’”之説,自然也是未見《切韻》原貌的想象之詞,至於他所舉《顔氏家訓》“切攻字爲古琮”等語,實非注音格式。顔氏評議徐仙民“《毛詩音》反驟爲在遘”“《左傳音》切椽爲徒緣”,跟批評“《説文》音戛爲棘、讀皿爲猛”“李登《聲類》以係音羿,劉昌宗《周官音》讀乘若承”等一樣,其句中“反、切、音、讀”等只是互文見義駢文變化。這類行文中的“切”確有

① 孫强本《玉篇》已佚,但殘存於日本的《原本玉篇》和《篆隸萬象名義》的切語是用“反”的,在敦煌出土的顯然是經過增字減注改動的《玉篇》注音則是全用直音法,而吐魯番出土的《玉篇》殘卷(TID1013)則保留着“䶂,都盍反”的切語和“匕,呼罵”等不加後綴的反切形式,高田時雄(2005:306-327)稱,岡井慎吾認爲是對宋本《玉篇》有影響的底本,但這些文獻都還没有采用陳彭年改編之後的綴“切”式反切。

"拼切"義,但無法證明反切後綴已用"切"。例如五代"守温韻學殘卷"(S. 2012)中行文如"夫類隔切字有數般,須細辨輕重,方乃明之,如都教切罩,他孟切撐,徒幸切瑒"等用"切"表示拼讀,但注音"高,古豪反;覩,古桓反""諸,章魚反;葅,側魚反"等切語却都綴"反"。同理而相反者,如南宋毛晃《進增修互注禮部韻略者》(1986:336)云:"《廣韻》以武移反渺彌之彌(當民卑切)、以房脂反輔毗之毗(當頻彌切)、以符羈反皮革之皮(當蒲麋切)。"①其書切語已改綴"切"了,而此句行文却選擇用"反"。若拿毛晃行文之"反"證《廣韻》切語必綴"反",顯然與事實不符。故陳澧用顏之推"切某字爲某某"之行文證東晋徐邈音注反切爲"某某切",進而證《經典釋文》"改切爲反",其推論之誤明矣。

(二)關於"避以反言,但紐四聲"

對於《九經字樣》的"避以反言,但紐四聲",陳澧稱"此元度自言其著書之例",其《切韻考》卷六(1997:443)曰:

> 戴東原《聲韻考》引此謂唐李避言"反"而改曰"切",蓋未詳考也(《九經字樣》所謂"但紐四聲"者,如"鬱"字音"盦入"、"刊"字音"渴平"是也,非但不言"反",且不用切語)。

《四庫提要·九經字樣》(1965:348)亦云:"是又二書義例之異云爾。"此其説可取之處。《九經字樣》注音既不見"切",亦不言"反",除注"蓋""叏"兩字三個反切外(詳下),只有直音和"紐四聲"的音注,這正是其著書體例。舉《新加九經字樣》木部(1936:14)、手部(1936:38)注音之例如下:

鬱鬰並盦入　栞榛音臻　栞刊渴平　栵栵音例　稽音雞　檡音澤

控空去　摜貫關去　擂抽丑平　斱折旃入　摮巧平 咬平　扑音撲　揔騣上

這類紐聲加調配合直音使用,實際上就回避了反切的形式。雖然反切法經六朝發展,到唐代已相當成熟,但因語音演變,有的舊反切已難矢口得音,尤其初學拼讀,誠難於直音和紐聲之法。唐玄宗的《開元文字音義》乃"片言旁通,去嫌於翻字"之作②,而《九經字樣》作爲《五經文字》的補充,聲韻依之,避開反切,但紐四聲,亦是取其簡易。後蜀林罕《字源編小説》(1983:9292)自序云:"罕今所篆者,則取李陽冰《重定説文》;所隸者,則取《開元文字》……其篆文下及注中易字便以隸書爲音,如稍難者則紐以四聲,四聲不足乃加切韻。使學者簡而易從,涣然冰釋。"也從側面説明了《開元文字音義》的紐四聲法較之反切更爲簡單易讀。

紐聲之法亦用於反切,像《九經字樣》"涷,東去"之類的"紐聲加調",稍加改變,就可以構成"涷,東送反"(《經典釋文》,2013:688)這樣的"紐聲反切",這種以"紐聲"爲内核的新型反切,在唐代一度相當流行,上所列《九經字樣》木部、手部中"紐聲加調"之例,其相應的"紐聲反切"可以在慧琳《一切經音義》裏見到:

郁盦菊反　刊渴安反

控空貢反　摜關患反　抽丑留反　折旃熱反　敲巧交反　揔宗董反③

① 参毛晃《進增修互注禮部韻略表》(1986:336)。

② 據唐人張九齡《賀御制開元文字音義狀》,見《玉海》(2007)卷四五"唐《開元文字音義》"條。

③ "郁""鬱"兩字常通,"敲""摮"兩字異體,"騣""宗"音同(慧琳時東冬合併)。

慧琳音多取元庭堅《韻英》，而《韻英》跟《開元文字音義》關係密切①，這種依然紐四聲的新型反切，仍綴以“反”字，從另一側面説明所謂“避以反言”，恐怕不能單純用諱“反”來解釋。

《開元文字》已佚，今所見輯佚中，亦未見其用“切”證據。楊軍(2017:110)從慧琳《一切經音義》中鈎輯出兩條：“或劚……《文字音義》云：鳥窮則啄，獸窮則攫，俱籰反，抓持曰劚。”“黧黮，上力遲反。《通俗文》云，班黑曰黧……《開元文字音義》云：力奚反”，與慧琳切語一樣用“反”。另宋郭忠恕《汗簡》亦引《開元文字》，其中兩則却無音注：“巋，陸，《開元文字》”“䟭，拙，出《開元文字》”，另有音切兩則：“粘，姑，弋漸切，出《開元文字》”“䶜，火冬切，《開元文字》”②，皆綴以“切”。不過《汗簡》成書於太平興國初，後經李建中刊修，其時正值國子監改反爲切③，故其徵引古文經典、石經碑銘、集字、音義書等七十一家字迹，凡有切語，無論來源早晚，一律爲“切”，應是統一編改所致。

綜上，所謂“《唐韻》謂之切”及《九經字様》“避以反言”，都無法論定唐人“改反爲切”。清人的看法主要還是來自修訂過的刻本，最大的問題是没有見到早期的鈔本。隨着敦煌文獻的發現，現代學者對“改反爲切”的看法多有修正，羅常培(1956:79-80)云：“敦煌所發現之唐寫本《唐韻》概作‘反’而不作‘切’，即宋槧《尚書釋文》等書，亦尚‘反’與‘切’參用，則唐玄度所言，殆亦一時之避忌也。”

(三)諱反心理和“反”之音義

無論是否一時之避，“改反爲切”可能確實隱有“惡反”“避反”的心理動因。清儒所引《九經字様》“避以反言”、改古書“反”字作“返”、《水經》“汳”字改作“汴”以及《説文》“飯”或爲“飰”之類④，似乎都指向隋唐人“惡反”。但文獻中不避“反”字的情况更比比皆是。以顧炎武字例言，“反”改作“返”，不避从“反”，他如“板版販阪坂皈眅皈”之屬，不改“反”聲，何獨“飯、汳”惡“反”？就《九經字様》言，其解字之例如：“般，隱平，盛也。从反身”“�乏，《春秋傳》曰：文反正爲乏”，不避“反”字；其列字之中，“飯，作飰者訛”，則从“反”者正，安見其避？避諱最繁的宋代，避諱及嫌名皆寫入科考手册《禮部韻略》中，但官方文件和私人筆記均未見提及反切須避“反”字。宋人新作音注或仍用“反”，如南宋處觀的《紹興重雕大藏音》即是。檢歷代文書，明確規定避用“反”字的，只有《元典章・表章迴避字様》(2011:1006-1008)，其“判”條下注“‘反、逆’同”，但同時“切”也在“殺”條中，“反”“切”二字皆爲當避用的“凶惡字”，後又因“除御名廟諱必合迴避，其餘字様，似難定擬”，很快就廢除了。因此，歷代皆有的諱“反”心理，並非反切後綴“改反爲切”的真實動力。

上文提到《九經字様》注音用直音或紐聲加調，僅三個反切(四次)，應是“避以反言”之個

① 《經典釋文》的首音中有幾種“新反切”，多是唐人修訂的反映，其中“準直音式”即“紐聲反切”。參見楊軍、黄笑山、儲泰松(2017)。

② 《汗簡》(1983)中這兩條切語與韻書音異，疑“粘姑，弋漸切”爲“式漸切”之脱訛(《廣韻》“舒贍切”)，而“䶜，火冬切”若比照《廣韻》“徒冬切”，或是“大冬切”之訛歟？

③ 事見《宋史・郭忠恕傳》《李建中傳》及《汗簡》李建中題記等。《佩觿》《汗簡》“翻”“切”不同，或因李建中整理《汗簡》時依三館習慣將“翻”改爲了“切”。

④ 《説文解字》“汳”字下段玉裁注亦曰：“《漢志》作卞，《後漢書》作汴。按卞者、弁之隸變也。變汳爲汴，未知起於何代，恐是魏晋都雒陽，惡其從反而改之。”見《説文解字注》(1981:535)。

别變例。“叉,平表紐”綴“紐”用於部首字,兩個綴“翻”的切語皆“蓋”字舊音(《字統》公艾翻、《説文》及張參《五經文字》公害翻)。其他書中“翻”之代“反”,更難説爲避諱。反切之源可溯至“反語”,見於諺戲讖言;反語之“反”,其義原在翻覆,其例“正反”“到反”,皆取音兼義①。“翻”字晚出②,乃翻覆變化之義,經史多以“反”“幡”字爲之;“翻”字行用後,於翻覆、反叛義上,亦常與“反”通用③。故反語亦稱“翻語”④,“反切”也作“翻切”。如南宋李燾《重刊許氏説文解字五音韻譜》載徐鉉上表有“《説文》之時,未有翻切”句,今見大徐本《説文解字》作“未有反切”。自來皆謂“反亦作翻”⑤,清梁僧寶《切韻求蒙》(1955:4-5)又謂“作反爲正”。反切術語“反”“翻”同音同詞,僅字異耳。

論者或曰,“反”字後來以上聲一讀爲主,其平聲“拼切”義因此不顯,故代以“切”⑥。此説提供了音義演變的思路,但亦有窒礙。雖然宋代“改反爲切”已成主流,但坊間刻本仍繼續使用綴“反”的傳統切語,顯然“反”的“拼切”義未晦;觀宋郭忠恕《佩觿》通例爲“翻”,《汗簡》則改爲“切”,“翻”既同“反”,詞義不顯也難成説;“切”行用三百年後,元胡三省《資治通鑒音注》又通篇作“翻”,就更難用拼切義消減來作解釋了。實際上,“反”字改讀上聲後,在“反語”“反音”“音反”及“某某反”中“拼切”義依然清晰。一般固定語境或用法中,詞音發生變化,其意義未必會隨之消變,使用者也不會因語變而覺不妥⑦。或許在“反”字上聲讀法未完全覆蓋平聲之前,具有相同詞義的“翻”字繼續承擔着其平聲舊讀,出現在郭忠恕《佩觿》、胡三省《資治通鑒音注》以及零星的注音裏,所以在反切裏“翻”之代“反”與其詞義顯晦、與是否諱“反”都没有直接關係。至於綴“紐”的切語,更只是個别僅見的變例而已。

六朝行文論音,“反”“切”有互見,如上舉《顔氏家訓》“反驟爲在遘”“切椽爲徒緣”並謂“拼切”,但切韻注音,則唯綴“反”字,北宋之前未見綴“切”者。蓋注音只用“正反”取音,不再“正、到”翻覆兼取音義,“反/翻”之綴,便不如後來“切”綴妥帖了。“切”者,摩也,兩字相摩以成一音,詞義清晰,綴“切”形式或許因此得到了宋初崇文院學士集團的青睞,用爲重修新定圖書注音的統一標準,行之雕板,得以定型,成爲宋代典籍新校重修的標誌。北宋國子監修

① 如《南史・梁本紀》“大通”反語以協“同泰”,其例正反“大通”切“同”、到反“通大”切“泰”,又正反“同泰”切“大”、到反“泰同”切“通”。此類甚多,亦有“三字反”或“三反語”者,如《三國志・吴書・諸葛恪傳》“成子閣”反語“石子岡”之類,要皆翻覆輾轉,兩字成音,兼取其義。

② 《説文》無“翻”字,但漢已行用,應非俗字:漢時虞仲翔,名“翻”,傳見《三國志・吴書》。又,漢代《孔彪碑》有“翻尔束帶,弘論窮(理)”(《漢碑全集》(2006:1385)、《漢孟孝琚碑》有“恨不伸志,翻揚隆洽”《漢碑全集》(2006:844-855)之句,“翻”之隸字清晰。

③ 如《荀子・大略篇》:“君子之學如蜕,幡然遷之。”楊倞注:“幡,與翻同。”又《彊國篇》:“反然舉惡桀紂而貴湯武,是何也?”楊倞注:“反音翻;翻然,改變皃。”又如《漢書・王莽傳下》:“無鹽索盧恢等舉兵反城。”顔師古注:“反城,據城以反也。一曰:反音幡,今語賊猶曰‘幡城’。”又《張安世傳》:“郎有醉小便殿上,主事白行法,安世曰:何以知其不反水漿邪?”師古曰:“反讀曰翻。”

④ [唐]日僧空海《文鏡秘府論・西卷》“文二十八種病”曰:“翻語病者……‘伐鼓’反語‘腐骨’,是其病。”

⑤ 如南宋毛晃、毛居正《增修互注禮部韻略・屑韻》(1986:562)“切”字下注:“反切,音韻展轉相協謂之反,亦作翻;兩字相摩以成韻謂之切,其實一也。”

⑥ 此蒙匿名審稿專家教示。我們雖未能接受此説,但其音義互變的思路,仍給我們不小啟發,特致謝忱。

⑦ “切”字在今其他語境中並無“拼切”義,但在“反切”“東,德紅切”的反切語境中,不少人不讀去聲而讀平聲,其“拼切”義並未因此消減。這或有助於理解當時“反”的拼切義。

纂校刻的圖書不僅刻印精良且易得①，更重要的是覆蓋了儒家最經典的文本（字、篇、韻諸書），尤其是像《禮部韻略》這樣的科考必備書籍，在詩賦考試中更具權威影響力與示範作用，“某某切”因此成了宋人新的主流注音習慣，如吴棫《韻補》、韓醇《柳河東集詁訓》、王伯大《别本韓文考異》等均用“切”，而且在新增音注時，也多取綴“切”形式。所以我們認爲，反切注音綴“切”形式的行用，並不是從“藩鎮不靖”的隋唐開始，而是始於“崇文抑武”的北宋。

宋代以後，第二次大規模的“改反爲切”主要表現在《永樂北藏》與《正統道藏》之中，仍與刊刻因素相關，其執行者爲明代經廠。同時明清覆刻宋版書的風潮，使得“某某切”進一步成爲正統。至此，儒、釋、道的主要經典的音注都成了“某某切”，這大概才是清初顧炎武所注意到的反切後綴更替的客觀基礎。關於佛藏、道藏中“改反爲切”的具體情況，我們將另行撰文，兹不贅述。

四　正確認識“改‘反’爲‘切’”的意義

“改反爲切”是個長期的歷程，由於修訂重刊文獻時各種版本的參用，往往造成錯綜複雜的情形。以宋初版刻已經“改反爲切”的《廣韻》《玉篇》等小學書爲例，其中仍然出現綴“反”的切語。例如，《廣韻》正文音注皆爲“某某切”，而南宋國子監刻《大宋重修廣韻》所附“六則”之末的《辨四聲輕清種濁法》却爲“某某反”，高宗本、孝宗本、元泰定本（古逸叢書本）及最通行的清澤存堂本皆同。雖北宋本《廣韻》已佚，無從比較，但從南宋黄三八郎本《鉅宋廣韻》僅附“三則”皆用“反”不用“切”的情況來看②，不附後三則的才是北宋本《廣韻》原貌。《玉篇》亦如此，清澤存堂本《大廣益會玉篇》後附的《分毫字樣》作“某某反”，餘則皆爲“切”，檢元刊本、明經廠本皆無此附録。這些用“反”的現象，都是再版時增附其他内容所致。

認識到版本刊刻與“改反爲切”的關係，有助於我們判斷底本來源問題。清人早有類似做法，但清人判斷往往依據作音的時代，而據上所論，我們從版本刊刻的時間和刊刻者的角度考察，會更加清晰。下以來源複雜的《文選》爲例，以見一斑。

奎章閣本《文選》的正文夾注音和注文音來自兩個底本，其正文音的底本是北宋平昌孟氏刊五臣注本，不在上述“改反爲切”的範圍内，切語沿用“某某反”；其注文音的底本是北宋國子監刊李善注本，切語已經改爲“某某切”。但是我們在奎章閣本正文夾注音裏却可以看到有“某某切”的情況，這些切語可以反映北宋秀州本原貌的共有140條，其中109條“切”字是伴隨校語添入的③。這是因爲秀州本的五臣底本孟氏本的句中反切多删略注音術語“反”和“音”字（見第一部分），由於合注時在切語後又增添了異文校語，爲便識别就不得不在校語前補出切語後綴，例如卷二《西京賦》：

① 一是私人可以出資印刻，如徐鉉《校定説文解字序》云“許人納紙墨價錢收贖”；二是書院可申請授予，如《玉海》卷一百六十七（2007：3074）記載嶽麓山書院曾“請下國子監賜諸經釋文、義疏、《史記》《玉篇》《唐韻》。從之”。

② 檢《鉅宋廣韻》書末附《雙聲叠韻法》《六書》《八體》三則之後有“鉅宋廣韻卷第五終”字樣，無《辯字五音法》《辯十四聲例法》《辯四聲輕清種濁法》三則（1983：442）。

③ 爲排除奎章閣本在翻刻時可能産生的訛改誤差，此處所言北宋秀州本原貌的音注，皆需與明州本、贛州本同；而添入校語的判斷則是基於其底本北宋平昌孟氏本的朝鮮翻刻本正德本相校得出的，下同。

五臣本	合注本
孟氏本(正德本):毚讒兔聯逯勑緣陵巒超壑	秀州本(奎章閣本):毚讒兔聯逯勑緣切,善本作㺗陵巒超壑

出於宋人注音的新習慣,所補後綴爲“切”,而不再是原來的“反”了,這個從删略到重綴的改動呈現了反切術語從“反”到“切”的更替過程。與孟氏本相校,秀州本真正改“反”爲“切”的僅16條,原作“某某反”的300餘條(多爲句末音注)仍保存“某某反”的格式。這也從另外一個角度證明了北宋州府刻本也没有統一改用“切”字的要求。

北宋監本《文選》的音注在“改反爲切”的範圍内,但我們窮盡式考察今存天聖殘本後發現,其中也有用“反”的情況,僅出現在第六卷中(共40次);再考察以北宋監本爲李善注底本的奎章閣本的注文音,發現“某某反”也只集中在第六卷(共63次),他卷則少見(共11次)。這種集中型的分布模式與一般版本中後人音注零星闌入的離散型不同,很可能反映了其底本的原貌。我們猜想這或與監本《文選》的刊刻歷程有關。蓋北宋首次整理“景德監本”時,切語已全改爲“切”綴,燼燬後再次校理刊刻“天聖監本”時,所據乃是已有蠹損的太清樓副本,或因第六卷底本不全,取他本補之,却失察於反切後綴未曾更改。具體原因爲何,今已不可考,但可以肯定的是,天聖監本中的“反”,與尤刻本正文中的“反”所提示的五臣音闌入的性質頗爲不同。

近有友人提及今所見敦煌文獻中,有一種俄藏《大方廣佛華嚴經音》殘片的音注爲“某某切”,我們據其用“切”可以大致斷定這些殘片不太可能是唐五代的産物,經檢索知張涌泉(2008:5136-5149)已對殘片做了綴合研究,他根據其中的避諱字、簡化俗字以及反切用字多遵《廣韻》等情況,將其斷爲“宋代以後的産物”,“很可能是黑水城文獻混入的”。這説明正確認識“改反爲切”,對出土文獻的時代斷定也有意義。

五　結語

我們從版本上考察音注術語“改反爲切”的現象,主要有以下幾條發現:

(一)音注術語“反”“切”的更替,是從中古到近代音韻文獻中的一個顯著變化,可是這種基於刊刻因素的替换不是整齊劃一的,表現出了錯綜與不平衡的特點,而且最終也没有全部完成。

(二)文獻注音統一“改反爲切”主要有兩次,第一次集中在北宋國子監刊刻的儒家典籍,第二次則延伸到明代經廠刊刻的佛藏和道藏。

(三)“切”字成爲反切術語的標準,是從宋初徐鉉在《校定説文解字》中改孫緬《唐韻》音“反”爲“切”開始的,北宋崇文院與國子監在小學類“字、篇、韻”的校定中選取“切”的注音標準,成熟的雕造印刷技術使之確立定型,在科舉考試中的影響和習慣的形成使之逐步擴散流行。但對“某某切”的形式並未硬性規定,對在民間沿用傳統的“某某反”也相當寬容,私人著述中仍呈現出自由選擇的面貌。

(四)“改反爲切”主要跟音注文本的修定、刊刻、流布有關,而與注音時間關係較遠。唐代避“反”的心理動因並未直接導致“某某切”的流行,成規模地改“切”與唐玄度“避以反言”並無直接關係。而源於反語的“翻覆”義消減或與“改反爲切”有一定聯繫,但“反”的“拼切”義並未消失。鈔本時期出現的少量“某某翻”與“某某反”並無明顯不同,或可視爲一種過渡。

“某某紐”則個別罕見。

總之,釐清“改反爲切”的範圍和時代,對考察音注來源,鑒定文獻版本和探索文本演變規律都有重要的價值。

徵引書目

唐・陸德明《經典釋文》(宋元遞修本),上海古籍出版社,2013。

唐・李善注《文選》(天聖監本),臺灣故宫博物院藏。

唐・李善注《文選》(尤刻本),中國國家圖書館藏。

唐・五臣注《文選》(陳八郎本),臺灣“中央”圖書館藏。

唐・五臣注《文選》(正德本),日本東京大學東洋文化研究所藏。

唐・六家注《文選》(奎章閣本),日本東京大學東洋文化研究所藏。

唐・唐玄度《新加九經字樣》,《叢書集成初編》,商務印書館,1936。

後蜀・林罕《林氏字源編小説序》,《全唐文》,中華書局,1983。

宋・徐鉉校定《説文解字》,中華書局影印,1963。

宋・陳彭年等《鉅宋廣韻》,上海古籍出版社,1983。

宋・毛晃、毛居正《增修互注禮部韻略》,《影印文淵閣四庫全書》第 237 册,臺灣商務印書館,1986。

宋・郭忠恕《汗簡》,中華書局,1983。

宋・沈括《夢溪筆談》,上海古籍出版社,2015。

宋・魏了翁《六經正誤序》,《影印摛藻堂四庫全書薈要》,(臺北)世界書局,1985。

宋・周必大《纂修文苑英華事始》,《文苑英華》,中華書局,1966。

宋・王應麟《玉海》,廣陵書社,2007。

元・脱脱等《宋史》,中華書局,1977。

清・戴震《聲韻考》,《續修四庫全書》第 244 册,上海古籍出版社,2002。

清・顧炎武《音論》,《音學五書》,上海古籍出版社,2012。

清・王念孫校《博雅音》,叢書集成初編本,商務印書館,1939。

清・梁僧寶《切韻求蒙》,古籍出版社,1955。

清・陳澧《切韻考》,《叢書集成三編》第 28 册,(臺北)新文豐出版公司,1997。

清・李汝珍《李氏音鑒》,《續修四庫全書》第 260 册,上海古籍出版社,2002。

清・永瑢等編《四庫全書總目提要》,中華書局,1965。

清・段玉裁《説文解字注》,上海古籍出版社,1981。

參考文獻

[1]蔡夢麒. 徐鉉反切與唐韻反切的差異[J]. 湖南師範大學社會科學學報,2011(1).

[2]常思春. 談南宋紹興辛巳建陽陳八郎刻本五臣注《文選》[J]. 西華大學學報,2010(3):31.

[3]陳高華等校. 元典章[M]. 天津:天津古籍出版社,2011:1006-1008.

[4]馮惠民. 宋刻殘本《册府元龜》瑣議[J]. 社會科學戰綫. 1987(1).

[5]高田時雄. 敦煌本《玉篇》、敦煌本《玉篇》・補遺[M]//敦煌・民族・語言. 北京:中華書局,2005:306-327.

[6]孔令剛. 《文選》五臣音注從單刻本到合刻本形式之演變[J]. 殷都學刊,2012(2).

[7]羅常培. 漢語音韻學導論[M]. 北京:中華書局,1956.

[8]聶溦萌. 晋書版本演化考[J]. 文史,2013(3):51-52.
[9]宿白. 北宋汴梁雕版印刷考略[M]//唐宋時期的雕版印刷. 北京:文物出版社,1999:12-63.
[10]王國維. 五代兩宋監本考[M]//王國維先生全集續編(第一册). 臺北:大通書局,1976:1-138.
[11]徐朝東. 蔣藏本"唐韻"研究[M]. 北京:北京大學出版社,2012.
[12]徐玉立編. 汉碑全集[M]. 鄭州:河南美术出版社,2006.
[13]楊軍、黄笑山、儲泰松.《經典釋文》反切結構的類型、層次及音韻性質[M]//歷史語言學研究(第11輯). 北京:商務印書館,2017.
[14]俞紹初、劉群楝、王翠紅. 新校訂六家注文選[M]. 鄭州:鄭州大學出版社,2013:5、10、24.
[15]張國風.《太平廣記》在兩宋的流傳[J].《文獻》2002(4).
[16]張月雲. 宋刊《文選》李善單注本考[M]//中外學者《文選》學論集. 北京:中華書局,1998:767-792.
[17]張涌泉主编. 敦煌經部文獻合集(第十册)[M]. 北京:中華書局,2008:5136-5149.
[18]周生傑. 太平御覽研究[M]. 成都:巴蜀書社,2008:111-147.

On Changing *fan*(反) to *qie*(切): Starting from the Evolution of Phonetic Terminology in *Wenxuan*

Han Dan　Huang Xiaoshan

Abstract: The large-scale change of phonetic terms from *fan* to *qie* began with the printing of the Northern Song Dynasty Directorate of Imperial Academy Edition Calibration of *Shuowenjiezi* and a series of subsequent official books, rather than the taboo of *fan* after the Middle Tang Dynasty. In the early transcriptions before Song Dynasty, phonetic terms are all used *XX-fan*, and *qie* is only occasionally appeared in the change of writing. Since the Song Dynasty, due to the influence of official edition, *XX-qie* has become the new custom of phonetic transcription, but *XX-fan* has not been completely replaced. It is of great value to clarify the scope and time of changing *fan* to *qie* for investigating the source of phonetic notes, identifying versions and deepening the understanding of the law of text evolution.

Key words: *fanqie*, phonetic terminology, version evolution, *Wenxuan*

通信地址:
韓丹,河南省鄭州市高新區鄭州大學文學院
郵　編:450001
E-mail:363977686@qq.com
黄笑山,浙江省杭州市西湖區餘杭塘路866號浙江大學紫金港校區西區人文大樓漢語史研究中心
郵　編:311100
E-mail:hsshan@msn.com

一些邊界方言名詞後綴“子”“崽”“兒”的來源[*]

莊初昇

内容提要 漢語方言中最基本的名詞後綴大多來自本方言表“兒子”義的名詞，如官話的“子”和“兒”，吴方言的“兒”，閩方言的“囝”，粵方言的“仔”（實爲“子”），客家方言的“子”和“崽”，湘、贛方言的“崽”。吴、閩、湘、贛方言的一些邊界方言點基本的名詞後綴則與各自方言“兒子”義名詞不相吻合，如北部吴語的“子”，閩北、閩中方言的“崽”或“子”，辰溆片湘方言的“兒”，表現出另一種類型特點。本文通過比較，認爲這些邊界方言點的“子”綴、“崽”綴或“兒”綴是在周邊强勢方言，特别是在主流漢語的影響之下移植的。從 19 世紀上海話、寧波話的語料來看，“子”綴取代“兒”綴早在一百多年前就已基本完成。本文還指出，後綴屬於漢語構詞層面的成分，後綴的移植涉及語音、詞彙和語法諸層面的問題，一般來説只有語言的深度接觸才可能引發後綴的根本性改變。

關鍵詞 邊界方言　後綴　“子”綴　“崽”綴　“兒”綴　語言接觸

一　引言

漢語方言中最基本的名詞後綴大多來自本方言表“兒子”義的名詞，如官話的“子”和“兒”，吴方言的“兒”，閩方言的“囝”，粵方言的“仔”（實爲“子”），客家方言的“子”和“崽”，湘、贛方言的“崽”。更爲詳細的情形，可以參看曹志耘主編（2008）的“語法卷”有關圖幅。下面先據北京大學中文系語言學教研室（1995），列出北京等 20 個方言點“燕子”“刀子”“男孩子”等 3 條詞的説法作爲例證（調值改爲 1-5，輕聲先統一標爲 0，詞綴下的著重號爲筆者所加）：

表 1　20 個方言點最常見的名詞後綴

	燕子	刀子	男孩子
北京	小燕兒 ɕiau$^{214/21}$ iɛnr^{51} 燕子 iɛn^{51} ʦɿ^{0}	刀子 tau^{55} ʦɿ^{0} 小刀子 ɕiau$^{214/21}$ taur^{55}	男孩兒 nan^{35} xair^{35} 小子 ɕiau$^{214/21}$ ʦɿ^{0}
濟南	燕子 iæ̃$^{21/55}$ ʦɿ^{0}	刀子 tɔ$^{213/21}$ ʦɿ^{0} 小刀兒 ɕiɔ^{55} tɔr^{213}	小子 ɕiɔ$^{55/213}$ ʦɿ^{0} 小小兒 ɕiɔ$^{55/42}$ ɕiɔr^{55}
西安	[小]燕兒[ɕiau^{53}]iæ̃r$^{55/53}$ [小]燕子[ɕiau^{53}]iæ̃^{55} ʦɿ^{0}	小刀兒 ɕiau^{53} taur^{21} 刀刀兒 tau^{21} taur^{0}	娃子[娃]ua^{24} ʦɿ^{0}[ua^{55}]

* 本文爲國家社會科學基金重大項目“海内外客家方言的語料庫建設和綜合比較研究”（14ZDB103）的階段性成果，曾在中日語言學論壇（中國社會科學院、日本學術振興會主辦，2019 年 6 月 27 日）上宣讀，得到與會專家的指教。錢乃榮、石汝傑、秋谷裕幸、鄧享璋、陳瑶等多位教授也提供了一些資料和意見，謹此致謝。文章若有錯漏，均由筆者負責。

太原	[小]燕兒[ɕiau^{53}]ie^{45} ɚ$^{11/53}$ 燕子 ie^{45} ʦəʔ^{0}	刀刀 tau^{11} tau$^{11/45}$ 刀兒 tau^{11} ɚ^{11}	小子 ɕiau^{53} ʦəʔ^{0} 男娃娃 næ̃^{11} va^{11} va$^{11/45}$
武漢	燕子 iɛn^{45} ʦɿ^{0}	刀[子]tau^{55}[ʦɿ^{0}]	男伢 nan$^{213/13}$ ŋa^{213} 兒子伢 ɯ$^{213/21}$ ʦɿ^{0} ŋa^{213}
成都	燕子 iɛn^{13} ʦɿ^{53}	刀刀兒 tau^{44} taur^{44} 刀兒 tau^{44} ɚ^{21}	兒娃子 ɚ^{21} ua$^{21/44}$ ʦɿ^{53} / 男娃兒 nan^{21} ua^{21} ɚ$^{21/44}$ 男娃娃 nan^{21} ua^{21} ua$^{21/44}$ 男娃子 nan^{21} ua$^{21/44}$ ʦɿ^{53}
合肥	[小]燕子[ɕiɔ^{24}]iĩ^{53} ʦə^{0}	小刀[子]ɕiɔ^{24} tɔ$^{212/21}$[ʦə^{0}]	小厮 ɕiɔ^{24} sɿ^{0}
揚州	燕子 iẽ^{55} ʦɛ^{0}	小刀 ɕiɔ$^{42/44}$ tɔ^{21}	男霞* 子 liæ̃^{34} ɕia^{34} ʦɛ^{0} 小伙 ɕiɔ^{42} xo^{0}
蘇州	燕子 iɪ$^{412/44}$ ʦɿ$^{52/21}$	小刀 siæ$^{52/41}$ tæ$^{44/34}$	小干* 五* siæ$^{52/41}$ kø$^{44/34}$ ŋ̍^{21} 男小干* nø$^{24/22}$ siæ$^{52/44}$ kø$^{44/21}$
温州	燕兒 i$^{45/43}$ ŋ̍^{0} / i^{45} ŋ̍^{0}	刀兒 tɜ$^{44/32}$ ŋ̍^{0} / tɜ$^{44/45}$ ŋ̍$^{323/32}$	男兒 nø$^{31/21}$ ŋ̍^{0} / 兒 ŋ̍^{31}
長沙	燕子 iẽ^{45} ʦɿ^{0}	[細]刀子[ɕi^{45}]tau^{33} ʦɿ^{0}	伢子 ŋa^{13} ʦɿ^{0}
雙峰	燕子 ĩ^{35} ʦɿ^{31}	細刀子 ɕi^{35} tɤ^{55} ʦɿ^{31}	[細]伢基* [ɕi^{35}]ŋo^{13} ʨi^{55}
南昌	燕子 iɛn$^{213/21}$ ʦɿ^{0}	刀子 tau^{42} ʦɿ^{0}	崽哩* 子 ʦai$^{213/21}$ li^{0} ʦɿ^{0}
梅縣	燕□ian^{52} ɛ^{31}	刀□tau$^{44/45}$ ɛ^{31}	細𫋇□sɛ^{52} lai^{52} ɛ^{31} / 細阿哥□sɛ^{52} a^{44} kɔ$^{44/45}$ ɛ^{31}
廣州	燕子 jin^{33} ʧi^{35}	刀仔 tou$^{53/55}$ ʧɐi^{35}	男仔 nam^{21} ʧɐi^{35} / 細路* 仔 ʃɐi^{33} lou^{22} ʧɐi^{35}
陽江	燕子 jin^{24} ʧei^{21} / 燕雀 jin^{24} ʧiɛk^{21}	刀仔 tou^{33} ʧɐi^{21}	仔 ʧɐi^{21}
厦門	燕仔 ĩ$^{11/51}$ a^{51}	刀仔 to$^{55/33}$ a^{51}	□埔* 囝仔 ta$^{55/33}$ pɔ$^{55/33}$ gin$^{51/55}$ a^{51}
潮州	燕鳥 ĩ$^{213/53}$ ʦiəu$^{53/21}$	刀囝 to$^{33/23}$ kĩã^{53}	□埔* 囝 ta$^{33/23}$ pou$^{33/23}$ kĩã^{53}
福州	燕 ieŋ^{213} / 燕鳥 ieŋ$^{213/52}$ nzɛu^{31}(ʦ-)	刀囝 tɔ$^{44/52}$ iaŋ^{31}(k-)	□埔* 囝 touŋ$^{242/21}$ muɔ$^{44/52}$(p-)iaŋ^{31}(k-)
建甌	燕仔 iɪŋ^{22} ʦiɛ^{21}	刀仔 tau^{54} ʦiɛ^{21}	丈模* 囝仔 tiɔŋ^{44} mu^{22} kyɪŋ^{21} ʦiɛ^{21}

上面表 1 中從北京到揚州共 8 個方言點屬於官話(在《中國語言地圖集》中太原屬於晋語),而官話區多數把兒子稱爲“兒子”“兒”或“小子”,因此基本的名詞後綴是“兒”綴(或兒化)或“子”綴。其他 12 個方言點中,蘇州、温州屬於吴方言,分别把兒子稱爲“兒子”和“兒”,前者代表北部吴方言,基本的名詞後綴是“子”,而“兒”處於殘存狀態,如“小干* 五* siæ$^{52/41}$ kø$^{44/34}$ ŋ̍^{21}”,“五* ”實爲自成音節的“兒”綴(詳見下文分析);後者代表南部吴方言,“兒 ŋ̍^{0}”綴還非常常見(鄭張尚芳,1980、1981;錢乃榮,1992;曹志耘,2002)。

長沙、雙峰、南昌屬於湘、贛方言,都把兒子稱爲“崽”,基本的名詞後綴却基本上是“子”(詳見下文分析)。值得注意的是,雙峰話處於殘存的“基* ʨi^{55}”綴是從“崽”演變而來的,南昌話男孩兒説“崽哩子”,透露了該方言原本有過“哩”綴的歷史,“崽哩”叠置上“子”綴而成了“崽哩子”(莊初昇,2019)。其實,表 1 還没能反映一般的湘、贛方言最常見的名詞後綴。

梅縣屬於客家方言,把兒子稱爲“𫋇□lai^{52} ɛ^{31}”,名詞後綴“□ɛ^{31}”實際上是從“子”演變而來的(莊初昇,2020)。

廣州、陽江屬於粵方言,把兒子稱爲"仔"(實爲"子"的白讀),與"兒子"義語素相關的後綴基本上就是"仔",而"燕子"的"子"則是從主流漢語借入的後綴,這類詞在粵方言中較罕見,"子"與"仔"詞源相同但層次不同。

厦門、潮州、福州、建甌屬於閩方言,都把兒子稱爲"囝",相應的厦門基本的名詞後綴"仔 a^{53}"就是從"囝 k ĩã^{53}"弱化而來的,這在學界幾乎没有異議;潮州、福州的"囝"綴與"兒子"義的"囝"相同,整體上還没有弱化(徐瑞蓉,2000;李如龍,2005)。建甌基本的名詞後綴"仔 ʦiɛ^{21}",鄧享璋(2004)、秋谷裕幸(2015)認爲不是來自"囝"而是來自"子",與閩北、閩中其他方言點相同。下文還要進一步分析。

本文所要重點討論的對象就是類似上述蘇州、長沙、南昌、建甌等方言點,它們基本的名詞後綴"子"(建甌也有可能是"崽",詳見下文)不是來自本方言表"兒子"義的名詞"兒""崽"或"囝",因此表現出與核心地區的方言不同的特點。此外還有一類方言,就像鉛山話作爲贛方言,其名詞後綴"兒"顯然不可能來自本方言表"兒子"的名詞"崽",而是來自東邊的吴方言。以上這類方言點大多處於方言區的邊界,我們認爲它們的名詞後綴"子""崽"或"兒"的來源與周邊强勢方言的影響,特别是與主流漢語的影響不無關係。因爲篇幅的原因,本文探討的範圍僅僅限於吴、閩、贛、湘四大方言區的一些邊界方言點。

二　一些邊界方言點與"兒子"義語素相關的後綴

1. 吴方言的一些邊界方言點

靖江原是長江上靠近北岸的一個島,因爲泥沙冲積已經與北岸地區連成一體。今天靖江市的方言以吴方言爲主,本文姑且稱之爲"靖江話"。因爲受到江淮官話的深度影響,靖江話的基本詞綴是"子",如:雪頭子霰,雪珠子、泥坨子可作泥墻用的泥團、磨子磨兒、稗子、毛栗子、杏子、猪子猪、狗子狗、鷄子鷄、鴨子、訛子戲稱喜歡訛詐别人的人、先日子前天。靖江話也從鄰近的官話中借入了少數的卷舌型"兒"綴詞,如:餃兒 ʨiɔ^{35} er$^{213/3}$一種麵食,半圓形,包餡,煎熟吃(與外來的"餃子ʨiɔ^{35} ʦɿ$^{35/3}$"有别)、青兒 ʦʰiŋ^{44} er$^{35/31}$由麻將演變而來的撲克遊戲、奀兒 pʰɔ^{35} er$^{213/3}$不正經的年輕人。至於江南吴方言區普遍具有的鼻音型"兒"綴或兒化,靖江話却盪然無存,如嚴冬時掛在屋檐下的冰錐不説"凌宕"而説"凌澤 liŋ^{213} tɔʔ^{5}"。另外如"蝦 xo^{44}""鴨 aʔ^{5}""狗 kiʏ^{35}""猪 ʨy^{44}""鷄 ʨi^{44}",都没有兒化的迹象,這肯定與江淮官話的冲刷有關。關於鼻音型"兒"綴或兒化的殘存,詳見下文。

江陰市位於長江南岸,與靖江隔江相望。江陰話"子"綴的構詞能力較强,"兒"綴作爲一個獨立的音節出現,構成的"兒"綴詞則爲數不多,如:筷兒、餃兒、小伢兒小孩(劉俐李、侯超等,2013)。江陰話的"兒"綴老派讀 ɦɚ^{33},新派讀 ɚ^{31},顯然不是南部吴方言(包括早期北部吴方言)讀鼻音的類型,這類卷舌型"兒"綴也應該是江北的官話擴散的結果。

丹陽話也處於吴方言區的北部邊界,基本的名詞後綴是"子"而不是"兒",如:兔子、地鱉狗子螻蛄、竹子、皮帽子皮革做的帽子、皮袍子皮襖、篦子梳頭用具、泥夾子撈河泥的工具、梭子、浮子魚漂、痴子呆子、弟子弟弟、徒弟、舅子妻的弟兄、戲班子、前年子前年、前日子前天。丹陽話的"子"綴讀 ʦæʔ^{3}、ʦæʔ$^{3/5}$或 ʦæʔ$^{3/1}$。蔡國璐(1995:21)説丹陽話還有極個别的"兒"尾詞,目前所能見到的只有 3 個,如"小兒 ɕiɔ$^{55/42}$ ŋ^{24}""女兒 ȵy$^{24/42}$ ŋ^{24}""昨兒 ʦɑ$^{24/33}$ ŋ$^{24/55}$","昨兒"還可以合音爲 ʦɑŋ^{24}。實際上,“小兒”“女兒”的“兒”是實語素而不是後綴,只有“昨兒”的“兒”是後綴,這從它讀後變調 55 也可以看出它已經虛化。

崇明話分布在長江口的崇明島上,基本的名詞後綴也是“子”而不是“兒”,如:獅子、柿子、芋艿子芋頭、大米子玉米粒、茄子、戲子演員、駝子駝背的人、矮子矮個兒、小官頭子對小孩的輕蔑稱呼、皮夾子錢包、簿子筆記本、前回子從前、以前。崇明話的“子”綴讀 tsɿ$^{424/0}$(張惠英 1993)。崇明話的“猫猊 ɦmɔ$^{24/55}$ ȵi$^{24/55}$猫”“雄猫猊 ɦyoŋ^{24} mɔ$^{24/55}$ ȵi$^{24/55}$雄猫”“雌猫猊 tsʰɿ^{55} mɔ$^{24/55}$ ȵi$^{24/55}$母猫”,張惠英(1993)推測“猊”就是“兒”,我們認爲可以確信,“兒”是早期北部吴方言名詞詞綴的殘存。另外,崇明話稱鳥爲“將 tɕiã^{33}”,我們認爲應該是“雀兒”合音之後再鼻化的結果,這也是一種兒化現象,南部吴方言比較常見(曹志耘,2002)。

上海話分布在長江口南岸,與崇明話隔江相望,大體上也可以視爲一個邊界方言點。上海話只有“子”綴而没有“兒”綴,但有鼻音兒化的殘存。早在 1853 年,英國來華漢學家艾約瑟(J. Edkins)在所著的《上海方言口語語法》中就已經指明上海話的基本名詞後綴是“子”和“頭”。艾約瑟(1853/2011:76)説:“‘子’和‘頭’給予它們所限定的名詞個性和限定性。‘子’和‘頭’的本來意思分别是‘兒子’和‘腦袋’,但在現在這種情况下,本義就失落了。”另外,錢乃榮(2003)根據 19 世紀傳教士、漢學家的語料研究 150 年前的上海話,指出當時的“個兒”讀“乾 kun[kø̃]”,如“鉛字印仔下去要水裏逐個逐乾净清爽”,“逐乾”就是“逐個兒”;再如“第個脚爐要買幾錢一乾”,“一乾”就是“一個兒”。今天的上海話已經没有表“個兒”的“乾”了,但是稱蝦爲 hø^{53},實際上來自“蝦兒”的鼻音兒化,陳忠敏(1992)認爲是“n 化小稱”,n 代表早期上海話“兒”綴的讀音 ŋ,兒化過程是:ho(蝦)+ŋ(兒)→hoŋ→hõ/hø̃→hø。另外,根據許寶華、陶寰(1997),嚴冬時掛在屋檐下的冰錐上海話稱爲“凌宕 liŋ$^{13/11}$ dɑ̃$^{13/33}$”。錢乃榮教授告訴筆者,“宕 dɑ̃^{13}”就是“澤兒”的兒化(合音)。

再如寧波話,也是只有“子”綴而没有“兒”綴,而且有證據表明早在 19 世紀就只有鼻音兒化的殘存。1876 年美國傳教士睦禮遜(William T. Morrison)的《寧波方言字語匯解》(*An Anglo-Chinese Vocabulary of the Ningpo Dialect*),就已經記載了“猫”讀爲 mæn,“狗”在“黄狗”一詞中讀爲 kyi′①,“鴨”在“野鴨”“水鴨”等詞中讀爲 æn。1951 年刊印的《鄞縣通志·文獻志》收集了大量寧波方言的詞語,如“猫”條,指出“猫讀若‘茅’,亦讀若‘慢’”,“兩脚猫”“三脚猫”條,指出“猫讀若‘蠻’去聲”;如“黄狗”條,指出“狗讀若‘敢’”,“好日黄狗”條,指出“狗讀若‘�’”;如“鴨”條,指出“讀若‘壓’,亦讀‘唵’平聲”。毫無疑問,上述“猫”“狗”“鴨”的特殊讀音都是鼻音兒化的表現。湯珍珠、陳忠敏、吴新賢《寧波方言詞典》(1997:242)收有“黄狗 ɦuɔ̃$^{24/23}$(ɦu$^{24/23}$)ki$^{35/44}$”條,編者指出:“‘狗’音[ki^{35}]爲兒化音殘留。”關於寧波話中的兒化音殘留,詳情可以參閱徐通鏘(1985)、陳忠敏(1992),這裏不再贅述。

以上這些邊界方言點都處於北部吴方言區,“子”綴占統治地位,而“兒”綴或兒化已經消失殆盡或者僅剩一些殘迹。其實,即便是到了北部吴方言區的核心地帶,也是“子”綴占絶對優勢,“兒”綴或兒化的情形與邊界方言差不多。盛益民、李旭平(2018:91)指出,富陽話也有部分小稱的痕迹,比較可靠的只有 4 條:(1)“筷子”説 kʰuā^{5},來源於“筷兒”;(2)“梨子”叫“棠林⁼[niŋ]”,後字爲“梨兒”的合音;(3)“屋檐下滴水凍成的冰錐”叫“無⁼冰糖⁼[dɔ̃]”,末字是“澤兒”的合音。(4)“烏梢蛇”叫“烏赤桑⁼ u^{33} tsʰeʔ^{33} sɔ̃^{53}”,末字是“梢兒”的合音。王福堂

---

① 編者睦禮遜誤以爲是“黄犬”,殊不知 kyi′[ki]讀如“趕”乃“狗”的兒化殘存,詳見下文。

(2015:337-338)認爲:"紹興方言也没有北京方言中數量衆多的'兒'尾,或者説,紹興方言曾經有過'兒'尾,只是目前已經淡出,只留下一些殘存的現象,一般人也已經不再確知。"

實際上,各種證據表明,早期的北部吴方言區曾經存在較多的"兒"綴詞。石汝傑、宫田一郎(2005:7)以馮夢龍(1574—1646)編的《山歌》等作爲依據,歸納明末到清初的北部吴語的一些語言特徵,他們指出:"名詞的後綴'兒'還很發達,使用頻率也較高。如見於《山歌》的有:'姐兒、梳兒、白布兒、街兒、酒兒、槍兒、田兒、蕊兒、菱兒、眼兒、口兒、旗槍兒、鈎兒、鳥兒、膀兒、心兒、灣兒、火性兒、更兒、被兒、魚兒','兒'當讀作[ȵi]。而到現代,北部吴語裏'兒'尾衰退了,蘇州還在用的只有極少數幾個,如'囡兒、小娘兒、筷兒'('兒'讀[ŋ])。"根據北京大學中文系語言學教研室(1995),今天蘇州話筷子説"筷五 * kʰuɛ$^{412/44}$ ŋ^{21}",女孩子説"小娘五 * siæ$^{52/41}$ ȵiaŋ$^{24/34}$ ŋ^{21}",編者也認爲"五 *"的本字就是"兒 ŋ^{24}"。

這裏補充兩則早期的材料。陶煒輯録的崑山民歌一首,第一段是:"東天日出火燒來,小姐妮買肉郎要溜。娘問男五買肉買得能長遠? 扳牢砧磴討饒頭。"歌中的"小姐妮"實爲"小姐兒"。另外,"男五"應該就是"囡兒",輯録者注釋云:"男五,讀鼻音,如日本文的'ン',女兒也。"無獨有偶,劉復(劉半農)輯録的江陰船歌第五首,頭兩句是:"梔子花開十六瓣,洋紗廠裏姐兒提隻討飯籃。"劉復畢竟是語言學家,他給"姐兒"的"兒"的注音是"兒,讀如倪"。可見"兒"作爲後綴讀爲 ȵi①。

吴方言稱兒子爲"兒"應該很早了,最著名的例證就是南宋詞人辛棄疾(1140—1207)在江西上饒閒居之時所作的《清平樂·村居》:"茅檐低小,溪上青青草。醉裏吴音相媚好,白髮誰家翁媪。大兒鋤豆溪東,中兒正織鷄籠。最喜小兒亡賴,溪頭卧剥蓮蓬。"這樣,早期吴方言以"兒子"義的語素"兒"作爲基本的名詞後綴,就不難理解了。

長期以來,因爲長江以北地區江淮官話的强大影響、滲透,北部吴方言區的"兒"綴逐漸被"子"綴所取代,至今只剩下一些殘迹,是不難理解的。今天廣大的江淮官話區,基本的名詞後綴是"子"而不是"兒",如合肥話、揚州話(該方言只有爲數極少的幾條"兒"綴詞)等。甚至到了蘇北的沭陽話仍然如此,郝紅艷(2015:164-165)指出:"有的方言中'子'尾的能産性很强,構詞範圍比普通話有所擴大。以江淮官話中蘇北的沭陽話爲例,普通話帶後綴'兒'的,沭陽話都帶後綴'子'……;普通話有些不帶後綴'兒''子'的詞,沭陽話也可以加'子'尾……。沭陽方言中的'子'可以作爲後綴用於以下各類詞,遠遠多於普通話'子'尾範圍。"當然,南京、泰興、如皋、通州、東臺等少數地區則有卷舌型兒化或"兒"綴(劉丹青,1995;曹志耘主編,2008;蔡華祥,2014),這就不難理解上述靖江話、江陰話中除了"子"綴之外,還有少數幾個卷舌型"兒"綴詞。

歷史上江南、江北移民的往來,無疑加快了"兒"綴向"子"綴演變的進度。以蘇州爲例,史濛輝(2016:185)根據葛劍雄(1997)對蘇州移民史的考證指出,"明初由於戰亂,蘇北人口鋭减,因此朱元璋從蘇南大量移民填補人口差數,僅揚州、淮安二府接受的移民就有近 65 萬,其中來自蘇州府的移民占了很大的比例。這就造成吴中人口鋭减,元末明初吴中詩人楊基《白頭母吟》詩'越女能嘲楚女詞,吴人半作淮人語'。可以推測,在蘇州向外移民的同時,應該有大量安徽籍的江淮移民涌入蘇州地區,以填補這一地區的人口空白。"

如所周知,早期吴方言的鼻音型"兒"綴或兒化,比較完整地保留在今天的南部吴方言

---

① 崑山、江陰的這兩則資料詳見顧頡剛等輯,王煦華整理(1999)。

中。特别是温州話,“兒”綴保留得最爲完整(鄭張尚芳,1980、1981),可以説是吴方言中最古老的類型。曹志耘《南部吴語的小稱》(2001)已經歸納了南部吴語小稱的 5 種類型:兒綴型、鼻尾型、鼻化型、變調型、混合型,并且闡述了各個類型之間的先後演變關係,這裏不再贅述。

本節末了有必要談談南部吴方言的邊界方言點福建浦城話(指浦城縣城南浦鎮爲代表的浦城吴方言)。浦城話把兒子稱爲“囝 kiãi^{44}”,這與閩方言相同而與吴方言不同。可是,浦城話的基本名詞後綴既不是“囝”也不是“兒”,而是“子”,如:弄子 louŋ^{312}tɕi^{44} 胡衕、毛雀子 mɑo^{213}ʨiɑo^{32}ʨi^{44} 麻雀、卵子 luẽi^{54}tɕi^{44} 陰囊、帕子 pʰa^{312}tɕi^{44} 手帕、金彈子 kẽi^{35}tãi^{21}ʨi^{44} 小金橘、手頭子 ɕiu^{44}tiɑo^{213}ʨi^{44} 小拇指、高子 kɑo^{35}ʨi^{44} 高個兒、新婦子 sẽi^{35}fuo^{21}tɕi^{44} 童養媳、姨婆子 i^{213}puo^{213}ʨi^{44} 丫頭、姑媽子 kuo^{35}ma^{54}ʨi^{44} 小姑子、伢伢子 ŋa^{213}ŋa^{213}ʨi^{44} 嬰兒。我們認爲,基本的名詞後綴不是來自表“兒子”的語素,這種反常的現象應該與語言接觸有關。李如龍(1991:392)在談到浦城話的歸屬時説道:“以縣城南浦鎮爲代表的‘浦城話’分布在縣境中、北部的 11 個鄉鎮,早先它應該也是閩北方言,至今還有不少常用詞和‘建屬六邑’相同,但從現狀的整體看,它已經蜕變爲吴方言……”浦城話的上述表現,或許可以進一步印證其早期來自閩北方言的推測。

2. 閩方言的一些邊界方言點

李如龍先生曾經明確指出:“爲閩方言分區首先應該分爲沿海閩語和沿山閩語兩片。沿海閩語是較爲典型的閩語,包括福建、廣東、海南和臺灣四省沿海的四個小片:閩東區、莆仙區、閩南區(含粤東)和瓊雷區。沿山閩語是福建中北部的山區,包括閩北、閩中兩區。這一帶方言與典型的閩語相比較,既有共同閩語的特徵,又有些特點是受了客贛系方言的影響。”(見侯精一主編,2002:216)上述“沿山閩語”後來改稱爲“内陸閩語”。李如龍(2004:4)認爲人稱代詞是方言中的基本詞,以第二人稱代詞而論,沿海閩語是“汝”,而内陸閩語是“你”,“這不是偶然的個别現象,而是反映閩語東西分片的重要事實,福建閩語的東西之分大於南北之分,這是不容置疑的”。至此,學界有關閩語東西之别的論述,已經非常到位。我們認爲,相對於沿海閩語而言,閩北方言和閩中方言因爲與客贛方言直接交接(閩北部分地區還與吴方言直接交接),也可以視爲閩方言的邊界方言。

下面先看閩北方言“兒子”義的名詞以及幾個帶後綴的例詞,以建甌、建陽、石陂爲代表(材料爲筆者 2007 年到當地調查所得):

表 2 閩北方言“兒子”義的名詞以及基本的名詞後綴

	兒子	日子	苧蔴	螻蛄	一會兒
建甌	囝 kuiŋ^{21}	日仔 ni^{42}tsiɛ^{21}	苧仔 ty^{42}tsiɛ^{21}	沙猴仔 suɛ^{54}ke^{21}tsiɛ^{21}	一刻仔 tsi^{42}kʰɛ^{24}tsiɛ^{21}
建陽	囝 kyeiŋ^{21}	日仔 nɔi^{4}tsie^{21}	苧仔 lo^{332}tsie^{21}	塍鷄仔 tʰaiŋ^{334}kai^{53}tsie^{21}	一下仔 tsi^{332}xa^{443}tsie^{21}
石陂	囝 kyiŋ^{21}	日仔 ni^{32}te^{0}	苧仔 du^{33}te^{0}	泥蜂仔 nai^{33}pʰouŋ^{53}te^{0}	個下仔 ko^{53}ɦa^{45}te^{0}

由表 2 不難看出,雖然閩北方言“兒子”義的名詞與沿海閩語一樣都是“囝”,但是基本的名詞後綴不是“囝”綴而是“仔”綴。如所周知“仔”只是一個方言俗字,北京大學中文系語言學教研室(1995),李如龍、潘渭水(1998),潘渭水(2007),秋谷裕幸(2008)也都寫爲“仔”,李如龍(1991)則寫爲“子”。其本字是什麽呢? 我們認爲“子”和“崽”或許都有可能。詳見下文。

接着看閩中方言“兒子”義的名詞以及幾個帶後綴的例詞,以沙縣、三明、永安爲代表(材料爲鄧享璋教授所提供):

表 3　閩中方言“兒子”義的名詞以及基本的名詞後綴

	兒子	李子	栗子	鳥兒	女孩
沙縣	囝 kyẽ^{21} 囝子 kyẽ^{55} tsai^{21}	李子 sai^{21} tsai^{21}	栗子 li^{21} tsai^{21}	只子 tʃia^{55} tsai^{21}	娘囝 iŋ^{44} kyẽ^{55} tsai^{21}
三明	囝 kyẽi^{31}	李子 ʃa^{31} tsa^{31}	栗子 li^{31} tsa^{31}	□子 tʃɒ^{213} tsa^{31}	娘囝子 ŋiɐm^{31} kyɛ̃^{12} tsa^{31}
永安	囝 kyẽi^{21} 囝子 kyẽi^{33} tsã^{21}	李子 ʃia^{21} tsã^{21}	栗子 li^{21} tsã^{21}	爪子 tso^{33} tsã^{21}	娘囝子 ŋiɑm^{33} kyẽi^{33} tsã^{21}

表 3 由鄧享璋教授提供的閩中方言詞中,後綴都寫爲“子”。鄧享璋《閩中、閩北方言的名詞後綴“子”》(2004:55)認爲,“‘子’後綴的語法意義和語法結構在閩中方言和閩北方言表現出很大的一致性”,並進而認爲名詞後綴“子”可以視爲山區閩語(即内陸閩語)有别於沿海閩語的語法特點之一。

鄧享璋(2004)並没有對“子”綴的讀音問題進行論證。實際上,上述閩北、閩中方言的名詞後綴,從讀音上來看有可能來自咍韻的“崽”也有可能來自之韻的“子”(以平賅上去,下同),請參看下面表 4(建甌等閩北方言點由筆者調查所得,沙縣等閩中方言點的材料爲鄧享璋教授所提供,有文白異讀的先列白讀音再列文讀音):

表 4　閩北、閩中方言咍韻字和之韻字的讀音

	來	財	栽	菜	李	使	駛
建甌	lɛ꜄/꜂lai	꜂tso	꜀tsɛ	ts^{h}ɛ꜄	sɛ꜅/꜂li	꜂sɛ	꜂sɛ/꜂su
建陽	꜁le/꜁lai	꜁lue	꜀tse	t^{h}e꜄/ʦ^{h}e꜄	se꜄/꜂lɔi	꜂se/꜂so	꜂se/꜂so
石陂	le꜄/lai꜄	꜁dzai	꜀tse/꜀tsai	ts^{h}e꜄	꜂li	꜂se	꜂se
沙縣	꜁lai	꜁ʦai	꜀tsai	ʦ^{h}ai꜄	꜃sai/꜂li	꜂sai/꜂sɿ	꜂sɿ
三明	꜁la	꜁ʦa	꜀tsa	ʦ^{h}a꜄	꜃ʃa/꜂li	꜂ʃa/꜂sɿ	꜂sɿ
永安	꜁la	꜁ʦa	꜀tsa	ʦ^{h}a꜄	꜃ʃia^{54}/꜂li	꜂ʃia/꜂sɿ	꜂sɿ

表 4 中“來財栽菜”等咍韻字的白讀層,以及“李使駛”等之韻字的白讀層,建甌都是 ɛ,建陽、石陂都是 e,沙縣都是 ai,三明都是 a,永安分别是 a 和 ia(ia 實爲 ʧ 組聲母之後 a 的變體,與 a 互補)。如表 2 所示,閩北方言建甌話、建陽話、石陂話基本的名詞後綴分别讀 tsiɛ^{21}、tsie^{21}、te^{0},我們認爲前兩者應該是 i 介音增生的結果(tsɛ^{21}＞tsiɛ^{21}、tse^{21}＞tsie^{21}),而後者應該是聲母、聲調弱化的結果(ʦe^{21}＞te^{0})。我們注意到,作爲離建甌城關 86 公里的一種鄉下方言,迪口話基本的名詞後綴是 ʦɛ^{33},而咍韻字的白讀層和之韻字的白讀層韻母也都是 ɛ,如:來꜁lɛ、栽꜀ʦɛ、菜 ʦ^{h}ɛ꜄、李꜃ɬɛ、狸꜁ɬɛ、使꜂ɬɛ(根據秋谷裕幸 2008)。可見,迪口話的詞綴因爲没有發生介音增生等音變,保留了咍韻字或之韻字白讀層的讀法,這正好可以作爲建甌等方言點經歷介音增生的旁證。秋谷裕幸(2008)指出閩北方言名詞後綴“仔”的讀音非常複雜,並認爲建甌 tsiɛ^{21}、莒口 ʨie^{11}這類有 i 介音的讀音大概代表最早期的讀音。從上述分析可以看出,不帶 i 介音(即没有介音增生)的讀音類型與咍韻字的白讀層和之韻字的白讀層正相吻合,才是本來的讀音形式。在這一點上,如果説建甌城關代表早期讀音,位於偏遠鄉下的迪口反而代表後起讀音,則與一般的情形不相符合。另外,如表 3 所示,閩中方言永安話基本的名詞後綴讀 tsã^{21},結合鄰近的沙縣話、三明話來看,tsã^{21}的鼻化成分應該是增生的。後綴作爲虚成分,

語音上的虚化經常伴隨各種弱化的音變現象,鼻化也可能是其中的一種。特别值得一提的是,沙縣話、三明話與上述迪口話一樣,基本名詞後綴的韻母讀音與咍韻字、之韻字的白讀層都完全吻合,其實這類方言點在閩北、閩中方言中並不罕見。

基於以上的比較分析,我們認爲閩北、閩中方言中基本的名詞後綴有可能來自咍韻的"崽",也有可能來自之韻的"子"。"崽"是兩漢時期從上古的"子"分化出來的方言詞,在今天的贛、湘方言中既作爲"兒子"義的基本詞,也是基本名詞後綴的來源(莊初昇,2019)。爲什麽閩北、閩中方言"兒子"義的語素是"囝",而基本的名詞後綴是"子"或"崽"呢? 我們認爲與邊界方言的語言接觸有關。如所周知,"囝"是閩語中一個古老的特徵詞,北宋邵武人吴處厚《青箱雜記》卷六記載:"閩人謂子爲囝、謂父爲郎罷,故顧况有《哀囝》一篇曰:'囝生閩方,閩吏得之,乃絶其陽。爲臧爲獲,致金滿屋;爲髡爲鉗,如視草木。天道無知,我罹其毒;神道無知,彼受其福。郎罷别囝,吾悔生汝,及汝既生,人勸不舉,不從人言,果獲是苦。囝别郎罷,心摧血下,隔地絶天,及至黄泉,不得在郎罷前。'蓋唐世多取閩童爲閹奴以進之,故况陳其苦以諷焉。"像"囝"這樣的核心詞完全有可能比語法更爲穩定,因此我們推斷閩北、閩中方言保留了實義名詞"囝",而基本的名詞後綴却被周邊方言的"崽"或"子"所取代。上述邊界吴方言乃至整個北部吴方言"兒"綴被"子"綴所取代也是這個道理。

秋谷裕幸(2008)把閩北方言的基本名詞後綴寫爲"仔",不過後來他又説:"我們有理由推測閩北區以及其他山區閩語的名詞後綴'子'是從鄰近的江西贛語引進的。"(2015:255)實際上,與閩北、閩中方言區鄰近的江西贛方言區基本的名詞後綴是"崽"及其變體,儘管也有"子"綴(多數讀爲 ʦɿ^{0}),但是都是後起的(莊初昇,2019);與閩中方言區鄰近的閩西客家方言區(如寧化、長汀、連城)基本的名詞後綴則是"子"及其變體(莊初昇,2020)。另外,與閩北方言區鄰近的南部吴方言區(如浦城、江山、廣豐),則不乏"子"綴詞(秋谷裕幸,2001)。實際上,南部吴方言的"子"綴詞也是後起的。

閩北、閩中方言中有不少方言點也有一個新興的後綴"子",讀 tsɿ^{0} 或 te^{0},主要用於稱謂詞,如石陂話:騙子 p^{h}iŋ^{33}tsu^{21}、賴子 lai^{45}tsu^{21}流氓惡棍、婊子 piau^{21}tsu^{21}。再如(材料爲鄧享璋教授所提供):

表 5　閩中方言中的新興名詞後綴"子"

	妓女	聾子	啞巴	駝子	瘸子
沙縣	婊子 piɔ^{21} tsɿ^{0}	聾子 sɔuŋ^{31} tsɿ^{0}	啞子 a^{21} tsɿ^{0}	駝子 to^{31} tsɿ^{0}	拐子 kuai^{212} tsɿ^{0}
三明	婊子 piɯ^{31} tsɿ^{0}	聾子 sã^{51} tsɿ^{0}	啞子 ɒ^{31} tsɿ^{0}	駝子 taɯ^{51} tsɿ^{0}	瘸子 k^{h}e^{51} tsɿ^{0}
永安	婊子婆 piɯ^{33} tsɿ^{33} paɯ^{33}	聾子 sɑ̃^{33} tsɿ^{0}	啞子 ɒ^{21} tsɿ^{0}	駝子 taɯ^{33} tsɿ^{0}	瘸子 k^{h}iɯ^{33} tsɿ^{0}

上述 tsiɛ^{21}、tsie^{21}、te^{0}、tsai^{21}、tsa^{21}、tsã^{21}等後綴若是來自"子"的話,與上面表 5 的"子"顯然不屬於同一個歷史層次。兩個歷史層次的"子"綴叠床架屋,在客家方言中也比較常見(莊初昇,2018)。

3. 贛方言的一些邊界方言點

在福建方言中,與江西贛方言最接近的是建寧話。建寧話兒子稱爲"崽 ʦei^{55}"(這在福建方言中非常罕見),基本的名詞後綴是"咿 i^{0}"(包括多種因前音節同化而出現的變體,李如龍、張雙慶 1992 均寫爲"兒"),如:星咿 siŋ^{34} i^{0}、茄咿 k^{h}iɔ^{213} i^{0}、桃咿 hau^{213} ui^{0}、雀咿 ʦiɔk^{2} ki^{0}、蠶咿 t^{h}am^{213} i^{0}、褲咿 k^{h}u^{21} i^{0}、瓶 p^{h}əŋ^{213} i^{0}、粽 ʦuŋ^{21} i^{0}(根據李如龍、張雙慶 1992,聲調改爲調值),也有一些名詞帶"子"綴,相信是後起的,如:鞭子 pien^{34} ʦə^{0}、柿子 sə^{45} ʦə^{0}、鑽子 ʦɔn^{21} ʦə^{0} 錐子、

啞子 a^{55} ʦə^{0} 啞巴、拐子 kuai^{55} ʦə^{0}、男子 nam^{213} ʦə^{0} 男人。建寧話就名詞後綴而言與江西贛方言撫州話基本一致。我們認爲“咿”是實義名詞“崽”虛化而來的，可參看莊初昇(2019)，這裏不再贅述。

泰寧話一般被認爲屬於贛方言。邵武話、光澤話在《中國語言地圖集》中被劃歸閩方言邵將區，而李如龍、陳章太(1991)，萬波、張雙慶(2006)等則認爲它們已經由閩方言蜕變爲客贛方言或贛方言。筆者和萬波教授 2007 年比較深入地調查了邵武話和光澤話，認爲它們劃歸贛方言比較合適。泰寧話、邵武話、光澤話作爲邊界贛方言，兒子分別稱爲“囝伆 kien^{51} lə^{0}”“囝兒 kin^{53} nə^{2}”“囝哩 kin^{21} li^{1}/囝子 kin^{21} tsə^{1}”，中心語素都是閩方言的“囝”，但是名詞後綴却非常複雜，看不出來自“囝”的痕迹。先看下面表 6 基本的名詞後綴(泰寧話的材料爲陳瑶教授所提供)：

表 6　閩西北贛方言基本的名詞後綴

	橘子	鳥兒	頭髮旋兒	弟弟	妹妹
泰寧	柑伆 koŋ^{31} lə^{0}	鳥伆 tau^{51} lə^{0}	旋伆 t^{h}on^{21} lə^{35}	弟伆 hæ^{35} lə^{0}	妹伆 moi^{51} lə^{0}
邵武	柑欸 kon^{21} nə^{2}	爪欸 tseu^{53} uə^{2}	旋欸 t^{h}ien^{335} nə^{5}	弟欸 t^{h}i^{55} ə^{2}	妹欸 mei$^{213/21}$ ə^{2}
光澤	柑哩 kɔm^{21} li^{1}	鳥哩 tiau^{21} li^{1}	旋哩 t^{h}ien^{35} li^{5}	弟佬哩 hi^{455} lɔ^{21} li^{1} 弟欸 hi^{455} ə^{3}	妹哩 mi$^{213/21}$ li^{5} 妹欸 mi$^{213/21}$ ə^{5}

這三個方言點最常見、最通俗的名詞後綴分别是“伆”“欸”(因前音節同化而有不同的音變形式)、“哩/欸”(都有不同的輕聲形式)，結合鄰近的江西贛方言相關的名詞後綴，我們認爲它們也都是“崽”虛化和弱化的不同階段而已。限於篇幅，本文不再贅述，詳情請看莊初昇(2019)。下面表 7 再列出這三個方言點其他的名詞後綴：

表 7　閩西北贛方言後起的名詞後綴

	竹子	猪崽	手指	瘋子	瞎子
泰寧	竹伆 tiu^{51} lə^{0} 竹子 tiu^{51} tsoi^{0}	猪子 ty^{31} tsoi^{35}	手指子 tɕ^{h}iu^{35} tɕi^{21} tsoi^{35}	癲子 tien^{31} tsɿ^{35}	瞎子 hæ^{51} tsɿ^{0}
邵武	竹子 ty^{53} tsə^{2}	猪子 ty^{21} tsə^{55}	手指子 ɕiəu^{55} ɕi^{2} tsə^{55}	癲子 tien^{21} tsə^{2}	瞎子 xe^{53} tsə^{2}
光澤	竹哩 tɕy^{21} li^{1}	猪子 tɕy^{21} tsə^{1}	手手子 ɕiu^{455} ɕiu^{3} tsə^{1}	癲子 tien^{11} tsə^{1}	瞎子 hə^{5} tsə^{5}

表 7 中泰寧的 ʦoi^{0}、邵武話 tsə^{2}(或 tsə^{55} 等)、光澤話 tsə^{1}(或 tsə^{5} 等)的聲韻與咍韻字、之韻字的讀音都有吻合之處，參看下面表 8：

表 8　閩西北贛方言咍韻字和之韻字的讀音

	栽	菜	在	裏	使	字	事
泰寧	꜀ʦoi	sɿ꜄/t^{h}ai꜄①	꜂t^{h}oi	꜂soi	꜂soi/꜂sɿ	sɿ꜅	sɿ꜅
邵武	꜀ʦə	t^{h}ə꜄	t^{h}ai꜅/ʦ^{h}ai꜅	꜂li	꜂sə	t^{h}ə꜅	sə꜅
光澤	꜀ʦə	t^{h}ə꜄	꜂t^{h}ei/t^{h}ai꜅	꜂li	꜂sə	t^{h}ə꜅	sə꜅

考慮到表 7 中的名詞多是與官話或共同語等主流漢語比較接近的詞彙，我們初步斷定其名詞後綴是後起的“子”。在吴、贛、湘方言中，“子”綴也一般都是後起的。

① 泰寧“菜”字 sɿ꜄ 的讀音非常奇怪，出現在“大白菜 hai^{35} p^{h}a^{51} sɿ^{51}”“菠薐菜 po^{21} lən^{35} sɿ^{51}”等不少詞中。

從上引北宋邵武人吴處厚《青箱雜記》卷六有關閩方言中“囝”的記載來看，很可能這個詞自古以來就是閩西北邵武一帶的核心詞。核心語素保留、傳承至今，但是由其虚化、弱化的後綴“囝”早前却被來自江西贛方言的“崽”綴各種變體所替代，另外，晚近又從官話或共同語等主流漢語引進了“子”綴。多種後綴叠床架屋，使得整體面貌顯得非常複雜。

閩西北邵武、光澤一帶兩宋以後逐漸從閩方言中分離出來而走上了獨立發展的道路，時至今天已經蜕變爲贛方言。李如龍、陳章太(1991：220)説：“從魏晋到唐五代的100多年間，這裏和閩北方言分布的地域同屬於‘建安郡—建州’，這就是閩西北七縣方言和閩北方言存在着不少共同特點的歷史基礎。後來，分立邵武軍—邵武府和南劍州—延平府之後，近1000年的社會生活又决定了邵武、光澤、建寧、泰寧的西北片和順昌、將樂、明溪的東南片之間造成明顯的差異，前者有更多的贛方言特點，後者有更多的閩方言特點。……在原邵武府屬四縣，至今還有相當數量的居民記得本家族從江西遷來幾代人了。先後的移民和現實生活中的頻繁交往使得贛方言對這一帶方言發生了極其深刻的影響，邵武、光澤、建寧、泰寧四縣市的話已經質變爲客贛方言。”劉曉南(2002)從宋代邵武文士的特殊用韻，推斷其時的邵武話屬於閩語的閩北次方言。萬波、張雙慶(2006)從聲母系統格局的變化和聲類轄字範圍的變化兩方面入手，論證了宋代以來邵武方言由閩語轉變爲贛語的過程，並根據有關邵武的歷史人口和移民資料，推測這一演變過程的完成當在明代永樂年間(1403)之後。這就是今天閩西北贛方言保留閩方言“囝”的核心語素，而基本的名詞後綴却與江西贛方言相同的歷史背景。閩西北方言名詞後綴發展演變的原理，可以用下圖來表示(實綫箭頭表示歷時演變，空心箭頭表示横向影響)：

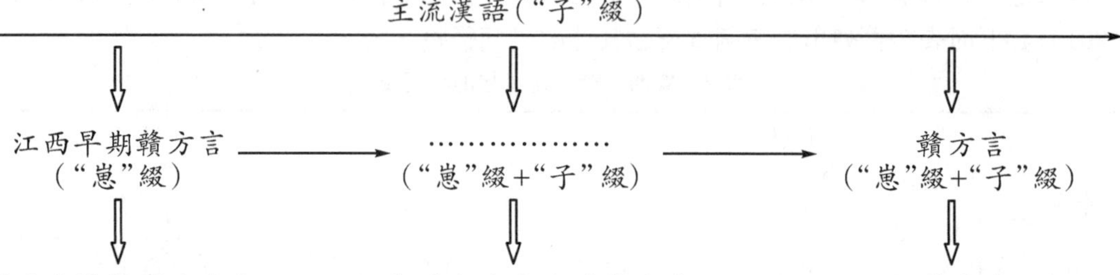

下面再簡單看看贛方言的其他邊界方言點。鉛山話分布在與浙江鄰近的江西東北部地區，兒子稱爲“崽哩 ʦai^{45} li^{0}”，保留贛方言的核心詞，但是出現了部分與鄰近吴方言相同的“兒 ȵi^{0}”綴詞，如：猫兒 miau^{33} ȵi^{0} 猫、牛伢兒 ŋɛu^{24} ŋa^{24} ȵi^{0} 牛犢、猪崽兒 ʨy^{33} ʦai^{45} ȵi^{0} 小猪、蝦公兒 xa^{33} kuŋ^{33} ȵi^{0} 小蝦、朘兒 ʦoi^{33} ȵi^{0} 陰莖、指頭兒 ʦɿ^{45} tʰɛu^{24} 小指、毛毛兒 mau^{24} mau^{33} ȵi^{0} 嬰兒(胡松柏、林芝雅 2008)，這裏的贛方言顯然是受到吴方言的影響。鉛山話還有一個“欸 ɛ^{0}”綴(受前音節同化還有 iɛ^{0}、uɛ^{0}、nɛ^{0}、ŋɛ^{0} 等變體)，如：姑欸 ku^{33} ɛ^{0} 姑媽、細欸 ɕi^{21} iɛ^{0} 叔母、叔欸 ʃu^{24} uɛ^{0} 叔父、妗欸 ʨʰin^{33} nɛ^{0} 舅母、老公欸 lau^{45} kuŋ^{33} ŋɛ^{0} 曾祖父，胡松柏、林芝雅(2008)認爲“欸”綴是另一種“兒”綴，稱之爲“兒$_{2}$”。實際上，“欸”綴是贛方言“崽”的虚化和弱化形式，在南城話、黎川話等贛方言中並不罕見(莊初昇 2019)。

宿松話分布在皖、鄂、贛三省的接合部，也是一個邊界的贛方言。根據唐愛華(2005)，宿松話兒子稱爲“兒子 l̩^{35} ・ʦɿ”，名詞後綴除了“兒”綴就是“子”綴，而没有一般贛方言的“崽”綴。其中，“兒”綴有 l̩^{35} 和・l̩ 兩種讀音形式，前者實際上是一個半實半虚的“準後綴”，用於指小，如：牛兒 niəu^{35} l̩^{35} 牛犢、狗兒 kiəu^{31} l̩^{35} 狗崽、鷄兒 tɕi^{22} l̩^{35} 小鷄兒、鳥兒 tiau^{31} l̩^{35} 小鳥兒、八兒 pa^{55} l̩^{35} 赤子陰；後者是一個典型的“兒”綴，語義上已經完全虛化，語音上也弱化爲輕聲，如：伢兒 ŋa^{35} ·l̩ 小孩兒、老兒 lau^{31} ·l̩ 老頭兒、馬兒 ma^{31} ·l̩ 小板凳兒、讒兒 ts^{h}an^{35} ·l̩ 圍嘴兒，能産性不是很强。讀 l̩ 類的“兒”綴與吴方言區讀鼻音或鼻化的“兒”綴有所不同，應該是周邊江淮官話影響的結果。這種影響相當徹底，贛方言原有的實義名詞“崽”及其虛化、弱化的後綴已經消失得無影無踪。

4. 湘方言的一些邊界方言點

大部分湘方言把兒子稱爲“崽”，與之相關的名詞後綴主要有“崽”類、“唧”類和“㗂”類等，“唧”類和“㗂”類等只不過是“崽”類的虛化和弱化（莊初昇，2019）。但是，湘方言的一些邊界方言點，基本的名詞後綴另有來源，下面舉幾個方言點爲例。

辰溪話是辰溆片湘方言的代表，分布在湖南省西部，正好處於湘語和西南官話的接壤地帶。辰溪話兒子不稱爲“崽”而稱爲“兒 ɚ^{213}”，辰溪話除了“子”綴非常常見之外，還有一些帶“兒”綴的詞語。辰溪話的“兒”綴有兩種調值，如：伢兒 ŋɔ^{324} ɚ^{31} 小孩、老□兒 lau^{31} ve^{324} ɚ^{31} 老漢、野□兒 io^{31} ve^{324} ɚ^{31} 野獸、雀兒 tɕ^{h}io^{213} ɚ^{31} 鳥兒、椿木兒 ts^{h}uei^{44} mu^{213} ɚ^{31} 椿樹芽、餃兒 tɕiau^{31} ɚ^{31} 餛飩、膏兒 kau^{44} ɚ^{31} 米豆腐、凌毛兒 lei^{55} mau^{324} ɚ^{31} 凍雨、賊兒 ts^{h}ai^{324} ɚ^{324} 小偷、手巾兒 səu^{31} tɕiei^{31} ɚ^{324} 小手帕、手指兒 səu^{31} tsɿ^{31} ɚ^{324} 小手指、豆腐兒 tai^{55} fu^{31} ɚ^{324} 豆腐腦、猪兒 tsu^{44} ɚ^{324} 小猪、猫兒 mau^{44} ɚ^{324} 小猫、鴨兒 ɔ^{44} ɚ^{324} 小鴨、蠶兒 dze^{324} ɚ^{324} 蠶、蛆兒 tɕ^{h}y^{44} ɚ^{324} 蛆。謝伯端（2016：511）認爲：“辰溪方言的兒尾詞是在周邊官話的滲透和影響下形成的。”

湘陰話分布在湖南省東北部，鄰近平江、瀏陽贛方言區。孫益民（2004）認爲“子”字在湘陰話裏有 tsɿ^{41}、tsɿ^{0}、li^{0}、tse^{45} 四種語音形式，這顯然是不對的。但是他提供的語料却是有價值的，我們認爲屬於“崽 tse^{45}”綴的名詞如：崽崽 tsai^{41} tse^{45} 動物的幼仔、麻雀崽 ma^{13} tɕ^{h}io^{45} tse^{45}、土狗崽 t^{h}əu^{41} kei^{41} tse^{45} 螻蛄、筆筒崽 pi^{45} tən^{13} tse^{45} 插筆的竹筒、釘鎚崽 tian^{33} tɕy^{13} tse^{45} 釘鎚，我們認爲屬於“哩 li^{0}”綴的名詞如：苞哩 pau^{41} li^{0} 花蕾、□猪哩 ia^{21} tɕy^{33} li^{0} 不聽使喚的猪、螞蟻哩 ma^{41} nie^{45} li^{0}、薯藤葉哩 fei^{13} tiẽ^{13} e^{45} li^{0} 紅薯葉、蒿笋杆哩 o^{33} sən^{0} kan^{41} li^{0}。“哩”綴在湖南湘方言中很罕見，贛方言中却較爲常見。湘陰與湖南贛方言區相毗鄰，受到贛方言的影響是不奇怪的（莊初昇，2019）。

長沙話分布在湘方言區的東邊，儘管不屬於典型的邊界方言，但是受到官話和共同語等主流漢語的影響深遠，因此被稱爲“新湘語”。長沙話儘管“兒子”義的名詞也是“崽”，但只有“子 tsɿ^{0}”綴而没有“崽”綴及其變體“㗂”綴、“唧”綴等，如：星子星星、罩子霧、陰天子陰天、日子、晚邊子傍晚、屑子垃圾、豹子、羊婆子母羊、燕子、鷄崽子小鷄兒、爪子、洋芋子土豆、茄子、包子、猪舌子猪舌頭、裏子、桌子、肚子、伢子男孩子、新娘子、嫂子、外孫子外孫、一點□[ŋa^{45}]子一點兒。我們推測，長沙話受到鄰近官話（特别是湘北、贛北）及共同語的影響更顯著，原本來自“崽”的後綴已經被“子”綴所替换（莊初昇，2019）。

三　結論

德國語言學家 Bernd Heine 和 Tania Kuteva（2002/2012）列舉了世界上很多語言中“孩子”義名詞演變爲小稱詞綴的實例，其中不乏語音弱化的，這説明漢語“兒”綴的演變具有類型學特徵。誠然，諸如官話的“子”和“兒”，吴方言的“兒”，閩方言的“囝”，粤方言的“仔”（實爲“子”），客家方言的“子”和“崽”，湘、贛方言的“崽”，以及分别由這些實義名詞衍生出來的名詞後綴,都是上述類型學特徵的具體表現。

本文研究的重點,是分析吴、閩、湘、贛方言的一些邊界方言點基本的名詞後綴與各自方言“兒子”義名詞不相吻合的類型特點,揭示這些名詞後綴來源於周邊强勢方言或主流漢語的深度影響。吴方言“兒子”義名詞是鼻音型的“兒”,但是今天北部邊界的一些方言點如靖江、江陰,基本的名詞後綴已經完全看不出與鼻音型“兒”的關係,這兩個方言點非常豐富的“子”綴以及少數卷舌型的“兒”綴,顯然都是從長江以北的江淮官話移植的。北部吴方言的其他方言點如丹陽、崇明、上海、寧波、蘇州、富陽等,儘管不都屬於邊界方言,鼻音型(包括鼻化型)“兒”綴都只剩下一些殘迹,來自官話或主流漢語的“子”綴正處於活躍期。從19世紀上海話、寧波話的語料來看,“子”綴取代“兒”綴早在一百多年前就已基本完成。閩方言“兒子”義的名詞是“囝”,各種證據表明這是一個古老的方言詞。從語音對應關係來看,閩北、閩中方言中基本的名詞後綴有可能來自咍韻的“崽”,也有可能來自之韻的“子”。我們推測若是“崽”綴,則與江西贛方言的擴散有關;若是“子”綴,則可能與閩西寧化、長汀、連城等客家方言有關,也可能是主流漢語經由浙南吴方言第二次擴散的結果。贛方言“兒子”義的名詞是“崽”,但是閩西北泰寧、邵武、光澤“兒子”義的名詞却帶有中心語素“囝”,基本的名詞後綴則又是“崽”虛化和弱化的形式,也表現出不對稱的類型,這是兩宋以來這一帶的閩北方言逐漸蜕變成贛方言的整體特點所决定的。贛方言其他的一些邊界方言點如江西的鉛山和安徽的宿松,都已經出現了一些“兒”綴詞,則分别是南部吴方言和江淮官話影響的結果。湘方言“兒子”義的名詞也是“崽”,但是辰溪話除了“子”綴非常常見之外,還有一些帶“兒”綴的詞語,這是湘西西南官話帶來的。湘陰話“哩”綴儘管來自“崽”,但它在湖南湘方言中很罕見,應該是受到鄰近的湖南贛方言的影響。長沙話只有“子”綴,這是一種受到官話或主流漢語最深刻影響的“新湘語”。

因爲與本文的主旨關係不大,此前我們並没有討論邊界方言基本的名詞後綴語義演變的大致過程,即如何從一個表“兒子”的實義名詞沿着表動物後代、植物細株、物體細小者到作爲名物化標記等的語法化過程。我們知道,表小指愛是人類語言共同的語用需求。有些漢語方言來自“兒子”義的名詞後綴,如南部吴方言鼻音型的“兒”綴或兒化,經過長期的發展出現小稱義的磨損,這就需要其他小稱形式來代償,因此小稱變調應運而生,它最後完全有可能取代“兒”綴或兒化。應該説,上述邊界方言來自各自“兒子”義名詞的後綴被其他的名詞後綴所取代,基本動因不是本方言的代償需要,而是周邊强勢方言,特别是主流漢語强烈影響、滲透而引發的。這個過程一定有一個本方言的舊質後綴和來自强勢方言或主流漢語的新質後綴叠置競争的階段,最後新質完全取代舊質。吴福祥(2008)根據Heine及Heine和Kuteva的相關論述,提出語言接觸引發的語法演變機制分爲“語法借用”和“語法複製”,其中語法借用指的是一個語言(源語)的語法語素(語法性的形一義單位)遷移到另一個語言(受語)之中。上述邊界方言的後綴“子”“崽”“兒”,顯然不是來自各自方言“兒子”義名詞的語法化,而是來自周邊强勢方言或主流漢語的語法借用。

後綴屬於漢語構詞層面的成分,後綴的移植涉及語音、詞彙和語法諸層面的問題,與一般的借詞不同,一般來説只有語言的深度接觸才可能引發後綴的根本性改變。本文所關注的邊界方言點往往具有特殊的語言生活,一般都很容易滿足語言深度接觸的外部條件。

參考文獻

[1]艾約瑟. 上海方言口語語法[M]. 1853. 錢乃榮,田佳佳譯. 北京:外語教學與研究出版社,2011.
[2]北京大學中文系語言學教研室. 漢語方言詞彙(第二版) [M]. 北京:語文出版社,1995.
[3]蔡國璐. 丹陽方言詞典[M]. 南京:江蘇教育出版社,1995.
[4]蔡華祥. 東台方言的後綴"兒"和"兒+子"[J]. 中國語文,2014(3).
[5]曹志耘. 南部吴語語音研究[M]. 北京:商務印書館,2002.
[6]曹志耘主編. 漢語方言地圖集·語法卷[M]. 北京:商務印書館,2008.
[7]陳忠敏. 寧波方言"蝦猪雞"類字聲調變讀及其原因——兼論漢語南方方言表小稱義的兩種語音形式[J]. 語言研究,1992(2).
[8]鄧享璋. 閩中、閩北方言的名詞後綴"子"[J]. 南平師專學報,2004(3).
[9]顧頡剛等輯,王煦華整理. 吴歌·吴歌小史[M]. 南京:江蘇古籍出版社,1999.
[10]侯精一主編. 現代漢語方言概況[M]. 上海:上海教育出版社,2002.
[11]郝紅艷. 類型學視角下的方言"子"尾研究[J]. 河南師範大學學報,2015(2).
[12]胡松柏,林芝雅. 鉛山方言研究[M]. 北京:中國社會科學出版社,2008.
[13]李如龍. 閩北方言[M]//閩語研究. 北京:語文出版社,1991.
[14]李如龍. 浦城縣内的方言[M]//閩語研究. 北京:語文出版社,1991.
[15]李如龍. 從閩語的"汝"和"你"説開去[M]//方言,2004(1).
[16]李如龍. 閩語的"囝"及其語法化[J]. 南開語言學刊,2005(2).
[17]李如龍,陳章太. 閩西北七縣市的方言[M]//閩語研究. 北京:語文出版社,1991.
[18]李如龍,潘渭水. 建甌方言詞典[M]. 南京:江蘇教育出版社,1998.
[19]劉丹青. 南京方言詞典[M]. 南京:江蘇教育出版社,1995.
[20]劉俐李,侯超,等. 江陰方言新探 [M]. 北京:世界圖書出版公司,2013.
[21]劉曉南. 從宋代邵武文士用韻看歷史上邵武方言的特點及其歸屬[J]. 中國語文,2002(3).
[22]睦禮遜(William T. Morrison). 寧波方言字語匯解(An Anglo-Chinese Vocabulary of the Ningpo Dialect)[M]. Shanghai:American Presbyterian Mission Press,1876.
[23]潘渭水. 閩北方言研究[M]. 福州:福建教育出版社,2007.
[24]秋谷裕幸. 吴語江山廣豐方言研究[M]. 日本:愛媛大學法文學部綜合政策學科,2001.
[25]秋谷裕幸. 閩北區三縣市方言研究[M]//語言暨語言學,專刊甲種十二之二. 臺北:"中研院"語言學研究所,2008.
[26]秋谷裕幸. 浦城縣觀前、臨江方言的子尾、子變音和小稱變調[M]//語言研究集刊(第 14 輯). 上海:上海辭書出版社,2015.
[27]錢乃榮. 當代吴語研究[M]. 上海:上海教育出版社,1992.
[28]錢乃榮. 上海語言發展史[M]. 上海:上海人民出版社, 2003 .
[29]石汝傑,宫田一郎主編. 明清吴語詞典[M]. 上海:上海辭書出版社,2005.
[30]史濛輝. 蘇州方言中的官話成分[M]//鄭偉(主編). 邊界方言語音與音系演變論集. 上海:中西書局,2016.
[31]蘇增耀主編. 靖江方言詞典[M]. 南京:江蘇人民出版社,2009.
[32]湯珍珠,陳忠敏,吴新賢. 寧波方言詞典[M]. 南京:江蘇教育出版社,1997.
[33]唐愛華. 宿松方言研究[M]. 北京:中國社會科學出版社,2005.
[34]萬波,張雙慶. 論宋代以來邵武方言的演變[M]//何大安(編). 山高水長:丁邦新先生七秩壽慶論文集. 臺北:"中研院"語言學研究所,2006.

[35]王福堂. 紹興方言研究[M]. 北京:語文出版社,2015.

[36]吴福祥. 南方語言正反問句的來源[J]. 民族語文,2008(1).

[37]吴處厚. 青箱雜記[M]. 北京:中華書局,1985.

[38]徐瑞蓉. 閩方言"囝"的詞義演變[J]. 語文研究,2000(2).

[39]徐通鏘. 寧波方言的"鴨"[ɛ]類詞和"兒化"的殘痕——從殘存現象看語言的發展[J]. 中國語文,1985(3).

[40]許寶華,陶寰. 上海方言詞典[M]. 南京:江蘇教育出版社,1997.

[41]張惠英. 崇明方言詞典[M]. 南京:江蘇教育出版社,1993.

[42]鄭張尚芳. 温州方言兒尾詞的語音變化(一)[J]. 方言,1980(4).

[43]鄭張尚芳. 温州方言兒尾詞的語音變化(二)[J]. 方言,1981(1).

[44]莊初昇. 客家方言名詞後綴"子""崽"的類型及其演變[J]. 中國語文,2020(1).

[45]莊初昇. 湘、贛方言與"兒子"義名詞相關的後綴[C]//第27屆國際中國語言學年會(IACL27)論文,日本神户市外國語大學,2019.

[46]Bernd Heine,Tania Kuteva. 語法化的世界詞庫[M]. 2002. 龍海平,谷峰,肖小平譯/洪波,谷峰注釋. 北京:世界圖書出版公司,2012.

On the Origin of Some Noun Suffixes *zi*(子), *zai*(崽) and *er*(兒) in Some Border Chinese Dialects

Zhuang Chusheng

Abstract: In Chinese dialects the most common noun suffix is basically from the noun with the meaning of son, such as "*zi*(子)" and "*er* (兒)" in Mandarin, "*er* (兒)" in Wu dialects, "Jian(囝)" in Min dialects, "*zai*(仔)" in fact "*zi*(子)" in Yue dialects, "*zi*(子)" and "*zai*(崽)" in Hakka dialects as well as "*zai*(崽)" in Xiang and Gan dialects. While in some border dialects of Wu, Min, Xiang, and Gan, the basic noun suffix doesn't match the noun with the meaning of son in each dialect respectively, which manifests some other types and features. Based on a comparative study, this paper puts forward that the suffixes "*zi*(子)" "*zai*(崽)" and "*er* (兒)" in border dialects are supposed to be borrowed from the powerful dialects around, especially from the common Chinese. From the data of Shanghai and Ningbo dialects in the 19th century, the suffix "*er* (兒)" has been replaced by the suffix "*zi* (子)" since more than 100 years ago. In conclusion, this paper proposes that as the word-formation component, the borrowing and substantial change of a suffix involves phonological, lexical and syntactic levels, which is believed to be the result of language deep contact.

Key words: border Chinese dialects, noun suffixes, suffix "*zi*(子)", suffix "*zai* (崽)", suffix "*er* (兒)", language contact

通信地址:浙江省杭州市西湖區餘杭塘路866號浙江大學紫金港校區西區人文大樓漢語史研究中心/中文系

郵　　編:310058

E-mail:zhchsh@zju. edu. cn

文本比較視域下的清末民初粵語句式考察*

——以《粵音指南》《訂正粵音指南》爲中心

張美蘭

内容提要 本文以《粵音指南》《訂正粵音指南》及其對譯原始官話材料《官話指南》中反復問句、施受關係句、比較句、雙賓句、述補結構的表達爲核心，以當時的官話句式類型爲比較對象，專題考察清末民初粵語的主要句式面貌特徵。从文獻看，清末民初粵語句式表達，較多保存了中古時期或漢語早期傳統的用法，如反復問句用"VP-Neg"；表達施受關係，"SVO"語序占主導；比較句用"比較主體＋比較結果＋比較詞("過")＋比較客體"的語序；動詞帶雙賓語時，主要使用"$V_1O_1+V_2O_2$"結構；動補結構以"唔 VC"式占主流。地域因素是語言演變過程中的一種制約因素。

關鍵詞 粵語句式 官話指南 粵音指南 清末民初

自從 1828 年馬禮遜《廣東省土話字彙》出版以來，一批粵語的辭書、粵語課本和翻譯的粵語聖經等不斷涌現，這些文獻成爲我們今天研究 19 世紀上半葉以來粵語面貌和發展演變的最重要的材料。吴福祥(2005)、楊敬宇(2006)、張洪年(2007)、鄧思穎(2018)等專家先後發表了不少具有相當深度廣度的研究成果。張美蘭(2016)介紹了《官話指南》及其四種方言對譯本的價值，其中《粵音指南》《訂正粵音指南》是研究清末民初粵語斷代共時語言面貌極好的參照材料。一百多年前粵語句法面貌如何？它對譯漢語官話，能否體現漢語及其方言句式結構演變進程中的變異性、穩定性和關聯性呢？這是本文關注的視角。下面我們以《官話指南》及其粵語對譯本《粵音指南》《訂正粵音指南》爲中心，進行粵語句法類型的用法特點考察。使用的版本如下：

A. 北京官話《官話指南》四卷[明治 14 年(1881)12 月楊龍太郎出版]

B. 逐句對譯官話成粵語的《粵音指南》四卷[宣統二年(1910 年)香港別字館印本(第二版)]

C.《訂正粵音指南》三卷[1930 年 Printed by Wing Fat & Company, Hong kong]

一 反復問句

反復問又叫正反問，是由謂語中的肯定形式和否定形式並列的格式構成，基本形式爲"VP 不 VP"("是不是")/"A 不 A"("好不好")，或者用"有没有"的形式發問。在漢語史上，漢語反復問句有兩種主要形式："VP-Neg(否定詞)"與"VP-Neg-VP"類。"VP-Neg"是一種

---

* 本文是國家社科基金重大項目"近代漢語後期語法研究與現代漢語通語及方言格局形成之關係研究"(項目編號：19ZDA310)的階段性成果。

繼承上古、中古漢語而來的反復問句式。從上古到唐五代都只有單音節否定詞,包括“否、不、未、非、無”等,宋末開始出現雙音節否定詞“不曾”,元明清時期,“不曾、没、不是、没有”等雙音節否定詞是主要形式。《粵音指南》《訂正粵音指南》該類問句的使用情況如下:

(一)粵語對譯官話“V不V”句式

1.1.1　粵語偏向用“V唔呢?” 否定詞是“唔”。如:

(1)(A)給你磨别處的行不行?(B)同你换别處嘅得唔呢?

(C)同你换别間嘅做得唔呢?(2-34,卷数-章数,下同)

按:B、C版用“V唔(呢)”/“VO唔呢”,這是上古“V不”問句的存留。其中C版更偏向“V唔(呢)”。

1.1.2　粵語B版用“V唔V呢?”,C版用“V唔呢?”對譯,如:

(2)(A)你説可笑不可笑?(B)你話好笑唔好笑呢?

(C)你話,係好笑唔呢?(2-33)

1.1.3　粵語用是非問對譯官话A中的“V不V”問句。C版爲甚。例如:

(3)(A)黄瓜裏頭已經擱了醬油了,還招點兒醋不招了?

(B)黄瓜裏頭已經落咽的醬油喇,重放的醋唔呢?

(C)有的醬油,重使加的醋嗎?(3-4)

(4)(A)你雇的這個車乾净不乾净?(B)你叫呢駕車乾净唔乾净?

(C)你僱箇駕車乾净嗎?(3-6)

按:語氣詞“嗎”字,清代始用。早期粵語用“咩”①“嗎”“呢”對譯官話是非問語氣詞“麽”和“呢”。例3-4中C版對譯爲“VO嗎?”是典型的是非問,通過與官話A粵語B之間的對照,也能説明漢語是非問句與正反問句之間的淵源關係。

1.1.4　粵語用“V不V”問句對譯官话A中的是非問句。

(5)(A)您這西院裏那處房要出租,是真的麽?

(B)你呢處西院裏頭個所屋想出賃,係唔係呢?

(C)你西院有屋招租[或租賃],未知係唔呢?(2-1)

這也能説明漢語是非問句與正反問句之間的淵源關係。

(二)粵語對譯官話“有(O)没有”/“VO没有”句式

1.2.1　粵語用“有O冇/有冇O”對譯官話“有O没有”句。

(6)(A)你再看看這火盆裏有火没有了?(B)你睇吓個火盤裏頭重有火冇?

(C)後來睇吓箇火盤有冇火?(3-2)

---

①　按:粵語用“咩”“嗎”對譯官話的是非問語氣詞“麽”“呢”或“哪”。

(1)(A)他老子娘也不管他麽?(B)佢嘅父母都唔管佢咩?(C)佢父母唔打理佢咩?(1-33)

(2)(A)是在城外頭麽?(B)喺城外開嗎?(C)喺華人城裏嗎?(2-2)

(3)(A)老弟還没定規日子起身哪?(B)賢弟仲冇定幾時日子起程咩?

(C)你未定起程嘅時候,係嗎?(2-3)

1.2.2 粵語用“VO 唔曾”“VO 唔呢”“VO 未呢”“VO 冇”對譯官話“VO 没有”句。

(7)(A)可不知道有人應妥了没有？(B)唔知有人接成唔曾就喺咯？
(C)唔知有人定嘵唔呢？(2-10)

(8)(A)你從前上那兒去過没有？(B)你從前去過個笪唔曾呀？
(C)舊時去過嗰處未呢？(3-8)

(9)(A)是了，還有配套的那套書，您給配得了没有？
(B)係咯，重有配套嗰部書，你同佢配好未呢？
(C)好喇，嗽嗰套書要配夾，做妥唔曾呢？(2-18)

(10)(A)我就打聽他忌了烟了没有？(B) 問佢戒嘵烟冇？
(C)我問佢有戒烟冇？(2-25)

(三)粵語對譯官話“是 O 不是”問句

粵語 B 版用“係 O 唔係”，C 版用“係 O 唔呢”或“是否 O”，如：

(11)(A)坎肩兒、汗褟兒，是要這兩件不是？(B)背心、汗褟，係愛呢兩件唔係？
(C)係要呢件背心共嗰件汗衫唔呢？(3-5)

(12)(A)那個人就求點心鋪裏的掌櫃的，給我平平那包銀子，是十兩不是？
(B)嗰個人就求點心鋪個事頭，同佢兑過嗰包銀，係十兩唔係？
(C)就請點心鋪嘅事頭，兑過箇包銀，是否十兩？(2-36)

(四)粵語對譯官話“A 不 A”問句

1.4.1 粵語 B 版基本都是“A 唔 A”句，C 版却多以“A 唔呢”對譯，如：

(13)(A)你想這麼辦好不好？(B)你就估嗽嘅做法好唔好呢？(C)你話嗽好唔呢？

1.4.2 粵語 C 版也以“A 嗎”對譯，如：

(14)(A)老爺，水熱不熱？(B)老爺，水熱唔熱呀？(C)先生，箇的水太熱嗎？

相比而言，A 版“A 不 A”，粵語一大特點是多在句末加語氣詞“呢”。如 B 版“好唔好呢”“好唔好吖/呀”“够唔呢”“多唔呢”；C 版有三分之一是“好唔好呢”，有三分之二是“好唔呢”“妥當唔喇”，甚至還有幾例用“嗎”之是非問。從官話“A 不 A” 到粵語 B、C 之“A 唔呢”、C 的“A 嗎”，同樣也能看出反復問句與是非問之間的關聯。

《訂正粵音指南》一書雖年代晚，但編譯中反映了粵語對漢語該句式早期用法的存留。

(五)粵語對譯官話“VP 麼”問句

對譯官話“VP 麼”問句，粵語有“VP-Neg”“VP-Neg-VP”“VP 嗎”三類，前兩者約有 35 例，後者也占有相當一部分。

1.5.1 粵語用“V 唔呢/有 O 冇”“V 唔 V”問句。這些對譯於官話“VP 麼”問句，基本出現在表示已然語境之中。粵語 B 版多用“V 唔 V”或“有 O 冇”問句，C 版多用“V(有)唔呢”問句，雖粵語 B、C 版有差異，但都是反復問的特點。如：

(15)(A)那搭交手還得以偺們給他預備杉槁麼?

(B)嗷搭架重使我哋預备埋杉俾佢唔使呀?

(C)搭架使我哋同佢攞杉料唔呢?(3-14)

1.5.2 粵語B、C版有用"VO嗎"對譯"VP麽"①,如:

(16)(A)你認得那個騙子手的家麽?(B)你知到嗰個棍徒住家嗎?

(C)你识嗰箇光棍嘅屋唔呢?(2-36)

(六)小結

官話A版1-3卷中反復問句"VP-Neg-VP"(50例),"VP没有"(10例)。粵語對譯明顯是"VP-Neg"高於"VP-Neg-VP"。張敏(1990)指出,從先秦到南北朝,除了秦墓竹簡比較特別外,"VP-Neg"是唯一的反復問句形式。根據研究,"VP-Neg"直到南宋還是主流,殷偉(2006)調查《五燈會元》"VP-Neg"892例,"VP不VP"僅61例。羅惜(2013)調查《朱子語類》"VPNeg(否/未/無)"句740例,"VP不VP"19例,"VP不曾"在《朱子語類》才用,僅2例。李書超(2013)指出:元代"VP-Neg-VP"式幾乎與"VP-Neg"式用例持平。"VP-Neg"式句末出現新的否定詞"没"。之後"VP-Neg-VP"式用例上升,超過"VP-Neg"式,明代延續這一趨勢,清代則成爲絶對占優勢的句式。同時"VP-Neg"式句末出現新的否定詞"没有"。如此,《官話指南》A官話版體現的是明代以後尤其是清代北方"VP-Neg-VP"爲主的句式類型特點。而B、C粵語翻譯版保存了元明以前反復問句"VP-Neg" 爲主的結構形式。早期粵語最常用的反復問句式是最古層的"VP唔",其次是宋代以後的"VP唔曾",再後就是"(有)…冇"。

二 施受關係表達句式

就施受關係而言,《官話指南》A版體現的官話句式大致有三類語序:"$S_{施事}+V_{謂詞}+O_{受事}$""$S_{施事}+$把/將$+O_{受事}+V_{謂詞}$""$O_{受事}+$被/叫$+S_{施事}+V_{謂詞}$",而對應這三種句式的粵語B、C版雖受通語官話影響,但仍基本固守自己的句式語序。

(一)粵語對譯官話"$S_{施事}+V_{謂詞}+O_{受事}$"結構

當主語和賓語同現,漢語多數情況下是主語偏指施事,賓語偏指受事。施事出現的典型位置是句首的主語位置,受事的典型位置是句尾。這是《官話指南》中施受關係的主要語序。對應這個語序,粵語翻譯基本同序。此不贅述。如:

(17)(A)你們先頭裏也來這公館裏賣過東西麽?

(B)你哋從前都嚟呢間公館賣過野嘛咩?

(C)你舊時嚟過呢處賣貨冇呀?(2-7)

① 《官話指南》中語氣詞"嗎"字只用於反問句4例,而是非問只用"麽"字。

(二)粵語對譯官話"$O_{受事}$+叫/被+$S_{施事}$+$V_{謂詞}$"被動結構

表示被動,《官話指南》用"被"字、"叫"字被動句。相對而言"被"字被動句不是口語中的常用句式,第二卷"被劫"1 例、"被參"("被的參")4 例以"被 V"式短語形式出現。除此之外,官話 A 版"被"字句只用在第四卷。第四卷是官場用語,顯文雅,書面語味道濃,因而《改訂粵音指南》没有翻譯。所以第四卷多見"被"字句比較特殊,没有可比性。而"叫"字被動句,是明代開始在北方話口語中常見的被動句式,並未向長江以南擴散。"叫"從動詞虚化而來,其過程是"$叫_1$"叫喊—>"$叫_2$"呼唤/召唤—>"$叫_3$"表致使容許和任憑—>"$叫_4$"被。《官話指南》"叫"字被動句有 6 例。對譯官話被動結構,粵語使用來自"給予"義的"俾"(滬語"撥"、粵語"俾"與"把"同源)爲地域被動標記詞。其 C 版偏向使用傳統書面色彩的"被"字句①。

2.2.1 粵語 B 版用特徵詞"俾"字(來源於給予義)。

就標記詞而言,粵語"俾"与滬語的"撥"都是經歷了從給予義動詞引申虚化而來,"俾""撥"同步引申,經歷了"$俾_1$"(給予)—>"$俾_2$"(表致使和允讓)—>"$俾_3$"(被)。但相對於《粵音指南》,《訂正粵音指南》却偏向用"被"字句②。

(18)(B)誰不知俾呢個姓于嘅零零碎碎占嘵好多畝去。

(C)逐漸被佢占嘵幾畝。(2-12)

(19)(B)佢賣過你哋嗰啲銀係銅嘅咧,你哋點解噲俾佢騙倒呢?

(C)佢賣個的係唔好銀,你哋點樣被佢呃你呢?(2-36)

在翻譯官話 A 版中部分"受事主語句"時,粵語 C 版也有 6 例用"被"字句。如:

(20)(A)説彷彿是勒死的。(B)話好似勒死嘅。(C)話此人似乎被勒死嘅。(2-38)

(21)(A)難道你不知道皮東西一曬,毛梢兒就瞧了麼?

(B)難道你唔知到,皮野曬親,鋒毛就噲焦嘅咩?

(C)唔通你唔知到,的皮衣服被熱頭曬,的毛噲變黄色嘅?(3-10)

2.2.2 粵語 B、C 版也有直接用"VO"式對譯"叫 OV"句的。如:

(22)(A)我就親自到地裏去一查,可不是叫他占了我的地去了麽?③

(B)我就親自到田裏頭睇吓,见佢真係占嘵我嘅田嚊。

(C)我親自去查,见佢真係占嘵我嘅地。(2-12)

粵語在受事賓語句爲主的背景下,被動句式也不是主流句式了。

(三)粵語對譯官話"把/將"字處置式結構

"處置式"是漢語裏的特殊句式。漢語處置式在不同時代有不同的表達方式,在中古漢

① 金桂桃(2019)對 1828 年至 1947 年間 25 部粵語文獻(含會話課本、詞彙集、語法書)進行調查,發現 38 例有標記的被動句中,"被"字句有 33 處,"俾"字句 5 例。用"俾"引進施事的被動句是在 20 世紀初期才逐漸多見,"被"字句下降,20 世紀中期,"俾"字被動句占主導地位。

② 錢志安先生告知 19 世紀傳教士編寫的粵語材料中也多用"被"字被動句,語音標識是陽去聲調,可以排除"俾"字訓讀之嫌。

③ 按:該句在九江書局《官話指南》改編爲:"我就親自到地裏去一查,果然是被他占了我的地去了麽"。被動標記由"叫"改爲"被"。

語“以”字句居多。從唐朝開始,“將”字句開始大量使用,“把”字句才開始出現。唐宋時期“把/將”兩種處置式並行,但是在南宋以後,“將”字句在口語中逐漸衰落,而“把”字句逐漸取代“將”字句,沿用至今(參見馮春田,2000)。《官話指南》與《粵音指南》處置式使用的數據差異比較大,官話用受事前置標記詞的句子多,粵語則相差很大;從處置標記看,A 官話版用“把/將”,粵語則用“將”字、“把”字,還用特定的“㨘”字。

2.3.1 粵語對譯官話廣義“把”字處置式。

A 版《官話指南》中廣義“把”字處置句,有表處置“給”、處置“告”、處置“放”,粵語 B 版對譯爲“將/把”字處置句,C 版對譯爲雙及物單賓結構或受事賓語句。如:

(23)(A)就把東西照舊還給他了。(B)把嗰啲野照舊俾翻佢。
(C)俾番物業過佢。(2-22)

(24)(A)求老爺把下月的工錢支給小的。(B)求老爺將下月嘅工錢支俾小的。
(C)望先生支下月嘅上期工錢呀。(3-13)

(25)(A)趕第二天,我們就在店裏吃完了飯,把那兩匹馬寄放在店裏了。
(B)等到第二日,我哋喺店裏頭吃嘵飯,就㨘個兩匹馬寄落間店處。
(C)第朝食完飯後,就喺旅店餵兩匹馬。(2-15)

2.3.2 粵語對譯官話狹義“把”字處置式。

(26)(A)趕他病好了,就把買賣也收了。(B)及至佢病好,就把生意收咀。
(C)到佢病好,就㨘間鋪收盤咯。(2-16)

(27)(A)這麽着我就都把他賣出去了。(B)噉我就㨘佢嚟賣嘵喇。
(C)噉我就㨘嚟賣嘵咯。(2-12)

“㨘”字引介受事賓語,是從引介工具這一意義虛化而來,因此“㨘”字句多用於廣義處置句,較少是狹義處置式。

2.3.3 粵語對譯官話致使義處置式。A 版中有 2 例 “把”字致使處置式,粵語都對譯成“令”字句。如:

(28)(A)把肝氣的病勾起來了。(B)令個肝氣嘅病引起上嚟咯。
(C)令我肝氣病發生起嚟。(2-27)

(29)(A)把人碰的頭暈眼花。(B)令個人碰到頭暈眼花。(C)令人頭暈。(3-6)

“把”字致使處置式唐五代才有少數用例,“令”字句是中古常見。粵語保存了中古用法。

粵語的語序是賓語一般在動詞後,雖然有處置式,但是發展空間受到制約,粵語處置式不占優勢。在《粵音指南》和《改訂粵音指南》中有“將”字句、“把”字句、“㨘”字句,但是《粵音指南》一至三卷對譯官話 226 例“把”字句的只有 66 例:“將”字句 26 例,“把”字句 25 例,地域特徵詞“㨘”字句 26 例。對其餘 160 例“把”字句,粵語則用受事賓語句表示。《改訂粵音指南》共三卷,“將”字句 15 例,“把”字句 3 例,“㨘”字句 4 例①。其餘對應官話的句子是不用任何標記詞的受事賓語句。説明粵語主要是“SVO”的語序,處置式不是占主導地位的句式。這一點與“將/把”處置式中古以後産生與宋元以後大量使用的歷史時間有關係。

---

① 《改訂粵音指南》三卷另有 10 例“㨘”,表“拿”和“用”的介詞。

(四)小結

官話的及物結構除了"VO"結構外,還有相當數量的"把 OV"結構和一定比例的受事話題句。粵語則爲話題化傾向弱而 VO 語序較典型的方言,粵語是比官話通語更典型的受事後置 SVO 語序,因而處置式、被動式均不占優勢。粵語對唐宋同類句式如"將"字句、"被"字句保存多。但受官話影響大,"把"字處置式占有一定比例,而傳統的是"將"字處置式,帶有地方特點的"搣"字以廣義處置式爲主要用法,介詞"搣"從工具格虛化到處置格的痕迹可見。

三　比較句

比較句是由比較主體、比較客體、比較點、比較詞、比較值等成分構成,其基本結構形式爲"A+比較詞+B+程度詞 Y",其中程度詞 Y 可以爲形容詞、動詞(動詞短語)、數量值、疑問數詞等。馬建忠在《馬氏文通》中根據印歐語中形容詞的原級、比較級、最高級形式,認爲漢語的比較範疇可分爲三類:平比、差比、極比。"平比者,凡象静字以比兩端無軒輊而適相等者也。""差比者,兩端相較有差也。""極比者,言將所以比之象推至於其極也。"以下根據此分類具體分析《官話指南》及其方言譯本比較句的使用情況。

(一)粵語對譯官話平比句

平比句就是比較説明比較的結果是相同、類似或者是没有差别的。官話用"如同""像""同/如同……一樣""與……毫無差别"等,粵語與官話的基本句法結構相似,如:

(30)(A)説的可是那貿易的洋錢和鷹洋是一個樣。

(B)所講係指啯啲舊銀同鷹銀啫。

(C)貿易嘅常銀係共鷹洋同價。(3-12)

(二)粵語對譯官話差比句

差比句就是把兩種事物進行比較,得出程度、性質的差别、高低。官話差比句的主要格式是"A+比較詞+B+(副詞)+比較結果",粵語大部分也用"A+比較詞+B+比較結果",少數用"A+比較結果+比較詞("過")+B",這是古漢語(A+比較結果+於+B)語序的比較句,尤以 C 版爲多。官話的比較詞用"比",粵語用"比較"。比較結果粵語與官話基本相似,可以是光杆形容詞,也可以是數量詞等,比較結果前可以再加程度副詞,官話用程度副詞"還""更""更加"等,粵語用"重",表示比較的程度,而不是表動作重複。如:

(31)(A)我的牙比你的强。(B)我嘅牙比你好啲。

(C)我牙比較你嘅好的。(1-41)

(32)(A)飯莊子比飯館子好。(B)就酒館好過晏店咯。

(C)噉就酒館好過晏店咯。(3-11)

(三)粵語對譯官話極比句

極比句表示某一事物在某種性狀上勝過或不及同類的其他事物。它是一種特殊的差比。它跟一般差比的不同在於比較的範圍上,被比對象往往是任指(或遍指)的。極比句官話、粵語句式基本相同,都是用極比副詞表達,不過官話主要是副詞"最",粵語用"最""至"等。如:

(33)(A)他最愛耍錢。(B)佢至中意賭錢喇。(C)佢至好賭錢。(2-17)

(四)粵語對譯官話遞比句

官話遞比句結構是"一+X+比+一+X+比較結果",是"勝過"義差比句式的一種。從比較詞的使用與否、語序方面看,該句式粵語與官話不一樣,粵語存古。傳統的手法是:比較結果+比較標記"於",粵語或省略比較詞或用比較詞"過",句式結構爲"一+X+比較結果+比較詞("過")+一+X"。如:

(34)(A)今年他忽然一戒烟,烟也沒斷成,可就得了病了,一天比一天重。

(B)今年佢忽然戒起烟嚟,烟都未曾戒得甪,就得嘵病,一日重一日。

(C)今年忽然戒起嚟,唔曾戒斷就病,日甚一日①(2-14)。

(35)(A)先吃的還不多,後來是一天比一天吃的多。

(B)初初重吃冇幾多烟,後來就一日吃多過一日。

(C)初初食有限啫,佢逐漸食到多。(2-25)

四 雙賓語句

(一)粵語對譯官話給予類動詞雙賓句

官話中給予類動詞用"給",粵語用"俾"。官話給予類動詞的雙賓語語序只有一種,受事在與事後"給(V給)+O_1+O_2",粵語"俾"類雙賓語語序有"俾+O_2+O_1"和"俾+O_1+O_2"兩類,但粵語的雙及物單賓結構"俾+O_2+過$_{介詞}$+O_1"却是它用來對譯官話雙賓語結構的常用句式結構。其中與格標記詞是"過"。如:

(36)(A)那就是賞我臉了。(B)致係賞面過我呎。(C)我當係俾面我喇。(1-8)

(37)(A)先給你三塊,另外我賞給你一塊錢。

(B)支住三個銀錢過你先,我另外賞你一個銀錢。

(C)而家俾上期三圓,另賞一圓過你喇。(3-13)

《官話指南》卷一、二、三,共42例"給+O_1+O_2"句。《粵音指南》對譯的情況:雙及物"俾+O_2+過+O_1"句15例,單賓句12例,"俾+O_1+O_2"6例,"俾+O_2+O_1"3例。《訂正

① "日甚一日",比較文言的表達,這一點也反襯出粵語C版比較古雅的特點。

粵語指南》:雙及物"俾＋O_2＋過＋O_1"20 例,單賓句 17 例,雙賓句"俾＋O_1＋O_2"3 例,"俾＋O_2＋O_1"3 例。總的來說,《粵語指南》偏向雙及物結構"俾＋O_2＋過＋O_1"和單賓句。雙賓句不是優勢句;《訂正粵語指南》更是以單賓句爲主,雙及物句次之,雙賓句極少。

(二)粵語對譯官話獲取類動詞雙賓句

獲取類動詞主要有:借(借進)、昧,哄騙、偷、贏等,還包括了"問"類動詞,因爲"問"可以看出從與事那裏獲取語言信息或答案,所以也包括在"獲取"類中一起討論。獲取義類的動詞的雙賓語結構比較簡單,官話只有"V＋O_1＋O_2"一種,對應的粵語基本也是雙賓語句式,或者是單賓句。如:

(38)(A)他的這個妾借了小的十兩銀子的印子。

(B)佢呢個妾氏貸小的十兩印子銀。(C)佢借嘵十兩印子錢。(2-35)

(39)(A)可就打算昧起他一兩銀子來。(B)想瞞起銀。

(C)以爲瞞起佢一兩銀。(2-36)

(40)(A)我來是問你一件事情。(B)我嚟問你一件事呀。

(C)我嚟問你一件事嚙。(2-13)

(三)粵語對譯官話言語告示類動詞雙賓句

對於"告訴"類動詞,在官話中一般是"我告訴你一件事情"的"V＋O_1＋O_2"雙賓語結構,但在粵語中,對應的經常不是雙賓語形式,而是"講＋O_2＋過＋O_1＋知/聽""O_2＋話＋O_1＋知",强調的是説話人與聽話人的互動,説話人不僅傳遞一個話語信息,還希望得到聽話人的注意和反應。如:

(41)(A)老兄,我告訴您一件可氣的事。(B)老兄,我講件可嬲嘅事過你聽。

(C)老哥,我講件激氣嘅事過你聽吓吖。(2-26)

(42)(A)告訴得我告訴不得? 没甚麼告訴不得的。

(B)話得俾我聽唔話得嚹? 有乜唔話得嘅呢。

(C)話得過我知唔呢? 冇乜唔講得出嘅。

鄧思穎(2018)指出:普通話的"説"並非對應粵語的"講"和"話",而"講"和"話"也非自由互换的動詞。粵語的"講",基本屬於言語表達義的言談動詞,所表達的事件是有過程而可重複的活動類事件,"話"表示告訴義,表達一次性的達成類事件。無論句法還是語義,這兩個動詞均不相同。按:《粵音指南》《訂正粵音指南》中"説""講""話""告訴"四個動詞有時是可以對應的①。

① 按:鄧思穎(2018)從當代共時平面來説可以成立,但《粵音指南》《訂正粵音指南》中"説""講""話""告訴"四個動詞是可以對應的。再如:

(1)(A)我告訴你,去年有一個封貨得了便宜的……(B)我講你知吖,舊年有個拆得啲便宜貨嘅……(C)但我話你知吖,舊年有一回有箇人拆貨……(2-20)

(2)(A)我們先伯就説,這可不怕了。(B)我哋先伯就講,噉唔怕咯。(C)我先伯就話,而家唔使怕咯。(2-29)

五 述補結構

(一)粵語對譯官話程度補語

《官話指南》AB版用述補結構“VP＋得＋很”(A版19例,B版20例),粵語B版對譯爲狀中結構16例,主謂結構1例,述補結構6例;粵語C版對譯爲狀中結構12例,主謂結構0例,述補結構1例。官話的補語標記用“得”,粵語用“到”。如:

(43)(A)前幾年皮貨的行市大的很了。(B)先幾年行情高到極咧。

(C)先幾年真係高到極咯。(2-2)

(44)(A)看見瓦上的霜厚的很。(B)睇見瓦面啲霜落到好厚。

(C)見瓦背有好厚嘅霜嘞。(1-25)

對譯官話之狀中結構“很/極＋VP”、主謂結構“VP＋極”,粵語之狀中結構“甚詞＋VP”同樣是高頻句式(多數情况下使用比例最高)。總之,在對謂詞性成分進行程度修飾時,自古以來就有的狀中結構是粵語中的優勢句式,而南宋以來産生的述補結構“VP＋到＋C”不占優勢。

(二)粵語對譯官話能性補語

《官話指南》中的能性補語可以分爲兩類:一是“V得/不得”,二是“V得/不C”。

5.2.1 第一類能性述補結構“V得”“V不得”“不V得”,主要表示情理上是否許可,其肯定式官話與粵語表達基本一致,如:

(45)(A)啊,那件事我記得。(B)呵,嗰件事我記得。

(C)係,嗰件事我記得。(2-38)

其否定式官話主要有兩種,一是否定式“V不得”,粵語大都用“唔V得”,具有存古的特點,少數用“V唔得”結構。如:

(46)(A)我躺在炕上,看窗户上的月光,捨不得睡了。

(B)我瞓喺床處,睇見窗上嘅月色,都唔捨得瞓呀。

(C)我在床上,睇窗口嘅月影,唔捨得瞓呀。(1-23)

(47)(A)怪不得我睡到五更天醒了。(B)怪唔得我五更瞓醒。

(C)唔怪得我五更天瞓醒。(1-25)

二是否定式“不V得”,這個形式是早期形式,粵語用“唔V”或“唔V得”。如:

(48)(A)我不認得他。(B)我唔識佢。(C)我唔識佢。(2-7)

(49)(A)那倆人説,您怎麽不認得我們了?(B)兩個人話,你做乜唔識得我呀?

(C)噉嗰兩人就話,做乜你唔識我呀?(2-26)

5.2.2 第二類能性述補結構“V得/C”“V不C”,其肯定式在官話與粵語之間表達基本一致,如:

(50)(A)那麽您可以凑得出多少來呢?(B)噉你可以凑得出幾多錢呢?

(C)你可以揾得出幾多呢?(2-8)

其否定式"V 不 C",粵語在共同語影響下,有"唔 VC"和"V 唔 C"兩種短語結構,但仍是"唔 VC"較多。如:

(51)(A)這個人實在靠不住。(B)呢個人實首唔靠得住嘅。

(C)呢箇人實首唔靠得住。(2-8)

(52)(A)若是借不着,你再另打主意就是了。(B)若係借唔倒,你再另打主意喺喇。

(C)如果借唔倒,你另設法係喇。(2-17)

(三)粵語對譯官話狀態補語

《官話指南》狀態補語的基本結構是"V 的 C",《粵音指南》等也主要是"V 得 C"。補語多爲狀態形容詞或形容詞短語,述語除了動詞也可以是動詞短語,而官話則常見的只有動詞作述語。粵語有一部分仍用狀態副詞修飾謂詞的語序表達。如:

(53)(A)趕擱得日子多了,我也忘了。(B)歇得日子耐,我亦忘記曉個件事。

(C)歇得日子耐,我亦忘記曉。(2-27)

(54)(A)長得很體面的個年輕的人。(B)見係個好體面嘅後生。

(C)見佢係箇好體面嘅青年。(2-25)

(四)粵語對譯官話結果補語

結果補語主要表達動作行爲的趨勢或結果得以實現。有詞彙形式和結構形式。粵語表結果補語結構基本與官話一致,詞彙形式主要在於詞的異文表達,"V 了(O)"常見的是用助詞"咽、嘵"的"V 咽/嘵(O)"。如:

(55)(A)算是才給他們都説合完了。(B)算係共佢調停落嚟咯。

(C)至講妥咯。(2-19)

(56)(A)這麽着就立了字據,過了錢了。(B)噉,然後致立咽契據,交咽銀。

(C)是以簽立契據交銀咯。(2-27)

六 結語

本文在文獻比較的基礎上考察粵語句法類型的用法特點。重點考察了十九世紀末《粵音指南》《訂正粵音指南》對譯北京官話版《官話指南》中的反復問句、施受關係句、比較句、雙賓句、述補結構句而形成的異同對應特點。藉此更深刻地認識清末漢語官話及其粵語的句式各自發展的規律。相對而言,粵語句式表達主要保存了中古時期魏晋至唐間或漢語早期傳統句式用法特點。表現爲:反復問句以"VP-Neg"爲主;表達施受關係,以"SVO"語序占主道;比較句用"比較主體+比較結果+比較詞("過")+比較客體"的語序;動詞帶雙賓語時,偏重使用雙及物結構;動補否定結構以"唔 $V_{動}$ $C_{補}$"式占主流。比較結果顯示,漢語句式的歷時發展在粵語中有不同程度的存留,漢語句式歷時演變從古到今具有穩定性和關聯性。一定歷時條件下之地域因素是語言演變過程中的一種制約因素。本文還想説明,雖然粵語翻譯版本有先後不同的時間順序,但是翻譯者的個人傾向占主導,後出的《訂正粵音指南》在句式表達上,反而保存了早期粵語的用法,略顯保守。

参考文獻

[1]鄧思穎. 粵語的"説"類動詞[J]. 中國語文,2018(4).

[2]馮春田. 近代漢語語法研究[M]. 濟南:山東教育出版社,2000.

[3]金桂桃. 19世紀以來廣州方言有標記被動句的發展[J]. 長江學術,2019(1).

[4]麥耘. 從粵語的產生和發展看漢語方言形成的模式[J]. 方言,2009(3).

[5]李書超. 漢語反復問句的歷時研究[D]. 武漢:武漢大學,2013.

[6]羅惜.《朱子語類》反復問句研究[D]. 蘇州:蘇州大學,2013.

[7]吴福祥. 粵語能性述補結構"Neg-V得OC/CO"的來源[J]. 方言 2005(4).

[8]楊敬宇. 清末粵方言語法及其發展研究[M]. 廣州:廣東人民出版社,2006.

[9]殷偉.《五燈會元》反復問句及選擇問句研究[D]. 南京:南京師範大學,2006.

[10]張敏. 漢語方言反復問句的類型學研究共時分布及其歷史蘊含[D]. 北京:北京大學,1990.

[11]張洪年. 香港粵語語法的研究 [M]. 增訂版. 香港:香港中文大學出版社,2007.

[12]張美蘭.《官話指南》及其四種方言對譯本的價值[J]. 國際漢語教育,2016(2).

[13]張美蘭.《官話指南》匯校與語言研究[M]. 上海:上海教育出版社,2017.

A Text Comparative Study on the Syntax of Cantonese in the Late Qing Dynasty and Early Republic Period: Focused on *The Guide to Cantonese and The Revised Guide to Cantonese*

Zhang Meilan

Abstract: This paper focuses on the syntactical expressions of yes-no questions, agent-recipient relationship, comparison construction, ditransitive sentences and the verb-complement structures in The Guide to Cantonese, The Revised Guide to Cantonese and the original Mandarin material The Guide to Kuan Hua. Compared with Mandarin and also takes the syntactic expressions in The Guide to Tu Hua and The Guide to Hu Yu as reference, this thesis studies on the syntactical features of Cantonese in the end of Qing Dynasty. It is pointed out that, the syntactic expression of Cantonese at that time have preserved the traditional usage in the Middle Ancient Chinese or before. In details, the "VP-Neg" structure is used in yes-no questions, the "SVO" word order predominates in agent-recipient relationship, the word order "comparative subject + comparison result + comparative word ('to') + comparative object" is used in comparison construction, the "V1O1+V2O2" structure is mainly shown in the sentence with verb following by two objects, the structure of "wu(唔) VC" is dominated in the verb-complement structures. All in all, the regional is a vital restrictive factor in the language evolution.

Key words: syntactical structure of Cantonese, The Guide to Kuan Hua, The Guide to Cantonese, in the late Qing and Early Republic of China period

通信地址:香港九龍塘香港浸會大學中文系
郵　　編:999077
E-mail: zhangmeilan@mail. tsinghua. edu. cn

論"比"字差比句式的産生時代及其來源

池明明　楊榮祥

内容提要　以往對"比"字差比句式的研究主要關注"X 比 YA"這一種形式。學界一般認爲此句式的形成時代不會早於唐代，其中的比較結果 A 受副詞修飾或者後面帶數量補語更是之後的發展。本文從表達差比意義這一點出發，通過調查大量漢代至初唐的注疏、史書等文獻，認爲此一時期的"比"字差比句式有"X 比於 YA""X 比於 Y 爲 A""X 比 YA"和"X 比 Y 爲 A"四種。隨着介詞"於"的衰落，漢至初唐的差比句主要是"X 比 YA"和"X 比 Y 爲 A"。"X 比 YA"在東漢時期已經有不少用例，至晚在南北朝時期（6 世紀早期）就已經很成熟。"X 比 Y 爲 A"是東漢以來常用的差比句式，它與"X 比 YA"句式意義相同，語法功能相似，在經濟原則的驅動下脱落準繫詞"爲"，與前一句式合流。與"比"字差比句式平行的還有"X 方 YA""X 方 Y 爲 A"和"X 對 Y 爲 A"等句式，但這些句式的使用不如"比"字差比句式廣泛，最終在競爭中消失。

關鍵詞　差比　"比"字差比句式　語法化

一　引言

本文把包含"比"字的表達差比意義的句式統稱爲"比"字差比句式。現代漢語中表達差比的基本句式是"X 比 YA"，完整的句式一般要求有兩個比較項（比較對象 X 和比較基準 Y），一個比較詞（"比"）和一個比較結果（A）；這些成分之間的次序是固定的，符合條件的詞套進這個格式就會産生差比的意義。

對"X 比 YA"句式的研究是從它與古代漢語的差比句式"XA 於 Y"的對比開始的。"X 比 YA"與"XA 於 Y"最明顯的差别，一是引進比較基準 Y 的介詞不同，二是句式中 X、Y 和 A 的相對次序不同。關於第二點，涉及漢語語序的演變，本是語序類型學非常關注的問題，但學界對此研究不是很多；在漢語語法史研究中，學界對第一點比較感興趣，討論基本上集中在"X 比 YA"句式的來源、産生年代和"比"字的語法化這些問題上（參見蔣紹愚、曹廣順，2005）。

關於"X 比 YA"句式的來源，贝罗贝（Alain Peyraube，1988、1989）認爲來源於由"比"充當 V_1 的連動結構"$NP_0V_1NP_1V_2NP_2$"，黄曉惠（1992）則認爲來源於六朝時期的古泛比句"（X）比 YW"。史佩信（1993）贊同黄曉惠（1992）的觀點，但他認爲泛比句的出現可以追溯到戰國末年。張赬（2004）將現代漢語的"比"字差比句（她稱爲"比"字比較句）描寫爲"比較主體＋比＋基準＋AP"和"比較主體＋比＋基準＋VP"，認爲"比較主體＋比＋基準＋AP"是在"比較主體＋比較詞＋基準＋AP"式平比句的影響下産生的，這一句式先在韻文中形成，再擴展到散文；"比較主體＋比＋基準＋VP"則由連動式"NP_1＋V_1（比）＋（NP_2）＋V_2P"重新分析而來，這一句式在宋代受到"比較主體＋比＋基準＋AP"的推動獲得發展。

關於"比"字的語法化，贝罗贝（1988、1989）認爲當形容詞出現在連動結構"NP_0V_1

$NP_1V_2NP_2$"的 V_2 位置時，動詞"比"就語法化爲表比較的介詞。黄曉惠(1992)則認爲"比"字的語法化是通過對古泛比句"(X)比 YW"的重新分析完成的。

"X 比 YA"句式的産生年代與"比"字的語法化通常被看作問題的兩個方面，學界基本上以"比"字的語法化與否判斷"X 比 YA"句式是否已經産生，同時又以"X 比 YA"句式的出現年代推斷"比"字語法化發生的年代。學界普遍認爲"X 比 YA"句式的産生在中古以後，如太田辰夫(2013/1981)認爲"比"字的語法化是從唐代開始的，贝罗贝(1988、1989)認爲發生於晚唐時期，完成於宋元時期，黄曉惠(1992)則認爲古泛比句"(X)比 YW"重新分析爲差比句要晚至明末清初才最終完成。認爲此句式産生於中古以前的學者很少，如謝仁友(2003)提出"比"字差比句式"X 比 YA"萌芽於先秦，真正産生於魏晋，後來他(2005)又認爲"比"字在東漢開始語法化。魏培泉(2003)也將"産生標準項在動詞前的差比句"列爲上古漢語到中古漢語語法的重要發展之一，但認爲"X 比 YA"句式雖然在東漢文獻中初見萌芽，但例子很少，即使到明代出現頻率也還不如標準項在動詞後的句式。

造成以上各種分歧看法的原因有兩個，一是没有找到足够多的典型的"X 比 YA"句式的用例來確定此句式的産生年代，二是學界的注意力主要集中在"X 比 YA"這一種句式上，忽視了其他形式的"比"字差比句式，以致無法看到此句式歷時演變的全貌。

本文從表達差比意義這一點出發，將帶"比"字的表示差比意義的句子統稱爲"比"字差比句式。通過對過去大家不太注意的語料的廣泛調查，我們認爲：1. 漢代就已經産生"比"字差比句式；2."比"字差比句式的形成與"比"的語法化並不是同步的，在帶"比"字的表示差比意義的句子中，"比"並非一定由動詞演變成了介詞；3."比"字差比句式除了"X 比 YA"，早期還有"X 比於 YA""X 比於 Y 爲 A"和"X 比 Y 爲 A"等形式，後三者都是由兩個主語相同的小句縮約而成，"X 比 YA"則可能有不止一種來源；4. 在介詞"於"衰落的背景下，"X 比於 YA"和"X 比於 Y 爲 A"分别演變爲"X 比 YA"和"X 比 Y 爲 A"；5. 四種"比"字差比句式在東漢至初唐時期的語料中都有用例，它們句式意義相同，在經濟原則的驅動下合流爲"X 比 YA"，沿用至今。

二 漢代至唐代的"比"字差比句式

在漢代至唐代的文獻中，"比"字差比句式有"X 比於 YA""X 比於 Y 爲 A""X 比 YA"和"X 比 Y 爲 A"四種。此外，跟"比"字意義相近的"方""對""匹"等詞也可以組成相應的差比句式。四種"比"字差比句式中的"比"詞性並不一致，有的只能看做動詞，有的可以看做介詞，但這些句式在表達差比這一點上是一致的。

(一)"X 比於 YA"和"X 比於 Y 爲 A"

在漢代的文獻中，我們可以看到"X 比於 YA"和"X 比於 Y 爲 A"。在這兩種句式中，"比"字顯然還是動詞，但從句式意義上來講，它們都是表達差比的。"X 比於 YA"的用例如：

(1)何以不言及仲子？仲子微也。〔注〕比夫人微，故不得並及公也。月者，爲内恩録之也。諸侯不月，<u>比於王者輕</u>，會葬皆同例。(《公羊傳注疏卷一·隱元年》何休注)

在此例中,“X 比於 YA”跟“X 比 YA”共現,二者具有發展關係(詳後)。

謝仁友(2003)發現,西漢時期的“X 比於 Y 爲 A”句式也可以表達差比:

(2)五伯者比於他諸侯爲賢者,比於仁賢,何賢之有?譬猶珷玞比於美玉也。(《春秋繁露・卷九・對膠西王越大夫不得爲仁第三十二》)

此例《漢書・董仲舒傳》引作“五伯比於他諸侯爲賢”,1910 年蘇輿校本認爲“賢者”之“者”是衍文。結合後文的“何賢之有”,蘇輿的説法可從。

在東漢的文獻中,我們也可以找到“X 比於 Y 爲 A”的用例:

(3)聖人難知,賢者比於聖人爲易知。(《論衡・定賢篇》)

(4)白華於野,已漚名之爲菅。菅柔忍中用矣,而更取白茅收束之。茅比於白華爲脆。(《毛詩正義卷十五・白華》鄭玄箋)

(5)《太誓》曰:“我武惟揚,侵于之疆,則取于殘,殺伐用張,于湯有光。”〔注〕我武王用武之時,……比於湯伐桀爲有光寵,美武王德優前代也。(《孟子注疏卷六上・滕文公下》趙岐注)

例(3)“難”“易”相對,表達差比的意味尤其明顯。例(5)“比於湯伐桀爲有光寵”跟“武王德優前代”相呼應,也是表達差比的。

從句式構成上來説,“X 比於 YA”和“X 比於 Y 爲 A”的比較對象 X 都是名詞性成分,比較基準 Y 基本上是名詞性成分,也可以是指稱化的動詞性成分(例 5)。比較結果 A 大多是單音節形容詞,也可以是具有形容詞性質的短語(例 3、例 5)。但是,從數量上看,這兩種句式的用例都很少,尤其是“X 比於 YA”,在東漢語料中我們只找到一個用例,這跟介詞“於”的衰弱是有關係的[詳三(二)節]。同一時期更常用的“比”字差比句式是不用介詞“於”的“X 比 YA”和“X 比 Y 爲 A”。

(二)“X 比 YA”

贝罗贝(1989)提到,劉堅曾經指出,《史記・樊噲列傳》中的“故其比諸將最親”就是 V_2 由一個形容詞充當的“V_1+比+O_1+V_2”格式,但贝罗贝認爲,要到 9 世紀左右,V_2 才常常由一個形容詞充當。上述句子也見於《漢書》,因爲只看到這麽一個孤例,所以謝仁友(2003)只把這個例子看作現代漢語“比”字差比句“X 比 YA”的萌芽。

實際上,“故其比諸將最親”是一個極比句,與差比句並不相同。差比是比較某一範圍内對象之間的相對優劣,只需一次比較,涉及的比較對象一般是兩個。極比是比較某一範圍内對象之間的絶對優劣,需要多次比較,涉及的比較對象必須是兩個以上。因此,將這個例子作爲現代漢語“比”字差比句的萌芽是不合適的。

謝仁友(2005)又提出了“比”字語法化的四個必要條件[詳三(三)節],並指出東漢的經注中已經有滿足條件的用例:

(1)何以不言及仲子?仲子微也。〔注〕比夫人微,故不得並及公也。月者,爲内恩録之也。諸侯不月,比於王者輕,會葬皆同例。(《公羊傳注疏》卷一《隱元年》何休注)

(6)冉牛、閔子、顔淵,則具體而微。〔注〕具體者,四體皆具。微,小也。比聖人之體微小耳。體以喻德也。(《孟子注疏》卷三上《公孫丑上》趙岐注)

例(1)在前文已經提到過,魏培泉(2003)也將此例作爲 X 比 YA 句式在東漢萌芽的證據,但没有深入探討。謝仁友認爲“比夫人微”既可以分析爲“[(仲子)比夫人][微]”，也可以分析爲“[(仲子)][比夫人微]”，“比聖人之體微小”與此相同。據此，他認爲“比”發生語法化的時代是在東漢。他認爲下面這個例子也應該跟例(1)和例(6)那樣分析：

(7)阿奴比丞相條達清長。(《世説新語·品藻第九》劉孝標注引裴啟《語林》)

以上這些例子在表達差比意義這一點上是很明確的，更多漢魏至南北朝的例子表明，這些“X 比 YA”分析爲“[X][比 YA]”似乎更爲合理①：

(8)雖前聖皋、夔、衡、旦密勿之輔，比兹褊矣。(《後漢書·班固傳》引班固《典引》，又見《文選》卷四八)

(9)如言，黄道有驗，合天，日無前却，弦望不差一日，比用赤道密近，宜施用。(《後漢書·律曆志中》引賈逵永元四年[92 年]論曆)

(10)立者何？立者，不宜立也。立煬宫，非禮也。〔注〕不日者，所見之世諱深，使若比武宫惡愈，故不日。(《公羊傳注疏》卷二十五《定元年》何休注)

(11)爾乃覽秦制，跨周法。〔注〕跨，越也。因秦制，故曰覽。比周勝，故曰跨之也。(《文選》卷二《西京賦》薛綜注)

(12)弟子入則孝，出則弟。〔疏〕父母在閨門之内，故云入也；兄長比之疏外，故云出也。前句已决子善父母爲孝，善兄爲悌。父親，故云入；兄疏，故云出也。(《論語集解義疏》卷一，皇侃疏)

(13)未幾，復除鎮南將軍襄州刺史。褰帷廣眺，肅厲之聲已彰；布政期月，仁明之謡復起。煩苛自除，賢愚知敬。景山西撫，匹此非優；子虞北臨，比之更劣。(《乞伏寶墓誌銘》，北魏永熙二年[533]葬)

例(8)至例(10)都是漢代的例子。從文體和辭氣來説，例(8)似乎只能分析爲“[X][比 YA]”，因爲比較對象“前聖皋、夔、衡、旦”後有判斷謂語“密勿之輔”，且整個判斷句是由連詞“雖”管轄的讓步分句。例(9)分析爲“[X][比 YA]”也很自然，例(10)更應該分析爲“[X][比 YA]”，因爲“比武宫惡愈”充當“使若”的小句。從文意上來看，這些例子都表達差比：例(8)是在比較孔子與前世聖人的優劣，例(9)是在討論黄道曆和赤道曆的疏密，例(10)是在揣摩《春秋》對立煬公廟和立武宫廟的惡劣程度的看法；兩兩相較的結果，都是前者程度高於後者。從句式的構成成分來説，例(8)的比較基準 Y 由代詞充當，例(9)則由指稱化的 VP 充當；例(8)的比較結果是單音節形容詞，例(9)是雙音節形容詞②，例(10)則是一個由單音節形容詞充當謂語的主謂結構③，同時比較基準“武宫”與比較結果中的主語“惡”在邏輯上有領屬關係。唐人將例(10)解釋爲“使若惡愈於武宫”(見後文例 65)，跟我們的分析是一致的。

例(11)是三國時期的例子，薛綜(？176—243)是吴國人。此例不論在意義和結構上都跟現代漢語的“比”字差比句一致，比較結果本身也是表示“更優”義的單音節形容詞。

---

① 例(6)“比聖人之體微小”後面還有語氣詞“耳”，結合經文，分析爲“[X][比 YA]”更妥當。而且，此句主語 X 没有出現，可見“比聖人之體微小”已經被當作一個獨立的陳述性結構。

② “密近”在同卷所引賈逵《論曆》中還能找到用例：“據官注天度爲分率，以其術法上考建武以來月食凡三十八事，差密近，有益，宜課試上。”

③ 此例的“愈”和例(11)的“勝”，謝仁友(2003)認爲是“超過”義的動詞，我們認爲是形容詞。主謂結構“惡愈”在何休注裏還能找到用例，如“諱使若造邑而後無麥禾者，惡愈也”(《公羊傳注疏》卷九)，“使若天下盡會之，而魯侯蒙俗會之者，惡愈也”(卷二十八)，還可以説成“於惡愈”(卷三)。

例(12)和例(13)是南北朝時期的例子。從皇侃對經文的串講來看,例(12)表達差比意義是很明確的。例(13)是説,乞伏寶在擔任襄州刺史任上的政績超過了三國時魏國的徐邈(字景山)和梁習(字子虞)①。這兩例的比較基準都由代詞充當;例(12)的比較結果是雙音節形容詞,例(13)的比較結果是受副詞修飾的單音節性質形容詞。例(12)和例(13)都是典型的"比"字差比句,例(13)有明確的紀年,尤爲可貴。

在初唐的注疏文獻中,我們也能找到不少典型的"X 比 YA"的用例:

(14)"大夫士下公門、式路馬"者,公門,謂君之門也。路馬,君之馬也。敬君,至門下車。重君物,故見君馬而式之也。馬比門輕,故有下、式之異。(《禮記正義》卷三《曲禮上》孔穎達疏)

(15)云"未忍刑之"者,比五刑之罪又輕,故未忍刑之也。(《周禮注疏》卷十四《司救》賈公彦疏)

(16)離皋、夔、衡、旦密勿之輔,比兹褊矣。〔蔡邕注〕兹,孔子也。〔張銑注〕褊,小也。言古道之興,皆由孔子神明之法式,則離皋陶之徒,僶俛同心爲之輔佐,功成德廣,比此亦小也。(《文選》卷四八《班固・典引》,漢・蔡邕、唐・張銑注)

(17)以父之執友得乘其車,不得衣其衣。以衣在身,車比衣稍遠,故可以乘其車。(《禮記正義》卷五十一《坊記》孔穎達疏)

(18)"道者左也",道是履蹈而行,比仁恩稍劣,故爲左也。(《禮記正義》卷五十四《表記》孔穎達疏)

(19)云"削杖布帶"者,並不取蒙苴之義,故在常處。但杖實是桐,不言桐者,以斬衰杖不言竹使蒙苴,故闕竹字。此既不取蒙苴,亦不言桐者,欲見母比父削殺之義,故亦没桐文也。(《儀禮注疏》卷三十《喪服》賈公彦疏)

(20)放彈及投瓦石者,各減一等。亦謂人力所及者。〔疏〕議曰,放彈及投瓦石比箭罪輕。(《唐律疏議》卷七,長孫無忌等疏)

例(15)至例(18)中的比較結果前都有副詞。例(20)跟上舉的例(10)類似,其比較結果也可以分析爲由單音節形容詞充當謂語的主謂結構,比較基準"箭"與比較結果中的主語"罪"有領屬關係。例(19)的比較結果是雙音節形容詞,值得注意的是此例中"X 比 YA"處於小句的定語位置,這説明"X 比 YA"作爲差比句式已經很凝固了。

過去的研究一般認爲,"比"字差比句式"X 比 YA"帶數量補語表示比較的程度是宋代以後的事情。陳明富(2014)發現了一個中唐時期的用例:

(21)齊人以阿井煎膠,其井比旁井重數倍。(李肇《唐國史補》卷下)

上文證明,典型的"比"字差比句式"X 比 YA"早在東漢南北朝時期就已經形成了,它帶數量補語的時代應該不會太晚。事實上,至遲在初唐,"X 比 YA"就有帶數量補語的用例:

(22)鄭玄以爲釜方尺,積千寸,比《九章・粟米法》少二升八十一分升之二十二。(《晉書》卷一六)

(23)齊建武中,吴姚方興於大桁市得其書,奏上,比馬、鄭所注多二十八字,於是始

① 徐邈字景山,《三國志・魏書》有傳。魏明帝時爲涼州刺史,史稱"風化大行,百姓歸心","彈邪繩枉,州界肅清"。梁習字子虞,《三國志・魏書》有傳,曹操當政時爲并州刺史,史稱"邊境肅清,百姓布野,勤勸農桑,令行禁止","長老稱詠,以爲自所聞識,刺史未有及習者"。魏文帝時復爲并州刺史,"政治常爲天下最"。

列國學。(《隋書》卷三二)

(24)"周人强民",以周承殷後,遭紂衰亂,風俗頑凶,故周人設教,强勸人以禮義,亦比夏殷多此一句也。(《禮記正義卷》五十四《表記》孔穎達疏)

例(22)和例(23)的"少"和"多"之前還可以點斷,但例(24)的"夏殷"與"多"之間已經不存在停頓了,因爲整個"X 比 YA"句式受副詞"亦"管轄。

綜上所述,"比"字差比句式"X 比 YA"至少在東漢南北朝時期就已經形成了,其功能日益完備,南北朝就有比較結果 A 前加副詞的用例,至遲在初唐時期就已經可以帶數量補語説明比較的程度。初唐時期的注疏材料和史書多綜合前代文獻而成,未必是唐人原創,這也從側面表明"X 比 YA"的成熟不會晚於初唐時期。

(三)"X 比 Y 爲 A"

漢魏南北朝時期,"比"字差比句式"X 比 YA"已經形成,但用例遠遠少於同期的另一種"比"字差比句式"X 比 Y 爲 A"。謝仁友(2003)認爲"X 比 Y 爲 A"句式中的"比"語法化程度較低,動作語義很强,他舉了以下兩個例子:

(25)臣輒復重難衡、興,以爲五紀論推步行度,當時比諸術爲近,然猶未稽於古。(《後漢書》卷九十二引安帝延光二年[123]尚書令忠上奏)

(26)方任雖重,比此爲輕。(《文選》卷六十,任彦昇《齊竟陵文宣王行狀》;李善注引山濤[205—283]《啟事》與此同)

他認爲例(26)中"比此爲輕"與"方任雖重"對舉,表明"比"仍然是動詞,這可能是把"方"看作了動詞。事實上,"方任雖重"跟"比此爲輕"並不構成對舉。"方任"是一個詞,指太守的職位(見例 57),它是整個句子的話題,也是比較的對象。這裏的"比"也未必一定要看作動詞,我們反而可以找到"比"跟介詞"於"對舉的例子:

(27)誼之所欲痛哭,比今爲緩,抱火臥薪之喻,於今而急。(《三國志》卷六五)

"比此爲輕"與"比今爲緩"結構完全相同,説明此句式中的"比"字可以視作介詞。

謝仁友(2003)雖然發現"X 比 Y 爲 A"可以表示差比,但因爲把"比"看作動詞,他並没有對這一句式作深入的研究。實際上,"X 比 Y 爲 A"是東漢至初唐時期重要的"比"字差比句式。在東漢南北朝時期的文獻中,我們可以找到大量用例:

(28)禘嘗不卜,郊何以卜?〔注〕禘比……(《公羊傳注疏》卷十二《僖三十一年》何休注)

(29)達、權爵賞,比壹爲輕,秀、楷禮秩,優異尤甚。(《三國志》卷四裴松之評語)

(30)抱疾彌留,迄今未化,形神欲離,窮楚盡毒,據刀坐劍,比此爲輕。(《藝文類聚》卷七十七,沈約《臨終勸加篤信啟》,又見《廣弘明集》卷三十)

(31)天地宗廟,事之大者。賓客燕會,比之爲細。(《宋書》卷一九)

(32)宋元嘉中,用何承天所制曆,比古十一家爲密,沖之以爲尚疏,乃更造新法。(《南齊書》卷五二)

(33)今云執御,御比禮、樂、射爲卑也。(《論語集解義疏》卷五皇侃疏)

(34)而政事是人事之别,比言語爲緩,故次言語也。文學指博學古文,故比三事爲泰,故最後也。(《論語集解義疏》卷六皇侃疏)

(35)兵比二者爲劣,若事不獲已,則先可去兵也。(《論語集解義疏》卷六皇侃疏)

從語義上來看,這些"X 比 Y 爲 A"都是表達差比的。事實上,唐人也將古注中的"X 比 Y 爲 A"理解爲差比:

(36)〔注〕禘比祫爲大,嘗比四時祭爲大,故據之。〔疏〕禘既大於祫,則知嘗大於四時。(《公羊傳注疏》卷十二《僖三十一年》,漢・何休注,唐・徐彥疏)

從這一句式的構成成分來看,比較基準 Y 都是名詞性成分或代詞,比較對象 X 幾乎都是名詞性成分,也可以是指稱化的動詞性成分(如例 30);充當比較結果 A 的都是單音節性質形容詞,這些形容詞基本上都能進入上古差比句式"XA 於 Y"的 A 位置。

在初唐時期的注疏文獻中,"X 比 Y 爲 A"已經成爲表達差比的凝固格式,"比 Y"和 A 結合緊密,不宜分析爲"[X[比 Y]][爲 A]",只能分析爲"[X][[比 Y]爲 A]",如:

(37)茅雖比菅爲脆,其實茅亦不可用。(《毛詩正義》卷十五《白華》孔穎達疏)

(38)馬雖比龍爲劣,所而[行]亦能廣遠,象地之廣育。(《周易正義》卷一《坤》孔穎達疏)

(39)鄭以爲朔月月半薦新之奠,此又比朝夕爲大也。(《禮記正義》卷十九《曾子問》孔穎達疏)

(40)《爾雅》云:"禘,大祭也。"謂比四時爲大也。(《禮記正義》卷十二《王制》孔穎達疏)

(41)案行享執璧,璧亦是玉,於時裼衣,而云"以襲執玉龜"者,但享時雖執璧,以璧致享,比聘時執玉爲輕,故享雖有璧而裼也。(《禮記正義》卷五十四《表記》孔穎達疏)

(42)求賻亦在喪,不言尤甚者,在喪有賻無金,故求賻比求金爲輕。(《穀梁傳注疏》卷十一《文九年》楊士勳疏)

(43)云"城郭宮室差少,涂巷又狹"者,鄭欲解於三分所去而存二之意。但百里之外雖有公邑采地,城郭宮室比百里之内爲狹少耳。(《周禮注疏》卷十三《載師》賈公彥疏)

(44)"一獻質"者,謂祭群小祀最卑,但一獻而已,其禮質略。"三獻文"者,謂祭社稷五祀,其神稍尊,比群小祀禮儀爲文飾也。(《禮記正義》卷二十四《禮器》孔穎達疏)

例(37)(38)"比 Y 爲 A"前有連詞"雖",例(39)"比 Y 爲 A"前接副詞"又",這足以説明"比 Y"是和"爲 A"結合在一起的,而不再是和其前的"X"結合在一起。例(40)中,"比 Y 爲 A"作"謂"的小句賓語,也可證明其已經句式化。從 X、Y 和 A 的構成來看,比較對象 X 和比較基準 Y 既可以是名詞性成分,也可以是指稱化的動詞性成分(例 41、例 42),比較結果 A 既可以是單音節形容詞,也可以是雙音節形容詞(例 43、例 44)①。

總之,至遲在初唐時期,"X 比 Y 爲 A"已經是很凝固的"比"字差比句式了。

綜觀漢至初唐的四種"比"字差比句式,就句式的構成成分看,具有以下特點:①比較對象 X 實際上是句式的話題主語,並不强制出現,往往以不出現爲常;X 與"比"之間可以有較大的停頓,X 與"比 Y 爲 A"之間可以出現别的小句謂語。②絶大多數情況下,比較結果 A 都是由光杆性質形容詞充當,偶爾可以是由光杆性質形容詞充當謂語的主謂結構。③X 與

① 例(44)的"文飾"與"質略"分别對應經文中的"文"和"質"。"文"和"質"都是性質形容詞,我們可以找到"X 文/質於 Y"的例子,如"虞歌《卿雲》,則文於唐時;夏歌《雕牆》,縟於虞代"(《文心雕龍》),又如"祭用神俎瓦樽,文於郊,質於廟,止一獻,用清酒平陳之"(《册府元龜》卷五百八十四引南朝梁周捨《禮疑義》)。

A 或"爲 A"語義上構成被説明者與説明的關係。這些特點,與現代漢語"比"字差比句完全是一樣的。這四種"比"字差比句式的早期使用情況可以歸納如下表(A_1:單音節形容詞;A_2:雙音節形容詞):

時代	句式	表差比	作内嵌小句	X	Y	A	A 受副詞修飾	A 帶數量補語
漢代	X 比於 Y 爲 A	√	/	NP	NP/VP	A_1/AP/VP	/	/
	X 比 Y 爲 A	√	/	NP	NP	A_1	/	/
	X 比於 YA	√	/	NP	NP	A_1	/	/
	X 比 YA	√	√	NP	NP/代詞/VP	A_1/A_2/VP	/	/
魏晋南北朝	X 比 Y 爲 A	√	/	NP/VP	NP/代詞	A_1	/	/
	X 比 YA	√	/	NP/VP	NP/代詞	A_1/A_2	√	/
初唐	X 比 Y 爲 A	√	√	NP/VP	NP/代詞/VP	A_1/A_2	/	/
	X 比 YA	√	√	NP/VP	NP/代詞	A_1/A_2/VP	√	√

(四)其他句式

除了上述四種"比"字差比句式,與"比"意義相近的"方"一度也用於差比句。

在中古以來的文獻中,"比""方"對文很常見,如:

(45)明帝問周伯仁:"卿自謂何如郗鑒?"周曰:"鑒方臣,如有功夫。"復問郗。郗曰:"周顗比臣,有國士門風。"(《世説新語·品藻第九》)

黄曉惠(1993)認爲"周顗比臣,有國士門風"這種句式是現代漢語"比"字差比句"X 比 YA"的直接來源,得到大多數學者的贊同。其實從句法結構上來説,"鑒方臣,如有功夫"跟"周顗比臣,有國士門風"並無二致。應該承認,在上例中,"方"與"比"的語法意義和功能是一樣的。其實,在漢魏南北朝到唐代的文獻中,確實能找到跟"X 比 YA"和"X 比 Y 爲 A"平行的"X 方 YA"和"X 方 Y 爲 A"句式(以下稱爲"方"字差比句式):

(46)若夫白鳩丹烏,素魚斷虵,方斯蔑矣。(《文選》卷四八,揚雄《劇秦美新》)

(47)全趙之袨服叢臺,方此爲劣。(《文選》卷五九,沈約《齊故安陸昭王碑文》)

(48)盟津、河津恒濁,方江爲狹,比淮、濟爲闊。(《水經注》卷一引《述征記》)

(49)明堂籩豆等器,皆以雕飾。尋郊祀貴質,改用陶匏,宗廟貴文,誠宜雕俎。明堂之禮,既方郊爲文,則不容陶匏,比廟爲質,又不應雕俎。斟酌二途,須存厥衷,請改用純漆。(《隋書》卷六《禮儀志一》引天監十年[511]儀曹郎朱异奏議)

(50)年方伯玉早,恨比四愁多。(劉禹錫《答柳子厚》)

例(46)的"方斯蔑矣"與前文例(8)的"比兹褊矣"是一樣的結構,表達相似的意義。例(48)和例(49)"方""比"在相同的句法位置出現,更爲明顯。例(49)的"方郊爲文"前面還受副詞"既"管轄,説明"X 方 Y 爲 A"作爲差比句式也已經比較凝固了①。

"比"字差比句式和"方"字差比句式在結構和意義上都相同,但在數量上,"方"字差比句

① 此例的"方郊爲文""比廟爲質"跟前頁脚注所引《禮疑義》的"文於郊""質於廟"恰相呼應。

式要遠遠少於"比"字差比句式。從句式的構成成分來看,"方"字差比句式中的比較對象 X 和比較基準 Y 都是名詞性成分,比較結果 A 都是單音節性質形容詞,不受副詞修飾,也不能帶數量補語。"方"與"比"作爲動詞具有同義關係(見楊榮祥,2002),所以也可以像"比"一樣用於早期差比句式。但是"方"字差比句式最終在競争中讓位於"比"字差比句式,除在詩歌等講究對仗的文體中偶爾出現之外,唐以後基本上已經絶迹了。

與"比""方"意義相近的"匹"和"對"也可以構成差比句式:

(13)景山西撫,匹此非優;子虞北臨,比之更劣。(乞伏寶墓誌銘)

(51)此梅雖落,其實十分之中,尚在樹者七。其三始落,是梅始衰,興女年十六七,亦女年始衰,求女之當嫁者之衆士,宜及其此善時以爲昏。比十五爲衰,對十八九故爲善,此同興男女年,舉女年則男年可知矣。(《毛詩正義》卷一《摽有梅》孔穎達疏)

例(13)在前文已經引到過,例(51)是"X 對 Y 爲 A"的例子,兩例中的"匹"和"對"分别跟"比"對舉。由於這樣的例子太少,這裏就不詳細討論了。

三 "X 比 YA"差比句式的來源及形成途徑

以往對"比"字差比句式的研究大多只涉及"X 比 YA"。上文討論了漢代至初唐時期存在的四種"比"字差比句式,下面我們就在此基礎上審視之前的學者對"X 比 YA"差比句式來源的看法,再對"X 比 YA"差比句的形成途徑和來源提出我們的觀點。

(一)四種"比"字差比句式的形成途徑

在前文例(1)中,"X 比 YA"("比夫人微")和"X 比於 YA"("比於王者輕")共現,它們在表達差比意義上並没有區别,都是説比較對象 X 的身份等級低於比較基準 Y。大量例子表明,"X 比於 Y 爲 A"和"X 比 Y 爲 A"在表達差比意義上也没有區别。

1. "X 比 YA"差比句

贝罗贝(1988、1989)認爲"X 比 YA"句式來源於由"比"充當 V_1 的連動結構"$NP_0V_1NP_1V_2NP_2$",當形容詞出現在 V_2 位置時,動詞"比"就語法化爲表比較的介詞。將"X 比 YA"納入連動結構,這是試圖將此句式與動結式、處置式等句式聯繫起來,但這種解釋没有考慮到"X 比於 YA"的情況,對"X 比於 Y 爲 A"和"X 比 Y 爲 A"也不適用,因爲這兩種句式中的 V_2 由準繫詞"爲"和其表語同時充當。從句式特點來看,"比"字差比句式跟"$NP_0V_1NP_1V_2NP_2$"連動結構也有較大差異。

黄曉惠(1992)認爲"X 比 YA"句式來源於古泛比句"(X)比 YW",早期的古泛比句可以分析爲兩個分句,即 S_1"X 比 Y"和 S_2"XW",兩個小句的主語相同,故後一句的主語可以缺省,於是形成了古泛比句"(X)比 YW"。史佩信(1993)對此表示完全贊同。如果從東漢南北朝的"(X)比 YW"句中各成分之間的語義關係看,這種分析是没有問題的,如"阿奴比丞相條達清長"(前文例 7)可以分析爲"阿奴比丞相,(阿奴)條達清長";"周顗比臣有國士門風"(前文例 45),可以分析爲“周顗比臣,(周顗)有國士門風”。① 可是,語料中却没有見到後一小句的主語出現的用例,黄文所舉一例,其實也不是:

(52)許掾年少時,人以比王苟子,許大不平。(《世説新語·文學第四》)

黄文認爲,“許大不平”就是 S_2,可是“許”既不能看作 X,“大不平”也不能看作 W。這句話是説别人以許掾和王苟子作等量齊觀,許掾聽説後很不痛快。這根本不是黄文所説的“泛比句式”。這種分析,還涉及對早期“比”字差比句式的結構層次分析問題,“阿奴比丞相條達清長”,按照黄文分析,應該是“[阿奴[比丞相]][條達清長]”,但如前文所述,早期“X 比 YA”句很多都應該分析爲[X][[比 Y]A],這就造成了句子的結構關係與句子的語義關係的不一致②。我們認爲,這應該就是黄文所説的泛比句發生的“重新分析”。

黄文對“X 比 YA”(黄文記作“(X)比 YW”)的來源和形成途徑的判斷,我們並不否定,但我們認爲,“X 比 YA”的來源和形成途徑恐怕並不僅僅如此(詳後)。

2. 另外二種“比”字差比句式

“X 比於 YA”和“X 比於 Y 爲 A”“X 比 Y 爲 A”這三種“比”字差比句式,也都經歷了由兩個小句縮約融合爲一個差比句的過程。這或許可以旁證“X 比 YA”也確實經歷過由兩個小句“X 比 Y,(X)A”融合爲一個複雜小句“X 比 YA”的過程:

(53)教化比於刑罰,教化重而刑罰輕。(荀悦《前漢紀》引劉向説成帝語)

(1)諸侯不月,比於王者輕。(《公羊傳注疏》卷一《隱元年》何休注)

例(53)中的兩個分句主語相同,若主語承前省略,兩個小句就可縮約融合成“教化比於刑罰重”,就成了例(1)那樣的“X 比於 YA”式差比句式。

“X 比於 Y 爲 A”句式的形成過程與“X 比於 YA”相似:

(54)河水沛沛,比夫衆川,孰者爲大?(《論衡·自紀篇》)

(55)三郊五代之起,皆有因緣,力易爲也。高祖從亭長提三尺劍取天下,光武由白水奮威武海内,無尺土所因,一位所乘,直奉天命,推自然。此則起高於淵洿,爲深於丘山也。比方五代,孰者爲優?(《論衡·恢國篇》)

(3)聖人難知,賢者比於聖人爲易知。(《論衡·定賢篇》)

(4)茅比於白華爲脆。(《毛詩正義》卷十五《白華》鄭玄箋)

例(54),按文意其回答應是“河水沛沛,比夫衆川,河水爲大”。這個回答的兩個小句主語相同,縮約爲“河水沛沛,比夫衆川爲大”,就成了跟例(3)、例(4)類似的“X 比(於)Y 爲 A”句式。例(55)中“比”“方”連文,按文意,這個問題的回答應是“高祖、光武比/方五代,高祖、光武爲優”。這也是兩個主語相同的小句,縮約成“高祖、光武比/方五代爲優”,就成了“X 比/方 Y 爲 A”句式。同理,如果我們將例(3)和例(4)看作對某個問題的回答,那這個問題應該就是“賢者比於聖人,孰者爲易知”和“茅比於白華,孰者爲脆”。

“X 比於 Y 爲 A”省去“於”就變成“X 比 Y 爲 A”,這是“X 比 Y 爲 A”句式可能的來源之一。同時,在南北朝至初唐時期的語料中也有“X 比 Y,X 爲 A”的例子,第二小句的 X 不出

① 關於各成分間的語義關係或者説 W 的語義指向問題,史佩信等(2006)認爲表泛比的“比”字句,既有 W 語義指向 X 的,也有語義指向同時是 X 與 Y 的。但我們認爲,這種所謂的“異比”句,與本文所説的“比”字差比句没有直接的淵源關係。

② 實際上,即使是現代漢語的“比”字差比句,如“張三比李四聰明”,從語義關係看,“聰明”也是説明“張三”的,而從句法關係看,必須分析爲“[張三][[比李四]聰明]”。

現，就成了“X 比 Y 爲 A”。這説明，由兩個小句融合而成是“X 比 Y 爲 A”句的另一種可能的來源。如：

(56)天比命，則天爲緩也。(《論語集解義疏》卷六皇侃疏)

(57)圓丘比郊，則圓丘爲大。(《禮記正義》卷二十五《郊特牲》孔穎達疏)

特别是還有後代的注疏家把古書中的“X 比 Y 爲 A”句式還原爲兩個主語相同的小句：

(58)方任雖重，比此爲輕。〔注〕方任，謂太守也。言太守雖重，比此司徒侍中之職，太守爲輕也。(《文選》卷六十，任彦昇《齊竟陵文宣王行狀》，張銑注)

(二)“X 比 YA”的來源

上文討論的四種“比”字差比句式中，“X 比 YA”是構成成分最簡單的，“X 比於 Y 爲 A”最複雜，“X 比於 YA”和“X 比 Y 爲 A”介乎其間。本文認爲，“X 比於 Y 爲 A”“X 比於 YA”和“X 比 Y 爲 A”這三種早期的“比”字差比句式與“X 比 YA”之間存在源流關係，也就是説，它們也是“X 比 YA”的來源形式。

西漢時期，介詞“於”逐漸衰弱(參見何樂士，2005)。不僅動詞後面的介詞“於”可以省略，“XA 於 Y”句式中的“於”也可以不用。《馬氏文通》已經注意到了這個現象，如：

(59)太后曰：“丈夫亦愛憐其少子乎?”對曰：“甚於婦人。”(《戰國策・趙策四》)

(60)專趨人之急，甚己之私。(《史記・游俠列傳》)

何樂士(2005)也特别提出，《史記》中就有不用“于/於”的“XAY”比較句，如：

(61)悉以李敢等爲大校，當裨將，出代、右北平千餘里，直左方兵，所斬捕功已多大將軍。(《史記・衛將軍驃騎列傳》)

(62)子賤爲單父宰，反命於孔子，曰：“此國有賢不齊者五人，教不齊所以治者。”(《史記・仲尼弟子列傳》，“不齊”爲子賤的名)

在漢人的經注裏也可以看到類似的例子：

(63)金重於羽者，豈謂一鉤金與一輿羽之謂哉!〔注〕“金重於羽”，謂多少同而金重耳。一帶鉤之金，豈重一車羽邪?(《孟子注疏》卷十二上《告子下》趙岐注)

黄曉惠(1992)也提到了類似的現象，即先秦時期用“(X)比于/於 Y”，南北朝文獻中則更常見“(X)比 Y”，如“魯之南鄙人，有吴慮者，冬陶夏耕，自比於舜”(《墨子・魯問》)，“人以汝家比武侯”(《世説新語》)。魏培泉(2003)也指出，“X 比 YA”句式的興起可能跟位於動詞之後的介詞“於”的衰微有關。我們認爲，至少部分“X 比 YA”和“X 比 Y 爲 A”就是在這種背景下，分别由“X 比於 YA”和“X 比於 Y 爲 A”脱落介詞“於”形成的，這也是爲什麽漢魏南北朝時期後兩種句式遠遠少於前兩種的原因。

“X 比 YA”和“X 比 Y 爲 A”是東漢開始到唐代兩種並行的表達差比意義的比較句，就表達差比意義而言，兩種形式並没有什麽區别。正因爲如此，唐人有時用“X 比 Y 爲 A”去解釋“X 比 YA”，有時又統一用上古的“XA 於 Y”去解釋這兩種句式：

(64)雖前聖皋、夔、衡、旦密勿之輔，比兹褊矣。〔注〕兹謂孔子，言皋、夔等比之爲褊小矣。(《後漢書・班固傳》，唐・李賢注)

(36)〔注〕禘比祫爲大，嘗比四時祭爲大，故據之。〔疏〕禘既大於祫，則知嘗大於四時。(《公羊傳注疏》卷十二《僖三十一年》，漢・何休注，唐・徐彦疏)

(65)〔注〕不日者,所見之世諱深,使若比武宫惡愈,故不日。〔疏〕例既宜日而不日者,正以當所見之世,爲内諱深,使若惡愈於武宫故也。(《公羊傳注疏》卷二十五《定元年》,漢·何休注,唐·徐彦疏)

“X 比 YA”和“X 比 Y 爲 A”表差比的功能是一樣的,二者的區别只在於準繫詞“爲”的有無。就我們收集到的漢代到唐代的材料來看,在數量上,“X 比 Y 爲 A”比“X 比 YA”要多,大約到了宋代,“X 比 Y 爲 A”逐漸與“X 比 YA”合流,其原因大概是因爲“X 比 YA”句的比較結果 A 可以受副詞修飾,也可以加數量補語説明比較的程度,功能更强大;同時,“X 比 YA”比“X 比 Y 爲 A”結構更簡單。在經濟原則的驅動下,“X 比 Y 爲 A”脱落“爲”字與“X 比 YA”合流,這也是很自然的趨勢。

綜上,我們認爲,現代漢語的“比”字差比句“X 比 YA”可能是多來源、多途徑形成的句式,可以描述如下:

來源	途徑	“X 比 YA”
1. 兩個小句:“X 比 Y,(X)A”	後一小句的 X 不出現,兩個小句融合爲一個複雜句	阿奴比丞相(阿奴)條達清長→阿奴比丞相條達清長
2.“X 比於 YA”	删略介詞“於”	比於王者輕→比夫人微
3.“X 比 Y 爲 A”	删略準繫詞“爲”	禘比祫爲大→禘比祫大

(三)“比”字的語法化

贝罗贝(1988、1989)認爲當形容詞出現在連動結構“$NP_0V_1NP_1V_2NP_2$”的 V_2 位置時,動詞“比”就語法化爲表比較的介詞。黄曉惠(1993)認爲古泛比句“(X)比 YW”重新分析爲差比句的關鍵是“比 YW”由連謂結構變爲偏正結構,這時 W 與“比 Y”緊密結合,W 前的語義空位很難再補上,語義重心逐漸轉移到 W 上。謝仁友(2005)提出了“比”字語法化的四個必要條件:a.“比”字必須出現在表示比較的單句中;b.“比”後没有表示引進動作對象的介詞“於”或“之”(按,“之”不是介詞。原文如此);c. 在“V_1 比+O_1+V_2”中,V_2 位置上由形容詞充任;d. 比較結果項作爲語義焦點得到凸顯。

這些論述都是有道理的,但是如果結合本文前述四種形式的差比句,問題似乎更複雜一些。首先,我們在東漢的材料裏就能够見到 V_2 由形容詞充當的“X 比 YA”;其次,如前所述,很多“X 比 YA”的句法結構關係應該分析爲[X][[比 Y]A];第三,如果應該分析爲[X][[比 Y]A],那麽“比”字就是出現在單句中。據此,是不是就可以判斷,“比”已經由動詞語法化爲介詞了呢?至於語義重心,本來在比較兩個事物的優劣時,人們更關心的往往就是比較的結果,可以説“比”字差比句式在産生之初,其語義重心就已經開始向比較結果傾斜了。如此看來,我們可以説在東漢就已經出現的“X 比 YA”句式中,“比”就已經完成了語法化。

但是,東漢還有“X 比於 YA”和“X 比於 Y 爲 A”,這種句子也表差比,句子中介詞“於”的使用,可證明“比”只能看作動詞,而例(1)顯示,“X 比 YA”和“X 比於 YA”在何休的同一條注釋裏同時使用,如果“X 比於 YA”中的“比”必須看作動詞,那麽同時使用的“X 比 YA”中的“比”就一定語法化爲介詞了嗎?然而,我們又必須承認“比夫人微”是“比”字差比句。所以我們認爲,“比”字差比句的形成與“比”的語法化並不是同步的。理論上説,“X 比 Y 爲

A”也有兩個來源,一是來源於兩個小句的融合,一是來源於“X 比於 Y 爲 A”的介詞“於”省略。不管哪種來源,我們都很難説早期的“X 比 Y 爲 A”中的“比”已經完全喪失了動詞的性質。但從前文論述看,我們又必須承認“X 比 Y 爲 A”是表示差比的。

我們認爲,“比”的語法化,實際上是伴隨着整個句式的語法化完成的。就如史佩信(2006)所説:“……‘X 比(於)Y’與 W 由兩個獨立分離的小句整合爲一個偏正複句的過程,即原先獨立的比動句‘X 比(於)Y’降格爲一個依附於後面表示比較結果的分句‘W’的從句。這樣一個過程,顯然也可以看作是一個語法化的過程。”①當兩個小句開始融合,“比”就開始了語法化,但首先,如果“比”後出現介詞“於”,“比”無法實現語法化;其次,“於”删略後,因爲語義上,A 或“爲 A”前總是可以補出 X,所以我們總覺得“比”的語法化還是未完成的②。只有當 X 後和“比”前可以出現連詞或副詞(如前文例 10、37-39),或“(X)比 YA”用作爲内嵌小句(如例 19、40)時,我們才可以説“比”肯定已經語法化爲表差比的介詞了。當然,A 前出現程度副詞、A 後帶數量補語,也可以作爲“比”語法化的重要參考標準。據此,我們認爲“比”的語法化開始於東漢,至遲到初唐已經完成。相對來説,“X 比 Y 爲 A”中的“比”語法化程度可能要低一些,因爲畢竟“爲”還具有動詞的性質,A 前也不能出現程度副詞,A 後也不能帶數量補語。但是如果注重初唐時期“X 比 Y 爲 A”與“X 比 YA”語義幾乎等價,也必須承認其中“比”的語法化程度已經很高。

四 結論

以往對“比”字差比句式的研究大多以《世説新語》、敦煌變文、唐詩宋詞等爲材料,因爲一般認爲這些材料比較接近口語。本文所使用的主要是漢代至初唐時期的注疏材料和史書,這些材料一般被認爲口語性不强,反而爲我們提供了更多的反映“比”字差比句式産生和發展的綫索。而且,這類材料的語言事實説明,“X 比 YA”差比句並非到唐代才真正産生,而是東漢就有了確切的用例。本來,從數量上説,注疏材料和史書的篇幅就遠遠超過了筆記小説和詩詞,即使這些材料對口語只有零星的反映,在總量上也是很可觀的。我們應該重視並充分利用這一批數量龐大的材料,爲漢語的歷時發展勾勒出更清晰的輪廓。

關於“比”字差比句式,以往研究僅僅關注“X 比 YA”一種形式,實際上,與“X 比 YA”一樣可以表示差比意義的還有“X 比於 YA”“X 比於 Y 爲 A”和“X 比 Y 爲 A”,而且後三者還與“X 比 YA”存在淵源關係。只關注“X 比 YA”,就容易得出其來源於兩個小句融合或連謂結構的重新分析的結論,而本文認爲,其來源還包括“X 比於 YA”“X 比於 Y 爲 A”和“X 比 Y 爲 A”這三種形式的“於”和“爲”的删略。正因爲來源多途,所以“X 比 YA”句式的形成與“比”的語法化並不是同步的。

---

① 史文所説的“X 比(於)YW”跟本文所説的“X 比於 YA”性質不同,實際上史文所説的現象應該標記爲“比/於”,是指“X 比 YW”或“X 於 YW”兩種句式,史文認爲都是古泛比句。史文並不曾提及漢語史上曾出現過“X 比於 YA”“X 比於 Y 爲 A”和“X 比 Y 爲 A”這樣的差比句。

② 當然,即使現代漢語裏,“X 比 YA”差比句,語義上我們也可以在 A 前補上 X。

徵引書目

清・阮元校刻《十三經注疏》(清嘉慶刊本),中華書局,2009 年。
西漢・董仲舒《春秋繁露》,上海古籍出版社,1989 年。
東漢・王充《論衡》,上海古籍出版社,1990 年。
南朝宋・劉義慶《世説新語》,南朝梁・劉孝標注,文學古籍刊行社,1956 年。
南朝宋・范曄《後漢書》,唐・李賢注,中華書局,1965 年。
南朝梁・蕭統編《文選》,唐・李善注,中華書局,1977 年。
南朝梁・皇侃《論語集解義疏》,中華書局,1985 年。
趙超《漢魏南北朝墓誌彙編》,天津古籍出版社,1992 年。
南朝梁・蕭統編,唐・吕延濟等注《日本足利學校藏宋刊明州本六臣注文選》,人民文學出版社,2008 年。
唐・長孫無忌等《唐律疏議》,中華書局,1983 年。
唐・李肇《唐國史補》,古典文學出版社,1957 年。
唐・房玄齡等《晉書》,中華書局,1974 年。
唐・魏徵等《隋書》,中華書局,1973 年。
西晉・陳壽《三國志》,南朝宋・裴松之注,中華書局,1959 年。
唐・歐陽詢《藝文類聚》,中華書局,1965 年。
唐・釋道宣撰,《宋思溪藏本廣弘明集》(國學基本典籍叢刊),國家圖書館出版社,2018 年。
南朝梁・沈約《宋書》,中華書局,1974 年。
南朝梁・蕭子顯《南齊書》,中華書局,1972 年。
北魏・酈道元《水經注》,文學古籍刊行社,1955 年。
唐・劉禹錫《劉禹錫集》,上海人民出版社,1975 年。
東漢・荀悦《前漢紀》,臺灣商務印書館,1973 年。
西漢・劉向集録《戰國策》,上海古籍出版社,1978 年。
西漢・司馬遷《史記》,中華書局,1959 年。
北宋・王欽若等《册府元龜》,中華書局,1960 年。

参考文獻

[1]Alain Peyraube. Syntactic Change in Chinese: On Grammaticalization[J]."中研院"歷史語言研究所集刊,1988,59(3):617-652.
[2]Alain Peyraube. History of the Comparative Construction in Chinese from the 5th Century B. C. to the 14th Century A. D. [C]//"中研院"第二届國際漢學會議論文集(語言與文字組). 臺北:"中央研究院",1989:589-612.
[3]陳明富. 中古漢語比較類形容詞謂語句研究[M]. 北京:中國社會科學出版社,2014.
[4]何樂士.《史記》語法特點研究[M]. 北京:商務印書館,2005.
[5]黄曉惠. 現代漢語差比格式的來源及演變[J]. 中國語文,1992(3):213-224.
[6]蔣紹愚,曹廣順. 近代漢語語法史研究綜述[M]. 北京:商務印書館,2005.
[7]史佩信."比"字句溯源[J]. 中國語文,1993(6):456-461.
[8]史佩信,楊玉玲,韓永利. 試論比字句的形成及其與先秦兩漢有關句式的淵源關係[J]. 中國語文,2006(2):142-150.
[9]太田辰夫. 中國語歷史文法[M]. 京都:朋友書店,2013/1981.

[10]謝仁友. 漢語比較句研究[D]. 北京:北京大學,2003.
[11]謝仁友. "比"字的語法化和"比"字句的語言類型學考察[M]//沈家煊、吴福祥、馬貝加主編. 語法化與語法研究(二). 北京:商務印書館,2005:307-323。
[12]楊榮祥. 從《世説新語》看漢語同義詞聚合的歷史演變[M]//國學研究(第九卷). 北京:北京大學出版社,2002.
[13]張赬. 唐宋時期"比"字比較句的演變[M]//語言學論叢(第30輯). 北京:商務印書館,2004:169-187.

On the Emergence and Origin of the *bi*(比)Comparative Construction

Chi Mingming Yang Rongxiang

Abstract: Previous studies on the "*bi* 比"comparative construction focus mainly on the "X *bi* YA"form, and it is widely accepted by the academe that this construction was established no earlier than the Tang period, and that it is not until after that period that the result of comparison A can be modified by adverbs or complemented by numerical expressions. Focusing on the expression of superiority, this paper investigates large amount of documentaries range from the Han dynasty to the early period of Tang, including commentaries on classics and historical texts, and concludes that there are mainly four "*bi*" comparative constructions, i. e., "X *bi yu* 於 YA", "X *bi yu* Y *wei* 爲 A", "X *bi* YA" and "X *bi* Y *wei* A". With the fall of the preposition "*yu*", the "X *bi* Y A" and "X *bi* Y *wei* A" constructions become dominant through the Han times to the Early Tang. Instances of "X *bi* Y A" construction are not rare in materials of East Han period, and this construction has matured as early as the Northern and Southern Dynasties (early 6th century). The latter construction has been widely used since the East Han period, and it has the same meaning and similar grammatical function with the former. Under the principle of economy, the quasi-copula *wei* in this construction drops and it merges with the former form. Constructions like "X *fang* 方 Y *wei* A" and "X *dui* 對 Y *wei* A" are also parallel to the "*bi*" comparative construction, but they are not as frequently used as the latter, and has eventually vanished during their competition.

Key words: comparative of superiority, the "*bi* 比" comparative construction, grammaticalization

通信地址:
池明明,北京市海淀區頤和園路5號北京大學暢春新園2號樓470室
郵　編:100871
E-mail:cheemingming@pku. edu. cn
楊榮祥,北京市海淀區頤和園路5號北京大學中文系
郵　編:100871
E-mail:yangyyan@pku. edu. cn

《黄侃日記》語體論初探*

劉麗媛　馮勝利

内容提要　本文在語體語法理論框架下，系統地鑒别、整理和爬梳《黄侃日記》中有關語體語法方面的現象、思想及方法。在材料鑒别的基礎上，文章提出：至少在六個方面，黄季剛先生在語體語法原理和機制上做出了重大的建樹；與此同時，他在如何"造體"及如何"用字"方面表現出獨到的見解與方法。文章最後指出，在漢語歷史語體語法的構建上，章黄學派有不可磨滅的開創之功。

關鍵詞　語體語法　黄侃　文與言判　雅俗代降　歷史語體語法

一　語體與語體語法

語體語法(stylistic-register grammar)的概念是馮勝利2003年醖釀，2010年正式提出的。語體語法和以往的"語體"或"文體"兩個概念具有一個顯著的本質性的不同，就是她從"什麽是語體"的角度來定義"什麽是語體語法"。根據馮勝利(2010)的語體語法理論，"語體"的定義是：

> 語體
>
> 語體是實現人類直接交際中最原始①、最本質屬性(亦即確定彼此之間關係和距離)的語言手段和機制。(馮勝利，2011)

這一定義至少包含如下五個方面的概念。

第一，提出"直接交際"的概念。"直接交際"是指"雙方"或"兩向"的面對面的在場交際。因此，没有交際對象在場的"雙向交際"，不是這裏定義的交際。

第二，直接交際的工具是"語言"。因此，一切具有語言屬性的交際工具，均屬語體語法定義中"交際工具"的範疇。亦即"語體是實現人類交際的語言手段"。

第三，提出和確認"語體是一種機制"的思想，即：語體是實現人類直接交際的一種語言機制。據此，研究語體的目的，就是研究人類語言的一種機制。

第四，揭示該定義的本質性概念，即最原始、最本質的交際屬性是"交際距離"的調整。這一核心思想在《漢語語體語法概論》(2018：2)中得到具體闡述：

> 這個定義更深層的含義是指直接交際中"最原始、最本質"的屬性。人們交際的目的和方法無疑是多種多樣的，然而其"最原始、最本質"的交際屬性是什麽，這是該定義

---

*　本成果受北京高校高精尖學科項目(中國語言文學)"基於歷時與共時的漢語語體語法理論體系研究"支持，特此致謝！

①　"原始"一詞，該文(馮勝利，2011)從"元要素"及"元生性"兩個角度詮釋其義；馮勝利、施春宏(2018)文中徑直改作"元始"。

所關注的(和其他相關研究不同的)根本所在。不瞭解這一點就很難真正理解這裏所説的語體機制。……該定義所關注和研究的不是交際的所有功能、交際目的和交際效應,而是其"最原始、最本質"的、没有它就没有交際的基元要素。什麼是交際的"基元要素"呢?顯然,没有"彼此"就没有"交際",而彼此的存在是以時空爲前提的。因此,彼此之間的"關係和距離"便成了直接交際"最本質"的要素。

第五,交際距離(或簡稱爲"交距")的定義及其運作蘊含了所有可能的語體變體。這一概念,在語體語法體系中是這樣闡釋的:

確定彼此之間的距離是交際的第一需要——説話者與聽話者之間是"近距離(親近)"還是"遠距離(正警)"或者"高距離(敬畏)";任何其他類型的交際行爲,都從這裏開始。因此,語體語法的核心概念是"語距"(用語言調節的交際距離)。(馮勝利,2018:2)

其中"任何其他類型的交際行爲,都從這裏開始"的意思是説:無論什麼方式和類型的交際行爲,如拉波夫(Labov,1966)的"風格變化(stylistic variation)"和科斯林(Kiesling,2009)基於"立場(stance)"規定的"社會變化(social variation)""語體變化(register variation)"等等,均可分析爲不同角度的"交距"及不同方式的"調距"結果。一言以蔽之,語距是源,而"風格變化"和"立場變化"則是果。

在上面這些新的概念和系統的基礎之上,才產生了與傳統理解本質不同、方向大異的語體語法:

語體語法(定義)

凡具語距功能的語法形式或規則,爲語體語法。

語體語法不再是不同場景不同人之間説的不同的話,而是一套運作機制:若大而言之,它是不同交際者(説者和聽者)之間用語言調距的生理機制;若具而言之,則是不同交際者之間用來調距的語言機制。因此,語體語法的研究不再是隻言片語式的文本類型和語法特性關係的考察,也不是不同文體、文類所用表達方式的描寫和歸納,而是真正走上了原理預測、機制推演、體系運算、模式驗證的理論系統的研究(參馮勝利、施春宏,2018)。

積十餘年的研究成果,漢語語體語法近來在漢語語言學及普通語言學中受到的關注度不斷提高。例如,陸儉明先生 2019 年 7 月 20 日在商務印書館漢語中心《現代漢語語法研究發展的歷程》的講話中説到,"馮勝利教授開創的語體語法學對推進漢語語法研究起了很積極的作用";張伯江先生在《光明日報》(2019 年 8 月 28 日 11 版)的《新中國 70 年語言學學科體系、學術體系和話語體系建設的回顧與思考》一文中,也提到"語體語法"的貢獻。他説:"進入二十一世紀以來,我們學者先後提出了韻律句法、語體語法、糅合語法、對言語法等涉及漢語本質的標識性概念。"

在語體語法這一理論框架的觀照之下,我們才有可能具體、深入、系統地鑒别、剔爬、梳理和發掘《黄侃日記》中有關語體語法的思想及方法。本文即嘗試:(1)窮盡性地爬梳《黄侃日記》中有關語體語法的論述和論例;(2)理論性地歸納和闡釋黄季剛先生在語體語法方面的貢獻。

二 《黄侃日記》語體語法材料輯要

黄季剛先生在其《日記》中給我們留下了大量有關語體語法的珍貴材料和雛形思想。這些寶貴的語體材料，雖經馮勝利(2010、2018)等文章，摘要點睛式地揭櫫於世，但仍有大量未經發覆的重要材料、思想和方法有待揭櫫。本文不揣檮昧，承前賢之業，以冀成章黄語體語法之論：先做《〈黄侃日記〉語體語法材料輯要》(下面簡稱《輯要》)，再談我們對《輯要》裏面思想和材料的理解。《輯要》據《日記》年代順序立目，力圖窮盡。但限於學力，自知疏漏之處固所難免；敬希同門師長，不吝是正。

1.《黄侃日記》(2001:128)

宋詞用字蓋有三例：一曰熟語(用典故訓故皆屬此類。如辛詞《摸魚兒》用長門事，用千金買相如賦，曰玉環、飛燕[唐文案：曰原誤作日]，此用典故也。用恩恩脈脈、危闌之危，此用訓詁也)。二曰造語(有造字造句之異。造字如姜詞冰膠雪老、吹涼銷酒、諸虚字之類。造句如"高柳晚蟬，説西風消息"之類[千帆案：下如字原誤作好])。三曰時俗語(有用時俗語爲形容接續介系助句之詞，而中加以熟語造語者。如劉翰詞："怨得王孫老。""得"字，時俗也。劉克莊詞："驀然作暖晴三日。"驀然字時俗語也。韓嘐詞："待不眠還怕寒侵。"待字，還怕字，時俗語也。餘皆熟語矣。

有用時俗語而天然工緻絶類文言者。如辛詞："是他春帶愁來，春歸何處，却不解帶將愁去"是也。

有貌似文言，實從俗語翻出者。如謝懋詞云："無尋處，只有少年心"是也。有純用時俗語而雜以文言仍不掩俗者，如趙與鄉詞："有人嫌太清，又有人嫌太俗，都不是我知音"是也。

有雖無時俗語虚字，而實時俗語之熟語者，如周晋詞："薄倖東風，薄情遊子，薄命佳人"是也。有不僅用時俗語，且用方言者，如吴詞之"夢緣能短"能作如此解。今蘇州語也。陸詞："你嚎早收心呵。"嚎早作火速解。亦今蘇州語也。

有用方音爲韻者，如姜詞："不會得青青如此。"與語、麌、御、遇韻中字同押。劉過詞："淚痕凝臉。"與銑、獮、輪、换、阮、願韻中字同押是也)。

擬專取宋人選詞輯宋詞用字舉例一書，一以示填詞用字造句之法，二以告今之高舉常語爲詩者，知亦有矩矱，非能率爾成章也。若夫恉義、格調、聲律，皆已屢見前人之書，不復覼縷可矣。(《六祝齋日記》卷四)

2.《黄侃日記》(2001:129)

見詒經堂藏書七種(史長春刻)，内有《文則》一卷(宋陳騤撰)，坐翻竟。其書取經句爲範，頗爲雅馴，惜不備耳。(《六祝齋日記》卷四)

3.《黄侃日記》(2001:148)

閱楊無咎補之《逃禪詞》，俳語過多，有枚皋之病。如《醉落魄》(詠龍涎香云："幾回殢酒襟懷惡，鶯舌偷傳，低語教人嚼")、《瑞鶴仙》("漸嬌慵不語，迷看帶笑，柳柔花弱。難葯[即畫貌字]扶詺鴛帳，不褪羅裳，要人來托。偷偷弄搦，好玉軟暖香藥")、《明月棹孤舟》(詠園三五云："記得譙門相見處，禁不定飛魂飛去。掌托鞋兒，肩挑裙子，悔不做閑男女")，諸詞直是淫哇，而《明月棹孤舟》後三語，尤爲遯泆，雖莊士閲之，亦未免蕩心也。至《步蟾宫》一詞，所咏

(“一斑兩點從初起,這手脚漸不靈利,背人只得暗搔爬,腥臭氣熏天炙①地。下梢管取好膿水,要潔净怎生堪洗,自身作壞,匹[俗譬字之借]如閑更,和却旁人帶累”)則瘭疽花瘻亦以入詞,暬矣。(《六祝齋日記》卷五)

4.《黄侃日記》(2001:175-176)

沈椒園記其師方氏誨彼語曰:“南宋、元、明以來,古文義法久不講,吴越間遺老尤放恣(此詆錢受之、黄太沖),或雜小説家,或沿翰林舊體,無一雅潔者。古文中不可入語録中語,魏、晋、六朝人藻麗俳語,漢賦中板重字法,詩歌中雋語,南、北史佻巧語。老生所閲《春秋三傳》《管》《荀》《莊》《騷》《國語》《國策》《史記》《漢書》《三國志》《五代史》、八家文。賢細觀當得其概(《隱拙齋集》卌一,《方望溪先生傳後記》。記又載方氏示以近文曰:“生視吾文于古文何似?”某曰:“先生文追韓軼王。中當以《原人》《原過》楊文定、查編脩二誌、《和風翔哀辭》爲不媿古作者[永坤案:風,疑應作鳳]。先生然之)。

侃案:桐城文體,作法略具於此,師徒所授受。而錢少詹事則惜方氏未喻古文義法。又云:“方所謂義法,特世俗選本之古文,未嘗博觀,而求其法。法且不知,義于何有?又舉王若霖言,靈皋以古文爲時文,却以時文爲古文。方終身病之。平心論之,方氏之文在當時固自雅潔。錢君所爲文,蓋未能逾也。然而彼法中人,遂以爲文章正宗在是,舍是則不成爲古文,此又過也。

文有所爲作,有所以作。所以作者,不過章句、事類之微;而所爲作者,必待乎學問、識力之鉅。今使有人焉,信奉方氏所説之科條以爲文,然而學術迂蕪,體製乖午,誦其音則歐、曾,視其字則韓、柳。舉方氏之所禁,無或存焉。是即得爲古文矣乎?若夫章句、事類之微,則又視其人所師範。楊子雲文慕長卿,每作文常擬之以爲式。《過秦》一論,摹者多人,匪唯倣其安章,亦乃依之搆句,苟有規矱,疇敢非之?

且文辭之本,存乎訓故,使其人研精義解、妙審詞條,則奇恒雅俗,文質古今,自能出以稱詮,令其妥帖。故有質言而非俚,麗藻而非浮,古訓而非奇,雋語而非艷。豈必拘守數十篇選文旦夕陳几上者,以爲修詞用字之洏②臬哉!

然古今文學,當分三流:先唐所作,有名於世者爲一流。古文家或有所稱譽,或横加詆譏。實則所譽者,彼固未易幾;所詆者,彼亦未能過。至於墮廢疆畛,竄亂句度,夸言臆解,虚響誤訓,古之文固絶焉。自唐以後,就彼法言,自有高卑,寧能以一概相量?故八家之作,無害超出流輩。然而世猶奔走喘汗以冀爲其後。世日困於其法則而不知變,落首穿鼻,以人滅天,此三流也。或有卓爾之才,抗心希古,而漸染俗見,不能擺脱,尚與委蛇;或見之已明,所師已得,而才力年歲限之,成就卓絶者無幾。所以時文雖廢,典型未亡;積弊不還,卒於白話也。(《感鞠盧日記》)

5.《黄侃日記》(2001:198-199)

言辭修潤即成文章,而文與言訖于分乖者亦有。故撰述之家,求其文之簡當,或志在行遠,亦必美其采章。簡與美相乘,自與造次口談不能同狀,此即以語爲文之民,亦必有其區别。非然者,謂之無文無不可也。又言在脣吻,隨世遷流;文著于書,其性凝固。故有《爾雅》解《詩》《書》之詁;《輶軒》記絶代之言。

---

① 《黄侃日記》(2001,2007)誤作“灸”。

② 《黄侃日記》(2007:177)作“埻”,疑“埻”爲是。

常語趨新，文章循舊，方圓異德，故雅俗殊形矣。且夫人爲之事類，皆爻法于他，罕能自創。嬰倪效語，莊嶽教言，陶染所成，若出天性。而文章既有定體，美惡復有公評。舉世名篇，嗟不盈掬。擬之作式，必是前代之文。模放既久，與之同化，句度聲辭，宛有定規。所以詩歌雖廣，常用者不逾乎四五七言；形體猥多，恒見者大都止三五千字。

語言以隨世而俗，文章以師古而雅，此又無足怪矣。嘗聞化聲之道，從地從時。從地則殊境不相通，從時則易代如異國。故越歌《山木》，待楚譯而始通，秦語素青，俟鄭言而方曉。況以近事，崑腔賓白，非吴儂則厭其鉤輈；元代王言，在今人必迷其句讀。是則文兼常語，適使萮胡，不若一秉古先，反得齊同之律。

綜上所説，文與言判：一由修飾，二由遷移，三由摹放，四由齊同。非苟而已也。

鈍拙之夫，自媿不能文事，競創怪説，以愚世人。人情懶惰者多，勤劬者少，從彼之説，既省精力，又得聲名，所以泮林桑葚，不變鴞音；喬木友聲，無非鴃舌。若以董劉之術論之，斯殆口病犬禍之類乎？周天度西隱序《通俗編》，言梁山舟有《直語類録》。翟書視之詳數倍。梁書在約舉義例，而不求其多。序云："語有見於經傳，學士大夫所不習，而蕘僮竈妾，口常及之。若中古以還，載籍極博，抑又繁不勝舉矣。蓋方言流注，或每變而移其初，而人情尤忽于所近也。"此數言殊精。(《感鞠盧日記》)

6.《黄侃日記》(2001:214)

宋詞出于唐詩，元曲出于宋詞，正如子之肖父，雖性情、形體酷似，遭逢既異①，行事亦殊。又雅俗有代降，其初盡雅，以雅雜俗，久而純俗，此變而下也。雅俗有易形，其初盡俗，文之以雅，久而畢雅，此變而上也。由前之説，則高文可流爲俳體；由後之説，則輿頌可變爲麗詞。然二者實兩行於人間，故一代必有應時之俗文，亦必有沿古之詞制。(《感鞠盧日記》)

7.《黄侃日記》(2001:457)

廿日翻《詼諧》六。劉朝霞《駕幸温泉賦》，詞調俳諧，中雜兮字(出《開天傳信記》)。禺生説近日嵩山馬氏改修春羶池(胡華清池)薌冰臺(故貴奴臺)(千帆案：胡字疑故之誤，奴字疑妃之誤)，馬氏作一文，以鄙語成之，而雜兮字，即此體也(劉文最可笑者曰"青一隊兮黄一隊"，又云"珠一團兮繡一團")。(《戊辰十二月日記》附九 流覽)

8.《黄侃日記》(2001:460)

《費鳳碑》"哀以而逆之"，以"而"字足成五字句。柳宗元定誚其助詞不中律令。(《戊辰十二月日記》附十 雜識)

9.《黄侃日記》(2001:478)

辛棄疾《稼軒詞四 西江月遣興》云："只疑松動要來扶，以手推松曰：'去。'"今之爲俚詩喜之，不知棄疾用《龔勝傳》："以手推常曰：'去'"也。

《敘事篇》："亦有姓氏本複，減省從單。或去萬紐而留于②，或止存狄而除庫，求諸自古，罕聞斯例。"案：謂自無斯例則非也。且如今之英吉利、日斯巴亞具言實繁，故省曰英、日而矣。(千帆案：矣上疑脱已字。)(《己巳治事記》)

---

① 《黄侃日記》(2007)作"而遭逢既異"。

② 《黄侃日記》(2007)誤作"干"。

三　黄季剛先生的語體觀

没有顯微鏡,我們看不到肉眼無法看到的東西;没有理論,我們想不出日常無法想到的思想。語體語法理論不啻給了我們一台顯微鏡,讓我們藉以觀察前輩學者在語體語法方面豐富的思想和豐碩的成果。正是在這樣的學術條件和背景下,我們才有可能發現黄季剛先生在語體語法方面的超前貢獻:他不僅彙集了大量的語體語法材料,而且提出了具有超時代意義的語體語法思想。比起當時政治正確的“時髦”學術來(如“廢棄文言”“廢棄漢字”甚至“廢棄漢語”等),黄侃語體説不啻一枚定時炸彈,一朝爆炸,雖百年之後仍具“發聾振聵”的巨大作用。下面就從六個方面總結並闡釋季剛先生的語體語法觀。

(一)“文、言二體説”與“語體獨立”

黄季剛先生的語體理論中最核心的部分是文(書面語)與言(口語)分屬兩種語體的思想。他説:

> 言辭修潤即成文章,而文與言訖於分乖者亦有。……常語趨新,文章循舊,方圓異德,故雅俗殊形矣。……綜上所説,文與言判:一由修飾,二由遷移,三由摹放,四由齊同。非苟而已也。”(《黄侃日記》第198-199頁)

“文與言判”的思想之所以重要,是因爲關於漢語的書面語和口語的關係,長期以來學界没有一個統一的認識和答案。季剛先生提出“文與言判”之時,正值五四運動“我手寫我口”的大潮時代,文言書面語已失去往日的尊嚴而消失殆盡。正是這個時候,黄侃先生提出“文與言判,非苟而已”這一“反潮流”的超前見解,直到歷史大潮平息後的今天,我們才能看到少數幾位學者[如朱德熙(1987)、胡明揚(1993)等]重新提出口語研究要把書面語排除在外的觀點。但直至今日,書面語和口語共用一種語法、書面語不過是口語變體的觀念,恐怕仍然統治着絶大多數學者的思想。文與言判的思想和理論,可以説直到2003年馮勝利提出“書面語語法的相對獨立性”(馮勝利,2003a、b),才真正“重新”提到學術研究中來。“文與言判”,鏗鏘有力,給“口語、書面語的區分”一錘定音:人類語言,無論古今還是中外,均需要兩種對立的語體“正式語體”和“非正式語體”。在今天的語體語法理論體系内,我們可以清楚地認識到:現代漢語書面語的語法既區别於文言,也不同於口語,而是一種相對獨立的語法體系,並非簡單的“口語變體”①。根據季剛先生的説法,原因有四。第一,口語繁贅,書面簡當,所以“簡與美相乘,自與造次口談不能同狀”(《黄侃日記》第199頁)。其次,口語言過聲散,隨時消逝;書面語言則相對穩定(言在脣吻,隨世遷流;文著於書,其性凝固。《黄侃日記》第199頁)。第三,口語尚新,而書面尚古,所以“方圓異德、雅俗殊形”。最後,口語因社團交際的局限而顯俚俗(隨世而俗),書面語則因尚古典而顯文雅;但俚俗語越出本地區就會發生交流的困難(文兼常語,適使蕑胡),古文語則可以充當跨方言的通用語(一秉古先,反得齊同

---

① 注意:根據馮勝利2010年的理論,所謂書面語指的是書面的正式語體。如果“語體不同,語法不同”,那麽書面語和口語的不同就是語體系統中的兩個範疇的語法現象,而不是簡單的“口語變體”。

之律)。有此四耑(口語與書面語:繁一簡;散一固;新一古;俗一雅),口語形式和書面語形式才彼此相“判”——拉開了距離。不難看出,季剛先生的“判”就是馮勝利先生的“拉開距離”:“文與言判,非苟而已”就是後來的“拉開書面語與口語的距離勢屬難免”(馮勝利,2003a、2018:29)。

季剛先生説“文與言判,非苟而已”,這一超前觀點可與吕叔湘先生“每個時代有每個時代的筆語和口語”的思想相比美。吕先生説:

> 每個時代的筆語都可以有多種,有和口語大體符合的,有和口語距離很近的,也有和口語相去甚遠的。這些形形色色的筆語雖然一種挨一種,構成一個不斷的系列,但是當中也未嘗不可劃出一道界綫:聽得懂和聽不懂。(吕叔湘,1944)

季剛先生區分書語和口語(用“文”與“言”)不同的關鍵字是“非苟而已”,吕先生區分書語和口語(用“筆”和“口”)的關鍵字是“語體”。前者没有用“語體”這個詞,但“文”“言”對立的概念就是今天的“語體”對立;最重要的是季剛先生道出了語體對立的機制是“不以人的意志爲轉移”的必然屬性(非苟而已)(參馮勝利,2018:31)。在這個意義上,馮文進而指出“前者(季剛之‘文與言判’)是乾嘉‘理必’傳統發展爲‘學在發明’的重要成果,後者是西方語言學理論孕化出來的精闢分析”(馮勝利,2018:31),這句話的更深意味是:人類語言中語體對立的普遍規律的首發權,當歸屬於季剛先生。倘若如此,季剛先生的發明,在人類語體語法發展史上就賦有了里程碑的意義。

本文認爲,季剛先生語體論的里程碑意義可以從後代“文言、白話能否分家”的長期論争中看出來。張中行先生説:

> “兩者(文與白)又有千絲萬縷的關係。即以詞彙和句法而論,它們有異點,可是同點也不少。還有,在歷史上,它們雖然是分了家的,可是分得不徹底,不只你來我往不少,有時甚至還合夥過日子。這就使我們不能不想到界限問題。”(張中行《文言和白話》,1988:187)

分界之難,難在文與白劃水難分。這一點周作人先生在《文學革命運動》一文中説得更直接:

> “即在胡適之先生①,他從唐代的詩中提出一部分認爲是白話文學,而其取捨却没有很分明的一條綫。即此可知古文白話很難分,其死活更難定。”(引自《周作人散文·第2集》,1992:147)

古代就有白話文學,那麼“文與白”分得開嗎?今天,從語體的角度看,文言和白話是兩極的對立(參馮勝利,2018:37-67),因爲它們的語體功能不同,它們的語法結構也不同。文言是以秦漢書面語爲標本,是脱離口語而寫成的文字;白話文則是中古以後用近代漢語或現代漢語的口語寫成的文字。因此,二者雖然共存且彼此相容(見下文),但這首先是語體定律“文與言判”的結果,是語體獨立的産物。故而二者雖彼此不離但又界判分明,這正是“非苟而已”的系統使然。

---

① 參胡適《白話文學史·自序》(2014:7-8):“我把‘白話文學’的範圍放得很大,故包括舊文學中那些明白清楚近於説話的作品。我從前曾説過,‘白話’有三個意思:一是戲臺上説白的‘白’,就是説得出、聽得懂的話;二是清白的‘白’,就是不加粉飾的話;三是明白的‘白’,就是明白曉暢的話。依這三個標準,我認定《史記》《漢書》裏有許多白話,古樂府歌辭大部分是白話的,佛書譯本的文字也是當時的白話或很近於白話,唐人的詩——尤其是樂府絶句——也有很多的白話作品。”

(二)“雅、俗别體説”與“文學分體”

從語言的交際的機制上，季剛先生揭示了口語語體和書面正式體的對立；從口語和書面語的功能内容上，他進而將口語和書面語的對立特徵化爲“通俗”和“雅正”的對立。他説：“語言以隨世而俗，文章以師古而雅，此又無足怪矣。”(《黄侃日記》第199頁)

這裏的“俗”不是“低俗/俗氣”的“俗”，而是“通俗”的“俗”，這裏的“雅”也不是“高雅/雅氣”的“雅”，而是“雅正”的雅(亦即《禮記》“詩書執禮皆雅言也”的“雅”)。换言之，口語具有“通俗”的特徵，而書語具有“雅正”的功能。因此，凡求通俗者，就用口語(非正式)語體；凡需雅正處，就用書面(正式)語體。

以雅俗對立爲基礎建立的語體理論可以幫助我們發見季剛先生語體説的文學作用，譬如：

> 言辭修潤即成文章，而文與言訖於分乖者亦有。……常語趨新，文章循舊，方圓異德，故雅俗殊形矣。(《黄侃日記》第198—199頁)

文章之妙自古有千萬之道，然而其中之雅俗變異，則爲中樞。李漁在《窺詞管見》中説：“詩之腔調宜古雅，曲之腔調宜近俗。詞之腔調則在雅俗相合之間。”换言之，詞、曲之所以不同於詩者，一在詩需雅言，二是曲要俗語，介乎其間者才是詞。詩詞曲雖分爲三體(文體)，但其重要區别則是雅俗兩大要素的組配不同。季剛先生“常語趨新，文章循舊，方圓異德，故雅俗殊形”的論斷，一語道出文學史上文體變遷之語體原理。

事實上，雅俗之異不僅是詩、詞、曲三體所以不同的語體根據，更是文學發展的内在的語體動力。文學形式的區分及其發展的語體動力最直接的證據乃《詩經》分風、雅、頌三種語體的古典事實(馮勝利，2014)。這裏，我們根據季剛先生“語/文”“新/舊”之間的“異德殊形論”和馮勝利的文學節律語體論(《漢語韻律詩體學論稿》，2015)，針對中國歷代文學的代表形式以及歷時語體形式的總體發展，做出有關文體代降史方面嘗試性的解釋和預測，具體如下：

詩經：正式性齊整律(雅、頌正式體①)
楚辭：口語性長短律
} 正式詩律與非正式詩律的轉换

先秦散文：口語性長短律
兩漢大賦：正式性齊整律
} 口語性散文與齊整性詩體的轉换

三五言詩：正式性齊整律(詩歌體≠口語)
四六言文：口語性長短律(詩律+文律=長短律)
} 齊整性詩律與口語性文律的轉换

---

① 《國風》是重輕揚抑格的口語體，《雅》《頌》是平衡抑揚格的正式體。

律詩：正式體（平平仄仄齊整律）
古詩：口語體（平仄間錯長短律）
} 正式體節律與口語體節律的對立

唐詩：正式體（齊整律）
宋詞：小調俗曲（長短句）
} 正式性齊整體與口語性長短體的轉换

案頭文學：雅正體（長短句）
元曲：口語性小令或小調（散言句）
} 雅正體與街市小調之間的轉换

元曲：口語性小令或小調（散言句）
小説：口語言説句（口語韻律）
} 曲句節律與純口語文學形式的轉换

凡上述歷代文學形式（文類）的發展與更替，在季剛先生“雅俗異德”和當代語體理論的框架内，均可看作雅俗變異的語體動力促動下生成、發展出來的不同形式。

（三）語體“雅俗相容説”

季剛先生雖然提出“文與言判”的語體語法大原則，但是在語言使用和表達中，尤其是文學語言裏，不同語體則需彼此間容，達到文白參差、對立而不衝突的藝術境界。

1. 雅正與通俗相間

季剛先生所推尚的文學語言是：“奇恒雅俗，文質古今”相間而行，本於訓故，研精義解、妙審詞條，才“能出以稱詮，令其妥帖”，最後達到雅俗兼濟，相映成輝的“有質言而非俚，麗藻而非浮，古訓而非奇，雋語而非艷”的藝術效果。他自己的文學造詣很深，故能體味和發掘“雅俗造體”的藝術手段。下面揭示的“雅俗藝術”，可以説是季剛先生在古代文學批評史上的獨見：

> 有用時俗語而天然工緻絶類文言者。如辛詞：“是他春帶愁來，春歸何處，却不解帶將愁去”是也。//有貌似文言，實從俗語翻出者。如謝懋詞云：“無尋處，只有少年心”是也。//有純用時俗語而雜以文言仍不掩俗者，如趙與御詞：“有人嫌太清，又有人嫌太俗，都不是我知音”是也。//有雖無時俗語虚字，而實時俗語之熟語者，如周晋詞：“薄倖東風，薄情遊子，薄命佳人”是也。//有不僅用時俗語，且用方言者，如吴詞之“夢緣能短”能作如此解。今蘇州語也。陸詞：“你嚎早收心呵。”嚎早作火速解。亦今蘇州語也。有用方音爲韻者，如姜詞：“不會得青青如此。”與語、麌、御、遇韻中字同押。劉過詞：“淚痕凝臉。”與銑、獮、輪、换、阮、願韻中字同押是也）。（《黄侃日记》第 128 页）

這裏季剛先生總結了五條雅俗間錯的造語絶技。第一是用時俗語，有非但不俗反而達到“天然工緻，絶類文言”地步者；第二是“貌似文言，實際是從俗語翻出者”；第三是純用時俗語,但融入文言而仍然俗味十足者;第四是雖然不用時俗語的虛字,但有"實時俗語之熟語者";第五是有方言詞或用方音爲韻者。這不是季剛先生臨時、偶然的簡單歸納,而是他宏偉計劃的一個大綱。他曾想:

> 擬專取宋人選詞輯宋詞用字舉例一書,一以示填詞用字造句之法,二以告今之高舉常語爲詩者,知亦有矩矱,非能率爾成章也。(《黄侃日记》第128页)

其中包含兩個目的:一是發明"填詞用字造句之法",二是警世"口語創作"的文體法則(矩矱)。

2. 通俗而不猥褻

季剛先生説:"閱楊無咎補之逃禪詞,俳語過多,有枚皋之病。如醉落魄、瑞鶴仙,諸詞直是淫哇,而明月棹孤舟後三語,尤爲遝洪……至步蟾宫一詞所咏……褻矣。"這裏我們又從另一個反面看出,黄氏之雅俗相間説中的"俗",必止於"通俗"而不傷大雅。這一點很重要,因爲從語體拉距的角度説,"俳語過多""淫哇""遝洪"的褻語,從本性上説已失去拉距的作用,因此俗而至褻就不再是語體區别雅俗或語體區别文與言的初衷和手段。

3. 即使口語入文,也有典籍所本

> 辛棄疾《稼軒詞 四 西江月遣興》云:"只疑松動要來扶,以手推松曰:'去。'"今之爲俚詩喜之,不知棄疾用《龔勝傳》:"以手推常曰:'去'"也。(《黄侃日记》第478页)

口語詩、民歌都是當代詩歌喜聞樂見的文學形式。季剛先生所提倡者:即使純口語的詩歌創作,若有出典或意象所本,其境界自當勝出一籌。

(四)語體"歷史轉換説"

任何語言的語體形式,都不是固定不變的。今天的"雅"可能是昨天的"俗"(如"關關雎鳩",本是上古情歌),而今天的俗,或許就是昨天的"雅"。這一點,季剛先生首發其説。

> 雅俗有代降,其初盡雅,以雅雜俗,久而純俗,此變而下也。雅俗有易形,其初盡俗,文之以雅,久而畢雅,此變而上也。由前之説,則高文可流爲俳體;由後之説,則輿頌可變爲麗詞。然二者實兩行於人間,故一代必有應時之俗文,亦必有沿古之詞制。(《黄侃日記》第214頁)

黄侃先生的"雅俗(=正式/非正式)有代降"説,在後來吕叔湘先生的論證中得到進一步的證實。吕先生説:

> 由於語言的常常變動,甲時代的口語到了乙時代成爲古語,甲時代的語體文到了乙時代自然也會變成超語體。但是乙時代所有的超語體文,儘管所含甲時代的成分之多已經超出乙時代人耳聽能懂的範圍,可未必就是甲時代的語體文。(《文言和白話》,原載於《國文雜誌》3卷1期,1944)

吕氏的"語體今古説"和黄氏的"雅俗(=正式/非正式)代降説"如出一轍:他提出的語體的時代轉換"甲時代的語體文到了乙時代自然也會變成超語體"和黄季剛先生提出的"雅俗

有代降”的思想不謀而合①。兩位先生都發現了語體形式在歷史上的變體現象，但季剛先生的說法則更具今天“語體對立”和“語體换位”的變體機制性。

（五）“語體軌則”與“修辭工拙”

語體和修辭分屬兩個領域：語體屬語言機制的部分，修辭屬語言藝術的範疇。二者的原理和機制很不相同，不容混淆。這一思想乃章黄之初創，太炎先生論述明七子的文學創作，他說：

> 或曰：“子前言一切文辭，體裁各異，故其工拙亦因之而異。今乃欲以書志疏證之法，施之於一切文辭，不自相刺謬耶？”答曰：“前者所說，以工拙言也；今者所說，以雅俗言也。工拙者，系乎才調；雅俗者，存乎軌則。軌則之不知，雖有才調而無足貴。是故俗而工者，無甯雅而拙也……（《文學論略》，1925：30）

季剛先生在《黄侃日記》中也論及：“見詒經堂藏書七種（史長春刻），内有《文則》一卷（宋陳騤撰），坐翻竟。其書取經句爲範，頗爲雅馴，惜不備耳。”這裏所謂“取經句爲範，頗爲雅馴”，就是指以經典語言爲“範式（＝軌則）”，並以此爲“雅馴”的標準。

（六）文章語體之“用字、造句”法

前面看到，季剛先生說他曾經準備“專取宋人選詞輯宋詞用字舉例一書，一以示填詞用字造句之法，二以告今之高舉常語爲詩者，知亦有矩蒦，非能率爾成章也。”遺憾的是先生英年早逝，故而“示法”未能卒成其書。今爬梳先生《日記》所録字法、句法等諸多條目，臚列於此，以饗讀者，並求教方家。不敢言備，但發凡舉例而已矣（雅俗兼容法已見上，故不贅）。

1. 以古立雅法

季剛先生說：“常語趨新，文章循舊，方圓異德，故雅俗殊形矣。”雖然“趨新”是“常語”的特徵，但書面雅正體（文章）則要用“古舊”的語言來創造。這也是古今中外“雅正體”製造的通則之一②。

2. 訓詁用字法

季剛先生深湛於訓詁之學，並用之於文章作法。他說：

> 且文辭之本，存乎訓故，使其人研精義解、妙審詞條，則奇恒雅俗，文質古今，自能出以稱詮，令其妥帖。故有質言而非俚，麗藻而非浮，古訓而非奇，雋語而非艷。豈必拘守數十篇選文旦夕陳几上者，以爲修詞用字之洒臬哉！（《黄侃日記》第176頁）

遣詞造句根據文字訓詁之本義，“研精義解、妙審詞條”，才能不抄襲古語而可自鑄新

---

① 當然，我們也看到，吕叔湘先生的語體說是建立在“什麽時候說什麽話”的“得體性”（参吕叔湘，1944）之上的，而不是建立在語體表述的“語法性”上。他的得體要素雖然包含了“時間、地點、對象”，但缺少决定語體三大要素中的第三個：說話的内容。换言之，吕叔湘的語體說雖然非常接近今天的語體語法，但還不是語體語法；如果嘗試性地給吕先生的語體說定性的話，它可以看作是非常前沿的、超時代的語體修辭學。

② 孫詒讓（《尚書駢枝敘》）所謂“常語恒畸於質，期於辭約恉明而已。雅辭則詭名奥誼，必式古訓而偁先民，其體遂判然若溝畛之不可復合矣”，說的也是“文章循舊”的道理，可用以證明季剛先生之說。

詞——無論新義還是常語(奇恒),無論典雅還是俗常;無論文采還是質樸,無論古代還是今天,均能自然如流而不越矩。

3. 古文造句法

季剛先生在日記中引用沈椒園記其師方氏誨彼語,认爲"桐城文體,作法略具於此,師徒所授受"。其原文曰:

南宋、元、明以來,古文義法久不講,吴越間遺老尤放恣(此詬錢受之、黄太沖),或雜小説家,或沿翰林舊體,無一雅潔者。古文中不可入語録中語,魏、晋、六朝人藻麗俳語,漢賦中板重字法,詩歌中雋語,南、北史恌巧語。(《黄侃日記》第175—176頁)

就是説,純正的古文,其遣詞造句不能摻入"語録體""藻麗俳語""漢賦板重字法""詩歌雋語"以及"南北史恌巧語"。否則,從語體藝術的角度而言,不是"亂體"也是"雜體"的劣質産品。

4. 文分"所以作"與"所爲作"

季剛先生把作文分爲"所以作(仿作)"和"所爲作(創作)"兩種,兩種的方法不同。他説:

文有所爲作,有所以作。所以作者,不過章句、事類之微;而所爲作者,必待乎學問、識力之鉅。今使有人焉,信奉方氏所説之科條以爲文,然而學術迂蕪,體製乖午,誦其音則歐、曾,視其字則韓、柳。舉方氏之所禁,無或存焉。是即得爲古文矣乎?若夫章句、事類之微,則又視其人所師範。楊子雲文慕長卿,每作文常擬之以爲式。《過秦》一論,摹者多人,匪唯倣其安章,亦乃依之搆句,苟有規矱,疇敢非之?(《黄侃日記》第176頁)

季剛先生没有否定"仿作"的價值,但更强調創作(所爲作)的必要條件"必待乎學問、識力之鉅。"

5. 宋詞用字法

從用字角度,季剛先生把"詞"這種文體的語體性質揭示出來。他説:

宋詞用字蓋有三例:一曰熟語(用典故訓故皆屬此類。如辛詞《摸魚兒》用長門事,用千金買相如賦,曰玉環、飛燕[唐文案:曰原誤作日],此用典故也。用恩恩脈脈、危闌之危,此用訓詁也)。二曰造語(有造字造句之異。造字如姜詞冰膠雪老、吹涼銷酒、諸虚字之類。造句如"高柳晚蟬,説西風消息"之類。[千帆案:下如字原誤作好])。三曰時俗語(有用時俗語爲形容接續介系助句之詞,而中加以熟語造語者。如劉翰詞:"怨得王孫老。""得"字,時俗也。劉克莊詞:"驀然作暖晴三日。"驀然字時俗語也。韓嘐詞:"待不眠還怕寒侵。"待字,還怕字,時俗語也。餘皆熟語矣。(《黄侃日記》第128頁)

"詞"的語言與詩不同,從季剛先生論"宋詞用字"可以看出,除了"造語"或兼爲詩歌語言創造法外,"熟語""時俗語"都是宋詞用字的典型"語法"(造語之法),"詩之字法"絶不如此。當然季剛先生論"詩歌用字法"的材料還有待將來的收集和爬梳。

6. 文體的節律規則可以征服語言的句法規則

季剛先生一貫主張"音節之訓詁"(參《文心雕龍札記》),下面這條日記殊爲珍貴,因爲這是季剛先生將自己的"音節之訓詁"應用於古代散文句法分析中的一個典範用例:

《費鳳碑》"哀以而逆之",以"而"字足成五字句。柳宗元定誚其助詞不中律令。(《黄侃日記》第460頁)

用"而"字來滿足"五字句"的節律,雖然根據柳宗元的"律令"(語法),這樣做是"非法"的,但節律的要求使得句法"讓位"。這就是今天韻律句法學的核心所在。

除了上面六種用字造句法以外,其他方法仍有待發掘,這裏只揭舉數例於上以求教同寅。

四 章太炎先生的語體觀

由上可見,季剛先生在語體語法現象、體系和理論方面,可謂見解豐贍,獨具慧眼——不僅有洞察力,而且有構建力,故能超越時代,巋立學林。爲更好地説明和充分地看出這一觀點,我們不妨比較一下太炎先生之語體觀,以觀章黄語體觀念的異同。

首先,太炎先生的語體觀,據馮勝利的研究(2010),其最突出的就是他成功地區分了修辭風格上"工雅"和語體規律上"正雅"兩個概念的不同①,如上文所引;不僅如此,他還進而區分了消極之雅和積極之雅:

> 雅有消極積極之分:消極之雅,清而無物,歐、曾、方、姚之文是也;積極之雅,閎而能肆,揚、班、張、韓之文是也。雖然,俗而工者,無甯雅而拙。故方姚之才雖駑,猶足以傲今人也。吾觀日本之論文者,多以興會神味爲主,曾不論其雅俗;或以取法泰西,上追希臘,以美之一字,横梗結噎於胸中,故其説若是耶?彼論歐洲之文,則自可爾,而復持此以論漢文,吾漢人之不知文者,又取其言以相矜式,則未知漢文之所以爲漢文也。(《文學論略》,1925:30)

至今,我們在語體學上仍然存在如何區分"修辭"和"語體"的不同問題。根據太炎先生理論,"漢文之所以爲漢文"的語言規則有二:

第一,雅俗不是工拙,不是修辭藝術。

第二,雅俗是係乎"軌則"的爲文之道,是語言學領域中的一種規則。

根據第一點,我們不能把"雅正"和"美巧"等寫作技巧混爲一談;根據第二點,我們應該把語體看成語言的規則。於是修辭和語體分屬兩個不同的領域,因爲軌則(=規則)不僅無所不在,而且不可違反,而修辭是好與不好、美與不美的問題,是選擇性的而不是機制性的。

其次,太炎先生語體説的第二特點,本文認爲應當歸納爲"用訓詁達成雅正效應"的造體方法。他説:

> (明)七子之弊,不在宗唐而祧宋也,亦不在效法秦漢也,在其不解文義,而以吞剥爲能,不辨雅俗,而以工拙爲準。吾則不然,先求訓詁,句分字析,而後敢造詞也;先辨體裁,引繩切墨,而後敢放言也。(《文學論略》,1925:32)

這裏,太炎先生提出達到雅正語體效應所需的訓詁功底和方式,那就是一定要"先求訓詁,句分字析,而後敢造詞"的一套訓練或運作程式。不然的話,"不解文義"就只能"以吞剥爲能","不辨雅俗"就只能"以工拙爲準"。太炎先生的方法一語道出了韓愈"詞必己出"機秘所在,但不盡於此,有了"詞必己出"的能力後,還要"辨體裁,引繩切墨",在此基礎之上"而後放言"。這裏的"辨體裁"説的就是今天的"辨語體";而"雅俗者存乎軌則""引繩切墨而後敢放言"無疑應該理解爲我們今天説的語體語法。章太炎先生在《正名雜議》中説:"有通俗之

---

① 按,空海和尚(774-835)在《文鏡秘府論》中也談到"文……有雅體、鄙體、俗體"的不同,並主張"委詳所來"以"定其優劣"。

言，有學術之言”，“有農牧之言，有士大夫之言”。這也就説明在他的心目中，語體區分爲通行體（通俗之言）、典雅體（學術之言）、口語體（農牧之言）和正式體（士大夫之言）的不同。而明朝公安派引俗語入古文，在太炎先生看來就是一種“用農牧之話，説學術之言”的“不辨雅俗”的語體錯位。何以如此的原因，就是“不解文義”所以才“以吞剥爲能”，結果不是按照語體的規則來行文説話，而是用玩弄修辭技巧來遮蓋自己的無根之學。章太炎先生在他的《自述學術次第》中説：“余少已好文辭，本治小學，故慕退之造詞之則，爲文奥衍不馴，非爲慕古，亦欲使雅言故訓，復用於常文耳。”正好證明他説的“援古入今”才是“使雅言用於常文”的本質所在。

太炎先生的語體論無疑蘊含更爲豐富的思想和影響（詳參其《文學論略》等論著），這裏只摘出兩點以示季剛先生的語體説不僅繼承了太炎先生的思想和理論，同時還富有自己的獨創性。

五 章黄語體語法學的啟示：歷史語體語法的建立

如上所示，爬梳整理季剛先生的語體理論，我們自然而然就會溯及太炎先生的語體思想，結果發現：在章黄學術博大精深的體系中，藴藏着千百年來一脈貫聯的中華學術久遠傳統：《大戴禮記・保傅篇》早就載有專職來掌管語體（同參馮勝利，2012）。請看：

> 天子宴瞻其學，左右之習反其師，答遠方諸侯，不知文雅之辭，應群臣左右，不知已諾之正，簡聞小誦，不傳不習，凡此其屬，少師之任也。……號呼歌謡，聲音不中律。宴樂雅誦，送樂序；不知日月之時節，不知先王之諱與大國之忌，不知風雨雷電之眚，凡此其屬，太史之任也。

“答遠方諸侯”“知文雅之辭”乃“少師之任”；而“聲音中律”“宴樂雅誦”乃“太史之任”。可見語體需求在古代已經成爲一種制度化的社會現象。這一點，不僅章太炎、黄侃深明此道，就是清朝末年的孫詒讓也不愧其國學大師的名號。他在評論《大戴禮記・小辨篇》中所引孔子的話“爾雅以觀於古，足以辨言矣”時説：“是知雅言主文，不可以通於俗；雅訓觀古，不可以概於今。”這裏他把不是口語的語體（亦即上文之“俗”“今”）一分爲二：一爲“主文”（官方正式語，有别於“俗”），二是“觀古”（祀神莊典語，有别於“今”）。就是説，上古正式（雅）和莊典（古）的兩類語體是不同的：“雅言”和“雅訓”是有區别的。“雅訓觀古”説的是“古雅”，它和“雅言主文”的“正雅”，分屬兩個不同的語體範疇。綜合孫詒讓、章太炎、黄季剛三位先生的語體理論，我們可以看出一個傳統學術下的語體語法系統：

	莊典體	正式體	口語體	文藝體
孫詒讓	雅馴＝古雅	雅言＝正雅	俗	
章太炎	學術之言	士大夫之言	農牧之言	工拙
黄季剛	文1	文2	言	雋語

雖然這只是一個粗略的分類，但已然和馮勝利（2010、2018等）建立的語體三分系統不謀而合。當然，我們這裏還進一步關注到，如果從語體和文體角度來看，不僅語言學，還有文

學和文章學，均呈現出三體之别，正如陳柱在《中國散文史》中所説者：

> 觀此所選沈文三首，《難神滅論》純乎筆者也；《彈甘蔗文》，純乎文者也；《謝靈運傳論》介於文與筆之間者也。《難神滅論》專主乎理勝，言貴精刻，無取乎華辭，故宜乎筆也；《彈甘蔗文》，乃寓意抒情之作，味貴深長，不宜過於質直，故宜乎文也；至於《謝靈運傳論》，意在論文，直抒胸臆，故貴乎文筆之間也。（陳柱，2008：191）

這裏所言三者，實乃論説體、抒情體以及文藝體之間的三種文體之不同，而其所以不同者，正在於它們各自所用語體（機制系統）及韻律手段之不同。這裏我們可以設想構建一個三體合一的“歷史語體學”，一個完全根據漢語材料和自發學理的學術體系，既非舶來，亦非襲古，而是基於自創而得。季剛先生亦有言云：

> 溥泉言：今之治國學者，自言以科學方法整理，而實奉外域之人言爲圭臬，案上無不有倭書；甚且攘倭虜之言爲己有；獨章君及予絶此病。予愧不敢當，而溥泉之言爲正言也。（《黄侃日記》第817頁）

季剛先生與太炎先生的語體論，即可謂“依自不依他”的學術獨創，而非“奉外域之人言爲圭臬”的産物。基於此，來日開闢和發展的“歷史語體語法學”也必將以章黄語體學説爲基礎，結合國外相關理論而獨闢之新領域、新學説。兹綴説於此，以求教同寅；是耶非耶，則待方家是正。

參考文獻

[1]陳柱. 中國散文史[M]. 南京：江蘇文藝出版社，2008.

[2]馮勝利. 書面語語法及教學的相對獨立性[J]. 語言教學與研究，2003a(2)：53-63.

[3]馮勝利. 韻律制約的書面語與聽説爲主的教學法[J]. 世界漢語教學，2003b(1)：87-97.

[4]馮勝利. 論語體的機制及其語法屬性[J]. 中國語文，2010(5)：400-412.

[5]馮勝利. 語體語法及其文學功能[J]. 當代修辭學，2011(4)：1-13.

[6]馮勝利. 語體語法："形式—功能對應律"的語言探索[J]. 當代修辭學，2012(6)：3-12.

[7]馮勝利. 語體俗、正、典三分的歷史見證：風、雅、頌[J]. 語文研究，2014(2)：1-10.

[8]馮勝利. 漢語韻律詩體學論稿[M]. 北京：商務印書館，2015.

[9]馮勝利. 漢語語體語法概論[M]. 北京：北京語言大學出版社，2018.

[10]馮勝利、施春宏. 論語體語法的基本原理、單位層級和語體系統[J]. 世界漢語教學，2018(3)：302-325.

[11]胡適. 白話文學史[M]. 北京：中國和平出版社，2014.

[12]胡明揚. 語體和語法[J]. 漢語學習，1993(2)：1-3.

[13]黄侃. 黄侃日記[M]. 南京：江蘇教育出版社，2001.

[14]黄侃. 黄侃日記[M]. 北京：中華書局，2007.

[15]陸儉明. 現代漢語語法研究發展的歷程[C]//2019海内外中國語言學者聯誼會——第十届學術論壇，商務印書館，2019年7月21日.

[16]吕叔湘. 文言和白話[J]. 國文雜誌，1944(1)：3-13.

[17]（清）孫詒讓. 大戴禮記斠補·附九旗古誼述、周書斠補、尚書駢枝[M]. 濟南：齊魯書社，1988.

[18]張伯江. 新中國70年語言學學科體系、學術體系和話語體系建設的回顧與思考[N]. 光明日報，2019-08-28(11).

[19]章太炎. 文學論略[M]. 上海：群衆圖書公司，1925.

[20]張中行. 文言和白話[M]. 哈爾濱:黑龍江人民出版社,1988.
[21]周作人. 周作人散文(第二集)[M]. 北京:中國廣播電視出版社,1992.
[22]朱德熙. 現代漢語語法研究的對象是什麽? [J]. 中國語文, 1987(5):321-329.
[23]Labov, William. The Social Stratification of English in New York City[M]. Washington, DC: Center for Applied Linguistics, 1966.
[24]Kiesling, Scott. Style as stance: Stance as the explanation for patterns of sociolinguistic variation. In Alexandra Jaffe (ed.). Stance: Sociolinguistic Perspectives[M]. Oxford: Oxford University Press, 2009:171-194.

A Preliminary Study on Register Theory in Huang Kan's Diary

Liu Liyuan　Feng Shengli

Abstract: Under the theory of Stylistic-Register Grammar, this paper systematically selects, identifies and organizes the phenomena, thoughts and methods in terms of Stylistic-Register (SR) Grammar in Huang Kan's Diary. Based on the data collected, it is shown that Huang has developed, at least in six aspects, important operational principles and mechanisms in the area of SR-Grammar. In addition, he also has provided extraordinary lyric-writing ideas and style-making methods. It is finally argued that the school of Zhang & Huang (章太炎-黄侃) contribute greatly to the new study of Historical SR-Grammar.

Key words: stylistic-register grammar, Huang Kan, division of written and spoken language, formal and informal alternation through time, historical SR-grammar

通信地址:
劉麗媛,北京市海淀區學院路 30 號北京科技大學國際學生中心
郵　　編:100083
E-mail:18813141016@163. com
馮勝利,北京市海淀區學院路 15 號北京語言大學語言科學院章黄學術理論研究所綜合樓 1128 室
郵　　編:100083
E-mail:fengshengli@blcu. edu. cn

"你這(個)NP"的形成與發展*

傅惠鈞　胡静敏

内容提要　"你這(個)NP",是由"你個NP"與"這(個)NP"共同作用發展而來的,由短語構式逐漸演變爲單句構式。其發展,經歷了由句法成分漸變爲語用成分最後分化爲語用句的語用化過程,並伴隨着由命題功能向言談功能轉變、客觀意義向主觀意義轉變、句子主語向言者主語轉變的主觀化過程。構式貶抑義形成的原因是多方面的,但NP多具貶抑色彩,是其重要原因。

關鍵詞　你這(個)NP　語用化　主觀化

現代漢語口語中,存在一種由同位語短語構成的短句——"你這(個)NP!"。例如:

(1)王大媽母女跑向這邊來,仍喊:"招弟!招弟!你這個死丫頭!"(老舍《柳樹井》)

(2)誰要你來多嘴!你這偷漢的小寡婦!(魯迅《風波》)

其特點是,構成上具有慣用性,功能上具有獨立性,語義上具有貶抑性。這是一種特殊的單句構式。這種構式經由短語層面的特定結構整合、分化並獨立發展而來。出於表述方便的考慮,文中用"你這(個)NP"有時也包括短語層面的同構形式(本文稱短語構式),加歎號則僅指單句構式。關於這種構式的結構、語義、功能和語用特徵等,我們已另文討論,本文著重分析其形成及其演變。爲使觀察盡可能客觀全面,我們選取近代漢語不同時期具有代表性的22種文獻①,作爲窮盡考察的對象,共收集到包括成句的和不成句的"你這(個)NP"例句961例,討論以此爲基本依據。

一　"你這(個)NP"的形成及其理據

吕叔湘(2002:165-167)認爲"你這(個)NP"源於"這(個)NP"。他指出,漢語中有一種"用於駡人的無謂語的句子",如"遮野狐兒!"(燈録7.12),其"最早的形式是'這+名',最完全的形式是'你+這個+名',其省略形式有'你+個+名'和'個+名'等"。並認爲,"你個加同位語"而成的短句,是因爲感情强烈,"這"字跳過去了。這種説法可以描述爲:這(個)NP→你這(個)NP→你個NP→個NP。何繼軍(2010)考察《祖堂集》"這/(個)NP"時也指出,"你這(個)NP"是由表貶義的"這NP"格式發展而來的。語言事實總體上是支持"你這(個)

* 本文爲國家社會科學基金項目"基於學科互動的漢語修辭及修辭史研究"(批准號:16BYY115)的階段性成果。曾在第16届全國近代漢語學術研討會(南昌2014.10)上報告,感謝與會學者提供的寶貴意見。

① 這22種文獻爲:《祖堂集》《敦煌變文集》《古尊宿語録》《五燈會元》《朱子語類》《張協狀元》《董解元西厢記》《元刊雜劇三十種》《西厢記雜劇》《元曲選》《水滸傳》《西遊記》《三言二拍》《三寶太監西洋記》《崇禎本金瓶梅》《醒世姻緣傳》《紅樓夢》《兒女英雄傳》《緑野仙踪》《儒林外史》《官場現形記》《二十年目睹之怪現狀》。

NP!”源於“這(個)NP”的說法的。但是,“你+個+名”和“個+名”是否都是“你+這個+名”的省略,尚待進一步研究,因爲,在“你+這個+名”之前已經存在“你+個+名”和“個+名”,這一事實會影響到对“你這(個)NP!”來源的解釋。

張洪超、尹洪波(2004:75-78)則認爲“你這(個)NP”源於“我把你這(個)+NP”。他們考察了《西遊記》《金瓶梅》的不同版本,找出了“你這(個)+NP”與“我把你這(個)+NP”並存互用的情況,發現“你這(個)+NP”和“我把你這(個)+NP”具有相似的語用功能。認爲前者是在後者的基礎上語法化而形成的。但江藍生(2008)注意到,“你這(個)NP”早於“我把你這(個)NP”就已出現,且兩者功能也並不完全一致,後者“表示懲處威脅和駡詈”,前者顯然没有“懲處威脅”之意,來源於“半截把字句”的觀點也並不可靠。

從我們調查的材料可以發現,“你這(個)NP”結構最早出現在南宋時期,如:

(3)舉僧問葉縣省和尚:“諸餘即不問,如何是當今施設?”省云:“有你這驢漢問。”(《古尊宿語録》)

(4)你這瞎漢!本分打出三門外,念汝是新到,且坐吃茶。(《古尊宿語録》)

而在“你這(個)NP”產生之前,漢語裏已經存在着三種表示貶抑意義的相似結構,它們分別是:“這(個)NP”“個 NP”與“你個 NP”。這是認識“你這(個)NP”的形成所必須先予考察的。

先看“個 NP”。學界的研究表明,“個(箇)”作爲指示代詞在中古時期就已經出現。吕叔湘(2002:197-200)確認唐代劉知幾的話,“箇”爲“江左彼此之詞”,並認爲在唐以前就已偶見;曹廣順(1995:148)也曾指出:“魏晋以後,從量詞‘個’中還演變發展出了其他用法的‘個’,如從指‘一個’轉而特指某個,發展成代詞。”“個 NP”結構在唐代文獻中就已出現:

(5)行成至街中見,嗤之曰:“個賊住,即下驢來。”即承伏。(《朝野僉載》)

例中的“個”是指示代詞,意義相當於“這”,雖具有一定的表量意味,但主要是用以定指。“個賊”語義上含有貶斥意味,與“你這(個)NP”具有一致性。《朝野僉載》的作者張鷟出生於公元660年,可知這種用法在初唐時期就已經使用開來。吕叔湘(2002:199)指出,“個”的代詞用法在唐宋文獻裏已“大量出現”。我們注意到,其中“個 NP”的用例也不少見:

(6)若不是松山,幾被個老翁作亂一上。(《景德傳燈録》)

(7)個丫頭到官司,直是會供狀。(《張協狀元》)

再看“你個 NP”。這一形式最早出現於晚唐五代,見於《敦煌變文集》。如:

(8)阿你個罪人不可説,累劫受罪度恒沙。(《敦煌變文集》)

對於“你個 NP”究竟是“你這(個)NP”省略“這”而形成的,還是中古時期指示代詞“個”的復活,吕叔湘先生曾有過斟酌,他考慮到這種用法在使用語境上有一定的限制,不具有普遍性,故確認爲省略。但從上例可見,在“你這個 NP”出現之前,“你個 NP”已見使用,對此,省略之説很難解釋,且從“個”的功能看,這裏指稱的作用顯然大於表量,理解爲指示代詞更爲合適。因而,可知“你個 NP”應該是在“個 NP”前加人稱代詞“你”形成的,而不是“你這個 NP”的省略。早期“你個 NP”主要用於指稱,主觀評價義不濃,也不獨立成句。宋時已見獨立成句的用例,且主觀評價義也較强。如:

(9)你個老賊,全不知慚羞!(《張協狀元》)

(10)你個老畜生!(《張協狀元》)

“個 NP”中,由於指示代詞“個”的使用,使整個 NP 成爲一個定指對象,凸顯 NP 所具有的屬性,“你”的複指又加强了這種屬性的可及性,同時也增加了對話的現場感,因此,帶“你”

字的結構,主要在面談的語境中出現。"個 NP"本身就蘊含主觀評價情感,添加第二人稱代詞"你"後,更强化了對所指對象的當面貶責。

再看"這(個)NP"。這一形式出現之前有"此(個)NP"的用法,南北朝的文獻中可以見到,但"此"與"這"在語音上似乎没有直接的聯繫。在"這(個)NP"使用開來之後,"此(個)NP"的用法仍然存在,吕叔湘(2002:152)認爲這是"沿襲"用法,"實際上可以斷定是代表口語裏的'這'的"。而以"這(者、遮)"出現在這一格式中來判斷本構式出現的時間,當在晚唐五代,例如:

(11)善慶曰:若覓諸人,實當不是;若覓遠公,只這賤奴便是。(《敦煌變文選》)

(12)這胡誤我,這胡誤我。(《舊唐書·史思明傳》)

(13)者風漢與摩道,莫屈著人摩?(《祖堂集》)

(14)師曰:"咄!這多口阿師。"(《祖堂集》)

(15)師以杖趂出法堂,云:"這虛生浪死漢!"(《祖堂集》)

在這一階段,"這(個)NP"作句子成分使用占優勢,但句法化程度已較高,語義上貶斥傾向已形成。何繼軍(2010)曾對《祖堂集》中"這(個)NP"做過窮盡性考察,發現該結構單獨成句約占全部用例的44%,指人結構89例中77例明顯具有貶斥義傾向,而單獨成句的,全爲貶斥義。

"這 NP"也常用作"這個 NP","這個 NP"的"個"與"個 NP"和"你個 NP"的"個"在詞性上是不同的。"這個 NP"的"個"爲量詞,其作用在於提高所指對象的有定程度。Croft(1993)曾根據人類語言的共性概括出了"高度有定性"(a greater degree of definiteness)的特徵:"高度有定性主要有兩個方面的因素共同決定:一是單一的個體,二是指示代詞修飾。"

從以上的分析,我們可以發現"個 NP"的"個"爲指示代詞,"個 NP"相當於"這 NP",它們是分别獨立形成的兩個功能相當的平行結構,"你個 NP"是在先行應用的"個 NP"前加人稱代詞"你"形成的,突顯了 NP 的可及性和對話的現場感。而"你這(個)NP"的産生正是受了先行發展的"你個 NP"的影響,在"這(個)NP"前加人稱代詞"你"形成的。它們的關係可圖示如下:

可見,"你這(個)NP"是在"這(個)NP"和"你個 NP"的雙重作用下形成的。其形成機制分别是增添和類推,而語用的需求是其發展的動力。這個過程發生於宋元時期,明以後逐漸成熟。下面舉幾個例子來看:

(16)是則是這冤家没皹剥。(《董解元西廂記》)

(17)怕你個冤家是厮落。(《董解元西廂記》)

(18)今事若敗露,我這一官只當斷送在你這冤家手裏了。(《今古奇觀》)

金代的"董西廂"分别用"這冤家"和"你個冤家",明代《今古奇觀》出現了"你這冤家"。

(19)壽側掌曰:"這老賊!"(《五燈會元》)

(20)你個老賊,全不知慚羞!(《張協狀元》)

(21)不殺你這老賊,吾父何日得泄此沉冤於地下也!(《封神演義》)

(22)你這老賊重富輕貧,負却前盟,是何道理?(《包公案》)

(23)伯嚭,你這老賊！我身雖死。一點寃心還不死。(《浣紗記》)

南宋的《五燈會元》和《張協狀元》分別用"這老賊"與"你個老賊",明代《封神演義》《包公案》《浣紗記》等則用"你這老賊"。

(24)師喝云:"這畜生!"(《祖堂集》)

(25)你個老畜生!(《張協狀元》)

(26)你這畜生!你看我那三個人是怎麼說!(《西遊記》)

(27)李靖大驚,問曰:"你這畜生!你生前作怪,死後還魂,又來這裏纏擾?"(《封神演義》)

(28)你這畜生!合人玩也要差不多的就罷,豈可玩得這般著相?(《醒世姻緣傳》)

五代的《祖堂集》和南宋的《張協狀元》分別用"這畜生"與"你個老畜生",明代的《西遊記》《封神演義》等用"你這畜生"。從以上各例可見,"你個NP"使用開來之後,"你＋近指代詞＋NP"這一格式便成爲類推的基礎,"你這(個)NP"通過增添的方式順勢類推而生。當然,這裏的類推還有其語義基礎,目標格式與源式之間在意義上有很高的相關度,"你個NP"與"你這(個)NP"的基本語義均爲貶斥義,兩者對NP的選擇也極爲相似。

相比於"這(個)NP",新生格式"你這(個)NP"在功能上有了明顯的拓展。主要體現在以下兩個方面:

其一,强化貶斥語義。"你這(個)NP"語義强度明顯高於"這(個)NP"。試比較例(19)"這老賊!"與例(23)"你這老賊!"還有例(24)"這畜生!"與例(26)"你這畜生!"就可以發現,比較後項指斥意味明顯强於前項。這種差異,與第二人稱代詞"你"的傳統文化語用義密切相關。如吕叔湘(2002:29)所說:"中國封建社會裏頭,長幼尊卑之間,說話最要有分寸。一般的三身代詞,尊長可以用之於卑幼,卑幼不能施之於尊長。乃至地位相等的人,假若不是十分親近,也還是要避免。"並指出,稱"你"表示"直接的指斥"。崔希亮(2001:46-54)考察發現,在《紅樓夢》第1—70回中,"你"出現3940次,單獨用"你"稱呼對方的時候都是高勢位人對低勢位人,具有"居高臨下"的意味。在傳統文化背景中,語用上的禮貌原則制約着"你"的使用,因而"這(個)NP"增加了"你",明顯增强了貶斥義强度。

奥田寬(1998:29-33)曾經舉過以下例子:

(29)嘿,你這個記者同志,你"睬"他做什麼?你要"彷"他,將來你媳婦兒也要氣死氣活的!這個記者同志,你還盡誇他"妙手回春"?"待病人勝親人"?唉,唉,我家這牆上掛的,寫的,盡是這些話哩!莫不是你也來我家看過?可我怎麼就不記得你?聽聽,老頭子怎麼回他的:"……我老伴呀,老說我是……哈哈……"這老頭子,就是没記性!你說不上來,是忘了!唉,記者同志,你怎麼不來問問我?我罵我那老頭子呀,是個"有家的和尚",你說對不對哩?(《微型小說一百篇》)

奥田寬認爲,醫生妻子對記者的主觀感情的語氣,按照下列形式逐漸弱化:你這個記者同志＞這個記者同志＞記者同志。這種强度差異在近代漢語中就已形成。

其二,限定使用範圍。"你這(個)NP"與"這(個)NP"相比,指示詞"你"的出現限定了該構式出現的語境。兩種結構形式均用來表現主體的内心感受和强烈的主觀感情,因此多出現在主觀性很强的口語之中。在言語活動中所關涉的人物可以有說話人、受話人以及言談所指人物。"這(個)NP"出現的語境有兩種:

A. 言談所指人物即受話人①,如:

(30)師擲下拄杖,僧無語。師曰:"這死蝦蟆。"(《五燈會元》)

(31)見拿着了真贓真賊,咬牙切齒的罵道:"這砍頭賊! 你便盗了銀子,却害得我好苦。(《警世通言》)

B. 言談所指人物不是受話人,而是第三方,如:

(32)晁蓋道:"這畜生! 小人並不知道,都頭看小人之面請回,自當改日登門陪話。"(《水滸傳》)

(33)晁思才道:"這賊老婆! 狗受不得的氣,我受了他的! (《醒世姻緣傳》)

而"你這(個)NP"只能出現在A種語境,用於面對面的直接指稱,不能背稱。如:

(34)宋江大罵:"黄文炳! 你這廝! 我與你往日無冤,近日無仇,你如何只要害我?(《水滸傳》)

(35)你這妖僧! 説你被做公的趕捉,跳在汴河水裏死了,你却因何又來我家引惹是非。(《三遂平妖傳》)

强指示詞"你"對構式出現的語境作了限定。當"你這(個)NP"用於面稱時,指示詞"你"有强烈的"唤起"語力,突顯受話人。使用單句構式"你這(個)NP!"時,發話者和受話者是面對面的直接對話,並且雙方之間存在較爲尖鋭的矛盾衝突,發話者對受話者産生的不滿和憤恨情緒急於發泄,用"你"可以使情感表達更有針對性,增强現場感。

新生格式"你這(個)NP"跟"你個NP"在結構與功能上均具有一致性,於是形成了同義構式的競争。由於"這"與"個"在近指代詞與量詞的功能定位逐漸明確,更因新起的"你這(個)NP"構式强有力的競争,後續發展中"你這(個)NP"占有優勢。

二 "你這(個)NP"的語用化與主觀化

(一)"你這(個)NP"的語用化

"你這(個)NP"的發展,走過了一個由短語構式向單句構式過渡的歷程,或者説是經歷了一個獨立與分化的過程。在這個過程中句法成分漸變爲語用成分最後分化爲主觀性極强的語用句,本文將這種現象稱之爲"語用化"現象。下面著重分析。

如前所述,"你這(個)NP"是由相關格式發展而來的,因而分析其獨立與分化自然不能無視先行格式的使用。從我們調查的材料看,"個NP"未見獨立成句的例子。"你個NP"早期均爲非獨立結構,在南宋時出現獨立的用法,如例(10)。"這(個)NP",五代時始用後,由於使用較爲普遍,語用化進程相對較快。因格式本身的相關性,先行發展的結構由於類推的作用在一定程度上會影響到"你這(個)NP"的獨立與分化。但儘管如此,構式本身的發展演變仍有其自身的軌迹。

① 鄭娟曼(2010)認爲,"這NP"無標記地用於背責,用於面責時就會出現標記顛倒。從歷史語法的角度看,似乎並不一定。

在我們調查的"你這(個)NP"全部例子中,獨立成句的有160例,占16.6%①。這些例子最早見於南宋,但用例不多,主要在元明及以後。

"你這(個)NP"由短語構式向單句構式發展,從下面的例子可以看出一個大致的過程:

(36)你這臭皮袋子有甚麽好處。(《嘉泰普燈録》)

(37)師云:"你這驢漢,向甚麽處著?"(《聯燈會要》)

(38)你這瞎漢!本分打出三門外,念汝是新到,且坐吃茶。(《古尊宿語録》)

(39)嚷這許多做甚麽?你這生忿忤逆的小賤人!(《元曲選》)

這四個句子,"你這(個)NP"的語用化程度是漸進的。例(36)"臭皮袋子"是指"身"(下文説"此身不向今生度,更向何生度此身")。"你這(個)NP"充當主語,不具有獨立性,且貶斥義也不十分明顯。例(37)"你這驢漢"後可以没有停頓,充當句子的主語,但也可以有所停頓,句法上有些鬆動,"你這(個)NP"稍有了一些獨立性。例(38)"你這瞎漢"後,必須有所停頓,因爲它不充當後續句的主語。但停頓可長可短,如果停頓較短,語氣不强,"你這瞎漢"則充當話題,如果停頓較長,且語氣較强,則是獨立的句子。中華書局點校本標爲歎號,認可了其句子的地位。例(39)没有後續語言成分,單獨成句,獨立性程度最强。

以上例子,"你這(個)NP"對動核的依賴性逐漸減弱,獨立性逐漸增强,展示出這一格式的演變歷程。這裏,經歷了"句法成分的話題化"和"話題成分句子化"前後連續的兩個過程。"話題化",是指適應特定語用需要,在句法、語義和語用諸方面條件允許的情況下,將句子的某個成分提到句首位置充當主題,從而讓這個成分成爲注意的中心,或者成爲對比焦點(陳忠,2005)。主要有兩種方式:

一是受事或系事賓語通過話題化而移到句首。這從例(38)便可以看出。"你這瞎漢"在語義上本爲"打"的受事,通過移到句首位置,則可成爲話題。由於語氣强烈,且在後續句中出現回指代詞"汝",客觀上成了後續句VP的論元,因而,前置成分就有可能獨立成句。事實上本句就是這樣。再如:

(40)宋江喝道:"你這潑婦!我好意救你下山,念你是個命官的恭人,你如何反將冤報?今日擒來,有何理説?"(《水滸傳》)

(41)指着胡阿虎大罵道:"你這個狼心狗行的奴才!家主有何負你,直得便與船家同謀,覓這假屍誣陷人命。"(《初刻拍案驚奇》)

前例,後續句的動詞後出現了回指詞"你","你這潑婦!"就可以不看作動詞"救"的論元,由於語氣强烈,"你這潑婦!"完全獨立出來。後例的情況同理。

二是句首的施事或當事主語話題化。跨語言比較的資料表明,選擇語義上的施事和語用上的話題作主語是語言的一種普遍現象。這種話題是無標記的,但是在特定語境中,爲了突出這個施事或當事主語的話題身份,可以把這個主語移出來,成爲顯性的話題。這種顯性話題跟其他通過移位造成的話題一樣,是有標記的話題。從形式上看,有標記的話題跟後邊的説明部分之間可以有一個明顯的停頓(袁毓林,1996),這個停頓書面上可以用標點符號標識,也可以在話題後加上語氣詞。如例(37),"你這驢漢"後,加上標點,就實現了話題化。

當把主語移出,成爲顯性的話題後,在原來的主語位置上留下了一個句法空位,這個空位也可由代詞形式補回。如:

① 作句子成分的801例,占83.4%,分别是主語306例、賓語160例、主題語286例、兼語49例。

(42)高成,你這個村弟子孩兒!你來這裏怎的?!(《元曲選》)

(43)那九曜星立住陣勢道:"你這不知死活的弼馬温!你犯了十惡之罪,先偷桃,後偷酒,攪亂了蟠桃大會,又竊了老君仙丹,又將御酒偷來此處享樂,你罪上加罪,豈不知之?"(《西遊記》)

"你這NP"獨立成句,可以突顯語義,而後續句複指成分的使用,既强化"你這NP"的獨立性,還可確保語義的明確性和語用的連貫性。這在後例中體現得尤爲明顯,"你這不知死活的弼馬温"如果不獨立成句,後續句不用兩個"你"回指,那麼"你這NP"的轄域包括7個小句,這是較難掌控的,會導致語義的不明確。

從以上分析可知,話題化是"你這NP"由短語構式向單句構式轉變的中間站。在我們調查的材料中,"你這NP"充當話題的比例相當高,約占總數的30%。事實上,獨立成句是在話題化的推動下實現的。同時,也可看出,"你這NP"獨立成句,是語言自身發展的一種需要。再看下面的例子:

(44)你這剪徑的毛團!我須是認得你,做這老性命著,與你兑了罷!(《醒世恒言》)

把"你這剪徑的毛團"獨立出來,突出地反映出説話者急於表達自己的憤怒情感,同時也突顯、加重了對"你"的指斥,符合表達的需要。根據利奇(1983)的禮貌級别(gradations)理論,語言的間接性程度的大小往往直接影響到話語的禮貌級别,即語言形式越間接,話語就顯得越禮貌,相反語言形式越直接,則越不禮貌。獨立成句的"你這(個)NP!"由於語言形式簡潔、直接,更能表達説話人的責備、不滿情緒。Haiman(1985)指出,把當下要强調的部分先説出來,把不太重要的部分後移,是一種十分常見的信息包裝策略。因而在傳達、表述信息的時候,重要的信息優先於次要的信息。心理學的實驗研究也表明,在一般對話裏最容易引起聽話人注意的是句首成分,因此,對話語體裏,在有限的時間内把最重要的信息放在句首,既是説話人心理的直接反映,也是引起聽話人注意的便捷手段。可見,交際活動中的語義突顯動機爲"你這(個)NP"的獨立與分化提供了條件。

(二)"你這(個)NP"的主觀化

"你這(個)NP"伴隨着語用化的進程,還藴含了一個主觀化的過程。所謂"主觀化",是語言爲表現主觀性而採用相應的結構形式或經歷相應的演變過程。學界的研究表明,主觀化表現在相互聯繫的多個方面,如由命題功能變爲言談功能,由客觀意義變爲主觀意義,由非認識情態變爲認識情態,由非句子主語變爲句子主語,由句子主語變爲言者主語,由自由形式變爲黏著形式等(沈家煊,2001:268-275)。"你這(個)NP"的主觀化主要表現在:

1. 命題功能向言談功能轉變

系統功能語言學認爲句子包含兩個部分:一是反映客觀世界關係的命題,二是説話人對這一命題的態度。命題是對客觀信息的表述,而對命題的態度是對命題的主觀再表述。這兩部分在不同類型的句子中,會有輕重强弱的差異。表現在歷時層面,這種輕重强弱還會有消長變化。一般所謂"主觀化"的後果往往呈現爲句子主觀色彩的强化與形式化,而相應地,語句的言談功能也得以體現與突顯。如前文所述,"你這(個)NP"由作爲句子成分的短語構式逐漸獨立爲單句構式,其與原句的句法聯繫越來越鬆散,直至分離,在這個過程中,語用的功能不斷强化。就論元成分與動核的關係看,這是一種論元不斷向外直至遠離動核的"離心"現象。當其作爲短語構式充當句子結構成分時,是主要作爲命題的構成成分而存在的,構式本身所表現的主觀性相對較弱;而當其作爲話題成分特別是獨立爲單句構式後,這一形式表現的命題功能相對弱化,而主觀意味明顯突顯,言談功能得到强化。

這一構式由命題功能向言談功能的轉變,得力於兩方面因素的作用。首先是同位複指結構本身的作用。蔡豐琪(1998:105-118)在討論漢語"同位複指"表現的言談功能時認爲,儘管漢語不像日語那樣有主題標識(topic marker)和主語標識(subject marker),但某些結構形式往往會有相應的功能,"同位複指語"就是這樣一種形式。蔡文認爲,藉由漢語的"同位複指"表現中的"同位複指語",可以突顯出説話者注目的對象(視點所在)。如果該對象是位於句子開頭,或者是談話最初的話,漢語的"同位複指"表現也有輔助"提示主題"的功能。同位複指語的這種特性,當是這一結構産生變化的基礎。當其充當其他句法成分時由於結構的制約這種特性未能充分顯示,而出現在句首時,就容易得到啟動而顯示出來。其次是這一結構話題化的推動。這在上文我們已作了具體討論。作爲句法成分,在句子中首先是作命題成分存在的,與言談角色的關係不是十分直接,而話題化之後,作爲語用成分,則强化了與言談角色的直接關係,而獨立成句後,這種關聯性又進一步得到加强。例如:

(45)你這嫉賢妒能的賊!不殺了要你何用。(《水滸傳》)

"你這嫉賢妒能的賊",在語義上是"殺"的受事,如果讓其出現在受事常規的句法位置充當賓語,那麽其命題功能會更加顯著,與言談角色的關係相對疏遠,而提到句首,並獨立成句,輔以較强的語氣,用以直接指斥受話者,言説者的主觀性則更强,其言談功能就大大得以强化。

2. 客觀意義向主觀意義轉變

江藍生(2008)曾就"你這個NP"的句式意義作過概括,即認定 NP_1 具有 NP_2 所具有的屬性。這個概括包括了客觀意義和主觀意義兩個層面的内涵。客觀意義,主要指真值條件語義,而非真值條件語義就屬於主觀意義。"你這(個)NP"的客觀意義在於判定話語交談對象的屬性,即江藍生定義中的"NP_1 具有 NP_2 所具有的屬性",其主觀意義是言説者對話語交談對象屬性的主觀評判,江藍生用了"認定"一詞,也即言説者認定 NP_1 具有 NP_2 所具有的屬性。例如:

(46)你這賊賤人!我一時間誤聽不明,險些被你瞞過了!(《水滸傳》)

(47)你這老秃厮!你還要悟佛法哩,則會在看經處偷眼兒瞧人家老婆。(《元曲選》)

相關部分可變换爲下列描寫性判斷句式:

你這賊賤人→你是賊賤人

你這老秃厮→你是老秃厮

這是對客觀意義的一個直接表述。然而,"你這(個)NP"所表達的意義還不止於此,除了判定話語交談對象的屬性外,還表達了言説者對話語交談對象屬性强烈的主觀評判,也即這種判斷是言説者的主觀認定,這屬於非真值條件語義,是主觀意義。

我們看郭沫若《屈原》劇本前後修改的兩個句子:

(48)你是没骨氣的文人!

(49)你這没骨氣的文人!

這兩句話郭沫若自己認爲"味兒差很多",究其原因,我們認爲,"你是没骨氣的文人!"只對"你"從屬性上作了客觀表述,重在"你"是不是"没骨氣",而"你這没骨氣的文人!"除了確定

“你是没骨氣的文人”外,更是表達了“我”對“你”的主觀評價,即“我認爲你是没骨氣的文人”,所含言説者的主觀評價是顯而易見的。這就涉及到第三點所論的句子主語與言者主語。

3.句子主語向言者主語轉變

如前所述,“你這(個)NP”不僅是判定話語交談對象的屬性,更表明言説者對這個判定的立場和態度。言説者把自身融於句中,以一個直接觀察者的身份來對句中事件的人物場景進行描述與評判。由此導致的結果是,話語意義“變得越來越依賴於説話人對命題内容的主觀信念和態度”,而理解該構式時,必須透過句子主語,把握言者主語,才能真正領會句子的含義,明確表達者的意圖。例如:

(50)你這賤母狗!做甚麽倒罵我!(《水滸傳》)

(51)你這個不知死活的東西!這府裏希罕你的那杇不了的浪東西!(《紅樓夢》)

分别可以理解爲:“我認爲你是賤母狗!”“我認爲你是不知死活的東西!”該構式中的NP多爲表貶義的指人名詞或名詞性短語,從字面上看,是句子主語具有NP所表達的貶抑性特性,而實際上表明,言説者對於言説對象懷有輕視、鄙夷的態度。

三 “你這(個)NP”貶抑性語義的形成與NP的特徵

“你這(個)NP”在語義上具有明顯的貶抑性傾向。這一點有多位學者有過論述,如張洪超、尹洪波(2004:75-78)、王進(2008:58-60)等。我們調查的語料也進一步證明這一點。在961例語料中,帶有明顯貶抑色彩的有834例,約占87%。多表達斥責、詈罵,嘲諷、戲謔,嗔怪、埋怨等豐富的消極情感義。前舉例子多屬第1種情況,如“你這老賊!”“你這賤母狗!”等,下面兩例分屬第2和第3種情況:

(52)我笑你這呆頭,便奪得個狀元來應了口,受用着後擁前騶。(《元曲選》)

(53)你這孩子,素日最是個伶俐聰敏的,你又知道他有個呆根子,平白的哄他作什麽?(《紅樓夢》)

這一構式貶抑性傾向形成的原因,上文的討論中已有涉及。主要表現在兩個層次上。第一層次是,由“個NP”“這(個)NP”等發展到“你這(個)NP”,“你”在構式中的出現,显著“强化貶斥語義”;第二層次是,經由“語用化”和“主觀化”的過程,“你這(個)NP”從短語構式發展到了單句構式,其貶抑義又進一步得到强化,如例(39)和(36)相比,前者的貶抑義明顯要强得多。

不过,這一構式貶抑義形成的關鍵在於NP的構成及其語義特徵的影響。考察本文所據的全部語料發現,834例具有明顯貶抑性傾向的“你這(個)NP”構式語例,其中NP顯示貶抑義的有552例,約占語例的58%。從NP的構成出發,我們來觀察一下這部分語料。“你這(個)NP”構式中NP的構成主要有四種情況:單一名詞、偏正短語、並列短語、的字結構等。凡單一名詞,多爲貶義的,如例(27)(28)中的“你這畜生”。又如:

(54)你這奴才!猪八戒吃人參果,全不知滋味,説的好容易!(《儒林外史》)

偏正短語有三种情況。如例(25)“你這老畜生”,中心語爲貶義的;例(35)“你這妖僧”,修飾語爲貶義的;例(39)“你這生忿忤逆的小賤人”,修飾語和中心語均爲貶義的。並列短語

和的字短語,通常是各構成項均爲貶義的,如:

(55)你這禽獸畜生!一個師長是你戲弄的。(《醒世姻緣傳》)

(56)你這瞎砍頭的!(《醒世姻緣傳》)

這一構式中有一部分語例,其NP是中性的,約占總數的40%左右。但這部分語例中絶大多數通過構式壓制以及語境的影響,表達的仍然是貶抑性語義。如例(52),“孩子”是中性的,但在構式壓制與語境的雙重的作用下,表達嗔怪之意,整體上具有了貶義色彩。再如:

(57)你這肉頭老兒,許久不見,還是這般脱灑。(《西遊記》)

“肉頭老兒”也没有明顯貶抑,但整個表達有戲謔的意味,在構式整體壓制與語境的作用下,具有以貶寓褒的意味。

我們在調查中也發現了極少數用例,其NP是褒義的詞語。如下面的例子:

(58)行者聞得,急縱雲跳到空中,對他大叫道:“你這個七佛之師,慈悲的教主!你怎麼生方法兒害我!”(《西遊記》)

(59)放着你這一表人物,怕没有中意的丈夫嫁一個去。(《元曲選》)

(60)正撞見你這清耿耿無私曲的待制爺爺,與我這没投奔屈死的神奴兒做主。(《元曲選》)

例(58)“七佛之師,慈悲的教主”,儘管是褒義的,但從下文看,行者顯然表達的是責怪之意,有正話反説之意。而例(59)(60)這類用法僅見於較早時的短語構式,多充當賓語,不見於單句構式,也不見現代用例。

觀察歷時語料可知,“你這(個)NP”,尤其是後起的單句構式,其語義的貶抑性是一個顯著特點,而這種貶抑性是構式整體与構式要素共同作用的結果,其中NP的貶抑色彩在構式貶抑義特徵的形成中具有突出的作用。

四 結語

綜上所述,“你這(個)NP”,是由“你個NP”與“這(個)NP”共同作用發展而來的,形成於南宋。“你這(個)NP”存在短語構式與單句構式的區别,後者由前者逐漸演變而來。其發展,在舊有格式的影響下,經歷了由句法成分漸變爲語用成分最後分化爲主觀性極强的語用句的語用化過程,同時伴隨着由命題功能向言談功能轉變、客觀意義向主觀意義轉變、句子主語向言者主語轉變的主觀化過程。構式貶抑義形成的原因是多方面,但NP多具貶抑色彩是其突出的原因。

參考文獻

[1]奥田寛. 漢語的任意性指示詞“這”——有關語用學的探討[J]. 漢語學習,1998(2):29-33.

[2]蔡豐琪. 漢語“同位複指”表現之言談功能[J]. 文藻學報,1998(12):105-118.

[3]曹廣順. 近代漢語助詞[M]. 北京:語文出版社,1995:148.

[4]陳忠. 認知語言學研究[M]. 濟南:山東教育出版社,2005.

[5]崔希亮. 人稱代詞及其稱謂功能[J]. 語言教學與研究,2001(1):46-54。

[6]何繼軍.《祖堂集》"這/(個)NP"指人結構的貶斥義傾向及其制約要素[M]//語言學論叢(第41辑).北京:商務印書館,2010.

[7]江藍生.句式省縮與相關的逆語法化傾向——以"S+把+你這NP"和"S+V+補語標記"爲例[M]//江蓝生.近代漢語研究新論.北京:商務印書館,2008.

[8]吕叔湘.近代漢語指代詞[M]//吕叔湘.吕叔湘全集(第3卷).瀋陽:遼寧教育出版社,2002.

[9]沈家煊.語言的主觀性和主觀化[J].外語教學與研究,2001(4):268-275.

[10]王進.《元曲選》"你這(個)NP"的語用功能[J].修辭學習,2008(1):58-60.

[11]袁毓林.話題化及相關的語法化過程[J].中國語文,1996(4):241-254.

[12]張洪超,尹洪波."你這(個)+NP"結構的多角度考察[J].徐州師範大學學報,2004(2):75-78.

[13]鄭娟曼.現代漢語貶抑性習語構式研究[D].廣州:暨南大學,2010.

[14]Croft,William. Typology and Universals[M]. Cambridge. Cambridge University Press,1993.

[15]Haiman,John. Natural Syntax:Iconicity and Erosion[M]. Cambridge:Cambridge University Press,1985.

[16]Leech,G. Principles of Pragmatics[M]. Cambridge University Press,1983.

The Formation and Development of "*ni zhe* 你這 (*ge* 個)+NP"

Fu Huijun Hu Jingmin

Abstract: The "*ni zhe*(*ge*)+NP" structure develops from integrating "*ni ge*+NP" and "*zhe*(*ge*)+NP", which gradually evolves from the phrase-structure into a single clause-structure. Its development has experienced the process of pragmaticalization from the syntactic component into the pragmatic one, and finally differentiating into the pragmatic sentence. And it has simultaneously accompanied the process of subjectivization of changing from the propositional function to the conversational function, from the objective meaning to the subjective meaning, and from the sentence subject to the speaker subject. The causes for the formation of the derogatory meanings of structure are many-sided, but the NP is often of derogatory tints, and is the important cause of it.

Key words: *ni zhe*(*ge*)+NP, pragmaticalization, subjectivisation

通信地址:
傅惠鈞,浙江省金華市迎賓大道688號浙江師範大學人文學院
郵　　編:321004
E-mail:rw5@zjnu. cn
胡静敏,浙江省金華市迎賓大道688號浙江師範大學人文學院
郵　　編:321004
E-mail:407598793@qq. com

上古漢語中後期時間副詞“既、已”的用法演變

張　禎　孫品健

内容提要　“既、已”是上古漢語的一對用法相近的時間副詞，對它們的具體語法意義、影響“既 VP、已 VP”獨立成句的因素、“已”代替“既”的具體過程等存有争議。本文窮盡考察了春秋戰國時期的五部文獻，從謂詞的情狀類型、句子表述的事件類型、句子的叙述類型、與時制的關係等方面分析“既、已”用例。指出它們都兼有完成體、完整體的用法，但在戰國後期只有完整體用法，謂詞特點是影響“既 VP、已 VP”獨立成句的主要因素，通過謂詞的擴展，“已”逐漸取代“既”。

關鍵詞　完成體　完整體　謂詞情狀類型　事件類型　叙述類型

一　引言

“既、已”是上古漢語的一對用法相近的時間副詞，對於它們的用法，以往研究已形成一些共識，如它們都表示某種行爲已經完成或是某種狀況已經出現，“既”所在句子語義不自足，常需要後續句，而“已”所在的句子獨立性强，“既”的出現和使用比“已”早，後來逐漸爲“已”所替代。但是還有不少問題有待深入探討。

蒲立本(1995/2001)、楊永龍(2001)、劉承慧(2010)、魏培泉(2015)認爲“既、已”有體的功能，但對其具體的語法意義也有不同理解。而關於它們是不是體標記，也有不同意見，帥志嵩(2014)認爲“既、已”只用於過去時間，是詞彙表完成義的手段。“既、已”具體表達的時體意義是什麽，在上古漢語時期有怎樣的發展，這是本文關心的問題。

陳前瑞、胡亞(2016)提出現代漢語體標記“了”具有多功能性，並構擬“了”的演變途徑，“既、已”同爲時體表達手段，與“了”屬於同一語法範疇，古今漢語這一語法範疇是否具有共性演變，本文也將在最後進行討論。

“既、已”所在句子語義是否自足是它們用法上的一個重要區别，但以往研究缺少定量研究，本文將通過定量統計，並結合動詞的情狀類型、事件類型、叙述類型來討論這個問題。語氣詞“矣”的使用對“既、已”所在句子的獨立性也有影響，蒲立本(1995/2001)指出“既、已”常常用在句末有語氣詞“矣”的主句中，本文也將考察“既 VP 矣、已 VP 矣”的使用情況。除了句子自足性不同外，本文還將觀察“既、已”的使用是否還有其他區别。

周守晋(2003)考察對比了出土秦簡和楚簡中“既、已”的用例，指出在戰國中後期秦簡中“已”代替了“既”，而漢語後來的發展繼承了秦簡的變化。魏培泉(2015)窮盡調查統計了《墨子》《莊子》《戰國策》《吕氏春秋》中“既、已”的用例數，指出在戰國晚期“已”已經遠多於“既”了，成爲主要的表完成的時間副詞。但“已”取代“既”的具體過程，“已”和“既”自身的特點如何影響取代的進程，這些問題還有待進一步深入細緻地考察與探討。

本文將通過對春秋戰國時期的文獻考察來討論這些問題。本文主要從動詞的情狀類

型、句子表述的事件類型、句子的敘述類型、“既、已”所在小句的獨立性、與時制的關係等方面來分析語料。

在討論體範疇時,謂詞的情狀類型是必須要考慮的方面。以往關於完成動詞向完成體助詞演變的研究,正是根據“了”所依附的動詞是否具有持續性來判斷其是否已變爲完成體助詞。但關於“既、已”的已有研究却缺乏這一方面的詳細考察。本文將謂詞分爲狀態詞(包括動詞和形容詞)、瞬間動詞、行爲動詞三類,考察“既、已”與它們結合的情況。行爲動詞表示有明確的起止點的動作行爲,有一個過程,如“食、視、説”;瞬間動詞表示行爲或事件只有一個明確的起點或終點,没有清晰的過程,如“至、知、得”;狀態詞表示狀態或情况的持續,没有起止點,有時是形容詞,如“甚、侈、小”,有時是動詞,如“爲、有、在”①。

體的表達、體標記的使用還與所述事件的類型有關。一般把事件類型分爲兩類——前景事件和背景事件。前景事件是要表述的主要事件,背景事件表述次要事件,是指主要事件發生的各種條件,如時間、地點、條件、原因等。漢語常用流水句表達一連串發生的事件,這些事件或前後時間相繼,或同時發生,有研究把這類句群中出現在前一位置上的句子看作背景句,把出現在結束句位置上的看作前景句。本文認爲流水句與前景句、背景句是不同類型的句子,流水句敘述事件,前景句、背景句要表達彼此間的關係,因此本文從敘述類型的角度把句子分爲敘事句和非敘事句,敘事句包括流水句和獨立的敘事句,非敘事句包括前景句和背景句②,敘事與非敘事的區别又和句子謂詞的情狀類型、句子的獨立性相關,有區分的必要。

體和時密切相關,“既、已”是否只出現在某一特定的絶對時制下,是判定它是否有體意義的重要標準,因此本文要考察“既、已”的使用與絶對時制的關係。

本文窮盡考察了春秋戰國時期的《左傳》《國語》《戰國策》《莊子》《韓非子》等文獻。《左傳》《國語》成書較早,代表了上古漢語中期,《戰國策》《莊子》《韓非子》反映了上古漢語後期的語言面貌,根據本文的考察,“既、已”的用法在《左傳》《國語》中比較接近,而與《戰國策》等另三部語料中的用法有明顯區别,上古漢語表“完成”的時間副詞用法發生了明顯的演變,從一定程度上反映出上古漢語從中期到晚期的變化,上古漢語也是一個歷時的、動態的系統。

二 《左傳》《國語》中“既、已”的用法

(一)“既”的用法

“既”可修飾所有的謂詞,修飾瞬間動詞如下文例(1)(2),修飾狀態詞如例(3)(4),修飾行爲動詞如例(5)(6)。

---

① 動詞的情狀類型與動詞的詞義有很大關係,還要根據義項和用法的不同適當區分動詞的情狀類型。如“濟”可表示行爲或事件達成,還可表示過河,前者爲瞬間動詞,後者爲行爲動詞。不及物動詞、形容詞是狀態詞,但它們作使動用法時看作行爲動詞。有的詞用於“當事+謂詞”結構中時,是狀態詞,用於“(施事)+謂詞+受事”結構時,是行爲動詞,如“門已閉矣”與“已閉門”,“公子立”與“立公子”。

② 嚴格説前景句、背景句是在敘事的同時表達兩個事件之間的關係,是“非純敘事句”,但爲了行文方便稱爲“非敘事句”,與另一類句子相區别。

(1)宋衛既入鄭,而以伐戴召蔡人,蔡人怒。(《左傳·隱公十年》)

(2)既克,公問其故。對曰:"夫戰,勇氣也。"(《左傳·莊公十年》)

(3)我死,乃亟去之!吾先君新邑於此,王室而既卑矣,周之子孫日失其序。(《左傳·隱公十一年》)

(4)不能其大夫至於君祖母以及國人,諸侯誰納我?且既爲人君,而又爲人臣,不如死。(《左傳·文公十六年》)

(5)春王正月辛亥朔,日南至。公既視朔,遂登觀臺以望。(《左傳·僖公五年》)

(6)潘黨既逐魏錡,趙旃夜至於楚軍,席於軍門之外。(《左傳·宣公十二年》)

《左傳》中"既"修飾行爲動詞72例,修飾狀態詞37例,修飾瞬間動詞17例,《國語》中"既"修飾行爲動詞43例,修飾狀態詞18例,修飾瞬間動詞31例。"既"以修飾行爲動詞爲主。

"既"和中心詞形成的"既VP"可以用做連續叙述事件的流水句的前一句,叙述先發生的事,如上舉數例。"既VP"還可用於連續叙述事件的流水句的後一句或是獨立叙述事件句。這兩種情况下的"既VP"所在句子的獨立性都要强於流水句的前一句。如:

(7)韓子買諸賈人,既成賈矣。商人曰:"必告君大夫!"(《左傳·昭公十六年》)

(8)聞晋師既濟,王欲還,嬖人伍參欲戰。(《左傳·宣公十二年》)

(9)韓獻子將斬人,郤獻子馳,將救之。至,則既斬之矣。(《左傳·成公二年》)

(10)而騁告公,曰:"大子將爲亂,既與楚客盟矣。"(《左傳·襄公二十六年》)

(11)虞之世數未也,繼守將在齊,其兆既存矣。(《左傳·昭公八年》)

例(7)用於流水句的結束句,叙述後發生的事件,例(8)"晋師既濟"作"聞"的賓語,作爲一個獨立的事件陳述,而"聞"才與後文形成叙事的流水句。例(9)—(11)獨立地陳述已經發生的事件,該事件在上句所述之前已經發生。

有時"既VP"所在的句子與上下文表達的事件不完全是時間上的關係,還有一定的邏輯關係,一個句子表達主要事件,另一個表達主要事件發生的條件,前者是前景句,後者是背景句,《左傳》《國語》中"既VP"只見於背景句。如:

(12)天而既厭周德矣,吾其能與許争乎?(《左傳·隱公十一年》)

(13)若知不能,則如無出。今既遇矣,不如戰也。(《左傳·成公二年》)

(14)公笑曰:"子近市,識貴賤乎?"對曰:"既利之,敢不識乎?"(《左傳·昭公三年》)

上例中"既VP"是已經發生的事件,同時它又是下句所述事件的條件,"既VP"與下句既存在時間上的先後關係,也存在邏輯上的關聯①。

流水句的前一句、結束句、獨立叙述句,句子間的關係是平等的,逐一叙述事件的發生過程,而前景句、背景句不是簡單地叙述事件過程。《左傳》《國語》中"既VP"主要用於單純叙述事件,《左傳》中用於叙事句的"既VP"107例,用於非叙事句的"既VP"24例,《國語》用於叙事句的"既VP"66例,用於非叙事句的"既VP"26例。兩書中瞬間動詞用於非叙事句的情况最多,用於叙事句與非叙事句之比爲1.5∶1,狀態詞用於叙事與非叙事之比爲3.8∶1,行爲動詞爲5.3∶1。

① "既"還有連詞的用法,如:"既不能强,又不能弱,所以斃也。"楊永龍(2001)認爲"既"從表時間到兼表時間和前提,再到只表示前提,構成了一個語法化序列。只表達前提的"既VP"的句子不在本文研究範圍内。

流水句的前一句、背景句都有後續句，而流水句的結束句、獨立句、前景句都没有後續句，《左傳》《國語》中有後續句的"既 VP"遠遠多於没有後續句的 VP，而且各類謂詞在這點上没有差異。《左傳》"既 VP"有後續句 113 例，無後續句 18 例，《國語》有後續句 83 例，無後續句 9 例。從謂詞來看，狀態詞不帶後續句的比例最高，帶後續句與不帶後續句之比爲 4.8∶1，行爲動詞爲 7.8∶1，瞬間動詞爲 11.5∶1。

"既 VP"在語義上不自足，常需要後續句才能完整表義，這一點已爲許多研究者所指出，杜海濤(1999)對此有專門討論。不過從用例數上説，"既 VP"没有後續句的情况也有一定數量，不容忽略。"既 VP"還是有一定的獨立表達完整語義的能力。尤其是"既 VP"後跟有語氣詞"矣"時，獨立表義的情况則明顯增多。《左傳》中"既 VP 矣"25 例，没有後續句的有 11 例，接近一半。《國語》"既 VP 矣"7 例，没有後續句的 6 例。無後續句的用例如：

(15)夜，縋而出。見秦伯曰："秦、晋圍鄭，鄭既知亡矣。若亡鄭而有益於君，敢以煩執事。"(《左傳・僖公三十年》)

(16)魯人、莒人皆請以車千乘自其鄉入，既許之矣。若入，君必失國。子盍圖之！(《左傳・襄公十八年》)

下列中，前一"既 VP"是流水句的前一句，有後續句，後一"既 VP 矣"爲前景句，無後續句。

(17)曰："然。君既許驪姬殺太子而立奚齊，謀既成矣。"(《國語・晋語二》)

從時制上看，"既 VP"都表述某時間點前已經發生的事件，"既"表示"已經發生"的語法意義，但是具體的參照時間點很少在句中出現，大多數的參照時間是説話時間，如上文所舉用例。句中出現明確的時間點的是少數，有過去時間點，也有將來時間點。下面幾例"既 VP"用於過去時間之前的事件，過去時間點用底綫標出，如：

(18)殽之役，晋人既歸秦帥，秦大夫及左右皆言於秦伯曰："是敗也，孟明之罪也，必殺之。"(《左傳・文公元年》)

(19)荀罃之在楚也，鄭賈人有將寘諸褚中以出。既謀之，未行，而楚人歸之。(《左傳・成公三年》)

(20)古者，先王既有天下，又崇立上帝、明神而敬事之，於是乎有朝日、夕月以教民事君。(《國語・周語上》)

(21)曩君之言，周室既卑，諸侯失禮於天子，請貞於陽卜，收文、武之諸侯。(《國語・吴語》)

下面的用例"既 VP"用於將來時間：

(22)"不如私許復曹、衛以攜之，執宛春以怒楚，既戰而後圖之。"公説。乃拘宛春於衛。(《左傳・僖公二十八年》)①

(23)我若受秦，秦則賓也；不受，寇也。既不受矣，而復緩師，秦將生心。(《左傳・文公七年》)

(24)"既罷而後以三軍繼之，必大克之。"闔廬從之。(《左傳・昭公三十年》)

(25)吾若善逆彼以懷來者。吾又執之，以信齊沮，吾不既過矣乎？過而不改，而又久之，以成其悔。(《左傳・宣公十七年》)

(26)子盍盡國以賂外内，無愛虚以求入，既入而後圖聚。(《國語・晋語二》)

---

① 該例在《國語》中也出現了。

(27)會而先晋,晋既執諸侯之柄以臨我,將成其志以見天子。(《國語·吴語》)

(28)齊侯盟諸侯於葵丘,曰:"凡我同盟之人,既盟之後,言歸於好。"(《左傳·僖公九年》)

(29)用昭乞盟於爾大神以誘天衷。自今日以往,既盟之後,行者無保其力,居者無懼其罪。(《左傳·僖公二十八年》)

上舉8例都是計劃、安排將來的事件,如例(22),計劃私許復曹、執宛春、戰、圖之等一連串事件,例(23)設想不受秦、緩師、秦生心等一連串事件,例(26)給對方提建議的口吻十分明顯,這些都是單純的叙述事件句,不過發生時間爲將來。最後兩例"既VP"後跟有"之後",點明"既盟"是後續事件的時間背景,但是"既盟"本身是將要發生還未發生的事。

下面幾例"既VP"出現在假設關係複句中,"既VP"是背景句,把事件或行爲作爲一個完成的事實陳述,"既"兼表時間和邏輯關係。但就表達的事件來説,都是未發生的,也可以看作將來時間。

(30)偏喪有咎,既喪則國從之。晋侯爽二,吾是以云。((《國語·周語下》)

(31)若積聚既喪,又鮮其繼,生何以殖?(《國語·周語下》)

(32)若得楚師以伐魯,魯既不違夙之取卞也,必用命焉,守必固矣。(《國語·魯語下》)

無論是過去時間、現在或是説話時間、將來時間,"既VP"都表示在某個時間之前已經發生某事,從這點上説,時間副詞"既"的語法意義是表示事件或行爲的完成,是體的功能,"既"用於將來時間的句子尤其能説明這個性質。

(二)"已"的用法

"已"在《左傳》中除1例外,都是修飾表示狀態的動詞或形容詞,如:

(33)叔向告於齊曰:"諸侯求盟,已在此矣。今君弗利,寡君以爲請。"(《左傳·昭公十三年》)

(34)楚有三施,我有三怨,怨讎已多,將何以戰?(《左傳·僖公二十八年》)

(35)君子以齊人之殺哀姜也爲已甚矣,女子,從人者也。(《左傳·僖公元年》)

(36)君子謂昭公知所惡矣。公子達曰:"高伯其爲戮乎!復惡已甚矣。"(《左傳·桓公十七年》)

所修飾的狀態詞有13個,"閉、亡、鈞、小、爲、有、在、侈、惡、重、睦、多、甚",其中"甚"最常用,有12例①。這些詞除"有、爲、多"外,其餘的在《左傳》《國語》兩書中都没有受"既"修飾的用例。

《左傳》中"已"修飾行爲動詞只有1例:

(37)已殺孔父而弑殤公,召莊公於鄭而立之,以親鄭。(《左傳·桓公二年》)

《國語》中有3例"已"修飾行爲動詞的用例。

(38)已賴其地,而又愛其實,忘善而背德,雖我必擊之。(《國語·晋語三》)

---

① 傳統訓詁學把這樣用的"已"都解釋爲"太甚"義,但這樣解釋,當"已"後爲"有、在、甚"等詞時語義上、結構上都説不通,"已"後這些狀態詞是句子要表述的重點内容,從句子結構上、語義上都應分析爲謂語的中心,"已"是時間副詞,和用於行爲動詞前的語義、用法一致。

(39)范蠡曰:"君王已委制於執事之人矣。子往矣,無使執事之人得罪於子。"(《國語·越語下》)

(40)召之,使佐食。比已食,三歎。既飽,獻子問焉,曰:……(《國語·晋語九》)

最後1例"已"修飾行爲動詞"食","既"修飾狀態詞"飽"。

《國語》中還有"已"修飾瞬間動詞的用例:

(41)王曰:"無是貳言也,吾已斷之矣!"(《國語·越語下》)

(42)昔者君王辱於會稽,臣所以不死者,爲此事也。今事已濟矣,蠡請從會稽之罰。"①(《國語·越語下》)

(43)對曰:"吾以君爲已知之矣,故入;猶未知之也,又將出矣。"(《國語·晋語四》)

《國語》中"已"修飾狀態詞5例,修飾瞬間動詞5例,修飾行爲動詞3例,綜合《左傳》《國語》的情況,"既"以修飾行爲動詞爲主,"已"主要修飾狀態詞。

"已VP"更常用於流水句的結束句或是獨立成句的情況。如:

(44)其祭在廟,已有著位。(《左傳·昭公十六年》)

(45)今吴是懼,而城於郢,守已小矣。(《左傳·昭公二十三年》)

(46)季子將入,遇子羔將出,曰:"門已閉矣。"②(《左傳·哀公十五年》)

(47)與渠丘公立於池上,曰:"城已惡。"(《左傳·成公八年》)

《左傳》《國語》各只有1例"已VP"用於叙事的流水句的前一句、後面有後續句。《左傳》1例見上文例(37),《國語》例見下。

(48)晋君無禮於君,衆莫不知。往年有難,今又薦饑。已失人,又失天,其有殃也多矣。(《國語·晋語三》)

與"既VP"只見於背景句不同,"已VP"既見於背景句又見於前景句,背景句、前景句之間有主要與次要的關係,這是它們與流水句的前一句和結束句的根本不同。如下例中,"已睦矣"是後一事件"可以歸之"的條件,"今已睦矣"爲背景句:

(49)日衛不睦,故取其地。今已睦矣,可以歸之。(《左傳·文公七年》)

下例(50)至(53)中"已VP"爲句子要重點表達的内容,是前景句。

(50)牽牛以蹊者,信有罪矣;而奪之牛,罰已重矣。(《左傳·宣公十一年》)

(51)箕伯、直柄、虞遂、伯戲,其相胡公、大姬已在齊矣。(《左傳·昭公三年》)

(52)今正月相朝,而皆不度,心已亡矣。(《左傳·定公十五年》)

(53)我有大事,子有父母耆老,而子爲我死,子之父母將轉於溝壑,子爲我禮已重矣。(《國語·吴語》)

《左傳》《國語》中"已VP"用於流水句、背景句等有後續句的情況共21例,"已VP"用於結束句或獨立成句、前景句等没有後續句的情況也是21例,從完句能力上説,"已VP"並未顯示優勢,很多時候也需要結合上下文才能完整表義,只是相比"既VP"的完句能力强一些,没有後續句的比例大一些。

需要注意的是,這一時期"已"修飾的謂詞基本是狀態詞,狀態詞主要描摹事件、人物的情態,常用來概括當時的情景,或是獨立、或是突出表述相關内容,因而用於獨立句或前景句的情

① 此例"濟"義爲"成就",爲狀態動詞。

② "閉門"義的"閉"是行爲動詞,而表示門閉的"閉"爲狀態動詞。

況較多。上小節關於"既 VP"的調查已經顯示狀態詞句是三類謂詞句中没有後續句的比例最高的,這是狀態詞自身的語義特點決定的,而"已 VP"較"既 VP"獨立性强與"已"主要修飾狀態詞有關。

同"既 VP"一樣,"已 VP"後也常跟有語氣詞"矣",兩書中"已 VP 矣"有 19 例,其中没有後續句的用例有 15 例,而"已 VP"没有後續句的情況一共只有 21 例,可以説"已 VP"大多要和"矣"一起才能獨立完句,這也從另一角度説明"已 VP"獨立表義的功能還不够强。

從"已 VP"句的敘述類型上看,用於敘事句的 20 例,用於非敘事句的有 22 例,和"既 VP"相比,"已 VP"明顯更多地用於非敘事句,"已 VP"更常用於表達邏輯語義關係,而"既 VP"更常用於純粹的敘事,這也與"既"主要修飾行爲動詞,而"已"主要修飾狀態動詞有關。

從時制上看,"已 VP"主要表達説話時間以前發生的事情,如上文所舉例。句中如果有明確過去時間點時,則表達在"過去"之前發生的事情,如:

(54)初,莒有婦人,莒子殺其夫,已爲嫠婦。(《左傳·昭公十九年》)

"已 VP"也可用於未發生的事情,如:

(55)師曠曰:"公室懼卑。臣不心競而力爭,不務德而爭善,私欲已侈,能無卑乎?"(《左傳·襄公二十六年》)

(56)令尹將必來辱,爲惠已甚,吾無以酬之,若何?(《左傳·昭公二十七年》)

(57)荀躒言於晋侯曰:"君命大臣,始禍者死,載書在河。今三臣始禍,而獨逐鞅,刑已不鈞矣。請皆逐之。"(《左傳·定公十三年》)

(58)若不能敗,爲辱已甚,不如還也。(《左傳·成公六年》)

前 3 例是安排將來的事情,例(58)用於假設複句的前景句中。無論是用於過去時間以前、説話時間以前還是將來時間,"已 VP"都表示某一情況已經發生並持續到某一時間。這一點上"已"與"既"的用法同。兩書中"已 VP"用於過去時間之前僅 1 例,用於將來時間各 4 例,大量的用例是用於説話時間以前。

上文描述了《左傳》《國語》中時間副詞"既、已"的使用情況,兩個詞用法的異同可以總結如下:

"既、已"都表示某一時間前已經發生,參照時間可以是過去、現在、將來,具有明顯的體標記功能,同時參照時間詞語一般不在句中出現;"既"主要修飾行爲動詞,"已"主要修飾狀態詞;"既 VP"主要用於敘事句,多數情況下不能獨立表達完整語義,但也有一定的獨立表義功能;"已 VP"用於敘事句和非敘事句,有後續句和無後續句的頻率持平,但相較"既 VP"來説,其用於非敘事句,無後續句的比例高很多,"已 VP"獨立表義功能要强一些,"已 VP"的這些特點是"已"主要修飾狀態詞的特點決定的;當跟有語氣詞"矣"時,"既、已"的獨立完句的功能都有很大提高,"已"更加明顯。

下表一是《左傳》《國語》中"既、已"的使用情況統計。

表一　《左傳》《國語》中時間副詞"既、已"的使用情況

	既(223 例)			已(42 例)		
謂詞分類	狀態	瞬間	行爲	狀態	瞬間	行爲
用例總數	58	50	115	33	5	4
叙事句	46	30	97	13	3	4
非叙事句	12	20	18	20	2	0
有後續句	48	46	102	15	3	3
無後續句	10	4	13	18	2	1
用於將來時間	1	9	7	5	0	0

二　《戰國策》《莊子》《韓非子》中"既、已"的用法

在《戰國策》《莊子》《韓非子》幾部作品中"既、已"所在句子的構成與《左傳》《國語》没有明顯差别，只有兩種組合關係不見於《左傳》《國語》。

一種情况是，出現了時間短語用作謂詞的用例，句中數量短語作謂語都是表示一種狀態，"既、已"都有修飾這類謂語的用例。

(59)今南攻楚者，惡三晋之大合也。今攻楚休而復之，已五年矣，攘地千餘里。(《戰國策・趙策一》)

(60)今趙卒之死於長平者已十七八，其國虚弱。(《戰國策・中山策》)

(61)季子聞而恥之曰："築十仞之城，城者既十仞矣，則又壞之，此胥靡之所苦也。"(《莊子・雜篇・則陽》)

(62)吾聞楚有神龜，死已三千歲矣，王巾笥而藏之廟堂之上。(《莊子・外篇・秋水》)

另一情况是，"既 VP、已 VP"句的主語一般爲施事或當事，但在《戰國策》中出現了 1 例受事主語句，如：

(63)孟嘗曰："人事者，吾已盡知之矣；吾所未聞者，獨鬼事耳。"(《戰國策・齊策三》)

除此而外，"既、已"在具體句法組合上没有特别的變化，但在總的使用趨勢上與上一時期相比，有明顯變化。下表二是三部書中時間副詞"既、已"的使用情況統計。

表二　《戰國策》《莊子》《韓非子》中"既、已"的使用情況

	既(47 例)			已(240 例)		
	狀態	瞬間	行爲	狀態	瞬間	行爲
用例總數	15	15	17	102	89	49
叙事句	8	13	14	52	47	33
非叙事句	7	2	3	50	42	16
有後續句	13	14	15	59	67	31
無後續句	2	1	2	43	22	18
用於將來時間	0	0	0	2	2	6

對表二和表一,戰國後期"既、已"用法有如下明顯的變化:

其一,最重要的變化就是,"已"使用頻次遠高於"既","既"已經衰落。與《左傳》的成書過程不同,《國語》《戰國策》有後人輯録、整理的痕迹,語言層次較複雜,《國語》中"既 VP"92例,"已 VP"13 例,《戰國策》中"既 VP"19 例,"已 VP"115 例,這一情况反映出《國語》與《戰國策》語言的差别,《國語》反映的語言層次要更早一些;

其二,與"已"取代"既"變化相關,"已"修飾的謂詞範圍擴大了,狀態詞、瞬間動詞、行爲動詞都很常見。

表一中"已"修飾行爲動詞僅 4 例,占"已"用例總數的 1%,而表二中"已"修飾行爲動詞 49 例,占"已"用例總數的 20%,"已"修飾瞬間動詞《左傳》《國語》5 例,但在《戰國策》《莊子》《韓非子》中有 89 例,占"已"用例總數的 37%。

其三,從句子的敘述類型上看,表一、二都顯示"已"修飾狀態詞或瞬間動詞時,"已 VP"用做叙事句和非叙事句的情况差不多,表一《左傳》《國語》中"已"修飾狀態詞時非叙事句略多一些,但修飾行爲動詞時①,"已 VP"用做叙事句遠遠超過了非叙事句。因此隨着"已"修飾行爲動詞大量增加,"已 VP"用做叙事句的數量也大量增加,表二中"已 VP"用做叙事句的數量超出非叙事句很多,和表一中兩者基本持平明顯不同。

"既 VP"無論哪種謂詞,都是用做叙事句多於非叙事句,但是就叙事句所占的比例而言,修飾行爲動詞時都遠遠高於另兩類謂詞,這點上表二的表現比表一更明顯。

其四,和"已"修飾的謂詞範圍擴大相關,"已 VP"的完句功能有很大變化。

表一顯示只有"已"修飾狀態詞時,無後續句的用例多於有後續句用例,其餘兩類謂詞的"已 VP"句均是有後續句多於無後續句,只是數量較少,總的説來"已 VP"有無後續句的用例一樣多。表二中"已"修飾三類謂詞,都以有後續句爲優勢,與"既"的表現一致,因此隨着"已"取代"既",修飾謂詞的範圍擴大特别是用於很多瞬間動詞和行爲動詞,"已 VP"不能獨立表義的情况較上一時期明顯增多,有後續句的"已 VP"有 157 例,而没有後續句的"已 VP"83 例,"已 VP"有了明顯的傾向性,多數是不自足的。

在《戰國策》《莊子》《韓非子》三部書中跟有語氣詞的"已 VP 矣"共 56 例,其中無後續句的 32 例,比例較不帶"矣"的"已 VP"用例稍高,"矣"的使用可以一定程度上幫助"已 VP"成爲獨立句,但與前一時期 19 例"已 VP 矣"中 15 例無後續句的情况相比,"已 VP 矣"獨立成句的情况也大大降低了,這也與前一時期"已"主要修飾狀態詞有關,而這一時期"已"修飾的瞬間動詞和行爲動詞總數已超過了狀態詞。表一、表二都顯示"已"修飾狀態詞時,有後續句和無後續句的用例數是最接近的,"既"修飾狀態詞時有後續句和無後續句的用例數差是最小的,因此時間副詞所修飾的謂詞的特徵明顯影響了"既 VP、已 VP"句的獨立性。

在排除謂詞性質的條件後,是否帶"矣"對"已 VP"的獨立性才有較大影響。行爲動詞的"既 VP、已 VP"結構有後續句的情况是最少的,《韓非子》是幾部語料中"已 VP"用例最多的,其中謂詞爲行爲動詞的"已 VP"無後續句的有 10 例,有後續句的有 12 例,無後續句的用例與有後續句的情况一樣常見。10 例無後續句的用例中有 9 例與語氣詞"矣"配合使用,如:

(64)居五日,桓侯體痛,使人索扁鵲,已逃秦矣。(《韓非子·喻老》)

(65)豎牛曰:"壬固已數見於君矣。君賜之玉環,壬已佩之矣。"(《韓非子·内儲

① 表一中"已"修飾瞬間動詞和行爲動詞的數量很少,但都是叙事句多於非叙事句。

説》)

(66)令下未遍而火已救矣。(《韓非子·内儲説》)

(67)李悝與秦人戰,謂左和曰:“速上! 右和已上矣。”又馳而至右和曰:“左和已上矣。”(《韓非子·外儲説》)

(68)當是時也,周公旦在魯,馳往止之;比至,已誅之矣。(《韓非子·外儲説》)

(69)郤獻子聞之,駕往救之。比至,則已斬之矣。(《韓非子·難一》)

(70)使人召犀首,已逃諸侯矣。(《韓非子·外儲説》)

(71)引其網,而魚已囊矣。(《韓非子·外儲説》)

例(67)是作爲獨立句使用,例(65)(66)爲流水句的結束句,其餘爲前景句。

其五,從絶對時制上看,“已 VP”用於將來時間的用例比小於前一時期,《莊子》《韓非子》都没有“已 VP”用於將來時間的用例,《戰國策》240 例“已 VP”中有 10 例用於將來時間,而《左傳》《國語》中“已 VP”42 例,有 5 例用於將來時間。戰國末期時間副詞“已”基本不用於將來時間。

其六,“既”雖然用例明顯減少,但基本繼承了上一時期的特點。所修飾的謂詞仍以行爲動詞爲多;主要用於叙事句;一般要有後續句等,《戰國策》中没有“既 VP”無後續句的用例,與上一時期“既 VP”有少量無後續句用例相比,這是這一時期“既”的另一個明顯變化。另外,這一時期“既”也没有用於將來時間的用例。“既 VP”不再用於將來時間,而前一時期“既 VP”215 例有 17 例用於將來時間。

綜合這一時期“已 VP”也基本不用於將來時間的情况看,可以説戰國末期表示完成的時間副詞用法有了變化,不再用於將來時間,只用於已然。劉承慧(2010)指出,南北朝表完成的手段有“已 VP”和“V(O)完成動詞”,兩者的區别在前者只用於已經發生的事,用於過去。顯然,南北朝時期“已 VP”的用法從戰國末期承續而來。完成體標記與絶對時制没有必然的相關,戰國後期“既、已”的用法變化意味着戰國以後漢語表示已經發生的時間副詞不再用於將來時間,其完成體標記的用法正在消失。

三 上古漢語中後期副詞“既、已”用法及其時體意義的變化

基於上文對春秋戰國時期 5 部語料的詳盡考察,本文對上古漢語中後期表完成的副詞“既、已”的用法有如下認識:

上古漢語中期,“既、已”用法上最主要的區别是所修飾的謂詞性質不同,“已”主要修飾狀態詞,這一特點决定了“既 VP”“已 VP”所在的句子的叙述類型和事件類型有所不同,並直接影響了“既 VP”句和“已 VP”句在是否有後續句上的表現明顯不同。影響“既 VP”句和“已 VP”句的結句功能的另一個因素是語氣詞“矣”的使用,帶語氣詞“矣”時無論“既 VP”句還是“已 VP”句無後續句的用例都明顯增多。正因爲影響“既 VP”句和“已 VP”句結句功能的主要因素是謂詞的性質和語氣詞“矣”的使用,所以“既 VP”句和“已 VP”句在是否有後續句上並不完全對立,“既 VP”無後續句、“已 VP”有後續句的用例都有相當數量,這一點本文的觀察與以往研究不同。

上古漢語後期,“已”修飾的謂詞從狀態詞擴展到行爲動詞和瞬間動詞,戰國末期“已”修飾三類謂詞一樣常見,隨着“已 VP”取代了“既 VP”,“已 VP”有後續句的用例增多,“已 VP”

結句功能的下降顯然與“已”修飾的謂詞的擴展有關。

上古漢語中期,“既 VP”和“已 VP”可用於表達任何時間之前完成的事,包括過去時間、現在時間、將來時間,將來時間的用例較少,是因爲本身敘述將來時間事件的句子就很少用。上古漢語後期,“既 VP”句和“已 VP”句都不再用於將來時間的事件。

蒲立本(1995/2001)以“完成體”來概括“既、已”的功能,認爲“既、已”表達“把事件當作一個業已完成的整體或一個黏著的整體來看待”(蒲立本,1995/2001:126),現代漢語的動詞詞綴“了”有同樣的功能,他還指出古漢語中的“矣”表達與説話時間有關的動作行爲的完成,或者與過去某一特定時間、將來某一特定時間有關的動作行爲完成,現代漢語的句尾“了”有同樣的功能。按照類型學關於體的相關定義,對蒲立本的陳述大致可以理解爲“既、已”是完整體,“矣”是完成體。帥志嵩(2014)認爲“既、已”是時制標記,表過去,但對爲什麼“既、已”不具有體功能没有正面論述。魏培泉(2015)基本贊同蒲立本對“既、已”功能的意見,並認爲準確的術語翻譯應該是“完整體”,指出“既、已”的詞彙意義已有相當的損耗,明顯有語法的功能,用法上,“既、已”的句子所指涉的事件都在參照時間前完成,“既、已”能修飾大多數的動詞,可修飾可持續動作動詞、不可持續的成就動詞以及狀態動詞。魏文的動作動詞、成就動詞、狀態動詞的分類與本文行爲動詞、瞬間動詞、狀態詞的三類謂詞的分類基本相同,但魏文並未注意到“既、已”在修飾謂詞上不同的特點及變化。雖然魏文贊同蒲立本的意見,但在其叙述中,魏文認爲“既、已”都是表達與某個時間點關聯的事件,實際是完成體的功能。

從本文考察可以看到,叙事句中“既、已”只是標出事件業已完成,是完整體用法,而在前景句、背景句中則明確了事件完成與某一特定時間點的關係,完成體用法更爲突出,“既、已”都兼有完成體、完整體的用法,但“既”一直是用於叙事句爲主,更多完整體用法,而“已”開始更多用於非叙事句,隨着使用頻率的提高,叙事句用法越來越多,有從完成體向完整體用法演變的痕迹。而“過去時間已然發生”是完整體的典型環境,從戰國中期以後“已 VP”不再用於將來時間,這一變化顯示,時間副詞“已”功能在向典型完整體變化。陳前瑞、胡亞(2016)采用類型學的多功能模式分析了詞尾“了$_1$”和句尾“了$_2$”的時體意義,提出詞尾“了$_1$”和句尾“了$_2$”都具有複雜的時體意義,並構擬了“了”從完結體、完成體到完整體及相關功能演變的路徑,本文研究顯示上古漢語的時間副詞“既、已”的時體意義也是複雜的,同時也有從完成體向完整體的變化過程,古今漢語有共性的表現。

漢語史研究中一般把漢以前劃爲上古漢語,如果我們承認從《左傳》到《莊子》《韓非子》寫作和成書時間有先後不同的話,那麼“既、已”用法的變化顯示上古漢語内部語法演變一直在發生,某些特徵也有十分明顯的變化。

徵引文獻

《左傳》《戰國策》《莊子》:“中研院”語言學研究所“上古漢語標記語料庫”。

《國語》:北京大學語言學研究中心 CCL 語料庫。

《韓非子》:周鍾靈、施孝適、許惟賢主編《韓非子索引》,中華書局,1982。

參考文獻

[1]陳前瑞,胡亞. 詞尾和句尾“了”的多功能模式[J]. 語言教學與研究,2016(4):66-74.

[2]杜海濤. 上古漢語“既”字的意義和用法及漢語實詞虛化問題[M]//語言學論叢(第 22 輯). 北京:商務印書館,1999:153-163.

[3]劉承慧. 中古譯經“已”對近代“了”的影響——語言接觸如何牽動語法演變? [J]. “中央研究院”歷史語言研究所集刊,2010,81(3):467-512.

[4]蒲立本. 古漢語語法綱要[M]. 孫景濤譯. 北京:語文出版社,1995/2001:126-133.

[5]帥志嵩. 中古漢語“完成”義語義範疇研究[M]. 北京:商務印書館,2014:64-66.

[6]魏培泉. 古漢語時體標記的語序類型與演變[J]. 語言暨語言學,2015,16(2):213-247.

[7]楊永龍.《朱子語類》完成體研究[M]. 開封:河南大學出版社,2001:13-96.

[8]周守晋. 出土戰國文獻語法研究[M]. 北京:北京大學出版社,2005:87-102.

The Usage Change of Temporal Adverbs *ji* (既) and *yi* (已) in the Late Ancient Chinese

Zhang Cheng　Sun Pinjian

Abstract: *ji* (既) and *yi* (已) are a pair of temporal adverbs whose meaning and usage are similar. Although many studies have described and discussed the usage of the two words, some important problems have still not been solved, for example, what kind of aspect the two words show, what affect the using of *ji* (既) VP or *yi* (已)VP as independent sentences, and how *yi* (已) substitutes for *ji* (既) at last. The study investigates cases of the *ji* (既) VP and *yi* (已)VP thoroughly in five works of the Spring and Autumn and Warring States Period, analyses the usages of the two words from the situation type of verbs, event type and narrative type of sentences which the *ji* (既) VP or *yi* (已) VP is in. The main conclusions are: both *ji* (既) and *yi* (已) can be used as perfect marker or perfective marker, situation types of verbs that the two word modified affect the independence of the *ji* (既) VP or *yi* (已) VP mainly, mood word *yi* (已) also affect the independence of *ji* (既) VP or *yi* (已) VP, *yi* (已) substitutes for *ji* (既) by enlarging situation types of verbs *yi* (已) modified, and independence and aspect meaning of *yi* (已) VP change too. The *ji* (既) and *yi* (已) became perfectives markers in late stage of Warring States.

Key words: prefect, perfective, situation type of verb, event type, narrative type

通信地址:
張楨,清華大學人文学院中文系
郵　編:100084
E-mail:zhangcheng16@mai. tsinghua. edu. cn
孫品健,中國社會科學院語言研究所歷史語言學研究二室
郵　編:100732
E-mail:sunpinjian@163. com

上古漢語名源動詞的句法分布及其及物性*

袁健惠

内容提要 名源動詞是上古漢語語法系統中比較常見的現象。學界現有的研究大都將名源動詞置於詞類活用的背景下,討論名詞活用做動詞的種類和條件。本文立足於《古漢語常用字字典》《古辭辨》《同源字典》三部工具書,結合上古時期的22部文獻,對上古漢語中的名源動詞做了比較系統的定量考察。論文主要關注兩個問題:一是系統考察上古漢語名源動詞的句法分布,討論上古漢語語法系統中名源動詞在句法分布上的特點;二是基於 Hopper & Thompson(1980)關於語言及物性的討論,將跟及物性相關的10個參數分爲三個大類,在及物性的視角下討論名源動詞所在小句的及物性。

關鍵詞 上古漢語 名源動詞 句法分布 及物性

一 引言

名源動詞(denominal verbs)是上古漢語詞類系統中比較有特色的一類①,它指的是名詞改變了其固有的意義和語法屬性而具有了動詞的功能。從已有的研究成果來看,名源動詞不是漢語中的特有現象,它在諸如英語等其他語言中也普遍存在。國內外學者從構詞形態、語義、詞彙系統、生成機制等方面對名源動詞做了許多有益的嘗試,如陳承澤(1922)、周祖謨(1945/1966)、吕叔湘(1957)、王力(1958)、周法高(1953、1962)、Clark & Clark(1979)、Hopper & Thompson(1984)、Hale &Keyer(1991)、Chan & Tai(1995)、Kiparsky(1997)、Payne(1997)、蔣紹愚(2000)、任荷(2012/2014)、羅端(2013)、楊榮祥(2013)、宋作豔(2013)等。

總體説來,學者們在名源動詞的研究方面已取得了不少有價值的成果,這在很大程度上加深了我們對該現象的認識。但我們也不難看到,就漢語名源動詞的研究而言,現有的研究仍然存在諸多不足,一些根本性的問題仍然没有得到解決,突出表現在以下兩個方面:現有關於漢語名源動詞的研究整體上比較零散,缺乏系統性。句法層面所進行的研究大都將名源動詞放在詞類活用的背景下,集中討論名詞活用做動詞的種類以及活用的條件等,研究成果大都是從詞性的角度對語言材料中出現的名源動詞做概括性的歸納,如説"名詞活用做一般動詞""名詞的使動用法""名詞的意動用法"等。對名源動詞出現得比較集中的上古漢語

---

* 本研究爲國家社會科學基金一般項目"漢語名源動詞歷史演變研究"(項目號:19BYY168)的階段性成果。感謝匿名審稿專家的寶貴意見。

① 本文所説的漢語指的是公元3世紀之前的上古漢語,所討論的名源動詞指的是由名詞轉化爲動詞且起源名詞的外部形式不發生變化的類型,那些由名詞變讀而形成的名源動詞(如王 wàng、枕 zhèn)不在本文的研究範圍之内。

中名源動詞的句法語義特點以及該時期名源動詞的整體規模等缺乏系統性的描寫。二是對名源動詞的屬性特徵缺乏深入的探討。早在20世紀80年代,國外學者便對語言中的及物性做了比較深入的研究。名源動詞的及物性程度究竟如何?對於這一問題,目前學界討論得也比較少。

鑒於此,本文以《古漢語常用字字典》①《古辭辨》《同源字典》爲基礎,結合上古漢語中的22部口語性比較强的文獻②,共找出259個名源動詞,涉及304個義項③。通過廣泛考察,確定該時期的名源動詞的基本框架,系統描寫上古漢語名源動詞的基本句法分布。在此基礎上,深入討論上古漢語名源動詞及其所在句子的及物性。

二 上古漢語名源動詞的句法分布

上古漢語缺乏明顯的形態變化,從嚴格的形態入手來確定某個詞在句法結構中所要實現的詞類功能比較困難,完全根據研究者自身的語感和意義來判斷某個詞的詞類屬性和語法功能,又不免會失之於主觀。鑒於此,我們將從句法分布入手,根據上古漢語名源動詞的句法分布來對其進行類别劃分。

從考察結果來看,根據從起源名詞(origin noun)轉化而來的名源動詞是否帶附加成分以及所帶的附加成分是前附成分還是後附成分④,上古漢語中的名源動詞主要分爲四大類:

(一)(名詞+)名源動詞⑤(+矣)如:

(1)犧者實用人,人犧實難,己犧何害?(《左傳·昭公二十二年》)

(2)秋,八月,螽。(《左傳·宣公六年》)

(3)十一月乙酉,柏梁災。(《史記·孝武本紀》)

(4)子適衛,冉有僕。(《論語·子路》)

(二)(名詞+)前附狀語+名源動詞如:

(5)若我用瓘斝玉瓚,鄭必不火。(《左傳·昭公十七年》)

(6)鄭大水,龍鬥於時門之外洧淵。(《左傳·昭公十九年》)

---

① 我們使用的是《古漢語常用字字典》(第5版)。

② 我們所考察的22部文獻是:《周易》《尚書》《詩經》《周禮》《儀禮》《禮記》《左傳》《公羊傳》《穀梁傳》《論語》《孟子》《楚辭》《管子》《墨子》《莊子》《荀子》《韓非子》《吕氏春秋》《國語》《戰國策》《淮南子》《史記》。

③ 包括新穎的名源動詞和固定的名源動詞兩類。

④ 當名源動詞既有前附狀語又有後附成分時,我們將其歸入帶後附成分的類别。

⑤ 此類用例中名源動詞一般位於名詞之後,但並非所有位於名詞之後的其他名詞都能轉化爲名源動詞。如《詩經·豳風·七月》"黍稷重穋,禾麻菽麥"中的"稷""重""穋""麻""菽""麥";此外,還有一些位於名詞之後的其他名詞之前出現由形容詞充當的修飾語,這種帶形容詞性修飾語的名詞短語本身就具有描述的功能,能够作謂語,這類名詞也没有轉化成名源動詞。如《詩經·小雅·苕之華》"牂羊墳首,三星在罶"中的"首"。

(7)象往入舜宫,舜在牀琴。(《孟子·萬章上》)

(8)王后親蠶,以共祭服。(《穀梁傳·桓公十四年》)

(三)(名詞+)名源動詞+後附成分

根據後附成分的差異,分爲帶賓語和帶補語兩類:

2.3.1 (名詞+)名源動詞+賓語如:

(9)天子命我,城彼朔方。(《詩經·小雅·出車》)

(10)其廟,則有司修除之;其祧,則守祧黝堊之。(《周禮·守祧》)

(11)公執其手,曰:"必斷而足!"(《左傳·哀公二十五年》)

(12)舜使益掌火;益烈山澤而焚之,禽獸逃匿。(《孟子·滕文公上》)

(13)主忠信;無友不如己者。(《論語·學而》)

(14)朱亥袖四十斤鐵椎,椎殺晋鄙。(《史記·魏公子列傳》)

2.3.2 (名詞+)名源動詞+補語如:

(15)秦伯師於河上。(《左傳·僖公二十五年》)

(16)師還,館於虞,遂襲虞,滅之。(《左傳·僖公五年》)

(17)是境内之民,其言談者必軌於法。(《韓非子·五蠹》)

(四)其他

2.4.1 名源動詞位於連詞的一端①如:

(18)左杖黄鉞,右秉白旄以麾。(《尚書·牧誓》)

(19)侯來獻其乘馬,曰啟服,塹而死。(《左傳·昭公二十九年》)

(20)且華而不實,怨之所聚也。(《左傳·文公五年》)

2.4.2 名源動詞+"者"如:

(21)文王之囿方七十里,芻蕘者往焉,雉兔者往焉。(《孟子·梁惠王下》)

(22)趙王之子孫侯者,其繼有在者乎?(《戰國策·趙策四》)

2.4.3 "所"+名源動詞如:

(23)其行也文,能文則得天地,天地所胙,小而後國。(《國語·周語下》)

(24)東西南北,極日月之所燭。(《吕氏春秋·上德》)

2.4.4 動詞(或動詞詞頭)+名源動詞如:

(25)載脂載舝,還車言邁。(《詩經·邶風·泉水》)

(26)鴻雁來賓,爵入大水爲蛤。(《禮記·月令》)

以上主要是依據名源動詞與其他語法成分的不同句法搭配而做出的類别劃分。從考察情况來看,四種不同的句法分布中,名源動詞帶後附成分的類别數量最多②,共188個,約占該時期名源動詞總數的61.8%;所帶的後附成分包括賓語和補語兩大類,其中帶賓語的名源

① 所涉及的連詞有"而""則""以"3個,其中使用連詞"而"的名源動詞數量最多。

② 本文所説的名源動詞的數量如不特别説明,則指的是名源動詞的義項的數量。

動詞數量最多，共 160 個，約占該時期名源動詞總數的 52.7%；帶補語的名源動詞共 28 個，約占該時期名源動詞總數的 9.2%。名源動詞之前出現狀語的類别居第二位，共 52 個，約占該時期名源動詞總數的 17.1%。"其他"這一類别居第三位，共 37 個，約占該時期名源動詞總數的 12.2%；這一類包含由連詞連接、"名源動詞＋者""所＋名源動詞""動詞或動詞詞頭＋名源動詞"四個小類；其中，使用連詞的類别用例最多，共 24 個①；其次是用在動詞或動詞詞頭之後的，共 5 個；"名源動詞＋者"字結構和"所＋名源動詞"各 4 個。名源動詞單用或直接位於其他名詞之後的類别居第四位，共 27 個，約占該時期名源動詞總數的 8.9%。具體類别和數量如表 1 所示：

表 1　上古漢語 22 部文獻中名源動詞義項數量表

<table>
<tr><td rowspan="6">類别 \ 數量(%)</td><td rowspan="2">光杆名源動詞</td><td rowspan="2">前附狀語</td><td colspan="2">後附成分</td><td colspan="4">其他</td></tr>
<tr><td>賓語</td><td>補語</td><td>連詞連接</td><td>名源動詞＋者</td><td>所＋名源動詞</td><td>其他動詞(詞頭)之後</td></tr>
<tr><td rowspan="2">27</td><td rowspan="2">52</td><td>160</td><td>28</td><td>24</td><td>4</td><td>4</td><td>5</td></tr>
<tr><td colspan="2">188</td><td colspan="4">37</td></tr>
<tr><td>8.9</td><td>17.1</td><td colspan="2">61.8</td><td colspan="4">12.2</td></tr>
<tr><td colspan="8">304</td></tr>
</table>

三　上古漢語名源動詞及其所在句子的及物性

及物性是語法研究的重要内容，及物性概念也是爲大多數語法理論所關注的一個重要概念。近年來，傳統語法、轉换生成語法、語言類型學、認知語言學等領域的學者們從不同的研究視角對不同語言的及物性問題做了許多有益的嘗試，取得了一系列有代表性的研究成果，如 Hopper&Thompson(1980)、Givón(1995)、Wierzbicka(1996)、Næss(2007)、Margetts(1999、2008、2011)、Dixon(2010)、Kittilä(2010)、LaPolla，Kratochvíl& Coupe(2011)、Croft(2012)等。

幾乎所有的語言都體現出及物性。基於這一事實，Hopper&Thompson(1980)提出了及物性理論。他們指出，及物性包括多種要素，賓語和動詞的出現是其中之一，這些要素都跟動作發生的影響有關。他們從類型學的角度研究語言的及物性，其主要觀點有三：其一，及物性的本質是動詞所在小句的特徵，而不僅僅是動詞本身的特徵。其二，及物性是一個多維的概念，它主要跟參與者、動態性、體、瞬時性、意志性、肯定、情態、施事性、賓語的個體性、賓語的受影響性這 10 個比較複雜的句法和語義參數密切相關；有些參數之間的關聯度較高，它們相互配合，在構成及物性程度的尺規上是共變的，表現出高低同向的特徵。如果某個小句在某項特徵中表現出了較高的及物性，那麼它在其他幾項特徵中也一般會處於較高及物性的等級上。其三，及物性是一種關係，它通過小句獲得；同時，它也是一個連續體，及

① 使用連詞的名源動詞在句法上有四小類，即"謂詞＋連詞(＋狀語)＋名源動詞""名源動詞＋連詞＋謂詞""名源動詞 1＋連詞(＋狀語)＋名源動詞 2""名詞短語＋連詞＋名源動詞"，四者的用例依次是 10、12、1、1。

物性高低與高及物性特徵的數量成正比。一般説來,小句的及物性程度越高,其所滿足的高及物性參數就越多,而小句的及物性程度越低,其所滿足的高及物性參數就越少。

Hopper & Thompson(1980)的及物性理論立足於語言類型學的研究視角,他們將及物性這一術語放在小句層次進行解釋,他們所説的及物的概念不再只是定義爲一個動詞攜帶體詞性成分的能力,而是指一個施事所發出的動作施及受事的屬性。這種將及物性視爲句子的屬性而非單個動詞的屬性的觀點打破了傳統上的動詞及物性觀,在很大程度上突破了傳統上將及物性視爲句法問題而非語義問題以及將動詞分爲及物動詞和不及物動詞的二分概念,對深化漢語的及物性研究具有積極的意義。下面,我們將以 Hopper&Thompson(1980)所提出的參數爲基礎,從句子及物性這一維度來考察上古漢語中的名源動詞。

表 2 及物性高低參數表

參數	高及物性	低及物性
A 參與者(participants)	有施事和受事兩個或兩個以上的參與者	只有一個參與者
B 動態性(kinesis)	動作	非動作
C 體(aspect)①	完成體	非完成體
D 瞬時性(punctuality)	瞬時	非瞬時
E 意志性(volitionality)	有意志	無意志
F 肯定(affirmation)	肯定	否定
G 情態 (mode)	現實態	非現實態
H 施事性(agency)	施事能力高	施事能力低
I 賓語的受影響性(O-affectedness)	賓語完全受影響	賓語不完全受影響
J 賓語的個體性(O-individuation)	賓語個體性程度高	賓語個體性程度低

我們認爲,Hopper & Thompson(1980)所給出的 10 個判斷及物性高低的參數可以概括爲三大類:一是跟參與者有關的參數,包括參與者、施事性、賓語的受影響性、賓語的個體性;二是跟動作有關的參數,包括動作性、體、瞬時性、意志性;三是跟情態語氣有關的參數,包括肯定、現實態。下面我們將從上述三大類來討論上古漢語名源動詞及其所在句子的及物性。

(一)跟參與者有關的參數

考察結果顯示:上古漢語中有 108 個的名源動詞之前只出現由施事充當的主語,約占該時期名源動詞用例總數 35.5%;37 個的名源動詞之後只出現由受事充當的賓語,約占該時期名源動詞用例總數 12.2%;施事和受事同時出現的有 16 個,約占該時期名源動詞用例總數 5.3%;施事和受事同時不出現的有 169 個,約占該時期名源動詞用例總數 55.6%。

由以上數據可以看出:從參與者的數量來看,所在的句子中施事和受事 2 個參與者同時

① Hopper & Thompson(1980)參數表中跟"體(aspect)"及物性高低對應的述語前後有變化,最初在第 252 頁高及物性對應的是"有界(telic)",低及物性對應的是"無界(atelic)",後來在第 271-272 頁的分析過程中用"完成體(perfective)"和"非完成體(imperfective)"分别跟高及物性和低及物性對應。

出現的名源動詞不到上古時期全部名源動詞數量的十分之一,這部分名源動詞所在句子的及物性程度高,如例(12)。此例中,出現施事"益"和受事"之"兩個參與者,名源動詞"掌"所在的小句是及物句。同時,該時期也有267個的名源動詞之後不出現受事,這些名源動詞所在的句子或者只出現施事1個參與者,或者没有參與者出現,這部分名源動詞所在的句子是不及物的。如例(2)、例(8)。例(2)中施事和受事都没有出現;例(8)中只出現了施事"王后",受事没有出現。此外,還有160個名源動詞雖然之後出現體詞性成分,其所在的句子屬於及物句,但名源動詞之後的體詞性成分在語義上不是受事,而是處所、對象等。如例(9)中的"彼朔方"是處所,例(13)中的"不如己者"是對象。總體説來,上古漢語47.4%的名源動詞出現於非及物句,52.6%的名源動詞出現於及物句。但就參與者數量這一參數而言,上古時期的名源動詞以用於只出現一個參與者的低及物句的情況占優勢。雖然半數以上的名源動詞出現於及物句,但用於高及物性句子的名源動詞只占5.3%,用於低及物性句子的名源動詞占94.7%,用於高及物句的比例遠遠低於用於低及物句的比例。

從賓語的個體性來看,上古漢語名源動詞所帶的賓語在語義指稱上包括無定和有定兩種情況。無定賓語由光杆名詞或名詞性短語充當,一般説來,這些賓語所指稱的事物是不能確定或至少對聽話人來説是跟不能確定的對象相聯繫,其個體化程度不高;有定賓語由光杆代詞、指示代詞或人稱代詞做定語的名詞性短語、專有名詞充當,一般説來,這些賓語所指稱的都是語境中的特定事物,都是言語雙方所共知的,其個體化程度比較高。如:

(27)王欲玉女,是用大諫。(《詩經·大雅·民勞》)

(28)大尹惑蠱其君,以陵虐公室;與我者,救君者也。(《左傳·哀公二十六年》)

(29)遂次於泗上,疆我田,取邾田,自漷水歸之於我。(《左傳·襄公十九年》)

(30)伏之而觴曲沃人。(《左傳·襄公二十三年》)

(31)天子惟君萬邦,百官承式。(《尚書·説命上》)

(32)火所未至,徹小屋,塗大屋,陳畚挶。(《左傳·襄公九年》)

(33)不防川,不竇澤。(《國語·周語下》)

(34)西門豹簪筆磬折,嚮河立待良久。(《史記·滑稽列傳》)

例(27)(28)(29)(30)4例所涉及的名源動詞依次是"玉""蠱""疆""觴",它們所在的句子依次是由光杆代詞、指示代詞做定語的名詞性短語、人稱代詞做定語的名詞性短語、專有名詞充當賓語,此類用例中的賓語在指稱上都是有定的。(31)(32)(33)(34)4例所涉及的名源動詞依次是"君""塗""防""竇""簪",它們所在的句子都是由光杆名詞或光杆名詞性短語充當賓語,此類用例中的賓語在指稱上都是無定的。

從考察結果來看,上古漢語名源動詞所在的句子中帶無定賓語的有56個,約占該時期名源動詞總數的18.4%,這些賓語都屬於中性無定成分;帶有定賓語的有104個,約占該時期名源動詞總數的34.2%,這些賓語都是强式、典型的有定成分①。總體説來,上古漢語名源動詞帶有定賓語的數量明顯高於帶無定賓語。雖然無論賓語在語義指稱上是有定的還是無定的,其所在的句子都是及物句,但就賓語的個體性而言,有定賓語和無定賓語存在差異:

① 陳平(1987)歸納了名詞性詞語在有定和無定上的强弱等級。其中人稱代詞、專有名詞、這/那(+量詞)+名詞屬於强式、典型、極端的有定成分;光杆普通名詞、數詞(+量詞)+名詞屬於中性形式,既可以表示有定,也可以表示無定;一(+量詞)+名詞、量詞+名詞是無定成分。

有定賓語的個體性比較强,其所在的句子及物性比較高,無定賓語的個體性比較弱,其所在句子的及物性比較低。由此可見,在賓語的個體性這一參數上,上古漢語中三分之一的名源動詞的及物性程度比較高,其他名源動詞的及物性都比較低。

上古時期所有能够帶賓語的名源動詞之後都只出現1個體詞性賓語。這説明:單賓句是上古漢語帶賓語類名源動詞出現的主要句法環境。從賓語所受的影響來看,不同名源動詞對賓語所産生的影響在程度上存在差異。考察結果顯示,上古時期對賓語産生完全影響的名源動詞有16個,其在上古漢語名源動詞系統中所占比例約爲5.3%,如例(10)中的“垩”,例(11)中的“戟”,這些名源動詞所在句子的及物性程度較高;對賓語産生不完全影響的名源動詞有144個,其在上古漢語名源動詞系統中所占的比例爲47.3%,如(14)中的“袖”,例(29)中的“疆”,這些名源動詞所在句子的及物性程度較低。顯然,就賓語所受影響性這一參數而言,上古漢語名源動詞以用於賓語不完全影響的低及物句占絶對優勢。

我們認爲,名源動詞是否對賓語産生完全影響對其在漢語史上能否形成固定的動詞義項有直接影響。一般説來,對賓語産生完全影響的名源動詞在發展演變過程中對句法環境和語境的依賴性相對較小,形成固定的義項成爲固定的名源動詞(established denominal verbs)的可能性也相對較大,如“鉤”由“釣魚或掛物用的鉤子”發展出“鉤取”義、“刃”由“刀刃”發展出“殺”義、“鞭”由“皮鞭”發展出“鞭打”義、“策”由“竹制的馬鞭子”發展出“鞭打”義等;而對賓語産生不完全影響的名源動詞及物性程度相對較低,其動詞詞性大都出現於特定的句法環境和語境,離開特定的句法環境和語境,這些名源動詞的基本上還是承擔着起源名詞的語法功能,因此,此類名源動詞在後來的發展演變過程中一般都没有形成固定的義項,只是停留在新穎的名源動詞(novelty denominal verbs)階段。隨着上古漢語語言系統中其他因素的發展變化,如漢語詞彙由綜合到分析的發展趨勢、漢語標記詞的由隱到顯、漢語詞彙複音化等因素的發展,新穎的名源動詞最終消亡,固定的名源動詞則隨着語言的發展而繼續發展①。

(二)跟動作有關的參數

及物性雖然不是動詞特有的屬性,但從某種程度上説,及物性跟動詞關係極其密切。被稱爲及物性的句式所表達的通常是某種動作或行爲從主語傳遞到賓語,賓語受到該動作或行爲的影響而産生某種變化。

從跟動作有關的參數來看,我們的考察結果顯示:上古漢語中304個名源動詞雖然在動作性强弱上有差别,但全都具有動作性的特徵,如例(4)中的“僕”、例(15)中的“師”、例(20)中的“華”;286個名源動詞用於完成體,這些名源動詞所表達的都是有界的事件②,約占該時期名源動詞用例總數的94.1%,如例(2)中的“畚”、例(22)中的“侯”;118個名源動詞表示瞬時性③,約占該時期名源動詞用例總數的38.8%,如例(5)中的“火”、例(6)中的“水”;296個

① 關於這一點詳見袁健惠(2017)中的相關論述。

② 我們認爲,漢語中完成體這一概念在動詞上主要表現爲:動詞所表示的動作在時間上有内在的起始點和終結點,是有界的事件。

③ 瞬時性跟持續性相對立,它指的是動作從開始到結束没有過渡階段或缺少明顯的過渡階段。

名源動詞具有意志性①,這些名源動詞所表達的動作都是施事有意識地發出的,約占該時期名源動詞用例總數的 97.4%,如例(7)中的"琴"、例(8)中的"蠶"。上述數據説明,就動作性、完成體和意志性這三個參數而言,上古漢語名源動詞及物性程度總體較高;就瞬時性這個參數而言,三分之一左右的上古漢語名源動詞是高及物性的,而表示持續的、非瞬間的動作的低及物性的名源動詞約占名源動詞總數的三分之二。

(三)跟情態語氣有關的參數

肯定和否定是漢語語法中一個十分重要的範疇,漢語句子的及物性跟肯定和否定這組參數密切相關。首先,從句子提供的信息來看,每個陳述句都要提供一些信息,但肯定句和否定句所提供的新信息在性質上很不一樣:肯定句所提供的信息是在聽話人不知道某人或某事的情况下,將某人或某事告訴他;而否定句所提供的信息是在聽話人可能相信或熟悉某人或某事的情况下,對某人或某事進行否認或反駁。一般情形下,否定句總是預先假設相應的肯定句所表達的命題内容,否定作爲一種言語行爲,是對這個預先假設的命題加以否認或反駁。其次,從意義、使用條件和使用頻率來看,自然語言在使用否定句時一般得先設一個相應的肯定命題,否定句的使用頻率要大大低於肯定句(沈家煊,1999:43-57)。最後,從信息傳遞的連續性上看,肯定句的作用是不斷提供事件進展的信息,這種信息具有認知上的顯著性,否定句的作用主要不是提供事情變化的信息,而是提供背景信息。

考察結果顯示,上古漢語名源動詞 282 個用於肯定句,約該時期名源動詞用例總數的 92.8%;22 個用於否定句,約占該時期名源動詞用例總數的 7.2%。在帶賓語的類别中,只有 2 個名源動詞用於否定句,如例(33)中的"防""賓"。這種情况顯示:上古漢語名源動詞以用於表達肯定語氣的陳述句占絶對優勢,用於表達否定語氣的名源動詞雖然存在,但數量少,所占比例小。用於肯定句的帶賓語的名源動詞約占該時期名源動詞用例總數的 52.6%。顯然,在肯定這個參數上,上古漢語半數以上的名源動詞所在的句子及物性程度比較高。

現實態與非現實態是情態研究中的一組重要概念,它們跟語氣緊密相關,是考察句子及物性的一對重要參數。根據 Comrie(1985)、Chafe(1995)、Mithun(1999)等論著,現實態主要用來描述已經或正在發生和實現的情境,指的是現實世界已經或正在發生的事情,并且一般與直接的感知關聯。相反,非現實態主要用來描述只在想象中出現和感知的情境,一般指的是可能世界中可能發生或假設發生的事情。如:

(35)女死,必於殽之巖唫之下,我將尸女於是。(《穀梁傳·僖公三十三年》)

(36)信如君不君,臣不臣、父不父、子不子,雖有粟,吾得而食諸?(《論語·顔淵》)

(37)今京不度,非制也,君將不堪。(《左傳·隱公元年》)

(38)微禹,吾其魚乎!(《左傳·昭公元年》)

從跟情態有關的參數來看,考察結果顯示:上古漢語名源動詞用於現實態的句子有 297 個,約占該時期名源動詞用例總數的 97.7%,如例(2);用於非現實態的句子有 7 個,約占該時期名源動詞用例總數的 2.3%,如例(35)至例(38)。很顯然,上古漢語名源動詞所出現的

① 意志性動詞指的是按人的意志去完成的動作行爲,包括自控動作和自控心理活動兩類。非意志性動詞反映人的自發性動作、生理心理現象、能力等。

句子以現實態爲主,用於非現實態的名源動詞數量較少,所占名源動詞比例也比較小。就現實態這個參數而言,上古漢語中及物性程度高的名源動詞占絶對優勢。

此外,句子及物性在語篇上也有表現。語篇中句子及物性的高低跟信息結構中的前景信息和背景信息直接對應。一般情況下,核心事件和前景信息會以高及物性的句式進行編碼,而非核心事件和背景信息則會使用低及物性的小句進行編碼。高及物句所表示的都是敘述,常充當篇章表達的前景部分,低及物句一般表示描寫、説明或者評議,常充當篇章表達的背景部分。上古漢語名源動詞半數以上是以及物句的形式進行編碼,它們通常用於表示敘述的句子中,是核心事件,代表前景信息。

綜上所述,對照 10 個參數,結合考察結果,我們可知,上古漢語名源動詞在“動作性”“體特徵”“意志性”“肯定”“情態”5 個參數上滿足高及物性特徵的比例較高,而在“參與者”“瞬時性”“賓語的個體性”“受事受影響性”5 個參數上滿足低及物性特徵的比例較高①。具體説來,從參與者角度來看,上古漢語名源動詞所在的句子可以出現施事和受事兩個參與者,也可以只出現施事或受事一個參與者,或者施事和受事都不出現。從動作性的角度來看,上古漢語名源動詞所表示的動作主要關涉動物(如“蠹”)、植物(如“實”)、人(如“子”)、自然物(如“堊”)、財物(如“賄”)、器物(如“櫜”)、建築物(如“廬”)等語義場,它們都表示某種特定的動作。從體的角度來看,94.1%的上古漢語名源動詞表示有界事件,它們所表示的動作都是完成性的,在時間或空間上有終結點;從瞬時性的角度來看,38.8%的名源動詞傾向於表示瞬間的非持續性的動作;從意志性角度來看,97.4%的名源動詞傾向於表達高意志性,極少數名源動詞是表示低意志性的動作。從肯定性的角度來看,上古漢語名源動詞 92.8%傾向於出現在表達肯定的句子中。從賓語的受影響性上看,上古漢語名源動詞對其賓語的影響性總體上比較低,由完全受影響的受事充當賓語的情況所占比例較小。從賓語的個體性來看,由定指的個體性高的受事充當賓語的情況所占比例較小,絶大多數情況是由非定指的個體性低的受事充當的賓語。從情態角度來看,上古漢語名源動詞所在的句子既可以表達現實態,也可以表達非現實態。相比較而言,名源動詞用於表達現實態的句子的在使用頻率上遠遠高於表達非現實態的句子。

表 3　上古漢語名源動詞及物性參數統計表

參數	與參與者有關							與動作有關				與情態、語氣有關	
	參與者		施事性	賓語的個體性		賓語的受影響性		動作性	完成體	瞬時性	意志性	肯定	現實態
	施事	受事		有定	無定	完全受影響	不完全受影響						
數量	108	37	66	104	56	16	144	304	286	118	296	282	297
百分比	35.5	12.2	21.7	34.2	18.4	5.3	47.4	100	94.1	38.8	97.4	92.8	97.7

吳義誠、李豔芝(2014)指出,語言的及物性存在一個及物性構式等級。他們將語言的及物性分爲低及物性、中低及物性、中高及物性和高及物性 4 個等級。他們還指出,構式的及

① 該數據是把所有名源動詞放在一起分析及物性而得出的。它所揭示的是名源動詞的總體情況。

物性越强，動詞帶賓語的可能性越高，構式的及物性越弱，動詞帶賓語的可能性也越小。構式的及物性特徵在相當程度上決定了動詞與賓語結合的可能性。

值得注意的是，吴義誠、李豔芝(2014)所討論的及物性等級是著眼於賓語這一參數。我們的研究結果顯示，對名源動詞及物性高低産生影響的參數並不僅限於賓語，考察名源動詞及物性高低要綜合考慮 Hopper & Thompson(1980)所提出的 10 個參數①。我們認爲，名源動詞的及物性跟其所滿足的參數的數量成正比，一般説來，及物性高的名源動詞所滿足的參數數量多，及物性低的名源動詞所滿足的參數數量少。如"刃"，同時滿足施事和受事共現、施事性、賓語的個體性、賓語的受影響性、動作性、完成體、瞬時性、意志性、肯定 9 個參數，屬於高及物性名源動詞；此類名源動詞數量較少，只有刃、鞭、鈎、指、相(使……爲相，做宰相)、塗、漆、蓋 8 個。而"螽"只滿足動作性、完成體、瞬時性、肯定、現實態 5 個高及物性參數，其總體及物性程度比較低；此類名源動詞 123 個，如袗、絺、綌、疵、華、實、東、廬、床、饘、國、鄰、宫、壆、麥、權、度、帶、麾、牙、蕘、竇、脂等。介於高及物性和低及物性之間的名源動詞有 173 個，如災、僕、水、琴、蠶、師、館、軌等，這些名源動詞在及物性參數上除了滿足動作性、完成體、意志性、肯定、現實態之外，還滿足施事性、賓語的個體性、賓語的受影響性或瞬時性②。總體説來，綜合 10 個及物性參數來看名源動詞的及物性，位於連續統左端的低及物性的名源動詞一般滿足 5 個參數，占總數的 40.5%，位於中間的名源動詞至少滿足 6 個參數，占總數的 56.9%，高及物性的名源動詞至少滿足 9 個參數，占總數的 2.6%。

將上述考察數據跟四類句法分布相對照可以發現，從名源動詞所在構式的及物性這一角度來看，名源動詞的及物性和句法分布是有關係的。句法分布中的"其他"類比較雜，這裏我們暫且不討論，把其他三類分爲四種構式。這四種構式中，"(名詞＋)名源動詞(＋矣)""(名詞＋)前附狀語＋名源動詞""(名詞＋)名源動詞＋補語"三種構式都屬於低及物性構式；"(名詞＋)名源動詞＋賓語"屬於高及物性構式。大致説來，在低級物構式内部，"(名詞＋)名源動詞(＋矣)"構式的及物性最低，這類構式中動作的對象通常不出現，動作性比較弱，大都只滿足動作性、完成體、瞬時性、肯定、現實態 5 個參數；"(名詞＋)前附狀語＋名源動詞"構式中名源動詞之前出現狀語，充當狀語的以情態動詞、介詞短語以及表示範圍、時間、方式或語氣的副詞爲主，所以此類構式在動作性這一參數上較前一類構式强一些，此類構式除了滿足動作性、完成體、意志性、肯定、現實態之外，在一些情況下還滿足施事性、賓語的個體性、賓語的受影響性或瞬時性等參數，及物性程度比前一類構式要高一些。"(名詞＋)名源動詞＋補語"構式在絶大多數情況下所滿足的參數跟帶狀語的構式相同，也是屬於介於高低兩類及物性構式之間的構式。高及物性的"(名詞＋)名源動詞＋賓語"構式除少數不滿足施事參與者或現實態這兩個參數外，其他參數一般都滿足。如果將名源動詞所在構式的及物性看作一個連續統，上文所討論的四種構式在連續統上的分布大致如下：

① 跟及物性高低相關的 10 個參數在地位上並不等同，其中動作性是最基本的參數，而其他參數都是以動作性爲基礎的。

② 其中滿足施事性的有 57 個，滿足賓語的個體性的有 37 個，滿足賓語的受影響性的有 8 個，滿足瞬時性的有 71 個。

低及物性 ··· 高及物性

(名詞+)名源動詞(+矣) (名詞+)前附狀語+名源動詞/(名詞+)名源動詞+補語 (名詞+)名源動詞+賓語

綜上所述,名源動詞的四類構式跟其所在小句及物性高低具有一定的對應關係,但這種關係並不是整齊劃一的。四類構式中各自包含了諸多不同的情況,如"(名詞+)名源動詞(+矣)"構式中還有少數還滿足出現施事參與者這一參數;"(名詞+)前附狀語+名源動詞"構式中有不少狀語由否定副詞充當;"(名詞+)名源動詞+賓語"構式中賓語有受事、處所、對象等不同的類型,其中帶受事賓語的及物性最高,帶處所賓語和對象賓語的及物性要低一些等。因此,從名源動詞所在句法結構看其及物性所得出的只是一個傾向性的對應關係①。

四 結語

語言是一個發展演變的動態系統,采用動態視角研究和看待漢語中的名源動詞有助於更好地對這種語言現象進行解釋。一般說來,有些名源動詞的產生是受語境限制的偶發的語用現象,這些名源動詞對語境的依賴性很大,離開特定的語境,起源名詞的動詞用法就會消失,從發展的角度來看,這些名源動詞通常只停留在新創的名源動詞階段;也有一些名源動詞雖然來源於人們日常交際產生的非常規的表達,且人們在使用初期,對於這些運算式往往需要進行一定的語用推理才能理解,但隨着使用頻率的提高,這些非常規的語言結構在使用的過程中逐漸得到固化,人們在理解時不再需要藉助語用推理,這便使得原先語用現象發展演變成了語法現象,從而形成固定的動詞義項,發展爲固定的名源動詞。

跨語言的研究成果表明,及物性是一個涉及結構、語義和語用等多種因素的複雜概念。及物性構式、動詞和賓語是三位一體的多維現象。將及物性界定爲整個構式而非單個動詞的屬性,實際上是從一個更高的角度將及物性、動詞與構式三者有機地結合起來,這有助於我們自上而下地看待及物性在整個句法體系中的性質與地位。將上古漢語名源動詞置於及物性的視野中,在關注句法的同時聚焦語義,通過一系列複雜的句法和語義特徵來描述,既可以更深入地揭示及物性的本質特徵,也可以更有效地揭示上古漢語中名源動詞的句法語義特徵。

參考文獻

[1]陳承澤. 國文法草創[M]. 上海/北京:商務印書館,1922/1982.

[2]蔣紹愚. 内動、外動和使動[M]//語言學論叢(第23輯). 北京:商務印書館,2000.

[3]羅端. 從上古漢語構詞形態的角度再談商、周兩代語言區別[M]//歷史語言學研究(第6輯). 北京:

① 實際上,名源動詞的及物性除了在不同的句法分布上有所體現外,在語義類別上也有體現。袁健惠(2017)根據名詞對於動詞而言所充當的語義角色不同把名源動詞分爲6類。其中"方位類名源動詞"所在的句式大都是"名源動詞+(於)+處所",所以及物性不高;"工具類名源動詞"在詞義結構上都是以起源名詞爲工具對客體施行一個動作,其所在句式大都是"名源動詞+受事",所以及物性高等。關於這一點,我們將另文討論。

商務印書館,2013.

[4]吕叔湘. 中國文法要略[M]. 北京:商務印書館,1957.

[5]任荷. 先秦漢語名詞動用現象研究——以物質名詞爲例[M]//語言學論叢(第 50 輯). 北京:商務印書館,2012/2014.

[6]沈家煊. 不對稱和標記論[M]. 南昌:江西教育出版社,1999.

[7]宋作豔. 轉喻、事件强迫與名詞動用[J]. 語言科學,2013(2).

[8]王力. 漢語史稿[M]. 北京:中華書局,1958/1980 .

[9]吴義誠,李豔芝. 語言及物性的構式研究[J]. 外國語,2014(3).

[10]楊榮祥. 論"詞類活用"與上古漢語"綜合性動詞"之關係[M]//歷史語言學研究(第 6 輯). 北京:商務印書館,2013.

[11]袁健惠. 上古漢語中的名源動詞及其類型學考察[J]. 漢語史學報(第 17 輯),2017.

[12]周法高. 中國古代語法·構詞編[M]//臺灣"中研院"歷史語言研究所專刊,1962.

[13]周祖謨. 四聲别義釋例[M]//問學集:上. 上海/北京:中華書局,1945/1966.

[14]朱德熙. 關於先秦漢語裏名詞的動詞性問題[J]. 中國語文,1988(2).

[15]Anna, Wierzbicka. Semantics Primes and Universals[M]. Oxford University Press,1996.

[16]Bernard Comrie. Tense[M]. Cambridge University Press,1985.

[17]Chan, Marjorie. K. M. & Tai, James H—Y. From Nouns to Verbs: Verbalization in Chinese Dialects and East Asian Languages[M]//Camacho J. & Choueiri, L. eds. (NACCL6) Vol 2,1995.

[18]Clark, E. V. & Clark, H. H. When Nouns Surface as Verbs[J]. Language,1979:554.

[19]Dixon, R. M. W. Basic Linguistic Theory[M]. (Vol. 2). Oxford University Press,2010.

[20]Givón. Functionalism and Grammar[M]. Benjamins,1995.

[21]Hopper, P. L. & Thompson, S. Transitivity in Grammar and Discourse[J]. *Language* ,1980:56.

[22]Hale, K. & Keyser, S. J. On Argument Structure and Lexical Expression of Syntactic Relations [M]//Hale, K. & Keyser, S. J. (eds.) The View from Building 20: Essays in Linguistics in honour of Sylvain Bromberger. The MIT Press,1993.

[23]Kiparsky, P. Remarks on Denominal Verbs[M]//Alsina, A. & Bresnan, J. & Sells, P. (eds.). Argument Structure. CSLI,1997.

[24]La Polla,R. J. F. Kratochvíl,and A. R. Coupe. On Transitivity[J]. Studies in Language,2011,35(3):469-491.

[25]Margetts,A. Transitivity in Saliba-Logea[J]. Studies in Language,2011,35(3): 650-675.

[26]Mithun. The Languages of Native North America[M]. Cambridge University Press,1999.

[27]Næss, A. Protypical Transitivity[M]. John Benjamins, 2007.

[28]Payne, T. E. Describing Morphosyntax: A Guide for Field Linguists[M]. Cambridge University Press, 1997.

Syntactic Distribution and Transitivity of Denominal Verbs in Old Chinese

Yuan Jianhui

Abstract: Denominal verbs are the more common phenomena in the grammar system of Old Chinese. Most of the current research places them in the context of the use of words of speech, and discusses their types and conditions. This article is based on the three books of

Ancient Chinese Commonly Used Word Dictionary, *Ancient Dictionary* and *Homologous Dictionary*, combines the 22 texts of old Chinese and makes a quantitative research of them. The thesis mainly focuses on two issues. First, the syntactic distribution of old Chinese denominal verbs and its characteristics. Second, based on Hopper and Thompson (1980), we divide the 10 parameters into three major categories and discuss the transitivityof denominal verbs in old Chinese.

Key words: Old Chinese, denominal verbs, syntactic distribution, transitivity

通信地址:山東省煙臺市萊山區清泉路 30 號煙臺大學國際教育交流學院
郵　　編:264005
E-mail: jianhui1976@126. com

施爲主語隱去誘發的語法化*

——“鑒於”虚詞用法形成過程的考察

史文磊　谷　雨

内容提要　本文對“鑒於”虚詞用法(介詞和連詞)的確立年代和形成過程作出進一步調查。調查發現:(i)“鑒於”到20世紀三四十年代仍然具有動詞屬性。其虚詞用法是40年代末期以後才逐漸確立的,主要經歷了兩個重要的演變階段:從主語之後提到句首,“因(爲)”和“鑒於”共現格式消失。(ii)“鑒於”提到句首的動因,受日語等外語影響的可能不大,應是受“關於”“基於”“對於”等同類形式的類推而逐步形成的。施爲主語和施爲動詞隱去是推動“鑒於”語法化的重要語境。這是用法塑造語法的典型案例。(iii)“鑒於”的介詞用法和連詞用法有先後之分,介詞在先,連詞在後,但並非既有研究認爲的元代和清代。其確立年代晚到40年代末期以後。連詞用法是在介詞用法的拉動下形成的。

關鍵詞　“鑒於”　介詞　連詞　語法化　語言接觸　類推　施爲主語

一　既有研究述評

本文對“鑒於”虚詞用法確立的年代和過程作出進一步調查。“鑒於”是現代漢語正式語體中的一個常用虚詞,有介詞和連詞兩種用法(吕叔湘,1999:297;《現代漢語詞典(第7版)》,2016:643;方清明,2017:92)。介詞後接名詞短語(NP),表示“以某種情況爲前提加以考慮”。例如:

(1) 鑒於群衆反映,我們準備馬上開展品質大檢查。|鑒於這種條件,還是别在那兒過夜爲好。|鑒於你的身份,不宜過早出面。(吕叔湘,1999:297)

連詞後接分句(CP),義爲“察覺到;考慮到”,“用在表因果關係的複句中偏句的句首,指出正句行爲的依據、原因或理由”(吕叔湘,1999:297)。例如:

(2) 鑒於他多次違反工作紀律,公司決定讓他停職反省。|鑒於目前市場疲軟,咱們也得趕緊想辦法給產品找出路。|鑒於他的身體還需要恢復一段時間,我們只好請别人先代替他的工作。(吕叔湘,1999:297)

一般認爲,“鑒於”的虚詞用法是從表示“以……爲鑒”的動介跨層組合演變而來的。但對其確立的年代,學界的意見分歧較大,迄無定論。《漢語大詞典》(第11卷第1424頁)“鑒於”條釋義爲“考慮到;覺察到”,只舉了毛澤東《增强黨的團結,繼承黨的傳統》中的1例(“鑒

---

* 基金項目:國家社會科學基金重大項目“漢語詞彙通史”(14ZDB093);教育部重點研究基地重大項目“漢語基本詞彙歷史演變研究”(16JJD740015);國家社會科學基金青年項目“語法化中的語法性及相關問題研究”(14CCY034)。薛桂譚老師幫助調查了部分日語語料,初稿承蒙崔山佳先生審讀並惠賜高見,謹致謝忱!

於他們的錯誤,自己更謹慎一些。")。該文發表於 1956 年 8 月 30 日,據此,"鑒於"的虛詞用法似乎是中華人民共和國成立之後才出現的。李德鵬(2011:107)認爲"鑒於"的介詞用法始見於現代,舉了魯迅《祝福》(發表於 1924 年)中的例子。方清明(2018:30)調查了包括"鑒於"在内的 28 個雙音介詞,並認爲絶大多數最遲在"五四"前後已經正式形成。崔山佳(2013:391)明確指出,"鑒於"至遲到清末已經語法化爲介詞。張成進(2018:39-40)則把時間大大提前,認爲自元明時期,表示依據、原因義的介詞"鑒於"已經産生,到清代連詞用法産生。上述看法,晚的到了 1949 年後,早的則提至元代。孰是孰非,有待於作出進一步的辯證。

爲什麽會出現上述分歧?究其原因,第一是有些關鍵例證未經詳辨,用得欠妥。先看介詞例證。張成進(2018:39)認定"鑒於"的介詞用法始見於元代,却只舉了《新元史》(卷 111、184)中的兩條例證。《新元史》這部文獻,是清末民初學者柯劭忞(1848-1933)所撰,成書於 1920 年,將其視爲元代語料,實在不妥。在找不出其他例證的情况下,説"鑒於"在元代就有了介詞用法,實無根據。張成進(2018:39[18])引下例爲明代例證:"浙之大吏與刑部侍郎鑒於松魁,且畏之桀復有言,雖冤者不敢奏雪也。"(《東山國語·附録·書湖州莊氏史獄》)這段文字講述的是清初文字獄莊廷鑨《明史》案及其影響,該案至康熙年間才結案,顯然不能算作明代的語例。崔山佳(2013:391)舉的清末例證中,有一條出自《八仙得道》(七十六回)。該書涉及的科技文化名物(如電話、傳真、催眠術)和時代特徵詞彙(如簡直、風險、迷信)顯示,這實際上是 1930 年代的本子(吴玉芝,2016:94),不宜當清末的語料用。

再看連詞例證。張成進(2018:39-40)認爲,到清代,"鑒於"的後接成分擴展到動詞性成分甚至是小句,連詞用法出現。作者引了 3 條例證,説是清代的,但其中 2 條是民國以後的:《對聯話》爲民初吴恭亨作,1921 年出版;《清史稿》成書於 1914 至 1927 年間。第三個例子出自《吴三桂演義》(第八回),這是一部清末的作品①。照此來看,"鑒於 CP"頂多只能説是清末才出現的一種用法。

第二是判定標準的問題。先看介詞的判定。轉變到何種程度,我們就可以認定"鑒於"不再是動詞而已是介詞了?這直接影響到始見年代的認定。遺憾的是,有的研究只給始見年代,却未給出判定標準;有的給了判定標準,却經不起推敲。比如張成進(2018:40)提出,"鑒於"符合以下兩條標準就具備了介詞的功能:(i)結構上,"鑒於"處於施事主語之後狀語的位置,與其賓語構成介賓短語充當表原因的狀語。(ii)語義上,"鑒於"爲其後的動作行爲引進實施的依據或原因。這兩條標準對於"鑒於"轉爲介詞的判定而言,無疑是重要的。但只憑這兩條標準,恐怕還不足以斷定"鑒於"已是介詞。因爲,結構上處於施事主語之後的位置不一定是介賓短語,可能還是動詞短語。單憑這一結構序列還無法坐實"鑒於"的介詞地位。語義上,介詞短語自然可以爲其後的主句提供依據和原因,但連謂句或連動句中前一動詞短語也能承擔這一功能;而"鑒於"的介詞用法,正是從連謂結構的前一動詞短語發展而來。單看這條語義上的標準也不足以確定"鑒於"的介詞地位。并且,從詞義的實在性説,民國以前的"鑒於"在語義上除了提供憑據之外,自身還具有較强的詞彙性意義("以……爲鑒"),對主語還是具有較强的語義選擇限制;而介詞一般只有功能性或程式性的語義。從這一點來看,該時期的"鑒於"倒更像是動詞。因此,我們認爲符合上述兩條標準,只能算是必要條件,還不能認定"鑒於"就是介詞。

---

① 參看史平(1988:244-255)、歐陽健(1988:210)。

再看連詞的判定。張成進(2018:40)發現,這時期"鑒於"之後有時會用"所以""因此"等表結果的關聯詞與之呼應,構成"鑒於……,所以/因此"格式。例如:

(3) 本帥前言非不曲諒女將軍,但鑒於女將軍衝鋒對敵並不畏懼,所以才有一語。(《七劍十三俠》一百五十九回)

作者認爲,上述結構就是"鑒於"已經發展爲連詞的證據。這其實也是站不住的。與"所以/因此"搭配,並不能證明"鑒於"一定是連詞。根據本文的調查,直到20世紀三四十年代,除了"鑒於……,所以/因此"格式之外,還有大量"因(爲)鑒於CP,(所以/因此)……"的搭配。例如:

(4) 據説被捧爲"東方標準美人"的徐來,因爲鑒於上海的空氣不大好,所以打算到外埠去一次。(《申報·銀色雜筆》1935.09.06)

句中的因果關係分别是由原因連詞"因爲"和結果連詞"所以"標記的,句中"鑒於"顯然不是連詞,還是動詞。因此,"鑒於"的連詞用法確立的年代和判定的標準都還没落到實處。

鑒於以上分析,本文將在既有研究的基礎上作出進一步的調查,重點討論以下三個問題:

(i)"鑒於"虚詞用法是何時確立的?如何判定?

(ii)"鑒於"虚詞用法確立的動因是什麽?

(iii)"鑒於"介詞和連詞兩種用法的出現年代是否存在先後順序?

文章主體部分章節安排如下。第2節首先指出,"鑒於"到20世紀三四十年代仍然具有動詞屬性,尚未轉變爲典型虚詞。第3節回答(i),統計顯示"鑒於"是1940年代末期以後才逐漸轉變爲典型虚詞的。第4節回答(ii),論證指出"鑒於"的虚詞用法是在日歐美媒體語言接觸的影響下,逐步確立的。第5節回答(iii),指出"鑒於"介詞和連詞兩種用法的形成時間有先後之分,但要大大靠後。

二 "鑒於"到20世紀三四十年代仍具動詞屬性

筆者發現,到20世紀三四十年代,"鑒於"仍表現出較强的動詞的行爲特徵,還不是典型的介詞或連詞。主要證據是,儘管"鑒於"已經無法在主句中獨立作謂語動詞,但還可以在複句的依附小句中獨立作謂語中心,表現出較强的述謂性。試論析如下。

這一時期,"鑒於"出現的句法環境,根據位於顯性主語之前還是之後,可以分成兩種格式。第一種格式是位於主語之後,占絶大多數,這是對早期格式的繼承;第二種格式是位於主語之前,這是新興格式,還比較少見。還有一種情況是顯性主語不出現,這種情況傾向於解讀爲第一種格式中的主語省略。這一節只討論第一種格式,第二種格式,我們放到後面第4節詳述。

(一)"鑒於"和後接分句之間常有連詞銜接,構成承接或因果關係的複句

下面分别討論。"而"是專門表示承接關係的,這類關係的例子相對較少。例如:

(5) 德義這次舉動的用意,鑒於空中攻英失敗,而謀挽救其日漸墜落着的威望。

(《申報·巴爾干紛爭的檢討》1940.11.06)

更多的是表達因果關係的例子。一種格式是,"鑒於"所在短語不用連詞引導,只有結果主句用連詞引導。例如:

(6) 二十五年,教部鑒於各地職業舉校實施之困難,於是指定辦有成績之職業學校從事課程之研究。(《申報·中國職業教育概況》1939.06.09)

(7) 英政府不過鑒於地中海將來或許發生之可能的局勢,故作此必要之預防耳。(《申報·英遠東商船變更航綫》1940.05.03)

另一格式是,"鑒於"所在短語用原因連詞引導。"因鑒於 NP"的用例如:

(8) 美國總統羅斯福,在一九三八年的元旦日,因鑒於車輛肇禍事件的日增,所以,特地發表了上面這一段談話。(《申報·安全運動》1939.03.28)

(9) 本來預定的路綫是向西北發展,因爲鑒於工作的重要性,所以向接近前綫的地方去加緊宣傳工作。(《申報星期增刊·在砲火下活躍的新安旅行團》1939.10.15)

(10) 市警察局因鑒於局勢之新開展,爲防止一般不法奸軌,乘機活躍,對治安有所擾亂,故仍繼續任務,加緊戒備。(《申報·羅秘書長兼代市警察局局長》1945.08.16)

"因爲鑒於 NP"的用例如:

(11) 於是學生之中,有以玩皮出名的,綽號叫小活猻,因爲鑒於今天國文教員的一副鄉下摩登化樣子,於是題給他一個雅號叫做"小堂名",全堂又哄然大笑。(《申報·小堂名》1932.12.17)

(12) 蘇聯政府因爲鑒於電影人才的缺乏,影界前途的渺茫,所以最近在首都郊外設了一個電影學校。(《申報(香港版)·蘇聯影業改變作風》1939.04.15)

還有少量"爲鑒於 NP"用例如:

(13) 在形勢進展中,吾人所望於中央及綏省當局者爲鑒於事件性質之嚴重,以果敢之手段應付事變。(《申報·不容忽視之內蒙問題》1936.01.20)

上引諸例中,原因連詞"因""因爲""爲"跟結果連詞"故""於是""所以"搭配,分別連接原因分句和結果分句。

在這一時期,不只是"鑒於 NP","鑒於 CP"(即一般視爲連詞的用法)之前也有用"因(爲)"引導的。例如:

(14) 我國因鑒於國聯爲一國際的組織,其盟約中復含有實行裁制破壞國之條文,故致力之焦點,舍九國條約而集中於國聯。(《申報·今日之九國條約與我國廷》1934.04.25)

(15) 有一對夫婦已屆銀婚紀念之期,因爲鑒於時局艱難,想不舉行慶祝。(《申報·歐戰叢談(十六)·日常轟炸中英德民間軼事》1940.10.03)

我們對"瀚堂近代報刊數據庫"作了調查,發現 1930—1939 這十年間,"鑒於"用"因/因爲"引導的例子出現多達 2399 次,可見其行用之廣。其廣泛使用有力地證明,無論是在"鑒於 NP"還是在"鑒於 CP"中,"鑒於"在這期間還是可以獨立作謂語中心,具備動詞的句法地位。

當然,這一判斷還需要作進一步論證。從句法地位上看,上述"鑒於"的語法地位在此有兩種可能。第一種可能是介詞,"鑒於 NP/CP"本身只對應原因分句命題的一部分信息,其他信息——如謂語動詞——由語境補充。第二種可能是動詞,"鑒於 NP/CP"占據原因分句中動詞短語的位置。我們認爲,第二種可能才符合實際情況。一條非常關鍵的證據是,"鑒於NP/CP"前面可以出現顯性主語。如下列諸例中,(a)是"因(爲)鑒於"例,(b)是相應的出現顯性主語的例子。

(16) a. 他因鑒於馬路上停車問題的難以解決,因一心一意要想利用一種小機件來解決這個困難問題。(《申報·"停車計時器"的效用》1936.10.07)

b. 因他鑒於太陽國的步步逼人,著著進取,行見大好河山,將被他們宰割而去,有心人能不浩歎?空言愛國,無裨實事,所以主辦了這個學校,實施軍事教育。(《申報·與子同仇(五)》1931.12.08)

(17) a. 租界當局因鑒於車輛肇禍案之激增,曾到處貼有"馬路如虎口,當中不可走"的標語,以警告一般市民。(《申報·安全第一》1940.11.18)

b. 因當局鑒於米價越軌,特令所有掮客一律不准入市,暫停兩周。(《申報·論理米價應歸平静》1940.12.27)

(18) a. 這是他們因鑒於國難嚴重,非將國防意義灌輸到小朋友們腦筋中去不可,所以新翻花樣,做一番有意識的點綴。(《申報·兒童世界中的百靈廟》1936.12.13)

b. 因爲他們鑒於美國海軍部的各大氫氣飛艇和英國大飛艇R一〇一號等的在空中失事,不敢隨便確定她的命運。(《申報(本埠增刊)·"興登堡"飛船失事》1937.05.12)

以上例子中,"因(爲)"引接的内容表示原因,後續結果分句没有顯性的主語形式,其主語跟原因分句的主語同指。這種格局意味着:第一,"因/因爲"跟"鑒於"處於不同的句法層次,從而排除了上文舉例"因/因爲鑒於"中"因/因爲"和"鑒於"是同義並列的可能。第二,"因/因爲"和"鑒於"的語義貢獻並不等值,前者純粹表示原因,後者則帶有較强的詞彙意義"以……爲鑒"。第三,"鑒於"之前出現顯性主語,"鑒於"的外部論元依然在,這是動詞述謂性的典型特徵。

(二)"鑒於"和後接分句之間常用關聯副詞銜接

用來銜接的關聯副詞有"遂""便""就""才"等。例如:

(19) 本醫師鑒於胃腸病之嚴重,遂潛心研求胃腸專科。(《申報·廣告》1941.12.26)

(20) 日×鑒於侵華軍事的屢遭敗績,國内對於侵華政策的紛争及反戰怒潮高漲,便把早在掌握中的仙頭宣布占領,作爲南昌以後的大捷報,以掩飾其軍事上的日趨退步。(《申報(香港版)·世界動向一周間》1939.01.25)

(21) 據説一般富户所以不敢建造洋樓的理由,是因爲鑒於陳炯明的洋樓變成廢瓦頽垣,就認爲海豐地土,是不適宜建築大洋樓的!(《申報(香港版)·海豐速寫》1939.05.23)

(22) 同時,物資如果充斥,囤積居奇是不大容易施展伎倆的,正因爲鑒於物資的缺乏,或預見某些物資必將缺乏,才引起投機者去做囤積居奇的行爲。(《申報·充裕物資》1944.11.24)

關聯副詞在此連接前後兩個小句,表達承接或因果關係。後一小句的主語跟前一分句的主語同指,承前省略。前一小句中"鑒於"應是謂語動詞。

(三)"鑒於"之前可以用情態助動詞限定

這種用法,是對早期用法的繼承。前後分句之間往往用連詞"而"。例如:

(23) 余於已往二十五年内,曾於財政與經濟作特别之研究,故信吾人當鑒於世界各城今所受經濟衰落之影響,而早籌可能的方法,以防此種風潮波及上海。(《申報·工部局候選議董政見》1933.03.24)

(24) 但就中國方面而論,仍應鑒於日方最近的種種布置和調度,而務必嚴重的戒備。(《申報·日本今後的策略》1940.04.15)

前面的助動詞可以視爲管轄其後的分句,也可以視爲管轄其後的全部。"鑒於"和後接分句是承接關係。

(四)"鑒於"對主語具有較强的語義選擇限制

跟當代漢語中在主語之前的格式比起來[如例(1)和例(2)],這時期"鑒於"的語義具有較强的詞彙性,大多對主語有較强的選擇限制,要求主語是具備高生命度的個體或群體,即能發出"鑒於"這一行爲的主體。

綜上所述,我們可以作如下小結。到 20 世紀三四十年代,"鑒於"已經不能在單句或主句中獨立作謂語了,但在順連分句和依附從句仍然具有獨立述謂性。據此,我們認爲"鑒於"還是具有較强的動詞屬性,還没有轉變爲典型的介詞或連詞。因此,我們對"鑒於"向虚詞轉化的時間和過程,需作重新認識。

三 "鑒於"的虚詞用法到 1940 年代末才逐漸確立

在論證"鑒於"何時確立虚詞用法之前,我們有必要扼要回顧一下"鑒於"此前的使用情況,才能説清楚後來的轉變。"鑒於"在西漢以前既可用於單立句,也可用於並置句。用於單立句時,可以用於助動詞之後,也可以獨立被否定。例如:

(25) 宜鑒于殷,駿命不易。(《詩經·大雅·文王》)

(26) 今齊侯壬不鑒於楚。(《國語·吴語》)

用於並置句中,前後分句大多是等立關係(對比、列舉、順連)。例如:

(27) 王其盍亦鑒於人,無鑒於水。(《國語·吴語》) 對比

(28) 鑒於大清,視於大明。(《管子·内業》) 列舉

(29) 和戎有五利焉,……鑒於后羿,而用德度,遠至邇安,五也。(《左傳·襄公四年》) 順連

順連關係的"鑒於后羿"和"而用德度"之間,也隱含着依據(依據后羿之行而用德度)或因果(因鑒於后羿之行,故用德度)關係,但兼顧總體使用情況而論,這裏更傾向於是順連關係。也有個别用例是因果類主從關係。例如:

(30) 成湯鑒於夏桀,故主其心而慎治之。(《荀子·解蔽》) 因果

但需説明,這種用法少見,且中間有連詞"故"銜接。不用連詞銜接的,這個時期尚未得見。

以上是"鑒於"在上古漢語大概的使用格局。此後,這一格局在漢語史上持續了相當長的一段時期。中古近代漢語時期,"鑒於"偶見用例,但基本没有跳出上古用法的格局,一直持續到晚清。

晚清是"鑒於"發展的一個重要階段。這期間"鑒於"較之以前有一項關鍵的句法變化,即出現了大量順連或承接格式[(主語)鑒於 NP,(而)VP_2]的用例。例如:

(31) 縣丞王金鑒於民婦王楊氏喊控錢債事體,並不令其等候。(《申報·九月廿一日京報全録》1873.12.04)

(32) 或者泥於風水之説而不肯開,或者鑒於前明開礦之害而不敢言。(《申報·建鐵路自先開鐵礦説》1881.02.07)

第一例中間没有連詞,第二例中間有連詞"而"連接。"鑒於"在此一方面顯示出較强的述謂性,即"以 NP 爲鑒",另一方面又爲後接 VP_2 的行爲提供憑據①。憑據關係跟典型的因果關係嚴格來説是不等同的。這種格式爲"鑒於"向虚詞發展提供了臨界句法環境②。但是,這時期"鑒於"還是動詞。最直接的證據是,"鑒於"還能用於主句中獨立作謂語動詞。例如:

(33) 初收新疆之時,所以不即設立行省而僅以大臣鎮撫之,意或亦鑒於武侯之平蠻未可知也。(《申報·書羅孟威觀察新疆郵信後》1878.09.17)　釋因主句

(34) 在昔,孝公變法而嬴姓以興,武靈騎射而趙氏以强,史册所載班班可考。遠者不足鑒,則請鑒於今日之日本。(《申報·論日本工藝製造之精》1894.06.11)　結果主句

時至 20 世紀三四十年代,在經歷了晚清至民國後期這四五十年的歷史之後,"鑒於"逐漸喪失了在主句中獨立作謂語動詞的能力。我們對"瀚堂近代報刊數據庫"中 20 世紀三四十年代的語料進行了檢索,發現以上用法已經很難見到了。喪失獨立作謂語的能力,這是"鑒於"發生語法化、向虚詞轉化具有標誌性的一步。但是,正如上文所論,在這時期"鑒於"仍具動詞屬性,還不是典型的虚詞。

根據我們的調查,1940 年代末期之後,"鑒於"典型的虚詞用法是到 1940 年代末期以後才逐漸確立的。形式上的證據是"鑒於"這時期發生了以下兩方面的重要變化。

(一)"鑒於"從主語後提至主語前

第一項變化是"鑒於"從主語之後提到主語之前。從上文分析可知,判斷"鑒於"是否轉變爲典型的虚詞,關鍵是看其獨立作謂語中心的句法地位以及對主語的述謂性是否被消解。而導致"鑒於"的謂語地位和述謂性逐漸淡化、消解至關重要的一步,就是從主語後提到主語前。

---

① 當然,有些不帶連詞"而"的例子似也可以理解爲因果。例如"英人鑒於唇亡齒寒之戒,現致書俄國云:'聞大兵將有事於機窪,吾惟竭力保獲阿富汗,以固印度疆域,可耳。'(《中西聞見録·俄國近事》1873.3)"但有這兩種邏輯關係存在,是不能否認的。後來,因果關係較多采用"故""因""所以"等結果連詞標記。

② 張成進(2018:39)認爲逮至隋唐五代時期,處於連動結構中第一個動詞位置的跨層結構"鑒於"出現,這是"鑒於"在這一時期出現的新變化。這種用法其實是古已有之,且並非語法化的臨界語境。

現代漢語裏“鑒於”一般只能用在主語之前，不能位於其後（呂叔湘，1999：297；Huang et al. 2009：27；王永娜，2018：352-354）。Huang et al.（2009：26［42］）大致區分了四類介詞，分別是：a. 至於、關於，b. 從，c. 給、在、向，d. 把，被。“鑒於”應屬 a 類。Huang et al.（2009：27）據此指出，“鑒於”占據句首位置並非通過移位實現，句首就是其默認或源生位置。王永娜（2018）則進一步把“鑒於”歸入“CP 層介詞”。但追溯歷史發現，歷史上“鑒於”幾乎都位於主語之後，没有用於主語之前的。那麽，這一轉變是何時發生的呢？我們抽樣統計了 1919—1949 年“瀚堂近代報刊數據庫”①中“鑒於”跟主語相對位置的變化情況。調查結果如下表所示：

表 1 “瀚堂近代報刊數據庫”（1919—1949）中“鑒於”跟主語相對位置的變化情況

	1919 年	1929 年	1939 年	1949 年
在主語後	98	99	94	91
在主語前	2	1	6	9

該數據庫没有新中國成立之後的語料，我們又抽樣統計了北京語言大學 BCC 語料庫（荀恩東等 2016）中《人民日報》（1949—1999）語料庫。“鑒於”跟主語相對位置的變化情況如下表所示：

表 2 《人民日報》（1949—1999）中“鑒於”跟主語相對位置的變化情況

	1949 年	1959 年	1979 年	1989 年	1999 年
在主語後	57	19	9	12	4
在主語前	43	81	91	88	96

我們從 1919 年起，每隔 10 年調查一個年份，每個年份選取前 100 條用例進行統計。由於 1969 年的用例太少，總共只有 25 例，本表没把數據列入。

首先需要説明的是，我們注意到，同是 1949 年，但“近代報刊”和《人民日報》統計出來的數據差别較大。“近代報刊”中“鑒於”用於主語之前的比例要明顯低於在《人民日報》中的比例。這是由兩個數據庫在語體風格上的差異造成的。民國時期的報刊諸如《申報》等，相對來説文言色彩更加濃厚，語體上更趨雅正，因此，在體現新質成分這方面相對滯後。此外，本表統計不包含兩種情況，一是句子顯性主語不出現，如（35），二是釋因句，如（36）。

（35）鑒於海道運兵，或將遭遇困難，故已早備用火車載運義兵赴津。（《申報·義陸戰隊將離滬調天津》1940.07.17）

（36）最近傳記片非常盛行，大概是鑒於“萬古流方”“左拉傳”“維多利亞女皇烈史”“舞曲大王”等營業術俱有超特成就的結果。（《申報（香港版）·好萊塢的新趨勢》1939.05.06）

綜合兩表數據，“鑒於”跟全句主語相對位置的歷時變化是顯而易見的。“鑒於”用於主語之後的傾向，在民國時期是壓倒性的。三四十年代，用在主語之前的例子有所增加，但直到 1949 年前後，在後的用法還是占上風的。這期間在前在後的用法各舉 1 例如下：

① 據該網站介紹，“瀚堂近代報刊”數據庫涵蓋了兩萬五千種清末至民國報刊資料，但没有給出大致的總字數。因此，表中每個跨度的平均字數很可能是不等的。但從整個演變趨勢來看，差距顯著，大勢可見。

(37) 我們鑒於全國革命形勢的發展及北京市所處地位的重要，擬提出第四項方針即市政建設方針。(《人民日報》1949)

(38) 鑒於琉璃河水泥廠及北平市電車公司失火事件，各領導機關對該廠曾有兩次防火通報指示，竟未引起應有的注意。(《人民日報》1949)

顯著的變化發生在1940年代末期以後，"鑒於"在後的用法急劇萎縮，前移傾向越來越明顯。1959年的語料樣本中，在前的用法已升至80%；到1999年前後，"鑒於"用在主語之前已成壓倒之勢，在後的用法則基本退出了歷史舞臺①。這種傾向的轉變，前後僅僅隔了半個多世紀。

"鑒於"從主語之後移到主語之前，對於"鑒於"從動詞向介詞的轉化而言，至關重要。它帶來的顯著效應，至少體現爲以下三點。

第一，"鑒於"的述謂性減弱。

"鑒於"提到主語之前，導致它遠離了支配主語(外部論元)的句法位置，跟主語的語義選擇限制逐漸減弱，其詞彙性和述謂性也就越來越弱。這一點毋庸贅言，請體會上引1949年這兩個例子之間的區别。

第二，"鑒於"的陳述主體無指化。

"鑒於"在主語之後，跟後接分句的謂語動詞(V_2)在陳述主體上一般是同指的，即主語。"鑒於"提到主語之前以後，催生了大量找不到顯性陳述主體的用法，我們稱之爲陳述主體的無指化。如下諸例所示：

(39)《曼却斯德導報》稱：吾人對英嚮日提出之牒文，僅能謂其提出之時間已延擱太久，此外則鑒於近八九年内，我政府中人極少"講老實話"之經驗，本牒文殊值得稱贊也。(《申報(香港版)·英美法將聯合對日實施報復》1939.01.17)

(40) 該報繼謂：鑒於英國之對鎖措施，德蘇該項大範圍之商務協定，定能在經濟上、政治上、軍事上予歐洲各國重大反應。(《申報·德蘇商務協定簽字》1940.02.14)

(41) 結果，在二月間，希漢上校被派到中國來。鑒於其没有充分人員，缺乏供應以及在他權力範圍之外的其他因素，希漢可以説頗有成就。(《申報·陳納德將軍論美國對華政策》1948.04.07)

(42) 伊斯蘭革命檢察長阿里·戈德杜西在寫給巴扎爾甘總理的一封信中説，鑒於人們對納齊赫的不滿和抱怨，納齊赫必須在二十四小時内向檢察長的辦公室提出報告，作出必要的回答。(《人民日報》1979.10.01)

這些用例的顯著特點是，"鑒於"在語義上不再陳述主句的主語。主句的主語大多是無生命的，如"牒文""協定"等，自然無法作爲"鑒於"陳述的主體；也有個别用例主語是有生命的，如"希漢""納齊赫"，但也不是"鑒於"陳述的主體。由於語義上不再陳述主語，主語也很難再移到"鑒於"之前的位置。

陳述主體無指化用法的大量使用，進一步消解了"鑒於"的述謂性，使其進一步脱落了外

① 當然，當代漢語中"鑒於"處於主語之前也並非鐵律，也有用於主語之後的，只是極其少見而已。例如：

殺人本來應該抵命，法院鑒於這些情況，只給他判了二十年刑。(彭荆風《緑月亮》1995)

不過，"鑒於"但凡是位於主語之後，總是傾向於解讀爲順連，而非純粹的因果。這種默認的識解，大概是對古代用法的繼承。

部論元,向典型介詞轉變。而這一傾向的增强,跟"鑒於"提到主語之前有着極其重要的關係。證據如下:

首先,無指化用法主要見於"鑒於"在主語之前的句子中。"鑒於"在主語之後並無指的用法,極爲罕見。换言之,儘管提到主語之前不是"鑒於"無指化用法的必要條件,但却是典型環境,二者之間是高度相關的。

其次,伴隨着"鑒於"提前用例的增多,其無指化用法的使用比例也逐漸增多。我們以主句主語能否還原到"鑒於"之前爲標準,對這類例子在不同時期出現的頻率作了調查。抽樣方法同上。需要注意的是,位置上主語能還原到"鑒於"之前,並不意味着"鑒於"還是動詞。這裏只是借此觀察"鑒於"陳述上無指化的演變趨勢。"瀚堂近代報刊數據庫"中 1919 至 1949 年的調查結果如下表所示:

表 3 "瀚堂近代報刊數據庫"(1919—1949)主語能否還原到"鑒於"之前的變化情況

	1919 年	1929 年	1939 年	1949 年
能	98	98	96	85
否	2	2	4	15

從上表數據可見,"鑒於"無指化的用法,1939 年之前非常少見,此後開始增加。《人民日報》中 1949 至 1999 年的調查結果如下表所示:

表 4 《人民日報》(1949—1999)中主語能否還原到"鑒於"之前的變化情況①

	1949 年	1959 年	1979 年	1989 年	1999 年
能	93	76	65	70	70
否	7	24	35	30	30

《人民日報》1949 年的數據跟"瀚堂近代報刊數據庫"有出入,但歷時演變的趨勢是一致的。"鑒於"無指化用法發生顯著變化的時間跟提至主語之前類似,即 1949—1959 年這十年。1940 年代末期以後,"鑒於"無指化用法的比例明顯上升。以上數據變化,一方面説明"鑒於"陳述無指化的傾向到 1940 年代末期以後表現出顯著增强的趨勢,另一方面也有力地説明,"鑒於"陳述無指化傾向的增强,與提至主語之前的歷時走勢是大體一致的。

第三,"鑒於"提前之後動詞的句法特徵大大削弱。

"鑒於"提前到主語之前以後,我們很難再找到前文所述的動詞的句法行爲了。比如,助動詞一般不再加到"鑒於"之前,而是加在主句動詞之前;"鑒於"和主句之間一般不再用連詞或關聯副詞銜接,尤其是 1940 年代以後。

(二)"鑒於"和"因(為)"共現用法消失

第二項重要變化是"因(爲)"和"鑒於"共現用法的消失。我們對"瀚堂近代報刊數據庫"(1896—1949)中"因(爲)鑒於"的出現頻次進行了檢索調查,結果如下表所示:

---

① 由於 1969 年"鑒於"在《人民日報》中出現的數量極少,所以没有列入統計範圍。

表 5 "瀚堂近代報刊數據庫"(1896—1949)"因(爲)鑒於"的使用頻次

	1896—1999 年	1900—1909 年	1910—1919 年	1920—1929 年	1930—1939 年	1940—1949 年
因鑒於	6	30	236	3248	2371	681
因爲鑒於	0	0	0	7	28	7
總數	6	30	236	3255	2399	688

表中數據顯示,"因(爲)鑒於 NP/CP"這種用法從 19 世紀末期開始出現,但在 1909 年之前,只是零星偶見。從 1910 年起,該用法的使用數量開始增多,至 1920-1939 這二十年期間,用量達到峰值狀態。到 1940 年代之後,使用頻率又急劇降了下來。

我們又對《人民日報》(1946-2018)進行了調查。結果如下表所示:

表 6 《人民日報》(1946—2018)中"因(爲)鑒於"的使用頻次

	1946—1949 年	1950—1959 年	1960—1979 年	1980—1989 年	1990—1999 年	2000—2009 年	2010—2018 年
因鑒於	11	13	0	0	1	0	0
因爲鑒於	1	2	0	2	0	0	1
總數	12	15	0	2	1	0	1

上表數據顯示,到 1950 年代初,"因(爲)鑒於 NP/CP"的用例已經罕見。1955 年之後,這種用法趨於式微。從此以後,"鑒於"的功能主要是單用表原因。這種格局的轉换,意味着"鑒於"在從句中作謂語動詞的語法地位逐漸消解,向原因介詞和連詞轉化。

調查發現,在報紙雜誌等信息傳播手段剛剛興起的晚清時期,"鑒於"就可以出現在典型的因果關係從句中,但鮮有前加"因(爲)"的。例如:

(43) 頃,電綫行鑒於厦門電綫屢斷之故,是以議换重綫。(《申報·電綫加重》1875.07.02)

我們不禁要問,爲什麽"鑒於"從 19 世紀末期開始要前加"因(爲)"搭配使用呢?這很可能是因爲,晚清以後隨着報紙雜誌等媒體的推廣和普及,"鑒於"越來越多地用於表因果關係的語境中,但它本身並不表達典型的原因,而是"以……爲鑒"(見上文所述)。因此,使用者需要前加"因(爲)"等原因連詞,以顯性形式確認該分句表達的是原因信息。

那麽,爲何到 1940 年代之後這種搭配用法又逐漸消失了呢?合理的解釋是,由於"鑒於"在發展的過程中跟"因(爲)"等原因連詞高頻共現,逐漸吸收了其標記原因的功能,並取而代之的結果。當"鑒於"具備了獨立標記原因這樣的程式性(procedural)功能之後,再用"因(爲)"等原因連詞引導,就顯得冗餘了。

"鑒於"之所以能够發展出標記原因的功能,跟它自身具有這方面的潛在語義特徵也是分不開的。首先,"鑒於"在順連結構中的語義具有兩面性。一方面,從其自身詞義而言,"鑒於"的語義是詞彙性的,即以……爲鑒,要求有内部論元和外部論元;另一方面,從其所在分句跟後續分句之間的關係而言,"鑒於"所在分句作爲背景化信息,又表現出程式性。舉例來説:

(44) 但法兵鑒於前次之敗,不敢上岸。(《申報·淡水消息》1884.09.14)

例中"鑒於"一方面是詞彙性的,即"以前次之敗爲鑒",另一方面又表現出程式性的特徵:"鑒於前次之敗"作爲背景化信息,爲後續分句提供依據或致因。其次,在背景化的"鑒於 NP/

CP”中,依據或致因這一核心信息其實是由“鑒於 NP/CP”之 NP/CP 提供的。例如,“鑒於前次之敗,不敢上岸”中,主句“不敢上岸”所依據的信息主要是由“前次之敗”提供的。再次,當“鑒於”用於述謂性減弱的環境中,如提至主語之前和陳述主體無主化等用法,“鑒於”就很容易脱離原來的句法地位,褪去自身的詞彙語義,吸收“因(爲)”的程式性語義而轉爲介詞。

四 “鑒於”提到主語之前的動因

從上文分析可見,從主語之後提到主語之前,對“鑒於”發展爲虚詞是至關重要的。那麽,“鑒於”前移的推動力何在? 可能有三種:日語等外語影響、同類形式類推、施爲主語隱性在場。下文依次作出論析。

(一)受日語等外語接觸的影響

我們調查了 1919—1949 年期間的“瀚堂近代報刊數據庫”,發現“鑒於”在主語前的用例多見於外媒報道、電報和外語譯文。衆所周知,清末至民國,漢語受日英等語的影響巨大,不少詞彙和用法的産生都與此有關,如“關於、對於、基於、由於”等,都跟日語密切相關(參看潘允中,1982;黄興濤,2003;賀陽,2008;吴玉芝,2016;王翠,2017;谷雨,2018;等)。“鑒於”也可能是因此而生。

日語中有一個“に鑑(かんが)みて”,漢語中的“鑒於”用作虚詞或許是受其影響。但這個推測禁不起仔細推敲。第一,日語“に鑑(かんが)みて”既可用於主語之前,也可用於主語之後。從近代以來,一向如此。早期用例中可以用於主語之前的,例如:

(45)「図書」という雑志の性質に鑑み、此二人に関係ある書物に就て閒談を弄したいと思うのである。(桑木厳翼《春水と三馬》,岩波書店,1939)

譯文:鑒於《圖書》這本雜誌的性質,我想就與這兩個人有關的書進行閒談。

用於主語之後的,例如:

(46)職業紹介所は更に最近労務資源枯渇の現状に鑑み、銃後女子勤労要員制度というのを編み出した。(宮本百合子《働く婦人》,河出書房,1952)

譯文:職業介紹所進一步考慮到最近勞務資源枯竭的現狀,編制了戰後女性勞動人員制度。

當代日語中“に鑑み”在主語之前的,例如:

(47)報導の自由,學問の自由,信教の自由,政治活動の自由の重要性に鑑み、第5章の規定は適用されません。(藤田康幸《個人情報保護法 Q&A》,中央経済社,2001)

譯文:鑒於報導自由、學問自由、信教自由及政治活動自由的重要性,第 5 章的規定並不適用。(藤田康幸《個人信息保護法 Q&A》,中央經濟社,2001)

(48)このような状况に鑑み、政府教育部門は、貧困學生援助金や奨學金制度を設け、年々その総額を増やし続けている。(金熙徳《中國をどうみるか》,ポプラ社,2004)

譯文:鑒於這一狀况,政府教育部門設立了貧困學生援助金及獎學金制度,並每年

持續增加投入金額。(金熙德《如何看待中國》,白楊出版社,2004)

在主語之後的,例如:

(49) 我が國はパキスタンの経済的窮状にも鑑み、例外的措置として、G8 諸國と協調してIMFによる緊急的な対パキスタン支援パッケ。(《わが國の政府開発援助》白書/外交,外務省経済協力局,(財)國際協力推進協會,2001)

譯文:我國也鑒於巴基斯坦的經濟窘況,作爲例外措施,與 G8 諸國協商,開始緊急對巴援助……(外交白皮書,《我國的政府開發援助》,外務省經濟合作局,(財)國際合作推進協會,2001)

(50) 大學等は、その活動が社會全體における知的財産の創造に資するものであることにかんがみ、人材の育成並びに研究及びその成果の普及に自主的かつ積極的に努めるものとする。(荒井壽光《知的財産立國を目指して》,IMS 出版,2003)

譯文:大學等,鑒於其活動有益於社會整體的知識財產創造,所以應自主且積極地致力於人才培養和研究及研究成果的普及。(荒井壽光《以知識財產立國爲目標》,IMS 出版,2003)

并且,根據我們對"少納言"日語語料庫的調查,"に鑑み"在當代日語中位於主語之後的情況占優。由此可見,漢語"鑒於"提至主語之前,並非由日語影響導致①。

第二,日語"に鑑み"並非複合格助詞,而是格助詞加動詞組成的及物動詞結構,是"鑒於,以……爲參考,參照"之義。直至當代,該形式也没有發展爲複合格助詞。日語的語法書並未將其單列,這很能説明問題。因此,"に鑑み"跟其他典型的複合格助詞(如"に関して/に関スル""に基づく/にもとづく")不同;其詞性和功能,跟漢語早期的"鑒於"基本一致。

第三,漢語"鑒於"表示"憑據"的意思,很早就有了。例如:

(51) 蓋因上年鑒於通糧未經曬揚轉運虧折,致貽津門重累,今歲所收之米是以不得不爲慎重。(《度支奏議》119 卷"雲南司卷十四" 明崇禎(1628-1644)刻本)

(52) 朕鑒於此,令八家之中,遇有所獲,即衣食之類,必均分,毋私取焉。(《清實録・大清太祖高皇帝實録》"天命十一年正月至八月・六月")天命十一年即公元 1626 年

從上例可見,至遲到明末清初,"鑒於"就有了在複句中表憑據的用法。并且,從(51)來看,這時期就已經出現了"鑒於"用於主語("今歲所收之米")之前且陳述主體跟主語不同指的用例。上文分析可知,這種用法是漢語向虚詞的重要環境。這時此類用例極少,可能尚不足以發展出虚詞的用法。但既然有,似乎漢語就可以自身發展出來,不必探求外因。

第四,20 世紀二三十年代,這時"鑒於"用於主語之前的還不多,但已見諸各個不同國家背景的報刊媒體上,如英國、俄國、意大利、德國、葡萄牙、波蘭等。因此,很難説是受到了哪一具體語言的影響。

鑒於以上分析我們覺得,清末民初即便是漢語母語者用"鑒於"來對譯日語"に鑑み",也不足以證明其虚詞用法是受到了日語的影響。説"鑒於"的發展受到了日語或其他語種的影響,可能有,但尚無足够的證據支持這一論點。

---

① 其實,其他一些通常被認爲是受日語影響産生的雙音介詞,如"基於"的提前,也並非受到日語的影響(王翠,2017:46)。

(二)受同類形式的類推

“鑒於”提前,還可能是受到了同類形式的類推使然。20 世紀,“鑒於”的同類形式如“基於”“由於”“對於”等,都表現出提前的演變傾向。“基於+N”在 20 世紀句法位置的演變情況,如下表所示:

表 7 “基於 N”句法位置的歷時演變表(王翠 2017:46 表 6)

報刊	新民叢報 1902—1907 年	法政 1906 年	民報 1905—1910 年	解放 1920—1921 年	申報 1931 年	留東 1936 年	申報 1948 年	人民 1960 年	人民 1972 年	人民 1984 年	人民 1996 年
句首狀語	6	2	4	5	22	11	18	34	18	38	41
句中狀語	22	5	11	9	37	12	10	22	11	14	13
二者之比	0.27	0.4	0.36	0.56	0.59	0.92	1.80	1.55	1.64	2.71	3.15

“對於”在 20 世紀句法位置的演變情況,如下表所示:

表 8 “對於 X”句法位置的歷時演變(據聶仁發 2011 整理)

	句中狀語	句首狀語	作定語	對於 X 來說
1919—1949 年	65.7%	20.2%	14.2%	0
1949—1978 年	49.1%	39.3%	7.1%	4.5%
1978—2011 年	34.1%	35.5%	5.2%	25.1%

表中“對於 X 來說”的數據,大部分也是居於句首的用法。因此,從本文的考察目的而言,1978 年以來句首狀語的占比應該遠遠高於 35.5%,“對於 X”的句法位置也呈現出從句中占優向句首占優的發展趨勢。

這些同類形式在源頭和用法上跟“鑒於”有很大的不同。第一,這些形式基本上可以確定是受到了日語源頭形式的直接影響。第二,這些形式正因爲受其源頭形式(複合格助詞)的影響,都是比較典型的虚詞用法。因此,這些形式可能更容易往句首位置發展。“鑒於”很可能會受到這些同類形式的類推,一並朝句首的位置發展,從而逐漸確立了它的虚詞地位。

(三)施爲主語的顯性在場與隱性在場

還有第三種可能,即“鑒於”提到主語之前是在特定條件下,自身通過語法化發展出來的。因爲我們發現,“鑒於”提前的用法,有不少是出現在如下語境中:

(53) $[_{CP1}[S_1\ _{VP1}[V_1\ _{CP2}[(S_4)$鑒於 NP/CP $S_2\ _{VP2}[V_2\ _{CP3}[S_3\ VP_3]]]]]]$

該句法環境是由兩套賓語從句構成的嵌套複合句。最上層主句 CP_1 的謂語動詞 V_1 一般是言説動詞,如“稱”“聲明”“云”等等,表示由言者主語(speaking subject)發出一段直引話語。第一層賓語從句 CP_2 的謂語動詞 V_2 一般是施爲動詞(performative verb),如“認爲”“決定”“決議”“宣言”“建議”“相信”等等,表示施爲主語 S_2 發出一個施爲話語(performative utterance),彰顯“言外之力”(illocutionary force)(Austin,1962)。第二層賓語從句 CP_3 的謂語動詞 V_3,或是判斷動詞,或多用情態助動詞或評注副詞“值得”“定能”“得”“可以”“注定”“應”等形式,表明施爲主語 S_2 對該命題作出的認識、評斷或估測。如下例所示:

(54) 渠復稱:"鑒於目前世界之局勢,余相信此根據地應盡速建造。"(《申報·增强各地防務》1941.01.11)

例中 V_1"稱"是言說動詞,表示言者主語"渠"發出下面的一段話語。V_2"相信"是施爲動詞,表示主語"余"對後接命題的一種信念。V_3"建造"前面有情態助動詞"應",表達言者對該命題的評斷。三層句子全用顯性形式表達的例子非常少見,大多是其中某個成分没有顯性的編碼形式,而是處於隱性狀態,需要時可以補出來。

我們認爲,上述這種語境爲"鑒於"的提前提供了一個適宜的"温室"環境。因爲在這種語境中,首先關注的信息落在了"鑒於 NP/CP"所表達的憑據或原因上,這樣就爲"鑒於"用於句首提供了重要的允准環境。

根據言者主語 S_1 和施爲主語 S_2 是否同指,可以分爲兩大類。第一類,S_1 和 S_2 不同指,這時言者只是引出一段話語,並不介入到後面的話語中。例如:

(55) 東方社十八日東京電報紙消息　海軍首腦會議所議決致小林中將訓電之内容云:……但鑒於國際政治之大局,三國共同承認,最近日英之妥協新案時不妨考慮之。(《申報·減軍妥協案之美日英觀》1927.07.19)

例中言者 S_1"海軍首腦會議"只是引出下面的話語,跟施爲話語的主語 S_2"三國"並不同指。這時,直接引語裏面只是記述話語(constative utterance),即記敘三國的施爲,言者主語並未介入其中。

第二類,言者主語 S_1 和 S_2 同指。這時言者介入到後面的話語 CP_2 中。從 CP_2 記敘的立場來説,這可以稱爲言者的"在場"。言者的在場有顯性和隱性之分。S_2 顯性在場,如上引(54)中的"余"。S_2 隱去,這樣就形成了一種隱性施行話語(inexplicit performative)或"隱性施行話題句"(完權,2016)。尤其是當 S3 和 S2 不同指的情況下,典型的"鑒於"陳述主體無指化用法就形成了。例如:

(56) 工部局頃發布告第五六九一號:……鑒於燃料之缺乏,[施爲/言者主語認爲]用電之分配量得隨時修正,不先通知用户。(《申報·用電過額收費倍數》1941.12.23)

(57) 卡氏之演説詞如下:……鑒於中美之間業已存在數十年的友誼和諒解,鑒於你們的輿論機關確然值得很高的敬意,[施爲/言者主語認爲]這種印象使我驚奇更甚。(《申報·綜論中美關係》1948.02.06)

(58) 結果,在二月間,希漢上校被派到中國來。鑒於其没有充份人員,缺乏供應以及在他權力範圍之外的其他因素,[施爲/言者主語認爲]希漢可以説頗有成就。(《申報·陳納德將軍論美國對華政策》1948.04.07)

綜上所述,我們認爲,第一,日語等外語對於漢語"鑒於"虚詞用法的産生和發展,可能有一定的影響,但是尚無充分的證據支持這一觀點。第二,既然幾乎全都用於這種直接引述體的環境中,那"鑒於"提到句首就應該跟這種句法環境具有重要的關聯。在這種語境中,首先關注的信息落在了"鑒於 NP/CP"所表達的憑據或原因上,這樣就爲"鑒於"用於句首提供了重要的允准環境。第二,在受到"關於""基於""對於"等同類形式"裹挾"類推的驅動下,"鑒於"越來越多地提至句首。這種傾向越來越顯著,以至於到當代漢語中塑造了吕叔湘(1999:297)、Huang et al.(2009:27)、王永娜(2018:352-354)等所説的新語感——句首才是"鑒於"的源生句法位置。這是用法(usage)塑造語法(grammar)的一個典型案例。

五　介詞和連詞用法確立的先後順序

張成進(2018:39-40)認爲,從元明開始,"鑒於"介詞用法出現;到清代,後跟句子,連詞用法出現。本文調查結果顯示,"鑒於"介詞和連詞用法確有先後關係,即介詞在先,連詞在後。但是,在形成的時間上都要大大靠後。

首先需要指出的是,"鑒於"的賓語很早就既可以是 NP 又可以是 CP。賓語爲 NP 的例如:

(59)英人鑒於唇亡齒寒之戒,現致書俄國云:"聞大兵將有事於機窪,吾惟竭力保獲阿富汗,以固印度疆域,可耳。"(《中西聞見録・俄國近事》1873.03)

(60)縣丞王金鑒於民婦王楊氏喊控錢債事體,並不令其等候。(《申報・九月廿一日京報全録》1873.12.04)

賓語爲 CP 的例如:

(61)現聞更擬重建此厦,一切墻垣上蓋悉改用磚瓦,以防火災,鑒於鐵遇烈火亦必鎔化也。(《中西聞見録・又英國近事》1874.05)

(62)先時阻於衆議,恐鑿斷龍脈,禁不准開,近以鑒於西法日漸開採已有成效,而安徽池州之煤尚有嫌其嫩而不適於用者,誠以江南地薄土淺,故煤不老若西北山高土厚地氣所凝,較南不啻倍蓰。倘得開辦,必有可觀。(《申報・喀境礦利中國亟宜興修説》1879.03.12)

第1例"鑒於CP"用於溯因主句,第2例"鑒於CP"用於原因從句。這裏的"鑒於"顯然應當視爲動詞。因此,我們無法根據後面跟的是 NP 還是 CP,就斷定"鑒於"的詞性是介詞或連詞。

我們認爲,典型的介詞和連詞用法,是在"鑒於"提至句首的環境中逐漸確立的。如前文所論,提至句首,導致"鑒於"逐漸消解了它的動詞地位,向虛詞轉變。

我們對民國時期用於句首的"鑒於NP"和"鑒於CP"的歷時演變趨勢進行了統計。基本做法是,從"瀚堂近代報刊數據庫"每一年的大致前100個例子中(不足100的,全部算入),找出位於主語之前的用例(排除"因鑒於"和用在標題中的)。在這些用例中,區分後接 NP 還是 CP 的情况。統計情况如下表所示:

表9　"瀚堂近代報刊數據庫"(1919—1948)"鑒於"後接 NP 或 CP 的分布情况

	1919—1928年	1929—1938年	1939—1948年
+NP	26	40	48
+CP	9	7	31

從上表數據可見,"鑒於CP"的用例在前兩個十年期間相對較少,"鑒於NP"的用例占絶對優勢。很多例子用"之"字將謂語性成分轉變爲指稱化的名詞。例如:

(63)第八届集團結婚典禮,將於六月三日舉行,四月十日開始登記,三十日截止,仍以一百對爲限。鑒於以前之踴躍,欲參加者以及早申請爲宜。(《八届登記》,《申報》1936.03.10)

(64) 鑒於國家之覆亡及外族之侵淩,奥國各方面之領袖,連日自殺者甚多。(《奥已發生抗戰事》,《申報香港版》1938.03.18)

而到了40年代,“鑒於”在主語之前的總數增長了很多,“鑒於CP”的用例相對之前增加的比例更爲顯著。

基於以上數據分析,我們認爲,“鑒於”的介詞用法和連詞用法,都是20世紀40年代末期以後逐步確立的;介詞用法在先,連詞用法在後。連詞用法是在介詞用法的類推和拉動下擴展而成的。

六 結論

本文對“鑒於”虚詞用法(介詞和連詞)的確立年代和形成過程作出進一步調查。下面作一總結。

第一,前文指出(第1節),以往的研究對“鑒於”虚詞用法的形成年代存在諸多争議。本文調查發現,“鑒於”到20世紀三四十年代仍然具有較强的動詞屬性,還不是典型的虚詞。其虚詞用法是40年代末期以後才逐漸確立的。

第二,“鑒於”虚詞用法的形成,經歷了兩個重要的演變過程:從主語之後提到句首、“因(爲)”和“鑒於”共現格式消失。從主語之後提到句首,導致“鑒於”的述謂性逐漸減弱,逐漸丢失了動詞的屬性。不再跟“因(爲)”共現,這意味着“鑒於”逐漸消解了在從句中作謂語的句法地位,並進一步取代“因爲”而承擔了標記原因的功能。

第三,“鑒於”提到句首的動因有幾種可能。本文分析之後認爲,受日語等外語影響的可能不大,應是在“關於”“基於”“對於”等同類形式的類推之下,於言者發出直接引語、施爲主語隱性在場的語境中形成的。這是用法塑造語法的典型案例。

“鑒於”從動詞到介詞的演變,可作如下刻畫(參考 Whitman and Paul,2005:91):

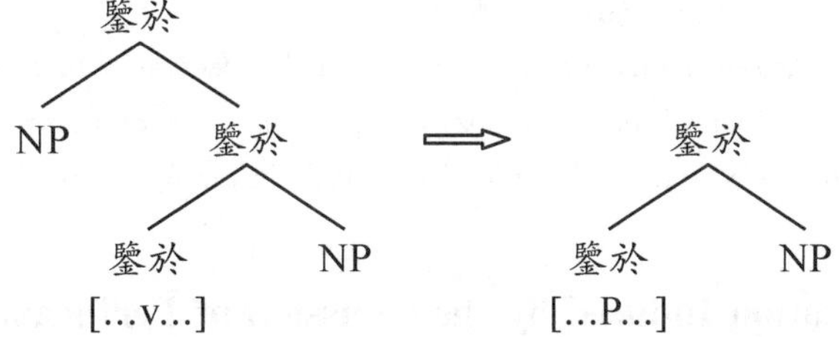

演變之後,“鑒於”的外部論元丢失,語義上從陳述性轉變爲程式性成分。變化動因是結構類推[關於/基於/對於……S VP]格式的類推,適用條件是直接引語語境,變化機制是重新分析。

第四,“鑒於”的介詞用法和連詞用法有先後之分,介詞在先,連詞在後,但並非既有研究認爲的元代和清代。其確立年代晚到20世紀40年代末期以後。連詞用法是在介詞用法的拉動下形成的。

參考文獻

[1]崔山佳. 漢語歐化語法現象專題研究[M]. 成都:巴蜀書社,2013.

[2]方梅. 由背景化觸發的兩種句法結構——主語零形反指和描寫性關係從句[J]. 中國語文,2008(4).
[3]方清明. 現代漢語介詞用法詞典[M]. 北京:商務印書館,2017.
[4]谷雨. "X於"格式的多功能模式及其歷史形成考察[D]. 杭州:浙江大學,2018.
[5]賀陽. 現代漢語歐化語法現象研究[M]. 北京:商務印書館,2008.
[6]黄興濤. 近代中國新名詞的研究與辭彙傳統的變革問題——以輸入日本新名詞爲中心的討論[J]. 日本學研究,2003(12).
[7]李德鵬. 現代漢語雙音節介詞成詞研究[M]. 北京:光明日報出版社,2011.
[8]吕叔湘主編. 現代漢語八百詞[M]. 北京:商務印書館,1999.
[9]馬貝加. 近代漢語介詞[M]. 北京:中華書局,2002.
[10]聶仁發. "對於"百年來分布變化的定量分析[J]. 漢語學報,2011(3).
[11]歐陽健.《吴三桂演義》是晚清小説[J]. 明清小説研究,1988(3):210.
[12]潘允中. 漢語語法史概要[M]. 鄭州:中州書畫社,1982.
[13]史平. 簡論《吴三桂演義》[J]. 明清小説研究,1988(4):244-255.
[14]完權. 言者主語與隱性施行話題[J]. 世界漢語教學,2016(4).
[15]王翠. 接觸引發的演變——再談介詞"基於"的來源[J]. 語言研究,2017(1).
[16]王永娜. 介詞在句法、韻律、語體上的分布和對應[J]. 世界漢語教學,2018(3).
[17]吴玉芝. 介詞"關於"源自日語説[J]. 語言教學與研究,2016(6).
[18]荀恩東,饒高琦,肖曉悦,等. 大數據背景下BCC語料庫的研製[J]. 語料庫語言學,2016(1).
[19]中國社會科學院語言研究所編. 現代漢語詞典(第七版)[M]. 北京:商務印書館,2016.
[20]張成進. 介—連兼類詞"鑒於"的辭彙化與語法化[J]. 語文研究,2018(1).
[21]張雲峰. 北京話介詞史(1750~1950)[D]. 蘇州:蘇州大學,2011.
[22]Austin, John L. How To Do Things with Words: The William James Lectures[M]. Cambridge, MA: Oxford University Press,1962..
[23]Huang, C. -T. J., Y. -H. A. Li and Y. Li. The Syntax of Chinese[M]. Cambridge University Press,2009.
[24]Waltraud, Paul. New Perspectives on Chinese Syntax (Trends in Linguistics. Studies and Monographs 271) [M]. Berlin: De Gruyter Mouton,2015.
[25]Whitman, John, and Waltraud Paul. Reanalysis and conservancy of structure in Chinese[M]// Montserrat Batllori, Maria-Lluisa Hernanz, Carme Picallo, and Francesc Roca (eds.) Grammaticalization and Parametric Variation. New York: Oxford University Press, 2005: 82-94.

Grammaticalization Induced by the Omission of Performative Subjects: On the Evolution of the Functional Word *jianyu* (鑒於)

Shi Wenlei Gu Yu

Abstract: This paper is aimed at investigating the formation and evolution of the functional word *jianyu* 'considering'. It is found that: (i) Up till the 1930s and 1940s, *jianyu* still exhibited verbal properties. Its was used as a functional word gradually after the late 1940s, mainly through two important stages: firstly moving from post-subject position to the beginning of the sentence, and then the disappearance of the co-occurrence of *yin(wei)* 'because' and *jianyu*. (ii) The moving of *jianyu* to the beginning of a sentence was not motivated by the influences from foreign languages such as Japanese. Rather, it is most possiblly motivated by the analogy of similar forms such as *guanyu* 'with regard to', *jiyu* 'based on' and *duiyu* 'for', whilst the grammaticalization of *jianyu* was driven by the crucial context of the omitting of performative verbs and their subjects, which is a typical case of "usage shapes grammar". (iii) The prepositional function of *jianyu* predates its conjunctional usage, and the two usages were not established in Yuan Dynasty and Qing Dynasty as previously claimed respectively, but were established in the late 1940s. Moreover, its conjunctional usage was driven by the prepositional usage.

Key words: *jianyu* 'considering', preposition, conjunction, grammaticalization, language contact, analogy, performative subjects

通信地址：

史文磊，浙江省杭州市西湖區餘杭塘路866號浙江大學紫金港校區西區人文大樓中文系/漢語史研究中心

郵　編：310058

E-mail：wenleishi@zju.edu.cn

谷雨，浙江省杭州市西湖區餘杭塘路866號浙江大學紫金港校區西區人文大樓漢語史研究中心

郵　編：310058

E-mail：gumancang@163.com

先秦“得而 VP”結構的句法語義特點與語篇特徵*

杜　軼

内容提要　通過窮盡性地考察先秦13部文獻中的“得而 VP”結構，討論了先秦“得而 VP”結構的句法語義特點與語篇特徵，認爲“得而 VP”與“得 VP”是先秦句法系統中功能對立的兩種結構。“得而 VP”結構基本上出現在受事話題句中，多用於表述非現實事件，“而”是弱敘實性標記。先秦“得而 VP”結構一般不用於表達前景信息，具有低及物性特徵。

關鍵詞　得而 VP　敘實性　及物性

一　引言

《馬氏文通》在論及“而”的“過遞動字”功能時，列舉了以下例子：

(1) 陛下安得而有之？（《漢書・陸賈傳》）

(2) 盛德之士，君不得而臣，父不得而子。（《孟子・萬章上》）

(3) 子之先生不齊，吾無得而相焉。（《莊子・應帝王》）

上述例句中的“得而 VP”結構，《馬氏文通》認爲其中的“得”是助動詞，“得而 VP”爲“得 VP”結構的變例①，在分析“得而 VP”結構時，在例句後補充了對該結構句法性質的看法，如：

(4) 然後中國可得而食也。（《孟子・滕文公上》）（“得”助“食”，間以“而”字。）

(5) 見且由不得亟，而況得而臣之乎！（《孟子・盡心上》）（“得”字單用。惟“臣”爲“得”字所助，間以“而”字，另有例也。）

持類似觀點的還有祝敏徹（1960）、楊伯峻（1981）、劉利（2000）、舒韶雄、曹建國（2007）②、賈迪扉（2013）等，下文將選取幾種看法略作介紹。

祝敏徹（1960）分析了“可得而 VP”結構，認爲“可得”表示“能”或“可能”的意思，可用於謂語動詞之前，如例（6）；“可得”和動詞之間往往以“而”字爲介，如例（7）。

(6) 二者不可得兼，舍魚而取熊掌者也。（《孟子・告子上》）

(7) 天下之亂也，將安可得而治與？（《墨子・非樂》）

---

* 本研究得到國家社會科學基金項目（14CYY031）和教育部人文社會科學重點研究基地項目（2009JJD740014）以及上海師範大學“比較語言學與漢語國際傳播”團隊的資助，統計語料時參考了北京大學中國語言學研究中心 CCL 語料庫和臺灣“中研院”上古漢語標記語料庫，謹此致謝。

① “諸句助動‘得’字後直承散動，往往間以‘而’字，亦變例也。動字相承篇内未載，今補志焉。”（馬建忠，2000[1898]：282）

② 楊伯峻（1981）、舒韶雄、曹建國（2007）明確認爲“得而 VP”的“得”是助動詞，但在句中“得”與 VP 是狀語和謂語的關係，與馬建忠認爲的相承關係（支配關係）略有不同，限於篇幅，此處不展開討論。

楊伯峻(1981)認爲在狀語和謂語之間,常加一"而"字,可以起句讀緩和的作用。"但這'而'字現代漢語難以譯出,以不譯爲好。"①劉利(2000:99)認爲"可得而 VP"的"得"不能分析爲實義動詞,理由有三:一是"得"與句中的名詞性成分不構成及物性關係;二是從語法結構上説,"可得而 VP"中的"而"並不是强制性的或者説必須的結構成分②;三是有"可而VP"③結構可供類比。

舒韶雄、曹建國(2007)認爲"不得而+動"中的"得"表可能意義,"不得而+動"中的"而"用在狀語"不得"和動詞謂語之間,加一"而"字起句讀緩和的作用,即所謂的語助之辭,"得而VP"與"得 VP"結構在句法功能上一致,由於"意義上不大重要的成分常常變得在句法上也不太重要,它所表示的意義也容易在人們的印象中逐漸消失掉,故'而'常可省略","得而VP"可以演變成"得 VP",如例(8):

(8) 君子之至於斯也,吾未嘗不得見也。(《論語·八佾》)

賈迪扉(2013)認爲"(可)得而 V"句式中的"得",只有少數用作動詞表示"得到"義,更多地是用作助動詞表示"能够"義,如:

(9) 是故匹夫有善,故可得而舉也;匹夫有不善,故可得而誅也④。(《管子·小匡》)

與上述觀點不同的是,曹海東(2001、2004)反對"可""得"同義連用一同表示"能够""可以"的觀點,强調先秦散文"可得而 V"句式中只有"可"是助動詞,"得"經常是用作一般動詞,其基本義是"得到",與 VP 是並列關係,有時"得"在上下文中存在"得到"義動詞的分布,如:

(10) 五員過於吴,使人求之江上,則不能得也。每食必祭之,祝曰:"……名不可得而聞,身不可得而見,其惟江上之丈人乎!"(《吕氏春秋·異寶》)

(11) 上胡不法先王之法?非不賢也,爲其不可得而法。……雖可得,猶若不可法。(《吕氏春秋·察今》)

梅廣(2015)也認爲"得而 V(之)"結構的"得"與 V 是共同支配賓語的動詞,"而"只負責

① 楊逢彬(2011)認爲《論語·泰伯篇》中"民無得而稱"的句意是"民衆無所稱述",其中的"得而"整體起强調作用,看不出有什麽實在意義,已完全虚化了。他的觀點與楊伯峻(1981)認爲"而"字起"句讀緩和作用"略有差異。

② 筆者認爲,"得而 VP"的"而"的存現有句法語義特徵上的限制,在某些情况下,"得 VP"結構中間是無法插入"而"字的,關於這一點,將在第二節詳細分析。

③ 劉利(2000)例舉的"可得而 VP"結構是:"然昔吾所以貴堯舜禹湯文武之道者,何故以哉?以其唯毋臨衆發政而治民,使天下之爲善者可而勸也,爲暴者可而沮也。(《墨子·尚賢下》)"劉利(2000)認爲"可而 VP"中的"可"正對應"可得而 VP"的"可得","可而 VP"與"可得而 VP"在結構上是同質的,其中的"而"也是非强制性成分,删除"而"之後原來的結構仍然完好。筆者認爲,先秦"可而 VP"結構仍可能是一個並列結構,"可"能够獨立做謂語,有"適宜"的意思,如:"晋平公問於祁黄羊曰:'南陽無令,其誰可而爲之?'祁黄羊對曰:'解狐可。'對曰:'君問可,非問臣之仇也。'平公曰:'善。'"(《吕氏春秋·孟春紀》)有些"可而 VP"結構,删去"而"後,結構的意義會發生變化,如:"公若欲使余,余不可而抶余。"(《左傳·昭公二十五年》)該例中的"可"是"願意"的意思。

④ 賈迪扉(2013)認爲該例中的"得"既不是一般動詞"得到",也絶不是虚化成分,是表示"可能""能够"的助動詞。

連接兩個並列的子句或謂語①,"而"字句有所謂"共賓結構","共賓結構"是連動的一個特色②。共賓結構以從屬在前、核心在後的 A 類連動最多③,如"執而殺之""斫而小之"(《孟子》)、"取而代之"(《史記》)等皆是,固定格式"得而 V(之)"也是 A 類(梅廣,2015:201)。

已有研究重點討論了"可得而 VP""不得而 VP"等結構,爲研究"得而 VP"結構提供了多種視角,但在"得而 VP"結構的句法性質、語義關係上存在較多分歧。考察上古漢語"得而 VP"結構的語法語義特點與語篇功能,不僅涉及到"得而 VP""得 VP"這兩種結構在句法性質、語篇功能方面的差異,也與對"而"字功能的認識密切相關。

就研究方法而言,已有研究尚有以下不足:一是大多是對某一特定結構(如"可得而 VP""不得而 V"等)進行了舉例式的討論,未能對先秦"得而 VP"結構的句法語義特徵進行系統性考察;二是對"得而 VP"的分析多局限在小句内,未能從跨小句的語篇角度考察該結構的語篇特徵;三是學者們已经注意到了"得而 VP"和"得 VP"結構在句法語義特徵上的相似性,但未能充分重視這兩種結構在句法性質、語篇功能等方面的差異。

本文窮盡考察了《論語》《左傳》《孟子》等先秦 13 部文獻④中的"得而 VP"結構,排除了一些句法性質不同的同形格式後,得到 103 例"得而 VP"結構⑤,擬重點討論三個問題:其一,先秦"得而 VP"結構與"得 VP"結構在句法、語義方面有何差異? 其二,先秦"得而 VP"結構在語篇功能方面有哪些特點? 其三,先秦"得而 VP"結構中,"而"的性質與功能是什麽? 解決這三個問題,有助於深入認識"得而 VP"結構在先秦語言系統内的獨特價值。

二　先秦"得而 VP"結構的句法語義特點

(一)VP 所含賓語的句法語義特徵

吕叔湘(2002[1952]:196)指出,"可用'而'字的地方實在太多了,我們可以説,問題不是何處可用'而'字,而是何處不可用'而'字"。先秦的"得 VP"結構,VP 可以是普通名詞做賓

---

① 梅廣(2015:182)認爲並列連詞"而"出現在偏正兩個成分之間,説明上古漢語以並列爲主體結構,會把一些不是並列關係的結構也當作並列結構來處理。上古漢語(中期)的 VV,除非有個别特徵要當複合詞或述補結構看待外,一般都應視爲並列結構,也就是連動"[vpV]而[vpV]"的減縮。

② 連動才能産生"共賓",連謂不能産生"共賓",這也是連動和連謂必須分别的一個形式根據(梅廣,2015)。

③ 梅廣(2015:199-200)把從屬在前、核心在後的一類稱爲 A 類連動;只表先後連接,不能分辨從屬、核心的"平行聚合"稱爲 B 類連動;表行動、目的關係的一類稱爲 C 類連動。A 類連動式表從屬與核心的語義關係最複雜,表從屬的動作或爲方式,如"遵海而南",或作爲核心動作的實現基礎,如"推而下之",或表條件,如"食馬而食",或表達過程,如"南征而不復",或表情狀,如"坐而假寐"。

④ 這 13 部文獻是:《論語》《左傳》《公羊傳》《周禮》《禮記》《孟子》《老子》《莊子》《吕氏春秋》《國語》《戰國縱横家書》《荀子》和《韓非子》。

⑤ 從形式上説,本文統計的"得而 VP"結構,排除了以下兩種情況的句子:一是 VP 爲主謂結構或否定性結構,如:"故賢主得賢者而民得,民得而城得,城得而地得。"(《吕氏春秋・先識》)"入者何? 得而不居也。"(《公羊傳・隱公二年》)這類結構在形式、意義上均與"助動詞'得'+VP"結構有顯著差異,不擬在此展開討論;二是"得"與 VP 不在同一個句法層次上,如:"暴戾貪得而求定,雖黄帝猶若困。"(《吕氏春秋・審應》),該例的"貪得"與"求定"在一個層次上;又如"不得而非其上者非也,爲民上而不與民同樂者亦非也。"(《孟子・梁惠王下》)該例的"不得"與"非其上"在一個句法層次上。

語的動賓結構,如:

(12) 夫子加齊之卿相,得行道焉,雖由此霸王不異矣。(《孟子·公孫丑上》)

(13) 孟子曰:"是焉得爲大丈夫乎? 子未學禮乎?"(《孟子·滕文公下》)

(14) 代曰:"與之高都,則周必折而入於韓,秦聞之必大怒,而焚周之節,不通其使,是公以弊高都得完周也,何不與也?"(《戰國策·西周策》)

例(12)—(14)中的"得 VP"結構,都包含一個普通名詞充任的賓語,類似的"得 VP"結構之間均不可出現"而"字,理由是,先秦"得而 VP"結構的 VP,在句法形式上是"V(+之)"。筆者檢索的先秦 103 例"得而 VP"結構中,V 後不出現賓語的情況有 80 例,如:

(15) 故聖人以禮示之,故天下國家可得而正也。(《禮記·禮運》)

(16) 是故,正明目而視之,不可得而見也;傾耳而聽之,不可得而聞也;志氣塞乎天地,此之謂五至。(《禮記·孔子閒居》)

"得而 VP"的 VP,可以是一個述賓結構,但賓語排斥普通名詞,只能是代詞"之"。"得而 V 之"結構共 22 例,如:

(17) 彼實構吾二君,寡君若得而食之,不厭。(《左傳·僖公三十二年》)

(18) 鮑叔曰:"夷吾,爲其君射人者也。君若得而臣之,則彼亦將爲君射人。"(《呂氏春秋·贊能》)

例(17)(18)的"得而 V 之"結構,屬於《馬氏文通》所說的"兩外動字參以'而'字,止詞同者,有三例焉"中的第二種情況:"其止詞已見於上文者,惟於第二動字後置'之'字以代之。"即爲"動$_1$+而+動$_2$+之"形式。例(17)(18)中的"得"爲"得到"義動詞①。

先秦的 103 例"得而 VP"結構,除去"得而 V"和"得而 V 之"這兩種情況,還有 1 例是"得而 V 諸":

(19) 信如君不君,臣不臣、父不父、子不子,雖有粟,吾得而食諸?(《論語·顏淵》)

上例中的"諸"不論分析爲"之"或"乎",還是"之乎"的合音,"得而 V 諸"都不是"得而 VP"的 V 後不接普通名詞賓語這一規律的例外。

(二)"得而 VP"所在小句爲受事話題句

先秦的"得 VP"結構可以是施事主語句,如:

(20) 臣居齊,薦三人,一人得近王,一人爲縣令,一人爲候吏。(《韓非子·外儲說左下》)

(21) 身今得見王,而家宅乎齊,意惡能直?(《呂氏春秋·貴直》)

例(20)(21)中的"得 VP"結構,"一人""身"是 V 的施事。杜軼(2004)窮盡考察了《孟

① 在具體語境中,先秦文獻中的"得"也可理解爲"捕獲"義,如例(17)。先秦文獻中的動詞"得"在不少例子中都可理解爲"捕獲"義,如:"周公居東二年,則罪人斯得。"(《尚書·金縢》)孔穎達疏:"謂獲三叔及諸叛逆者。"再如:"荆南之地,麗水之中生金,人多竊采金。采金之禁:得而輒辜磔於市。"(《韓非子·内儲說上》)筆者認爲,"得"的"捕獲"義可看作是"得到"義在具體語境中的變體,當"得"所支配的受事爲有罪之人或有害之物,隱含消極義,"得"就可理解爲"捕獲"。"捕獲"義的核心義也是"得到",並不需要在義項上獨立出來。又如:"是故匹夫有善,可得而舉也;匹夫有不善,可得而誅也。"(《國語·齊語》)該例中的兩個"得"在意義和用法上具有同一性。

子》《韓非子》《戰國策》三部文獻中的"得 VP"結構,其中"V 的施事+得 VP"結構就出現了 383 次,占全部總數(417 次)的 92%;先秦的"得 VP"也可出現在 V 的受事做主語的句子中,如:

(22) 以子之材而索事襄子,襄子必近子,子得近而行所欲,此甚易而功必成。(《呂氏春秋・恃君》)

(23) 君因相之,彼得相,不惡周於秦矣。(《戰國策・西周策》)

"V 的受事+得 VP"結構共出現了 34 次,占《孟子》《韓非子》《戰國策》這三部文獻中"得 VP"總數的 8%(杜軼,2004)。

先秦 103 例"得而 VP"結構中,"得而 VP"所在小句内不出現施事主語的情況有 85 例,占 83%,如:

(24) 子貢曰:"夫子之文章,可得而聞也;夫子之言性與天道,不可得而聞也。"(《論語・公冶長》)

(25) 人臣亦然,號令不感,則不得而使矣。有之而不使,不若無有。(《呂氏春秋・季春紀》)

"得而 VP"所在小句内出現施事主語的情況有 18 例,占 17%,均爲否定句,如:

(26) 子曰:"聖人,吾不得而見之矣。得見君子者,斯可矣。"(《論語・述而》)

(27) 士有若此者,五帝弗得而友,三王弗得而師,去其帝王之色,則近可得之矣。(《呂氏春秋・慎大》)

筆者檢索的先秦語料中,不論"得而 VP"所在小句是否出現施事主語,"而"後動詞的受事都作爲話題出現在前文或小句句首。

(三)VP 中不包含介詞結構

"得 VP"結構的 VP,可以是一個包含介詞結構的複雜謂詞性結構,介詞結構可出現在動詞之後,如:

(28) 寡人得受命於先生,此天所以幸先王而不棄其孤也。(《戰國策・秦策三》)

(29) 使臣得進謀如伍子胥,加之以幽囚,終身不復見,是臣説之行也,臣何憂乎?(《戰國策・秦策三》)

(30) 曰:"交得見於鄒君,可以假館,願留而受業於門。"(《孟子・告子下》)

介詞結構也可以出現在"得 VP"的 V 之前,如:

(31) 范雎至秦,王庭迎,謂范雎曰:"寡人宜以身受令久矣。今者義渠之事急,寡人日自請太后。今義渠之事已,寡人乃得以身受命。躬竊閔然不敏,敬執賓主之禮。"(《戰國策・秦策三》)

先秦 103 例"得而 VP"中,VP 只能是"V(O)"形式,"得而 VP"中均不包含介詞結構。

(四)不能被時間副詞"嘗"修飾

"得 VP"結構之前,可以出現時間副詞"嘗",如:

(32) 穆公問之曰:"寡人嘗聞道而未得目見之也,願聞古之明主得國失國常何以?"由余對曰:"臣嘗得聞之矣,常以儉得之,以奢失之。"(《韓非子・十過》)

(33) 文信侯曰:“嘗得學黃帝之所以誨顓頊矣:‘爰有大圜在上,大矩在下。汝能法之,爲民父母。’”(《吕氏春秋·序意》)

例(32)(33)中的“嘗得聞之”“嘗得學黃帝之所以誨顓頊”是已然發生的敘實性事件。筆者檢索的先秦文獻中,未發現“嘗得而 VP”的用例。

(五)“得而 VP”結構不能出現在“而”之後

“得 VP”結構可以出現在“而”之後,如:

(34) 王不如封田忌於江南,以示田忌之不返齊也,鄒忌以齊厚事楚。田忌亡人也,而得封,必德王。《戰國策·齊策一》)

(35) 若使子異人歸而得立,趙厚送遣之,是不敢倍德畔施,是自爲德講。秦王老矣,一日晏駕,雖有子異人,不足以結秦。”《戰國策·秦策五》)

王力(1962)認爲連詞“而”字的作用是連接形容詞、動詞或動詞性的詞組,表示兩種性質或兩種行爲的聯繫。薛鳳生(1991)將“而”字的語法功能僅限於“連接子句以構成複句”。裘燮君(2005)認爲“而”字還能連接兩個謂詞或謂詞性短語以構成一個連謂短語,來充當句子的各種成分。如:

(36) 不義而富且貴,於我如浮雲。(《論語·述而》)

楊榮祥(2007)認爲“而”的基本功能是標記“兩度陳述”,“而”是連接兩個陳述性成分的標記。就筆者目前檢索到的語料來看,“得而 VP”不能作爲一個整體,再通過“而”直接與謂詞性成分相承①。

綜上所述,先秦“得而 VP”結構與“得 VP”結構在句法、語義方面的差異如下表所示:

句法語義特徵	“得而 VP”結構	“得 VP”結構
VP 爲“V+普通名詞”	—	+
所在小句的話題	受事	施事或受事
VP 包含介詞結構	—	+
出現在時間副詞“嘗”之後	—	+
出現在“而”之後	—	+

三 先秦“得而 VP”結構的語篇特徵

先秦 103 例“得而 VP”結構中,用於表述非敘實性事件的情況共有 98 例,占 95%,其中包括以下幾種情況:

其一,出現在慣常句中,共 6 例,如:

① 上述情況有一個反例:“見且由不得亟,而況得而臣之乎!”(《孟子·盡心上》)“得而臣之”前出現了語氣副詞“況”,“況得而臣之”作爲一個整體,通過“而”與前面的小句關聯。筆者檢索的先秦語料中,未出現“而”直接與“得而 VP”結構連接的情況。

(37) 匡章謂惠子於魏王之前曰:"蝗螟,農夫得而殺之,奚故?爲其害稼也。"(《呂氏春秋·不屈》)

(38) 爲不善乎顯明之中者,人得而誅之;爲不善乎幽閒之中者,鬼得而誅之。(《莊子·庚桑楚》)

其二,出現在假設複句的前一分句中,共2例,如:

(39) 夷吾,爲其君射人者也。君若得而臣之,則彼亦將爲君射人。(《呂氏春秋·不苟》)

(40) 彼實構吾二君,寡君若得而臣之,不厭,君何辱討焉?(《左傳·僖公三十二年》)

其三,出現在疑問句中①,共12例,如:

(41) "然則舜不禁與?"曰:"夫舜惡得而禁之?夫有所受之也。"(《孟子·盡心上》)

(42) 古之大夫,束脩之問不出竟,雖欲哭之,安得而哭之?(《禮記·檀弓上》)

其四,出現"不、無、弗"類否定副詞之後,共23例,如:

(43) 子之先生不齊,吾無得而相焉。試齊,且復相之。(《莊子·應帝王》)

(44) 彼不臣天子者,是望不得而臣也。不友諸侯者,是望不得而使也。(《韓非子·外儲說右上》)

其五,"得而VP"出現在意願動詞"願"或情態助動詞"可"之後,共56例。其中出現在"可"字句的情況有55例,占全部用例的53%。如:

(45) 故聖人以禮示之,故天下國家可得而正也。(《禮記·禮運》)

(46) 舜問乎丞:"道可得而有乎?"曰:"汝身非汝有也,汝何得有夫道!"(《莊子·知北遊》)

(47) 冬日至,於地上之圜丘奏之,若樂六變,則天神皆降,可得而禮矣。(《周禮·春官宗伯》)

(48) 以處於晉,而迭聞晉事,未嘗聞踐繩之節、四上之志。願得而聞之。(《呂氏春秋·知分》)

帕爾默(Palmer)(1979:43)指出,事實斷言不表達確定性或100%的可能性,事實斷言未作任何認識情態的判斷。反過來説,最確定的認識情態判斷,也就是作出最强的可能性判斷也跟作出一個事實斷言不一樣。"可"字句表達的是情態判斷②,"可"後謂詞性成分所表述的事件無法在客觀時空中被錨定,不具有敘實性特徵③。"得而VP"做意願動詞或情態助動詞"可"的賓語時,所表述的事件都具有非現實性。

筆者檢索的先秦語料中,僅有5例用於敘事語篇中表述敘實性事件。"得而VP"出現在前一分句,表述背景信息,如:

(49) 初,周人與范氏田,公孫尨稅焉,趙氏得而獻之,吏請殺之。趙孟曰:"爲其主也,何罪?"(《左傳·哀公二年》)

(50) 顏回索米,得而爨之,幾熟,孔子望見顏回攫其甑中而食之。選間,食熟,謁孔

① 統計時爲避免重複,否定句、疑問句均不包括"可得而VP"出現在否定句或疑問句中的情況。

② 張雪平(2012)指出,慣常句和能力句在意義的表達上具有共性,都不是表達已經或正在實施的某種行爲動作,而是對人或事物一貫具有的某種行爲或能力的概括,具有較强的事實性和確定性。但從情態意義上説,可以認爲是表達了説話人對行爲主體的一種潛在的可能性行爲或能力的認識,具有非現實性。

③ "敘實"指一種語法形式蘊含的所指事件具有[現實性]的語義特徵(張新華,2015、2017)。

子而進。(《吕氏春秋·任數》)

(51) 百里奚之未遇時也,亡虢而虜晋,飯牛於秦,傳鬻以五羊之皮。公孫枝得而説之,獻諸繆公,三日,請屬事焉。(《吕氏春秋·慎人》)

綜上所述,先秦"得而 VP"結構所表述事件的叙實性傾向如下表所示:

表述叙實性事件	表述非叙實事件(共 98 例)				
	慣常句	假設句的前句	"不/無/弗"後	疑問句	"可/願"之後
5 例	6 例	2 例	22 例	12 例	56 例

蘭蓋克(Langacker)(1983:3-5)根據有無時間連續性(temporal succession)和是否關注動作主體(agent orientation)這兩個標準把語體分爲叙事(narration)、操作指南(procedural discourse)、行爲言談(behavioral discourse)和説明(expository discourse)四類。這四類語體的區别性特徵,如下表所示:

	時間連續性	關注動作主體
叙事	+	+
操作指南	+	−
行爲言談	−	+
説明	−	−

從是否與外部時間發生關聯①,是否關注動作主體的角度,可以看出先秦的"得而 VP"結構多用於説明語篇,所表述事件反映心理現實,而非客觀現實。

方梅(2007)進一步指出,如果關注語篇的語法面貌,語篇的功能類型與傳媒、方式具有同等重要的地位,著眼於功能類型,基本的差異是叙事語篇與非叙事語篇的差異,叙事語篇的宏觀結構依靠時間順序來支撑②。從叙事語篇與非叙事語篇對立的角度看,筆者統計的 103 例先秦"得而 VP"結構中,有 98 例(占 95%)出現在非叙事語篇中,用於表述説話人的心理現實;出現在叙事語篇中的"得而 VP"結構僅 5 例(占 5%),均用於表述背景信息。

四 "得而 VP"結構中"而"字的功能

《馬氏文通》對"而"字功能的概括是,"過遞動静諸字"是"而"的"不變之位",而"善變者"是上下截之意。《文通》多次提到"而"前後的部分"判爲兩事",即使是最容易被認爲是前者修飾後者的"狀字+而+VP"結構,《文通》也詳細地論證了上截和下截可能仍然是句法上的

① 郭鋭(1997)指出時狀有兩種類型:過程與非過程。過程指謂詞性成分實現爲外部時間流逝過程中的一個具體事件,這種謂詞性成分一般帶有"了、着、過、在、正在、呢"等時間成分;非過程指謂詞性成分不與時間流逝發生聯繫,只是抽象地表示某種動作、狀態或關係。

② 由於非叙事語體與事件無關,因而行爲主體不是語篇的重要因素。説明性語篇可以再分作以下幾類:其一,程式。回答"怎樣做",如:菜譜、説明書。這類語篇所述内容的推進方式是程式性連接而不是邏輯性連接,説明順序以程式的階段性爲基礎。其二,描述。言談體現空間關係,這類語篇所述内容的推進方式不是邏輯性連接,也不是程式性連接,而屬於叙述性連接。這類語篇的默認的語序是視綫所及的觀察順序。其三,評論。説明"爲什麽",這類語篇所述内容屬於邏輯性連接(方梅,2007)。

並列關係①。把"得而 VP"看作是"助動詞'得'+VP"結構的變例,這一認識很顯然與"而"的過遞功能衝突。

梅廣(2015:184)對不能出現"而"的句法結構的觀察極有見地,他指出中心語跟它所直接管轄的詞組之間不能用"而"隔開,如動賓結構["孟子見(*而)梁惠王"]、動補結構["王立(*而)於沼上"]、"能願動詞+動詞"["耕者皆欲(*而)耕於王之野"]、"情態詞+動詞"[齊人將(*而)築薛]等②。通過比較先秦"得而 VP"與"得 VP"結構的句法語義特點與語篇特徵,可以發現二者在句法形式與功能上有顯著差異。

楊榮祥(2007、2010)指出"而"是陳述化的標記,"而"作爲連詞所連接的,一定是兩個陳述性成分,這兩個陳述性成分構成一個複雜的述謂性結構,在説話人看來,兩個陳述所述事件是有聯繫的,是一個大的事件的兩個部分。用"而"將兩項陳述性成分連接起來,則是由一個包含兩項陳述性成分的句子表達一個複雜的事件,這個複雜的事件包含兩個相關的事件③。筆者同意"而"字結構表達"複雜事件"(楊榮祥,2010)這一視角,但認爲"而"的表達功能不僅僅是一個語氣停頓。當説話者以整體掃描的認知模式做出一次性陳述,表述内容可以看作是複數動作④。由於説話人在表述複數動作時涉及對兩個以上事件的整體認知,觀念中的事件經過一定程度的整合和編輯後合併爲單一事件,從這個角度來説,與外部時間的關聯會因主觀認知的整合而變得模糊。

吕叔湘(2014[1942]:529)指出,"而"字所連兩件事雖然不妨有先後相承的關係,但原則上不一定要有這個關係。梅廣(2015:207)認爲句子可大致分爲敘事句和非敘事句,"而"字結構既用於敘事,亦用於非敘事⑤。非敘事性"而"字結構不以時間關係爲表達重點,並非全無時間因素(梅廣,2015:210),包括兩種類型:一是描寫性的"而"字結構,如:

(52) 子<u>温而厲</u>,<u>威而不猛</u>,<u>恭而安</u>。[《論語·述而》,引自梅廣(2015:208)]

一是説明性的"而"字結構,如:

(53) 始吾於人也,<u>聽其言而信其行</u>;今吾於人也,<u>聽其言而觀其行</u>。[《論語·公冶

---

① "所引句内,狀字後以"而"字承之者,明其與下截諸動字判爲兩事也。"(馬建忠,2000[1898]:286)

② 梅廣(2015:184)指出,這個結構限制被破壞,就是"而"字的性質開始轉變的時候了,這個嚴格的限制至遲到了東漢才開始發生了明顯變化。到東漢,"而"已逐漸從一個具有句法類型標杆作用的並列連詞變成一個只具有語音功能的輕聲墊字。如:"夫土虎不能而致風,土龍安能而致雨。"(《論衡·亂龍》)筆者認爲,至少在先秦語料中,"能而 VP"結構中的"能"和 VP 在句法性質上很有可能是等立關係,如:"使予欺君,謂予能也。<u>能</u>而欺其君,敢享其禄而離其朝乎?"(《國語·魯語》)

③ 楊榮祥(2010)認爲,從表達功能講,"而"相當於一個語氣停頓,從句法功能講,其作用是將兩個陳述性的成分連綴在一起。因爲有"而"標誌"兩度陳述","雙陳述結構"中兩個動詞的賓語可以歸併,於是產生了"執而殺之"這樣的連動共賓結構;這種結構的"而"省略,就形成了"執殺萇弘"這樣的連動共賓結構,上古漢語的這兩類連動共賓結構都屬於"雙陳述結構"。筆者對此有不同的看法:"V 而 V"結構和"VV"結構在上古漢語句法系統中具有不同的句法功能和語篇特點,並非源流上的先後關係。"V 而 V"和"VV"這兩種結構的具體差異將另文論述。

④ 萊瑟森(Lasershon)(1995:238-240)把複數用於動詞域的複數性。複數動作(pluration)、複數事件(plural event)指多次發生的動作。造成複數動作的原因,一是由於存在多個參與者,二是由於存在多個重複的動作,三是由於存在空間上分散的動作。郭鋭(2017)認爲,應把複數動作(pluraction)和複數事件(plural event)兩個概念加以區分:在持續的一段時間内的確是反復發生的,但就整個事件而言,僅是一個事件。

⑤ 敘事有連動、連謂之分,意念聚合是其區分指標之一。連動和連謂都是就"而"字的敘事使用而論,因此都强調事件的時間關係。敘事的連動和連謂屬於"而"字結構一個大類,"而"字所連接的兩個事件無論緊密或鬆散,都是一種縱向連接(梅廣,2015:207)。

長》,引自梅廣(2015:208)]

筆者認爲,先秦"得而 VP"結構是一種弱敘實性結構,"而"是弱敘實性標記。"而"前後的"得"和 VP,雖然"不妨"有先後相承關係,但"得而 VP"整體基本上不與外部時間發生關聯,傾向於表述說話人的心理現實。

劉承慧(2002)指出,"得 VP"出現在否定、疑問、假設語境中,一般表示"能"義,是"獲得、領得"義動詞"得"基於語境而衍生的引申義。假使表述事件已經實現,由"能"釋"得"反嫌冗贅。杜軼(2004)考察了上古"得 VP"結構在上古出現的語境類型,發現"得 VP"大量使用於否定、疑問和未然的語境裏,VP 前的"得"理解爲表能性依賴於未然的語境①。先秦"得 VP"結構單獨用做句中的主要謂語時,"得 VP"可以表述已然實現的事件,如:

(54) 臣居齊,薦三人,一人得近王,一人爲縣令,一人爲候吏。及臣得罪,近王者不見臣,縣令者迎臣執縛,候吏者追臣至境上,不及而止。(《韓非子·外儲說左下》)

但當"得 VP"出現在"而"前後時,"得 VP"便可用於表述非敘實性事件,如:

(55) 王不如封田忌於江南,以示田忌之不返齊也,鄒忌以齊厚事楚。田忌亡人也,而得封,必德王。(《戰國策·齊策一》)

(56) 以子之材而索事襄子,襄子必近子,子得近而行所欲,此甚易而功必成。(《呂氏春秋·恃君》)

(57) 公孫戍曰:"臣有大喜三:門下百數,莫敢入諫,臣獨入諫,臣一喜;諫而得聽,臣二喜;諫而止君之過,臣三喜。"(《戰國策·齊策三》)

例(55)(56)"得封""得近"是假設發生的事件,具有非敘實性。例(57)"得聽"雖然是已經發生的事件,但出現在非敘事語篇中,作爲判斷句主語的"諫而得聽"失去了推進時間進程的功能,其所表述的事件被"類化",時間特徵不明顯。

Hopper&Tompsohn(霍珀、湯普森)(1980:251-299)對語言中表示事件中心的基本功能進行了系統性概括,給出了"及物性"的基本要素(A-J)②,認爲高及物性特徵的小句和低及物性特徵的小句分別在這些要素上存在差異③。張伯江(2000)認爲及物性結構的核心是動詞,A-J 特徵集中地表現在動詞身上,根據"動作性""時間性"特徵的相關結論,他把現代漢語動詞的範疇性等級分爲高、中、低三個範疇性形式④,其中高範疇性形式包括"帶時體標記'了''過'等",中範疇性形式包括"帶結果補語""帶有指的名詞賓語",低範疇性形式包括"帶無指的名詞賓語""無界動詞""動名詞形式"。這一分類也有助於觀察先秦的"得而 VP"結構的及

① 杜軼(2004)認爲,中古時期的"得 VP"也不能脱離語境的限制獨立表示能性。

② "及物性"的基本要素包括:A. 參與者(participants):兩個(施、受或更多)/一個;B. 動作性(kinesis):動作/非動作;C. 體貌(aspect):完結的/無終點的;D. 暫態性(punctuality):瞬止的/非瞬止的;E. 意願性(volitionality):意志的/非意志的;F. 肯定性(affirmation):肯定的/否定的;G. 現實性(mode):現實的/非現實的;H. 施動性(agency):有效力的/無效力的;I. 賓語受動性(affectedness of O):賓語完全被影響/賓語不受影響;J. 賓語個體性(individuation of O):高度個體化/非個體化(霍珀、湯普森,1980)。

③ 及物性不是二分概念,而是一個連續體,並非傳統語言學所認爲的純粹的句法特徵,也不像類型學所主張的由一系列句法和語義特徵混合而定,而是以典型及物事件模型爲概念基礎的語法範疇,涉及到説話人的主觀認知操作(王惠静、文旭,2017)。

④ 高範疇性形式是充分語法化的形式,有明確的語法意義,可確認爲具有時間意義的時體標記;中範疇性形式帶有一定的語法意義,還在相當程度上保留詞彙意義,没有充分實現語法化;低範疇性形式不具備動詞的典型特點——時間意義,只表現詞彙意義,没實現語法意義,即只有内涵,没有外延(張伯江,2000)。

物性特徵。筆者認爲,先秦"得而VP"結構具有顯著的低及物性特徵,理由主要有以下三點:

一是VP的賓語是零形式或代詞形式,不能是普通名詞;"得而VP"結構多出現在受事話題句中,V的受事大多爲無指性的、非個體化的或非定指的NP或事件,分别舉例如下:

(58) 外内不相爲,則諸侯之情僞可得而知也。(《戰國策·韓策三》)

(59) 公曰:"清徵可得而聞乎?"師曠曰:"不可。"(《韓非子·十過》)

(60) 盛德之士,君不得而臣,父不得而子。(《孟子·萬章上》)

二是"得而VP"所表述的事件具有弱敘實性特徵,95%的"得而VP"結構都用於表述非現實事件。在句法方面的外在表現包括:"得而VP"結構前不能出現時間副詞"嘗";半數以上"得而VP"結構的句法位置是情態助動詞"可"的賓語,"得而VP"結構只表現謂詞性結構的辭彙意義,不具備時間意義,整個結構具有去時間化特徵①(莫啟揚,2016:33)。

三是"得而VP"結構的陳述性減弱,其外在的句法表現是:"得而VP"結構不能作爲一個整體出現在"而"之後;VP不包含介詞結構,核心動詞V在句中不能通過介詞增加間接論元;筆者檢索的先秦語料中,"得而VP"結構前不出現施事的情況占83%,具有非句化特徵②等。

五　結語及餘論

先秦"得而VP"結構在句法、語篇方面具有以下特徵:"得而VP"出現在受事話題句中,V的受事作爲話題出現在上文或小句句首;絶大多數"得而VP"出現在非敘事語篇中,表述非敘實性事件,在句法上被包孕或被否定;"得而VP"結構的及物性較低,VP中不出現賓語或賓語由代詞"之"充任,代詞賓語指代的對象具有非個體性、非定指或無指性特徵;個别"得而V之"可以表述現實事件,但只能在句中用於表述背景信息。

那麼,"得而VP"結構的句法性質究竟是怎樣的呢?筆者認爲,這一問題跟先秦時期動詞"得"字的句法語義特點密切相關。先秦漢語中存在"得NP而V之"結構,如:

(61) 得賢師而事之,則所聞者堯舜禹湯之道也。(《荀子·性惡》)

(62) 險阻既遠,鳥獸之害人者消,然後人得平土而居之。(《孟子·滕文公下》)

當"得"的受事作爲話題居於小句句首或出現在前文中時,"得而VP"結構便形成了。

有些"得而VP"結構中的"得"很難被理解爲"得到"義動詞,這是把"得"與VP看作是並列關係的一個障礙,因而也有不少學者認爲"得而VP"的"得"分析爲助動詞更合理(劉利,2000等)。值得關注的是,先秦的"得"字作動詞時意義比較空泛:"得"不僅可以表達物質方面的實際獲得或擁有,也可指人對客觀事物的主觀認知,表"知曉"義,如:

(63) 勝而不知勝之所成,與無勝同。秦勝於戎而敗乎殽,楚勝於諸夏而敗乎柏舉。武王得之矣,故一勝而王天下。(《吕氏春秋·義賞》)

---

① 去時間化,就是去過程化,即一個動詞不再表述一個隨着時間的推移而演變的並且被順序掃描的動作(莫啟揚,2016:33)。動詞的時間性在充當謂語時最强,充當主賓語時最弱(莫啟揚,2016:26)。

② 從句的非句化就是在小句整合過程中語義上處於次要地位的小句逐漸失去作"句子"資格的過程。一個完整的小句,它最突出的特點就是具有陳述性,即具有表達一個事件的能力,可以陳述一個具體的事件,傳遞時間、地點、人物、事件、方式、程度等等各方面的信息。非句化使論元關係受到影響,最容易受影響的是主語(施事),從一個顯性的成分變成一個隱性的句法槽,不能在表層形式上補出來(高增霞,2005:30-31)。

“得”也可表達人與他物或他人的相及，可以引申爲“發現”或“找到”義，如：

(64) 夫子之牆數仞，不得其門而入，不見宗廟之美、百官之富。(《論語・子張》)

儘管有些“得而VP”結構的“得”在意義上比較抽象，但其句法性質仍是動詞①。“得而VP”的“而”，不僅在句法上起連接作用，在語篇功能上起弱敘實性標記的作用。

以往研究中，“而”字結構通常被看作是廣義的連動式，如宋亞雲(2005：42)注意到上古漢語有些及物動詞在連動式中賓語常常省略，有兩種情況：一是狹義連動式即動詞連用結構中，動詞賓語經常省略，如：

(65) 魏戰勝，復聽於秦。[《戰國策・秦策一》，引自宋亞雲(2005:43)]

另一種情況是用“而、則、以”連接兩個及物動詞的廣義連動式中，動詞的賓語常常省略，如：

(66) 戰而勝，是吾力也。[《國語・周語中》，引自宋亞雲(2005:43)]

蔣紹愚(2013)也詳細分析了先秦及物動詞後不出現賓語的若干條件，指出及物動詞在“而”字結構中可能會省略賓語，如：

(67) 知而不言，所以之天也；知而言之，所以之人也。(《莊子・列禦寇》)

例(66)(67)中的“得而VP”表述的都是非現實事件。例(66)的“得而VP”出現在判斷句的主語位置，例(67)的“得而VP”出現在判斷句的主語位置，且動詞“知”的施事主語無法補出，這些都是“得而VP”具有非句化特徵(高增霞，2005)的標記之一。

對先秦的“而”字結構進行全面、細緻的考察，是深刻認識狹義連動式“VV”與廣義連動式“V而V”功能差異的前提②。本文僅從先秦“得而VP”語篇特徵的角度討論“而”的弱敘實標記功能，得出的結論還很不成熟，敬請方家指正。

參考文獻

[1]Paul J. Hopper and Sandra A. Thompson. Transitivity in Grammar and Discourse[J]. Language 56：251-299.

[2] Frank R. Palmer. Modality and the English Models[M]. New York：Longman，1979.

[3]Lasersohn，Peter. Plurality，Conjunction and Events[M]. Dordrecht：Kluwer，1995.

[4]Ronald W. Langacker. Foundations of Cognitive Grammar，Volume 2：Descriptive Application. Stanford University Press，1991.(《認知語法基礎》[M]. 牛保義，王義娜，席留生，高航譯. 北京：北京大學出版社，2017年.)

[5]曹海東. 先秦時代“可得而V”式考釋[J]. 華中師範大學學報，2001(5).

[6]曹海東. “夫子之文章可得而聞……”別解[J]. 孔子研究，2004(1).

[7]杜軼. “得+VP”結構在魏晉南北朝的發展[D]. 北京：北京大學，2001.

[8]高增霞. 現代漢語連動式的語法化視角[D]. 北京：中國社會科學院研究生院，2003.

[9]高增霞. 從非句化角度看漢語的小句整合[J]. 中國語文，2005(1).

[10]賈迪扉. “可得而V”式中“得”詞性詞義考辨[J]. 湖北社會科學，2013(11).

---

① 蒲立本(2006[1995]：51)認爲“而”可以隨意插在“得”和隨後的動詞之間，“得而VP”是動詞連用結構，表示的意思是“得到然後去做(某事)”，他認爲在“可”的後面，“得”和其後的動詞皆變爲被動，如“居下位而不獲於上，民不可得而治也。”(《孟子・離婁上》)。

② “先後順序”是連動結構的認知基礎，由於先後順序可以在客觀的、邏輯的、認知的三個不同層面操作，摹擬的層面不同，其句法化程度也不同，所以連動式的內部成員是不一致的(高增霞，2003：10)。

[11]蔣紹愚. 先秦漢語的動賓關係和及物性[M]//中國語言學集刊,2013(2).
[12]劉利. 先秦漢語助動詞研究[M]. 北京:商務印書館,2000.
[13]劉承慧. 漢語動補結構歷史發展[M]. 臺北:翰蘆圖書出版有限公司,2002.
[14]吕叔湘. 文言虚字[M]//吕叔湘全集(第九卷). 瀋陽:遼寧教育出版社,2002[1952].
[15]吕叔湘. 中國文法要略[M]. 北京:商務印書館,2014[1942].
[16]馬建忠. 馬氏文通[M]. 北京:商務印書館,2000[1898].
[17]梅廣. 上古漢語語法綱要[M]. 臺北:三民書局股份有限公司,2015.
[18]莫啟揚. 語言中的去時間化研究[M]. 北京:科學出版社,2016.
[19]蒲立本. 古漢語語法綱要[M]. 孫景濤譯. 北京:語文出版社,2006.
[20]裘燮君. 連詞"而"語法功能試析[J]. 廣西師範學院學報,2005(3).
[21]宋亞雲. 漢語作格動詞的歷史演變研究[M]. 北京:北京大學出版社,2005.
[22]舒韶雄、曹建國. 析"不得而知"[J]. 黄石理工學院學報,2007(4).
[23]王力. 古代漢語[M]. 北京:中華書局,1962.
[24]王惠静,文旭. 及物性研究:回顧與思考[J]. 西安外國語大學學報,2017(1).
[25]薛鳳生. 試論連詞"而"的語意與語法功能[J]. 語言研究,1991(1).
[26]楊伯峻. 古漢語虚詞[M]. 北京:中華書局,1981.
[27]楊逢彬.《論語》語詞瑣記[J]. 古漢語研究,2011(2).
[28]楊榮祥. 論"名而動"結構的來源及其語法性質[J]. 中國語文,2008(3).
[29]楊榮祥. "而"在上古漢語語法系統中的重要地位[M]//漢語史學報(第 10 輯),2010.
[30]張伯江. 漢語連動式的及物性解釋[M]//語法研究和探索(九). 北京:商務印書館,2000.
[31]張新華. 感知類敘實動詞研究[J]. 語言教學與研究,2015(1).
[32]張新華. 短時副詞"頓時"的敘實特徵研究[J]. 語文研究,2017(2).
[33]祝敏徹. "得"字用法演變考[J]. 甘肅師範大學學報,1960(1).

Grammatical and Semantic Characteristics and Textual Features of the *de er VP*(得而 VP)Structure in the Pre-Qin Period

Du Yi

Abstract: This paper discusses the syntactic and textual features of the *de er VP*(得而 VP) structure in the thirteen documents of the pre-Qin period, and holds that *de er VP*(得而 VP) and *de VP*(得 VP)are two different structures with opposite functions in the pre Qin syntactic system. *de er VP*(得而 VP)structures basically appear in Patient-Topic Sentences, which are mostly used to describe the unrealistic events, and *er*(而)is a mark of weak factivity. In the Pre-Qin period, the *de er VP*(得而 VP)structure was generally not used to express foreground information and has the characteristics of low transitivity.

Key words: *de er VP*(得而 VP), narrativity, transitivity

通信地址:上海市桂林路 100 號上海師範大學對外漢語學院
郵　　編:200234
E-mail:forestduyi@gmail.com

條件構式“這/那一 VP”的形成與演變探究*

黎路遐

内容提要 “這/那一 VP”是活躍於現代日常口語中的構式，一般位於句首，與後續分句構成“條件—結果”關係。這一構式在近代漢語中產生，由最初有定的指稱性結構演變爲表條件的陳述性結構。構式壓制、反構式壓制和模型構式的吸引是條件構式“這/那一 VP”的主要形成機制。

關鍵詞 指示代詞 構式壓制 反構式壓制 模型構式 構式化

一 引 言

現代漢語中存在着“這/那一 VP”①構式，口語性較强，通常位於句子的開頭部分，作爲後續分句的前提條件。如：

(1)兄弟，我這一走，也許就此辭世了……（鄧友梅《烟壺》）

(2)這一有人叫好，王爺還能不惱嘛。（單口相聲《馬壽出世》）

(3)林大娘那一急幾乎一口氣死去。（茅盾《林家鋪子》）

(4)昨天那一問，我恨不能當時找個地縫鑽了進去！（老舍《四世同堂》）

這一構式在近代漢語中產生。本文以五代以來的語料爲依據，考察條件構式“這/那一 VP”的使用特點，並探究它的形成與演變。

二 條件構式“這/那一 VP”的使用特點

從形式和意義來看，“這/那一 VP”構式有如下特點：

1.“這/那一 VP”表示條件，有較强的陳述性，相當於一個小句，後續分句表示 VP 引發的結果。VP 與後續分句的陳述對象可相同，如例(1)、例(3)，也可不同，如例(2)和例(4)。

2. VP 爲動詞、形容詞或動詞性短語，以單音節動詞爲常。“這一 VP”中的 VP 可能是已然的事實，如例(2)，也可以未然但即將發生，如例(1)。“那一 VP”中的 VP 只能是已然的事實，如例(3)和例(4)。

3. VP 的施事可在“這/那一 VP”前出現，如例(1)中的“我”、例(3)中的“林大娘”。

4.“一”以外的其他數詞不能出現在該構式中，“這”“那”與“一”凝固爲一個整體。條件

---

* 本文是湖南省哲學社會科學基金青年項目“漢語指示代詞演變研究”(項目編號：13YBA063)的階段性成果，並受“湖南大學青年教師成長計劃”經費資助。

① 文中 VP 表示動詞性成分，NP 表示名詞性成分，Dem 表示指示代詞，Num 表示數詞，Cl 表示量詞。

構式"這/那一 VP"形式和意義的配對表示爲：[[這/那一]VP]↔[條件]。

除了"這/那一 VP"，現代漢語中還存在"一 VP"結構。兩者的形式和意義非常相似。"一 VP"也可位於前一分句表條件，VP 以單音節動詞爲常，施事可出現，"一"不能換成其他數詞。不過，兩者也有差異。

首先，"這/那一 VP"語義範圍較窄。吴春仙(2001)按照"一 VP"與後續分句的關係將"一 VP"的表達功能分爲五種："假設—結論""動作—結果""致使原因—結果""描寫—被描寫""連續動作之一—連續動作之一"。各舉一例如下①：

(5)我一説，你必定樂意。(《現代漢語八百詞》)

(6)朱懷鏡覺得窗簾亮得異常，下床拉開窗簾一看，果然下雪了。(王躍文《國畫》)

(7)嚴尚明一走，袁小奇再怎麽鼓動，場面還是冷下來了。(王躍文《國畫》)

(8)吴之人把烟頭往烟灰缸裏一摔，搶過張天奇的話頭，説：……(王躍文《國畫》)

(9)每當理髮時，他便端起一個小凳子，往自家門前一坐，再用一件舊衣服圍住脖子，……(李鳴生《中國 863》)

"一 VP"的五種語義，只有"假設""致使原因"可换成"這/那一 VP"②，"動作""描寫""連續動作之一"都不能用"這/那一 VP"來表達。可見，雖然"這/那一 VP"具備一定的陳述性，但動作性和描寫性都不如"一 VP"。陳前瑞、王繼紅(2006)甚至將"一 VP"的"一"看做是完成體標記。

其次，"這/那一 VP"與"一 VP"出現的語境不同。吴春仙(2001)將"一 VP"出現的語境分爲三類：當事人對所見所聞做出反應，在某種情理要求下做出反應，用在某情况和由此情况引起的結果之間；第一、二類語境下使用動作性强的"一 VP"，第三類"一 VP"前須出現指示代詞"這""這麽""這樣"等。"這/這麽/這樣一 VP"有一定的回指功能，與前文存在呼應，起連接作用③。

相比"一 VP"，條件構式"這/那一 VP"的動作性和描寫性較弱，連接功能較强，這與多出的"這/那"不無關係。作爲指示代詞，"這/那"本身具有回指功能，一般用來限定名詞性成分，"這/那一 VP"産生表條件的用法後，"這/那"的指示功能仍有所保留。這就造成了"這/那一 VP"與"一 VP"的差異，成爲獨立的條件構式。

三 條件构式"這/那一 VP"的形成

"這一 VP"結構最早見於五代，"那一 VP"在宋代出現，如：

(10)師以手空中點一下，供奉無對。皇帝云："只這一點，法師尚勿奈何。"(《祖堂集》卷十五《鵝湖和尚》)

① 例(5)—(9)均轉引自吴春仙(2001)。

② "假設"是未然，"致使原因"通常爲已然，兩者合在一起，與"這/那一 VP"的表義功能相當，本文統稱爲前提條件，並將表前提條件的"這/那一 VP"稱爲條件構式。

③ "這一 VP"與"這麽/這樣一 VP"實質並不相同。"這麽""這樣"爲謂詞性指示代詞，本身可作狀語，"這麽/這樣一 VP"的内部構成爲[[這麽/這樣][一 VP]]，爲"一 VP"的衍生構式；而"這一 VP"中"這一"是凝固的整體，内部組構爲[[這一]VP]，是獨立的條件構式。

(11)走入林子裏去,只聽他林子背後大喝一聲:"我乃静山大王在此。行人住脚,須把買路錢與我!"大娘子和那老王吃那一驚不小,只見跳出一個人來。(《錯斬崔寧》)

"這一點"爲主語,"那一驚"是"吃"的賓語。"這/那一 VP"爲指稱性結構,與"這/那一NP"近似。"這/那一 NP"是有定數量指稱構式"Dem+Num+NP"的子構式,其中數詞是"一",指示代詞爲"這/那"。

"這一 NP"與"那一 NP"分别見於五代和宋代。如:

(12)有人舉似趙州。趙州云:"只者一縫①,尚不奈何。"(《祖堂集》卷二十《寶壽和尚》)

(13)且留這一竅,與大地人出氣。(《五燈會元》卷十六《天衣義懷禪師》)

(14)師曰:"蕩盡即置,那一人是誰?"(《五燈會元》卷十一《首山省念禪師》)

比較例(10)與例(12),"這一點"與"者一縫"出現的句法環境基本相同,做主語,受限止副詞"只"的修飾。"這一點"對應於前文中的"以手空中點一下","一"表示"點"的數量,"這"外指"點"的行爲並表限定。例(11)"那一驚"作爲"吃"的賓語,與"大喝一聲"相呼應,"一"有數量義,"那"表限定。據梅祖麟(1987),"這/那"在唐五代時期只能作定語,用於修飾名詞性成分。"這/那一 VP"是特例,VP 爲自指用法。所以,在"這/那一 VP"中,VP 爲核心,受數詞"一"和指示代詞"這/那"的修飾限定,整個結構爲有定數量指稱構式([這/那[一 VP]]↔[有定的指稱,"一"表數量])。

有定數量指稱構式"這/那一 VP"出現後,在五代至元代的典籍中並不多見,《祖堂集》1例,《五燈會元》6 例,《朱子語類》5 例,宋代禪宗語録 21 例②,話本《錯斬崔寧》1 例,《竇娥冤》唱詞 1 例。這些用例的 VP 都爲單音節動詞,其中 2 例 VP 的施事出現。如:

(15)平曰:"子這一問太高生!"(《五燈會元》卷十一《臨濟義玄禪師》)

(16)爾這一喝,未有主在。(《大慧普覺禪師語録》卷九)

"子這一問""爾這一喝"充當主語,"太高生""未有主在"對它們進行陳述説明。"子""爾"雖爲"問""喝"的施事,但"這一問""這一喝"爲有定指稱性結構,指稱"子""爾"的一個行爲,"子""爾"與"這一問""這一喝"之間爲領屬關係。

五代至元代的 35 個例子,11 例用作主語,24 例作賓語。因爲"這/那一 VP"指稱的對象是動作行爲,在語義上不可能作爲施事或受事,因此"這/那一 VP"並非典型的主語或賓語。"這/那一 VP"作主語時,是言談説明的對象,爲話題主語,如例(10)(15)(16)等。Haiman(1978)指出條件就是話題,作話題主語的有定數量指稱構式"這/那一 VP"是條件構式"這/那一 VP"的來源。

明代,"這/那一 VP"數量大增,用法也有了新的變化。如:

(17)這大聖忍不住,赦赦的笑出聲來。乾净他不宜笑,這一笑笑出原嘴臉來了。(《西遊記》第七十五回)

(18)這行者喝了一聲,用手一指,教:"莫來!"那一指,就使個定身法,衆官俱莫能行動。(《西遊記》第三十九回)

---

① 晚唐五代時期,指示代詞"這"有"者""這""遮"等不同寫法。

② 宋代禪宗語録中,"這/那一 VP"的 VP 集中在"喝""問""解""拶"等幾個動詞上,21 例中有 8 例爲"喝",4 例爲"問",3 例爲"解",3 例爲"拶"。

“這一笑”“那一指”分别回指“欵欵的笑出聲來”與“用手一指”,作話題主語。不過,謂語部分不是對“這一笑”“那一指”進行評價,而是陳述“笑”和“指”這兩個動作的結果,即“笑出原嘴臉來了”“衆官俱莫能行動”。也就是説,“這/那一 VP”與後續部分構成動作行爲與結果的關係。但是,“這一笑”“那一指”的回指功能非常明顯,指稱性仍很强,“笑”和“指”的動作性被壓制。故例(17)謂語部分動詞“笑”重複出現,例(18)用“就使個定身法”對“那一指”進行補充説明。

再如:

(19)自古道:“人要衣裝,馬要鞍裝”,這一裝束便弄得絶好了。(《型世言》第三十回)

(20)我問你:韓夥計送他女兒去了多少時了?也待回來。這一回來,你就造化了,他還謝你謝兒。(《金瓶梅》第三十七回)

“裝束”“回來”分别與“人要衣裝,馬要鞍裝”“也待回來”照應,“這一裝束”“這一回來”仍具有回指性,不過,後續部分出現了表承接的副詞“便”或“就”,將“這一 VP”與後續部分的承接關係明確地顯示出來,後續部分是“裝束”“回來”引發的結果。例(19)“弄得絶好了”是已然的結果,例(20)“你就造化了”是未然的結果。“裝束”與“回來”分别是已然與未然的行爲。相對於結果,“這/那一 VP”可視爲引發結果的前提條件。於是,“這/那一 VP”由話題主語向前提條件轉化。少數“這/那一 VP”前甚至出現了表假設條件的連詞。如:

(21)徐婆吃了道:“多謝,改日再來望你。常言道:‘且守。’倘這一病殁了,你便出頭了。”(《型世言》第三回)

相應地,“這/那一 VP”在形式上也發生了變化,VP 不再限於單音節動詞。例(19)和(20)的“裝束”和“回來”爲雙音節動詞,例(21)“病殁”爲動結式。其他動詞性短語如動賓短語、動趨式、連動短語、主謂短語等,也出現在“這/那一 VP”中。

(22)分付帶馬回去,家中那個淫婦使你來,我這一到家,都打個臭死!(《金瓶梅》第十二回)

(23)長老心驚,暗自忖道:“這一脱了衣服,是要打我的情了。或者夾生兒吃我的情也有哩。”(《西遊記》第七十二回)

(24)當下劉高尋思起來:“想他這一奪去,必然連夜放他上清風山去了。”(《水滸傳》第三十三回)

(25)八戒慌了道:“哥哥,不停當!這一鑽在火裏,莫想得活;把老猪弄做個燒熟的,加上香料,盡他受用哩!快走!快走!”(《西遊記》第四十一回)

(26)行者見了道:“菩薩,這花瓣兒,又輕又薄,如何載得我起!這一躧翻跌下水去,却不濕了虎皮裙?走了硝,天冷怎穿!”(《西遊記》第四十二回)

(27)可惜這兩個指甲,好容易長了二寸長,這一病好了,又損好些。(《紅樓夢》第七十七回)

例(22)、例(23)“到家”“脱了衣服”爲動賓短語,且“脱”後出現動態助詞“了”,例(24)“奪去”爲動趨式,例(25)“鑽在火裏”爲介賓短語作補語,例(26)“躧翻跌下水去”爲連動短語,例(27)“病好”爲主謂短語。

由動詞短語構成的"那一 VP"出現較晚且頻率極低,到現代才見用例①,如:

(28)老張進西屋去,看熱鬧的批評着老張那一脚踢的好,李應那一捏脖子捏的妙,紛紛的散去。(老舍《老張的哲學》)

VP 爲單音節光杆動詞時,往往表示無界行爲,無變化性可言(張伯江,2001)。動結式、動趨式、動賓短語等動詞短語,表示動詞行爲有了結果、方向或涉及某一對象,體現出某種變化。因此,動結式等動詞短語的陳述性强於單音節光杆動詞②。這些動詞短語進入"這/那一 VP",説明"這/那一 VP"的指稱性減弱,陳述性增强,與話題主語向前提條件的轉化相一致。

VP 複雜化後,打破了"這/那一 VP"的韻律組合。明代以前,"這/那一 VP"爲有定指稱構式,VP 爲單音節動詞,内部結構關係爲[這/那[一 VP]],韻律形式爲[1+2]。VP 擴展爲雙音動詞及動詞短語後,[1+x](x>2)的韻律形式不符合漢語的韻律規則,促使"這/那一 VP"在韻律上重新組合。據馮勝利(1998),漢語的音步從左向右劃分,一般由兩個音節構成。"這/那一 VP"通常位於句首位置,"這/那一"可構成一個自然音步,在韻律上凝固爲一個整體,於是"這/那一 VP"的韻律形式變爲[2+x](x>2 時,内部可再切分)。

與此同時,"一"的記量功能趨向消失。一方面,"這/那一 VP"的"一"不能被其他數詞替代,也就是説,在"這/那"與 VP 之間的位置,"一"不與其他數詞構成對立,數量意義本身較弱;另一方面,"這/那一"在韻律上凝固化,被當作一個整體看待,"一"的數量義得不到凸顯,逐漸被忽略。在某些例子中,"一"已完全没有數量義,如:

(29)送了兩個去,他把第三束草煎起來,把絹帕兒揩上他身上去,洗了一回,又洗一遍,這女子沉沉的憑他洗滌,却可煞作怪。這一洗,早已膿血都不出了。(《型世言》第三十八回)

"洗了一回,又洗一遍","洗"的次數明顯大於"一",因此"這一洗"中,"一"不表動作"洗"的數量。也就是説,"一"與"洗"之間不再是數量修飾關係,兩者的意義聯繫被切斷。實際上,"這一洗"是"膿血都不出"的前提條件,"這/那一"吸收了語境中的前提條件義,成爲該結構的形式標誌。

綜合來看,明代,"這/那一 VP"發展出表前提條件的用法,内部結構由[這/那[一 VP]]變爲[[這/那一]VP],形成新形式和新意義的配對[[這/那一]VP]↔[條件],條件構式"這/那一 VP"正式産生。

四 條件構式"這/那一 VP"的進一步發展

條件構式"這/那一 VP"形成後,在形式上又發生了一些變化。

首先,形容詞也可進入"這/那一 VP"結構。明代文獻見到一例。

(30)你分付丫頭拿床鋪蓋,生些火兒,不然,這一冷怎麽當?(《金瓶梅》第二十三

① "這一 VP"與"那一 VP"發展不平衡,"那一 VP"僅表已然,"這一 VP"既可表已然也可表未然,抑制了"那一 VP"的發展。

② 雙音節動詞不及單音節動詞口語性强,較少用於"這/那一 VP"結構。此外,補充式雙音節動詞含有變化義,陳述性較强,如"回來"。

回)

清代以後,進入“這/那一VP”結構的形容詞稍有增多,如:

(31)再要一請,這一高興,今日還想散嗎?(《兒女英雄傳》第三十一回)

(32)聘才這一喜,倒像金殿傳臚一樣,疾忙穿了靴,换了一件新衣,拿把團扇,搖搖擺擺,也不及與張、顧二位説知,就同了珊枝出園。(《品花寶鑒》第二十六回)

(33)劇場門口那一亂,他倆就走散了。(《現代漢語八百詞(增訂本)》)

形容詞和動詞在記量上存在差異。動詞表示的動作行爲可以進行數值記量,漢語史上存在過“數詞+動詞”和“動詞+數詞+動量詞”等記量形式。形容詞是模糊集合,適宜用非數值的方式(如程度副詞)來記量(張國憲,2006),在數值記量方面受限制。形容詞作爲VP出現,説明“這/那一VP”中“一”的記量功能消亡。

其次,明代,VP的施事出現在“這/那一VP”前的情况增多。以《西遊記》和《金瓶梅》爲例,《西遊記》中“這/那一VP”共57例,其中VP施事出現的11例,占19%;《金瓶梅》中“這/那一VP”共27例,VP施事出現的也有11例,占41%。

上文已論及,五代至元代,VP施事與“這/那一VP”的關係爲領屬關係,整個領屬結構作話題主語。明代以後,施事與“這/那一VP”的關係發生變化。如:

(34)八戒道:“莫管,我這一去,鑽冰取火尋齋至,壓雪求油化飯來。”(《西遊記》第二十八回)

(35)長官這一去,且在衙門公廨中權住幾日。(《金瓶梅》第七十一回)

“我”和“長官”不僅是VP的施事,也是後續分句核心動詞的施事,“這一去”和後續分句可看作兩個分句,共有主語“我”與“長官”。施事與“這/那一VP”爲主謂關係。

再次,明代,極少數“這一VP”後可接助詞“了”①,如上文例(21)的“倘這一病歿了”。清代,“這一VP了”增多。如:

(36)至於跟寶玉的小廝們,那年紀大些的,知寶玉這一來了,必是晚間才散。(《紅樓夢》第十九回)

(37)果然!姐姐這一説破了,再看那‘待’字、‘新’字,下得尤其可惡,並且還不能原諒他無心。(《兒女英雄傳》第二十九回)

《紅樓夢》和《兒女英雄傳》中共有13例“這一VP了”,VP都是不帶賓語的動詞性成分。“了”位於VP後,表示動作行爲的完成;同時,“了”也處於分句的末尾,表示事態發生了變化。“了”附在“這一VP”後,强化了VP的動作性和變化性,“這一VP”的陳述性進一步增强。

條件構式“這/那一VP”的三種變化,其一VP由動詞擴展到形容詞,證明“一”的記量功能消失;其二VP的施事與“這/那一VP”之間由領屬關係重新分析爲主謂關係,其三“這一VP”後出現助詞“了”,説明“這/那一VP”的陳述性增强,“這/那”的指示功能削弱。“這/那”指示功能削弱,“一”的記量功能消失,於是“這/那一”組合的整體性增强,“這/那一VP”的可分析性降低,作爲條件構式更爲成熟。

① 在文獻中尚未發現“那一VP了”的例句。

五　條件構式"這/那一 VP"的形成機制

"這/那一 VP"脱胎於"Dem+Num+NP",從有定數量指稱構式的特例,發展爲條件構式。條件構式"這/那一 VP"的形成,主要受以下兩類機制的制約。

(一)構式壓制與反壓制

構式壓制是構式語法的關注重點。構式壓制是指,當詞項進入構式時,如果功能和意義與構式的原型功能和意義不相吻合,構式就會調整詞項所能凸顯的側面來使構式和詞項兩相契合(施春宏,2012)。有定數量指稱構式"Dem+Num+NP"要求進入構式的是名詞性成分 NP,動詞與這一構式的原型功能和意義不相合;當表達需要動詞進入時,構式壓制發生作用,動詞凸顯跟名詞性成分相同的特徵——指稱性,而動詞的陳述性被抑制。這一壓制現象可從兩個方面理解:一方面構式整體從上而下對動詞施壓,另一方面構式中的關鍵字項"這/那"對動詞施壓,要求動詞在進入構式後獲得指稱性的識解。

相對於原型構式"Dem+Num+NP"而言,有定指稱構式"這/那一 VP"是異常構式、邊緣構式。施春宏(2015)指出,構式壓制後産生的異常構式可能發生兩類演變:一是組構成分的演變,例如進入"副+名"構式的"關鍵、規則、科學"等詞由名詞變爲名形兼類詞;一是構式整體發生演變。"這/那一 VP"的演變屬於後者,從有定指稱構式發展爲條件構式。

有定指稱構式"這/那一 VP"原本用作賓語和話題主語。明代開始,"這/那一 VP"作話題主語時,出現了 VP 在後續部分重現的情況,如:

(38)這一驚,李良雨早已驚醒。(《型世言》第三十七回)

(39)心口相問,不覺潸然淚下,鬱抑不快,呵欠上來,也不脱衣服,倒頭便睡。只因辛苦了大半夜,這一睡直睡到第二日晌午方才醒來。(《二刻拍案驚奇》卷十四)

(40)忽然看見陌頭一片楊柳春色,就後悔不該叫他夫婿遠去覓封侯起來,那一悔,真真悔得丢人兒,没味兒!(《兒女英雄傳》第三十六回)

"驚""睡"和"悔"在後續部分重現,並且分别帶有結果補語"醒"、介詞短語"到第二日晌午"和補語"丢人兒,没味兒"表示動作行爲的結果。"驚""睡"和"悔"作爲核心動詞,陳述性很强。由於同處一句之中,表示同一個動作行爲,它們連帶激活了"這一驚""這一睡""那一悔"中"驚""睡"和"悔"的陳述性特徵。也就是説,VP 在有定指稱構式"這/那一 VP"中被構式壓制的陳述性被重新激活。這一現象可稱爲"反構式壓制"①。

反構式壓制和構式壓制是方向相反的機制。構式壓制凸顯進入構式的詞項的某些特徵,抑制與構式不相契合的特徵;反構式壓制將詞項被抑制的特徵重新激活。構式壓制體現爲構式從上而下的壓制和組構成分的壓制,是構式内部的調整;反構式壓制的力量來自構式所在的上下文語境,是構式外部的刺激。就"這/那一 VP"來説,VP 進入有定指稱構式,發生構式壓制,VP 的指稱性凸顯,陳述性被抑制;"這/那一 VP"用作話題主語,謂語部分 VP 重

---

① 本文對"反構式壓制"的定義與劉文正、吴舟舟、祝静(2018)有所不同,側重於上下文語境的影響。

現,體現出很强的陳述性特徵,連帶激活"這/那一 VP"中的 VP,VP 的陳述性重新被凸顯。VP 先後經歷構式壓制和反構式壓制,構式壓制使 VP 的指稱性凸顯,而反構式壓制使 VP 的陳述性重新得以凸顯。

VP 的陳述性重新凸顯,"這/那一 VP"的陳述性增强後,受語言經濟性原則的制約,VP 無需在後續部分重複出現。於是,動作行爲與結果分别由"這/那一 VP"與後續部分來表示,兩者構成"條件—結果"關係。

從條件構式"這/那一 VP"的形成來看,構式壓制産生的非原型構式、邊緣構式可能是演變的起點,非原型的有定指稱構式"這/那一 VP"在上下文語境的促動下經歷反構式壓制,重新分析爲條件構式。

(二)模型構式吸引

構式語法認爲,語言中的構式不是一個無序的集合,而是組成相互連接的網絡(Goldberg,1995/2007)。

有定數量指稱構式"這/那一 VP"是原型構式"Dem+Num+NP"擴展的結果,它們所處的構式網絡可表示爲圖 1。

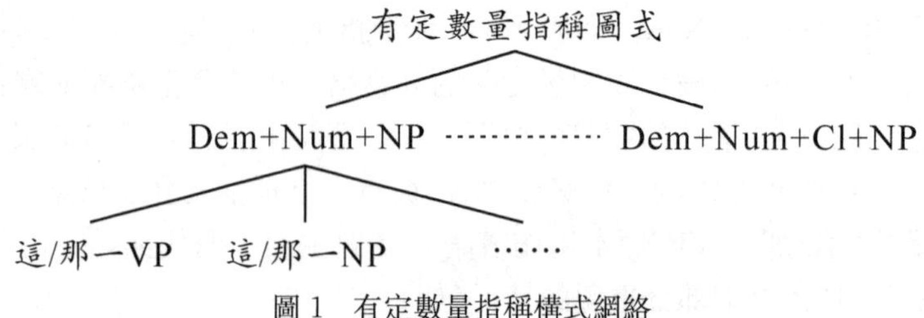

圖 1 有定數量指稱構式網絡

"這/那一 VP"出現後,使用頻率一直比較低,停留在有定數量指稱構式網絡的邊緣地帶。並且,在與"Dem+Num+Cl+NP"的競争中,"Dem+Num+NP"也逐漸式微。因此,"這/那一 VP"在有定數量指稱構式網絡中的地位很不穩固。Traugott & Trousdale(2013)發現,處於構式網絡邊緣的微觀構式有三種可能的歸宿:一是經歷構式化産生新的微觀構式或發展出新的構式類型,二是停留在構式網絡的邊緣地帶,三是繼續邊緣化乃至最終消亡。有定數量指稱構式"這/那一 VP"並没有消亡,現代漢語中仍有少數用例。如:

(41)謝惠敏没等石紅説完,立刻反問道:"報上推薦過嗎?"這一問使石紅呆住了,半晌才回答:"没推薦呢。"(劉心武《班主任》)

(42)片刻她端着托盤出來,嫣然一笑,姿態優雅,使人人心情愉快。只有我明白,她那一笑是單給我的。(王朔《空中小姐》)

也就是説,少數"這/那一 VP"仍然停留在有定數量指稱構式網絡的邊緣。不過,更多的"這/那一 VP"演變爲條件構式。在演變過程中,除了反構式壓制的制約,還受到模型構式的影響。

Traugott & Trousdale(2013)指出,構式網絡中擁有相似意義和形式的構式可能作爲構式化的模型或誘引者。與"這/那一 VP"形式上最爲接近的是"一 VP"。條件構式"一 VP"的産生早於"這/那一 VP"。據陳前瑞、王繼紅(2006),"一 VP"在《孟子》《莊子》時期就可理解爲"一旦發生"某種行爲,到魏晋南北朝時,既可以用於假設事件,也可用於敘述特定事件的條件。

(43)君仁,莫不仁;君義,莫不義;君正,莫不正。一正君而國定矣。(《孟子·離婁上》)

(44)庾風姿神貌,陶一見便改觀。談宴竟日,愛重頓至。(《世説新語·容止》)

"一 VP"作爲條件構式網絡中的節點,形式上與"這/那一 VP"相似,出現的句法環境也與"這/那一 VP"相近,作爲模型,吸引着"這/那一 VP"向條件構式網絡游移,成爲其中的一個新節點。條件構式"這/那一 VP"所處的構式網絡可表示爲圖 2。

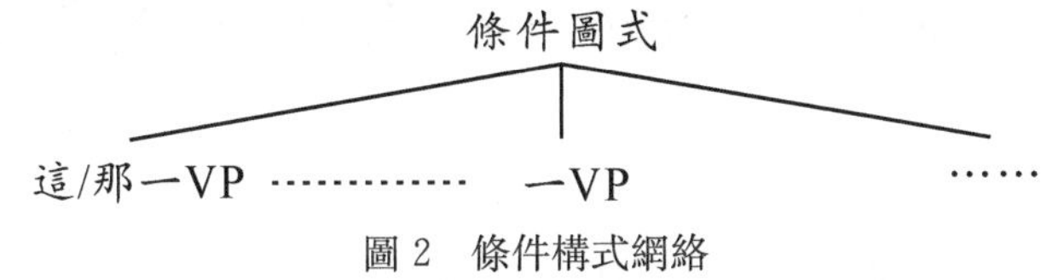

圖 2 條件構式網絡

六 結論

上文探討了條件構式"這/那一 VP"的相關問題,得出以下結論:

第一,"這/那一 VP"([這/那[一 VP]]↔[有定的指稱,"一"表數量])原本是有定數量指稱構式網絡的邊緣成員,演變爲條件構式"這/那一 VP"([[這/那一]VP]↔[條件])。條件構式"這/那一 VP"在明代産生。

第二,構式壓制和反構式壓制是制約"這/那一 VP"形成與演變的主要機制。VP 進入有定數量指稱構式,受到構式壓制,指稱性凸顯,陳述性被抑制。做話題主語時,"這/那一 VP"中 VP 的陳述性被謂語部分重現的 VP 激活,"這/那一 VP"經歷反構式壓制,重新分析爲條件構式。

第三,條件構式"一 VP"作爲先驅和模型,吸引"這/那一 VP"向條件構式網絡靠攏,成爲新節點。

條件構式"這/那一 VP"活躍在現代日常口語中,這一構式的産生與發展,豐富了漢語的表達方式。

參考文獻

[1]陳前瑞,王繼紅. 動詞前"一"的體貌地位及其語法化[J]. 世界漢語教學,2006(3):24-35.

[2]馮勝利. 論漢語的"自然音步"[J]. 中國語文,1998(1):40-47.

[3]劉文正,吴舟舟,祝静. 漢語歷時構式語法中的構式壓制和反壓制——以"見 V"構式的形成、發展爲例[J]. 語言科學,2018(4):368-381.

[4]梅祖麟. 唐、五代"這、那"不單用作主語[J]. 中國語文,1987(3):205-207.

[5]施春宏. 從構式壓制看語法和修辭的互動關係[J]. 當代修辭學,2012(1):1-17.

[6]施春宏. 構式壓制現象分析的語言學價值[J]. 當代修辭學,2015(2):12-28.

[7]吴春仙. "一·V"構成的不完全句[J]. 世界漢語教學,2001(3): 46-52.

[8]張國憲. 現代漢語形容詞的功能與認知研究[M]. 北京:商務印書館,2006:134-139.

[9]張伯江. 被字句和把字句的對稱與不對稱[J]. 中國語文,2001(6):519-524.

[10]Goldberg, Adele E. 構式:論元結構的構式語法研究[M]. 吴海波譯. 北京:北京大學出版社,1995/2007:65.

[11]Haiman, J. Conditionals are topics[J]. *Language*, 54(3):564-589.

[12] Traugott Elizabeth C. &Trousdale, Graeme. Constructionalization and Constructional Changes [M]. Oxford: Oxford University Press, 2013:62-72.

On the Formation and Development of the Conditional Construction"*zhe/na*(這/那) *yi* (一) VP"

Li Luxia

Abstract: "*zhe/na*(這/那) *yi* (一)VP"is a construction still active in colloquial modern Chinese. It is generally located at the beginning of a sentence, and has a relationship with the following clause, which is "condition-outcome". This construction emerged in Pre-modern Chinese, evolving from a definite and referential construction to a declarative construction as a conditional. Coercion, anti-coercion and the attraction from construction models are the main mechanism of the formation of "*zhe/na*(這/那) *yi* (一)VP" construction.

Key words: demonstratives, coercion, anti-coercion, construction models, constructionalization

通信地址:湖南省長沙市嶽麓區湖南大學中國語言文學學院

郵　編:410082

E-mail:pingheng2004@163. com

漢語倒置雙賓句成因探析*

張　文

内容提要　文章通過考察倒置雙賓句的歷時分布情况，發現漢語歷代均存在着“V＋T＋R”語序的倒置雙賓句，不過漢語史上和現代漢語方言中的“V＋T＋R”倒置雙賓句的成因是不同的。關於漢語倒置雙賓句的成因，除了傳統的介詞省略説外，文章補充了如下幾點新看法：首先，古代漢語“V＋T＋R”倒置雙賓句的成因與“之於/乎”連用時“合音”爲“諸”的現象有關。其次，現代漢語方言中的倒置雙賓句與漢語雙及物構式基本配置有關。文章得出的雙賓句語序形式的藴含共性關係爲：如果有“$V_{給}$＋T”的結構，那麽有“$V_{給}$＋T＋R”結構；如果有“$V_{給}$＋R”結構，那麽有“$V_{給}$＋R＋T”結構。

關鍵詞　倒置雙賓句　基本配置　觀念距離相似性

一　引言

與普通話相比，現代漢語方言中存在一種特殊語序的雙賓句，學術界一般稱爲倒置雙賓句，其基本語序爲：“V＋T＋R”，如：

(1)我畀咗一本書佢。（粵語倒置雙賓句）

關於現代漢語方言這種倒置雙賓句，以往學者也做過討論，如：何愼怡(1994)從語用表達自然焦點角度解釋其來源。鄧思穎(2003)把粵語雙賓動詞劃分爲三個大類、六個小類。鄧思穎(2003：60)指出粵語倒置雙賓語結構實際上是從與格結構通過介詞省略推導出來的。普通話和粵語倒置雙賓語的差異是由於粵語與格結構的介詞有選擇語音特徵[可省略]的可能性，而普通話與格結構的介詞没有這種可能性。“倒置雙賓語結構”除了粵語以外，在其他南方方言也找得到，例如客語的惠州話、梅州話、閩語的雷話、吴語的上海話、湘語的長沙話等。邢福義(2006)指出河南、湖北、湖南、廣東、江蘇、甘肅、寧夏等省份是“指物賓語＋指人賓語”，如“給一本書他”。張敏(2011)從 $V_{給}$ 角度尋找南方漢語倒置雙賓句來源，認爲其可歸因於通用給予動詞“與”始於宋元之際的衰微和消失以及南方話從二價持拿義動詞“拿、把、撥、擔、馱、痱、約”等衍生出新的三價給予動詞的特殊歷史，這雖然把以往研究推進了一大步，但把最終成因還是歸於介詞省略，認爲南方漢語倒置雙賓句應定性爲“間接賓語式/雙賓結構”，它本爲間接賓語式，由於與事標記已脱落，表層形式就是一個動詞帶兩個賓語。本文擬從新的視角來追源溯流地探究漢語倒置雙賓句的成因問題。

*　基金項目：教育部人文社會科學研究青年基金項目(18YJC740146)；北京市社會科學基金項目(17YYC021)；中國政法大學新入校青年教師科研啟動資助計劃(01146527)。

二 介詞省略説商榷

現代漢語方言中的倒置雙賓句的特殊之處表現在：

（一）倒置雙賓句違反指稱表達原則，就信息傳遞而言，語言表達傾向於由已知信息到未知信息的序列，定指程度高的成分傾向於位於定指程度低的成分之前。學術界一般認爲雙賓句的近賓語（一般是間接賓語）表達有定，遠賓語（一般是直接賓語）表達無定，如陸儉明（2003）指出：雙賓句中的直接賓語必須是新信息，是句子的焦點。張伯江（1999）認爲“轉移物是這種結構的語義焦點”，當“與者所與亦即受者所受的事物”是已知的，句子就不會被處理爲雙賓結構。劉丹青（2001）指出“間接賓語的話題性高於直接賓語”，“世界上多數有雙賓句的語言間接賓語前置於直接賓語，其實都體現了話題或舊信息居前原則”。祝東平（2009）提到間接賓語總體上强烈傾向已知、有定，用普通名詞擔任時，也不同於在動詞後的其他成分被賦予無定的特徵，而是被賦予有定的特徵。直接賓語則一定是新信息。因此，倒置雙賓句“V＋T＋R”中，新信息 T 位於 R 之前，違反信息表達由已知信息到新信息的信息表達原則，也違反有定表達置於無定表達之前的語用表達原則，這在類型學上也是罕見的特殊現象。

（二）倒置雙賓句違反生命度原則，生命度高的成分話題性强，傾向於位於生命度低的成分之前。“V＋T＋R”結構中，接受者 R 的生命度高於給予物 T 但後置，違反了生命度原則。

（三）倒置雙賓句違反重量成分後置原則，重成分是相對於相鄰成分而言長而複雜的單位，傾向於後置。“V＋T＋R”結構中，R 多由人稱代詞充當，T 多由數量短語充當，在音節上 T 的音節數目多於 R，違反重量成分後置原則。

普通話“V＋R＋T”語序符合指稱表達原則、生命度原則及重量成分後置原則，因此是優勢語序。而現代漢語方言中的倒置雙賓句同時違反指稱表達原則、生命度原則和重量成分後置原則，是現代漢語方言語法中一種比較特殊的現象，其成因值得探究。

對於其成因，鄧思穎（2003：60）、張敏（2011）等認爲倒置雙賓語結構是從與格結構通過介詞省略推導出來的。張敏（2011）指出，南方漢語倒置雙賓句與通用給予動詞“與”始於宋元之際的衰微和消失以及南方話從二價持拿義動詞“拿、把、撥、擔、馱、痱、約”等衍生出的新的三價給予動詞的特殊歷史有關。該文提到，一種語言若缺乏原生的（underived）通用給予動詞 $V_{給}$，給予事件的表達策略有三種。

第一種，在句中僅列出施事、客體、與事三個名詞性論元而動詞乾脆從缺，只在動詞應出現的位置上用語綴標出何者爲主語、何者爲間接賓語，如巴布亞語言 Amele 語。

第二種，通過使役手段將單及物動詞增元（valence increase）成爲雙及物動詞，如日本北海道蝦夷語（Ainu）將 $V_{給}$ 表達爲[使-擁有]。

我們注意到，黄正德（2008）把漢語雙賓結構的構造形式分成兩大類：一類是“致使類（給予動詞類/非賓格動詞類）”雙賓結構，句式意義大致相當於“A（致事）‘致使（V1）’B（役事）‘擁有（V2）’C（受事）/（A cause B to have C）”，也可以説整個句子所包含的“動詞”在語義上可以分解爲“CAUSE（致使 V1）”和“HAVE（擁有 V2）”這樣的兩個。另一類則是“蒙受類（取得動詞類/非作格動詞類）”雙賓結構。句式意義大致相當於“A（施事）‘做完（V1）’B（受事)'影響到(V2)'C(蒙事)/(A do B to affect C)",即整個句子中所包含的"動詞"在語義上也可以分解爲"ACT(做 V2)"和"DO(影響到 V1)"這樣的兩個。我們認爲 $V_{給}$ 内部語義可以分解出[+CAUSE]和[+HAVE],這種手段只是 $V_{給}$ 是詞彙性、分析性還是形態性成分的問題。

第三種,以持拿義單及物動詞(handling verbs,manipulative verbs)作主要動詞引出客事論元,而用其他方式(介詞、語綴等)將與事論元標注爲方所論元。將[給某人某物]表達爲[拿某物到/在某人處]。南方方言給予動詞來源於"持拿"義動詞,與格介詞來自方所介詞,張敏(2011)論證了其過程。

我們認爲類型學上的第三種手段是 $V_{給}$ 内部語義[+方向]的體現,[拿某物到/在某人處]與方向性密切相關,表空間位移的路徑,有學者稱爲 go-type 類型的 $V_{給}$。

漢語史上也存在二價持拿義動詞發展爲三價動詞的情況,我們以持拿義動詞"把"爲例來説明其過程。

魏晉南北朝時期存在"把+T+與+R"的形式,如:

(2)把粟與雞呼朱朱。(《洛陽伽藍記》卷四)

宋代存在"把+T""把與+R"的形式①,"把"不能單獨帶 R,需要和"與"構成"把與"的形式才能帶與事 R。如:

(3)你也不須出錢,你也不須把登科記。(《張協狀元》)

(4)便把與你去。(《張協狀元》)

(5)有好掉蓖似扁擔樣大底,買一個歸來,把與娘帶。(《張協狀元》)

"把"在"把與"結構中沾染了"與"引入與事 R 的功能,逐漸由二價動詞發展爲三價動詞,出現在"把與+R+T"形式中,且可以單獨帶與事 R。

(6)我又不是你影射的,何故把與你衣服穿?(《金瓶梅》第二十四回)

(7)我有兩貫錢,我把你去,……(《金瓶梅》第五回)

明清以後,也可以進入雙賓句"把+R+T",如:

(8)把官哥兒一個耍子。(《金瓶梅》第五十二回)

(9)果然的老伯爲甚麼了要把他二百四十兩銀子?(《兒女英雄傳》第三十九回)

由此可見,二價持拿義動詞演變爲三價動詞在漢語史上的一般路徑爲:

$V_{二價}$+T+與+R>$V_{二價}$+與+R+(T)>$V_{三價}$+R+(T)

可以發現,持拿義動詞"把"由二價動詞發展爲三價動詞的過程中未出現"把+T+R"形式的倒置雙賓句,因此倒置雙賓句的成因並不能單純歸因於二價持拿義動詞衍生爲新的三價給予動詞的歷史過程。

三 倒置雙賓句歷時分布狀況

下面我們先考察倒置雙賓句在漢語史上的分布情況。通過考察發現,先秦至清代均存

① 唐五代時期可以發現如下用例:解事把我離書來,交我離你眼去。(《敦煌變文選注·舜子變》)此句"我"和"離書"之間是否存在領屬關係還存在争議,故暫不討論。宋代可以發現如下例子:把我錢,不還我記!(《張協狀元》)此句的"把"爲"歸還"義。

在着"V+T+R"語序的雙賓結構,如:

(10)郤氏亡,晋人歸之施氏。(《左傳·成公十一年》)

(11)如此者再,乃獻之趙王,趙王未取,又薨。(《論衡·骨相篇》)

(12)下座比丘,以守戒故,授板上座,没海而死。(《賢愚經》卷五)

(13)能於嶺上,便傳法惠順。(《六祖壇經》)

(14)後來一書吏竊而獻之高宗。(《朱子語類》卷一百三十六)

(15)更望以雅頌之音消鑠群慝,章句訓詁付之諸生。(《朱子語類》卷一百二十三)

(16)我雖致信烏克齋,他在差次,還不知有無,便有,充其量也不過千金。(《兒女英雄傳》第十二回)

不過,漢語史和方言中的"V+T+R"結構是不同的,主要表現在:

(一)對於"給予義"動詞來説,漢語史中的 $V_{給}$ 是張敏(2011)提到的"一般的給予類動詞",而方言中的V是"純粹給予動詞"。"一般的給予類動詞"與"純粹給予動詞"的一個重要區别是"一般的給予類動詞"除了[+給予]外還包括[+方式]特徵。

(二)對於進入"V+T+R"結構中的其他動詞來説,漢語史中感官義、方向義、奪取義雙賓動詞均發現進入V+T+R雙賓句的用例,如:

(17)殷之法,刑棄灰於街者。子貢以爲重,問之仲尼。(《韓非子·内儲説上·七術》)(感官義動詞)

(18)夫至乎誅諫者必傳之舜,乃其難也。(《韓非子·外儲説右上》)(方向義動詞)

(19)刑餘之人,何事乃敢乞飲長者!(《韓非子·内儲説下·六微》)(奪取義動詞)

其中西漢時期進入V+T+R雙賓句的動詞語義類型最多,婚姻義、方向義、侵損義、製作義、感官義、奪取義、買賣義動詞均有進入V+T+R雙賓句的用例,如:

(20)女聽,乃卒爲請决,嫁之張耳。(《史記·張耳陳餘列傳》)(婚姻義動詞)

(21)乃下相國廷尉,械繫之。(《史記·蕭相國世家》)(方向義動詞)

(22)妾唯太子、一女,奈何棄之匈奴!(《史記·劉敬叔孫通列傳》)(侵損義動詞)

(23)二月中,吴王兵既破,敗走,於是天子制詔將軍曰:"蓋聞爲善者,天報之以福。"(《史記·吴王濞列傳》)(製作義動詞)

(24)言之皇后,令白之武帝,乃詔衛將軍尚平陽公主焉。(《史記·外戚世家》)(感官義動詞)

(25)徵兵九江王布。(《史記·項羽本紀》)(奪取義動詞)

(26)吾賈人往市之身毒。(《史記·大宛列傳》)(買賣義動詞)①

而根據鄧思穎(2003:64)進入粵語雙賓句的動詞主要可以分爲"畀"類動詞(包括畀、醒(送)、送、獎)、"寄"類動詞(寄、搬、帶、交、夾、賣、派、踢)、"炒"類動詞[炒、影(複印)、批、洗、燙、畫、織、整(弄)、作、煮]、"摘"類動詞(摘、搶、買、偷)、"問"類動詞(問、請教、考、求、摘、搶、買、偷)。僅有"畀"類動詞允許倒置雙賓語結構②,且只能用於傳遞有形物體的給予類事件。

① 由於雙賓句賓語的論元角色和雙賓句自身的句式意義比較複雜,本文用V+T+R代表倒置雙賓句基本語序格式。此句"之"相當於客事T,"身毒"是來源(source),句法上類似接受者論元R。

② 至於粵西、廣西的一些粵語、平話方言裏,"傳達"類的動詞"問"也可進入雙賓B式,如陽江粵語的"我問句事話你"(黄伯榮,1996)、臨桂平話的"問句話你"(周本良,2005)。張敏(2011)認爲上述特別用法可歸因於壯語影響。

（三）漢語史中的T主要使用代詞“之”的形式，也可以是普通名詞形式，但是T和R的音節數目符合“重量成分後置”原則，即重量成分是相對於相鄰成分而言長且複雜的單位，傾向於後置。而方言中的T可以是普通名詞，而R主要使用代詞形式，T和R的音節數目可以違反“重量成分後置”原則。

因此，漢語史和方言中的“V＋T＋R”結構存在着明顯不同，二者的來源也不同。關於漢語史上倒置雙賓句形成的原因，有學者認爲上古雙賓存在倒置雙賓句的原因與“於”的脱落有關。還有學者認爲這種倒置語序是由於語用原因，如何慎怡（1994）指出爲了突出Op所代表的事物，采用Op在Or前的句式。

我們認爲漢語史上倒置雙賓句形成是由於介詞“於”的脱落的觀點值得進一步討論，相關論述請參看張文（2014）。關於漢語史上倒置雙賓句，需要注意的是：

首先，先秦時期“於”的脱落或省略並非任意的，以“獻”爲例，“獻”的兩個論元R和T如果在句子中均出現，主要有如下形式：“獻＋T＋R”“獻＋T＋於＋R”“以＋T＋獻＋R”“V'＋T＋獻＋R”“V'＋R＋獻＋T”，如：

（27）飲先從者酒，醉之，竊馬而獻之子常。（《左傳·定公三年》）

（28）蔡昭侯爲兩佩與兩裘以如楚，獻一佩一裘於昭王。（《左傳·定公三年》）

（29）明年之請以頭獻王者歲十餘人。（《韓非子·内儲説上·七術》）

（30）公儀休相魯而嗜魚，一國盡爭買魚而獻之，公儀子不受。（《韓非子·外儲説右下》）

（31）夏，季桓子如晋獻鄭俘也。（《左傳·定公六年》）

“獻”的兩個論元R和T如果在句子中只出現一個，主要有如下形式：“獻＋T”“獻＋以＋T”“獻＋於＋R”“以＋T＋獻”。

（32）秋，七月丙申，振旅，愷以入于晋，獻俘、授馘，飲至、大賞，徵會討貳。（《左傳·僖公二十八年》）

（33）既立，所宿庚宗之婦人獻以雉。（《左傳·昭公四年》）

（34）公賓庚、公甲叔子與戰於夷，獲叔子與析朱鉏，獻於王。（《左傳·哀公八年》）

（35）是歲，人有自剄死以其頭獻者。（《韓非子·内儲説上·七術》）

既然先秦存在“獻＋於＋R”的形式，如果“於”在先秦已經開始脱落或省略的話，就應該可以發現省略“於”的“獻＋R”形式，但我們並未發現這樣的例子，所以“獻＋於＋R”結構中的“於”並不能省略，“於”的省略也不是任意的。

其次，學術界一般認爲“V＋（O）＋於＋L”結構中“於”的脱落是在西漢之後，但是如上文所示，倒置雙賓句在先秦就可以發現例子，并且即使在“於”西漢脱落之後，還是可以發現“V＋T＋於＋R”的用例，如：

（36）流支讀曇謨最大乘義章，每彈指贊歎，唱言微妙，即爲胡書寫之，傳之於西域。（《洛陽伽藍記》卷四）

（37）園監於是，奉果於王。（《賢愚經》卷一）

以上問題都對古代漢語中的倒置雙賓句成因於“於”的脱落的觀點提出了進一步思考的空間。

張文（2014）認爲，漢語史中V＋T＋R語序雙賓句的形成不是簡單地由於“於”的脱落，恰恰相反，V＋T＋R語序雙賓句正是由於“於”的使用而出現的。“V＋T＋於/乎＋R”結構中,當 T 使用"之"的形式時,"之於/乎"連用時的合音現象對 V+T+R 語序雙賓句發展產生影響。根據王力(1981),"之""於"和"之""乎"合音爲"諸",就會出現"V+諸+R"的形式。在"V+諸+R"的形式中,"諸"傾向於被理解爲客事 T,這樣就會把"V+諸+R"從理解上重新分析爲一種轉移物 T 直接位於接受者 R 之前的雙賓句形式"V+諸[T]+R",從而類推出"V+T+R"形式。根據我們的考察,上古漢語中由合音現象所形成雙賓句並不少見。此外,語用因素也對 V+T+R 語序雙賓句的出現有影響作用。句末是自然焦點位置,"V+T+R"語序雙賓句中,R 處於句末焦點位置,傳達新信息,是所要凸顯的成分。V+T+R 語序雙賓句所要凸顯的是 R。另外,V+T+R 語序出現以後,"於"的脱落會對其產生影響,"V+T+Pre[於]+R"結構中"於"的脱落可以直接產生"V+T+R"語序雙賓句,這是以往學者對倒置雙賓句成因較爲認可的一種方式,此不贅述。通過以上分析可以看出,介詞"於"一方面在 V+T+R 語序雙賓句產生時是不能省略的,另一方面它的省略又促進了 V+T+R 語序雙賓句的發展。

本文對於張文(2014)所討論的原因所要補充説明的是,雖然上古漢語中,動詞和賓語之間的内部語義關係和外在形式表現是非常複雜的,存在着"死國""泣之"之類的結構,而且動詞和與事 R 之間的關係,可以是用"於"來標記的,也可以是無標記的,上古漢語中不帶介詞標記的倒置雙賓句貌似是介詞省略的并存形式,但通過考察發現,這一因素並不適用於所有的雙及物動詞,比如我們上文所討論的"獻"就不可以單獨直接帶與事 R,只有"V+於+R"而没有"V+R"。

上文討論了古代漢語倒置雙賓句與現代漢語方言倒置雙賓句存在差異,對其歷時分布狀況及成因做了分析。下面我們探究現代漢語方言倒置雙賓句的成因問題。

四 從漢語雙及物構式基本配置看倒置雙賓句的成因

漢語雙賓句是漢語雙及物構式的一種典型句式①,如果把雙賓句的研究置於類型學雙及物構式大的背景之下可以讓我們解決以往的一些難題。雙及物構式的基本配置問題是有關雙及物構式中的接受者論元(R)與客事論元(T)和單及物式中的受事論元 P 的對應關係問題的研究。研究雙及物構式基本配置的意義在於可以幫助判斷 R 和 T 在句法上和動詞 V 的緊密程度問題。類型學上研究這一問題由來已久,如:

Croft (2001:147) 提出了語義地圖來標碼核心論元,從而在一個概念空間中把及物和雙及物結構結合起來。

---

① Malchukov, Andrej, Martin Haspelmath & Bernard Comrie (2010)對雙及物構式的定義爲:雙及物構式在這裏被定義爲一種包含了一個(雙及物)動詞,一個施事論元(A),一個類似一接受者的論元(R),和一個客事論元(T)的結構。

Croft's 核心論元的概念空間(參與者角色)

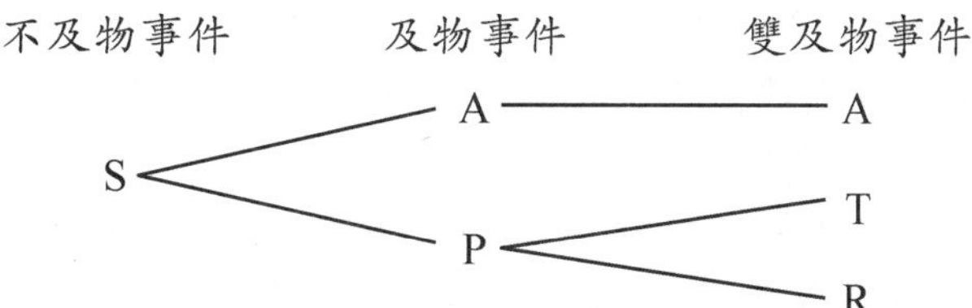

根據 Haspelmath, Martin(2005),雙及物構式的基本配置有如下幾種:

(一)間接賓語型(indirective):P=T≠R,即 T 和 P 句法地位一致,而 R 和 P 句法地位不同。這種類型的語言,如:德語、Lezgian 語。(二)次要賓語型(secundative):P=R≠T,即 R 和 P 句法地位一致,而 T 和 P 句法地位不同。這種類型的語言,如:Huichol 語、西格林蘭語。(三)中立型(neutral):P=R=T,即 R 和 T 都可以和 P 有相同的句法地位。這種類型的語言,如:Panyjima 語。表圖如下:

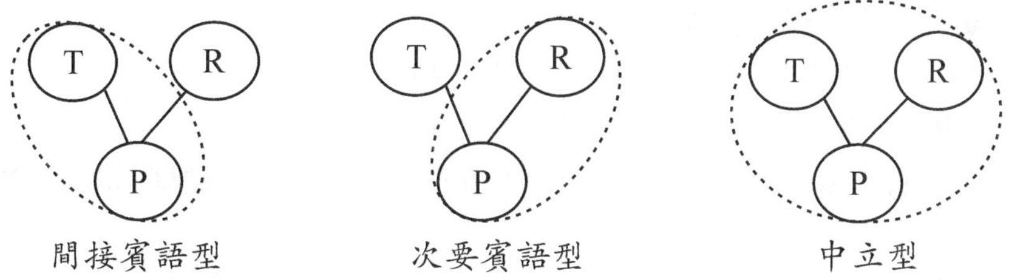

如果在一種語言中同時存在兩種以上的基本配置類型,如:同時存在間接賓語型基本配置(P=T≠R)或者次要賓語型基本配置(P=R≠T)或者中立型基本配置(P=R=T),則這種語言的基本配置爲"混合型(mixed)"①。

張文(2018)使用被動化、去被動化、疑問、關係化、反身化、互指、量化關係共七項參數來探討漢語的基本配置問題,認爲普通話中雙及物構式的基本配置爲"混合"型,即,既存在 T-轉换又存在 R-轉换,由於 R-轉换的比例高於 T-轉换的比例,所以更傾向於 R-轉换。换句話説,普通話中 R 與 V 的句法關係比 T 與 V 的句法關係更緊密。劉丹青(2001)提到"觀念距離相似性原則",即人類語言的句法有模擬語義關係距離的傾向,又分爲兩種表現形式,結構相似性和綫性相似性。結構相似性指語義關係緊密的成分在句法結構上也更加緊密;綫性相似性指語義關係緊密的成分綫性距離上也更加靠近。蔣紹愚(1999)探討了"臨摹原則"對句法結構的作用力,根據"臨摹原則",成分的組合和排列比較密切地反映現實世界的情景。本文認爲,根據張文(2018)的觀點,同時結合"觀念距離相似性原則"和"臨摹原則",可以得出這樣的結論:由於普通話中 R 與 V 的句法關係比 T 與 V 的句法關係更緊密,在結構和綫性排列上普通話中的雙賓句的優勢語序類型爲"V+R+T"的類型,這符合"臨摹原則"對語言符號組合的要求。另外需要注意的一個問題是,實際上,張文(2018)是對漢語史上雙及物構式基本配置問題的討論,現代漢語普通話僅僅是其所討論的一個時期的語言現象,根據考察結果,我們可以得出漢語史上雙及物構式的基本配置均爲"混合"型的結論,同時各歷史時期漢語雙及物構式更傾向於 R-轉换,各項參數綜合呈現出 R 與 V 的句法關係比 T 與 V 的

① 此外,還有兩種邏輯的可能性,一種是三分組合,即 R,T 和 P 彼此不同,這種方式不符合經濟性原則,因此比較少見,如僅出現在 Kayardild。另一種方式是水準組合(horizontal alignment),即 R 和 T 相同,而和 P 不同,這種方式没有區分應該區分的形式,也是不經濟的,因此更少見。

句法關係更緊密的結果。因此,結合"觀念距離相似性原則"和"臨摹原則",漢語史各歷史時期漢語雙賓句優勢語序應爲"V+R+T"。張文(2013)通過對先秦至清代漢語雙賓句的考察發現,"V+R+T"在漢語史各歷史時期均爲優勢語序類型,正符合這一結論。

對於現代漢語方言中存在的"V+T+R"語序,本文認爲是方言中的雙及物構式基本配置作用力的結果,因爲根據張敏(2011),現代漢語南方方言中的給予動詞是從持拿義動詞"拿、把、撥、擔、馱、痱、約"等衍生而來,而持拿義動詞V和持拿物T語義關係更加密切,由於"觀念距離相似性原則"和"臨摹原則"的作用力,現代漢語南方方言從持拿義動詞衍生而來的給予動詞所構成的雙賓句的句法表現爲"V+T+R"。

至於南方方言中也存在"V+R+T"形式的雙賓句,本文認爲跟"V"的句法屬性有關。如果"V"已經由持拿義動詞演變爲純粹給予動詞,和普通話的"給"有相同的句法表現(即相同的基本配置)以後,"V"與"R"的句法關係更加密切,雙賓句語序爲V+R+T。而判定"V"是否由持拿義動詞演變爲純粹的給予動詞的一個重要標準是看"V"後是否可以單獨帶"R"。因此,漢語雙賓句語序類型蘊含關係運算式爲:

Ⅰ. $V_{給}$+T+R ⊃ $V_{給}$+T(直接賓語型,T-轉換)

Ⅱ. $V_{給}$+R+T⊃ $V_{給}$+R(主要賓語型,R-轉換)

其文字表述爲:如果有"$V_{給}$+T"的結構,那麽有"$V_{給}$+T+R"結構;如果有"$V_{給}$+R"結構,那麽有"$V_{給}$+R+T"結構。如:

(38)你送五十斤米二哥⊃你送五十斤米得二哥。(黄岡話,汪化雲 2004)

(39)他給我兩本書了⊃他給我了。(普通話)

根據汪化雲(2004),黄岡話中,可以説"你送五十斤米得二哥",按照上文的結論,有"$V_{給}$+T"結構,即"送五十斤米",可以得出有"$V_{給}$+T+R"結構,即"送五十斤米二哥"。而在普通話中,可以説"他給我了",有"$V_{給}$+R"結構,即"給我",可以得出有"$V_{給}$+R+T"結構,即"給我兩本書"。

五 小結

本文通過比較漢語史上倒置雙賓句與方言中倒置雙賓句的不同,以及從類型學基本配置的角度分析倒置雙賓句,得出如下結論:

(一)現代漢語方言中的倒置雙賓句同時違反指稱表達原則、生命度原則和重量成分後置原則,是現代漢語方言語法中一類比較特殊的現象。本文通過考察倒置雙賓句的歷時分布情況,發現從先秦至清代均存在着"V+T+R"的雙賓結構,不過漢語史上和現代漢語方言中的"V+T+R"結構是不同的。本文認爲古代漢語中V+T+R語序雙賓句的出現與"之於/乎"連用時"合音"爲"諸"的現象有關。同時"V+T+R"語序雙賓句也有凸顯R是焦點的作用。

(二)從漢語雙及物構式基本配置看倒置雙賓句的成因,普通話中R與V的句法關係比T與V的句法關係更緊密,由於"觀念距離相似性原則"和"臨摹原則"作用力,普通話雙賓句的語序類型爲"V+R+T"的類型。現代漢語南方方言中的給予動詞從持拿義動詞"拿、把、撥、擔、馱、痱、約"等衍生而來,持拿義動詞V和T句法關係更加密切,由於"觀念距離相似性原則”和“臨摹原則”的作用力，現代漢語南方方言雙賓句的語序爲“V＋T＋R”。

（三）本文所得出的雙賓句語序形式的蘊含共性關係爲：如果有“$V_{給}$＋T”的結構，那麽有“$V_{給}$＋T＋R”結構；如果有“$V_{給}$＋R”結構，那麽有“$V_{給}$＋R＋T”結構。

參考文獻

[1]鄧思穎．漢語方言語法的參數理論[M]．北京：北京大學出版社，2003.

[2]何慎怡．漢英雙賓語句比較[J]．古漢語研究，1994(增刊)：42-49.

[3]黄伯榮．漢語方言語法類編[M]．青島：青島出版社，1996.

[4]黄正德．題元理論與漢語動詞題元結構研究[M]//當代語言學理論和漢語研究．北京：商務印書館，2008.

[5]劉丹青．漢語給予類雙及物結構的類型學考察[J]．中國語文，2001(5)：387-398.

[6]陸儉明．現代漢語語法研究教程[M]．北京：北京大學出版社，2003.

[7]蔣紹愚．“給”字句、“教”字句表被動的來源[M]//漢語詞彙語法史論文續集．北京：商務印書館，2012：323-345.

[8]蔣紹愚．兩次分類——再談詞彙系統及其變化[M]//漢語詞彙語法史論文集．北京：商務印書館，2001：143-158.

[9]汪化雲．鄂東方言研究[M]．成都：巴蜀書社，2004.

[10]邢福義．歸總性數量框架與雙賓語[J]．語言研究，2006(3)：1-9.

[11]張伯江．現代漢語的雙及物結構式[J]．中國語文，1999(3)：175-184.

[12]張敏．漢語方言雙及物結構類型差異的成因[M]//中國語言學集刊(第4卷)．北京：中華書局，2011：87-270.

[13]張文．漢語雙賓句歷時演變及相關結構問題研究[D]．北京：北京大學，2013.

[14]張文．漢語雙賓句構成歷時演變特點探析[J]．古漢語研究，2014(4)：58-68.

[15]張文．類型學視角下漢語雙及物構式基本配置問題研究[M]//語言類型學集刊(第1輯)．北京：世界圖書出版公司，2018：259-285.

[16]周本良．桂北平話與推廣普通話研究：臨桂義寧話研究[M]．南寧：廣西民族出版社，2005.

[17]朱德熙．語法講義[M]．北京：商務印書館，1982.

[18]祝東平．“取得、消耗”類動詞帶雙賓語的語用分析[J]．漢語學報，2007(1)：66-73.

[19]Malchukov，Andrej，Martin Haspelmath，Bernard Comrie. Studies in Ditransitive Constructions [M]. Berlin：Mouton de Gruyter. 2010.

Research on Chinese $V+O_T+O_R$ Double Object Construction

Zhang Wen

Abstract：This paper found out that there were ‘$V+O_T+O_R$’ Double Object Construction from Pre-qin to Qing Dynasty through research on the distribution of this kind of construction. There were differences between ‘$V+O_T+O_R$’ in Chinese history and in dialects. As for why the ‘$V+O_T+O_R$’ word order emerged in Chinese, we do not agree with the preposition ellipsis view unconditionally as proposed by previous scholars. We believe that the ‘$V+O_T+O_R$’ word order in Chinese History may be related to the heyin phenomena that arises when ‘*zhi*(之)*yu* (於)/ *hu* (乎)’are used together. While the ‘$V+O_T+O_R$’ word order in dialects was caused by the basic alignment of Chinese ditransitive construction. This paper pointed out the following implication universal. If there exists ‘V_{GIVE} +T’, there exists ‘$V_{給}$+T+R’; if there exists ‘V_{GIVE}+R’, there exists ‘V_{GIVE}+R+T’.

Key words: $V+O_T+O_R$, basic alignment, concept distance similarity

通信地址:中國政法大學人文學院中文系
郵　　編:102249
E-mial:zhangwen@CUPL. edu. cn

從核心義談“陶”的義位聯繫*

王雲路

内容提要 核心義是本義中所藴含的特徵義,制約一個詞大多數義項的發展,是各義位間一以貫之的聯結紐帶。本義以“陶”爲例,將它的義項歸爲三類:一是本義及其相關延伸義;二是由特徵産生的核心義,包括形狀特徵義、過程特徵義和功用特徵義等;三是音近假借義。同時也討論了近義或類義詞的同步引申、同步構詞以及比喻在漢語詞義發展中的作用等相關問題。

關鍵詞 核心義 “陶” 義位 同步構詞 比喻

爲什麽稱“陶醉”“樂陶陶”?“熏陶”“陶養”“陶冶”都是什麽結構?我們從核心義的角度解釋這個問題①。

首先介紹一下“核心義”。核心義就是本義中抽象出的特徵義。特徵義就是本義抽象性特徵的提取和概括。《説文》在解釋本義時往往揭示其特徵,這個特徵就是我們所説的核心義。我們舉幾個例子:

《説文・習部》:“習,數飛也。”

《説文・亏部》:“虧,氣損也。”段注:“引伸凡損皆曰虧。”

《説文・馬部》:“驕,馬高六尺爲驕。”《説文・夭部》:“喬,高而曲也。”

《説文・永部》:“永,水長也,象水巠理之長。”

所以,“數(頻繁、反復)”“損”“高”“長”就是“習”“虧”“驕”“永”的核心義。它們組成的並列式複音詞包括“習慣”“熟習”“實習”“習以爲常”等;“虧損”“减損”“損失”等;“驕傲”“驕逸”“驕奢”“驕悍”等;“永久”“永恒”“永遠”等。

核心義的應用就是摒棄本義的主體對象,只將特徵義提取出來,應用於其他事物。如“精”本義是精米,就是米中的精華。《説文・米部》“粲”字段注可以幫助我們理解“精”的本義:“以今目驗言之,稻米十斗,舂之爲六斗大半斗,精無過此者矣。”稻米八九斗舂成六斗米,就是“精米”,因而是米中精華,優中選優。《説文・米部》:“精,擇米也。”段注:“擇米,謂禼擇之米也。《莊子・人間世》曰:‘鼓筴播精。’司馬云:‘簡米曰精。’簡即柬,俗作揀者是也。引伸爲凡最好之稱。”《論語・鄉黨》:“食不厭精。”劉寶楠《正義》:“精者,善米也。”所以“精”的特徵義就是“最好”“純粹”。用於米之外的事物,就是特徵義的應用。所以後世用“精”,除了

---

* 基金項目:國家社會科學基金重大項目“漢語詞彙通史”(14ZDB093);教育部人文社科重點研究基地重大項目“漢語歷史詞彙語義專題研究”(19JJD740006)

① 華學誠教授《〈方言〉“陶”之訓“養”説》(載於《揚州大學學報》,2019 年第 2 期)一文,全面分析了“陶”爲何有“養”的意思,認爲是“陶”本義的引申,糾正了他自己以前認爲是假借義的觀念。對此筆者完全贊同。受華教授文章影響和啟發,筆者希望通過分析“陶”的核心義,系統揭示“陶”諸多義項間的聯繫。文中多處采用華教授文章例子,恕不一一指出。友生王健博士、劉芳博士、王誠副教授和老同學王靖宇教授提出了寶貴的修改意見,並帮助檢核原文,在此深致謝忱。

"精米"外,基本上與米無關了,只用其"純""專"之義,比喻一切美好的事物。眼珠,是眼中最主要的部分,早期用"精"表示眼目。因而"目不轉精"就是不轉動眼珠,"畫龍點精"就是畫眼珠。"精神""精彩"就是目光。"專精"稱幹事情專一,"精進"指全力做某事,"精华"指最好的部分。這裏用的都是"精"的性質特徵。

下面根據核心義的理論具體分析"陶"字諸多義項的聯繫,從而印證核心義對詞語的制約作用。

《漢語大詞典》"陶"下列有19個義項:

1.兩重的山丘。2.用黏土燒製的器物。3.燒製,燒製陶器。4.燒製陶器的工人。5.陶冶,化育。6.塑造。7.火盛貌。8.暢茂,旺盛。9.喜悦,快樂。10.憂鬱,悶悶不樂。11.方言。指秘而不宣的事,内情。12.廣大貌。13.醉貌。14.變易。15.消解,排遣。16.羽毛或毛絨所製之衣。17.通"掏"。掏挖。18.通"謟"。虚妄。19.姓。

這些義項對不對?義項間是什麽關係?我們從"陶"的本義講起。"陶"的初文作"匋"。《説文·缶部》:"匋,作瓦器也。"大徐本無"作"字,此依段玉裁《説文解字注》補。《孟子·告子下》:"萬室之國,一人陶,則可乎?"趙岐注:"萬家之國,使一人陶瓦器則可乎?"顯然"陶"是動詞,製作瓦器。《吕氏春秋·慎人》云:"陶於河濱。"高誘注:"陶,作瓦器。"《史記·五帝本紀》:"舜耕歷山,漁雷澤,陶河濱,作什器於壽丘,就時於負夏。"張守節《正義》:"於曹州濱河作瓦器也。"由此可以證明段注的補字是很有道理的。

"陶"的義項可以分爲三類:一是本義的延伸;二是特徵義的引申;三是同音假借義。

關於本義延伸,比較直接和簡單。"陶"是動詞,與本義"燒製陶器"直接相關的用法有:燒製陶器的工人稱"陶"。《周禮·考工記序》:"摶埴之工:陶、旊。"賈公彦疏:"摶埴之工二:陶人爲瓦器甑甗之屬,旊人爲瓦簋。"以後都是稱"陶人"居多。

燒製瓦器的土窯也稱"陶"。《廣雅·釋宫》:"匋,窯也。"《説文·穴部》:"窯,燒瓦竈也。"段玉裁注:"《緜》詩鄭箋云:復穴皆如陶然。是謂經之'陶'即'窯'字之假借也。……'匋''窯'蓋古今字。"這是燒制過程的自然延伸,與本義直接相關,所以屬於本義的延伸。

"陶"可以與有同類功能本義的語素組合成複音詞。《孟子·滕文公上》:"以粟易械器者,不爲厲陶冶;陶冶亦以其械器易粟者,豈爲厲農夫哉?且許子何不爲陶冶,舍皆取諸其宫中而用之?"《荀子·王制》:"故澤人足乎木,山人足乎魚,農夫不斲削、不陶冶而足械用,工賈不耕田而足菽粟。"以上二例"陶冶"謂燒製陶器和冶煉金屬,是本義的應用。

關於語音假借問題,我們最後討論。我們擬重點討論的是第二部分:特徵義的應用。因爲特徵義所制約的範圍,就是我們所説的核心義制約的範疇,也是多義詞絶大多數義位的主體部分。

一般來説,一個詞有一個本義,也就有一個特徵義。但也有的詞特徵義比較豐富。比如"利"是以刀割禾苗,就有獲利和流暢兩方面的特徵義。前者有"利益、利息、得利"等複音詞,後者有"流利、麻利、順利、快利、通利"等複音詞,可以爲證。"陶"作爲動詞,製作陶器,其特徵義也是多方面的。

一 "陶"的形狀特徵義

從形狀特徵義看，燒製陶器需要密閉，陶罐本身也有收口的特點，因而產生了鬱結和蘊藏兩個比喻用法。《書・五子之歌》："鬱陶乎予心，顔厚有忸怩。"孔穎達疏："鬱陶，精神憤結積聚之意。"南朝梁劉勰《文心雕龍・書記》："詳總書體，本在盡言，言以散鬱陶，託風采，故宜條暢以任氣，優柔以懌懷。"《舊唐書・李密傳》："（李密）鬱鬱不得志，爲五言詩曰：'金風蕩初節，玉露凋晚林。此夕窮塗士，鬱陶傷寸心。'"清黄生《義府・鬱陶》説得好："《孟》'鬱陶，思君爾'。陶者，閉穴以熄火，氣鬱於内，則不復然，以比人憂思，則氣不得伸。"所以"鬱陶"猶言"鬱鬱如在陶中"，是比喻用法。《漢語大詞典》直接把"憂鬱，悶悶不樂"列爲"陶"的義項，是不准確的①。

王念孫肯定"陶"有"憂傷"義，但是没有闡釋其得義之由②。

除了表示心理情緒，"鬱陶"在文獻中也可以形容天氣，指雲雨或暑氣等的凝聚貌，如唐杜甫《大雨》："上天回哀眷，朱夏雲鬱陶。"可以指暑氣蒸鬱，如《初學記》卷三引晋夏侯湛《大暑賦》："何太陽之赫曦，乃鬱陶以興熱。"其他如宋沈遘《七言西太乙宫致齋遣興二首》之一："城中暑雨方鬱陶，城外秋風已蕭瑟。"宋郭祥正《送孫公素朝奉還臺》："暑雨正鬱陶，流汗坐深甑。"形容人的心理情緒與天象同用一個詞，是一種類同比喻，也體現了古人天人合一的思想。王念孫説："憂思憤盈亦謂之鬱陶，《孟子》《楚辭》《史記》所云是也。暑氣蘊隆亦謂之鬱陶，摯虞《思游賦》云：'戚溽暑之陶鬱兮，余安能乎留斯。'夏侯湛《大暑賦》云：'何太陽之赫曦，乃鬱陶以興熱。'是也。事雖不同，而同爲鬱積之義，故命名亦同。"③是很有道理的。

方言中用"陶"指秘而不宣的事，内情，也是一種比喻，就是蘊藏義。《醒世姻緣傳》第八六回："吕祥道：'你京裏另娶不另娶，可是累我腿哩，怕我泄了陶，使人綴住我，連我的衣裳都不給了！'"黄肅秋校注："泄了陶，泄了底。"

這種比喻義在並列式複音詞中也有體現：

"陶緼"謂收斂掩藏。晋陸雲《晋故散騎常侍陸府君誄》："鳳翳靈條，龍竄秘泉。收逋匿耀，洪略陶緼。"

"陶鬱"謂鬱結。晋摯虞《思遊賦》："戚溽暑之陶鬱兮，余安能乎留斯？"

---

① 以上討論的都是複音詞"鬱陶"，不是單音詞"陶"，這兩者可能略有差别，但是有的義項只存在於雙音詞中，作爲語素存在，我們不能因此而忽略其含義。

② 《廣雅・釋詁二》："鬱悠，思也。"王念孫認爲"鬱陶、鬱悠古同聲"，其解説云："象曰鬱陶思君爾，則鬱陶乃思之意，非喜之意。言我鬱陶思君，是以來見，非喜而思見之辭也。……《史記・五帝紀》述象之言亦云：'我思舜正鬱陶。'又《楚辭・九辯》云：'豈不鬱陶而思君兮。'則鬱陶爲思，其義甚明，與《爾雅》之訓爲喜者不同。……又案，《爾雅》：'悠、傷，憂思也。'悠、憂、思三字同義，故鬱悠既訓爲思，又訓爲憂。《管子・内業篇》云：'憂鬱生疾。'是鬱爲憂也。《説文》：'悠，憂也。'《小雅・十月之交篇》：'悠悠我里。'毛傳云：'悠悠，憂也。'是悠爲憂也。悠與陶古同聲。《小雅・鼓鍾篇》：'憂心且妯。'《衆經音義》卷十二引《韓詩》作'憂心且陶'，是陶爲憂也。故《廣雅・釋言》云：'陶，憂也。'合言之則曰鬱陶。《九辯》'鬱陶而思君'，王逸注云：'憤念蓄積盈胸臆也。'魏文帝《燕歌行》云：'憂來思君不敢忘。'又云：'鬱陶思君未敢言。'皆以鬱陶爲憂。"

③ 見王念孫《廣雅疏證》，北京：中華書局，1983 年，第 65 頁。

二　“陶”的過程特徵義

“陶”是燒製陶器的一個過程，從黏土經過了燒製熏陶孕化，逐漸成器。那麼“孕化成器”就是過程變化的特徵。對象擴大，常比喻培養性情，所謂“陶冶性情”；也比喻治理國家，所謂“陶天下”。

現代漢語所謂比喻（轉喻、隱喻）、投射，其實就是提取的抽象性特徵。漢語造字都是如此，很少有例外。爲什麼能够比喻？因爲特徵相同，就是核心義相同。“陶”施用於燒製泥土以外的事物，就是特徵義的使用。燒製泥土以爲器物，與培養人使其成才、修养身心使其往好的方向发展、治理國家使其强盛，其内在聯繫是相同的。

陶製是一種漸變的、孕化的過程，由黏土而成陶器，用來比喻人性情的培養或國家的治理等是很自然的。我們看直接出現“猶”“若”等表示比喻的例子：

《荀子·性惡》：“然則聖人之於禮儀積僞也，亦猶陶埏而生之也。”楊倞注：“聖人化性於禮儀，猶陶人埏埴而生瓦。”①這是比喻化育性情。

《管子·任法》：“昔者堯之治天下也，猶埴之在埏也。唯陶之所以爲，猶金之在壚，恣冶之所以鑄。”這是比喻治理天下。

《商君書·畫策》：“故勝民之本在制民，若冶於金，陶於土也。”這是比喻治理民衆。

不用比喻詞，直接用“陶”也表示孕化成器：

表示治理天下：《管子·地數》：“黄帝問於伯高曰：‘吾欲陶天下而以爲一家，爲之有道乎？’”《太玄·玄告》：“歲歲相盪，而天地彌陶，之謂神明不窮。”范望注：“陶，化也。”表示陶冶性情：《後漢書·黨錮傳》：“是以聖人導人理性，裁抑宕佚，慎其所與，節其所偏，雖情品萬區，質文異數，至於陶物振俗，其道一也。”李賢注：“陶，謂陶冶以成之。”

“陶”字單用，在表示陶冶、滋養性情方面的例子比較多，可以組成動賓結構：

“陶神”。《南齊書·高逸傳·顧歡》：“仙化以變形爲上，泥洹以陶神爲先。變形者白首還緇，而未能無死；陶神者使塵惑日損，湛然常存。”

“陶氣”。南朝宋顏延之《又釋何衡陽書》：“夫陰陽陶氣，剛柔賦性。”

“陶性”，“陶性靈”。南朝梁鍾嶸《詩品》卷上：“晋步兵阮籍詩，其源出於《小雅》，無雕蟲之功。而《詠懷》之作，可以陶性靈，發幽思。”唐馬戴《同州冬日陪吴常侍閑宴》詩：“陶性聊飛爵，看山忽罷棋。”

“陶情”。唐賈島《和劉涵》：“陶情惜清澹，此意復誰攀。”宋王安石《寄李士寧先生》詩：“渴愁如箭去年華，陶情滿滿傾榴花。”《醒世恒言·蔡瑞虹忍辱報仇》：“酒可陶情適性，兼能解悶消愁，三杯五盞樂悠悠，痛飲翻能損壽。”《紅樓夢》第一二〇回：“（空空道人）一面走着，口中説道：‘原來是敷衍荒唐！不但作者不知，抄者不知，並閲者也不知；不過遊戲筆墨，陶情適性而已！’”

“陶心”。宋洪咨夔《高壺隱挽詩》：“種德黄芽鼎，陶心碧玉壺。”“種德”與“陶心”對文。明袁宗道《答劉光州書》：“即今車馬棼喧，正陶心煅性之地，自廢廢人，適維此日。”

---

① 《老子》：“埏埴以爲器，當其無，有器之用。”河上公注：“埏，和也；埴，土也。謂和土以爲器也。”

這個時候,我們已經忽略其本來的比喻用法了。

古代注釋家很明白“陶”的比喻義。如《漢書·董仲舒傳》:“或夭或壽,或仁或鄙,陶冶而成之,不能粹美。”顔師古注:“陶以喻造瓦,冶以喻鑄金也。言天之生人有似於此也。”玄應《一切經音義》卷四“陶冶”條:“陶,謂作瓦器也;冶,鑪銷者也。陶,化也,冶,消也。”

根據同步引申的詞語發展規律,同類詞語均可用於表示“孕化成器”的含義,如《抱朴子外篇·明本》:“道也者,所以陶冶百氏,範鑄二儀,胞胎萬類,醞釀彝倫者也。”“陶冶”“範鑄”“胞胎”“醞釀”都是比喻,表示“孕化成器”,就是用其核心義。用孕育生命或陶製器物作比喻,在文獻中常常是同時出現的。再如《後漢書·班固傳》:“乃先孕虞育夏,甄殷陶周。”李賢注:“孕,懷也。育,養也。甄、陶,謂造成也。《前書音義》曰:‘陶人作瓦器謂之甄。’”“孕育”其實也是用生育作比喻,但是相對直接,“甄陶”的比喻義就更明顯了。《後漢書·郅惲傳》:“甄陶品類。”李賢注:“甄者,陶人旋轉之輪也。言天地造化品物,如陶匠之成衆品者也。”宋蘇軾《内中御侍已下賀皇帝年節詞語制》:“妾等幸侍禁嚴,仰陶化育,願上萬年之壽,永膺百順之祥。”“陶化育”爲三字同義連言。

再舉幾個相關詞語:

第一,《方言》直接稱“陶”有“養”的意思,就是“孕化”的另一種表達方式。《説文·食部》:“養,供養也。”“養”的本義是用食物供養人,即養身。“養身”有(動物的)喂養、飼養,(小兒的)撫養、哺養,(老人)的供養、贍養等。現代漢語還有“養花種草”“養雞養鴨”等,説明“養”的對象早已由人擴展到動植物了。

由養身轉指養心,是“養”的抽象義的應用。“養心”專指對心靈的培養。《孟子·公孫丑上》:“我善養吾浩然之氣。”《禮記·文王世子》:“立太傅、少傅以養之,欲其知父子君臣也。”這兩個例子就是“養”表示性情心智培養的例子,與“陶”的“孕化”義相同。因而《方言》卷一:“台、胎、陶、鞠,養也。晉衛燕魏曰台,陳楚韓鄭之間曰鞠,秦或曰陶,汝潁梁宋之間曰胎,或曰艾。”又卷十三:“陶,養也。”《廣雅·釋詁一》:“陶,養也。”宋智圓《閑居編》卷十三:“自是亭臺堂閣、泉石華竹悉在作法之中矣。夫然則豈但行禪講道、陶養天真而已哉?抑又受説安恣之事,悉得而行諸且無違於佛之制也。”宋許翰《襄陵集》卷三《謝再任宫祠表》:“此蓋伏遇皇帝陛下陶養無方,感通不測。”这是“陶養”並列,也證明了“陶”“養”義近。有一個例子比較特别:宋歐陽修《新五代史》卷三十四:“初,莊宗軍中闌得一男子,愛之使冒姓李名繼,陶養於宫中以爲子。”“陶養”在這裏多表示養育義。

還有一組同義詞並舉的例子:《二程文集》卷七程顥《論經筵第一劄子》:“皇帝陛下春秋之富,雖睿聖之資得於天亶,而輔養之道不可不至。所謂輔養之道,非謂告詔以言過而後諫也,在涵養薰陶而已。”宋陳經《尚書詳解》:“王之尊重矣,則在王左右者其可輕乎?綴衣虎賁雖微,然朝夕親狎,其熏陶移養之功,直與伯任準之,彌綸康濟者相似。此冏命僕臣正而后正意,政之大者也。”宋許景衡《横塘集》卷十四:“三沐三薰,亦陶教養之澤。”以上三例爲三字或四字連言,都是“養”與“陶”以及“熏”“教”“涵”並列的例子,可以進一步印證“養”的意思。

第二,與“養”類似的“育”,同樣可以表示培養義。《説文·𠫓部》:“育,養子使作善也。”“育”本義指産子、生育。後來逐漸引申爲“成長”,“培養”,也就是“教育”。《詩·大雅·生民》:“載生載育,時維后稷。”毛傳:“育,長也。”“陶”則是燒製以成器也。因而與“陶”結合,可以構成複音詞“陶育”:

袁宏《後漢紀·光武帝紀》:"是以王者經略,必以天地爲本;諸侯述職,必以山川爲主。體而象之,取其陶育;禮而告之,歸其宗本。"

《抱朴子外篇·用刑》:"蓋天地之道,不能純仁,故青陽闡陶育之和,素秋厲蕭殺之威。"

《抱朴子外篇·博喻》:"乾坤陶育,而庶物不識其惠者,由乎其益無方也;大人神化,而群細不覺其施者,由乎治之於未有也。"

《三國志·吴志·諸葛恪傳》:"爰及於恪,生長王國,陶育聖化,致名英偉,服事累紀,禍心未萌,先帝委以伊、周之任,屬以萬機之事。"

《晋書·紀瞻傳》:"夫五行迭代,陰陽相須,二儀所以陶育,四時所以化生。"

另外,"育"的對象也同樣由人逐漸擴大到動物、植物,又引申出"飼養,培植"義。《書·旅獒》:"珍禽奇獸,不育于國。"《管子·度地》:"乃以其天材,地之所生利,養其人以育六畜。"《論衡·骨相》:"故富貴之家,役使奴僮,育養牛馬,必有與衆不同者矣。"韓愈《潮州祭神文》之二:"歲且盡矣,稻不可以復種,而蠶不可以復育也。"現代漢語中有"封山育林""育苗""育種"等,就是"育"表示培植、栽種植物義的證明。

第三,除了"陶養""陶育"外,"陶"多與抽象語素結合,構成同義並列複音詞:

《漢書·貢禹傳》:"况乎以漢地之廣,陛下之德,處南面之尊,秉萬乘之權,因天地之助,其於變世易俗,調和陰陽,陶冶萬物,化正天下,易於决流抑隊。""陶冶"與"化正"同義。

晋袁宏《後漢紀·章帝紀上》:"古之哲王,知治化本於天理,陶和在於物類,故道之德禮,威以刑戮,使賞必當功,罰必有罪。"《漢語大詞典》注釋"陶和"爲"陶冶調治",恐怕不妥,"陶和"同義並列,孕化。"陶"出好器皿是需要分寸得當的。《法言·先知》:"甄陶天下者,其在和乎? 剛則甈,柔則壞。""甄陶天下"關鍵在"和",就像燒製陶器的過程,要和土軟硬合適,就是"和",即恰如其分。《法言·先知》又説:"龍之潛亢,不獲其中矣。是以過中則惕,不及中則躍,其近於中乎!"所以"中和"是古人常常强調的治國和爲人之道。從中可以看出爲什麽用"陶"作比喻,也可以證明"陶和"當屬於同義並列結構。

還有"陶成"一詞。漢揚雄《法言·先知》:"聖人樂陶成天下之化,使人有士君子之器者也。"宋王安石《上皇帝萬言書》:"臣願陛下鑒漢、唐、五代之所以亂亡,懲晋武苟且因循之禍,明詔大臣,思所以陶成天下之才。"《醒世姻緣傳》第三五回:"那南方中的舉人進士不知費了先生多少陶成,多少指點,'鐵杵磨針',才成正果。""陶成"同義並列,與"陶化""陶育""陶養"等結構相同,就是孕化。《漢語大詞典》注釋"陶成"爲"陶冶使成就"恐怕也不妥。

複音詞"熏陶""蒸陶",也是同義並列結構。"熏"是用火烟熏炙、"蒸"是蒸騰,都與"陶"近似,核心含義是化育。又有"融陶"。明祝允明《懷星堂集》卷十六《葛先生墓補志》:"融陶性情,比排宫商。"

還需要説明的是:"陶"之"孕化"義與"變易"義是不同的。《漢語大詞典》解釋"陶"義項,有"變易",這個解釋不准確。"孕化"與"變化"不同:孕化强調過程,是漸進的,而且是從無到有的正向的變化;變化是結果,可快可慢,且可好可壞。《孟子·離婁下》:"中也養不中,才也養不才,故人樂有賢父兄也。"朱熹注:"養,謂涵育熏陶,俟其自化也。"上文提及《漢書·貢禹傳》"陶冶萬物,化正天下",就是"孕化"的含義。此例也進一步印證《方言》對"陶,養也"的解釋。有"孵化",没有"孵變",也可以看出"變"與"化"的不同。

《廣雅·釋詁三》:"匋……變,七(化)也。"王念孫《疏證》云:"匋者,《管子·地數篇》云:'吾欲陶天下而以爲一家。'《淮南子·本經訓》云:'天地之合和,陰陽之陶化萬物,皆乘一氣者也。'是陶爲化也。'匋''陶''匕''化'並通。《衆經音義》卷五引韓詩云:'上帝甚陶。'陶,變也,變亦化也。"所以"陶"的意思還是"化","化成""孕化",王念孫引文需要仔細辨析理解。

我們看相關的雙音詞,有"陶化",幾乎没有發現"陶變":

《全後漢文》卷六十一皇甫規《女師箴》:"昔在軒轅,陶化正刑;刑於壼闈,以臨百官。"

三國魏嵇康《太師箴》:"浩浩太素,陽曜陰凝。二儀陶化,人倫肇興。"

《全三國文·嵇叔良〈魏散騎常侍步兵校尉東平相阮嗣宗碑〉》:"先生諱籍,字嗣宗,陳留尉氏人也。厥遠祖陶化於上世,而先生弘美於後代。"

《晋書·阮種傳》:"所以防遏暴慢,感動心術,制節生靈,而陶化萬姓也。"似乎没有看到"陶變"成詞,恐怕也是一個證據吧。

三國魏嵇康《答釋難宅無吉凶攝生論》:"至公侯之命,稟之自然,不可陶易。"戴明揚校注:"《一切經音義》引《詩》注:'陶,變也。'"側重在變化。《漢語大詞典》據此解釋"陶易"爲"變易,變更"。這是個特例。《淮南子·道應》:"天地之間、六合之内,可陶冶而變化也。"這個"變化"也是正向的。

《淮南子·主術》:"横扃四方而不窮,禽獸昆蟲與之陶化。"王念孫曰:"《文子·精誠篇》'陶化'作'變化'。""陶化"不等於"變化",這裏似乎用"變化"爲好,尚難以確定。

另外,"陶"的"孕化"義也含有融合而成的意思,以下雙音詞比較明顯:

清黄景仁《太白墓》詩:"陶鎔屈宋入大雅,揮灑日月成瑰詞。"清黄鷟來《述别敘懷》詩之四:"陶謝與李杜,大冶歸陶鎔。"

《隋書·高祖紀上》:"五氣陶鑄,萬物流形。" 明謝肇淛《五雜俎·人部三》:"右將軍陶鑄百家,出入萬類,信手拈來,無不如意。"這都是"變""易"所不具備的。

三　"陶"的功用特徵義

由燒製的陶器還可以進一步引申出喜悦快樂義。《禮記·郊特牲》:"器用陶匏,以象天地之性也。"孔穎達疏:"陶謂瓦器,謂酒尊及豆簋之屬。"陶器可以做酒樽,可以舉杯飲酒,因而有喜悦、快樂義。這是燒製結果功用的引申。换句話説,就是燒製的成品——陶器功能義的引申:快樂。

我們看看陶器的部分功用。《説文·鬲部》:"鬲,鼎屬也。實五觳。"段注:"《釋器》曰:'鼎款足者謂之鬲。'《考工記》:'陶人爲鬲。'"《説文·瓦部》:"甑,甗也。"段注:"《考工記》:'陶人爲甑,實二鬴,厚半寸,脣寸,七穿。'按甑所以炊烝米爲飯者,其底七穿,故必以箅蔽甑底,而加米於上,而餴之,而餾之。"《説文·瓦部》:"甗,甑也。一穿。"段注:"陶人爲甗。……無底,即所謂一穿。蓋甑七穿而小,甗一穿而大。……《釋名》曰:'甗,甑也。甑一孔者,甗形孤出處似之也。'按此謂似甑體而已。"

除了酒樽,裝五穀的,盛食物的,燒飯用的,祭祀用的,都可以是陶器。這些功用都有益處,但能够給人直接帶來快樂的,則非酒莫屬。

《禮記·檀弓下》:"禮道則不然,人喜則斯陶,陶斯詠,詠斯猶,猶斯舞,舞斯愠,愠斯戚,戚斯歎,歎斯辟,辟斯踊矣。"孙希旦注:"喜心鼓蕩於内而欲發也。"這裏的"陶"確實表示的是情感愉悦，也許是飲酒作樂的意思，謂人喜則飲酒，飲酒陶醉則吟詠。南朝宋謝靈運《酬從弟惠連》詩之四："儻若果歸言，共陶暮春時。"唐張祜《高閑上人》詩："陶欣入社叟，坐怯論經儔。"唐高嶠《晦日重宴》詩："别有陶春日，青天雲霧披。"以上"陶"也應當是飲酒歡樂義。

以下語境中表示的快樂義都明顯與"飲酒"相關：晋陶潛《時運》詩："邈邈遐景，載欣載矚。稱心而言，人亦易足。揮兹一觴，陶然自樂。"《晋書・劉伶傳》："(伶)惟著《酒德頌》一篇。其辭曰：'先生於是方捧罌承槽，銜杯漱醪，奮髯箕踞，枕麴藉糟，無思無慮，其樂陶陶。'"唐李白《春歸終南山松龍歸隱》詩："且復命酒樽，獨酌陶永夕。"《下終南山過斛斯山人宿置酒》："我醉君復樂，陶然共忘機。"唐李咸用《曉望》詩："好駕觥船去，陶陶入醉鄉。"唐崔曙《九日登仙臺》詩："且欲近尋彭澤宰，陶然共醉菊花杯。"唐黄滔《書崔少府居》詩："魯史蜀琴旁，陶然舉一觴；夕陽明島嶼，秋水淺池塘。"明高啟《立秋前三日過周南飲雷雨大作醉後走筆書壁間》詩："三杯不覺已陶然，此身竟到無何有。"清顧易《律陶》詩："敝廬何必廣，濁酒且自陶。"

快樂是相通的，舉杯飲酒的快樂稱爲"陶"，其他寄情山水等快樂也稱爲"陶"①。《詩・王風・君子陽陽》："君子陽陽，左執簧，右招我由房。……君子陶陶，左執翿，右招我由敖，其樂只且。"毛傳："陶陶，和樂貌。"②《文選・枚乘〈七發〉》："掩青蘋，遊青風；陶陽氣，蕩春心。"李善注："薛君《韓詩章句》曰：'陶，暢也。'""暢"就是暢快。唐韓愈《送區册序》："與之翳嘉林，坐石磯，投竿而漁，陶然以樂。"宋蘇軾《觀湖》詩之一："釋梵茫然齊劫火，飛雲不覺醉陶陶。"宋葉適《朝請大夫直龍圖閣致仕沈公墓志銘》："人視之憒憒，而公陶然有以自樂，不顧也。"元張可久《湘妃怨・德清觀梅》曲："泠泠仙曲紫鸞簫，樹樹寒梅白玉條，飄飄野客烏紗帽，花前相見好，倚春風其樂陶陶。"清厲鶚《東城雜記・灌園生》："歌既闋，幽情暢，白露下，初月上，陶然一適，混乎無象。"清曹寅《飲浭酒》詩："眷言酌昆友，陶然知水奇。"正如歐陽修《醉翁亭記》所言："醉翁之意不在酒，在乎山水之間也。"③

"陶"與其他語素組合構成並列式複音詞，也表示和樂。前蜀杜光庭《馬尚書本命醮詞》："伏聞元化運行，三才資始。體乾坤而成象，感陶煦以凝神。""陶煦"同義並列，和樂貌。

宋歐陽修《書梅聖俞稿後》："哆兮其似春，淒兮其似秋，使人讀之可以喜，可以悲，陶暢酣適，不知手足之將鼓舞也。""陶暢酣適"屬於四字的同義並列，表示舒暢。

元馬致遠《喬牌兒》曲："醉魂縹緲，啼鳥驚回，兀兀淘淘，窗外三竿，紅日未高。"《漢語大詞典》解釋"淘淘"爲"和樂貌"，其實是"陶陶"的借字。

"陶"的快樂義施用於植物，就是生長茂盛，這就是植物的快樂舒暢。《後漢書・文苑傳上・杜篤》："畎瀆潤淤，水泉灌溉，漸澤成川，粳稻陶遂。"李賢注："薛君注《韓詩》曰：'陶，暢也。'《爾雅》曰：'遂，生也。'""陶遂"就是旺盛地生長。

"陶"何以有高興義，前人也有解釋。《禮記・檀弓下》"人喜則思陶"漢鄭玄注："陶，鬱陶也。"孔穎達疏："鬱陶者，心初悦而未暢之意也。"這是爲了遷就"憂傷"義。

《廣雅疏證》"鬱悠，思也"條下，王念孫認爲"鬱悠"就是"鬱陶"，他作了進一步的解釋：

---

① 但從現有文獻語例上看，表示其他快樂的"陶陶"使用較早，表示喝酒快樂的"陶陶"要晚一些。

② 鄭玄箋云："陶陶猶陽陽也。"

③ 上面兩段提到形容快樂，多爲"陶陶""陶然"這樣的雙音節詞，與單用有所不同，但是不能因此否定"陶"的快樂義。只是目前的證據尚不充分。

"《爾雅》云:'鬱陶、繇,喜也。'又云:'繇,憂也。'則繇字即有憂、喜二義,鬱陶亦猶是也。是故喜意未暢謂之鬱陶。《檀弓正義》引何氏《隱義》云:'鬱陶,懷喜未暢意。'是也。憂思憤盈亦謂之鬱陶,……暑氣藴隆亦謂之鬱陶,……事雖不同,而同爲鬱積之義,故命名亦同。"關於"陶"有鬱積、悲傷義,第一節已有分析。孔穎達與王念孫認爲"喜意未暢謂之鬱陶",則似與情理不合,喜意未宣泄也不能轉爲憂的。而且"喜意未暢"是一種什麽狀態?小喜?竊喜?不得而知。"陶"兼有鬱積憂傷和喜樂義,應當出於不同的引申途徑。

段玉裁对此也有解釋。《説文·人部》:"傜,喜也。"段玉裁注:"喜下曰:'樂也。'《王風》'君子陶陶',傳曰:'陶陶,和樂皃也。'陶陶即傜傜之假借也。凡言遥遥、猷猷皆叠字,則知可作傜傜矣。《釋詁》曰:'繇,喜也。'繇亦即傜。郭注以《檀弓》'詠斯猶'釋繇,殊誤。鄭云'猶當爲摇,謂身動摇也。'"又《説文·欠部》:"猷,猷猷,氣出皃。"段注:"按,《詩》'君子陶陶',傳曰:'陶陶,和樂皃。'疑正字當作猷,又鬱陶字亦當作此。"是段玉裁認爲"陶陶"的本字當是"遥遥、猷猷"。但是文獻中出現的是"陶陶",而未見其他寫法,段注缺乏根據①。

另外,《詩·鄭風·清人》:"清人在軸,駟介陶陶。"毛傳:"陶陶,驅馳之貌。"陸德明《釋文》:"陶,徒報反。"據此,詞典釋"陶陶"爲"驅馳貌"。此説亦無據。這首詩的全文是:

> 清人在彭,駟介旁旁。二矛重英,河上乎翱翔。
>
> 清人在消,駟介麃麃。二矛重喬,河上乎逍遥。
>
> 清人在軸,駟介陶陶。左旋右抽,中軍作好。

據《説文·馬部》:"騯,馬盛也。从馬旁聲。《詩》曰:'四牡騯騯。'"段注認爲:"也當作皃。旁,溥也。此舉形聲包會意。……《小雅·北山》:'四牡彭彭。'傳曰:'彭彭然不得息。'《大雅·烝民》:'四牡彭彭。'箋云:'彭彭,行皃。'《大明》:'四騵彭彭。'箋云:'馬强。'疑皆非許所稱。《鄭風·清人》:'駟介旁旁。'蓋許稱此,而'駟介'轉寫譌'四牡'耳。許所據旁作騯,毛傳本有'騯騯,盛皃'之語,後逸之。二章曰:'麃麃,武皃。'三章曰:'陶陶,驅馳皃。'則知首章當有'騯騯,盛皃'矣。"

段玉裁認爲:"旁"當是"騯",是馬盛大、强壯之義。"麃麃",毛傳:"武貌。"那麽,"陶陶"當是馬快樂貌。因爲三段中馬都在奔跑。前兩段的"翱翔""逍遥"都是形容馬奔跑貌。前面的三個詞似乎應當形容馬的强壯、勇武和快樂。

《楚辭·王逸〈九思·守志〉》:"攄羽翮兮超俗,遊陶遨兮養神。"王逸注:"陶遨,心無所繫。"據此,《漢語大詞典》釋"陶遨"爲"無牽無掛貌",也不够准確,"陶遨"爲同義並列,謂快樂。"遨"就是"遨遊",因而可以有快樂義。《説文·放部》:"敖,出遊也。"段注:"《邶風》曰:'以敖以遊。'敖、遊同義也。""遊陶遨"當是三字連言,謂逍遥快樂。

那麽,"陶"的快樂義,是燒製成器之樂,還是陶樽飲酒之樂?抑或是陶冶孕化之樂?我以爲是陶樽飲酒之樂。除了上述飲酒與"陶陶"的文獻用例之外,還有以下兩個根據。

根據之一是因爲"鑄、鑠、鎔、煅、冶"以及"養、育"等相關詞語都有"孕化"義,就是培育、

① 但是文獻中確實有"鬱陶"表示歡樂義的用例。如南北朝謝朓《直中書省詩》:"朋情以鬱陶,春物方駘盪。"唐劉知幾《次河神廟虞參軍船先發余阻風不進寒夜旅泊》詩:"何當欣既覯,鬱陶共君叙。"唐虚中《贈秀才》詩:"誰解伊人趣,村沽對鬱陶。"宋晁説之《試邁侄所寄冷金箋》詩:"不煩鐘鼓强聊蕭,自有詩書共鬱陶。"明湯顯祖《紫簫記·遊仙》:"春心鬱陶,春色嬌嬈,花前雁後同歡笑。"如何解釋這種現象?筆者以爲也許前人的訓釋起了誤導作用。

造就,但是都没有快樂義。比如:

陶鑄:《莊子·逍遥遊》:"是其塵垢粃糠,將猶陶鑄堯舜者也。"南朝梁劉勰《文心雕龍·徵聖》:"陶鑄性情,功在上哲。"周振甫注:"陶,製瓦器;鑄,冶煉。指教育培養。"

陶冶:《淮南子·俶真》:"包裹天地,陶冶萬物。"

陶鑠:三國魏嵇康《明膽論》:"夫元氣陶鑠,衆生稟焉。賦受有多少,故才氣有昏明。"戴明揚注:"陶鑠,猶陶冶。"

陶鈞:《宋書·文帝紀》:"將陶鈞庶品,混一殊風。"唐孫過庭《書譜》:"必能傍通點畫之情,博究始終之理,鎔鑄蟲篆,陶鈞草隸。"

陶染:南朝梁劉勰《文心雕龍·體性》:"然才有庸儁,氣有剛柔,學有淺深,習有《雅》《鄭》;並情性所鑠,陶染所凝。是以筆區雲譎,文苑波詭者矣。"

陶鎔:前蜀貫休《酬王相公見贈》詩:"九德陶鎔空有迹,六窗清净始通禪。"宋王禹偁《謝除禮部員外郎知制誥啟》:"敢不慎修儒行,演暢皇猷,庶憑翰墨之功,少答陶鎔之力。"

熔陶:宋周密《齊東野語·傅伯壽以啟擢用》:"首明趨向,願出鎔陶。"

當然,即便都有"孕化"義,也還是渾言無别,析言則差别存在。"鑄、鑠、鎔、煅、冶"等對象是青銅金屬,多以高温鑄器,俗語"真金不怕火煉"即是。而"陶"是使土爲之,製作過程中更强調土質以及與水的融合,还有燒製的温度控制。因此同樣表達製作器具義的"陶"就比"鎔""鑄"等柔和了很多,因此發展出了怡情养性之義。現代漢語"鑄造""熔鑄"等词隱含堅毅、剛强之義,而"陶冶"等的對象往往是情操、性情。

根據之二是古人遠在8000—9000年前就有了製陶飲酒的經歷①。

酒與酒器密不可分。從字形上看,"酒"從水從酉,"酉"即酒器之形,羅振玉《殷墟文字類編》:"酒,象酒由尊中挹出之狀。"而酒器的種類也有很多,如盛酒器、飲酒器等,這些早期的酒器正是以陶爲主。

我國製陶歷史悠久,《逸周書》就有"神農耕而作陶"之語。很多史前時代的遺址中都出現了大量的陶製生活器皿,江西萬年仙人洞遺址發現的陶器殘片,一直被視爲早期陶器的代表,如圖1②。甘肅秦安大地灣遺址一期(文化年代距今約8000—7000年),已經出現了形制豐富的陶器類型,如圜底鉢、圜底碗、圈足碗、圈足罐、深腹罐、球腹壺、杯等,如圖2③。

圖1 仙人洞遺址出土紅砂陶平底器底殘片

圖2 大地灣遺址一期出土陶杯

圖3 上山遺址出土陶器

① 具體報道見於 https://mp.weixin.qq.com/s/9oX4lZTAztOy9rxM4-Th4A.

② 參見江西省博物館《江西萬年大源仙人洞洞穴遺址第二次發掘報告》,《文物》1976年第12期。

③ 參見甘肅省博物館、秦安縣文化館大地灣發掘小組《甘肅秦安大地灣新石器時代早期遺存》,《文物》1981年第4期。

距今10000—8500年的浙江上山文化遺址中，也出現了陶器群，見圖3①。而近年發掘的浙江義烏橋頭遺址，作爲上山文化時期重要聚落遺址，也出現了大量保存較完好的陶器，製作精美，器型較爲完整。見圖4②。其中一個拿到斯坦福大學去化驗，裏面有盛酒的痕迹③。值得一提的是，2019年8月發掘的橋頭遺址中，墓葬中發現了一具完整的人骨，身前有一個完好的陶罐。這是浙江地區發現的年代最早的人類骨骼遺存，距今約九千年，陶罐即爲隨葬品。

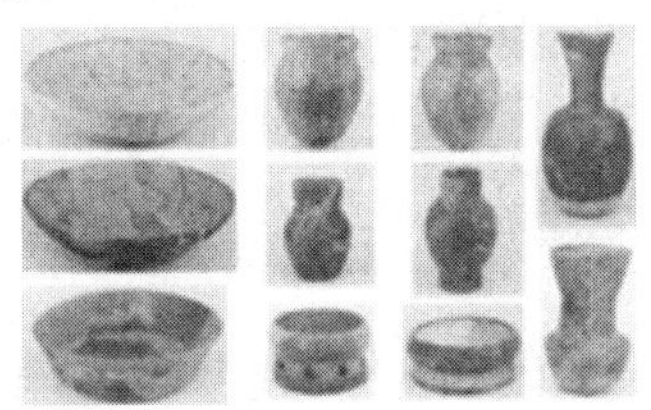

圖4 上山橋頭遺址出土陶器

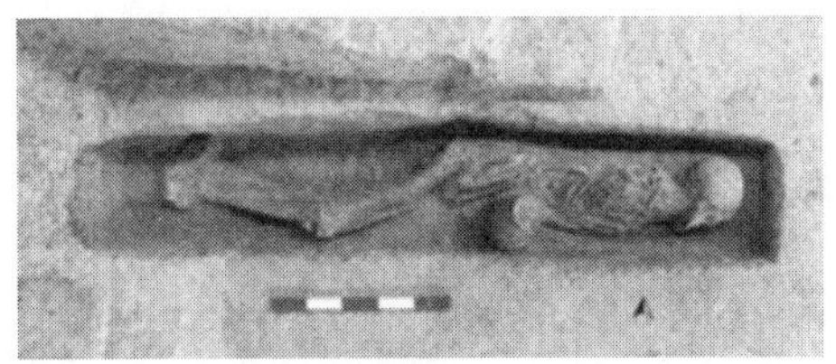

圖5 上山橋頭遺址出土墓葬

而“鑄、鑠、鎔、煅、冶”等冶金製品（青銅器等）的出現應當晚於陶器，所以早期作爲酒樽使用的是陶製品。那麽，陶樽就是喝酒快樂的代名詞了。綜合以上文獻和考古材料，筆者以爲用陶樽飲酒來解釋“樂陶陶”和“陶醉”恐怕是比較合理的。未敢自必，也許會有更合適的解釋，期待來者。

以上可以看出，詞的特徵義所以稱爲“核心義”，是因爲它在詞義產生中起決定作用。另外，同音或音近假借義，是詞語使用中一個普遍的現象；一般認爲假借是文字問題，不屬於詞義變化，但是在詞典列義項時還是需要占據不小的比例。下面我們討論“陶”的假借義。

1. 通“掏”。掏挖。宋梅堯臣《陶者》詩：“陶盡門前土，屋上無片瓦。十指不霑泥，鱗鱗居大厦。”《蕩寇志》第一二〇回：“那班無賴子弟弄得嫖賭精空，起心此圖，想賺去賣了，陶成幾個嫖賭本錢。”按：“陶”通“掏”。“陶成”猶撈回。

2. 通“謟”。虚妄。參見“陶誕”。

3. 通“淘”。參見“陶泄”“陶洗”。消解，排遣義由“淘”產生。

“陶泄”即“淘泄”，謂發泄，排遣。元王實甫《西厢記》第四本第四折：“别恨離愁，滿肺腑難陶泄。除紙筆代喉舌，千種相思向誰説？”

“陶洗”即“淘洗”，謂革除；滌除。明胡震亨《唐音癸籤·評匯七》：“惟杜老有勘酌，此等語不肯輕下，然如‘何日霑微禄，歸山買薄田’等，亦未能陶洗净盡，爲有識者所微窺云。”明王世貞《藝苑卮言》卷四：“陳正字陶洗六朝鉛華都盡，托寄大阮，微加斷裁，而天韻不及，律體時時入古，亦是矯枉之過。”現在有“淘米”，就是其義。

4. 通“滔”。大、盛義。

① 參見浙江省文物考古研究所、浦江博物館《浙江浦江縣上山遺址發掘簡報》，《考古》2007年第9期。

② 上山橋頭遺址資料來自國家文物局新聞“浙江義烏橋頭遺址發現距今9000年左右上山文化環壕—臺地聚落”（2019年8月13日），網址：http://www.sach.gov.cn/art/2019/8/13/art_722_156349.html.

③ 浙江省文物考古研究所研究員蔣樂平説：“我們判斷，這是一隻酒器。因爲在陶壺裏的殘餘物中發現了一種加熱產生的糊化澱粉，後來送到了斯坦福大學去做檢測研究，專家認爲殘留物與低温發酵的損傷特徵相符。”

(1)“陶陶”,猶“滔滔”,廣大貌。參見“陶陶”。漢應劭《風俗通·山澤·四瀆》:“《詩》云:‘江漢陶陶。’”王引之《經義述聞·毛詩下》:“《風俗通義·山澤篇》引此詩曰‘江漢陶陶’,陶與滔古字通。”《廣雅·釋訓》:“淘淘,流也。”王念孫《疏證》:“淘淘與滔滔同。《小雅·四月》篇:‘滔滔江漢。’毛傳:‘滔滔,大水貌。’”元費唐臣《貶黄州》第一折:“直貶過淘淘大江,不信行人不斷腸。”《水滸傳》第一一一回:“此時正是初春天氣,日暖花香,到得揚子江邊,憑高一望,淘淘雪浪,滚滚烟波,是好江景也。”這也是“滔滔”的假借字,表示大水貌。

(2)“陶陶”,猶“滔滔”,陽氣極盛貌。《史記·屈原賈生列傳》:“乃作《懷沙》之賦。其辭曰:‘陶陶孟夏兮,草木莽莽。’”《楚辭·懷沙》作“滔滔孟夏”。王逸注:“滔滔,盛陽貌也。言孟夏四月,純陽用事。”漢徐幹《答劉公幹詩》:“陶陶諸夏别,草木昌且繁。”明吴甡《五日寄王子象山》詩:“冉冉時序侵,陶陶夏維午。”

(3)“陶陶”,猶“滔滔”,漫長貌。《楚辭·王逸〈九思·哀歲〉》:“冬夜兮陶陶,雨雪兮冥冥。”原注:“陶陶,長貌。”

小結:

“陶”梳理後的義項包括三部分:

本義及其相關延伸義:1. 燒製陶器,燒製。2. 用黏土燒製的器物。3. 燒製陶器的工人。4. 窯,燒製陶器的竈、窑。

特徵義的比喻和引申:5. 密閉,比喻鬱悶。6. 密閉,比喻藴藏。7. 用陶器飲酒,指飲酒快樂,醉貌;快樂。8. 比喻指植物生長茂盛。9. 孕化,比喻治理國家。10. 比喻培養性情。也指怡情。

音近假借義:11. 通“淘”。消解,排遣。12. 通“滔”。廣大貌。13. 通“掏”。撈取。14. 通“謟”。虚妄。

幾點啟示:

1. “陶”與“鑄、鑠、鎔、煅、冶”都有孕化義,從而證明近義或類義詞有詞義同步引申的規律;

2. 有“陶冶”“陶鑄”“陶養”“陶化”“陶育”等複音詞,可以證明單音詞有同義並列的構詞規律,以及同步構詞的規律;

3. 比喻(隱喻、轉喻等)是漢語古已有之的規律,在漢語詞義發展中最爲常見;

4. 由本義中抽取出的特徵義制約一個詞大多數義項發展,因而可以稱爲核心義。

徵引書目

西漢·司馬遷《史記》(修訂本),中華書局,2013。

清·段玉裁《説文解字注》,上海古籍出版社,1981。

清·王念孫《廣雅疏證》,中華書局,1983。

清·王引之《經義述聞》,江蘇古籍出版社,2000。

清·錢繹《方言箋疏》,中華書局,1991。

清·阮元校刻《十三經注疏》,中華書局,1980。

參考文獻

[1]華學誠.《方言》“陶”之訓“養”説[J]. 揚州大學學報(人文社會科學版),2019,23(02):74-81.
[2]蔣樂平. 浙江浦江縣上山遺址發掘簡報[J]. 考古,2007(09):7-18+97-98+2.
[3]李家和. 江西萬年大源仙人洞洞穴遺址第二次發掘報告[J]. 文物,1976(12):23-35.
[4]王雲路,王誠. 漢語詞彙核心義研究[M]. 北京大學出版社,2014.
[5]閻渭清. 甘肅秦安大地灣新石器時代早期遺存[J]. 文物,1981(04):1-8.

On the Relations between Various Senses of Polysemous Word *tao*(陶) from the Perspective of Core Meaning

Wang Yunlu

Abstract: Core meaning, the characteristic sense abstracted from the original meaning, governs and restricts the development of various senses of the polysemous word. This paper discusses the various senses of the word *tao* (陶), which are divided into three categories: first, the original meaning and its extensions; second, the core meaning related to semantic features, including characteristics of shape, process and function; third, loaned meanings. Meantime, the issues of synchronous extension, synchronous word—formation and the function of metaphor in the extension of word meaning are also discussed.

Key words: core meaning, *tao* (陶), sense; synchronous word-formation, metaphor

通信地址:浙江省杭州市西湖區餘杭塘路 866 號浙江大學紫金港校區西區人文大樓古籍研究所/漢語史研究中心
郵　　編:310058
E-mail:wylu@zju. edu. cn

“財用錢三十”用來買什麽？*

胡敕瑞

内容提要　本文結合出土文獻，考證了樂府古辭《雁門太守行》中的“財用錢三十，買繩禮竿”一句。考證的結論是古辭中的“財用錢”是指用來購買文具的專款，古辭中的“繩禮竿”當讀作“繩札簡”。傳世文獻《太平經》中的“財用/才用”與出土文獻中的“財用”用法相似，指文書用品，這是漢代值得注意的一種用法。

關鍵詞　詞語考釋　漢代樂府　出土文獻

一

郭茂倩《樂府詩集》卷三十九“相和歌辭十四”收有古辭《雁門太守行》：

> 孝和帝在時，洛陽令王君，本自益州，廣漢蜀民。少行官學，通五經論。（一解）明知法令，歷世衣冠。從温補洛陽令。治行致賢，擁護百姓，子養萬民。（二解）外行猛政，内懷慈仁。文武備具，料民富貧。移惡子姓，篇著里端。（三解）傷殺人，比伍同罪對門，禁鎦矛八尺。捕輕薄少年，加笞决罪，詣馬市論。（四解）無妄發賦，念在理冤。敕吏正獄，不得苛煩。財用錢三十，買繩禮竿。（五解）賢哉賢哉，我縣王君。臣吏衣冠，奉事皇帝。功曹主簿，皆得其人。（六解）臨部居職，不敢行恩。清身苦體，夙夜勞勤。治有能名，遠近所聞。（七解）天年不遂，蚤就奄昏。爲君作祠，安陽亭西，欲令後世，莫不稱傳。（八解）①

《古今樂録》曰：“王僧虔《技録》云‘《雁門太守行》歌古洛陽令一篇’。”②古洛陽令指東漢洛陽令王涣。古辭共有八解（即八個小章節），用語簡樸直白，辭義大致明曉，主旨是歌頌洛陽令王涣的政績能名。唯有第五解中的“財用錢三十，買繩禮竿”兩句，文意不甚了了，後世多有誤解。

先來看幾家著名選家對“財用錢三十，買繩禮竿”兩句是怎樣解釋的。

> （1）黄節《漢魏樂府風箋》（1958：34）：“財與纔古通用。《漢書·杜欽傳》：‘迺爲小冠，高廣財二寸’，《霍光傳》：‘長財七尺三寸’，皆以財爲纔。”“此謂無妄發賦而假與貧民田，纔用錢三十分便可買繩折竹以治其地也。禮，理也。治也。”

---

*　基金項目：教育部人文社會科學重點研究基地重大項目“基於上古漢語語義知識庫的歷史語法與詞彙研究”（18JJD740002）。感謝沈培、劉樂賢先生分别提示、提供相關材料。拙文草成後，看到孟彦弘先生《釋“財用錢”》一文，其文已注意到《雁門太守行》中“財用”的特殊用法，並提及“王（子今）先生還認爲此處（即“買繩禮竿”）之‘禮’似可讀爲‘札’。”孟文對《雁門太守行》中的“財用錢三十，買繩禮竿”未作詳細討論，因此拙文或有補充論證的價值。

①　參郭茂倩《樂府詩集》（1979：574）。又見《宋書·樂志》，文字略有出入。

②　游國恩（2015：364）謂“此篇歷叙王涣政績特詳，與民歌異。蓋當日文人之所作也”。

(2)余冠英《樂府詩選》(1953:38):"財,即'纔'。"又注"買繩禮竿"云:"'禮'通'理',治也。這兩句是説貧民借得公田,用繩索竹竿來圈地,而所費不過三十錢罷了。"

(3)曹道衡《樂府詩選》(2000:54):"財:同'才',只有。禮:同'理',治理。這句是説把公家園地的空地賣給平民,只須插上竹竿用繩子圍上,即可自行耕作,花錢只有三十。"

(4)周秉高《全先秦兩漢詩》(2011:59):"財,同"才"。禮,同'理',治。二句意爲:百姓借得公田後,用繩索和竹竿量地,只需花三十錢。"

四家的解釋大同小異,均認爲"財用錢三十"中的"財"通"才/纔","買繩禮竿"中的"禮"通"理"①。"財"通"才/纔""禮"通"理"音理没有問題,古籍中也見相通的例子。但是具體到"財用錢三十,買繩禮竿"兩句,以"財"通"才/纔"、以"禮"通"理"的看法是有問題的。下面先來討論"買繩禮竿",然後再來討論"財用錢三十"。

二

《雁門太守行》"買繩禮竿"中的"禮",明代馮惟訥《古詩紀》卷十六注云一作"理"。明代梅鼎祚《古樂苑》卷二十收録了這首古辭,該句即作"買繩理竿"。現代注家把"買繩禮竿"中的"禮"讀同"理"(治理),大概是受了明代别本作"理"的影響。然而明代作"買繩理竿"的本子,很可能是由於不明"買繩禮竿"的文意而臆改的。作"理"應該不是古辭的原貌。然而,如果原文不作"買繩理竿",而作"買繩禮竿",也是講不通的。"買繩禮竿"中的"禮"字疑有誤。"禮",《説文》古文即作"礼",漢簡隸書也有寫作"礼"的,例如:

肩水簡73EJT37:55:言之東脩禮里田忠自言田鰈得介在亭西二舍北□□□
□律令　　/掾竟令史豐②

例中的"東脩禮里"是一個邑里名,其中"禮"簡文寫作[字形]。這種簡寫的"礼"與下面這些漢簡中的"札"字很相似:

[字形]敦煌簡1402　　[字形]居延簡10.9　　[字形]居延簡10.14

"礼"與"札"字形相似,古籍中多見兩字相誤例③。例如:

《論衡·謝短》:"古者采詩,詩有文也。今詩無書,何知非秦燔五經,詩獨無餘禮也?"

孫詒讓曰:"'禮'疑'札'之誤,'札'誤爲'礼',轉寫作'禮',遂不可通。(《莊子·人間世篇》:'名也者,相札也。'《釋文》引崔譔云:'札'或作'禮'。與此誤同。)"④又如:

《文心雕龍·時序》:"及明、章叠耀,崇愛儒術,肄禮璧堂,講文虎觀,孟堅珥筆於國

① 其他注釋本多持相似的説法。如王青、李敖慶(2014:83):"財,同'才',僅僅。""禮:通'理',治也。《古詩紀》云:一作'理'。這兩句話是説貧民借得公田,用繩索竹竿來圈地,而所費不過三十錢。"

② 甘肅簡牘博物館等編(2015:38)。

③ 《讀書雜志·墨子雜志》(1985:627)"禮書"條,列舉了《墨子·雜守》《莊子·人間世》《淮南子·説林》"札""礼"相誤之例。

④ 《札迻》(1989:278-279)。括號内文字,原文爲小字注釋。

史,賈逵給札於瑞頌。”

王利器《校證》:“‘札’原作‘禮’。”①這也是“札”誤爲“礼”而“礼”又轉寫作“禮”的例子。又如:

《全唐詩》卷569李群玉《送隱者歸羅浮》:“春山杳杳日遲遲,路入云峰白犬隨。兩卷素書留貰酒,一柯樵斧坐看棋。蓬萊道士飛霞履,清遠仙人寄好詩。自此塵寰音信斷,山川風月永相思。”

其中“蓬萊道士飛霞履,清遠仙人寄好詩”一聯,宋《文苑英華》卷232引作“蓬萊道士飛霞札,清遠仙人寄好詩”。對比可知,一作“履”,一作“札”。原詩似當作“札”,“札”形誤爲“礼”,“礼”與“履”因爲音近義通,因而“禮”又被“履”替换②。

《雁門太守行》“買繩禮竿”中的“禮”大概也是由於寫作“礼”,而“礼”又因形似“札”而與“札”相混淆③。“札”是古代常用的一種書寫材料。

《説文·木部》:“札,牒也。从木、乙聲。”

《説文·片部》:“牒,札也。从片、枼聲。”

《説文·竹部》:“簡,牒也。从竹、間聲。”

段玉裁注:“厚者爲牘,薄者爲牒。”④“札”作爲書寫材料,與簡、牒的用途大致相同。《雁門太守行》“買繩札竿”中的“竿”,方以智《通雅》卷四“釋詁”有很好的解釋:

竿摩,猶干劘也。竿牘,竹簡也。《列御寇篇》“小夫之人不離苞苴竿牘”注:“相問遺也。”《雁門太守行》:“財用錢三十買繩禮竿。”升菴曰:即《莊子》所謂“竿牘”也。京山曰:古呼澗爲干、呼簡爲竿,則竿牘即簡牘。猶鴈之爲雁,个之爲介也。智按:“考槃在澗”韓詩作“干”可證。《董卓傳》時人號爲竿摩車,竿摩猶干劘也。今俗以事干人,亦謂相竿摩,今人合而解之曰:竿牘,干瀆也,因事借説可耳。升菴轉注古音,亦不知干之爲澗、不之爲丕、負之爲背⑤。

方以智引楊升菴説,把“買繩禮竿”中的“竿”讀爲竿牘;楊升菴又引《莊子·列御寇》,證明“竿牘”讀如“簡牘”⑥。《莊子·列御寇》的材料如下:

《莊子·列御寇》:“小夫之知,不离苞苴、竿牍。”郭象注:“苞苴以遺,竿牘以問,遺問之具,小知所殉。”陸德明《音義》引司馬彪云:“竿牘,謂竹簡爲書,以相問遺。”成玄英疏:“小夫,猶匹夫也。苞苴,香草也。竿牘,竹簡也。夫搴芳草以相贈,折簡牘以相問者,斯蓋俗中細務,固非丈夫之所忍爲。”⑦

---

① 詹鍈(1989:1681)。

② 《説文·示部》:“禮,履也。”《白虎通義·禮樂》:“禮之爲言履也,可履踐而行。”《釋名·釋衣服》:“履,禮也。飾足所以爲禮也。”《詩·商頌·長髮》:“率禮不越。”一本作“率履不越”。傳世本《周易》中的“履”字在馬王堆帛書《周易》中多作“禮”。此皆“禮”“履”音同義通之證。

③ 孟彦弘(2004:224-225)曾提及王子今先生認爲“此處之‘礼’似可讀爲‘札’”,並詳細引用了王念孫列舉的“札”“礼”相誤例。何立民(2012:128-135)也有相關論述。感謝沈培兄惠告這些重要信息。

④ 《説文解字注》(1981:318)“牒”字注。《論衡·量知》:“截竹爲筒,破以爲牒。”《漢書·路温舒傳》:“取澤中蒲,截以爲牒,編用寫書。”顔師古注:“小簡爲牒,編聯次之。”

⑤ 方以智(1990:52)。

⑥ 楊慎《丹鉛總録》卷六:“‘用錢三千,買繩禮竿’即書其惡迹以標示戒,即莊子所謂‘竿牘’也。”

⑦ 郭慶藩(1961:1047-1048)。

"竿""簡"古音均爲見紐、元部。"竿"之通"簡",猶如"干"之通"澗"①。

《雁門太守行》"買繩札竿"中的"竿"讀如"簡","簡""札"都是古代常用的書寫材料,而"繩"則是用來編聯書册的繩子。出土漢簡多見用來編聯書册的"(書)繩"與一些書寫實物並現,例如:

居延漢簡 10.8:繩十丈、札二百、兩行五十

居延漢簡 7.8:驩喜隧兩行卅、札百、繩十丈、檄三,八月己酉輸

居延漢簡 77:禽寇隧札二百、两行五十、绳十丈,六月爲七月☐

居延漢簡 138.7,183,2:安汉隧札二百、两行五十、绳十丈,五月输

居延漢簡 273.1:肵寇燧繩十丈、札五十、檄二

居延新簡 EPT.38:出書繩百斤,泉九百三十,始建國天鳳一年十一月庚☐

居延新簡 EPT57.44:其三繆付厩嗇夫章治馬羈絆,一繆治書繩

居延新簡 EPT65.60:兩行部百,書繩部十丈,卒封閣財☐

居延新簡 EPT59.154A:兩行百、札二百、繩十枚,建昭二年二月癸酉尉史□付第廿五燧

居延漢簡 284.13:□三札不事用 □書繩二□☐

居延漢簡 326.6A:書繩廿丈廿

敦煌漢簡 1402:青堆札百五十、繩廿丈、兩行廿

漢簡中所見"(書)繩"多以丈計數(如"書繩廿丈廿"),也可以斤計量(如"出書繩百斤"),還可用量詞"枚"來計件(如"繩十枚")。漢簡中與"繩"同見的"札""檄""兩行",均是不同形制的書寫實物。"兩行"與"札"的不同在於寬窄的不同②。漢簡中的"繩、札、兩行"並現,猶如古辭中的"繩、札、竿"連用。

因此,《雁門太守行》"買繩禮竿"當訂爲"買繩札竿"(即"買繩、札、簡"),其中的繩、札、竿(簡)都是古代常用的文具。

三

現代注家把《雁門太守行》"財用錢三十"中的"財"讀如"才/纔"是不對的。古籍中雖然不乏"財""才/纔"相通的例子,但"財用錢三十"中的"財"不應讀如"才/纔"。此句中的"財用"當連讀,這是先秦以來習見的一個詞語,泛指財資、物用③。不過漢代典籍中有些"財用"似有别指,例如:

《漢書·楊惲傳》:"郎官故事,令郎出錢市財用,給文書,乃得出,名曰'山郎'……惲爲中郎將,罷山郎,移長度大司農,以給財用。"

《漢書·薛宣傳》:"(薛)宣爲人好威儀,進止雍容,甚可觀也。性密静有思,思省吏

① 《詩·衛風·考槃》:"考槃在澗,碩人之寬。"陸德明《音義》:"澗,古晏反。韓詩作'干'。"《詩·小雅·斯干》:"秩秩斯干,幽幽南山。"毛傳:"干,澗也。"段玉裁注云:"此謂《詩》假借'干'爲'澗'也。"參《説文解字注》(1981:554)"澗"注。

② 詳參陳夢家(1964:60)。又參程鵬萬(2013:11-13)。

③ 例如《管子·重令》:"民不務經産,則倉廩空虚,財用不足。"

職,求其便安。下至財用筆研,皆爲設方略,利用而省費。"

《蔡中郎集·答詔問災異八事》:"(楊)賜等稱臣再拜,受詔書,起就坐,五人各一處,給財用筆硯爲對。"

《太平經》卷六十七:"夫大不仁之人過積多,不可勝紀,難爲財用。"

《太平經》卷六十七:"今尚但爲真人舉其端首,其惡不可勝記,難爲財用。"

《太平經》卷六十九:"唯唯!宜自深思其意,亦不可盡記也,難爲財用。"

《漢書》《蔡中郎集》例中的"財用"均與"文書""筆研"相關①。《太平經》例中的"不可勝記,難爲財用"②,聯繫上下文語境,可知其義相當於成語"罄竹難書"。但是注家多不明"難爲財用"之意,譬如《太平經注譯》給首例中的"難爲財用"注云:"此句是説講的太多反而産生不良效果。財:使人歸附曰財,見《易傳·系辭下》。用:效用。"③《太平經今注今譯》注云:"財用:裁斷施用。財,通'裁'。此句是説講得太多反而會産生不良的後果。"④兩家注釋均不得要領,無法貫通上下文意。《太平經》的"難爲財用"當釋爲"難於置辦書寫文具",其中"財用"專指文書用品。《太平經》亦作"才用",義同"財用"。例如:

《太平經》卷三十七:"今子樂欲令吾悉具説之耶?不惜難之耶?但恐太文,難爲才用。"

《太平經》卷四十八:"今非不能爲子悉記,天地事立以來,事事分别解天下文字也,但益文難勝記,不可爲才用。"

"不可爲才用"義同"難爲財用",意思是"不能置辦書寫文具"。在出土漢簡中也見詞義相似的"財用":

居延漢簡55.16:☑博卿到部輸財用,急□

居延新簡EPT52.135:八尺財用五百枚

居延新簡EPT20.14:黨私使丹持計篋財用助譚、送到邑中、往來三日

居延新簡E.P.F22.505:□□山卒周駿梁多及三堠卒王尊財用皆☑

居延新簡EPT2.9:庚辰朔戊申,第十桼候長良敢言之,謹移卒輸官財用券墨如牒,敢言之

肩水金關漢簡73EJF3:429+434 累南亭卒隋放送財用札府,八月二日北

額濟納漢簡2000ES7SF1.6B:☑省卒趙宣代財用檄到召□□詣官毋後司馬都吏

趙寵亮(2007:204-206)根據額濟納漢簡等材料,認爲"財用""它不是指一般的'財和物',而是指政府各級部門日常辦公所必需的辦公用品","兩行、檄、尺札等這些表示不同規格、用途的簡牘,均爲'財用'(辦公用品)"。出土漢簡中的這類"財用"的用法正好可以與漢代傳世典籍中的"財用"互證。"財用"專指文書用品,這是漢代新興的用法,辭書均失收此義。

"財用"專指文書用品,用來購置文書用品的經費便稱作"財用錢"。漢簡中也見"財用

① 又如《後漢書·百官志三》:"守宫令一人,六百石。本注曰:主御紙筆墨,及尚書財用諸物及封泥。"

② 卷六十九中的"不可盡記"義同"不可勝記"。此外《太平經》還見意思相同的"難爲財用",如《太平經》卷六十九:"欲盡爲子説之,難爲財用。"

《太平經》卷九十三:"唯唯!行欲復爲子具説,無窮竟,難爲財用。"

③ 羅熾主編(1996:424)。又該書(1996:666)注釋《太平經》卷六十九例中的"財用"云:"財用,使人歸付之用。"

④ 楊寄林(2002:576)。

錢",例如:

額濟納漢簡 99ES17SH1.2:出三月財用錢四百,入兩行二百、檄廿三,尺札百。居攝二年正月壬戌省卒王書付門卒蔡悕

居延新簡 EPT8.37:☑□財用錢百

長沙走馬樓三國吴簡也有多支簡涉及"財用錢",孟彦弘(2004:222-229)認爲"所謂'財用錢'最初正是徵收上來專門用於尚書購置紙、筆、墨、封泥等'行政辦公'之物,後來則變成了政府一項固定的財税項目"。

既然漢簡、三國簡中"財用錢"是指用來購置文具的專款,同期古辭《雁門太守行》中的"財用錢"應該也具有相同的意思。

四

最後總結一下本文的結論。

古辭《雁門太守行》"買繩禮竿"中的"禮"或體作"礼",因此與"札"形似相誤。"買繩禮竿"原本當作"買繩札竿"。"買繩札竿"中的"竿"讀如"簡","繩""札""簡"都是古代習用的文書用品。傳世古辭中"繩"與"札""簡"等連用,猶如漢簡中"繩"與"札""檄""兩行"等同現。古辭"買繩札竿(簡)"一句,可以佐證"財用錢三十"中的"財用錢"是用來購置文書用品的專款。

古辭《雁門太守行》"財用錢三十"中的"財用"並非指財資、物用,漢代"財用"可以專指文書用品。"財用"的這一新義,既見於傳世文獻,也見於同期的出土文獻,可以得到地上和地下文獻的互證。根據學者對漢簡、三國簡的研究,"財用錢"是指用來購置文具的專款。古辭"財用錢三十"一句,也可旁證"買繩禮竿"當作"買繩札竿(簡)",因爲"繩札簡"正是"財用錢"要購置的文書用品。

古辭《雁門太守行》"財用錢三十,買繩札竿(簡)"説的是,洛陽令王涣用"財用錢三十"來購置書繩、札牘、簡牒等文書用品。《後漢書·王涣傳》云:

王涣字稚子,廣漢郪人也。父順,安定太守。涣少好俠,尚氣力,數通剽輕少年。晚而改節,敦儒學,習尚書,讀律令,略舉大義。

王涣"晚而改節,敦儒學,習尚書,讀律令"等行爲,與他用"財用錢三十,買繩札竿"的善舉相符。古辭大概是用這兩句來歌頌其興盛教化。已有的注釋對這兩句均存在誤解,應當修正。

附帶説明一下,"財用錢三十"中的"三十",原文疑當作"卅"。古辭後四解,均爲四字句,句式整飭。文作"財用錢卅,買繩札竿",與上下文例相協。

參考文獻

[1]曹道衡. 樂府詩選[M]. 北京:人民文學出版社,2000.

[2]陳夢家. 由實物所見漢代簡册制度[M]//武威漢簡(考古學專刊·乙種). 北京:文物出版社,1964.

[3]程鵬萬. 簡牘帛書格式研究[M]. 上海:上海古籍出版社,2013.

[4]段玉裁. 説文解字注[M]. 上海:上海古籍出版社,1981.

[5]方以智. 通雅[M]. 北京:中國書店,1990.
[6]甘肅簡牘博物館等編. 肩水金關漢簡(肆):中册[M]. 上海:中西書局,2015.
[7]甘肅省文物考古研究所等編. 居延新簡[M]. 北京:中華書局,1994.
[8]郭茂倩. 樂府詩集[M]. 北京:中華書局,1979.
[9]郭慶藩. 莊子集釋[M]. 北京:中華書局,1961.
[10]何立民. 湖南長沙走馬樓三國吴簡複音詞研究[D]. 上海:復旦大學,2012.
[11]黄節. 漢魏樂府風箋[M]. 北京:中華書局,1958.
[12]逯欽立. 先秦漢魏南北朝詩[M]. 北京:中華書局,1983.
[13]羅熾主編. 太平經注譯[M]. 重慶:西南師範大學出版社,1996.
[14]孟彦弘. 釋"財用錢"[M]//北京吴簡研討班編. 吴簡研究(第1輯). 武漢:崇文書局,2004.
[15]裘錫圭. 考古發現的秦漢文字資料對於校讀古籍的重要性[M]//裘錫圭學術文集·語言文字與古文獻卷. 上海:復旦大學出版社,2012.
[16]孫詒讓. 札迻[M]. 北京:中華書局,1989.
[17]王念孫. 讀書雜志[M]. 南京:江蘇古籍出版社,1985.
[18]王青,李敖慶編著. 兩漢魏晋南北朝民歌集[M]. 南京:南京師範大學出版社,2014.
[19]魏堅主編. 額濟納漢簡[M]. 桂林:廣西師範大學出版社,2005.
[20]楊寄林. 太平經今注今譯[M]. 石家莊:河北人民出版社,2002.
[21]永田正英. 漢簡的古文書學研究[M]//簡帛研究(第3輯). 南寧:廣西教育出版社,1998.
[22]游國恩. 先秦文學·中國文學史講義[M]. 北京:商務印書館,2015.
[23]余冠英. 樂府詩選[M]. 北京:人民文學出版社,1953.
[24]俞理明.《太平經》正讀[M]. 成都:巴蜀書社,2001.
[25]詹鍈. 文心雕龍義證[M]. 上海:上海古籍出版社,1989.
[26]趙寵亮. 説"財用錢"[M]//孫家洲主編. 額濟納漢簡釋文校本. 北京:文物出版社,2007.
[27]周秉高編著. 全先秦兩漢詩[M]. 呼和浩特:内蒙古大學出版社,2011.

What Could Buy with Thirty *yuan*?

Hu Chirui

Abstract: Combining with unearthed documents, this paper gives a research on a sentence of *Yuefu* Poetry, which is "*Caiyongqiansanshi*, *Mai sheng li gan*". The article concludes that "*Caiyongqian*(財用錢)" of the sentence refers to the money for stationery, and "*sheng li gan*(繩禮竿)" of the sentence should be read as "*Sheng zhajian*(繩札簡)". The word "*Caiyong*(財用)"used in the document *Taiping Jing* (太平經) has a same usage as the word used in the unearthed documents, which means stationery. This is a noteworthy usage of the word in the Han Dynasty.

Key words: words explanation, *Yuefu* Poetry of Han Dynasty, unearthed documents

通信地址:北京市北京大學中文系
郵　編:100871
E-mail:chiruih@pku.edu.cn

《左傳》"行走"義動詞的詞義分析*

郭浩瑜

内容提要 文章通過對《左傳》中"奔""走""行""趨""步"五個"行走"義動詞的調查，有如下發現："奔""走"在《左傳》中並不能視爲同義詞，因爲"奔"主要用於表示貴族或軍隊的集體出逃，與"走"無論在語用還是語法上都還存在比較多的差異；"趨"只能用於禮儀環境下的小步快走，和"奔"等不在同一個語義場；"行"在《左傳》中主要用於表示政治的出行，也可以用於委婉地表示出逃，在《左傳》中它還不是"奔""走""步"等的上位詞。

關鍵詞 《左傳》 奔 走 行 趨 步

一 引言

本文所討論的"行走"義動詞包括行走、奔跑類意義的幾個動詞，這類動詞是訓詁學和漢語歷史詞彙研究經常會討論到的幾個動詞，包括"奔""走""行""趨""步"等。

《爾雅·釋言》："奔，走也。"(2004:143)《釋宫》曰："室中謂之時，堂上謂之行，堂下謂之步，門外謂之趨，中庭謂之走，大路謂之奔。"(2004:143)這是從行走的空間不同來區分"行""步""趨""走""奔"。

《釋名·釋姿容》曰："兩脚進曰行。行，抗也，抗足而前也"，"徐行曰步"，"疾行曰趨"，"疾趨曰走"，"奔，變也，有急變奔赴之也"。(2004:32-33)主要從速度的差異來區分"步""趨""走""奔"。

《説文》："步，行也"(1985:50)，"行，人之步趨也"(1985:57)，"趨，走也"(1985:47)，"走，趨也"(1985:46)，"奔，走也"(1985:344)。基本上採用同義互訓的方式來解釋這些詞語的含義。

段玉裁的《説文》注曰："步徐、趨疾"(1981:68)，"步，行也；趨，走也。二者一徐一疾，皆謂之行，統言之也"(1981:78)。段注認爲《爾雅》是析言之，渾言則"奔、走、趨不别也"，又曰"引申之，凡赴急曰奔，凡出亡曰奔"。(1981:494)段玉裁認爲"步""趨"都可謂之"行"，又指出"奔""走""趨"同義。

王力《王力古漢語字典》説："奔，急走、跑；引申爲逃亡；又引申爲女子不經媒妁而私與男子結合"(2000:182)，"步，步行、行走"(2000:543)，"行，行走；引申爲離去"(2000:1196)，"走，跑；奔向、趨向；走開、離開"(2000:1343)，"趨，跑、疾行；引申指低頭彎腰、小步快走，表示恭敬的一種行走姿勢"(2000:1348)。還對"行、走、奔、跑"的意義進行了辨析："古代所謂

* 本文爲廣東省哲學社科"十三五"規劃項目"《左傳》歧解彙編與辨正"(GD16CZW01)的階段性成果。《漢語史學報》的匿名評審專家也提出了寶貴的修改意見，在此一併表示誠摯的感謝。

'行',現在叫做'走';古代的'走'是現代的'跑'。古代'走'和'奔'是同義詞。《説文》:'奔,走也。'《玉篇》:'走,奔也。'但是'奔'往往是因急事而奔赴,有被迫逃跑之意;'走'往往是主動的,可疾可徐。因此,'奔'往往比'走'更含急迫義。'跑'是後起字,先用爲'獸足刨地'之義,唐以後才用作奔跑義。"(2000:1343)

蔣紹愚(2005/2012:122)指出,先秦"行走"語義場包括"走""行""奔""趨""步"。文章認爲,這五個詞速度從快到慢的排列是:奔-走-趨-行-步。它們分别占據"行走"語義場的"A-B-C-D-E"五個位置,其共同義素是"雙脚在地面移動,使身體向某處前進"。五個詞的區别性義素,文章列出如下:

		速度	方式
A	奔	5(很快)	兩脚有騰空階段,兩腿彎曲程度大,步子大。
B	走	4(快)	兩脚有騰空階段,兩腿彎曲程度大,步子大。
C	趨	3(較快)	兩脚没有騰空階段,兩腿彎曲程度小,步子小。
D	行	2(不快)	兩脚没有騰空階段,兩腿彎曲程度小,步子小。
E	步	1(慢)	兩脚没有騰空階段,兩腿彎曲程度小,步子小。

本文將對《左傳》中的"行走"義動詞進行調查研究,在以往研究的基礎上進一步探討《左傳》中"行走"義動詞的關係。

參考蔣紹愚(2015:103-137)所提供的思路,我們把"行走"義的詞語進行分析,將其詞義結構分爲[方式][背景][目的][路徑]等幾個要素,從這幾個維度來分析幾個詞語的異同。

一 "奔"在《春秋》和《左傳》中的使用情況調查

(一)《春秋》經文裏"步""行""趨""走"皆無用例,但有"奔"。"奔"在先秦是一個及物動詞,《春秋》中所有的"奔"或直接帶表目的的處所名詞(一般是國名、城邑名),或前有"來"。按照《春秋》的記録視角,"來"即來魯國,實際上交代了"奔"的目的地,故而無需再帶賓語。

(1)九月,宋人執鄭祭仲。突歸于鄭。鄭忽出奔衛。(《春秋·桓公十一年》)

(2)冬,十月,齊師滅譚。譚子奔莒。(《春秋·莊公十年》)

(3)宋人殺其大夫司馬。宋司城來奔。(《春秋·文公八年》)

《春秋》中的"奔"有85個用例,其中"出+奔+$N_{終點}$"共55例,最多;"奔+$N_{終點}$"9例,最少;"來奔"21例。"出奔+$N_{終點}$",一般的文獻是"出""奔"斷在一起,本文認爲可以斷開。"出"表示從國内或封地位移出去,動作的方向是由内至外;"奔"後接表示終點的名詞,表位移所到的新的位置:"出"與"奔"是先後銜接的兩個行爲。如果不斷開,容易誤解爲"出""奔"共帶一個處所賓語。

《春秋》中的"奔"幾乎都是表示施事從自己所在的地點逃離到另一個地點。因爲是逃離,所以"奔"隱含着[方式:速度大]的意義要素,但它並不强調施事通過雙腿運動的大頻率來達到快速移動的目的。施事可能是用雙腿,但更多可能是用乘坐馬車的方式離開其位移的起點。有一個例外,不表示逃離,但這個"奔"應該也是在修辭上强調速度之快、事務之勤。

(4)邾子來奔喪。(《春秋·定公十五年》)

(二)《左傳》中"奔"的用法是《春秋》的延續,因爲用例更多,類型也更多了。

1.《左傳》中的"奔"一般也是要帶賓語的,多數情況下是"奔"直接帶表位移終點的賓語,有 150 多例;和"出"組成連動關係再帶表位移終點的賓語,有 50 多例。如前所述,後者與前者實屬同一類,因爲"出"和"奔+$N_{終點}$"組成連動結構,而非"出+奔"連用共同帶一個表終點的賓語。

"出奔"後不見賓語的只有寥寥 4 例,除了 2 例是因爲轉引而造成的,不帶賓語的"出奔"皆有理據可言:如下例(6),王叔陳生因爲不滿周王的偏袒而出奔,但没有到達目的地就被召回,故而終點未出現;例(7)是因爲上文已經交代公子黄"出奔楚",此乃追述事情發生的緣由,强調離開,故而略去了"奔"的終點。

(5)段不弟,故不言"弟";如二君,故曰"克";稱"鄭伯",譏失教也:謂之鄭志。不言"出奔",難之也。(《左傳·隱公元年》)

(6)王叔陳生與伯輿争政,王右伯輿。王叔陳生怒而出奔。及河,王復之,殺史狡以説焉。(《左傳·襄公十年》)

(7)楚人以爲討,公子黄出奔楚。……公子黄將出奔,呼於國曰:"慶氏無道,求專陳國,暴蔑其君,而去其親,五年不滅,是無天也。"(《左傳·襄公二十年》)

與《春秋》一樣,"來奔"也是《左傳》中常見的組合,共有 30 例,其目的地也是默認指魯國。這個結構和"出奔"不同,二者不可斷開,"來"表示了"奔"的方向和目的地。

上面所列的"奔"的用法,與《春秋》相一致,占了《左傳》中"奔"的用例的絶大多數。其意義表示[運動:逃跑]+[路徑:終點]。"奔"隱含着一種"往/至(目的地)"的意義,故而後面所接,必然是位移的終點,且"奔"往往陳述逃亡的結果是成功的。

在《左傳》裏"奔"後面也偶爾出現"于"。僅有 2 例:

(8)於是晋國之盜逃奔于秦。(《左傳·宣公十六年》)

(9)劉子如劉,單子亡。乙丑,奔于平畤。(《左傳·昭公二十二年》)

"奔+于+處所賓語"和"奔"後直接帶處所賓語的意義一樣,可能是出於語言節奏的考慮,加了"于"字以成雙音形式。

"奔"一般帶有貶義,《穀梁傳》中多次提到史官記録時諱"奔"的問題。比如:

(10)a. 秋,公子友如陳,葬原仲。(《春秋·莊公二十七年》)

b. 言葬不言卒,不葬者也。不葬而曰葬,諱出奔也。(《穀梁傳·莊公二十七年》)

(11)a. 公子慶父如齊。(《春秋·莊公三十二年》)

b. 此奔也,其曰"如",何也? 諱莫如深,深則隱。苟有所見,莫如深也。(《穀梁傳·莊公三十二年》)

2."奔"後不帶賓語的情況有 20 多例,其中前面有狀語修飾的有 15 例,光杆"奔"有 10 例。這是它在功能上與"走""趨"相交叉的地方。

"奔"前面有狀語修飾的,前面的狀語或爲形容詞,或爲副詞。這些修飾語爲"先""必""乃""大""速""數""皆"等,或起上下文的銜接作用,或直接指向"奔",表示其範圍、程度、狀態和頻次等。例如:

(12)先者見獲,必務進;進而遇覆,必速奔。(《左傳·隱公九年》)

(13)陳亂,民莫有鬬心。若先犯之,必奔。王卒顧之,必亂。蔡、衛不枝,固將先奔。

既而萃於王卒,可以集事。(《左傳·桓公五年》)

(14)顧曰:"吾不如大國之數奔也。"(《左傳·宣公十二年》)

這樣的"奔"與一般的字典、詞典所解釋的"奔"比較接近,表示更爲具體的逃跑行爲,隱含着[方式:速度大]這樣的意義要素。當然,這與前一種用法有共同之處,所以用於陳述貴族逃離自己國家或封地前往某個地方也是適用的,因爲逃亡都必須快速行進,否則就有亡命喪家的危險。

但"出奔+$NP_{終點}$""奔+$NP_{終點}$""來奔"所表示的是[奔逃(前往某地)],隱含着[目的:投奔某地以求生存];而"大奔""速奔"之類則隱含着[目的:離開所在地以求生存]。故而前者是抽象的,後者是具象的,"奔"[方式:速度大+步伐大]之類的意義要素一般在後者中凸顯出來。

(15)戎人之前遇覆者奔,祝聃逐之,衷戎師,前後擊之,盡殪。戎師大奔。(《左傳·隱公九年》)

(16)遂疾進師,車馳卒奔,乘晋軍。(《左傳·宣公十二年》)

這類的"奔"和前面帶修飾語的是一類情況,也是表示某個具體軍事行動中失敗者的逃跑行爲。

3."奔"偶爾還出現在並列結構裏,如"奔辟""逃奔""奔走",這裏的"奔"主要强調"逃跑"的意義,與"奔"的第一、二種情況類似。

(17)下臣不幸,屬當戎行,無所逃隱。且懼奔辟,而忝兩君。(《左傳·成公二年》)

(18)澆使椒求之,逃奔有虞,爲之庖正,以除其害。(《左傳·哀公元年》)

4.還有一種情況是"奔"帶的賓語並非位移的終點,而是表"奔"的原因,也可以看作一種抽象的目的所在。約有10多例,包括"奔喪""奔命""奔死"等,尤以"奔命"爲多。例如:

(19)公如齊奔喪。(《左傳·宣公十年》)

(20)巫臣自晋遺二子書,曰:"爾以讒慝貪惏事君,而多殺不辜,余必使爾罷於奔命以死。"(《左傳·成公七年》)

(21)奔死免父,孝也;度功而行,仁也;擇任而往,知也;知死不辟,勇也。(《左傳·昭公二十年》)

這類組合後來一般凝固成了詞,"奔喪""奔命"皆是如此。《春秋》中僅1例,《左傳》中多了10多例。

5.除了"出奔""來奔"之外,"奔"也可以出現在其他的連動結構裏,不到5例。

(22)臧文仲對曰:"天子蒙塵于外,敢不奔問官守?"(《左傳·僖公二十四年》)

(23)荀偃、士匄欲奔請禱焉,荀罃不可。(《左傳·襄公十年》)

(24)天子有命,敢不奉承以奔告於諸侯,遲速衰序,於是焉在。(《左傳·昭公三十二年》)

"出奔""來奔""奔辟""逃奔"等這些結構裏的"奔"和單用的"奔"一樣,都是帶有貶義的感情色彩的。而第五種情況的"奔"凸顯的是勤勉、速度大,大約源自貶義的"逃奔",故而用在對話裏有謙虚自抑的意味。

6.除以上用法以外,"奔"也有淫奔、私奔之意,但例子比較少。比如:

(25)楚子之在蔡也,郹陽封人之女奔之,生太子建。(《左傳·昭公十九年》)

《周禮》中也有這種"奔"的用法:

(26)令男三十而娶,女二十而嫁。凡娶判妻入子者,皆書之。中春之月,令會男女。於是時也,奔者不禁。(《周禮·地官·媒氏》)

這種情況在春秋時期並不罕見,但史書的記載有諱飾的筆法,故而《左傳》中“奔”用於這個意義並不多見。比如《春秋》裏諱稱文姜私會齊襄公的行爲作“孫”(遜);或者略去“奔”的過程,用别的動詞來陳述二人的私會行爲,比如“享”“會”“如”之類。這都是爲尊者諱的意思。因爲文姜是魯桓公的正夫人,又是魯莊公的母親。這也從側面説明“奔”這個詞帶有比較濃厚的貶抑色彩。

(27)a. 三月,夫人孫于齊。(《春秋·莊公元年》)

b. 元年,春,不稱即位,文姜出故也。(《左傳·莊公元年》)

c. 三月,夫人孫于齊。不稱“姜氏”,絶不爲親,禮也。(《左傳·莊公元年》)

d.“孫”之爲言,猶“孫”也,諱“奔”也。(《穀梁傳·莊公元年》)

e. 孫者何?孫猶孫也。内諱奔謂之孫。(《公羊傳·莊公元年》)

(28)a. 冬,十有二月,夫人姜氏會齊侯于禚。(《春秋·莊公二年》)

b. 二年冬,夫人姜氏會齊侯于禚。書,奸也。(《左傳·莊公二年》)

(29)四年春,王二月,夫人姜氏享齊侯于祝丘。(《春秋·莊公四年》)(無傳)

(30)夏,夫人姜氏如齊師。(《春秋·莊公五年》)(無傳)

之所以“奔”可以用於女子不經媒妁之言而私自與男人結合,應該是因爲這種結合往往是女子從父母家中逃出,奔往男方。這種“奔”也具有[方式:速度大](因爲這是不合乎社會規則的事情,有可能被阻攔)、[途徑:終點](男方即位移終點)的特點,與“出奔”“來奔”之“奔”在意義構成上具有相似之處,而且感情色彩上也都帶有一定的貶義。

二 “走”在《左傳》中的使用情況調查

“走”在《春秋》中不見,在《左傳》裏有 37 例。雖然用例不多,但它的情況比“奔”更複雜。

(一)“走”可以帶終點賓語,也可以不帶;可以獨用,也可以出現在連動結構裏。

1.“走”在動詞連用的結構裏出現最多,有 17 例。其中“VP(以/而)走”有 7 例。有的可以視爲連動結構,有的可以視爲狀中結構,表狀態、方式等,比如下例(31)(32)。

(31)公孫閼與潁考叔爭車,潁考叔挾輈以走,子都拔棘以逐之。(《左傳·隱公十一年》)

(32)(重耳)踰垣而走。披斬其袪。遂出奔翟。(《左傳·僖公五年》)

(33)公以戈擊之,首隊於前,跪而戴之,奉之以走,見梗陽之巫皋。(《左傳·襄公十八年》)

其餘還有“循牆而走”(《昭公七年》)、“荷以走”(《昭公二十一年》)、“掩耳而走”(《昭公三十一年》)、“啼而走”(《定公十四年》)等,以狀中結構爲常。

2.“走(而)VP”有 10 例。有的是承接關係,有先後順序。其中“走出”最多,有 4 例。如:

(34)(子魚)遂走而退。(《左傳·僖公八年》)

(35)反,誅屨於徒人費。弗得,鞭之,見血。走出,遇賊于門。劫而束之。(《左傳·

莊公八年》)

(36)公子歂犬、華仲前驅,叔孫將沐,聞君至,喜,捉髮走出,前驅射而殺之。公知其無罪也,枕之股而哭之。歂犬走出,公使殺之。(《左傳·僖公二十八年》)

也有表示修飾關係的,這時候"走"就變成了狀態、方式或途徑。

(37)吏走問諸朝。(《左傳·襄公三十年》)

(38)乙卯夜,棄疾使周走而呼曰:"王至矣!"國人大驚。使蔓成然走告子干、子皙曰:"王至矣……(後略)"(《左傳·昭公十三年》)

(39)伯石始生,子容之母走謁諸姑曰:"長叔姒生男。"(《左傳·昭公二十八年》)

還有前後都有動詞的情況,前一個動詞表示狀態,後一個動詞説明"走"位移的方向或到達的位置。如下例(40)的"走"和"出"之間還似乎可以斷開,例(41)的"走"和"至"之間已經結合非常緊密。

(40)郤至將登,金奏作於下,驚而走出。(《左傳·成公十二年》)

(41)又有呼而走至者,曰:"衆至矣!"(《左傳·昭公十三年》)

3."走"不和其他動詞連用的時候比較少,有6例。前面一般有副詞修飾,如"皆""將""乃"等;只有下例(43)是光杆的"走"。例:

(42)鄭人相驚以伯有,曰:"伯有至矣!"則皆走,不知所往。(《左傳·昭公七年》)

(43)林不狃之伍曰:"走乎?"(《左傳·哀公十一年》)

4."走"在現代漢語裏一般不能帶賓語,但在《左傳》中却能找到不少帶賓語的例子,我們找到10例。

(44)百濮離居,將各走其邑,誰暇謀人?(《左傳·文公十六年》)

(45)小國之事大國也,德,則其人也;不德,則其鹿也,鋌而走險,急何能擇?(《左傳·文公十七年》)

(46)趙旃棄車而走林,屈蕩搏之,得其甲裳。(《左傳·宣公十二年》)

蔣紹愚(2015:135-137)指出,這樣的"走"有些已經有了"趨""向"的意義,"這個新義的詞化模式已經不是[位移+方式]了",是"[位移+路徑]"。而下面的例子"可以説連[位移]要素也没有,只剩下[路徑]要素了"。

(47)上指示慎夫人新豐道,曰:"此走邯鄲道也。"(《史記·張釋之馮唐列傳》)

蔣紹愚(2015:137)認爲"走"的這種詞義演變是詞化模式"從[位移+方式]到[位移+路徑]的語義要素的交替"。我們認爲"走"帶賓語很可能是受到了"奔"的類化作用。蔣紹愚(1989/2000:93-109)有詞的"相因生義"説,蔣紹愚(2015:199-210)還進行了進一步的説明。相因生義的定義是:"甲詞有a、b兩個義位,乙詞原來只有一個乙a義位,但因爲乙a和甲a同義,逐漸地乙也產生一個和甲b同義的乙b義位。"

"奔"和"走"是同義詞,這在段玉裁的《説文注》和王力先生的《王力古漢語字典》皆有提及。二者在"逃跑""奔忙""奔跑"這些意義上是相似的。但是"奔"含有[路徑]這個意義要素,"走"是没有的,故而"奔"一般必須帶終點賓語,而"走"則没有這個强制要求。二者在先秦文獻裏可以看到一些連用的例子:

(48)對越在天,駿奔走在廟。(《詩經·周頌·清廟》)

(49)若艱難其身,以險危大人,而有名章徹,攻難之士將奔走之。(《左傳·昭公三十一年》)(按:"之"指"奔走"的目的、原因)

(50)大夫有貳車,備承事也;士有陪乘,告奔走也。(《國語·魯語》)

(51)奔走而陳兵者,期也。(《孫子兵法·行軍》)

(52)桀既奔走,於是行大仁慈,以恤黔首。(《吕氏春秋·仲秋紀·簡選》)

(53)遂率天下諸侯,執豆籩,逡奔走。(《禮記·大傳》)

而帶賓語的"走"都是和"奔"意義相同的例子,故而我們推測"走"也可能是受到了"奔"的影響,類化出了[位移+路徑]的意義和用法。

(二)雖然一般認爲"奔""走"是同義詞,但二者在《左傳》中也顯示出明顯的差異。

其一,表示某個貴族因爲政治鬥爭失敗而逃離自己國家的時候,一般用"奔",不用"走"。"出奔""來奔"皆不可换成"走"。這是"奔"在《左傳》中最基本的意義和用法,也就是"奔"的義位的中心變體。如果從這個角度説,"奔"和"走"在《左傳》中恐怕不是同義詞。

其二,"奔""走"雖都有[方式:速度大]的意思,但"奔"並不强調[方式:步子大],而"走"却有這個意義要素。這是因爲表示逃跑的意思時,"奔"的主體多是集體名詞,比如一個國家的軍隊,某一個隊伍;"奔"的工具一般是馬車。比如《宣公十二年》的:"晋人或以廣隊不能進,楚人惎之脱扃。少進,馬還,又惎之拔旆投衡,乃出。顧曰:'吾不如大國之數奔也。'""走"的主體因爲常常是個體,故而很多時候不但要"速度大",而且顯然也需要"步子大",比如上文所列舉的"(郤至)驚而走出""(叔孫)捉髪走出""走出,遇賊於門""踰垣而走""挾輈以走""趙旃棄車而走林"等等,這樣的"走"在《左傳》中恐怕都不能换成"奔"。這也大概是《爾雅》爲什麽説"中庭謂之走,大路謂之奔"的緣故,因爲古人"奔"多數是一群人,又是長途跋涉,多用馬車奔馳,顯然室内和中庭是無法滿足"奔"的需求的。可見,從《左傳》的情况來看,"奔"並不强調徒步逃跑,故而"兩脚有騰空階段,兩腿彎曲程度大,步子大"的"奔"和"兩脚有騰空階段,兩腿彎曲程度大,步子大"的"走"的這種差異性似乎並未有所體現。所以,一般字典和詞典上所解説的"奔"和"走"的速度上的大小區别,我們在《左傳》裏很難感受到。如果一定要這樣説,也許可以這樣理解:二者用於戰争中的逃跑時,"奔"主要用於軍隊的集體逃跑,而"走"多形容個體的奔跑,前者多乘坐車馬,後者多靠腿力,自然前者速度大,後者速度小了。

其三,有意思的是,《左傳》中只有"出奔",不見"奔出";只有"走出",不見"出走"。"出奔"是説離開自己所在地逃往另一所在,"出"隱含起點,表示位移方向從内至外;"走"表具體的逃跑或快速奔跑的動作行爲,"出"表示位移的結果。本文還推測,"奔"是隱含結果的,即用"奔"記録時,逃亡者是成功逃脱了的;而"走"則未必。比如上面所提到的趙旃"走林",屈蕩追上他與他搏鬥的事情。又如《左傳·隱公元年》記載"段入於鄢。公伐諸鄢。五月辛丑,大叔出奔共",段跑到鄢,鄭伯還追上去攻伐他;但文章一旦記録到"出奔共",就没有下文了,意味着大叔段已經成功逃脱。所以"奔"一般表示逃跑成功,後面出現的内容一般是位移的終點;"走"則不含結果,後面帶其他動詞或終點,用於補充説明結果。"奔"的意義是[動作:位移]+[方式:速度大]+[途徑:從内向外到達終點],"走"的意義是[動作:位移]+[方式:速度大+步子大],二者都隱含[方式:速度大],但只有"奔"隱含[路徑]。故而帶賓語在"奔"中占絶大多數,而"走"則非也。

總的來説,用於某人因爲政治原因離開某國,"奔"不能换爲"走";用於某人獨自逃跑,靠雙腿邁步行進,"走"一般不能换成"奔",像《孟子·梁惠王上》"填然鼓之,兵刃既接,棄甲曳兵而走。或百步而後止,或五十步而後止",這裏的"走"恐怕是不能换成"奔"的;從感情色彩上説,“奔”的貶抑性更强一些,“走”則相對中性一點。二者各有各的適用範圍。我們調查《禮記》,也是類似的情況,“出奔”“奔喪”以及私奔用“奔”,亦不用“走”;涉及禮儀形式,則“走”“趨”常常並現,而不用“奔”。《儀禮》中只有“走”,没有“奔”。

三 “趨”在《左傳》中的使用情況調查

“趨”在《春秋》中未出現,因爲經文記載的都是大事,而“趨”是動作細節。這一點也體現在“奔”和“走”的差異上,“走”作爲個體的具體行爲,是很難出現在《春秋》這種大事記裏的。

(一)《左傳》中的“趨”亦比較少見,僅有15例。我們認爲“趨”即使要列入“行走”義語義場,也是很特殊的一項。

“趨”在《左傳》裏幾乎都是跟禮儀相關的動作,即低頭彎腰、小步快走。從速度上説,自然不能和“奔”“走”相比。因爲“趨”這個行爲一般發生在朝堂之上,加上古人峨冠博帶、飾物繁多,行走於空間相對狹小的所在,自然不可能步伐寬大。

(54)秋,九月,晋侯飲趙盾酒,伏甲,將攻之。其右提彌明知之,趨登,曰:“臣侍君宴,過三爵,非禮也。”遂扶以下。(《左傳·宣公二年》)

(55)a. 齊侯朝于晋,將授玉。郤克趨進曰:“此行也,君爲婦人之笑辱也,寡君未之敢任。”(《左傳·成公三年》)

b. 申豐趨退,歸,盡室將行。(《左傳·襄公二十三年》)

c. 從於先生,不越路而與人言;遭先生於道,趨而進,正立拱手。先生與之言則對;不與之言則趨而退。(《禮記·曲禮上》)

“趨”在《左傳》中常用於動詞之前,表示位移的狀態和方式,例如“趨登”“趨進”“趨退”“趨過”“趨入”這種詞語裏,其中“趨進”最多,有7例,差不多占一半。

光是看“趨進”“趨登”等,其實看不出來“趨”的速度,下面的兩個例子“趨”似乎有[方式:速度大]的要素。

(56)a. 三郤將謀於榭,矯以戈殺駒伯、苦成叔於其位。温季曰:“逃威也。”遂趨。矯及諸其車,以戈殺之。皆尸諸朝。(《左傳·成公十七年》)

b. 七日戒,三日齊,承一人焉以爲尸,過之者趨走,以教敬也。(《禮記·坊記》)

《左傳》此例前敘“厲公將作難”,要對付三郤。“郤氏闻之,郤錡欲攻公,曰:‘虽死,君必危。’”郤至不肯,説:“人所以立,信、知、勇也。信不叛君,知不害民,勇不作亂。失兹三者,其誰與我? 死而多怨,將安用之? 君實有臣而殺之,其謂君何? 我之有罪,吾死後矣。若殺不辜,將失其民,欲安,得乎? 待命而已。受君之禄,是以聚黨。有黨而争命,罪孰大焉?”郤至的態度導致了後面三郤的被滅,所以《左傳》記録他逃跑時用“趨”,很可能因爲郤至爲人有些迂腐,加之身處臺榭之上,顧及禮儀,不宜大步狂奔,故而“趨”,結果被長魚矯追上殺死。《禮記》“過之者趨走”中的“趨”仍與禮節相關,故曰“以教敬”。

(57)郤至三遇楚子之卒,見楚子,必下,免胄而趨風。楚子使工尹襄問之以弓,曰:“方事之殷也,有韎韋之跗注,君子也。識見不穀而趨,無乃傷乎?”(《左傳·成公十六年》)

這裏是説郤至見到楚王而快步走,從下車、免胄來看,仍然是帶有禮節性的行爲。這裏的“趨風",表示像風一樣快速走過。

(58)賓入不中門,不履閾,公事自闑西,私事自闑東。君與尸行接武,大夫繼武,士中武,徐趨皆用是。疾趨則欲發而手足毋移,圈豚行不舉足,齊如流,席上亦然。(《禮記·玉藻》)

"趨"也有疾、徐之分。《禮記》又云:

(59)曰:孝子喪親,哭泣無數,服勤三年,身病體羸,以杖扶病也。則父在不敢杖矣,尊者在故也;堂上不杖,辟尊者之處也;堂上不趨,示不遽也。(《禮記·問喪》)

"趨"和"遽"聯繫在一起,可見"趨"是禮儀範圍裏的"遽"。

從上面的例子來看,"趨"主要和禮儀有關,就其速度而言,應該是低於"奔""走"的。"奔""走"主要用於逃跑,自然速度越快越好;"趨"是禮儀上的行爲,是一種有限的快速,行動幅度不可能太大,樣子不可能太猴急。故而一些特殊的場合,特意强調不允許"趨"。

結合《禮記》的調查情況,我們可以看到"趨"和"走"也是有聯繫的。從下例(60)(61)我們可以看出二者在組合關係上的相似性,這裏的"走""趨"皆不能换成"奔"。

(60)a. 遂走而退。(《左傳·僖公八年》)

b. 不與之言則趨而退。(《禮記·曲禮上》)

(61)a. 郤至將登,金奏作於下,驚而走出。(《左傳·成公十二年》)

b. 子游趨而出,襲裘帶絰而入。(《禮記·檀弓上》)

(62)a. 吏走問諸朝。(《左傳·襄公三十年》)

b. 子游趨而就諸臣之位。(《禮記·檀弓上》)

但二者在意義上應該是有差别的,至少涉及禮儀上的差别。例如:

(63)父命呼,唯而不諾,手執業則投之,食在口則吐之,走而不趨。(《禮記·玉藻》)

(64)凡羞有俎者,則於俎内祭。君子不食圂腴。小子走而不趨,舉爵則坐祭立飲。(《禮記·少儀》)

從"趨"在《左傳》中的使用情況可以看出,"趨"主要是與禮儀相關的細節行爲;"趨"也隱含有[方式:速度大]這個意義要素,但這不是它强調的重點,故而也可以説"徐趨",也可以説"疾趨";"趨"的重點在[背景:禮儀]。我們可以對比下面兩個例子:

(65)秋,九月,晋侯飲趙盾酒,伏甲,將攻之。其右提彌明知之,趨登,曰:"臣侍君宴,過三爵,非禮也。"遂扶以下。公嗾夫獒焉,明搏而殺之。(《左傳·宣公二年》)

(66)(靈公)於是伏甲于宫中,召趙盾而食之。趙盾之車右祁彌明者,國之力士也,仡然從乎趙盾而入,放乎堂下而立。趙盾已食,靈公謂盾曰:"吾聞子之劍蓋利劍也,子以示我,吾將觀焉。"趙盾起,將進劍,祁彌明自下呼之曰:"盾!食飽則出,何故拔劍於君所?"趙盾知之,躇階而走。靈公有周狗,謂之獒,呼獒而屬之,獒亦躇階而從之。(《公羊傳·宣公六年》)

《左傳》記録的是提彌明以禮來提醒趙盾作速離開,"趨登"自然也是符合禮的行爲;《公羊傳》記録的是趙盾逃走的狀態,"躇"或作"辵",《春秋公羊傳注疏》載何休的注爲"猶超遽不暇以次",以此修飾"走",這應該是描述趙盾三步並作兩步從台階上跑下來的情景,後面的獒自然也不可能一步步歷階而下,故而也是"躇階而從之"。

故而我們認爲,在行走義語義場裏,"趨"表示"低頭彎腰、小步快走,表示恭敬的一種行走姿勢",這是由於特定時期的禮儀規範而産生的一種概念;這個概念後來隨着時代的發展、禮崩樂壞的加劇而逐漸消失，所以“趨”後來就只留下“疾行”“趨向”這些意義；到今天“趨”一般只作爲成詞語素存在，它在《左傳》裏所表示的概念和用“趨”來表示這個概念的語言習慣都已經消失。可見，《左傳》中的“趨”和“奔”“走”“步”實際上不是一類，它的速度之所以低於“奔”“走”，高於“步”，是跟禮儀的約束和規範有關。至少，不是人們出於速度或行走區域不同而作的分類。蔣紹愚(2015:107)説“使用不同語言的人分類會有所不同”，這不但體現在不同的民族語言中，也體現在同一民族語言的不同歷史時期裏。將“趨”和“奔”“走”“步”分到一個語義場，應該是“趨”的[背景:禮儀]意義要素逐漸消失以後所産生的結果。

(二)《公羊傳》中的“趨”就已經有所變化，其[背景]意義要素開始脱落。共有4個例子，這裏的“趨”和《左傳》中的“走”非常類似。例如：

(67)殤公知孔父死，己必死，趨而救之，皆死焉。(《公羊傳·桓公二年》)

(68)仇牧聞君弑，趨而至，遇之于門，手劍而叱之。(《公羊傳·莊公十二年》)

(69)靈公爲無道，使諸大夫皆内朝，然後處乎臺上，引彈而彈之，已趨而辟丸，是樂而已矣。(《公羊傳·宣公六年》)

四　“行”在《左傳》中的使用情況調查

“行”的本義是道路，後來引申爲行走的意思。從詞典對“行”的解釋來看，“行”更像是“奔”“走”“步”“趨”的上位詞，故而段注説“步，行也；趨，走也。二者一徐一疾，皆謂之行，統言之也”。不過“行”在《左傳》中的情況也不是這麽簡單。

《春秋》經文未用動詞“行”。從《左傳》的使用情況來看，“行”的情況也比較複雜。書中有180例左右的表“出行”意義的“行”，“行人”或表示“行爲”“實行”等意義的“行”，本文未統計在内。

“行”和“奔”一樣，不表示具體的動作，而指一種抽象的出行；一般不能帶賓語，這一點又和“走”“步”“趨”類似；“行”的主體既可以是一個集體名詞，某個軍隊，或家族，也可以指個人；因爲其“行走”意義比較抽象，故而也不含[工具:車馬/雙脚][方式:速度大/小]這樣的意義要素。

1.“行”可以表示“出行”的意思，而且這種“行”在《左傳》裏多表示政治上的正式出行，數量最多。其主體可以是集體，也可以是個體。比如下例(70)指的是公子翬(羽父)帶領軍隊“行”；例(71)指的是楚國軍隊；例(72)指的是“公”，但國君顯然也不可能一個人出行，可見“行”和“奔”一樣，在《左傳》中多數指集體的行爲。

(70)秋，諸侯復伐鄭。宋公使來乞師，公辭之。羽父請以師會之，公弗許。固請而行。故書曰“翬帥師”，疾之也。(《左傳·隱公四年》)

(71)不然，夫豈不知楚師之盡行也？(《左傳·桓公十三年》)

(72)凡公行，告于宗廟；反行，飲至、舍爵、策勳焉，禮也。(《左傳·桓公二年》)

2.古代王公貴族的婚姻實際上是政治婚姻，故而貴族女子出嫁到他國，也是“行”。用例比較少。

(73)九年，春，紀季姜歸于京師。凡諸侯之女行，唯王后書。(《左傳·桓公九年》)

3.表示具體的動作(行走)的“行”用例極少，《左傳》中有3個：

(74)孟縶之足不良能行。(《左傳·昭公七年》)

(75)王使甲坐於道及其門。門、階、户、席,皆王親也,夾之以鈹。羞者獻體改服於門外。執羞者坐行而入,執鈹者夾承之,及體,以相授也。(《左傳·昭公二十七年》)

(76)季孫練冠麻衣,跣行,伏而對曰……(《左傳·昭公三十一年》)

4. 同是因爲政治原因而不得不離開自己的國家或封地,如果當事人有錯,記録者會記録爲“奔”;如果否,則記録爲“行”;從對話内容來看,無論是否有錯,當事人自己一般説成“行”;周圍人勸解時也多言“行”。可見“奔”“行”所指的行爲即便相同,感情色彩却存在差異,“奔”具有更多的貶抑色彩,“行”則相對中性。

(77)宣姜與公子朔構急子。公使諸齊,使盜待諸莘,將殺之。壽子告之,使行。不可,曰:“棄父之命,惡用子矣?有無父之國則可也。”(《左傳·桓公十六年》)

太子急並無過錯,但是衛宣公和宣姜爲了自己的私利陷害他。所以公子壽勸他離開,“行”表示中性的態度。

(78)初,申侯,申出也,有寵於楚文王。文王將死,與之璧,使行,曰:“唯我知女。女專利而不厭,予取予求,不女疵瑕也。後之人將求多於女,女必不免。我死,女必速行,無適小國,將不女容焉。”既葬,出奔鄭,又有寵於厲公。(《左傳·僖公七年》)

(79)對曰:“人將忍君。臣聞:亂在外爲姦,在内爲軌。御姦以德,御軌以刑。不施而殺,不可謂德;臣逼而不討,不可謂刑。德、刑不立,姦、軌並至,臣請行。”遂出奔狄。(《左傳·成公十七年》)

類似的還有“出”“亡”等,“行”都顯得相對莊重、客氣一些。

(80)曰:“子其行乎!”太子曰:“君實不察其罪,被此名也以出,人誰納我?”(《左傳·僖公四年》)

(81)晏子立於崔氏之門外,其人曰:“死乎?”曰:“獨吾君也乎哉,吾死也?”曰:“行乎?”曰:“吾罪也乎哉,吾亡也?”(《左傳·襄公二十五年》)

可見,“行”和“奔”“走”也不是同義詞,雖然有些例子可以用“走”替换,有些例子“行”“奔”上下文可以互訓。但“行”在《左傳》中的意義是“出行”,包括政治上公派的出行,也包括私自的出行,甚至也包括政治逃亡,只要是從一個空間位移到另一個空間,皆可謂之“行”。之所以在語境中某些“行”可以用“亡”“奔”“走”甚至“出”“往”替换,是説話人對這些行爲的態度和敘述角度有所不同造成的。

從對文的情况來看,“行”有與“居”“處”構成反義的情况,而“奔”“走”“趨”“步”都没有這種情况。

(82)不有居者,誰守社稷?不有行者,誰扞牧圉?(《左傳·僖公二十八年》)

(83)居則具一日之積,行則備一夕之衛。(《左傳·僖公三十三年》)

(84)處則勸人爲禍,行則數日而反。(《左傳·昭公二十九年》)

可見“行”還有一個與“奔”“走”不一樣的地方:“奔”“走”强調逃離的短時行爲,故而前後有“來”“出”或其他動詞、名詞,表示位移的方向、結果;“行”則可以表示出行在外的延續狀態,可以是一個更長時段的行爲;“行”也隱含着出發點是自己原本所在地,故而不需要帶起點名詞,隱含[路徑:向外],故而一般不需要帶“出”等詞,可能因爲本是有目的和計劃的政治出行,故而也不需要帶終點。

“行”較爲中性,在重禮儀的時代,自然也的確不是速度很快的行爲。故而有時會加一個

"速"字表示催促。有 5 例"速行",2 例"行速",其中 6 例都是在對話裏。"速奔"《左傳》中只出現 1 例,無"速走",這應該與"奔""走"本來就隱含速度大有關係。

(85)我死,女必速行,無適小國,將不女容焉。(《左傳·僖公七年》)

(86)晋新得諸侯,必親其共。不速行,將無及也。(《左傳·僖公三十一年》)

5."行"也可以出現在動詞連用的情况中,表承接关系,"行"一般位於谓语 VP_2 的位置。

(87)秋,季文子將聘於晋,使求遭喪之禮以行。(《左傳·文公六年》)

(88)歸,舍爵而行。(《左傳·文公十八年》)

(89)(申舟)見犀而行。(《左傳·宣公十四年》)

五 "步"在《左傳》中的使用情况調查

"步"與"奔""行"不同之處在於:"行""奔"可以通過乘坐馬車來完成,而"步"表示的是具體的抬起腿脚前行。故"步"也可以用於表示名詞"步伐"或計步單位:一步爲今天的兩步,左足和右足各完成一次抬腿前進的動作,今天的一步相當於古代的"跬"。

《左傳》中的"步"不足 10 例:

(90)今君若步玉趾,辱見寡君,寵靈楚國,以信蜀之役,致君之嘉惠,是寡君既受貺矣,何蜀之敢望?(《左傳·昭公七年》)

(91)師及齊師戰于郊。……林不狃之伍曰:"走乎?"不狃曰:"誰不如?"曰:"然則止乎?"不狃曰:"惡賢?"徐步而死。師獲甲首八十,齊人不能師。(《左傳·哀公十一年》)

最後一個例子很典型,可以看到"走"和"步"的差别。林不狃的戰友問他要不要逃走,他没答應;問他要不要留下來抵抗,他也没答應。最後他慢慢步行,被敵人殺死。

實際上,之所以在戰場上"趨""步"而被人殺死,主要在於這不是戰争中應該有的狀態,也都是因爲這樣的步行動作速度慢,這應該也是"趨""步"以後可以進入"行走"義動詞按速度大小區分的序列的原因。

六 結論

蔣紹愚(1989/2005:35)曾經指出,詞義"是一個很複雜的問題",提到了六種與古漢語詞彙有關的詞義:理性意義,隱含意義,社會意義,感情意義,聯帶意義,搭配意義。

從"奔""走""趨""行""步"的理性或概念意義上看,五個詞語都和人的位移有關。但從隱含意義、社會意義、感情意義、搭配意義上看,幾個詞語的差别還是比較大的。

1.先從隱含意義上觀察。"奔""行"的意義原本比較泛。"奔"在《左傳》中多表示集體的逃跑行爲,本不强調[工具:馬車/雙脚],大約是後來隨着馬車在中原文化裏越來越消退而逐漸地用於表示人的具體的行走行爲。因爲多用於逃走,故而隱含着[方式:速度大]的意思。"行"常指抽象的出行、出行在外,雖然也可以與"奔"相對應,但意義不强調[方式],也不强調[工具],一般具有[背景:政治性]的意義要素。"走"在"逃跑"的意義上和"奔"同義,但强調個人的具體動作,故而"走"含有[方式:速度大+步子大]的意義要素。"趨"多用於見上級、長輩、尊者的禮儀，故而强調[背景：禮儀性]，具有[方式：速度大＋步子小]的意義要素。比如《論語》裏的6例“趨”全部如此。我們認爲下例(94)中的楚狂無論是從談吐還是“趨”的行爲上看，都證明他恰恰是一個貴族出身的隱士。

(92)子見齊衰者、冕衣裳者與瞽者，見之，雖少必作；過之，必趨。(《論語・子罕》)

(93)嘗獨立，鯉趨而過庭。(《論語・季氏》)

(94)楚狂接輿歌而過孔子曰："鳳兮！鳳兮！何德之衰？往者不可諫，來者猶可追。已而！已而！今之從政者殆而！"孔子下，欲與之言。趨而辟之，不得與之言。(《論語・微子》)

“步”在《左傳》中表示普通的抬脚行走，既與禮儀無關，也多不涉及政治行爲，故而比較少見。但既然是步行，自然相比於其他表位移的動詞顯得速度小了。

我們認爲，各個詞語在[方式]上的差異主要是通過對比發掘出來的，而不是幾個詞語概念中所明示出來的意義。所以，可以“徐行”，也可以“速行”；可以“緩步”“徐步”“徐趨”，也可以“速奔”，今天也可以説“狂走”“暴走”。不會因爲今天的“走”速度慢，就不能用“暴”修飾；也不會因爲古代的“步”速度不快，而不能用“徐”修飾。這些搭配説明，速度其實都是相對的。

2. 再來看社會意義。蔣紹愚(1989/2005：36)指出，社會意義是指“一個詞所表達出來的它使用的社會環境”。從我們調查的情况來看，“趨”的使用與當時的禮儀環境密切相關，一旦這種環境消失了，這個詞語所代表的概念不存在了，“趨”的這一個義項就消失了。“行”表示政治出行，“奔”表示貴族逃離自己的國家(常常是一個家族的整體轉移)，也都與當時的社會環境相關。這些詞語的社會意義影響到了它們在文獻中的出現頻率和使用情况。

3. 感情意義方面，蔣紹愚(1989/2005：36)指出包括“褒、貶、輕、重、尊敬、輕蔑等”。我們認爲在表示“逃跑”“離開”這個意義上，“奔”“走”“行”有一種感情色彩上的等級變化，“奔”的貶義最强，“走”次之，“行”則表示出更莊重的態度。比如下面的“行”不可能用“奔”“走”表示：

(95)衛靈公問陳於孔子。孔子對曰："俎豆之事，則嘗聞之矣；軍旅之事，未之學也。"明日遂行。(《論語・衛靈公》)

(96)齊人歸女樂，季桓子受之，三日不朝。孔子行。(《論語・微子》)

《左傳》中記録同一件事，即某人因爲政治原因而離開，説話人爲尊者諱的時候用“行”，如果錯在當事人，史官用“奔”，如果不是，則用“行”。故而可以感受到“奔”“行”的褒貶色彩。

4. 搭配意義上看，幾個詞語的情况也各不相同。“奔”後面帶賓語很常見，一般帶終點賓語；“走”次之；“趨”“行”“步”則一般不帶賓語。

最後，我們把幾個詞語的意義和用法特點用下面的表重新做了一個分析。

附：《左傳》“行走”義動詞意義和用法表：

	行爲	方式(速度)	背景	感情色彩	連動結構	賓語
奔	位移(抽象)	大$^{+}$①	—	貶	極少	＋
走	位移(具體)	大$^{+}$	—	中$^{-}$	常見	＋/－
趨	位移(具體)	大$^{-}$	禮儀性	中$^{+}$	常見	—

① 即使是屬於同一個類型的詞語，我們認爲也有强弱的不同，故而用上標的＋/－符號來表示其强度大小的差別。

（續表）

	行爲	方式(速度)	背景	感情色彩	連動結構	賓語
行	位移(抽象)	大/小	政治性	中⁺	较少	一
步	位移(具體)	小	一	中	極少	一

参考文獻

[1]公羊壽傳，何休解詁，徐彦疏，李學勤主編．春秋公羊傳注疏[M]．北京：北京大學出版社，1999.

[2]胡奇光，方環海撰．爾雅譯注[M]．上海：上海古籍出版社，2004.

[3]蔣紹愚．論詞的"相因生義"[A]//漢語詞彙語法史論文集[C]．北京：商務印書館，2000.

[4]蔣紹愚．從{走}到{跑}的歷史更替[A]//漢語詞彙語法史論文續集[C]．北京：商務印書館，2012.

[5]蔣紹愚．古漢語詞彙綱要[M]．北京：商務印書館，1989/2005.

[6]蔣紹愚．漢語歷史詞彙學概要[M]．北京：商務印書館，2015.

[7]劉熙．釋名[M]．北京：中華書局，2016.

[8]王力．王力古漢語字典[M]．北京：中華書局，2000.

[9]許慎．説文解字[M]．北京：中華書局，1985.

[10]許慎撰，段玉裁注．説文解字注[M]．上海：上海古籍出版社，1981.

[11]楊伯峻編著．春秋左傳注[M]．北京：中華書局，1981.

The Meaning Analysis of the Verbs of "Walking" in *Zuozhuan*

Guo Haoyu

Abstract: Through the investigation of the five "Walking" verbs in *Zuozhuan*(《左傳》), this paper has the following findings: Firstly, "*ben*"(奔) and "*zou*"(走) in *Zuozhuan* (《左傳》) could not be regarded as a group of synonyms, because "*ben*"(奔) was mainly used to indicate the collective escape of the nobility or the army, and there were still many differences between "*ben*"(奔) and "*zou*"(走) in both pragmatic and grammatical; Secondly, "*qu*"(趨) could only be used in ceremonial circumstances, meaning walk in small step and fast, which was not in the same semantic field with "*ben*"(奔), "*zou*"(走) and "*bu*"(步); Thirdly, "*xing*"(行) was mainly used to express political travel in *Zuozhuan*(《左傳》), and could also be used to express fleeing euphemistically, which was not the upper word of "*ben*"(奔), "*zou*"(走), "*bu*"(步) and "*qu*"(趨) yet.

Key words: *Zuozhuan*(《左傳》), *ben*(奔), *zou*(走), *xing*(行), *qu*(趨), *bu*(步)

通信地址：廣州市番禺區大學城外環西路378號華南師範大學文學院
郵　編：510006
Email：guohaoyu@163. com

“思”“想”及相關動詞帶謂詞性賓語的考察*

——以先秦至南北朝語料爲依據

王　誠　吴慧欣

内容提要　以先秦至南北朝時期爲研究範圍，考察和描寫“思”“想”以及相關的“惟”“念”“慮”等心理動詞帶謂詞性賓語的情況，在此基礎上從詞義和句法組合兩方面作横向和縱向的比較。“思”“惟”“念”“慮”帶謂詞性賓語的用法，漢代以後與先秦時期相比，有所變化或發展，其中“念”可能受“思念”組合中“思”的同化而産生新的用法。“思”“想”及相關動詞帶謂詞性賓語的異同，可以從詞義特别是本源意義的角度加以解釋。通過縱向和横向的綜合考察，在一定程度上反映了詞義和句法組合的相互關係。

關鍵詞　思　想　心理動詞　謂詞性賓語　詞義　句法組合

詞彙語義和句法屬於兩個不同的層面，但二者相互關聯、相互影響。近年來，詞義和句法的關係問題逐漸得到研究者的重視。西方學者尤其關注動詞語義和句法之間的規律性聯繫，從不同角度作了理論探討。在漢語研究中，詞義和句法之間的關係，包括詞義演變和句法演變的相互影響，過去研究得不够，今後還需要進一步深入探討①。本文以上古和中古文獻爲語料，對“思”“想”以及意義相近的“惟”“念”“慮”等心理動詞帶謂詞性賓語的情況作具體的考察，梳理歷時演變的軌迹，並比較它們的異同，嘗試探討詞義和句法組合的相互關係。

一　“思”帶謂詞性賓語的考察

謂詞性賓語指的是由謂詞或謂詞性短語充任的賓語，包括單個的動詞或形容詞、主謂結構、述賓結構、述補結構、連謂結構或由副詞充任修飾語的偏正結構等②。“思”可以表示思維、認知、判斷等概念，帶體詞性賓語和帶謂詞性賓語都很常見。這裏從詞義和句法組合相互關係的角度出發，考察“思”帶謂詞性賓語的情況，分爲先秦和中古兩個時期。

先秦時期，“思”的謂詞性賓語主要有動詞短語、主之謂結構、主謂結構等類型。首先，“思”後接動詞短語（VP）③，如：

(1)嫁女之家，三夜不息燭，思相離也。取婦之家，三日不舉樂，思嗣親也。（《禮

*　基金項目：教育部人文社會科學基金青年項目“語義角色視角下的先秦至東漢單音動詞詞義演變研究”（18YJC740093）；教育部人文社科重點研究基地重大項目“漢語歷史詞彙語義專題研究”（19JJD740006）。本文修改過程中，承蒙王雲路教授惠賜意見，謹致謝忱。

①　參見蔣紹愚（2016：328-371）。

②　參看朱德熙（1982：59，122）。

③　需要説明的是，這裏 VP 僅指動詞性短語（動詞詞組），與後文“NP＋VP”和“NP＋之＋VP”中指謂詞性成分的 VP 有所區别，謂詞性成分包括動詞性短語和形容詞短語等。

記・曾子問》)

(2)父母雖没,將爲善,思貽父母令名,必果;將爲不善,思貽父母羞辱,必不果。(《禮記・内則》)

例(1)孔穎達疏:"思念已之取妻嗣續其親。"例(2)孔穎達疏:"父母雖没,思行善事,必果决爲之。""思"是想到、考慮,VP 指將要去做或將會發生的事。由此"思"在特定語境中可以表願望,如:

(3)小人而乘君子之器,盜思奪之矣;上慢下暴,盜思伐之矣。(《周易・繫辭上》)

(4)子而思報父母之仇,臣而思報君之讎,其有敢不盡力者乎?(《國語・越語上》)

例(3)孔穎達疏:"……盜竊之人,思欲奪之矣。……爲政如此,大盜思欲伐之矣。""思"表願望,與"願""欲"等能願動詞的不同在於:"思"一般只能表示自己想去做某件事,而"願""欲"既可以表示自己意欲何爲,也可以表示希望對方做些什麼或期望出現某種情况①。表願望義的"思"不能後接主謂賓語"NP+VP",因爲"思"的主語無法將願望加在别人身上,不像"使"可以作用於被使者②。下例正好表明"思"與"使"的區别:

(5)當今之世,爲人主忠計者,必無使燕王説魯人,無使近世慕賢於古,無思越人以救中國溺者。(《韓非子・用人》)

"使"表示致使、讓,後接 NP+VP,而"思"後的 NP 和 VP 之間則有連詞"以"③。"思越人以救中國溺者"和《韓非子・難勢》"夫待越人之善海游者以救中國之溺人"結構類似,"思"可以理解爲想望、指望,和《史記・魏世家》"家貧則思良妻,國亂則思良相"的"思"義相近④。

其次,"思"後接主之謂結構(NP+之+VP)⑤,這裏 VP 指謂詞性成分,包括動詞短語和形容詞短語等,如:

(6)召穆公思周德之不類,故糾合宗族于成周而作詩。(《左傳・僖公二十四年》)

(7)王思子文之治楚國也,曰:"子文無後,何以勸善?"(《左傳・宣公四年》)

例(6)杜預注:"類,善也。""周德之不類"是已經存在的狀况,"思"是想到,帶有憂慮的含義。例(7)"子文之治楚國"是過去的事情,"思"義爲想起、懷念。謂詞性賓語可以分爲指稱性的和陳述性的兩類⑥,"周德不類"是陳述一個狀况,加上"之"後,則是指稱一個狀况,"子文治楚國"是陳述一個事件,加上"之"後,則是指稱一個事件,因此,"之"的作用可稱爲"去陳述性"⑦。"之"也可以看成一個名詞化標記,將謂詞性的主謂結構轉化爲名詞性的偏正結構⑧。總之,"思"表思念義,賓語只能用"什麼"指代,不能用"怎麽樣"指代⑨。

---

① 參看李佐豐(2003:112)。

② 參看沈培(2005)。

③ "使"字的句型特點與"思"字存在着明顯的差異,"使"經常用作兼語式的第一動詞,但不能用在包孕句,而且"使"的後續成分中一般不能插入助詞"之"字。參看大西克也(2006:314)。

④ 又如《史記・宋微子世家》:"爲桮,則必思遠方珍怪之物而御之矣。""而"和"以"同爲連詞。

⑤ 宋紹年(1999)認爲,"'之'是自指化的形式標記,N 之 VP 是自指化的主謂結構,因而它不是名詞性成分,而是謂詞性成分。"

⑥ 參看朱德熙(1982:124)。

⑦ 參看沈家煊、完權(2009)。

⑧ 參看朱德熙(1983)。

⑨ 漢代以後,也有個别用例,但很少見,如《史記・高祖本紀》:"及孝惠五年,思高祖之悲樂沛,以沛宫爲高祖原廟。"

再次，“思”後接主謂結構(NP＋VP)，該主謂賓語表達主語認知或判斷的内容，“思”是認爲的意思①。如：

(8)楚欲吞宋、鄭，思人衆兵强而能害己者，必齊也。(《管子・霸形》)

(9)逢蒙學射於羿，盡羿之道，思天下惟羿爲愈己，於是殺羿。(《孟子・離婁下》)

上述兩例“思”後的“NP＋VP”整個小句作“思”的賓語(或稱之爲内容賓語)②。

這裏需要對《孟子》中另外幾個“思”後接謂詞性賓語的用例作出解釋，我們採用類比的方法加以説明：

(10)禹思天下有溺者，由己溺之也。稷思天下有飢者，由己飢之也。(《孟子・離婁下》)

(11)思天下之民匹夫匹婦有不被堯舜之澤者，若己推而内之溝中。(《孟子・萬章上》)

(12)北宫黝之養勇也，不膚撓，不目逃。思以一豪挫於人，若撻之於市朝。(《孟子・公孫丑上》)

(13)思與鄉人處，如以朝衣朝冠坐於塗炭也。(《孟子・萬章下》)

例(10)(11)可以和《離婁上》“視天下悦而歸己，猶草芥也”相比照；例(12)(13)可以和《公孫丑上》“視刺萬乘之君，若刺褐夫”、《盡心上》“舜視棄天下，猶棄敝蹝也”以及《大戴禮記・保傅》“其視殺人，若芟草菅然”相對照。通過類比可以發現“思”和“視”的用法頗爲接近，“視”是看待的意思，故“思”與之類似③。“視 A，猶/若 B”是説把 A 情况看成和 B 情况一樣，則“思 A，由/若 B”是説把 A 情况想成和 B 情况一樣。因此，我們認爲例(10)(11)“思”的賓語是“天下有溺/飢者”“天下之民匹夫匹婦有不被堯舜之澤者”，爲主謂結構(NP＋VP)，例(12)(13)“思”的賓語是“以一豪挫於人”和“與鄉人處”，爲狀中短語(PP＋VP)④。

中古時期，“思”後接動詞短語(VP)的用法與先秦時期基本相同，“思”可以表示想、思慮，也可表示願望，如：

(14)善人願載，思勉爲善；邪人惡載，力自禁裁。(《論衡・佚文》)

(15)孝武皇帝幸李夫人，夫人死，思見其形。(《論衡・亂龍》)

(16)其有曾行諸惡事，後自改悔者，若曾枉煞人，則當思救濟應死之人以解之。(《抱朴子内篇・微旨》)

上述三例中 VP 均指準備去做或希望發生的事。

但是，中古文獻中“思”後接主謂結構(NP＋VP)與先秦有所不同，如：

(17)古人垂誥，乃至於此，故君子思心無斯須遠道焉。(《三國志・魏書・武文世王公傳》注引《魏書》載璽書)

(18)既自盛壯，獨步無侶，所願者得，無能拒逆，所欲自恣，不避豪强，亦復不思無常

① 參看巫雪如(2011)。

② 參看沈培(2005)。

③ 根據通感理論，在語言中視覺詞可以表示思維活動，所以“視”和“思”在某些情况下意義相近。

④ 此外，還有一例較爲特殊，《孟子・公孫丑上》：“推惡惡之心，思與鄉人立，其冠不正，望望然去之，若將浼焉。”趙岐注：“思，念也。與鄉人立，見其冠不正，望望然，慚愧之貌也。去之，恐其汙己也。”焦循《正義》：“按《毛詩・大雅》‘思皇多士’，傳云：‘思，辭也。’此‘思與鄉人立’，‘思’當亦語辭，非有義也。”此例“思 A”和“若 B”之間的“望望然去之”似爲插入語，焦循大概據此將“思”視作語辭。姑存疑待考。

對至,不覩生死苦惱之患。(姚秦竺佛念譯《出曜經》卷一)

這兩例"思"都表示想、考慮,而不是表認知或判斷的"認爲"①。又如以下三例"思"也不是認爲,而是設想、想象的意思:

(19)仙人入瘟疫秘禁法,思其身爲五玉。(《抱朴子内篇·雜應》)

(20)又一法,思其髮散以被身,一髮端,輒有一大星綴之。(《抱朴子内篇·雜應》)

(21)一法,直思吾身爲朱鳥,令長三丈,而立來虎頭上。(《抱朴子内篇·登涉》)

這三例都是説道家修煉的方法,"思"表示想象某種原本不存在的情況,是對主語自身情況的設想,賓語的所指具有非現實性。

綜上,將"思"的詞義及其所帶謂詞性賓語的類型列表如下:

表 1

	先秦時期	中古時期
①想,考慮	思+VP	思+VP 思+NP+VP
②願,欲	思+VP	思+VP
③想起,懷念	思+NP+之+VP	
④認爲	思+NP+VP	
⑤相當於"視(看待)"	思+NP+VP(由/若……) 思+PP+VP(如/若……)	
⑥設想,想象		思+NP[自身]+VP

二　"想"帶謂詞性賓語的考察

"想"出現得較晚,戰國末年才通行開來②。"想"帶謂詞性賓語始見於西漢。首先,"想"後接主之謂結構(NP+之+VP),如:

(22)竊想聖主之優游,時娱神而款縱。(西漢王褒《甘泉宫頌》)

(23)想嬌奢之或至,許椒蘭之多術。(西漢班婕妤《擣素賦》)

這兩例"想"都是想象的意思,後者還帶有希冀的含義③,"NP+之+VP"所指的事件尚未發生或者並非實際存在,這與例(6)(7)"思"後接主之謂結構表示思慮已存在的狀況或想念已發生的事情不同。

其次,東漢文獻中已有"想"後接動詞短語(VP)的用例,如:

(24)咨妒嫮之難並兮,想依韓以流亡。(東漢張衡《思玄賦》)

此例"想"是希望、打算的意思。類似的用例多見於包含許多口語成分的《太平經》,如:

(25)今得神人言,大覺悟,思盡死以自效於明天,以解大病,而安地理,固以興帝王,

① 《詩·衛風·氓》:"信誓旦旦,不思其反。反是不思,亦已焉哉!""不思其反"和"不思無常對至"用法類似,但"其"相當於"名詞+之","其反"已經指稱化,而且"反"也可以看作名詞。

② 參看王鳳陽(2011:828)。

③ 《説文·心部》:"想,冀思也。"段玉裁改作"覬思",注云:"覬思,覬望之思也。"

令使萬物各得其所,想以是報塞天重功,今不知其能與不哉?(《太平經》卷五十一《校文邪正法》)

(26)爲力學,想得善,爲惡,則反迺降人也。(《太平經》卷六十七《六罪十治訣》)

這裏"想"和"思"的用法相同,皆表願、欲之義。

再次,"想"後接主謂結構(NP+VP),"想"是料想、估計的意思,如:

(27)想天神知之,各有所進。(《太平經》卷一百十四《有功天君敕進訣》)

(28)想民當如是,何爲犯之,自致不壽,亡其年命乎?(《太平經》卷一百十四《大壽誡》)

主謂結構中的NP是"想"的歷事者(experiencer)①之外的其他人,"想"是料想、估計的意思。"想"既可以是推想過去,如:

(29)文舉曰:"想君小時,必當了了!"(《世説新語·言語》)

也可以是推測將來,如:

(30)想公侯不使程嬰、杵臼擅名於前代,而使大魏獨無鷹揚之士與?(《三國志·魏書·毌丘儉傳》注引文欽《與郭淮書》)

(31)今論其較略,想好事者欲入山行,當訪索知之者,亦終不乏於世也。(《抱朴子内篇·登涉》)

同時,一方面可能是出於構成四字格的需要②,另一方面在書信或對話中雙方具有共識,因而"想"所接主謂結構中指對方的NP可以省略,這樣"想"後接謂詞性短語VP也可表示對他人情况的預料或猜測③,如:

(32)雖匱人望,内合私願。想甚欣然,不爲恨也。(東漢荀爽《貽李膺書》)

(33)數日不見,思子爲勞,想同之也。(三國魏曹植《與楊德祖書》)

(34)方世清聖,上求賢者,梁丘以卦筮寧世,劉向以《洪範》昭名,想當來翔,追蹤前烈,相見乃盡,不復多陳。(東漢孔融《答虞仲翔書》)

(35)敵國敗績,利在同盟,聞慶拊節,想遂席卷,共獎王綱。(《三國志·吴書·陸遜傳》)

前兩例是對對方當前狀况的猜測,後兩例是對對方將來行動的推想。上述四例皆出自書信,都可補出被省略的NP。

此外,"想"後接謂詞性短語VP不僅可以是猜想對方的情况,也可以是對其他事物或狀况的推測,如:

(36)益使憮然,想是流妄;設其必爾,民何望乎?(東漢張紘《爲孫會稽責袁術僭號書》)

(37)遥望彼樹,想有流泉。馳趣樹下,了無所見。(東漢曇果共康孟詳譯《中本起經》)

(38)操不悟,後問出何經典。對曰:"以今度之,想當然耳。"(《後漢書·孔融傳》)

(39)雖云朝市,想同巖谷。(《洛陽伽藍記》卷一)

最後,"想"後接主謂結構(NP+VP),NP也可以指"想"的歷事者自身,下面兩例中VP

① 歷事主語是感知或經驗動詞的主語。參看梅廣(2018:273)。

② 參看王雲路(2007)。

③ 這種用法在六朝口語性較强的文獻,如王羲之《雜帖》和《世説新語》的對話中,較爲常見。

爲形容詞或形容詞短語：

(40)血海有餘，則常想其身大，怫然不知其所病；血海不足，亦常想其身小，狹然不知其所病。(《黄帝内經·靈樞·海論》)

(41)善男子、善女人，覺已不大思食，自想身軟美飽①。(東漢支婁迦讖譯《道行般若經》卷二)

這兩例“想”可以解釋爲覺得，是對自身狀態的感覺，並非客觀實際，與上舉例(19)至(21)的“思”有點類似。

綜上，將“想”的詞義及其所帶謂詞性賓語的類型列表如下：

表 2

①想象	想＋NP＋之＋VP
②希望，打算	想＋VP
③料想，估計	想＋(NP)＋VP
④感覺，覺得	想＋NP[自身]＋VP

三　“惟”“念”“慮”帶謂詞性賓語的考察

《説文·心部》：“惟，凡思也。”“念，常思也。”《思部》：“慮，謀思也。”“惟”和“念”在《尚書》《詩經》等上古早期文獻中就已有帶謂詞性賓語的用例，而“慮”帶謂詞性賓語則到戰國時期才出現。以下是對這三個心理動詞帶謂詞性賓語情況的考察。

(一)“惟”帶謂詞性賓語的考察

動詞“惟”表示想、思考，使用的時代很早，《尚書》中已較多見，可以看作古語詞，到後代則用得較少，多限於莊重典雅的語體。“惟”帶謂詞性賓語的用法和“思”大體相同。首先，“惟”後接動詞短語(VP)，如：

(42)盤庚作，惟涉河以民遷。(《尚書·盤庚中》)

(43)惟荒腆于酒，不惟自息，乃逸。(《尚書·酒誥》)

例(42)《爾雅·釋詁上》：“惟，謀也。”即謀劃。“涉河以民遷”還没發生，“惟”有考慮、打算的含義。例(43)孔傳：“不念自息。”孫星衍疏：“不思自止其過。”這裏“惟”可以理解爲想、考慮，“自息”是應該去做但没做的事。

其次，“惟”後接主之謂結構(NP＋之＋VP)，如：

(44)數惟蓀之多怒兮，傷余心之慢慢。(《楚辭·九章·抽思》)

王逸注：“言已惟思君行，紀數其過，又多忿怒，無罪受罰，故我心慢慢而傷痛也。”洪興祖《補注》：“惟，思也。言計思其君多妄怒，無罪而受罰也。”“蓀之多怒”是過去發生過的事情，這裏

① 前秦曇摩蜱共竺佛念譯《摩訶般若抄經》卷二作“是善男子、善女人，從覺已不大思食，自想身軟美如飽”。

"惟"是回想的意思。

再次,漢代以後"惟"有後接主謂結構(NP+VP)的用例,如:

(45)吾惟豎子固不足遣,而公自行耳。(《史記·留侯世家》)

(46)深惟士之游宦所以至封侯者,微甚。(《史記·張丞相列傳》)

(47)自惟財富無量,等以大車而賜諸子。(姚秦鳩摩羅什譯《妙法蓮華經》卷二)

這裏"惟"是想、考慮的意思。這種用法多見於書面語①,"惟"後可帶小句或複句。

綜上,將"惟"的詞義及其所帶謂詞性賓語的類型列表如下:

表 3

	先秦時期	漢代以後
①想,考慮	惟+VP	惟+NP+VP
②想起,回想	惟+NP+之+VP	

(二)"念"帶謂詞性賓語的考察

《説文·心部》:"懷,念思也。"段注:"念思者,不忘之思也。""懷"和"念"與"思"的區别主要在於:"懷"和"念"是"追憶已知的事物",即"對已有的印象的回想"②,而"思"的對象或内容既可以是過去的、已知的,也可以是將來的、未發生的。"懷"極少見帶謂詞性賓語的用例,這裏主要考察"念"帶謂詞性賓語的情況。

先秦時期,"念"可以後接主之謂結構(NP+之+VP),如:

(48)予念我先神后之勞爾先。(《尚書·盤庚中》)

(49)憂心慘慘,念國之爲虐。(《詩·小雅·正月》)

(50)其後伯禹念前之非度,釐改制量。(《國語·周語下》)

例(48)孔穎達疏:"我念我先世神后之君成湯愛勞汝之先人。"例(49)"國之爲虐"是已經或正在發生的事。例(50)韋昭注:"度,法也。""前之非度"是説以往之事不合法度。

同時,"念"也可以後接主謂結構(NP+VP),如:

(51)予亦念天即于殷大戾,肆不正。(《尚書·多士》)

(52)憂心惸惸,念我無禄。(《詩·小雅·正月》)

例(51)"天即于殷大戾"是説上天降罰於殷家。例(52)鄭玄箋:"無禄者,言不得天禄,自傷值今生也。"上述五例都是回想過去發生的事情或者想到已經存在的狀况。

漢代以後,"念"的詞義在一定程度上發生泛化,其賓語也可以是將來之事或未發生的情况。首先,"念"可以後接動詞短語(VP),如:

(53)念爲廉吏,奉法守職,竟死不敢爲非。(《史記·滑稽列傳》)

(54)孫子知衛君之將不君,不念伏死以争,而素規去就。(《孔叢子·記義》)

例(53)"爲廉吏"是願望或目標。例(54)"伏死以争"是可能採取的行動。這裏"念"是想着或想要的意思。

---

① 如中古史書所載奏議中每有"伏惟……"。

② 參見王鳳陽(2011:828)。

其次,"念"後接主謂結構(NP+VP),時間指向也不再限於過去,如:

(55)王曰:"我食寒葅而得蛭,念譴之而不行其罪乎,是法廢而威不立也,非所聞也;譴而行其誅,則庖宰、監食者法皆當死,心又弗忍也。故吾恐蛭之見也,遂吞之。"(《新書·春秋》)

(56)吾念宗周將滅,泣涕不可禁也。(《孔叢子·抗志》)

(57)二人云:"亦可强逼。念汝能事叔父,當爲汝活之。"(《搜神記》卷十)

(58)然念君宿念不忘,再求相慰,妾身未損,可以再生,還爲夫婦。(《搜神記》卷十五)

例(55)"譴之……皆當死"是"念"的賓語,可以視爲複雜小句,這裏是設想行爲可能帶來的後果;例(56)"宗周將滅"是將要發生的情況。二者皆爲非實然(irrealis)情態。而例(57)(58)"念"的主謂賓語則是實然(realis)情態。"念"可以解釋爲想到或考慮。

再次,"念"後接主之謂結構(NP+之+VP),時間指向也具有兩可性,如:

(59)朕既不能遠德,故憪然念外人之有非,是以設備未息。(《史記·孝文本紀》)

(60)足下譏吾恃黑山以爲救,獨不念黄巾之合從邪!(《三國志·魏書·臧洪傳》)

例(59)司馬貞《索隱》引蘇林曰:"憪,寢視不安之貌。"因而這裏的"念"帶有擔憂、憂慮的含義,賓語指的是將來可能發生的事情。例(60)方詩銘(1995:156)認爲袁紹曾與黄巾合從,據此,此例"念"的賓語"黄巾之合從"是過去發生過的事。

綜上,將"念"的詞義及其所帶謂詞性賓語的類型列表如下:

表 4

	先秦時期	漢代以後
①想到,回想	念+NP+(之)+VP	念+NP+(之)+VP
②想着,想要		念+VP
③考慮,擔憂		念+NP+(之)+VP

(三)"慮"帶謂詞性賓語的考察

《説文·心部》:"慮,謀思也。"段注:"《言部》曰:'慮難曰謀。'與此爲轉注。《口部》曰:'圖者,畫也,計難也。'然則謀、慮、圖三篆義同。"可知"慮"是對將來之事的計議、謀劃。

先秦時期,"慮"帶謂詞性賓語主要有兩種用法。其一,"慮"後接動詞短語(VP),VP指主語想要去做的事情,如:

(61)翟嘗計之矣。翟慮耕而食天下之人矣,盛,然後當一農之耕,分諸天下,不能人得一升粟。(《墨子·魯問》)

(62)晋有臣不忠於其君,慮殺其主,謂之公過。(《管子·山權數》)

(63)越王慮伐吴,欲人之輕死也。(《韓非子·内儲説上》)

例(61)"慮"和"計"義近,可以解釋爲考慮、想要。例(62)(63)"慮"可以解釋爲謀劃、打算。

其二,"慮"後接主謂結構(NP+VP),主謂賓語指主語認知或判斷的内容,如:

(64)臣竊以慮諸侯之不服者,其惟莒乎。(《吕氏春秋·重言》)

這裏“慮”和“思”意義相近,表示主觀的認知或判斷,可以釋爲認爲或知道①。

漢代以後,“慮”帶謂詞性賓語的用法進一步發展。其一,“慮”的賓語 VP 也可以指可能發生或遇到的情況,如:

(65)地制壹定,宗室子孫莫慮不王。(《漢書·賈誼傳》)

(66)後太祖病困,自慮不起。(《三國志·魏書·后妃傳》)

(67)老君所云,謂夫披沙剖石,傾山漉淵,不遠萬里,不慮壓溺,以求珍玩,以妨民時,不知止足,以飾無用。(《抱朴子内篇·黄白》)

例(65)顔師古注:“慮,計也。”例(66)“不起”是狀態變化,例(67)“壓溺”是被動。這裏“慮”都可以解釋爲憂慮、擔心②。

其二,“慮”後接主之謂結構(NP+之+VP)或主謂結構(NP+VP),VP 可以指將要去做或將會發生的事情,如:

(68)是以往者初開魏國,錫君土宇,懼君之違命,慮君之固辭,故且懷志屈意,封君爲上公,欲以欽順高義,須俟勳績。(《三國志·魏書·武帝紀》注引《獻帝傳》載詔)

(69)古人所以或避危亂而不肯入,或色斯舉而不終日者,慮巫山之失火,恐芝艾之並焚耳。(《抱朴子外篇·嘉遯》)

(70)元帝便欲施行,慮諸公不奉詔,於是先唤周侯、丞相入,然後欲出詔付刁。(《世説新語·方正》)

(71)其人意迷,復慮死至。(姚秦竺佛念譯《出曜經》卷五)

上述四例“慮”也是擔心、憂慮的意思③。

同時,與“想”相類似,主謂結構中指對方的 NP 可以承前省略,如:

(72)上以休若和善,能諧緝物情,慮將來傾幼主,欲遣使殺之。慮不奉詔,徵入朝,又恐猜駭……(《宋書·文九王傳》)

(73)與婦共視被中人,高枕安寢,正是其形,了無一異。慮是其神魂,不敢驚動。(《搜神後記》卷三)

例(72)“慮”是擔心、憂慮,省略了 NP“休若”。例(73)“慮”表示主語的認知或判斷,可以理解爲懷疑,省略了 NP“被中人”。

綜上,將“慮”的詞義及其所帶謂詞性賓語的類型列表如下:

表 5

	先秦時期	漢代以後
①謀劃,打算	慮+VP	慮+VP
②憂慮,擔心		慮+(NP)+(之)+VP
③認爲;懷疑	慮+NP+VP	慮+(NP)+VP

① 中古時期的例子如《三國志·蜀書·諸葛亮傳》注引《漢晋春秋》:“先帝慮漢、賊不兩立,王業不偏安,故託臣以討賊也。”

② 《漢書·溝洫志》:“浩浩洋洋,慮殫爲河。”顔注:“慮,恐也。”但《史記·河渠書》作“皓皓旰旰兮,閭殫爲河”。《集解》:“駰謂州閭盡爲河。”此例存疑待考。

③ 《史記·三王世家》:“乃道天子卑讓自貶以勞天下,慮皇子未有號位。”“皇子未有號位”雖是已有的狀況,但“慮”的其實是“未有號位”將會帶來的危害。

四　討論和總結

以上對先秦至南北朝文獻中“思”“想”以及“惟”“念”“慮”帶謂詞性賓語的情况作了分類描寫，基本涵括了詞義和句法組合的各種類型。這五個表示思維活動的動詞關係較爲密切，如中古佛經中多見“念思想”“念思惟”“念思慮”“思惟念”等三字連言的用例。下面對相關問題進行討論，並綜合比較它們的異同，由此探討詞義和句法組合的相互關係。

(一)討論

1. “思”與“想”的區别

“思”(包括“慮”)後接主謂賓語(NP＋VP)可以表示主觀的認知或判斷，用例見於戰國文獻;“想”後接主謂賓語(NP＋VP)可以表示主觀的推測和估計，用例始見於東漢。前者是對事實的判斷，後者是對可能性的推測。二者的區别可以從這兩個詞的語義特别是本源意義的角度加以説明。

《説文・心部》:“思，容也。”章太炎認爲“容借爲頌”，“頌本訓貌，引申象其貌則曰形頌，單言曰頌”，“思之爲頌，猶言圖畫，今人所謂寫象也。……思之訓頌，從繪事曰圖畫言，則所謂寫象也，從謀事曰圖畫言，則所謂規度也”①。簡言之，“思”的基本含義是兩個:一是“對過去事物的回想”，所謂“念也”;一是“表示在已知現象基礎上去思慮、探討”，包括謀劃、規度②。其一，表回想義的“思”，未見後接主謂賓語，而是後接主之謂結構，如例(6)“召穆公思周德之不類”、例(7)“王思子文之治楚國也”和《史記》“思高祖之悲樂沛”，“NP＋VP/AP”爲陳述過去的狀況或事件，“之”則具有“去陳述性”，使之指稱化或名詞化。其二，上古表認知、判斷義的“思”後接主謂賓語，如例(8)“思人衆兵强而能害己者必齊也”和例(9)“思天下惟羿爲愈己”，“NP＋VP”是判斷句。其三，中古表思慮、規度義的“思”也有後接主謂賓語的用例，如例(17)“故君子思心無斯須遠道焉”和例(18)“亦復不思無常對至”，但“NP＋VP”爲陳述將來的狀况或事件。

《説文・心部》:“想，冀思也。”徐鍇云:“希冀所思之。”③王鳳陽(2011:828)認爲，“‘想’是含有希望的“思”，希望有理想的成分，‘想’也含有假設的理想的成分，所涉及的事物多富於形象性。”以“想”的早期用例爲證，如《韓非子・解老》:“人希見生象也，而得死象之骨，案其圖以想其生也，故諸人之所以意想者，皆謂之象也。”這是説没見過活象而想象活象的樣子，所謂“以意想”就是假想、主觀想象。又如《史記・孔子世家》:“余讀孔氏書，想見其爲人。”司馬遷没有見過孔子，只是想象孔子的形象和人格。可見，“想”是根據相關材料推測或想象，因此引申爲料想、估計，後接主謂賓語，“NP＋VP”是陳述句，陳述過去或將來的狀况或事件。這種用法的“想”具有主觀性(subjectivity)，主語説話人或敘事者通常隱而不現，同

① 參見章太炎(2014:496-497)。

② 參看王鳳陽(2011:828)。

③ 桂馥《説文義證》和王筠《説文句讀》引作“希冀而思之也”。

時,一方面賓語中的 NP 可以省略,另一方面賓語發展爲小句,語義自足,因此,"想"在使用中進一步主觀化(subjectivisation),在某些用例中甚至類似於一個主觀性標記①。

2. "念"受"思"的同化

"思""想"及相關動詞後接動詞短語(VP)都可以表示希望或打算去做某事。其中"惟"在上古早期文獻(如《尚書》)中就有這種用法,"思"和"慮"類似的用法始見於戰國文獻,"想"和"念"則到漢代以後才有類似的用法②。它們之間可能存在相互影響以及類推關係,特別是"念"受"思"影響的可能性較大。

"念"本來是回想過去發生的事情或已經存在的狀況。但在下面的例子中"思"和"念"連用表示考慮某事或打算做某事:

(74)今臣聞王居處不安,食飲不甘,思念報齊。(《戰國策·燕策一》)

(75)今全無悼遠之志,反思念取事,是春秋之所甚疾也。(《春秋繁露·玉杯》)

(76)是以夙夜思念國家之用,寢而忘寐,飢而忘食。(《鹽鐵論·刺復》)

"念"可能是受"思"的同化,因而單用也可以後接 VP,如例(53)和例(54)所示③。再對比下面兩例:

(77)且子列子內有饑寒之憂,猶不苟取,見得思義,見利思害,況其在富貴乎?(《新序·節士》)

(78)枝無忘其根,德無忘其報,見利必念害身。(《説苑·談叢》)

《新序》和《説苑》都是西漢劉向整理成書的,"見利思害"和"見利必念害身"句義相近。依據以上材料,我們認爲"念"可以表示想着、想要(去做某事)的含義,很可能是詞義沾染(組合同化)的結果④。

(二)總結

以上著重討論了"思"與"想"的區別以及"念"和"思"的關係,這裏再簡單説明"惟"和"思"以及"念"和"慮"的關係。"惟"帶謂詞性賓語的用法和"思"相一致,它們的詞義也較爲接近,所以王鳳陽(2011:828)認爲二者是古今詞。"念"和"慮"的本義從時間指向來看正好相反:"念"的賓語本來只限於過去發生的事情或已經存在的狀態,而"慮"的賓語則是想要去做的事或可能發生的情況。由於受"思"的同化,漢代以後"念"在時間指向上具有兩可性,因而"念"和"慮"帶謂詞性賓語的用法在指向將來方面趨同,都有想要(去做某事)和擔憂(發生某事)的含義。

綜上可見,"思""想"以及"惟""念""慮"帶謂詞性賓語的用法有一定的差異,但也存在不少共性,在詞義和句法組合上有交叉、重合的部分。下面通過兩張表格大致總結它們的詞義和句法組合的關係。表 6 可以體現詞義和句法組合的一致性,即不同的動詞在相同的句法

---

① 關於"主觀性"和"主觀化",參看沈家煊(2001)。

② "想"大概在口語中更爲常用,比如在漢代"想"多見於譯經、《太平經》等口語成分較多的文獻。

③ 東漢以後有"思念欲"連言的例子,如《東觀漢記》卷一:"帝以天下既定,思念欲完功臣爵土。"還出現"念思"的用例,如《傷寒論·序》:"觀今之醫,不念思求經旨,以演其所知,各承家技,終始順舊,省疾問病,務在口給。"

④ 關於詞義沾染(組合同化),參見朱慶之(1992)、張博(1999)。

組合中具有相近的詞義。

表 6

	詞義	句法組合
"思""惟""想""念""慮"	希望,打算	V+VP
"思""惟""念"	回想,懷念	V+NP+之+VP
"思""慮"	認爲;懷疑	V+NP+VP
"念""慮"	擔心,憂慮	V+NP+(之)+VP
"思""想"	想象;感覺	V+NP[自身]+VP

表 7 則説明詞義和句法組合可以是一對多或多對一的映射關係,一方面,同一個動詞在相同的句法組合中可以有不同的含義,另一方面,動詞的同一個義項可以有不同類型的句法組合。

表 7

	"思"	"想"	"惟"	"念"	"慮"
V+VP	①想,考慮 ②願,欲	①希望,打算 ②料想,估計	想,考慮	想着,想要	①謀劃,打算 ②憂慮,擔心 ③認爲;懷疑
V+NP+VP	①認爲 ②想,考慮	料想,估計	想,考慮	①想到,回想 ②考慮,擔憂	①認爲;懷疑 ②憂慮,擔心
V+NP+之+VP	想起,懷念	想象	想起,回想	①想到,回想 ②考慮,擔憂	憂慮,擔心

詞彙和語法的相互影響有三種情況:一是詞義影響句法,二是句法影響詞義,三是詞義和句法共同影響詞義①。其一,上述表格較爲清楚地説明詞義變化影響句法組合變化,正如蔣紹愚先生所指出的,"詞義變了,其句法組合也會隨之而變,這是最常見的","但不是詞義引申後其句法組合都要發生變化,詞義引申後其句法組合不變也很常見"②。其二,本文對"思""想"及相關動詞帶謂詞性賓語的考察,也可以説明句法組合的變化影響詞義變化,舉例來説,如果把"V(感知動詞)+(NP)+VP,若……"視作構式(Constructions),則"思+NP+VP,由/若……"和"思+PP+VP,如/若……"中的"思"相當於"視",義爲看待,可以認爲是構式賦予它的,"思 A,若 B"可以解釋爲把 A 情況想成和 B 情況一樣,這是構式影響詞義的例子。其三,前面提到的"念"或許可以作爲例子説明詞義和句法的共同影響造成詞義的演變,"念"和"思"連用發生詞義沾染(組合同化),同時又由於句法組合的變化,即後接動詞短語(VP),從而産生"想着/想要(去做某事)"之義。

最後需要説明的是,由於"思""想"等是常用動詞,先秦至南北朝相關語料的量很大,我們雖然盡可能全面地進行考察,但畢竟無法做到窮盡,而且本文以描寫語言事實爲主,對於詞義和句法組合相互關係的解釋和探討是初步的,還有待今後作更深入的研究。

---

① 見蔣紹愚(2016:369)。
② 見蔣紹愚(2016:336)。

徵引書目

舊題春秋·左丘明《國語》,徐元誥集解,中華書局,2002。
戰國·韓非《韓非子》,清·王先慎集解,中華書局,1998。
戰國·管仲《管子》,黎翔鳳校注,中華書局,2004。
戰國·墨翟《墨子》,清·孫詒讓閒詁,中華書局,2001。
《黄帝内經》,清·張志聰集注,中醫古籍出版社,2015。
秦·孔鮒撰《孔叢子》,上海古籍出版社,1990。
西漢·劉向《説苑》,向宗魯校證,中華書局,1987。
西漢·劉向《新序》,中華書局,1985。
西漢·司馬遷《史記》(修訂本),中華書局,2014。
東漢·班固《漢書》,中華書局,1962。
東漢·王逸章句,宋·洪興祖補注,《楚辭補注》,中華書局,1983。
東漢·王充《論衡》,黄暉校釋,中華書局,1996。
東漢·應劭《風俗通義》,王利器校注,中華書局,1981。
《太平經》,王明合校,中華書局,1960。
西晋·陳壽《三國志》,中華書局,1959。
東晋·葛洪《抱朴子》,金毅校注,上海古籍出版社,2018。
東晋·干寶《搜神記》,中華書局,1979。
東晋·陶潛《搜神後記》,中華書局,1981。
南朝宋·范曄《後漢書》,中華書局,1965。
南朝宋·劉義慶《世説新語》,余嘉錫箋疏,上海古籍出版社,1993。
《古文苑》,南宋·章樵注,《四部叢刊》初編本。
唐·歐陽詢撰《藝文類聚》,上海古籍出版社,1982。
清·阮元校刻《十三經注疏》,中華書局,1980。
大正一切經刊行會《大正新修大藏經》,臺北新文豐出版公司,1983。

參考文獻

[1]大西克也. 從語法的角度論楚簡中的“囟”字[M]//康樂集:曾憲通教授七十壽慶論文集. 廣州:中山大學出版社,2006.
[2]方詩銘. 曹操·袁紹·黄巾[M]. 上海:上海社會科學院出版社,1995.
[3]蔣紹愚. 漢語歷史詞彙學概要[M]. 北京:商務印書館,2016.
[4]蔣紹愚. 詞義演變和句法演變的相互關係[M]//漢語史學報(第十五輯). 上海:上海教育出版社,2015.
[5]李佐豐. 先秦漢語實詞[M]. 北京:北京廣播學院出版社,2003.
[6]梅廣. 上古漢語語法綱要[M]. 上海:上海教育出版社,2018.
[7]沈家煊. 語言的“主觀性”和“主觀化”[J]. 外語教學與研究,2001(4).
[8]沈家煊、完權. 也談“之字結構”和“之”字的功能[J]. 語言研究,2009(2).
[9]沈培. 周原甲骨文裏的“囟”和楚墓竹簡裏的“囟”或“思”[M]//漢字研究(第一輯). 北京:學苑出版社,2005.
[10]宋紹年. 古代漢語謂詞性成分的指稱化與名詞化[M]//郭錫良. 古漢語語法論集. 北京:語文出版

社,1999.
[11]王鳳陽. 古辭辨(增訂本)[M]. 北京:中華書局,2011.
[12]王雲路. 試談韻律與某些雙音詞的形成[J]. 中國語文,2007(3).
[13]巫雪如. 楚國簡帛中的"囟/思""使"問題新探[J]. 臺大文史哲學報,75 期,2011.
[14]張博. 組合同化:詞義衍生的一種途徑[J]. 中國語文,1999(2).
[15]章太炎. 章太炎全集·新方言 嶺外三州語 文始 小學答問 説文部首均語 新出三體石經考[M]. 上海:上海人民出版社,2014.
[16]朱德熙. 語法講義[M]. 北京:商務印書館,1982.
[17]朱德熙. 自指和轉指——漢語名詞化標記"的、者、所、之"的語法功能和語義功能[J]. 方言,1983(1).
[18]朱慶之. 佛典與中古漢語詞彙研究[M]. 臺北:文津出版社,1992.

An Investigation into the Predicate Objects of Verbs *si* (思) and *xiang* (想)and Other Semantically Related Psych Verbs: From Pre-Qin to Medieval Chinese

Wang Cheng Wu Huixin

Abstract: Focused on the period from the Pre-Qin Dynasty to the Southern and Northern Dynasties, this paper investigates the semantically related psychological verbs "*si* (思)" and "*xiang* (想)" as well as "*wei* (惟)", "*nian* (念)" and "*lü* (慮)" with predicate objects, describing the word meanings and the related syntactic structures. On this basis, the five verbs are compared in terms of lexical semantics and syntactic structure. From Pre-Qin to Han Dynasty, the usages of "*si* (思)", "*nian* (念)" and "*lü* (慮)" underwent certain changes and it is probably that combinational assimilation occurred between "*si* (思)" and "*nian* (念)". The usages of these five verbs with predicate objects have both dissimilarities and commonalities, which can be explained from the perspective of semantics, especially their original meanings. The mutual relation between word meaning and syntactic structure is preliminarily discussed by means of synthetic investigation.

Key words: *si* (思), *xiang* (想), psychological verbs, predicate object, word meaning, syntactic structure

通信地址:
王誠,浙江省杭州市西湖區餘杭塘路 866 號浙江大學紫金港校區西區人文大樓古籍研究所/漢語史研究中心
郵　編:310058
E-mail:wangchengzju@gmail. com
吴慧欣,浙江省杭州市西湖區餘杭塘路 866 號浙江大學紫金港校區西區人文大樓古籍研究所
郵　編:310058
E-mail:wuhx@zju. edu. cn

中古辭書與漢語詞彙史研究[*]

汪維輝

内容提要　中古辭書的價值絶非只限於音韻和文字研究方面，它們對漢語詞彙史的研究同樣具有非常重要的價值。文章舉述若干實例來説明這些辭書在詞彙史研究中的作用：一是記録了一批魏晋至宋代産生的口語新詞新義；二是對於常用詞新舊更替研究具有獨特的價值。反過來説，詞彙史的深入研究也有助於這些辭書的整理，可以幫助校正文字、疏通釋義和糾正訛謬等，以便我們能更加科學有效地利用這份豐富而又駁雜的資料。這方面以前關注不多，本文也試舉兩例略予揭示。

關鍵詞　中古辭書　漢語詞彙史　新詞新義　常用詞歷時替换　辭書整理

中古時期（本文指魏晋南北朝隋唐宋）産生的一批辭書（包括訓詁書、字書、韻書、音義書等）對於漢語詞彙史研究具有重要的價值。清代以來的語言學家們在詞語訓釋工作中很注意利用這份資料，他們的論著中隨處可見徵引古代訓詁書、字書、韻書、音義書以證詞義的精彩例子。當代學者從漢語詞彙史的角度也做了一些研究，如劉燕文（1991）、于建華（2005、2012）等。不過這些辭書在詞彙史研究方面的價值應該説還没有得到充分的發掘，值得展開全面深入的研究，誠如蔣紹愚先生（1989：241）所説："宋代關於口語詞彙的記載應首先提到《廣韻》《集韻》。這兩部書歷來只被作爲韻書而受到重視，但兩部書中也收了許多唐宋以來産生的新詞，這方面還没有受到應有的重視。"本文舉述若干實例來説明這些辭書在詞彙史研究中的作用，大致包括兩個方面：一是記録了一批魏晋至宋代産生的口語新詞新義；二是對於常用詞新舊更替研究具有獨特的價值。不過這兩個方面實際上很難截然分開。反過來説，詞彙史的深入研究也有助於這些辭書的整理，可以幫助校正文字、疏通釋義和糾正訛謬等，以便我們能更加科學有效地利用這份豐富而又駁雜的資料。這方面以前關注不多，本文也試舉兩例略予揭示。

總之，中古辭書的價值絶非只限於音韻和文字研究方面，它們對詞彙史的研究同樣具有重要的作用，在很多時候，辭書的記載可以跟文獻中的實際用例相互印證，但也有不少時候辭書的記載要早於實際用例。中古辭書與漢語詞彙史研究是相輔相成的關係，從詞彙史角度對這批辭書進行深入探討，會有許多新的發現，不僅可以爲詞彙演變發展的過程提供直接的證據，而且對於辭書的校理也具有重要的意義。

---

* 蔣紹愚先生曾經倡導應該重視韻書對漢語詞彙史研究的價值。謹以此文慶賀蔣先生八十華誕。文章撰寫及修改過程中，承友生許峻瑋、邵珠君、牆斯提供資料，趙川瑩、孫少卓、張航、戴佳文提出寶貴意見，戴佳文還幫助核對了引文，且獻替尤多。初稿曾在第64回國際東方學者會議（2019年5月18日・東京）上宣讀，與會學者有所指正。謹此統致謝忱。文中錯誤概由作者負責。基金項目：國家社會科學基金重大項目"漢語詞彙通史"（14ZDB093）；教育部重點研究基地重大項目"漢語基本詞彙歷時演變研究"（16JJD740015）。

一　中古辭書對漢語詞彙史研究的價值

爲敘述方便起見,下面分爲兩個方面來舉例説明中古辭書對漢語詞彙史研究的價值。

(一)記録了一批口語中的新詞新義

中古辭書記録了一批魏晋以後産生的口語詞彙,它們不見於上古文獻,有許多一直流傳到現代漢語(包括方言)。下面撮舉一些例子。

1. 嗓

嗓子的"嗓",最早記録的辭書是《集韻·蕩韻》:"嗓,喉也。寫朗切。"《漢語大字典》引《雍熙樂府·一枝花·嘲妓醜》:"歌聲時,嗓拗;舞旋處,腰駝。"《西遊記》第六十二回:"你看八戒放開食嗓,真個是虎咽狼吞,將一席果菜之類,喫得罄盡。"第一個例子的作者和時代不明。就目前所見,最早的用例出現於元代,元雜劇中頗多。如《元刊雜劇三十種·諸宮調風月紫雲庭》第二折:"越道着越查聲破嗓越罵得精細,前面他老相公聽的!"無名氏《争報恩三虎下山》第二折:"(正旦唱)我但有那撇喉嚨,抹嗓子,裙刀摟帶,就在這受官廳自行殘害。"元末明初陶宗儀的《南村輟耕録》卷二十七也有"嗓拗,劣調,落架,漏氣"之語。《集韻》對"嗓"字的記録略早於實際用例。

不過更早的例子是寫作"顙",《漢語大詞典》和《漢語大字典》(以下簡稱《大詞典》《大字典》,或合稱"二典")所舉首例均爲隋巢元方《諸病源候論·鼻病諸候》:"頏顙之間,通於鼻道。"《大詞典》還有"顙叫子"條:"置於人喉中吹的一種哨兒。宋沈括《夢溪筆談·權智》:'世人以竹、木、牙、骨之類爲叫子,置人喉中吹之,能作人言,謂之"顙叫子"。'"元曲中也有用例,如蕭德祥《殺狗勸夫》第四折:"動不動掐人的顙子,哎,這好歹鬬的書生,好放刁的賊子。"可見"嗓子"的{嗓}這個詞至晚在隋代已經出現在文獻中。"顙"字的本義是"額",見於《説文》。中古辭書"顙"字未有收載"喉"義的,應該是把"嗓"看作正字,寫作"顙"只是民間俗書的借音字。雖然中古辭書對{嗓}寫作"顙"字的没有記録,但是《集韻》記載了後世通行的"嗓"這個字形和音義,還是很可貴的。

2. 磉

《宋本玉篇·石部》:"磉,柱下石也。先曩①切。"《廣韻·蕩韻》"蘇朗切",《集韻·蕩韻》"寫朗切",釋義並同,音也相同。《玄應音義》卷十一"櫨鎟"注引《説文》:"磉,柱下石。"今本《説文》無。此爲中古新詞,上古叫做"礎",《正字通·石部》:"磉,俗呼礎曰磉。""二典"所舉的首例都是《梁書·諸夷傳·扶南國》:"(穿土)可深九尺許,方至石磉,磉下有石函。"(《南史》略同)不過宋代以前用例少見,禪宗語録中稱作"磉盤",如《景德傳燈録·金峰從志》:"進曰:'何不道?'師曰:'口如磉盤。'"蓋因其形似盤也。"磉"這個詞今天仍活在很多方言中,《現代漢語詞典》"磉"條:"〈方〉柱子底下的石墩:石~。"特别標注了"〈方〉"。《漢語方言大詞典》"磉磐"條:"〈名〉柱子底下的礎石。①徽語。浙江建德[$\mathrm{sɑŋ}^{55\text{-}33}$ $\mathrm{p^{h}iæ}^{312\text{-}52}$]。②吴語。浙江

① 此據《四部叢刊》影元本和文淵閣《四庫全書》本。張氏澤存堂本作"先囊切",誤。"磉"是上聲字。

寧波[sɔ̃$^{53-44}$ bũ$^{13-21}$]。應鍾《甬言稽詁・釋宫》:‘甬俗稱柱下質石爲磉子,亦曰～。’③贛語。湖南耒陽[saŋ^{41} p^{h}ã^{o}]。”(7012 頁)“磉磐”即禪宗語録中的“磉盤”,今天的寧波話(屬北部吴語太湖片甬江小片)通稱“磉盤石”。

3. **蕻**

“蕻”大概是宋代産生的一個新詞,《廣韻・送韻》:“蕻,草菜心長。胡貢切。”“二典”均釋作“菜薹”,所引書證僅有宋梅堯臣《志來上人寄示酴醿花并壓磚茶有感》一條:“宣城北寺來上人,獨有一叢盤嫩蕻。”這就是今天吴語區管菜薹叫“菜蕻”的“蕻”,寧波有“雪裏蕻[hoŋ^{ə44}]”,是腌製雪菜的專用菜,吴語聲母變成清聲曉母,應該是歷史上吴語曾經發生過濁音清化的殘迹①。

4. **涴**②

《廣韻・過韻》:“涴,泥著物也。亦作污。烏卧切。”《集韻・過韻》:“涴,烏卧切。污也。或作汙。”此詞唐代始見用例,唐詩中多有,如杜甫《虢國夫人》:“却嫌脂粉涴顔色,淡掃蛾眉朝至尊。”韓愈《合江亭》:“願書巖上石,勿使泥塵涴。”陸龜蒙《題杜秀才水亭》:“曉和風露立晴烟,只恐腥魂涴洞天。”又如《太平廣記》卷四百“鄒駱駝”條引《朝野僉載》:“鄒駱駝,長安人,先貧,嘗以小車推蒸餅賣之。每勝業坊角有伏磚,車觸之即翻,塵土涴其餅,駝苦之。”可見這應該是唐人的口語詞。今天仍然保存在方言中,《現代漢語詞典》“涴”條:“wò〈方〉[動]弄髒,如油、泥粘在衣服或器物上。”

“涴”和“污(汙)”只是同義詞,而不是同一個詞,兩者讀音不同,《廣韻》《集韻》把它們看作異體字是錯誤的,楊倫《杜詩鏡銓》釋杜詩例云:“涴,與污同。”《漢語大字典》“涴”條釋義云:“同‘污(汙)’。”都是受了《廣韻》《集韻》的誤導。“污(汙)”雖然在《經典釋文》和《文選》注中偶見有“一音烏卧反”的注音③,但是就一般情況而言,“涴”和“污(汙)”應該是讀音不同但意思相近的兩個詞。

5. **搊**

“搊”是個多音多義字,中古辭書全面記録了它的各種音和義,具述如下。

(1)音 chōu

①彈撥(弦樂器)。《宋本玉篇・手部》:“搊,楚尤切。手搊也。”《廣韻・尤韻》:“搊,手搊。楚鳩切。”“二典”所引的例子如《新唐書・禮樂志十一》:“五弦,如琵琶而小,北國所出,舊以木撥彈,樂工裴神符初以手彈……後人習爲搊琵琶。”唐劉肅《大唐新語》卷八:“劉希夷……善搊琵琶。”《宣和遺事》後集:“一旦奸邪,傾天拆④地,忍聽搊琶?”

②拘;束緊。《集韻・尤韻》:“搊,初尤切。《博雅》:‘搊,拘也。’”今本《廣雅》無。例子如唐陸龜蒙《新夏東郊閒泛有懷襲美》:“經略彴時冠暫亞,佩笭箵後帶頻搊。”

(2)音 zǒu⑤

①執持;抓;揪。《宋本玉篇・手部》:“㨨,側九切。執㨨也。”《集韻・有韻》:“搊、㨨,持

---

① 參看陶寰(2018)。

② “涴”是《廣韻》首先著録的新詞,石薇薇(2007)已經論及,但未辨其誤。

③ 此承早稻田大學博士生王曹傑君告知,謹謝。這個注音的緣由尚待探究。

④ 維輝按:應是“坼”字形近而誤。

⑤ 參看方圓(2015:4-5)。

也。或从州。側九切。"如《景德傳燈録·福州烏石山靈觀禪師》:"師出開門,雪峯驀胸搊住。"宋洪邁《夷堅甲志·劉氏冤報》:"我頤極痛,勿搊我髮。"

②一種扇子的名稱,即摺扇。《廣韻·有韻》:"搊,扇别名。側九切。"明方以智《物理小識·器用類·宫扇》:"摺叠扇……智按:孫愐韻注:搊扇。則唐人已有矣。"

(3)音 zhū

解。《廣韻·虞韻》:"搊,解也。莊俱切。"《集韻》同。

除了上述各音義外,《慧琳音義》還記録了另外一個意思:以手指鉤(取物)。見卷三十六、卷四十二"搊擲"注引《考聲》。

以上這些音義大概都是唐宋時期産生的新詞①,都記作"搊",實際上是個同形字。

6. **捻**

"捻"有兩音兩義,其中讀作入聲的(《廣韻》奴協切,今音 niē)是中古産生的新詞,最初的意思是"捏",中古辭書多有記録,如《廣韻·帖韻》:"捻,指捻。奴協切。"《宋本玉篇》《説文新附》音義同。《玄應音義》卷五:"謂以手指捻持也。"《集韻·帖韻》:"捻,諾叶切。捏也。通作敜。"最早的文獻用例,"二典"引的都是《世説新語·容止》:"謝車騎道謝公遊肆,復無乃高唱,但恭坐捻鼻顧睞,便自有寢處山澤閒儀。"又可引申指"捏塑",如宋毛滂《于飛樂·別筵贈歌妓姊妹》:"揉春捻就,更是他、花與精神。"又引申指"拈,取",如杜甫《陪鄭廣文遊何將軍山林十首》之四:"盡捻書籍賣,來問爾東家。"仇兆鰲注:"捻……指取物也。"又可作量詞,猶言"把",大概始見於宋代,如毛滂《粉蝶兒》:"褪羅衣,楚腰一捻。"

"捻"今音 niǎn,義爲"用手指搓",與音 niē 的是完全不同的兩個詞,也就是説,"捻"是個同形字,記録了兩個音義都不同的詞。音 niē 的後來大概寫作了"捏"(原來讀音不同,元明以後變成同音),於是"捻"被借去表示音 niǎn 的那個詞了(也有可能是個民間新造的形聲字,正好跟音 niē 的"捻"字同形了)。這個詞的産生應該很晚,從"二典"所引的例子看,大概是明清時期才見諸文獻的,"二典"此音義下所引的始見書證都是《齊民要術》:作白李法:用夏李,色黄便摘取,於鹽中挼之。鹽入汁出,然後合鹽曬令萎,手捻之,令褊。(《齊民要術·種李》,《大字典》引)一石豆,熟澡之,漬一宿;明日出蒸之,手捻其皮,破其皮②,破則可。(《齊民要術·作豉法》,《大詞典》引)實際上這是很可疑的,因爲接下來的書證要晚到《西遊記》和《兒女英雄傳》,中間有一大段空缺③。《齊民要術》中的這些"捻"字,其實還是音 niē,義爲"捏",而不是"用手指搓"④。

7. **賺**⑤

董志翹(1990)"賺"條指出"賺"有"誤"義,有以下例子爲證:

> 若向玄旨疑去,賺殺闍黎。(卷五夾山善會禪師,293)

---

① 音 chōu、義爲"拘;束緊"的也許要除外,因爲《集韻》引了《博雅》(王念孫《廣雅疏證》據此補入卷五下之末,174 頁下欄)。謝謝友生趙川瑩提醒這一點。

② 原文無"破其皮"三字,《大詞典》誤衍。

③ 白居易《琵琶引》:"輕攏慢捻抹復挑。""捻"字應讀 niē,而非 niǎn。《大詞典》"捻"(niē)條:"按。樂器演奏手法。南朝梁簡文帝《箏賦》:'照瓊環而俯捻,度玉爪而徐牽。'前蜀李珣《菩薩蠻》詞:'捻得寶箏調,心隨征櫂遥。'金董解元《西厢記諸宫調》卷一:'怕曲兒捻到風流處,叫普天下顛不剌的浪兒每許。'"正是此義。

④ 汪維輝(2007:264)"捻"條沿"二典"之誤,應予糾正。

⑤ 本條引自汪維輝(1990),略有補充。

忽然契悟曰："和尚莫謾良遂，良遂若不來禮拜和尚，洎被經論賺過一生。"（卷四壽州良遂禪師，224）

更有一般説昭昭靈靈，靈臺智性，能見能聞，向五蘊身田裏作主宰，恁麽爲善知識，大賺人。（卷七玄沙師備禪師，394）

且莫賺會，佛法不是這箇道理。（卷十天台德韶國師，573）

還有"賺誤""誤賺"同義連文的：

若只貴答話揀辨，有甚麽難，但恐無益於人，翻成賺誤。（卷十天台德韶國師，569）

若向言中取，則誤賺後人，直饒棒下承當，辜負先聖。（卷十二石霜楚圓禪師，703）

這是用排比歸納法以確定詞義。那麽"賺"爲什麽有"誤"義呢？董文云："'賺'字這一義項，未見於以往辭書。""愚謂：《廣韻》去聲五十八陷韻：'賺，重買也。佇陷切。'此與'誤'義無涉。同一小韻有'詀、譧，被誑。'蓋'賺'乃'譧'（詀之或體）之假借字，然後從'被誑'引申出'誤'義也。"

我認爲董文的釋義是準確的，吴方言至今仍有此語，寧波話（老派）"賺"與"錯"同義，在大部分情况下可以相互替换，如絞錯/絞賺（弄錯）、看錯/看賺、算錯/算賺，等等，俗語有"只有一錯，嘸没（没有）二賺"的説法，錯、賺對文同義，還可組成同義並列複合詞"錯賺"（名詞），可爲旁證。實際上"賺"用作"錯"義並不限於禪宗文獻，金董解元《西厢記諸宫調》卷二："高呼：'僧行，有誰隨俺？但請無慮，不管有分毫失賺。'"即其證。但董文説"'賺'字這一義項，未見於以往辭書"，恐不然。《説文新附》："賺，重買也，錯也。佇陷切。"《宋本玉篇》："賺，徒陷切。錯也，重賣也。"①《集韻》："賺，《廣雅》'賣也'。一曰市物失實。"賺即賺之或體，徒陷切則爲佇陷切之古音（古無舌上音，澄母讀作定母）。可見"賺"字有"錯誤"義，至遲在唐宋之際辭書已有著録。我認爲"賺"字未必不是"錯誤"義的本字。賺的本義是賺錢，即"重賣"，反之，被賺了錢也可以叫賺，即"重買"。被人賺了錢去，也就是受騙上當了（即《集韻》所謂的"市物失實"），由此引申，便有了"錯誤"之義。《廣韻》釋作"被誑"的"詀、譧"二字，也許是表示此義的"後出專（本）字"②。

中古辭書還記録了一批方言詞或方言讀音，有吴語、閩語和關中方言等，以《集韻》收録最多，如學界經常提及的囝③、林④、㽲⑤、𠚤⑥、傖⑦、儂⑧、渠⑨、趁⑩等等。于建華（2005、2012：214-220）舉例甚夥，並對《集韻》自撰的方言詞的地域分布做了統計，可以參看。這裏

---

① 王福堂（2003）正確地指出："從意義看，'賺'在《廣韻》中不載錯誤義，而《玉篇》：'徒陷切，錯也，重賣也'，《説文》'徐鉉新附定'：'重賣也，錯也，佇陷切'，都有錯誤義……文獻中也有'賺'爲錯誤義的用例。如徐鉉《稽神録・拾遺》：'訝！賺矣！此辟穀藥也！'"

② 徐復（1961）指出："'賺'有'市物失實'一義，'被誑'即由此引申，（詀、譧）亦後起分化字。"早已言之矣。

③ 《集韻・獮韻》："閩人呼兒曰囝。九件切。"

④ 《集韻・旨韻》："閩人謂水曰林。之誄切。"

⑤ 《集韻・梗韻》："吴人謂犢曰㽲。於杏切。"

⑥ 《集韻・御韻》："吴俗謂盛物於器曰𠚤。陟慮切。"

⑦ 《宋本玉篇・人部》："傖，仕衡切。《晋陽秋》云：吴人謂中國人爲傖。"《集韻・庚韻》："傖，吴人駡楚人曰傖。鋤庚切。""傖"是南北朝時的一個吴語詞，文獻中多有用例。參看"二典""傖"條。

⑧ 《宋本玉篇・人部》："儂，奴冬切。吴人稱我是也。"《集韻・冬韻》："儂，我也，吴語。奴冬切。"

⑨ 《集韻・魚韻》："倮，吴人呼彼稱。通作渠。求於切。"

⑩ 《玄應音義》卷十九："趁，謂趁逐也。《纂文》云：關西以逐物爲趁也。"參看真大成（2015）。

再補充討論兩例。

8. **揞**①

《廣韻・陷韻》:“揞,吴人云抛也。於陷切。”《集韻・陷韻》:“揞,弃也。吴俗云。”宋趙叔向《肯綮録・俚俗字義》:“棄物曰揞。”此詞未見文獻用例,但是在今天的寧波方言中還保留着,如北侖音[ɛᵓ44],音義皆合,寧波市區則音轉爲[ãᵓ44][kʰãᵓ44]。《漢語方言大詞典》“揞”條:“⑪〈動〉抛。吴語。浙江定海。民國《定海縣志》:‘～,吴人云抛也。俗亦謂抛棄曰～了,唯小兒言之,成人罕言也。’浙江象山。清乾隆二四年《象山縣志》:‘～,吴人云抛。’浙江舟山。[ɛ̃44]。”(6026頁)

9. **松**②

《集韻・鍾韻》:“松,木也。關内語。思恭切。”又:“松,《説文》:‘木也。’亦州名。祥容切。”松樹的“松”本讀邪母“祥容切”,《宋本玉篇》《廣韻》都只有這一個讀音,折合成今音是sóng,與褻詞“屣”(義爲“精液”,又作毧)同音,爲了避諱,民間改讀爲心母思恭切,變得與“鬆”同音了(這就是簡化字把“鬆”併入“松”的語音理據),即今音sōng的來源③。《集韻》非常可貴地記録了這個民間俗音,讓我們知道至遲在北宋前期{屣}這個詞就已經産生並且需要避諱了,而且這個避諱音是從關内起源的,後來擴散到了大部分北方方言和北部吴語等,正如《説文》“松”字段玉裁注引《集韻》後所説:“按俗皆從關内語,惟徽州讀祥容切。”當然,讀祥容切的並不限於徽州,據《漢語方音字彙》(第二版,365頁),南方很多方言如南部吴語、湘語、贛語、粵語、閩語等都還保留着這個古音,有的是文讀讀作思恭切,而白讀保留祥容切,大概因爲這些方言精液不叫“屣”,無需避諱,文讀作思恭切是受通語的影響。《大字典》《大詞典》“屣”條都只列了兩個義項,没有任何書證,因此《集韻》的這條記載對漢語詞彙史的研究無疑是極有價值的。

像上面這樣的新詞新義以及新的口語音在中古辭書中成批地存在,今後應當系統董理。限於篇幅,這裏就不再列舉更多例子了。

附帶一提,也有口語詞義文獻中已有實際用例,但是辭書没有記録的,比如{姐}這個詞。

10. **姐**

李白《寄東魯二稚子》:“小兒名伯禽,與姐亦齊肩。”“二典”均引此爲“姐妹、姐弟、姐姐”義的始見書證,恐有誤。《全唐詩》作“姊”,應是。清人王琦編《李太白全集》作“姐”,當是後人所改。李賀《謝秀才有妾縞練,改從於人,秀才引留之不得,後生感憶。座人製詩嘲誚,賀復繼四首》:“月明啼阿姊,燈暗會良人。”“姊”一作“姐”,“姐”亦後人所改,可證。

敦煌寫本白行簡《天地陰陽交歡大樂賦》(P.2539):“鵲床徒窄,方側卧而斜穿。上下捫摸,縱横把握,姐姐哥哥,交相惹諾。”此爲可靠的最早例子④,但是係“姐姐”重叠,跟單説“姐”的尚有區别。宋孫光憲《浣溪沙》:“醉後愛稱嬌姐姐,夜來留得好哥哥,不知情事久長麽?”目前所見最早的這兩例都是“姐姐”而非“姐”。

① 于建華(2005:57,2012:155)曾簡單提到此字。

② 于建華(2005:79,2012:223)談到了此字但没有展開討論。

③ 參看魯國堯(1984)、李如龍(1990)、張惠英(1992)、董建交(2007:23)等。

④ 不過這裏的“姐姐哥哥”也不能排除指“媽媽爸爸”的可能性。

宋代已經有"姐"是毫無疑問的,宋吴曾《能改齋漫録》卷二:"近世多以女兄爲姐,蓋尊之也。"①金刻本《劉知遠諸宮調》和傳世本董解元《西厢記諸宮調》中用同今義的"姐姐"都十分常見,《全宋詞》中也有兩個例子。可是《廣韻》《集韻》均未收此義,只有"姐"的古義:"羌人呼母。一曰慢也。"(《廣韻·馬韻》)"《説文》:'蜀謂母曰姐,淮南謂之社。'"(《集韻·馬韻》)不知何故。

《大詞典》"姐"條:"⑤女名用字。如魏文帝時有名妓謇姐,唐有名妓寵姐,《紅樓夢》中有巧姐,現代戲曲中有劉三姐等。"録以備考。

(二)中古辭書對常用詞新舊更替研究的意義

漢語歷史上發生過新舊更替的常用詞數量衆多,描寫它們的更替過程並解釋其原因,是漢語詞彙史學科的重要任務②。研究中很重要的一個環節就是追溯新詞的來源,中古辭書在這方面往往可以發揮關鍵的作用。由於没有時間研究新的個案,下面只能舉幾個舊例來略作申述。

1. 乳—奶(嬭、妳)③

古稱乳,今稱奶。奶古作嬭,又作妳。中古辭書對此多有記載,《宋本玉篇·女部》:"嬭,女蟹切。乳也。妳,同上。"《廣韻·蟹韻》略同,注音爲"奴蟹切"④。《宋本玉篇》所謂"乳也",可以有三種解釋:1. 餵奶;2. 乳汁;3. 乳房。《篆隸萬象名義》"嬭"條:"女解反,以乳養兒爲妳。"《慧琳音義》卷九十九"妳媪"注引《考聲》:"妳媪,謂乳兒嫗也。"可見最初應該是用作動詞。"奶"是俗寫,《正字通·女部》:"嬭,改作奶。"

"嬭(妳、奶)"這個詞大概中古始見,出現在"嬭母""嬭媪"這樣的複合詞中,如《宋書·何承天傳》:"承天年已老,而諸佐郎並名家年少,潁川荀伯子嘲之,常呼爲'嬭母'。承天曰:'卿當云鳳凰將九子,"嬭母"何言邪!'"《晋書·桓玄傳》:"妳媪每抱詣温,輒易人而後至。"梁武帝《孝思賦》序:"年未髫齔,内失所恃。餘喘跉跰,嬭媪相長。"《梁書·太宗十一王傳》:"綏建王大摯字仁瑛。幼雄壯有膽氣,及京城陷,乃歎曰:'大丈夫會當滅虜屬!'嬭媪驚,掩其口曰:'勿妄言,禍將及!'"《陳書·王固傳》:"固以廢帝外戚,妳媪恒往來禁中。"這些"嬭(妳)"都是動詞"餵奶"的意思。大約到唐代,可以見到指乳汁的例子,如唐高彦休《唐闕史·渤海僧通鳥獸言》:"巨堯顧諸雛云:'行行行,向前樹陰下喫妳。'"由此引申指乳房,如白行簡《天地陰陽交歡大樂賦》:"且撫拍以抱坐,漸瞢頓而放眠,含妳嗍舌,撞腰束膝。"《五燈會元·香山藴良禪師》:"三個老婆六隻奶,金剛背上爛如泥。"唐代已有"奶房"的説法,如唐張文成《遊仙窟》:"拍搦奶房間,摩娑髀子上。"這應該是唐代口語的真實反映。宋代也有用例,如孟元老《東京夢華録·東角樓街巷》:"至平明,羊頭、肚肺、赤白腰子、妳房……螃蟹、蛤蜊之類訖,方有諸手作人上市,買賣零碎作料。"周密《癸辛雜識·駝峰》:"然駝之壯者,兩峰堅聳,其味甘

---

① 友生趙川瑩説:《能改齋漫録》説近世以女兄爲姐是"蓋尊之也",這個評論很有意思,似乎説明在宋代一般情况下被稱爲"姐"的人地位要高於"女兄",否則不會有"尊之"意味。(私人通信)這個看法很有見地。"姊"和"姐"的歷時替换問題值得進一步研究。

② 參看汪維輝(2000/2017)、汪維輝(2018)等。

③ 參看汪維輝(2018)"22. 乳房/奶—乳(breast)"條。

④ 《集韻·蠏韻》未收此義,不知何故。

脆,如熊白、臁房而尤勝。"今天方言中"奶房"仍有少量留存,見於晋語、贛語、平話和土話。可見辭書的記載與實際用例是可以相互印證的。

2. **囊—袋(帒)**①

古稱囊,今稱袋,這是總的差别,雖然兩者的所指未必完全相同。"袋"在口語裏取代"囊"應該是在唐以前。中古辭書對新詞"袋(帒)"都有記載,如《宋本玉篇·衣部》:"袋,徒戴切。囊属。亦作帒。"《宋本玉篇·巾部》:"帒,徒戴切。盛物囊。"《廣韻》《集韻》略同。《希麟音義》卷九"鞴袋"注:"《説文》作帒,盛物帒也。"②按:今本《説文》無此字,而是在大徐本所增加的《説文新附》中③。中古辭書的記載與文獻中的實際用例可以相互印證。據目前所知,"袋"字最早見於晋葛洪撰、梁陶弘景補的《肘後備急方》中,有十餘例,但這些例子是否出自葛洪之手難以遽斷。在北魏的《齊民要術》中"袋"字則已經十分常見,共出現20次,都是在賈思勰自著的部分,有絹袋(5例)、布袋(4例)、毛袋(3例)、紙袋(2例)等,還有加"子"尾的"袋子"(4例)。北周庾信有《題結綫袋子》詩。辭書記載與實際用例都表明,新詞"袋(帒)"産生於中古時期是確定無疑的。

3. **立—站**④

"站立"的"站"産生很晚,一般認爲,"站"字始見於《廣韻·陷韻》:"站,俗言獨立。又作㚁。陟陷切。"也就是北宋才見諸文獻。承友生真大成博士見告(私人通信):

> 蔣斧藏本《唐韻·陷韻》:"站,俗言獨立。"顯然就是《廣韻》所本。查宋跋本《王仁昫刊謬補缺切韻》和《裴務齊刊謬補缺切韻》"陷韻"均未收"站"字,而依蔣本《唐韻》體例,若是新加字,則會在每紐第一字之下標明"幾加幾",但是蔣本《唐韻》"都陷反"小韻下徑標"二",即包括"鮎"和"站"字。由此看來,"站"字不是蔣本《唐韻》所增,而是它所據底本(很可能就是孫愐的《唐韻》,周祖謨謂"本書去孫愐原書還不會太遠,可能是比較接近於孫愐原書的一種增修本")本來即有。若如此,孫愐《唐韻》作於開元年間(713-741),則"站"至晚在盛唐之時便已産生。

按,真説將"站"這個詞的産生年代從北宋推到了盛唐,整整提前了近三百年,這對於追溯"站"的歷史是很有意義的,由此可見中古辭書對常用詞新詞的溯源具有獨特的價值,因爲{站}可靠的文獻用例要晚至元代才能見到。《廣韻》"站"字顯然是承《唐韻》而來,只是增加了一個或體"㚁"。這個異體的寫法中土文獻似未見,但是在朝鮮時代漢語教科書《訓世評話》中却出現了,一共有9例,都寫作"㚁",如:有一箇被金甲的將軍㚁在北壁,和楊和説。(10白)比較:有一被金甲將軍立于北邊,與和曰。(10文)

《唐韻》之後,韻書、字書對此詞多有記載(字又寫作"佔"⑤),除上舉《廣韻》外,如《集韻·陷韻》:"站、佔,久立也。或從人。"《類篇·人部》:"佔,又陟陷切,立也。"⑥《龍龕手鏡》

① 參看汪維輝(2000/2017)"囊—袋(帒)"條。

② 見《一切經音義三種校本合刊》(2008:2319)。此承友生戴佳文檢示。《故訓匯纂》誤引作《慧琳音義》。

③ 《王力古漢語字典》"袋"條云:"按,《説文》袋作帒,在巾部。"這是錯誤的。

④ 參看汪維輝、秋谷裕幸(2010)、汪維輝(2018)"68. 站—立(stand)"條。

⑤ 《大字典》"趈"字條:zhān《集韻》知咸切①同"站"。坐立不動貌。《集韻·咸韻》:"站,坐立不動皃。或从走。"《篇海類編·人事類·走部》:"趈,坐立不動皃。亦作站。"維輝按,這個"趈"字跟站立的"站"音和義都有差别,恐怕不能看作嚴格意義上的異體字。

⑥ 寫作"佔"的只見於韻書、字書,目前未發現實際用例。

《正字通》等也都收録了此詞。還有寫作“跕”的，明清文獻中時見用例，但是字書、韻書從來没有著録過它用同“站”的音和義，應該是一個民間俗字①。

中古韻書還記録了一些常用詞的又讀，對方言詞的溯源很有價值，比如“嗅”字②。

在《經典釋文》裏此詞的注音同“許救切”：《論語音義・鄉黨第十》“嗅，許又反”；《莊子音義・人間世第四》“嗅，崔云：齅，許救反”。《廣韻》也只收録“許救切”一音，就是今天標準音 xiù 的來源；直到《集韻》才收録了“香仲切”的又音。這説明“許救切”當爲舊讀，“香仲切”則爲新讀。《集韻》的記録説明，這個新讀至晚在北宋就已經存在了③，今天廣泛分布於南部方言的“嗅”的陽聲韻一讀，就是來源於此，可見其源遠流長。

又如“肚”字有兩音兩義，問題比“嗅”要複雜得多④。

“肚”字出現較晚，《説文解字》和《説文解字新附》均未收。據目前所知，最早記載“肚”字的是《廣雅・釋親》：“胃謂之肚。”王念孫《疏證》説：“肚之言都也，食所都聚也。”可見“肚”的本義是指“胃”，“腹部”是它詞義範圍擴大以後的引申義。“肚”的這兩個意思今天的普通話讀音有别：“胃”義⑤讀上聲(dǔ)，“腹部”義讀去聲(dù)(<陽上)。官話區大都如此。非官話區的情形則比較複雜，如吴語是清濁對立，“胃”義讀端母，“腹部”義讀定母；閩語大都有聲調的對立，但對立的模式却跟官話相反——“胃”義讀陽上/陽去，“腹部”義讀陰上；贛語和湘語大都是“腹部”義有兩讀，其中一讀與“胃”義相同；⑥粵語和客家話則兩義讀音無别⑦。古代韻書、字書的記載大都也没有今天普通話這樣清楚的分别，如《廣韻・姥韻》：“肚，腹肚。徒古切。又當古切。”“肚，腹肚。當古切。又徒古切。”這就是説，“腹部”義的“肚”既可讀端母上聲當古切(相當於今音 dǔ)，又可讀定母上聲徒古切(相當於今音 dù)，而没有收“胃”義；《集韻・姥韻》：“肚，胃也。董五切。”“肚，胃也。動五切。”這是説“胃”義的“肚”也可 dǔ、dù 兩讀，而没有收“腹部”義⑧。《中原音韻》“肚”字收於“魚模”韻去聲，未收於上聲。《中原音韻》是没有釋義的，推測收於去聲的“肚”字很可能是表示“腹部”義，跟今天普通話一樣，因爲元曲中的“肚”大都是這個意思。“杜撰”一詞，唐人寫作“肚撰”，到宋代寫作“杜撰”⑨，這是唐宋時代“腹部”義的“肚”讀徒古切的旁證(“杜”也是徒古切)。又敦煌寫本白行簡《天地陰陽交歡大樂賦》：“或掀脚而過肩，或宣裙而至肚。”肚與度、固、暮、鋪、布、褲、素、顧、揉押韻，伏俊連(1994：260)認爲是“叶去聲暮韻”，可從。蓋當時濁上已經歸去，故“肚”字從上聲轉入了去聲，這也可以證明唐代口語中肚子的“肚”是濁音定母字。明代梅膺祚的《字彙》是目前

---

① 此外，張涌泉《漢語俗字叢考》(2000：63，368)懷疑“𧗱”“[illegible]”二字亦爲“站”的俗字，見張涌泉(2000：63，368)。

② 參看汪維輝、秋谷裕幸(2014)。

③ 真大成博士指出：“雖然此切《集韻》才收録，但産生時間應該早於宋代。《集韻》所收音義多雜糅前代字書韻書之記載。”(私人通信)甚是。

④ 參看汪維輝(2018)“21. 肚子—腹/肚(belly)”條。

⑤ 普通話只能指“用作食品的動物的胃”(《現代漢語詞典》第 7 版)，人的胃不能稱“肚(dǔ)”。這跟古代是有差别的。

⑥ 其他方言中也有這一類型，如武漢、合肥(官話)，厦門、福州(閩語)。

⑦ 參看《漢語方音字彙》(1989：108)。

⑧ 元代以前的字書也是如此，如《宋本玉篇・肉部》：徒古、都古二切，腹肚。(元刊本)《龍龕手鏡・肉部》：徒古、當古二反，腹肚也。《類篇・肉部》：董五切，胃也；又動五切。《四聲篇海・肉部》：徒古、都古二切，腹肚也。感謝黄笑山教授惠示以上資料。

⑨ 參看姚永銘(1997、1999)、崔山佳(2005、2011)、江藍生(2010)、楊琳(2000)等。

所見最早反映今天官話區"肚"字兩音兩義組配模式的字書:"肚,徒古切,音杜,腹肚。又去聲,獨故切,義同。又董五切,音覩,腸肚。"但是《正字通》的記載却與此不同:"土故切,音渡①,腹肚。肚即腹,俗呼曰肚。又方音讀曰睹,義同。"總之,"肚"的音義關係問題還有待進一步研究②。

二 詞彙史研究對校理中古辭書的意義

上文舉例論證了中古辭書對於漢語詞彙史研究的意義,反過來説,漢語詞彙史的研究成果也有助於中古辭書的校理,包括校正文字、疏通釋義、糾正訛謬等。上文涴、賺諸條已經有所涉及,下面再舉兩個現成的例子略加説明。

1. **覓**③

在給常用詞"覓"溯源的時候,我們碰到一個問題:"覛/脈"跟"覓"究竟是什麽關係?

《説文》無"覓"字。《漢書・揚雄傳》載揚雄《河東賦》:"瞰帝唐之嵩高兮,脈隆周之大寧。"顔師古注:"瞰、脈,皆視也。……一曰:……瞰音苦濫反,脈即覓字。"《集韻・錫韻》:"覛、脈、覓,冥狄切。《説文》:'衺視。'或作脈、覓,亦書作覔,俗作覔,非是。"顔師古所引"一曰"及《集韻》均認爲"覛/脈"跟"覓"是異體字關係,清代一些著名學者如段玉裁、郝懿行、朱駿聲等均承其説,把"覓"看成"覛"的俗字訛體④,如《説文》"覛,衺視也"段玉裁注:"《釋詁》曰:'覛、胥,相也。'郭云:'覛謂相視也。'按,覛與目部脈通用。……俗有尋覓字,此篆之訛體。"《説文》:"脈,目財視也。"段注:"財當依《廣韻》作邪。邪當作衺。"可見"覛"和"脈"實際上可以看作異體關係(段玉裁稱爲"通用"),從"見"和從"目"意義相通;但是它們跟"覓"音、義均有不同,不是異體字。"覛"和"脈"儘管東漢以前已見使用,但單用時都是視、相(xiàng)視、察看義,如《國語・周語上》:"古者,太史順時覛土。"韋昭注:"覛,音脈,視也。"《文選・張衡〈西京賦〉》:"覛往昔之遺館,獲林光於秦餘。"⑤薛綜注:"覛,視也。"音脈。《後漢書・杜篤傳》:"規龍首,撫未央,覛平樂,儀建章。"李賢注:"覛,視也,音麥。"其實對這三個字的關係,《康熙字典》早已做過正確的辨析,《康熙字典・見部》:"覛,《六書故》:'密察也。'……按,《玉篇》……與脈通,與覓别。《集韻》《韻牋》《正訛》《正韻》覛溷覓,非。""覓"雖然在後代有時作爲"覛"的異體字出現⑥,但是最初它們記録的是兩個不同的詞。"覛溷覓"的始作俑者是《集韻》,段玉裁、郝懿行、朱駿聲等都受了它的誤導。詞彙史的研究告訴我們,"覓"應該是漢末

---

① 按:"土故切"不可能"音渡",這是作者張自烈的方音。據古屋昭弘(1992)研究,《正字通》的反切特點第一條就是"古全濁聲母不論平仄都與次清聲母合併",舉的例子就有"兔"和"度"同爲"土故切"。這樣"肚"字"土故切,音渡"的注音就得到了解釋。感謝秋谷裕幸教授惠示古屋昭弘先生文章的信息。

② 李如龍(1997)説:"還有一些字《切韻》注有不同反切,義注則無别,也可在閩南話裏找到相應的辨義異讀。這些例字可能是陸法言注文過簡,未加反映,也可能是方言地區發生的字義的創新。"舉的例字是"肚、笨、摇、敲、沉"五個。

③ 參看汪維輝(2000/2017)"求、索/尋、覓"條。

④ 郝説見《爾雅義疏・釋詁下》"艾、歷、覛、胥,相也"條,朱説見《説文通訓定聲・解部》"覛"字條。

⑤ 《大字典》"覛"字條:"③同'覓'。尋求,尋找。"引此例。《大詞典》"覛"字條同,並引高步瀛《文選義疏》:"案,俗作'覓'。"但從薛綜注可知此例其實並非"尋找"義,音也不合。

⑥ 參看"二典""覛"字條。

以後才出現的新詞①,在此之前表達這個意思用"求,索,尋"。據目前所知,"覓"字不見於先秦兩漢文獻②,三國時期有少量疑似的例子,晋代開始用例才日趨增多③。

2. **趁**

真大成(2017)指出:

《集韻》"蹨,蹈也,逐也;或作趻、趁"乃是受到同形字的影響誤將本來分屬兩個不同的詞的含義混雜起來,表追逐、驅趕義的"趁"和"撚/蹨/捻/撵"是不同時期來源於方言的新詞,二者之間只是歷史同義詞,没有語源意義上的聯繫。

真文考察了《集韻》之前的字書、音義、韻書(引文較繁,此處從略),然後總結説:

綜合以上引文,可以歸納爲三種情况:(甲組)表趁趲義,音直珍切(除珍切),記爲趁甲。(乙組)表踐踏義("踐""蹂""履"),音尼展切(奴殄反),即"趻"字,記爲趁乙。(丙組)表追逐義,音丑刃切(恥鎮反、丑恡反),記爲趁丙。

由此可見,趁甲、趁乙、趁丙音義各别,是一組同形字,《集韻》之前的辭書(特别是韻書)對此分立劃然,互不相亂。

"趁"在《集韻》中凡7見,設爲四組:(A組)平聲真韻知鄰切:"趁,趁趲,行不進皃。"又地[池]鄰切:"趁,趲也。"去聲稕韻丑刃切:"趁,《説文》:'趲也。'或從尔。"記爲趁A。(B組)上聲軫韻止忍切:"走謂之趁。"又準韻丑忍切:"趁,走也。"記爲趁B。(C組)上聲璽韻尼展切:"趁,踐也。或作趻、蹍、踙。"記爲趁C。(D組)上聲銑韻乃殄切:"蹨,蹈也,逐也。或作趻、趁。"記爲趁D。

觀察趁D,可以發現其形音義與趁C非常相似,形:趁=蹨=趻=蹍=踙;音:乃殄切=尼展切;義:蹈=踐,可見D組本與C組相同,進而可與趁乙重合,但問題在於D組還有一個"逐也",而這是趁丙。如此一來,原本C/D組可與趁乙形成整齊的對應,現在却横插進來一個趁丙;而且從《集韻》之前的辭書對"蹨(趻、蹍、踙)"的記述看,它也都没有"逐也"一義。這種不規則的局面是如何産生的呢?這極可能是《集韻》編者受到同形字的干擾而造成的。由於趁乙、趁丙二詞都用"趁"這個書寫形式來表示,而"趁乙"又是"蹨"的異體,編者在同一書寫形式的干擾下,一時失察而未加區判,於是在"蹨"下將趁乙、趁丙的含義雜糅在一起,把原屬趁丙的意義"逐也"混入了趁D,導致趁D成了既有趁乙又有趁丙的"混血兒",實際上却是"錯配"。

至此,《集韻》之前的辭書那種分立劃然的狀况何以到了《集韻》即被打破的原因就

① 《宋本玉篇·見部》:"覓,莫狄切,索也。覔,同上,俗。"查[日]釋空海《篆隸萬象名義·見部》(1995:39):"覓,亡狄反,索,求,視。"可見《宋本玉篇》的"覓"字是承原本《玉篇》而來,這是顧野王對當時口語詞的記録。

② 方一新(2003)"覓"字條云:"據筆者初步調查,發現汪説(引者按:指汪著《東漢—隋常用詞演變研究》初版)基本符合事實,但猶有可補者。就中土典籍而言,部分東漢作品中已經見到'覓'字:眙晼腰而䁇睗。(《全後漢文》卷五八《王孫賦》)䁇,清嚴可均小字注作'覓';蓋因前後從目之字而偏旁類化。|今之主托,某以之望形立相,覓迹求功。(同上卷九四關羽《封還曹操所賜告辭書》)"維輝按:這兩個例子恐怕都不足爲據。第一例出自王延壽的《王孫賦》,"䁇睗"當爲叠韻聯綿詞,《大詞典》"䁇睗"條釋作"斜視",即引此例,甚是。從上下文看,嚴可均小字注作"覓"只是注音,並非認爲䁇即覓字。第二例,嚴可均已經明確指出此文係"後人所依託",文中用"覓"字,正可反證其文晚出。

③ 《大字典》"覓"字"尋找,求索"義下所引的始見書證是《三國志·魏志·管輅傳》:"招呼婦人,覓索餘光。"殷正林(1984)"覓"字條同。今按,《三國志》全書"覓"字僅此一見。《大詞典》則首引晋趙至《與嵇茂齊書》:"涉澤求蹊,披榛覓路。""二典"對此詞的溯源大致是正確的。

一目了然。這反映了《集韻》雖然採集材料"務從該廣"但注音釋義也不乏竄亂的缺點；也警示我們利用前代音義材料應儘可能地辨其成因，探其來源。

維輝按：真説辨明"趁"爲同形字，《集韻》誤將趁乙和趁丙合爲一詞，導致當代著名學者徐復、蔣禮鴻先生誤解，並以訛傳訛①，其説至确；並且提醒"我們利用前代音義材料應儘可能地辨其成因，探其來源"，具有方法論意義。這樣的工作在我們利用中古辭書時是十分重要的。

參考文獻

[1]北京大學中國語言文學系語言學教研室編. 漢語方音字彙[M]. 2版. 北京：文字改革出版社，1989.
[2]崔山佳. "杜撰"和"肚撰"[J]. 辭書研究，2005(2).
[3]崔山佳. 從《紅樓夢》甲戌本的"肚撰"説起[J]. 紅樓夢學刊(第1輯)，2011.
[4]董建交. 明清官話語音演變研究[D]. 上海：復旦大學，2007.
[5]董志翹. 《五燈會元》語詞考釋[J]. 中國語文，1990 (1).
[6]方一新. 《興起行經》翻譯年代初探[M]//中國語言學報(第11期). 北京：商務印書館，2003.
[7]方圓. 《集韻》動詞新詞新義研究[D]. 石家莊：河北師範大學，2015.
[8]伏俊連. 敦煌賦校注[M]. 蘭州：甘肅人民出版社，1994.
[9][日]古屋昭弘. 《正字通》和十七世紀的贛方音[J]. 中國語文，1992(5).
[10]江藍生. 語詞探源的路徑——以"買單"爲例[J]. 中國語文，2010(4).
[11]蔣紹愚. 古漢語詞彙綱要[M]. 北京：北京大學出版社，1989.
[12]蔣宗福. 《廣韻》所見俗語詞箋識(二)[M]//漢語史研究集刊(第9輯). 成都：巴蜀書社，2006.
[13]李如龍. 從"操"的讀音談到讀音的避諱[J]. (香港)中國語文通訊，1990(7).
[14]李如龍. 論音義相生[J]. 暨南學報(哲學社會科學版)，1997(3).
[15]劉燕文. 《集韻》與唐、宋時期的俗字、俗語——整理敦煌卷子《字寶》一得[M]//語言學論叢(第16輯). 北京：商務印書館，1991.
[16]魯國堯. 《集韻》——收字最多規模宏大的韻書[J]. 文史知識，1984(11).
[17]魯國堯. 從宋代學術史考察《廣韻》《集韻》時距之近問題[J]. 語言研究，1996(增刊).
[18]梅膺祚. 字彙[M]. 上海：上海辭書出版社，1991.
[19][日]平山久雄. 中國語における避諱改詞と避諱改音[J]. 未名(神户大學文學部中文研究會)10，1992.
[20]石薇薇. 《廣韻》動詞新詞新義研究[D]. 石家莊：河北師範大學，2007.
[21][日]釋空海. 篆隸萬象名義[M]. 北京：中華書局，1995：39.
[22]陶寰. 吴閩語云、匣母的讀音和閩語全濁聲母的清化[J]. 中國語文，2018 (3).
[23]汪維輝. 《中國語文》1990年第1期讀後[J]. 中國語文，1990 (6).
[24]汪維輝. 東漢－隋常用詞演變研究[M]. 南京：南京大學出版社，2000.
[25]汪維輝. 東漢－隋常用詞演變研究[M]. 修訂本. 北京：商務印書館，2017.
[26]汪維輝. 《齊民要術》詞彙語法研究[M]. 上海：上海教育出版社，2007.
[27]汪維輝. 漢語核心詞的歷史與現狀研究[M]. 北京：商務印書館，2018。
[28]汪維輝，秋谷裕幸. 漢語"站立"義詞的現狀與歷史[J]. 中國語文，2010(4).
[29]汪維輝，秋谷裕幸. 漢語"聞/嗅"義詞的現狀與歷史[J]. 語言暨語言學(*Language and Linguistics*)，2014，15(5).
[30]王福堂. 方言本字考證説略[J]. 方言 2003(4).

① 詳見真大成(2017)原文。

[31]王力編. 王力古漢語字典[M]. 北京:中華書局,2000.
[32]王念孫. 廣雅疏證[M]. 南京:江蘇古籍出版社,1984.
[33]徐復. 敦煌變文詞語研究[J]. 中國語文,1961(8).
[34]徐時儀校注. 一切經音義三種校本合刊[M]. 上海:上海古籍出版社,2008.
[35]許寶華,[日]宮田一郎主編. 漢語方言大詞典[M]. 北京:中華書局,1999.
[36]楊琳. "杜撰"語源考[J]. 古漢語研究,2000(3).
[37]姚永銘. 試論《慧琳音義》的價值[J]. 古漢語研究,1997 (1).
[38]姚永銘. "杜撰"探源[J]. 語文建設,1999(2).
[39]殷正林.《世説新語》中所反映的魏晋時期的新詞和新義[M]//語言學論叢(第 12 輯). 北京:商務印書館,1984.
[40]于建華.《集韻》及其詞彙研究[D]. 南京:南京師範大學,2005.
[41]于建華.《集韻》綜合研究 [M]. 武漢:長江出版社,2012.
[42]張惠英.《聊齋俚曲》中粗俗語舉例[J]. 語言研究,1992(1).
[43]張小艷. 敦煌寫本俗務要名林字詞箋釋(二)[M]//語言研究集刊(第 7 輯). 上海:上海辭書出版社,2010.
[44]張涌泉. 漢語俗字叢考[M]. 北京:中華書局,2000.
[45](明)張自烈,(清)廖文英. 正字通[M]. 中國工人出版社,1996.
[46]趙振鐸. 集韻校本[M]. 上海:上海辭書出版社,2012.
[47]真大成. 説"趁"——基於晋唐間(5-10 世紀)演變史的考察[J]. 中國語文,2015(2).
[48]真大成. "趁"之來源補論[J]. 語言研究,2017(1).

The Study of Medieval Dictionaries and Chinese Lexical History

Wang Weihui

Abstract: The value of medieval Chinese dictionaries lies not only in the study of phonology and characters, but also in the study of lexical history. This paper gives some examples to illustrate two roles of these dictionaries in the study of lexical history, one is recording neologism in spoken language from the Wei and Jin Dynasty to Song Dynasty, the other is contributing to sorting out the replacement process of the old and new words. On the other hand, the thorough study of lexical history also helps the collation of these dictionaries, such as correcting characters, interpreting context and correcting mistakes, so that we can make more scientific and effective use of these rich but complicated information. Previous studies have paid little attention. This paper give two examples to reveal.

Key words: medieval dictionaries, Chinese lexical history, neologism, diachronic substitution of common words, collation of dictionaries

通信地址:浙江省杭州市西湖區餘杭塘路 866 號浙江大學紫金港校區西區人文大樓中文系/漢語史研究中心
郵　編:310058
E-mail:wangweihui@zju.edu.cn

中古文獻異文與中古詞彙史研究*

真大成

内容提要　文章主要從中古詞彙史研究應考訂中古文獻異文、應充分利用異文考釋中古詞語的含義、考訂中古文獻異文應具備詞彙史意識三個方面,結合實例討論中古文獻異文與中古詞彙史研究的密切關係。文章指出,中古詞彙史研究務必挖掘並考訂中古文獻異文,避免據誤文立説;應多角度地利用中古文獻異文,充分發揮對於考釋詞義的啟發作用;考訂中古文獻異文,必須具備詞彙史意識。

關鍵詞　中古　異文　詞彙史

中古文獻異文與中古詞彙史研究的密切關係可以表現在許多方面。本文主要探討以下三方面問題:一、真實準確的文獻材料是中古詞彙史研究的基礎,從事相關研究務必留意中古文獻異文,並正確判斷其是非,避免據誤文立説;甚至可以説,考訂中古文獻異文本身就是中古詞彙史研究的一項内容。二、考明詞義是詞彙史研究的基础工作,而異文對於考釋詞義具有重要價值。事實表明,多角度地充分地利用異文,可以在多方面爲準確闡釋詞義提供綫索,起到啟發作用。三、考訂中古文獻異文,必須具備中古詞彙史的意識,借鑒詞彙史研究成果;對中古詞彙了解得越全面越透徹,越能準確地判定中古文獻異文的是非。

一　中古詞彙史研究應考訂中古文獻異文

太田辰夫《中國語歷史文法・跋》指出:"在語言的歷史研究中,最主要的是資料的選擇。資料選擇得怎麽樣,對研究的結果起着決定性的作用。"就漢語史研究而言,所謂"資料",大抵就是歷史文獻。"資料的選擇"應有兩重含義:一是選擇訛誤、竄改最少的文獻,二是選擇口語性最强的文獻。

中古詞彙史研究同樣需要重視語言資料的準確性,在以歷史文獻特别是中古文獻爲語料時,應避免據誤文而立説。這樣的話,就應該充分挖掘異文,考訂異文。

(一)判定新詞

新詞的産生是詞彙發展變化的重要標誌,在詞彙發展史上具有重要意義,目前學界也非常重視這方面的研究。在判定字面生僻的研究對象是否爲新詞時,需要注意考異辨誤,否則

*　本文是國家社會科學基金項目"基於出土文獻的魏晋南北朝隋唐漢語字詞關係研究"(18BYY140)、國家社會科學基金重大項目"漢語詞彙通史"(14ZDB093)、浙江省教育廳項目"中古文獻異文與中古詞彙史研究"(Y201941548)的階段性成果。寫成之後,承蒙業師方一新教授指正,謹致謝忱。文責自負。

容易以"誤"爲"新"。

【投】【潟】

後漢安世高譯《道地經・五種成敗章》:"亦有説熟死相中,譬如人死時有死相,爲口不知味,耳中不聞聲,一切卷縮,脈投,血肉潟,頰車張。"

《東漢佛道文獻詞彙新質研究》將上引例中的"投""潟"看作詞彙新質,分别釋爲"低沉""僵硬"。不過,"投""潟"如何會有"低沉""僵硬"義難以解釋,因此是否確實屬於所謂"新質"還有待斟酌考量。

《道地經》有異譯本,即西晉竺法護譯《修行道地經》,比照二經之異譯異文,有助於辨明《道地經》"投""潟"之義。在《修行道地經》中,與上引《道地經》例相對應的是卷一《五陰成敗品》:"人臨死時,所現變怪:口不知味,耳不聞音,筋脈縮急,喘息不定;體痛呻吟,血氣微細,身轉羸瘦,其筋現麄;或身卒肥,血脈隆起,頰車垂下。"兩相比較,可知"脈投"對應"筋脈縮急","血肉潟"對應"血氣微細","投-縮急""潟-微細"構成異譯異文。

據此異文,從"縮急"之義可以推斷"投"當爲"促"字之誤①,從"微細"之義可以推斷"潟"當即"儩"②。"促"有緊、縮義。《晉書・皇甫謐傳》載其《釋勸》:"若其羲和促轡,大火西頹,臨川恨晚,將復何階?""促轡"就是拉緊馬轡。《抱朴子外篇・廣譬》:"大川不能促其涯以適速濟之情,五岳不能削其峻以副陟者之欲。""促"謂縮短。《説文・水部》:"澌,水索也。""索"謂盡。《方言》卷十三:"澌,索也。"又卷三:"澌,盡也。"《説文・水部》"澌"字段玉裁注:"許説其本義,楊説其引伸之義也。……賜者,澌之假借;亦作儩。"又《貝部》"賜"字段玉裁注:"《方言》曰:'賜,盡也。'此借賜爲澌。澌,盡也。盡之字俗作儩。""澌"又通作"斯",《説文》"澌"字桂馥義證:"(澌)通作斯。《檀弓》'我喪也斯沾',注云:'斯,盡也。'"③《吕氏春秋・報更》:"宣孟與脯二朐,拜受而弗敢食也。問其故,對曰:'臣有老母,將以遺之。'宣孟曰:'斯食之,吾更與女。'"高誘注:"斯,盡也。""斯"作副詞表示全部,顯然是從窮盡義虚化而來的。從這些現象來看,"澌"表示空盡義早已見於先秦,且詞義和用法都已發生變化。上引《道地經》"血肉潟"對應《修行道地經》"血氣微細","空盡"義與"微細"義自然是相關聯的④。

這樣通過比勘異文,可知"投""潟"並非東漢時期的"詞彙新質"。

(二)判定詞語的産生年代

詞語的産生年代,是漢語詞彙史研究十分關心的話題。若未留心研究對象之異文,不注意考訂其是非,同樣會誤判詞語的産生年代。

【成持】

《敦煌社會經濟文書詞彙語法札記》考釋敦煌社會經濟文書中"成持"一詞有促成、成就、完成、實現等義。在對"成持"溯源時,文章指出"'成持'最早出現於佛典",依據是《經律異

① "促"與"投"形近,自可訛亂。《抱朴子内篇・對俗》:"彭祖言,天上多尊官大神,新仙者位卑,所奉事者非一,但更勞苦,故不足役役於登天,而止人間八百餘年也。""役役",敦煌本作"促促",是也。"促"誤作"役",正可與誤作"投"相類比。

② "儩"又作"澌","潟"可能是"儩""澌"的"混合體",詳下。

③ 王筠《句讀》謂"(澌)省作斯"。

④ 從"斯"得聲的字包含消亡、消散、微小、低賤義,均與其空盡之源義相關。

相》:“振旦邊王,所領人民,欲葬之時,成持棺椁,内石室中。疾病之日,開看骸骨,洗浴求福,使病得愈。”文章認爲,“‘成持棺椁’即做成棺椁”。

僅看此例之文意,“成持”確實可以理解爲“完成”。但若比照異文,結論就會有所不同。《經律異相》是徵引南朝梁以前佛典而編成的類書,引文後説明出處。在上引例末,寶唱注云:“出《灌頂經》第六卷,又出《長阿含經》第一卷。”據此可知引文實出東晋帛尸梨蜜多羅譯《灌頂經》,與《經律異相》引文對應的原文如下:

> 震旦邊國,諸小王輩所領人民,不知有法,不識真正,言語難了,無有音章。命終已後,欲葬之時,棺槨盛持,内著巖石室窟之中。疾病之日,開看骸骨,洗浴求福,使病得愈。

引文與原文兩相比較,可知“成持”異文作“盛持”。“盛持”是盛放、盛置之義,《灌頂經》卷一:“七寶之函盛持神文,内著巖石室窟之中。”又卷六:“轉輪聖王命終之時,王后太子諸臣百官用鮮潔白叠三百餘端以纏王身,擣細末香以塗王身。有三種棺:第一棺者紫磨黄金,第二棺者以鐵爲棺,第三棺者栴檀雜香,以是三棺盛持王身。”又卷十一:“今請諸聖衆,安居三月,行道欲竟,可還家中作百味飲食之具,種種甘美,以好净器盛持供養。”所謂“棺槨盛持”是説(欲葬之時)將尸體盛放於棺槨。

《經律異相》“成持”與異文“盛持”爲一詞,“成”“盛”異文通用屢見於中土文獻及佛典,如《文苑英華》卷一七〇庾信《至老子廟應詔》:“成丹須竹節,量藥用刀圭。”“成”,《藝文類聚》卷三八引作“盛”。西晋竺法護譯《修行道地經》卷四:“假使木擎有吾我者,盛著器中以何名之?”“盛”,聖語藏本作“成”。南朝宋求那跋陀羅譯《雜阿含經》卷五〇:“盛持甌一枚,人數數持與。”“盛”,聖語藏本作“成”。

至此,《經律異相》“成持”經與異文比較,可知就是“盛持”,乃是盛置、盛放之義,與敦煌社會經濟文書中表完成、成就義的“成持”並無關係,因而自然不會是它的源頭。

(三)判定歷史方言詞

漢語歷史方言詞是詞彙史研究的重要對象之一,而考察歷史方言詞只能依賴文獻記載,若文獻有誤,那麽所記録的方言詞就未必可靠了。因此從事相關研究時也須注意甄辨異文,考訂是非,避免以訛傳訛。

【飧】

> 唐張鷟《朝野僉載》卷一:“孫佺爲幽州都督,五月北征。時軍師李處郁諫:‘五月南方火,北方水,火入水必滅。’佺不從,果没八萬人。昔竇建德救王世充於牛口谷,時謂‘竇入牛口,豈有還期’。果被秦王所擒。其孫佺之北也,處郁曰:‘飧若入咽,百無一全。’山東人謂温飯爲飧音孫,幽州以北並爲燕地,故云。”

《中古漢語詞彙史》第一章《中古漢語研究綜述》論及唐宋筆記對於研究中古漢語詞彙的價值時曾據以指出:“蓋‘飧若入咽’諧音‘孫若入燕’。而‘山東人謂温飯爲飧音孫’,則記録了一個方言詞的意義和讀音。”

根據張鷟的記載,“飧”是唐代山東方言詞,指“温飯”,那什麽是“温飯”呢?如果注意異文的話,可以發現事實上並無“温飯”,上引這則材料中字有訛誤。“温”,《太平广記》卷一六三引作"濕"。"温-濕"異文,"温"乃"濕"之形訛①。"飧"即"飱"字。《釋名·釋飲食》:"飱,散也,投水於中解散也。"《禮記·玉藻》:"君未覆手,不敢飱。"孔穎達疏:"飱,謂用飲澆飯於器中也。"《太平御覽》卷八五〇引《通俗文》:"水澆飯爲飱。"《玉篇·食部》:"飱,水和飯也。""飱"指用湯水泡飯,動詞。湯水所泡的飯也稱"飱",名詞。慧琳《一切經音義》(下文簡稱"慧琳《音義》")卷六二《根本説一切有部毘奈耶雜事律》音義"餠麵"條引《韻詮》:"炊米,乾曰飰,濕曰飱。"故"飱"可稱爲"濕飯"。

若不留心異文,並考訂其是非,就容易將"温飯"據爲事實;如果使用這樣的錯誤材料去考察漢語歷史方言,便會作出唐代山東地區將"温飯"(不冷不熱的飯)稱爲"飧(飱)"的錯誤判斷。那麼"一個方言詞的意義"就與事實相違離。

二 利用異文考釋中古詞語的含義

考釋詞義是詞彙史研究的基礎工作之一。異文是考釋詞義的重要材料,比勘異文又是考釋詞義的重要方法,對此前賢早有論列②。中古文獻具有大量異文,不少異文對於考釋中古詞義有着重要價值,應該充分利用。

(一)據異文訂訛誤以求詞義

中古文獻在流傳過程中,或抄寫,或刊刻,或排印,由此形成了多種文本形態。文本一旦發生訛誤,就會導致詞的記寫形式發生變異,讀者自然也就難以準確理解,甚至誤解含義。因此,要準確地理解、考求詞義,首要工作便是分析異文、訂正訛誤,面目生僻的"詞"剥離所披上的訛文錯字的"外衣"後自然不難索解其義。分析異文有助於訂正訛誤,從而考求詞義。

【盟血】

> 後漢安世高譯《道地經·五種成敗章》:"若有沐身未浴身時,譬栴檀香……或時宿命從行相,筋香、髮香、骨香、肌肉盟血香、大便香。"又:"從有説行,兩賤賊人共語,亦讒失誡誣妄論議,一切食不避惡不净,從善還不行法語,便墮盟血唾涌泥,是名爲墮餓鬼處。"

"筋""髮""骨""肌肉""大便"都是有形實物,人人皆知,那麼何謂"盟血"?特别是"盟"爲何義?查考"盟"之各義,均與經意扞格。是否另有别義?一時似乎也難以索解。

若以異文爲切入點,則不難了解"盟血"之義及"盟"之由來。元魏般若流支譯《解脱戒經》:"不得生草上大小便涕唾歐吐盥血,應當學。""盥",聖本作"盟"。"盥"即"膿"字,《説文·血部》:"盥,腫血也。从血,農省聲。膿,俗盥。"聖本之"盟"乃"盥"之形近訛字。據此,上引《道地經》"盟血"之"盟"也是"盥"的形讹。"盟血"即膿血,其義顯然,無煩辭費。

《東漢佛道文獻詞語新質研究》出"膿血"條,括注"盟[盥]血",舉上引《道地經》第二例,

① 參看真大成(2014)。

② 參看張相《詩詞曲語辭匯釋》、蔡鏡浩《魏晋南北朝詞語考釋方法論——〈魏晋南北朝詞語匯釋〉編撰瑣議》、郭在貽《訓詁學》、方一新《中古漢語詞義求證法論略》等。

脚注引慧琳《音義》卷七五《道地經》音義："膿血，奴冬反。《聲類》云：'癰疽潰血也。'《説文》：'腫血也。从血从農省聲也。'經文作盥，古字也。"看來在"盟"後補"盥"字實據慧琳《音義》。但無論是《道地經》中的"盟"還是慧琳《音義》中的"盥"其實都是"䀓"的訛字①。

【厭藏】

南朝梁寶唱編《經律異相》卷三一《須大拏好施爲與人白象詰擯山中》："賊寇尚仁，偷盗競施，干戈厭藏，囹圄毁矣。"

上引例之"厭藏"，據上下文，"藏"字易明，"厭"字難解。比照異文，則可索解其義。西晋竺法護譯《正法華經》卷七《安行品》："如來滅度之後欲説此經，住于安隱，已立安隱，不懷諛諂，無眩惑心，乃説經法，藏厭身懷，或載竹帛，爲他人説。""厭"，宋、元、明、宫本作"戢"。西晋竺法護譯《如幻三昧經》卷下："五百菩薩欣然大悦，善心生焉。心戢静思，踊在虚空，去地四丈九尺。""戢"，宋、元、明及聖、聖乙本作"厭"。"戢"，本指聚藏兵器，引申指藏匿、收斂、止息，異文作"厭"，顯然是"戢"的訛字②。據此，上引《經律異相》例中"厭藏"之"厭"也應訂正爲"戢"，"干戈戢藏"謂兵器收聚，實指戰事止息③。此例文末注云"出《須大拏經》"，檢覈《六度集經》卷二《須大拏經》，"厭"正作"戢"。

辛嶋静志《正法華經詞典》設立"藏厭"條，釋作"conceals(something) and carries it"，但在釋義後又施"?"號，表示不能肯定。同時出"厭"之異文"戢"，表示"'藏戢'may mean'conceals, hides'"。如上文所述，"厭"是"戢"的錯字，"藏厭"這一詞目本屬子虚烏有，將"厭"釋作"carries it"更是無據；"藏戢"一詞的字面義固然可以釋爲"conceals, hides"，但在經中之意實指記住、記持，不如釋作"remember"。

【匱惜】

三國吴支謙譯《菩薩本緣經》卷中《一切持王子品之餘》："我本在家，多有庫藏、象馬、車乘、奴婢、僕使，悉以給施諸婆羅門，無所匱惜。"三國吴支謙譯《阿彌陀三耶三佛薩樓佛檀過度人道經》卷上："皆其前世爲人時作善，信受經道，布恩施德，博愛順義，慈仁惠與，不貪飲食，與衆共之，無所匱惜。"後秦鳩摩羅什譯《十住毘婆沙論》卷八《入寺品》："資生之物，隨力而施，無所匱惜。"東晋佛陀跋陀羅共法顯譯《摩訶僧祇律》卷二十《明單提九十二事法之九》："我家中所有，於佛比丘僧無有匱惜。"

慧琳《音義》卷十五《大寶積經》音義"匱惜"條："逵位反。《集訓》云：'匱，匵也，匣也。'從匚(音方)貴聲也。"但"匱"在經中顯然是動詞，慧琳釋義未得其實。"匱"作動詞有匱乏義，又通"潰"(表潰敗義)、"饋"(表饋贈義)，然而諸義也不能合於經意。

上引諸例之"匱"均有異文，《菩薩本緣經》《阿彌陀三耶三佛薩樓佛檀過度人道經》之"匱"，宋、元、明本作"遺"；《十住毘婆沙論》之"匱"，宋、元、明、宫本作"遺"；《摩訶僧祇律》之"匱"，宫本作"遺"。受此啟發，可明"匱"實爲"遺"之誤字④。由於"匚"在俗寫中類似"辶"，

① 高麗藏本慧琳《音義》作"䀓"，字有漫漶，但實際上就是"䀓"。大正藏本慧琳《音義》作"盥"乃是誤録。

② "厭"或作"猒"，與"戢"形體極近，容易致誤。

③ 可洪《隨函録》卷二三《經律異相》音義"猒藏"條："上阻立反。歛也，止也。《六度集》作猒藏。"

④ "遺"誤作"匱"，中土文獻也不乏其例，參看《廣雅・釋詁二》"匱，加也"王念孫疏證、《經義述聞第十一・大戴禮》"功不匱"條。

如“匹”或作“⿺辶匹”、“匝”或作“⿺辶匝”①,故“匱”或作“賷”“遺”“遺”“遺”②,與“遺”形近而誤③。

“遺”有留義,與“惜”近義連文,“遺惜”猶言吝惜。西晉竺法護譯《德光太子經》:“於是王太子德光及眷屬,共奉吉義如來莊飾瓔珞、宫殿城郭,心無遺惜。”失譯附東晉録《菩薩本行經》卷上:“時有一貧人,周行諸國,至此國中,見五百長者子施立大壇,賑窮濟乏,周救一切,無所遺惜。”例不煩舉。

西晉竺法護譯《正法華經》卷一《光瑞品》:“復有捨身,給諸所有,頭眼支體,無所遺愛,所以布施,用成佛道。”“愛”指吝惜。《續高僧傳》卷八“釋慧遠”條:“衣盋之外,片無留惜。”“遺惜”“遺愛”“留惜”構詞、含義均同。

【梟抲】

東晉竺曇無蘭譯《五苦章句經》:“或截手足,火燒鈇質,斬之梟抲五刑。”

“抲”即“拖”字,《廣韻·歌韻》:“抲,曳也。或作拖。”“梟抲”義不相屬,無由連文。佛經中“抲”屢與“磔”構成異文,如東晉竺曇無蘭譯《泥犁經》:“若著釜上甑中烝之,若取四支生牽磔之。”“磔”,宋、元、明本作“抲”。《舍利弗阿毘曇論》卷十五《非問分道品之一》:“五車磔裂。”“磔”,宋、元、明、宫本作“抲”。而“磔”或寫作“挓”,玄應《音義》卷四《觀佛三昧海經》音義“磔口”條:“經文作挓。”又卷五《觀藥王藥上二菩薩經》音義“磔翅”條:“經文作挓。”又卷九《大智度論》》音義“磔牛”條:“論文作挓。”又有“磔”“挓”異文例,如東晉竺曇無蘭譯《鐵城泥犁經》:“即取鉤,鉤其上下頷,口皆磔開。”“磔”,宋、元、明本作“挓”。姚秦曇摩耶舍共曇摩崛多等譯《舍利弗阿毘曇論》卷二九《緒分定品之二》:“如磔牛皮釘布平地,無有福皺。”“磔”,宋、元、明、宫本作“挓”。“挓”即“磔”之俗寫。據此可見,“抲”應即“挓”的形近訛字④;“梟抲”即“梟挓(磔)”。“梟”謂斬首掛於木上,“挓(磔)”即車裂,“梟挓(磔)”類義連文。

(二)據異文别異體以求詞義

中古文獻中某些本來平常的詞語由於記寫形式使用了俗寫異體,以致看起來十分生僻,給讀者理解其義帶來障礙。利用異文,有助於辨識這些生僻的異寫俗字,從而化生僻爲尋常,進而考定其義。

【瘂】

南朝梁寶唱編《經律異相》卷三一“須大拏好施爲與人白象詰擯山中”條引《六度集經》:“言語蹇瘂,兩目又青,狀類如鬼。”

據《改併四聲篇海·疒部》,“瘂”有疾速義,不合經意。“瘂”,宋、元、明、宫本作“吃”,《六度集經》亦作“吃”。“蹇”爲“謇”之通假字,佛經屢見;“蹇(謇)吃”同義連文,合於經意。異文作“吃”,依照異文同義的特徵,則“瘂”也應與“吃”同義。據此綫索,“瘂”應即“謳”字。《玉篇·言部》:“謳,訥言也。”説話遲鈍不利索,也可看作“病症”,故字又從“疒”。讀者對於“蹇(謇)瘂(謳)”之義自然理解無礙。

【喭】

① 參看張涌泉(2016:267-270)下編“匚”部諸字。
② 參看黄征(2005:229)及韓小荆(2009:543)。
③ 如西晉竺法護譯《海龍王經》卷二《總持門品》“無有窮厄匱乏者也”,知恩院本“匱”誤作“遺”。
④ 參看真大成(2019)。

《漢語大字典》“㖶”條:“堵塞。《字彙補・口部》:‘㖶,音未詳。《巢氏病源》:“大腸虚而傷於寒痢,而用氣㖶,其氣不[下]衝,則肛門脱出。”’”

《字彙補》所引《巢氏病源》例,出巢元方《諸病源候論》卷十七《痢病諸候・脱肛候》。“㖶”字極爲生僻,文獻用例似僅見於此,音義難明。相關記載又見於本書卷四〇《婦人雜病諸候・脱肛候》:“大腸虚冷其氣下衝者,肛門反出;亦有因産用力努偃,氣衝其肛,亦令反出也。”《陰挺出下脱候》:“胞絡傷損,子臟虚冷,氣下衝,則令陰挺出,謂之下脱。亦有因産而用力偃氣,而陰下脱者。”又卷五〇《小兒雜病諸候・脱肛候》:“小兒患肛門脱出,多因利大腸虚冷,兼用軀氣,故肛門脱出。”據此“㖶”異文作“偃”“軀”。

《廣韻・銑韻》:“軀,身向前也。”《集韻・銑韻》:“軀,曲身也。”又《願韻》:“軀,怒腹也,曲身也。”《玉篇・欠部》:“歞,怒腹也。或作軀。”“怒”讀作“努”,“怒腹”猶言鼓腹。“軀”謂弓身鼓腹用力地擠。《諸病源候論》卷五〇《小兒雜病諸候・差㿗候》:“差㿗者,陰核偏腫大,亦由啼怒軀,氣擊於下所致。”“怒軀”即“努軀”,謂曲身鼓腹。

“偃”“軀”異文,二字同源通用①。“努偃”即“怒軀”。

“㖶”“軀”異文,“㖶”應即“軀”的異體俗寫,或因“軀氣”故而從口。“氣㖶”疑本當作“㖶氣”,謂曲身鼓腹用力擠氣。《漢語大字典》將“㖶”釋作“堵塞”,無據,非是。

唐佚名《司牧安驥集》卷二《造父八十一難經》:“四十九難大腸風,頻頻努嗎氣不通,眼似流星喫草慢,頭低耳垂脊隆躬,醫人莫作求神祟,腸結肚脹塞心胸。”又卷五《黄帝八十一問》:“胎駒有患者,母卧旋四蹄努咽,尿澀者因傷輥,可用藥治之,歌曰:‘胎駒有患最難醫,母卧努咽旋四蹄,子痛母疼不敢輥,頻頻尿澀下遲遲。’”宋陳言《三因極一病證方論》卷十八《脱陰證治》:“婦人趣産,勞力努嗎太過,致陰下脱。”“努嗎”“努咽”即“努軀”,作“嗎”者或據“軀”音而書,或不明其義而改。

明朱橚《普濟方》卷三二六《婦人諸疾門・下部諸疾》:“胞絡傷損,子臟虚冷,氣下衝,則令陰挺出,謂之下脱。亦有因産而用力嘔氣,而陰下脱者。”顯據《諸病源候論》。“嘔氣”云云,當爲不明“偃氣”之義而臆改②。

(三)據異文辨同形以求詞義

中古文獻裏的同形字記録了不同的詞語,往往惑亂讀者耳目,以致難解、誤解詞義。異文有助於區辨、確定該字形究竟記録哪一個詞,從字形到詞語,俾便於解釋詞義。

【踧】

南朝梁寶唱編《經律異相》卷二三《孤獨母女爲王所納出家悟道》:“國王何事使汝來?若求我作婢者,我家不犯王法;若求我作婦者,汝曹則是我給使,何敢輕易貧門,乘勢踧突迫脇女人?”

《論語・鄉黨》:“執圭,鞠躬如也,如不勝。上如揖,下如授,勃如戰色,足踧踧如有循。”何晏集解:“足踧踧如有循,舉前曳踵行之也。”陸德明釋文:“踧踧,色六反。”《禮記・玉藻》:“執龜玉,舉前曳踵,踧踧如也。”鄭玄注:“著徐趍之事。”“踧踧”謂小步快走。單用義同,《集

---

① “亻”“身”義通,“偃”有可能是“軀”的異體字,與表示仰倒的“偃”同形。

② 方一新師認爲“嘔”也可能是“㖶”的形近訛字,可備一説。

韻・屋韻》:"蹜,足迫也。"上引經中"蹜突"連文,"蹜"表小步快走義顯然不合經意。

"蹜",元、明本作"蹴"。元魏般若流支譯《正法念處經》卷八《地獄品之四》:"若地獄人到大劍林,閻魔羅人打蹴令入。""蹴",宫本作"蹜"。"蹜""蹴"異文爲考探"蹜"義提供了綫索。《説文・足部》:"蹴,躡也。"《廣雅・釋詁二》:"蹴,蹋也。""蹴突"類義連文。"蹴"或作"蹙"。《集韻・屋韻》:"蹴,或作蹙。""蹙"或作"踧",西晋竺法護譯《分别經》:"爲立言議,抄持長短,誹謗驅踧,使其無憀。""踧",宋、元、明本作"蹙"。東晋佛陀跋陀羅譯《觀佛三昧海經》卷五:"八百鐵鎖八百鐵山,竪大鐵幢兩頭繫鎖,獄卒羅刹驅蹙罪人。""蹙",《經律異相》卷五〇引作"踧"。元魏般若流支譯《正法念處經》卷八《地獄品之五》:"復有勝者,彼人妄語誑親惡業,於地獄處有鐵鉸刀,見本人中所誑親者,鉸其身肉,著其口中,驅踧令食,以惡業故自肉不消。""踧",元、明本作"蹙"。"蹙""踧"異文同字。"踧"即"蹴"改易聲旁的異體①。由此可見,"蹜"與"踧"相同,也是改易"蹴"聲旁而成的異體字,只是和音"色六反"、表"足迫"義的"蹜"同形而已。這樣通過異文辨析出同形字,則"蹜突"之"蹜"所記録的詞就明瞭了,其含義也就不難解釋。

可洪《新集藏經音義隨函録》(下文簡稱"可洪《隨函録》")卷二三《經律異相》音義"蹜傒"條:"二並同上也。正作傗突也。衝入人家也。上又所六反,非也;下俗。"所謂"二並同上"是指"蹜傒"同上條"傗突",以爲"蹜"即"傗"字,非是。又卷三《受十善戒經》音義"駈蹜"條:"子六反。迫也,逐也,趁也。正作蹴。"得之。

(四)據異文破通假以求詞義

朱駿聲《説文通訓定聲・自叙》:"不知叚借者,不可與讀古書。"胡樸安《古書校讀法・論讀書法》:"中國古籍,大都文字通假。能明文字之通假之例而讀古書,則迎刃而解矣。"均指出明曉通假有助於考索詞義,正確解讀文意。這些論斷大抵針對先秦文獻而言,但實際上考釋中古詞義同樣離不開"明文字之通假之例"。通過考明異文的通假關係,破除通假字直指本字,則詞義自然顯明。

【祇】

> 《抱朴子内篇・論仙》:"學仙之法,欲得恬愉澹泊,滌除嗜欲,内視反聽,尸居無心,而帝王任天下之重責,治鞅掌之政務,思勞於萬幾,神馳於宇宙,一介失所,則王道爲虧,百姓有過,則謂之在予。……四海之事,何祇若是,安得掩翳聰明,歷藏數息,長齋久潔,躬親爐火,夙興夜寐,以飛八石哉?"

"祇"可表恭敬,又可作語辭,但這兩個用法均不合文意。敦煌寫本《抱朴子内篇・論仙》"祇"作"𢻰(敍)"②。今以爲"祇"用同"祗"③,而"祗"乃"敍"之借。

《廣雅・釋詁三》:"敍,多也。"《文選・張衡〈西京賦〉》:"炙炰夥,清酤敍。""夥""敍"對文同義。"敍"或通作"祗",《易・復》:"初九,不遠復,無祗悔,元吉。"釋文:"祗,……九家本作敍。"④王引之《經義述聞・周易》"無祗悔"條:"九家作敍是也。《廣雅》:'敍,多也。'無祗悔

① 玄應《音義》卷十一《正法念經》音義"驅蹙"條:"經文作踧。"玄應在詞目中改作正字"蹙"。

② 王明《校釋》録作"𢻰",誤。

③ "祇""祗"音形相近,古籍多混用。

④ "祗",或本作"祇",今定作"祗"。

者,無多悔也。……敍字以多爲意,以支爲聲,古音支、歌二部相通,故支聲與多相近。……故多謂之敍。衹從氏聲,古音氏在支部,亦與多聲相近。……故多亦謂之衹。”“敍”“衹”均是支部字,音同例得通假;而支、歌二部相通,故“敍”“衹”(支部字)又與“多”(歌部字)聲近義通。王氏在同書“經文假借”條論述“經典古字聲近而通則有不限於無字之假借者,往往本字見存,而古本則不用本字而用同聲之字”時也舉“借衹爲敍”之例。

據此,古即有“敍”“衹”通假之例;而上引《論仙》“衹(祗)-敍”異文恰好體現了這種通假關係。明辨“衹(祗)”讀作“敍”,則可知“何衹(祗)若是”即謂何多若是,言海内政事何其繁多,與上文“鞅掌”相應。這段話大意是説帝王要處理繁多的政事,無法煉丹修仙。

【聊/料】

《諸病源候論》卷三《虚勞候》引《養生方導引法》:“鷄鳴時叩齒三十六通訖,舐脣漱口,舌聊上齒表,咽之三過,殺蟲,補虚勞,令人强壯。”《肘後備急方》卷四治卒絶粮失食饑憊欲死方》:“閉口以舌料上下齒,取津液而嚥之,一日得三百六十嚥,便佳。”《無上秘要》卷七六《服五氣品》:“東方九華,服食青牙,延我壽筭,飲以朝霞,畢,便以舌料上齒之裏,舐脣三過,令玉泉滿口,咽之三過。”

此皆謂道家養生法,其中“舌聊上齒表”“以舌料上下齒”“以舌料上齒之裏”之“聊”“料”含義費解。“聊”“料”二字多通用。“料”又多與“撩”構成異文,如上引《無上秘要》例,《三洞珠囊》卷十“料”作“撩”。南朝宋求那跋陀羅譯《菩薩行方便境界神通變化經》卷中:“爾時彼王善心恭敬手自料理,薩遮尼乾及其眷屬,食充足已。”“料”,宫本作“撩”。南朝宋求那跋陀羅譯《十二頭陀經》:“僧食者,入衆中當隨衆法,斷事擯人,料理僧事。”“料”,宋、宫本作“撩”。唐阿地瞿多譯《陀羅尼集經》卷十:“然後於好處所撩理於地,拔却惡物瓦礫骨毛等已。”“撩”,元、明、甲本作“料”。“料”“撩”異文而通。《廣雅・釋詁二》:“撩,理也。”王念孫疏證:“撩與料聲近義同。”《説文・手部》:“撩,理也。”桂馥義證:“撩,通作料。”玄應《音義》卷十四《四分律》音義“撩理”條:“今多作料量之料字也。”可見唐初佛經寫本中“料”“撩”二字即通用。

據此異文通假例,可明上引《肘後備急方》《無上秘要》中的“料”即“撩”之通假字,《諸病源候論》中的“聊”也應讀作“撩”。道經中屢見類似的表述,如《太上洞玄靈寶赤書玉訣妙經》:“南方朱丹,服食朱丹,飲以丹池,畢,以舌撩下齒之表,舐脣嗽口,令玉芝滿口而三咽之。”《太清導引養生經》:“東向坐,仰頭不息五通,以舌撩口中沫,滿二七,咽,愈口乾舌苦。”更可證“舌聊”“舌料”即“舌撩”。

“撩”在中古則可指撥、挑、攪之類的動作①。舊題後漢安世高譯《大比丘三千威儀》卷下:“飯食上澡漱有五事:一者不得掇手杯上,二者不得手指挑撩口中……”苻秦鳩摩羅佛提等譯《四阿鋡暮抄解》:“如醫知癰生熟以刀破,是後以指撩摩脈所趣向,令不傷脈,然後割廣。”蕭齊僧伽跋陀羅譯《善見律毘婆沙》卷十六:“洗鉢水棄白衣家内者,若飯粒撩與衆生,餘水棄不犯。”庾信《夢入堂内》詩:“畫眉千度拭,梳頭百遍撩。”均其例。上文“舌聊上齒表”“以舌料上下齒”“以舌料上齒之裏”之“聊/料(撩)”也是此義,謂舌頭在牙齒(裏/外)來回撥弄、攪動。

【寬政】

① 《莊子・盜跖》:“疾走料虎頭,編虎須,幾不免虎口哉。”郭象注:“料,捋也。”陸德明釋文:“(料)音聊。”王叔岷《莊子校詮》謂“料與撩通”。“捋”與撥、挑義可相通。

《北史·魏諸宗室傳·元素》:"文成即位,務崇寬政,罷諸雜調;有司奏國用不足,固請復之。"

"寬政"語出《左傳·莊公二十二年》:"羈旅之臣,幸若獲宥,及於寬政,赦其不閑於教訓而免於罪戾,弛於負擔,君之惠也。"謂爲政寬大,不苛刻。中古史書亦習用,含義相同。上引《北史》"寬政"例,以此義釋之,似亦可通;然而比照異文,"寬政"解作"爲政寬大"或未中鵠。

《魏書·昭成子孫傳·元素》"寬政"作"寬征"。"征"有賦税義,《左傳·文公十一年》:"宋公於是以門賞耏班,使食其征。"杜預注:"征,税也。"《孟子·盡心下》:"孟子曰:'有布縷之征,粟米之征,力役之征。'"趙岐注:"征,賦也。"《左傳·昭公十八年》:"書焚室而寬其征。"杜預注:"征,賦税也。""寬征"即從此出,猶言薄賦。韓愈《城南聯句》:"蔬甲喜臨社,田毛樂寬征。"結合《北史》此例上下文之"罷諸雜調""國用不足"云云,"寬征"顯然更合文意。"政-征"異文,"政"當讀作"征",指賦税①,而不應理解爲字面之政事、國政。

【總】

東晉佛陀跋陀羅共法顯譯《摩訶僧祇律》卷九《明三十尼薩耆波夜提法之二》:"如世尊説,當起慈心,不樂聞者方便使聞,諸不信者教令立信,乃至手總其頭,强勸令施。"南朝宋沮渠京聲譯《净飯王般涅槃經》:"於是諸釋,嘷咷啼哭,舉身自撲,兩手拍地,解髻亂髮……中有自總拔其髮者。"

"手總其頭"之"總"含義晦澀;"總"何以與"拔"連文,理據也不明瞭。若立足於異文、並從通假的角度觀察二例,則既明"總"之含義,亦可解釋"總拔"連文的理據。

《摩訶僧祇律》之"總",元、明本作"揔";《净飯王般涅槃經》之"總",宋、元、明、宫本作"揔"。玄應《音義》卷十五《僧祇律》音義"手揔"條引《通俗文》:"手捉頭曰揔也。"所謂"手捉頭",應指用手執、抓頭髮。慧琳《音義》卷五五《净飯王般涅槃經》音義"揔拔"條:"《考聲》云:'擒撮也。'《文字集略》云:'揔,相牽掣也。'"據此,"揔"字合於經意;"總"應讀作"揔","總-揔"異文而通②。"手總其頭"謂手緊執其髮;"總拔其髮"謂(用手)抓拔頭髮。

譯經又有"揔摵"一詞,如失譯附秦録《别譯雜阿含經》卷十三:"譬如力人以繩繫於弱劣者頭,揔摵掣頓,揉捺其頭,我患首疾,亦復如是。""揔",宋、元、明、聖本作"總"。"總"亦應讀作"揔"。《集韻·東韻》"揔"字引《字統》:"揔摵,俗謂之捉頭。"東晉佛陀跋陀羅共法顯譯《摩訶僧祇律》卷二一《明衆學法之初》:"麥飯團者,總頭如麥飯團。""總",宋、元、明、宫本作"或"。"總頭"即"揔頭","或"應即"摵"之殘訛,"總(揔)""摵"含義相應而致異。失譯附秦録《無明羅刹集》卷下:"以定左手總六十二見之大亂髮,以智右手拔於利劍。""總"亦讀作"揔"。

"揔"還可通作"縱"。南朝宋沮渠京聲譯《净飯王般涅槃經》:"國中人民,宛轉自撲,哽咽啼哭,中有自絶瓔珞者、中有自裂壞衣服者、中有自揔拔其髮者、中有取灰土而自坌者,痛徹骨髓,猶癲狂人。""揔",聖本作"縱"。"縱"應讀作"揔"。姚秦佛陀耶舍共竺佛念等譯《四分律》卷五七《調部之三》:"比丘即往彼居士所,捉頭語言:'汝迎某甲童女,若當放去。'""捉",聖乙本作"從"。聖乙本"從頭語言"費解,"從"應是"縱"之省,"縱頭"即"揔頭"。

① 《周禮·天官·小宰》"一曰聽政役以比居"鄭玄注:"政謂賦也。凡其字或作政,或作正,或作征,以多言之宜從征。"《周禮·地官·均人》"掌均地政,均地守,均地職"鄭玄注:"政讀爲征。地征謂地守、地職之税也。"《周禮·夏官·司勳》"惟加田無國正"鄭玄注引鄭司農云:"正謂税也。"陸德明釋文:"正,音征,注同,本亦作征。""政""正"均爲"征"之通假字。

② "總""揔"在中古均通攝精母東韻,僅聲調有别,讀音相近。

據《通俗文》《字統》所載，"揔""揔摵"是中古以來表示手抓頭髮之義的口語詞。此類口語詞的書寫形式，往往通借音同、音近之字，"揔"或作"總"，或作"從"，或作"縱"，均是這種情況。

【迸】

干寶《搜神記》卷十八："吴時，廬陵郡都亭重屋中，常有鬼魅，宿者輒死。自後使官，莫敢入亭止宿。時丹陽人湯應者，大有膽武，使至廬陵，便止亭宿。吏啟不可，應不聽。迸從者還外，惟持一大刀，獨處亭中。"

《漢語大字典》"迸"條："(二)pēng①同'拼'。使。《集韻·耕韻》：'拼，《爾雅》："使也。"或作迸。'《搜神記》卷十八：'迸從者還外，惟持一大刀，獨處亭中。'"《漢語大詞典》"迸$_2$"條："使；支派。"舉例同《大字典》。看來《大字典》《大詞典》均將《搜神記》中的"迸"理解爲使令義。

從上下文看，"迸"釋作"使""令"可以講通。但"迸(拼)"之此義只見於辭書，文獻用例除《大字典》《大詞典》所舉《搜神記》外，别無所見；因此《搜神記》例實際是孤證，是否確作使、令講，可疑。如果注意到異文的話，"迸"可有别解。

"迸從者還外"，《太平廣記》卷四三九"湯應"條引《搜神記》作"悉屏從者還外"，"迸-屏"異文。"迸"讀作"屏"，《説文新附》："迸，散走也。"鈕樹玉《新附考》："按經傳'迸去'字並作'屏'，唯《大學》作'迸諸四夷'，《釋文》引皇侃疏云'迸猶屏也'。"《禮記·大學》："唯仁人放流之，迸諸四夷，不與同中國。"朱熹集注："迸，讀爲屏，古字通用。迸，猶逐也。"上舉"迸-屏"異文也應反映了這一通假關係。因此，根據"迸-屏"這條異文，將《搜神記》中的"迸"讀作"屏"，謂斥退、屏退，義似更勝。

【辯説】

失譯附後漢録《雜譬喻經》卷下："弟子具陳本末，辯説所犯意。"

"辯説所犯意"一句，孫昌武、李賡揚《譯注》譯作"解説了自己犯戒作惡時的意念"。經中之"辯説"，《譯注》譯作"解説"，顯然將"辯"理解爲辯解、談説，這恐怕有違經文本意。我們發現，在中土文獻和漢譯佛經中，均有不少"辯""徧(遍)"異文的例子，如《儀禮·鄉飲酒禮》："衆賓辯有脯醢。"鄭玄注："今文辯皆作徧。"《大戴禮記·衛將軍文子》："子貢對曰：'夫子之門人，蓋三就焉；賜有逮及焉，有未及焉，不得辯知也。'""辯"，《孔子家語·弟子行》作"徧"。《史記·封禪書》："《尚書》曰：舜在璇璣玉衡，以齊七政。遂類於上帝，禋于六宗，望山川，徧群神。""徧"，《五帝本紀》作"辯"。西晉竺法護譯《持心梵天所問經》卷二《難問品》："眼不受色……具足周辯諸通之慧。""辯"，元、明本作"遍"。"辯""徧"異文而通，"辯"讀爲"徧"。上引《雜譬喻經》之"辯"，宋、元、明本作"徧"，"辯"同樣是"徧"的通假字，謂周遍，"徧説"猶言詳述。經中上文言此弟子得五通回到安息國後，"犯慾""劫人"，屢次違戒作惡，故此處與其師重逢後"徧説"以往所犯之事，語意與"具陳"相應。

(五)據異文知同義以求詞義

同義替换是異文産生的重要原因之一，因此許多異文存在着同義關係。一個異文組中有時所有異文項含義均顯豁，同義關係一目了然；有時却僅是其中一個異文項意義顯豁，爲人所熟知，其他一個(或幾個)則義晦。正是異文組中的各個異文項之間存在這種同義關係，以此爲前提，可以據已知求未知，以顯豁求隱晦，從而準確解釋詞義。

【防】

《魏書·崔光傳》載神龜二年八月靈太后登九層佛圖，崔光上表勸諫，略云："伏願息躬親之勞，廣風靡之化，因立制防，班之條限，以遏囂汙，永歸清寂。"又神龜二年九月靈太后幸嵩高，光又上表，略云："罷勞形之遊，息傷財之駕，動循典防，納諸軌儀，委司責成，寄之耳目。"

上引二例中"防"的含义較難把握，異文有助於求得其義。"動循典防"之"防"，《册府元龜》卷三二六作"則"。"防-則"異文，據此"防"亦有規則、制度義。"防"本指堤壩，引申指防禦、防備、防止、限制諸義，這些動詞義，特别是防止、限制義，基於意義的相關性轉指用以防止、限制之物，在一定語境下可指規則、制度——規則、制度即起到檢束之效；這種語境義一旦廣爲接受、承用，便逐漸固定爲一個義項。漢魏六朝時"防"表規則、制度義，頗有其例，如《後漢書·質帝紀》："州郡輕慢憲防，競逞殘暴，造設科條，陷入無罪。""憲防"謂法令、禁律。《晋書·束皙傳》載皙上議："可申嚴此防，令鑒司精察，一人失課，負及郡縣，此人力之可致也。""防"指上文提及的"廣農"的規定。《宋書·劉延孫傳》："（大明）五年，詔延孫曰：'舊京樹親，由來常準。卿前出所有别議，今此防久弭，當以還授小兒。'"前言"準"，後謂"防"，均指規矩、制度。

《漢語大詞典》"科防"條釋作"用禁令刑律加以防範"，舉陳琳《爲袁紹檄豫州》："加其細政苛慘，科防互設，繒繳充蹊，坑穽塞路。"《三國志·吴志·闞澤傳》："又諸官司有所患疾，欲增重科防以檢御臣下。""科"指律令、法規，"防"與之連文，其義自明。《大詞典》將其理解爲"防範"，不確。

西晋竺法護譯《正法華經》卷一《善權品》："諸法定意，志懷律防。""律防"同義連文。辛嶋静志《正法華經詞典》"律防"條釋作"restraint，constraint"，亦未達一間。

【贊】

《文館詞林》卷六九五南朝梁任昉《梁武帝斷華侈令》："孤忝荷寵任，務在澄清，思所以仰贊皇朝大帛之旨，俯厲微躬粗衰之義。"

"贊"，《梁書·武帝紀上》作"述"。"贊（讚）"非一般之贊揚、稱頌義，而與"述"義同，謂講述。"贊"有告訴義，《書·咸有一德》："伊陟贊于巫咸，作《咸乂》四篇。"僞孔傳："贊，告也。"《史記·魏公子列傳》："至家，公子引侯生坐上坐，偏贊賓客，賓客皆驚。"司馬貞索隱："贊者，告也。謂以侯生遍告賓客。"講述義當由此出。

《三國志·魏志·衛覬傳》："頃之，還漢朝爲侍郎，勸贊禪代之義，爲文誥之詔。""贊"謂闡述。《文選·傅亮〈爲宋公求加贈劉前軍表〉》："敷讚百揆，翼新大猷。"張銑注："敷，布；讚，奏。……謂爲丹陽長，布奏以度百事，輔新君之大道。""讚"，《宋書·劉穆之傳》作"贊"。張銑釋作"奏"，即陳述之義。

三國吴支謙譯《阿難四事經》："國王臣民，若有智者，當尋求之，供所當得衣食床卧疾病醫藥，使其安隱，得講經戒。""講"，宋、元、明及宫本作"讚"。失譯附東晋録《彌勒來時經》："語不可不作，道不可不學，經不可不讚。""讚"，宋、元、明及宫本作"講"。"講""讚"異文同義。

西晋竺法護譯《正華法經》卷四《往古品》："惟願大聖，讚説經典，開化衆生，發起黎庶。"《出三藏記集》卷九晋慧遠《廬山出修行方便禪經統序》："自兹已來，感於事變、懷其舊典者，五部之學並有其人，咸懼大法將頽，理深其慨，遂各述讚禪經，以隆盛業。""讚説""述讚"同義連文。

“贊(讚)”之講述義較隱晦,往往誤釋作贊揚。西晋竺法護譯《正華法經》卷四《往古品》:“十六幼童沙彌兄弟,聞佛所説悉共受持,諷誦講讚。”又卷九《如來神足行品》:“設使有人,齎此經行,講讚書寫。”又卷十《樂普賢品》:“若有受持普賢菩薩宣其名者,則當知之見能仁佛,……班宣經道,講讚善哉,如來摩頭,則當謂之是普賢也。”辛嶋静志《正法華經詞典》將前二例“講讚”釋作“expounds in praises”,後一例“講讚”釋作“praises”,其實這三例“讚”都是講述義,“講讚”同義連文,釋作“expounds”即可。

【裁】

《北史·于栗磾傳附于謹》:“初,梁元帝於江陵嗣位,密與齊交通,將謀侵軼。其兄子岳陽王詧時爲雍州刺史,以梁元帝殺其兄譽,逐結隙,據襄陽來附。乃命謹出討。周文餞於青泥谷。長孫儉曰:‘爲蕭繹計將如何?’謹曰:‘曜兵漢沔,席卷度江,直據丹陽,是其上策。移郭内居人,退保子城,以待援至,是其中策。若難於移動,據守羅郭,是其下策。’儉曰:‘裁繹出何策?’謹曰:‘必用下。’”

藉助異文,可以顯明“裁”之含義。此例之“裁”,《周書》同傳作“揣”。“揣”謂料想、揣測,“揣-裁”異文,“裁”當與“揣”義同。“裁”有估量、估算義,《淮南子·主術》:“及至亂主,取民,則不裁其力。”高誘注:“裁,度。”《後漢書·南匈奴傳》:“單于前言先帝時所賜呼韓邪竽、瑟空侯皆敗,願復裁賜。”“裁賜”就是中古史書中習見之“量賜”,“裁”即指估量①。《齊民要術·造神麴並酒等》:“初下米五斗,米必令五六十遍淘之,第二酘七斗米,三酘八斗米。滿二石米以外,任意斟裁。”“斟”與“裁”同義連文,均謂估量②。從估量義引申,自然就有揣度、料想義。《魏書·徒何慕容廆傳附慕容盛》:“盛以寶暗而不斷,遂峻極威刑,纖介嫌忌,莫不裁之於未萌,防之於未兆。”“裁”猶言“料”③。

【解】

《太平廣記》卷三五九引《搜神記》:“黄初中,頓丘界騎馬夜行者見道中有物,大如兔,兩眼如鏡,跳梁遮馬,令不得前,人遂驚懼,墮馬,魅便就地犯之,人懼驚怖,良久得解。”

“驚怖”下今本《搜神記》及《法苑珠林》卷六引並有“暴死”,於文意較勝;“死”猶言昏迷。“解”,今本《搜神記》及《法苑珠林》卷六引並作“蘇”。“解一蘇”異文,則“解”亦謂蘇醒、清醒。

東晋帛尸梨蜜多羅譯《灌頂經》卷十一:“於是那舍忽得重病,奄便欲死,唯心上暖,家中大小未便殯斂,至七日後,乃得蘇解。”元魏般若流支譯《毘耶娑問經》卷下:“大仙當知,彼大天王自身善香,若天白象欲發極醉,聞王身香即時醒解。”“蘇解”“醒解”同義連文。

“解”之此義當從解除義引申而來,當“昏死”“迷醉”的狀態“解除”了,自然也就蘇醒、清醒了。苻秦僧伽跋澄譯《鞞婆沙論》卷十一《四等處》:“世尊以右手摩象頭,摩象頭已,醉便解。”“解”指解除、消除,轉而言之,即可謂清醒、蘇醒。

【降】

敦煌本《抱朴子内篇·論仙》:“有生最靈,莫過乎人。貴性之物,宜必鈞一。而其賢愚邪正,好醜脩短,清濁貞淫,緩急遲速,趨捨所尚,耳目所欲,其爲不同,已有天壤之降、

① 《資治通鑒·漢光武帝建武二十八年》録此文,胡三省注:“余謂裁,量也,量多少以賜也。”

② 石聲漢《今釋》釋作“斟酌斷定”,《漢語大詞典》據以釋作“斟酌决定”,均不確。

③ 《後漢書·馮衍傳》:“蓋聞明者見於無形,智者慮於未萌,况其昭晰者乎?”又《第五倫傳》:“防其未萌,慮於無形。”《藝文類聚》卷二四引司馬相如上書:“蓋明者遠見於未萌,而智者避危於無形。”並可參觀。

冰炭之乖矣。”

“降”,宋浙本作“覺”。“降一覺”異文,亦見於佛經,如東晋佛陀跋陀羅共法顯譯《摩訶僧祇律》卷二〇《明單提九十二事法之九》:“諸大德,是中分物參差不同,相降四指八指,理不得計。”“降”,宫本作“覺”。《僧祇律》之“相降”,屢見於佛經,如姚秦佛陀耶舍共竺佛念等譯《四分律》卷五二《雜揵度之二》:“時優波離與諸比丘共論法律,時諸比丘共來聽戒,坐處迮狹不相容受,佛言:‘相降三歲聽共坐木床,相降二歲聽共坐小繩床。’”後秦弗若多羅譯《十誦律》卷五七《二種毘尼及雜誦》:“三歲净者,比丘中間相降三歲,得共大繩床上坐。”也單稱“降”,如《摩訶僧祇律》卷十一《明三十尼薩耆波夜提法之四》:“若衣有大小,降四指八指不等,不計者我當分。”又同卷:“諸大德,衣相降四指八指不等,若通此者我當分。”卷十二《明單提九十二事法之一》:“時諸比丘尼出城已,各作是言:‘若我等向餘方者,在在處處皆見驅逐,無得住處。我等今當隨世尊後去。’世尊朝所發處,諸比丘尼暮到。如是在道,恒降一日。”卷三一《明雜跋渠法之九》:“大小降三臘得共床坐,不得共床眠。”又同卷:“從今日後聽降三歲比丘得共床坐,無歲比丘得共三歲比丘坐,如是乃至七歲比丘得共十歲比丘坐。……若床長一肘半,相降三歲得二人共坐,若減應並與上座。若卧床過三肘,得與降四歲比丘共坐,若減者不得共坐。”《四分律》卷六《三十捨墮法之一》:“若比丘一日得衣、二日得衣,三日不得、四日得(如是轉降,乃至十日不得衣)。”

對於此類“降”的含義,可據上述“降-覺”異文考知其義。“覺”有相差、差别義①,“降-覺”異文,“降”也應指相差、差别。《摩訶僧祇律》卷二九《明雜誦跋渠法之七》:“爾時諸比丘來入,有一比丘作是言:‘此堂都好,唯一角差降一麰麥許。’”“差降”同義連文。《抱朴子内篇》“降”“乖”對文義同,“降”正謂差别。《摩訶僧祇律》等“相降”即謂相差。

《抱朴子内篇》“天壤之降”,寶顔堂本作“天壤之隔”;後秦弗若多羅譯《十誦律》卷三九《明雜法之四》:“從今三比丘中間隔三歲,得共大床坐。”“隔三歲”“相降三歲”義同,“降”“隔”都是相差、相較之義②。

(六)綜合考察多種異文,多角度考求詞義

【變】

東晋僧伽提婆譯《中阿含經》卷三七《梵志阿攝惒經》:“於是阿私羅仙人提鞞邏……著袈裟衣,以袈裟巾裹頭,拄杖持繖,著白衣變,不從門入,至仙人住處静室經行。”

“白衣變”之“變”字,若以常義理解,顯然扞格不通。“變”字到底如何解釋,有賴於綜合考察幾個方面的異文。高麗藏本之“變”有版本異文——宋、元本作“屧”,明本作“屟”;“屧”

① 參看周一良(1985:216)“覺”條、郭在貽(2002:149-150)、蔡鏡浩(1990:175-177)“覺”條。

② 《世説新語·捷悟》:“魏武嘗過曹娥碑下,楊修從。碑背上見題作‘黄絹幼婦,外孫齏臼’八字,魏武謂修曰:‘卿解不?’答曰:‘解。’魏武曰:‘卿未可言,待我思之。’行三十里,魏武乃曰:‘吾已得。’令修别記所知。修曰:‘黄絹,色絲也,於字爲“絶”;幼婦,少女也,於字爲“妙”;外孫,女子也,於字爲“好”;齏臼,受辛也,於字爲“辤(辭)”;所謂“絶妙好辭”也。’魏武亦記之,與修同,乃嘆曰:‘我才不及卿,乃覺三十里。’”“覺三十里”,《語林》作“隔三十里”。“覺”“隔”均爲相差、相較之義。

“屧”字同，本指鞋之木底，也泛指鞋，“白衣屧”亦即白衣鞋①，能與經意相合，當是原文。至此，雖已能確定經文此處應表“鞋”義，但仍未徹底解決“變”的問題——異文雙方形、音、義俱遠，何由致異？如果異文雙方是同義關係，“變”何由表鞋義？抑或“變”另有含義？

同樣的問題還出現於《五分律》中。南朝宋佛陀什共竺道生等譯《五分律》卷二一《第三分之六皮革法》：“有一住處下濕，著皮革屣，臭爛虫生。諸比丘以是白佛，佛言：‘聽諸比丘作婆婆草、迦尸草、文柔草、鳩尸草等屧。’”“屧”，聖本作“變”。

要回答這些問題，還有待於繼續考察相關異文。玄應《音義》卷十一《中阿含經》卷三七音義“衣屧”條：“思俠反。履屬也。經文作㚅。”又卷十五《五分律》卷三七音義“等屧”條：“思恊反。屧謂履屬也。律文作㚅。”“㚅”即“燮”②。據此，玄應所見《中阿含經》《五分律》作“燮”，與今本構成“屧-變-燮”異文。

根據“變-燮”異文，可知“變”是“燮”的形近訛字③；根據“屧-燮”異文，可知“燮”是“屧”的通假字④。由此，可據異文糾訛字“變”，得原字“燮”；又據異文破假字“燮”，得本字“屧”，如此可以圓滿解答《中阿含經》“變”的含義及何以與“屧”構成異文的問題。據此可以看出，對於一些疑難字詞，有時僅據某一方面的異文雖能得其義，但無法徹底解決有關問題，這時就需收集、考察幾方面的異文，綜合考校，方能較爲完滿地解釋詞義。

【戀諍】

姚秦竺佛念譯《出曜經》卷七《放逸品》：“戀諍小致大，積惡入火焚。”

檢索大正藏，“戀諍”僅此一見。“戀”“諍”義不相屬，二字連言尤顯不倫。其義爲何，頗難索解。若能立足異文，掌握文字訛誤常例，有助於顯示“戀諍”之本貌。

譯經屢見“戀-變”異文訛誤例：東晋佛陀跋陀羅譯《達摩多羅禪經》卷上《修行方便勝道決定分》：“親戚永别離，悲戀爲墮淚。”“戀”，宫本作“變”。後漢支曜譯《成具光明定意經》：“是故忘失是定，在於哭悲惶戀，累劫無終，已來往無休息，名曰勞苦行也。”蕭齊僧伽跋陀羅譯《善見律毘婆沙》卷十二：“是故律本中説，婬亂變心，心即染著，亦言戀著，以身摩觸縛著也。”以上二例中的“戀”，宋、元、明及宫本均作“變”。

由於《出曜經》與三國吴維祇難等譯《法句經》、西晋法炬共法立譯《法句譬喻經》關係密切——前者以因緣故事解釋後二經的偈頌，所録偈頌直接承襲後二經，因此可以互相對照。經比勘，《出曜經》“戀諍”，《法句經》《法句譬喻經》作“變諍”。

“戀”“變”互訛是佛經常例，而《出曜經》“戀”正有異文作“變”，因此可以推測“戀諍”應爲“變諍”之誤。通檢大正藏，發現“變諍”頗有其例，如東晋竺曇無蘭譯《寂志果經》：“其心清净，不懷欺僞，不樂兩舌，讒謗敗德，未曾傳説，鬪亂彼此，和解變諍，散除怨害。”失譯附東晋録《沙彌十戒法並威儀》：“同學變諍，務令和解，無令頗[我]。”然則“變諍”又爲何義？

---

① 後秦弗若多羅譯《十誦律》卷三九《明雜法之四》：“答言：‘新雨雪，云何得去？汝能著白衣鞢不？’答言：‘佛未聽我著白衣鞢。’”“白衣屧”與“白衣鞢”同。

② 慧琳《音義》卷五二、卷五八轉録玄應《音義》作“燮”。

③ 闕譯附東晋録《稻芉經》：“所謂地水火風空時，地種堅持，水種濕潤，火種成熟，風種發起，空種不作障礙，又假於時節氣和變，如是六緣具足便生。”法琳《辯正論》卷八《與尚書右僕射蔡國公書》：“仰惟僕射公……所以弼諧庶績，變理文昌。”“變”，宋、元、明本作“燮”。“變”均“燮”之訛。

④ “燮”“屧”《廣韻》均音蘇協切，音同。可洪《隨函録》卷二一《正法念處經》卷二八音義“鞵㚅”條：“正作鞋屧也。”“鞵”爲“鞋”之異體，“㚅”讀作“屧”。

若能再次立足異文，掌握文字通假常例，有助於顯現“變諍”之義。

《韓詩外傳》卷二：“無用之變，不争之災，棄而不治。”“變”，《荀子·天論》作“辯”。“變”讀作“辯”，辯論、争辯。東漢以來，有“變争(諍)”一詞，東漢《梁相費汎碑》：“變争路銷，推讓道生。”《太平經》卷九六：“使天下悩悩多變諍，國治爲之危亂。”又卷一六：“夫上善大樂歲，凡萬物盡生善，人人懽喜，心中常樂欲歌舞，人默自相愛，不變争。”嵇康《家誡》：“人有相與變争，未知得失所在，慎勿預也。”“變”均爲“辯”之通假。

“變争(諍)”即“辯争”，謂辯論、争辯。上引《出曜經》“變諍小致大”謂争辯導致事態擴大，合於經意。至此，利用異文訂正“戀”爲“變”之形近誤字，再據異文考明“變”爲“辯”之通假字，則含義明晰①。

【激修】

舊題三國吴康僧會譯《舊雜譬喻經》卷上：“臣嘗令相師相之，云當兵死。常以兵自衛，己亦拔劍持之，夜極欲卧，以劍付婦持之，婦睡落劍斷其夫頭，婦便啼叫言：‘君死。’王則召四大臣問：‘汝曹營衛之，激修姦變，其婦與相隨而忽至此罪，爲誰在邊者？’”

“激修”僅此一見，字面生僻。“激”，宋、元、明本作“徼”。孫昌武、李賡揚《雜譬喻經譯注(四種)》改作“徼”，以爲“‘徼’，同‘邀’，謀取”，譯作“謀設奸計”。

“激”“徼”異文，二字俱音古弔切，例得通假。譯經中亦有異文通用之例，如舊題東晋僧伽提婆譯《增壹阿含經》卷四九《非常品》：“蛇旬復經七日七夜不絶，於四徼道中而起偷婆。”“徼”，聖本作“激”；“激”讀作“徼”。慧琳《音義》卷三八《六字呪王經》音義“四激”條：“澆窽反。亦從彳作徼也。”可洪《隨函録》卷五《佛升忉利天爲母説法經》音義“四徼”條：“經作激。”又卷五《正法華經》音義“四激”條：“音叫。小道也，徑也，南人呼四徑路爲四激道也。正作徼也。”由此可見，唐五代寫本佛經中“激”即已通“徼”，謂小路，《廣韻·嘯韻》：“徼，小道也。”

《法苑珠林》卷七四引《冤魂志》：“妾本涪令妾也，欲往之官，過此亭宿。亭長殺妾，大小十餘口，埋在樓下，奪取衣裳財物，亭長今爲縣門下游徼。”“徼”，宫本作“激”。《經律異相》卷二三《貧女爲國王夫人經》：“王疑夫人恐欲自殺，或恐突去，勑内外游徼司候。”可洪《隨函録》卷二三《經律異相》音義“遊激”條：“音叫。循也，小道也。正作徼也。”“激”也通作“徼”，《説文·彳部》：“徼，循也。”謂巡察、巡視。

據此，《舊雜譬喻經》“激修”之“激”或當讀作“徼”。

佛經異文中又屢見“修”“循”互訛例，如三國吴康僧會譯《六度集經》卷三：“時有乞兒，遥聞斯誨愴然而感，進猶乞食，還取鼠去，循彼妙教，具乞諸味，調和炙之，賣得兩錢。”“循”，宋、元、明本作“修”。西晋竺法護譯《正法華經》卷三《信樂品》：“造富長者適值秋節，入處城内循行帑藏，與子别久忽然思見，不知所在。”“循”，宫本作“修”。“修”均爲“循”之誤字。

據此，《舊雜譬喻經》“激修”之“修”或爲“循”之誤字。

綜上所述，字面生僻之“激修”或即“徼循”，“徼循”謂巡察。“徼循姦變”即巡察姦狡變亂之事，與上文“營衛”相應，合於經意，故“激修”之“激”乃“徼”的通假字，“修”乃“循”之形近誤字，“激修”即“徼循”，本是一個非常普通的詞語。三國吴康僧會譯《六度集經》卷七：“宫門開

① 西晋竺法護譯《正法華經》卷三《信樂品》：“父子隔别，二三十年，與人戀訟，欲得其子，便詣異土，入于大城。”“戀”，宋、元、明及宫本作“變”。按：“戀”亦爲“變”之誤，“變”讀作“辯”，“變訟”義同“變争”。辛嶋静志《正法華經詞典》釋作“argues，disputes”，是。

閉閩四十里,忠臣衛士儆循不懈。”亦其例。

三　考訂中古文獻異文應具備詞彙史意識

所謂“詞彙史意識”是指以下兩個方面:一是從共時層面全面了解某一時代各種類型和性質的詞語;二是從歷時層面準確把握詞語、詞義及詞的書寫形式的時代性。在從事異文考訂時,如果具備這兩方面的意識,則有助於正確判斷異文是非。

(一)從共時層面全面了解某一時代各種類型和性質的詞語

楊慎《譚苑醍醐》卷六:“凡觀一代書,須曉一代語。”考訂“一代書”之異文,同樣“須曉一代語”,特别應該了解、把握某一共時範圍内各種類型和性質的詞語。這裏主要從古詞古義、新詞新義、習語、口語俗詞四個方面來談。

1. 認識古詞古義

劉知幾《史通》指出中古史書的用語具有濃厚的“喜學五經”的模擬色彩,以致“周秦言辭見於魏晋之代,楚漢應對行乎宋齊之日”,實際上很多中古文獻均使用了大量的“周秦言辭”。一旦異文關涉這些古詞古義,去取時即應求其確詁;若不達此,極易誤判誤擇。

【大始】

> 《抱朴子外篇·詰鮑》:“澶漫於淫荒之域,而叛其大始之本。”《校箋》:“‘始’疑‘宗’之誤。”

“始”字不誤。“大始”乃是先秦古詞。《易·繫辭上》:“乾知大始,坤作成物。”孔穎達疏:“乾知大始者,以乾是天陽之氣,萬物皆始在於氣,故云知其大始也。”陸德明釋文:“音泰。”“大始”指開始形成萬物的混沌之氣,引申指元氣,又指原始。《禮記·樂記》:“樂著大始,而禮居成物。”鄭玄注:“大始,百物之始主也。”《漢書·董仲舒傳》載其對策:“臣謹案《春秋》謂一元之意,一者萬物之所從始也,元者辭之所謂大也。謂一爲元者,視大始而欲正本也。”或作“太始”,“大”“太”通,《太平御覽》卷一引《易乾鑿度》:“太始者,形之始也。”又引《帝王世紀》:“氣形之初謂之太始。”又引張衡《玄圖》:“玄者,無形之類,自然之根,作於太始,莫之與先。”又引阮籍《大人先生傳》:“登乎太始之前,覽乎忽漠之初。”

《抱朴子外篇》“大始”猶言原始,故謂“大始之本”。《内篇·暢玄》:“胞胎元一,範鑄兩儀,吐納大始,鼓冶億類。”亦用“大始”一詞,義同。《校箋》懷疑“始”是“宗”的誤字,應是由於未達“大始”這一先秦古詞。

【誇綺】

> 《抱朴子外篇·行品》:“覿豔逸而心蕩,飾誇綺而思邪者,淫人也。”《校箋》:“誇,疑爲‘袴’或‘絝’之形誤。”

“誇綺”之“誇”並非誤字。“逸”有靡麗義,《國語·楚語下》:“夫闔廬口不貪嘉味,耳不樂逸聲。”韋昭注:“逸,淫也。”“逸”“嘉”對文,韋昭以“淫”釋“逸”,實指淫靡、靡麗。《抱朴子外篇》中“豔逸”同義連文。“誇綺”與“豔逸”對文,同樣是同義連文。《説文·大部》:“夸,奢也。”引申有靡麗、美麗義。《荀子·富國》:“古者先王分割而等異之也,故使或美,或惡,或厚,或薄,或佚樂,或劬勞,非特以爲淫泰夸麗之聲,將以明仁之文,通仁之順也。"《淮南子·修務》:"曼頰皓齒,形夸骨佳,不待脂粉芳澤而性可説者,西施、陽文也。"《説文·言部》:"誇,譀也。"指矜夸,應是"夸"的後起分别字。"夸""誇"義通,故"誇"也可指美麗、華麗。《抱朴子外篇·行品》:"忘等威之異數,快飾玩之誇麗者,奢人也。""誇麗"即"夸麗"。《三國志·吴志·吕范傳》注引《江表傳》:"人有白范與賀齊奢麗誇綺,服飾僭擬王者。"亦"誇綺"連文例。可見"誇"古即有靡麗、美麗義,並非誤字。

2. **認識新詞新義**

中古是漢語詞彙發展演變的重要時期,其中一個重要表現就是產生了大量的新詞新義。記録新詞新義的文字往往會因多種因素出現歧異,那麽要對歷史文獻中出現的異文作出正確選擇,判明新詞、把握新義即爲當然之事。

【彈毫】

> 《抱朴子外篇·正郭》:"出不能安上治民,移風易俗;入不能揮毫屬筆,祖述六藝。"《校箋》:"繼昌曰:'(揮毫)藏本作"彈毫",今從舊寫本。'魯藩本、吉藩本、慎本、盧本、柏筠堂本、文瀾本、叢書本、崇文本亦並作'彈毫'。以《嘉遯》篇'殫毫騁藻'證之,彈蓋殫之誤。若原是揮字,不易誤爲彈矣。"

《校箋》以爲"彈"非"殫"是,恐未合原文。"彈毫"始見於中古文獻,應是當時新興的詞語。《弘明集》卷六晋釋道恒《釋駁論》:"由是荀悦奮筆而遊俠之論興;韓非彈豪而五蠹之文作。"《魏書·宗欽傳》:"爾應其求,翰飛東觀。口吐瓊音,手揮霄翰。彈毫珠零,落紙錦粲。"唐人也屢用之,如李嶠《爲武嗣宗讓千牛將軍表》:"輒陳固陋,輕黷威嚴,授紙彈毫,驚魂悚魄。"陸龜蒙《幽居賦》:"投簪隱几,聊思夷甫談玄;搦札彈毫,聊效文通奏記。"《文苑英華》卷五四七《殺牛判》:"州司振藻,處以極刑;使者彈毫,將爲徒坐。""彈"猶言"振""揮"。《文苑英華》卷八九六蘇頲《刑部尚書韋抗神道碑》:"以奮藻揮毫,轉爲神速,故大課典謩,必諮於公。"舊校:"揮,一作彈。""揮毫""彈毫"異文同義。

據此,《抱朴子外篇》正應作"彈毫",作"殫"一無旁例,二無理據,《校箋》以爲"'彈'蓋'殫'之誤",以不狂爲狂,實因不能留意當時新詞。又"彈"可作"撣"①,《外篇》或有古本作"撣(彈)毫",後人不達"撣毫"而熟知"揮毫",遂以爲"撣"乃"揮"之形近訛字,故而改易,舊寫本作"揮毫"應由此而來。

【綜】

> 《先秦漢魏晋南北朝詩·晋詩》卷四何劭《贈張華》:"在昔同班司,今者並園墟。私願偕黄髮,逍遥綜琴書。""綜"下逯欽立注:"《類聚》作樂。"

《中古語言研究與古籍校注》認爲"綜"當作"悰","'悰'是歡樂的意思,爲六朝詩人習語。……故何劭詩當作'逍遥悰琴書',作'綜'則文義不明。《藝文類聚》作'樂',是不明'悰'字義而擅改,非是。"

"私願偕黄髮,逍遥綜琴書"一句中,處於"綜"這個位置的必定是及物動詞,以"琴書"爲賓語。這樣的話,處於"綜"這個位置的詞必須考慮其語義及語法功能,由此關涉兩個問題,一是"綜"是否確爲文義不明,二是"悰"是否具有及物動詞作謂語的功能,這兩個問題均和漢魏以來的新詞新義有關。

---

① 參看真大成(2017)。

《説文·心部》:“悰,樂也。”段玉裁注:“此哀樂字也。”指歡樂、高興。在中古時期,“悰”可以作形容詞,如謝惠連《七月七日詠牛女》:“傾河易迴斡,款顔難久悰。”何遜《與崔録事别兼敘攜手詩》:“道術既爲務,歡悰苦未並。”也可作名詞,謝脁《游東田》:“戚戚苦無悰,携手共行樂。”但作動詞(表喜歡、愛悦)未見一例。由此可以推知,“悰”在中古不能用作動詞。段玉裁説“悰”乃“哀樂字”,很準確。因此,“逍遥悰琴書”云云既不合語義,也不合語法。

“綜”在中古是個常用詞,義藴豐富。它可以猶言“治”,表整理、處理義。《三國志·魏志·胡質傳》:“有子曰質,規模大略不及於父,至於精良綜事過之。”“綜事”猶言“治事”。又《程昱傳》:“今外有公卿將校總統諸署,内有侍中尚書綜理萬幾。”“綜理”同義連文。曹植《魏德論》:“農夫詠於田隴,織婦欣而綜絲。”“綜絲”謂整理蠶絲。《後漢書·方術傳上·謝夷吾》:“加以少膺儒雅,韜含六籍,推考星度,綜校圖録。”“綜校”謂整理訂正。據此,“私願偕黄髮,逍遥綜琴書”中的“綜”也即綜理之義。何劭《贈張華》又見於《文選》,李善注引王肅《周易注》:“綜,理事也。”同樣以“理”釋“綜”,得之。

3. **認識習語**

習語包括某一特定時代習用的詞語,也包括某個特定作者習用的詞語。前者屬於時代用詞習慣,後者屬於個人用詞習慣。判斷異文是非,對於這兩種習語均應留意。

【貨財】

> 《抱朴子外篇·疾謬》:“所謂傲很明德,即聾從昧,冒於貨財,貪于飲食,左生所載不才之子也。”《校箋》:“《左傳·文公十八年》:‘顓頊有不才子,不可教訓……傲很明德,以亂天常。……縉云氏有不才子,貪于飲食,冒于貨賄。’杜注:‘冒亦貪也。’又《僖公二十四年》:‘即聾從昧,與頑用,奸之大者也。’《正義》:‘即訓就也。就其耳聾者,從其目昧者。’又‘財’,《太平御覽》四四七引作‘賄’,與《左傳》合。《百里》篇‘冒于貨賄’,《内篇·論仙》‘冒于貨賄’,遣辭皆出《左傳》,亦並作‘賄’(《逸民》《安貧》二篇亦以‘貨賄’連文)此文明言‘左生所載不才之子’,則應據《御覽》改‘財’爲‘賄’審矣。”

《疾謬》固本《左傳》,然未必全用其辭。“貨賄”雖常用於《抱朴子》内外篇,然“貨財”同樣是中古習語,《後漢書·崔駰傳》:“是時段熲、樊陵、張温等雖有功勤名譽,然皆先輸貨財而後登公位。”《晋書·崔洪傳》:“洪口不言貨財,手不執珠玉。”《魏書·崔休傳》:“尚書王嶷欽其人望,爲長子娉休姊,贍以貨財,由是少振。”葛洪亦用此詞,如《自敘》:“在位有損政事,儒者則廢講誦,凡民則忘稼穡,商人則失貨財。”《校箋》拘泥於《左傳》而未察“貨財”亦爲當時習語,故信從《御覽》之文,《御覽》作“賄”反而可能是據《左傳》而臆改。

【匠世】

> 《抱朴子外篇·備闕》:“若以所短棄所長,則逸儕拔萃之才不用矣;責具體而論細禮,則匠世濟民之勳不著矣。”《校箋》:“匠,文溯本(剜改)作匡;崇文本同。古籍中有言‘匡時’‘匡國’‘匡主’者,其‘匡’字誼與此同。若作‘匠’,則不可解矣。……後《博喻》篇‘而抽匡世之器’,《内篇·論仙》‘未若攄匡世之高策’,又《釋滯》‘古人多得道而匡世’,並作‘匡世’,尤爲切證。”

《抱朴子》固用“匡世”一詞,但《備闕》之“匠世”並非“匡世”之誤。葛洪習用“匠”表治理、教化義①。《抱朴子外篇·彈禰》:“朽木、鉛鋌,班輪、歐冶所不能匠也。”“不能匠”猶不能治。

---

① “匠”作動詞,有製作、經營、處理之義,引申指治理、教化。

《廣譬》:“故綿布可以禦寒,不必貂狐;淳素可以匠物,不在文辯。”《抱朴子内篇·明本》:“夫體道以匠物,寶德以長生者,黄老是也。”《抱朴子外篇·博喻》:“若乃求千里之迹於縶維之駿,責匠世之勳於劚碎之賢,謂之不惑,吾不信也。”又《詰鮑》:“未若庇體廣厦,梗梁嘉旨,黼黻綺紈,御冬當暑,明辟涖物,良宰匠世,設官分職,宇宙穆如也。”“匠世”就是治世之義。《備闕》“匠世”與“濟民”連言,其治世義甚明。

《校箋》雖然注意到《抱朴子》多用“匡世”,但未察“匠世”同樣是葛洪的習語。“若作匠,則不可解”云云,實爲誤解。

【制】

《抱朴子内篇·遐覽》:“凡爲道士求長生,志在藥中耳,符劍可以却鬼辟邪而已。”“志”,或本作“制”①。

“志-制”異文,從字面上看,“志”字可通;但從葛洪用詞習慣來分析,則“制”更可能是原文。“制”謂法度,葛洪習用以表示關鍵、决定因素。《抱朴子内篇·勤求》:“夫長生,制在大藥耳,非祠醮之所得也。”“制在大藥”謂關鍵在於大藥。又《辨問》:“人之吉凶,制在結胎受氣之日。”謂人之或吉或凶,關鍵在於結胎受氣之日(的具體情況)。

(二)從歷時角度準確把握詞語的時代性

後人在校勘整理歷史文獻時,往往會出現兩種處理方式:一是“平易化”,即用一種常見熟知的表述方式改换原書中比較生僻的表述;一種是“後時化”,即以晚出的字、詞、句改易原書。“平易化”和“後時化”這兩種方式都使得文本出現異文。後一種方式涉及語言成分的時代性,因此如能樹立從歷時角度考察和把握詞語、詞義時代性的觀念和意識,則必定有助於正確斟辨異文是非。

【疆埸】

《抱朴子外篇·逸民》:“干木不荷戈戍境,築壘疆場,而有蕃魏之功。”《校箋》:“‘場’字誤,當據藏本、魯藩本、吉藩本、舊寫本、文溯本改作‘埸’。《左傳·桓公十七年》:‘疆埸之事,慎守其一,而備其不虞。’《釋文》:‘埸,音亦。’《正義》:‘疆埸,謂界畔也。’(疆埸連文,古籍中屢見;本書《臣節》《正郭》《自敘》三篇亦用之)”

《校箋》説是。“疆埸”“疆場”就詞義論,均通文意;但是“疆場”一詞晚出,目前所見最早的比較可靠的例證是南朝陳陳叔寶《飲馬長城窟行》:“何以酬天子,馬革報疆場。”②唐代以後例子逐漸多見,如高適《九曲詞三首》之一:許國從來徹廟堂,連年不爲在疆場。”沈亞之《答殷堯藩贈罷涇源記室》:“勞君輟雅話,聽説事疆場。”③葛洪所在時代“疆場”一詞恐怕尚未産生。因此,就詞彙時代性的角度分析“埸”“場”異文之是非時,只能捨後者而取前者。道藏本等作“疆埸”乃是原文,孫氏平津館本作“疆場”應是後起之詞改易前代之文。

【打拍】

---

① 宋浙本原校:“一作制。”

② 參看黄建寧(2004)、李士彪(2005)。

③ 曾良《“盼望”“疆場”俗變探討》舉《魏故假節征虜將軍益州都督長孫君墓誌銘》:“既而鄧蜀來侵,巴庸内叛,鐘鼓忽以相望,壃場騷然離駭。”認爲“壃場”就是“疆場”。按:此例“壃場”到底是“壃場”還是“壃埸”不易區别,因此不是確鑿可靠的例子,今不取。

> 《搜神記》卷十八“吴興老狸”條：“晋時，吴興有一人，有二男，田中作時，嘗見父來駡詈趕打之。”

《法苑珠林》卷三一、《太平廣記》卷四四二引《搜神記》均述此事，今本據後者輯録。“趕打”，《法苑珠林》作“打拍”。“趕打”“打拍”何者更近原文？校勘時應該如何去取異文？

若從詞彙史的角度考察“趕”的産生時代，有助於回答以上兩個問題。干寶所在的東晋時代，表示追趕義的“趕”尚未産生；它的比較可靠的例證要到晚唐五代文獻中方才見到。如孫棨《北里志》“王蘇蘇”條：“留住青蚨熱趕歸。”劉崇遠《金華子雜編》：“莫可驅趕。”宋明以後習用，如王質《楊柳枝》詞：“慣得嬌云趕不開，去還來。”《朱子語類》卷一：“如天行亦有差，月星行又遲，趕它不上。”《水滸傳》第八十回：“這裏官軍，恐有伏兵，不敢去趕。”

“打拍”爲六朝時語，劉宋求那跋陀羅譯《雜阿含經》卷二三：“時修師摩王子出外遊戲，又復遇逢一大臣，臣不修禮法，王子即使人打拍其身。”《搜神後記》卷二：“得卿同心健兒二三十人，皆令持竹竿，於此東行三十里，當有邱陵林樹，狀若社廟。有此者，便當以竹竿攙擾打拍之。”例不贅舉。

明乎此，則可判定“打拍”較“趕打”更爲近真，孰去孰取，一目了然①。《太平廣記》的“趕打”很可能就是編輯者以時語改易的結果。

【嘈囐】

> 《抱朴子外篇·刺驕》：“或曲晏密集，管弦嘈雜，後賓填門，不復接引。”《校箋》：“藏本、吉藩本、慎本、盧本、舊寫本並作‘嘈囐’，是也。後《知止》篇‘金口嘈囐’”，《内篇·論仙》‘砰磕嘈囐’，亦作‘嘈囐’，此固不應讀作‘嘈雜’也。孫氏據别本改‘囐’爲‘雜’，非是。”

《校箋》説是。《文選·張衡〈東京賦〉》：“總輕武於後陳，奏嚴鼓之嘈囐。”薛綜注：“嘈囐，鼓聲。”“嘈囐”指聲音繁雜喧鬧，或作“嘈囋”“嘈哢”“嘈哢”。《文選·陸機〈文賦〉》：“或奔放以諧合，務嘈囋而妖冶。”李善注：“《埤蒼》曰‘嘈哢，聲貌。’‘哢’與‘囋’及‘囐’同。”《集韻·曷韻》：“囋，《博雅》：‘嘈囋，聲也。’或作哢。”慧琳《音義》卷八三《大唐三藏玄奘法師本傳》音義“嘈哢”條：“傳從贊作囋，俗字。”又卷八七《十門辯惑論》音義“嘈囋”條：“亦作哢、囐。”又卷九九《廣弘明集》音義“嘈哢”條：“集從贊作囋。”“雜”與“囐”音近，“嘈雜”與“嘈囐”記録的應該是同一個詞，亦即“嘈雜”爲“嘈囐”的另一種書寫形式。不過從上引材料可以看出，宋以前大概還没有“嘈雜”這樣的寫法（目前所見辭書中寫作“嘈雜”較早的是《六書故》：“嘈，徂刀切，衆口嘈襍也。”）。據此，《抱朴子外篇》孫氏平津館本作“嘈雜”乃是後起的書寫形式，尚未見於葛洪時代，“嘈囐”方爲原文。《通俗編》卷十七“嘈雜”條：“按囐、囋、哢、哢四字俱才葛切，與‘雜’音近，直作‘嘈雜’惟見《抱朴子》‘曲宴密集，管絃嘈雜’。”依據以後出形式改動原文的材料來判斷詞語的産生時代，其説就未必可靠。

參考文獻

[1]蔡鏡浩. 魏晋南北朝詞語例釋[M]. 南京：江蘇古籍出版社，1990.

[2]郭在貽.《太平廣記》詞語考釋[M]//郭在貽文集(第一卷)：訓詁叢稿. 北京：中華書局，2002.

---

① 李劍國《新輯搜神記》即取《法苑珠林》引文。

[3]韓小荆. 可洪音義研究[M]. 成都:巴蜀書社,2009.
[4]黄建寧. 説"疆埸"[J]. 語言研究,2004(1).
[5]黄征. 敦煌俗字典[M]. 上海:上海教育出版社,2005.
[6]李士彪. "疆埸"首見問題討論(二)[J]. 中國語文,2005(2).
[7]辛嶋静志(Karashima,Seishi). 正法華經詞典[M]. 東京:The International Research Institude for Advanced Buddhology at Soka University, Bibliotheca Philologicaet Philosophica Buddhica I. 1998.
[8]張涌泉. 敦煌俗字研究[M]. 2版. 上海:上海教育出版社,2016.
[9]真大成.《朝野僉載》校補[J]. 文史,2014(2).
[10]真大成. 漢譯佛經異文所反映的"一詞多形""一形多詞"現象初探[J]. 文史,2019(2).
[11]真大成. 漢文佛經用字與疑難詞語考釋[M]//漢語史學報(第17輯). 上海:上海教育出版社,2017.
[12]周一良. 魏晋南北朝史札記[M]. 北京:中華書局,1985.

The Study of Variant Characters in Medieval Documents and Medieval Lexical History

Zhen Dacheng

Abstract: In this article, there are mainly three aspects with some examples to expound the close relations between variant texts and the study of the history of Chinese vocabulary in Middle Chinese: Firstly, to avoid basing the research on the inaccurate texts, it's of vital importance to find out and revise variant texts in the study of the history of Medieval Chinese vocabulary; Secondly, exploiting Medieval Chinese variant texts from various perspectives contributes greatly to explaining the meaning of words; Thirdly, Medieval Chinese variant texts should be revised from the view of vocabulary history.

Key words: Middle Chinese, variant texts, the history of Chinese vocabulary

通信地址:浙江省杭州市西湖區餘杭塘路866號浙江大學紫金港校區西區人文大樓漢語史研究中心
郵編:310028
E-mail:zhendacheng@126. com

敦煌文獻字詞例釋

張涌泉

如衆所知，總數達 6 萬多件的敦煌寫卷，佛教文獻占了絶大多數，但其中也包含有大批久已失傳的中國人造的所謂“疑僞經”，此外還有相當數量的通俗文學作品和案卷契約等社會經濟文書。由於這些寫經和文書的“民間”或“半民間”性質，從而爲口頭語詞“施展身手”展示了廣闊的天地。我們隨便打開一個敦煌寫卷，無論是佛教的還是世俗的，往往都可見到若干口語的成分。由於這些口頭語詞的方俗性質，加上時過境遷，我們今天理解它們的難度往往要比“雅言”大得多。所以在校理以口語爲主體的敦煌文獻時，對唐代前後口頭語詞的了解和把握，就是一個必備的條件。正是有鑒於此，早在 20 世紀 50 年代，蔣禮鴻師就撰作了劃時代的名著《敦煌變文字義通釋》，對變文中的一些他認爲“不容易知道它的意義”的語詞從縱横兩方面進行了“通釋”，爲正確校讀、理解變文的意思作出了極大的貢獻。後來他又帶領包括筆者在内的他的幾位學生編纂了《敦煌文獻語言詞典》，收詞的範圍略有擴大。在蔣先生的影響下，當年郭在貽師、項楚師等一批中年學者及不少年輕學子也陸續加入到敦煌文獻語詞考釋的隊伍中來，不但範圍多所拓展，成果亦頗可觀。但此前的敦煌文獻語詞考釋論著所釋對象主要局限於變文、王梵志詩、歌辭等通俗文學作品，而數量更爲龐大的敦煌社會經濟文獻（民間契約、判詞、發願文、書儀）、佛教文獻、道教文獻却注意得不够。另外，敦煌文獻中還有一些貼近生活、注重實用的通俗辭書，是當時語言面貌的真實記載，不僅對了解唐代前後的社會經濟、生活、風俗等大有幫助，而且以俗治俗，對校讀以口語爲主體的敦煌俗文學作品和社會經濟文書可收左右逢源之效。但這些辭書也多未入前人法眼。正是因爲存在這種種的局限，使得我們對敦煌文獻的校讀還頗有隔閡，對一些方俗詞語的詮釋尚多誤解。加上已有的敦煌文獻詞語考釋成果大多散布在報紙雜誌或專著的行文之中，讀者尋檢利用不便。很有必要在彙集前賢成果的基礎上，把詞語收集考釋的範圍擴大到所有敦煌文獻，編纂一部集大成的敦煌文獻語詞詞典。2000 年，筆者申報的“敦煌文獻語言大詞典”獲批爲教育部人文社科基地重大項目。於是，這一醖釀已久的科研計劃正式啟動。原以爲這樣一個項目要不了三五年即可完成。但由於一些敦煌文獻資料刊布時間的滯後和詞條搜集、合成寫定等環節意想不到的困難，加上不斷有其他科研任務的干擾，原定交稿的時間不得不一再推延。現在，經過十多年持續不斷的努力，全書終於進入了最後的寫定階段。至於全書出版，則仍有待時日。現擇取 H 部的部分條目，分文字條目、異形詞條目、綜合條目三類，首先刊布如下，敬請方家指正①。

---

① 本文所載條目的體例一依稍後將推出的《敦煌文獻語言大詞典》，參考引用文獻詳見於該書之末，兹不一一列舉。H 部條目由本人和郜同麟博士共同寫定，特此説明。

一 文字條目

孩 hái

【妶】同“孩”。伯 2154 號《净名經關中釋抄》卷下：“‘萬法萬緣’者，萬法無定法，故無法也；緣無定緣，故無緣也；如身是菩提，界多成衆則無法；如嬰～童子少壯老年衆緣爲形，則形無定形也。”伯 2066 號《净土五會念佛誦經觀行儀》卷中：“金棺銀槨殮已訖（雙林裏），僧衣錫杖樹間懸（淚落如雲雨）。十大弟子號咷哭（雙林裏），狀似嬰～憶母時（淚落如雲雨）。”斯 1164 號背《文樣・迴向文》：“次持勝善，次用莊嚴尚書～子，紹千秋之寵，恒居萬代之榮；忠孝雙全，朱門繼襲。”◎按：唐道世《法苑珠林・咒術篇・雜咒部》：“此十五鬼神常游行世間，爲嬰孩小兒而作於恐怖。”其中的“孩”字《中華大藏經》影印《高麗藏》本如此，校記稱《資福藏》《磧砂藏》《永樂南藏》本作“妶”，“妶”即“孩”的換旁俗字。後秦鳩摩羅什譯《大智度論》卷一初序品中緣起義釋論第一：“如諸嬰孩，不行不語，乳哺三歲，諸母養育，漸次長大。”其中的“嬰孩”慧琳《音義》卷四六引作“嬰咳”，云“咳，古文孩，同，胡來反……論文有從女作妶，《字林》古才反，妶，大數也，妶非此用”。“咳”“孩”古異體字，慧琳所見《大智度論》或本作“妶”，“妶”亦正是“孩”的俗字（小孩可以從子作“孩”，亦不妨從女作“妶”），與指稱“大數”的“妶”同形異字。

函 hán

【臽】hán 通“函”。伯 4506 號《金光明經》卷二捨身品第十七：“爾時阿難聞佛教敕，即往塔所，禮拜供養，開其塔户，見其塔中有七寶～，以手[開]～。見其舍利色妙紅白。……爾時阿難即舉寶～還至佛所，持以上佛。”其中的“臽”字底卷作“臽”和“臽”形，皆爲“臽”字俗寫。“臽”文中又當讀作“函”，今本《金光明經》正作“函”。◎按：玄應《音義》卷十一《增一阿含經》第二十三卷音義：“一函，胡緘反，謂以木器盛物者也。經文作臽，音陷，坑也。臽非此義。”可洪《音義》第貳拾伍册玄應《一切經音義》第十一卷音義：“作㿿（臽），音咸，見藏作函。又坎、陷二音，非也。”又可洪《音義》第貳册《道行般若經》第二卷音義：“若㿿（臽），音咸，正作函。又音陷，非也。”“臽”字韻書有户韽切一讀，與“函”字紐同韻近，“函”字佛經寫本常寫作“臽”，當是音近借用，而與字形無涉。

汗 hàn

【淊】同“汗”。俄敦 699 號《正法念處經難字》經文第六十六卷下有“淊”字。查《正法念處經》卷六六有“復有常爲身火惱亂，令身流汗”句，其中的“汗”字《金藏》本作“淊”，當即此字所出。伯 2212 號《佛説楞伽經禪門悉談章并序》：“悉談章者，昔大乘在楞伽山，因得菩提達摩和尚於宋家元年從南天竹國將《楞伽經》來至東都，跋陀三藏法師奉詔翻譯。其經總有五卷,合成一部。文字浩～,意義難知。和上慈悲,廣濟郡(群)品,通經問道,識攬懸宗,窮達本原,皆蒙指受。"其中的"～"字伯 2204 號作"汗"。◎按:晋失譯《七佛八菩薩所說大陀羅尼神咒經》卷一有"其中所有一切萬物皆作金色,浩汗滉瀁,悉不復現"等句,可洪《音義》第玖册引出"浩浫"條,云"上胡老反,下寒按反"。"浫"蓋"汗"的改易聲旁俗字。又可洪《音義》第拾肆册《正法念處經》第三十五卷音義:"流浫,寒案反,正作汗。"是也。參看"旱"字條。

附按:《漢語大字典·水部》收有"浫"字,云:"地名用字。清顧炎武《天下郡國利病書·北直二·關支》:'興州後屯前屯二衛浫石倉,義谷吴家橋二倉。'"《中華字海》稱"浫"字"音未詳"。其實這個"浫"亦爲"汗"的俗字,"浫石倉"即"汗石倉"(《明會典》卷十六《諸司執掌·四川清吏司》有"汗石橋倉,汗石橋南倉",可以比勘)。

忽 hū

【忽】同"忽"。斯 6836 號《葉净能小説》:"其净能在於側近店上(止)宿,～聞哭聲甚切。"又云:"不經時向(餉)中間,張令妻即再甦息。報言夫:'我在岳神前拜堂之次,～有一將軍,身穿金甲……擬斬岳神;岳神怕他,而乃放妾却迴。'"伯 3910 號《秦婦吟》:"路傍～見如花人,獨向緑楊陰下歇。"斯 5647 號《父母遺書一道》:"右件分割,准吾遺囑分配爲定。或有五逆之子,不憑吾之委囑,～有諍論,吾作死鬼亦乃不與擁護。"◎按《集韻·東韻》:"忽,古作悤。俗作忩。"但敦煌寫本中"忽"多用作"忽"的增筆俗字。可洪《音義》第貳拾捌册《續高僧傳》第三十卷音義:"忽雅,上呼骨反,輕也,正作忽也。又音忩,誤。"①

斛 hú

【⿰豆斗】同"斛"。伯 3823 號《賢愚經難字》載"⿰豆斗"字。伯 3833 號《王梵志詩·生時不須歌》:"天地捉秤量,鬼神用⿰豆斗(⿰豆斗)⿰豆斗。""斗"旁俗書作"⿰丬卜""⿰丨卜"等形,故"⿰豆斗""⿰豆斗"右部即"斗"旁俗書。◎按:慧琳《音義》卷七八《經律異相》第十八卷音義:"一斛,下洪穀反,《儀禮》十斗爲斛也,《説文》量器也,從斗、角聲;經文作～,俗字也。"《集韻·屋韻》:"斛,或作⿰豆斗。""⿰豆斗"蓋"斛"字草書之訛。

【⿰百升】同"斛"。斯 388 號《正名要録》"字形雖别,音義是同,古而典者居上,今而要者居下"類,"斛"下的"今而要者"爲"⿰百升"。64TAM24:26《唐貞觀二十二年(648)索善奴佃田契》:"若不畢,壹月麥秋壹⿰百升上生麥秋壹□□。"(《唐吐》2-177)北敦 7523 號《大般涅槃經》卷十:"尒時純陀所持粳糧成熟之食,摩伽陀國滿足八⿰百升。"◎按《龍龕·雜部》:"⿰百升,音斛。""升"字俗書作"⿰丬卜",故"⿰百升"即"⿰百升"字俗書。"斗""升"俗書形近相亂,"⿰百升"蓋由"斛"俗字"⿰豆斗"訛變而來的會意俗字。

【⿰田斗】同"斛"。斯 19 號《算經》:"十合爲一升,十升爲一斗,十斗爲一⿰田斗,[一⿰田斗]有十斗百升千合萬勺十萬撮百萬抄千萬圭,一斗有十升百合千勺萬撮十萬抄百萬圭,一升有十合百

---

① 《大正藏》本《續高僧傳》卷三十:"何得掩清音而希激楚,忽雅衆而冒昏夫,斯誠恥也。"即可洪《音義》"忽雅"條所本。

勺千撮萬抄十萬圭。"其中的"斗"字原卷皆作"𣁬"形,"升"字皆作"𣁬"形,據此,"斛"或當楷定作"㪶"。◎按《龍龕·白部》:"𣁬,胡谷反。"此字亦應爲"斛"的俗字(右旁爲"升"的俗寫),可以比勘。

【或】通"斛"。伯 2932 號《甲子乙丑年翟法律出便與人名目》:"甲子年十二月十一日翟法律少有～斗出便與人。"◎按:"斛"字《廣韻》入聲屋韻音胡谷切,"或"字入聲德韻音胡國切,二字紐同韻近。《龍龕·角部》:"觵,俗;斛,正:胡谷反,斗也,又姓。""觵"應是"斛"的後起形聲俗字,可以比勘。

棡 hú

【搰】hú 通"棡"。果核。伯 3222 號《大寶積經難字》第二袟下有"搰"字。◎按:《大正藏》本《大寶積經》卷一四有"爾時密迹金剛力士謂賢者大目揵連:'耆年目連,世尊所歎神足第一,仁且從地擧是金剛。'……時大目連怪未曾有。投佛足下。白世尊曰:'唯願大聖歎我於聲聞中神足第一。自試神足,動是三千大千世界,如挑小鉢擧擲他方佛土。我身開化降伏難頭和難龍王,能食大棞如須彌山。不能動是小金剛乎?……'"一段,其中的"棞"字慧琳《音義》引作"圂",云"大圂,魂悶反,《蒼頡篇》豕所居。《説文》作圂,圂廁也,棄穢處也";《高麗藏》本玄應《音義》卷四《密迹金剛力士經》第五卷下引作"棞"(晋竺法護譯的《密迹金剛力士經》被菩提留志改編收入《大寶積經》),云"大棞,胡本反,《三蒼》全物者也;《通俗文》合心曰棞";即此字所出;可洪《音義》第貳册引作"搰",云"大搰,胡骨反,果中實也,核也,正作棡也。搰,手推物也,非用。應和尚作胡本反,木未破者也,非用。又胡昆反,亦非用也"。勘以經義,此字當據可洪讀作"棡"字爲長,指果核,而"搰"或"棞"皆爲其借字。《集韻·没韻》胡骨切(與"搰"字同一小韻):"棡,果中实。或作核。""棡"當又爲果核之"核(覈)"的音變改换聲旁俗字。

【棞】hú 通"棡"。果核。斯 2142 號背《大寶積經難字》第二袟下有"棞"字。◎按:《大正藏》本《大寶積經》卷一四有"能食大～如須彌山"句,即此字所出;可洪《音義》第貳册引作"搰",謂正字當作"棡"。參上條。

二　異形詞條目

汗 hàn

【汗衫】hànshān 吸汗的貼身短衣。斯 964 號《唐天寶九載十載兵士衣服支給簿》:"張豐兒:天九春蜀衫壹,貲,印。～壹,貲,印。褌壹,印。袴奴壹,貲,印。半臂壹,絁,印……天十春蜀衫壹,皂,無印。～壹,佇(紵),印。褌壹,絹,印。袴奴壹,佇(紵),印……南奴子:天九春蜀衫壹,紵,印。～壹,佇(紵),印。褌壹,絁,印。"伯 3410 號《沙州僧崇恩析產遺囑》:"～壹……白練～壹。赤黄綾夾袴兩腰。"伯 5008 號《戊子年二月廿九日梁户史氾三雇杜願長契》:"～一禮(領),若忙時抛工一日,勒物貳斗。"伯 3212 號《辛丑年五月三日惠深交割文書》:"辛丑年五月三日,惠深聽阿舊與立機緤一匹,交小師作～。"伯 3274 號背《士兵衣物曆》:"浩叔子:襖子,貳;長袖,貳;半臂,貳;複袴,貳;蜀衫,三;～,三;單袴,三;袴奴,三;褌,三;襆頭,柒;鞋,柒;韈,柒。被袋,壹。"

〖旱衫〗同"汗衫"。"旱"通"汗"。73TAM113:1《高昌義和四年(617)張順妻麴玉娥隨葬衣物疏》:"紫羅尖一□,中衣～一具。"(《唐吐》1-332)64TAM15:6《唐西州唐幢海隨葬衣物疏》:"白練～一領,白練衫袴一具。"(《唐吐》2-20)◎按:"旱""汗"音近通用。明趙府居敬堂刻本《靈樞經·九宫八風》:"太一移日,天必應之以風雨,以其日風雨則吉,歲美民安少病矣。先之則多雨,後之則多汗。"末句"汗"則當讀作"旱",可以比勘。

〖浫衫〗同"汗衫"。66TAM48:3《高昌義和四年(617)缺名隨葬衣物疏》:"紫羅尖一,中衣～一具,白綾大小衫一具。"(《唐吐》1-336)86TAM386:23《高昌延壽十四年(637)張師兒妻王氏隨葬衣物疏》:"紫羅尖一顏,中依～一具,白綾大小衫一具。"(《柳吐》417)2004TMM102:4《唐顯慶元年(656)宋武歡移文》:"根袴一具,～一領。"(《榮吐》104)參上"浫"字條。

〖衦衫〗同"汗衫"。73TAM517:25《高昌延昌卅一年(591)張毅妻孟氏隨葬衣物疏》:"跟履一□,綾～一領。"(《唐吐》1-254)◎按:"衦"既可能爲"汗"的後起形聲俗字,也可能爲"衫"之"(汗)"的類化换旁俗字。

和 hé

【和耎】héruǎn 和軟,柔和。伯 2001 號唐義净《南海寄歸内法傳》卷一:"又五天之人,不食諸蘁及生菜之屬,由此人無腹痛之患,腸胃～,亡强之憂矣。"其中的"和耎"金藏廣勝寺本略同,《大正藏》本作"和軟"。◎按:柔軟字古作"耎",後作"輭",俗字作"軟"("耎"字古書或借用"碾"的古字"輾","軟"實係"輾"的訛變俗字)。《玉篇·車部》:"輭,柔也。軟,俗。"古代寫本中的"耎"或"輭"明清以後的刻本往往被改刻作"軟"。

〖和濡〗即"和耎"。伯 2922 號《佛説善惡因果經》:"有富而慳貪,有貧窮而好施;有出言～,有發語棘刺。"◎按:表柔軟的"耎"或"輾""輭"古書亦借用"濡",而"濡"則爲"濡"的俗字。隋慧遠《大乘義章》卷十四:"或好施而貧,或有富而慳,或柔濡而貪,或少欲而多瞋,如是一切,難可具備。""柔濡"即"柔軟",可參。

【和上】héshàng 同"和尚"。北敦 2496 號《目連變文》:"長者聞言情愴悲,始知～是親兒。"斯 3050 號背《不知名變文》:"善惠却往還不,～又遺三般物色:一、是五百文金錢,二、五百個金舍勒,三、五百個金三故。"◎按:慧琳《音義》卷十三《大寶積經》第四十二卷音義:"鄔波柁耶,梵語,唐云親教師,古譯云和上,本是胡語訛略,此云博士,非正翻。""和上""和尚"爲梵語譯音用字之異,早期佛典多作"和上"。

〖禾上〗"和上"二字的合文。斯 2165 號有"青峰山～戒肉偈""先洞山～辭親偈""先青峰～辭親偈",該號卷背又有"思大～坐禪銘""龍牙～偈"。卷背又引"真覺～"云:"窮釋子,口稱貧,實是僧貧道不貧。"◎按:上揭偈銘標題中的"禾上"底卷皆作"𥝝"形,《敦煌遺書總目索引》《敦煌寶藏》及《英藏敦煌文獻》皆録作"祖",誤(比較同卷"祖師偈"的"祖"原卷作"祖");《敦煌遺書總目索引新編》皆作缺字符"□"。項楚《敦煌詩歌導論》云:"'～'字是'和上'二字的合體簡字,同'和尚'。"伯 3360 號有"龍牙和尚偈",又有"真覺和尚云:窮釋子,口稱貧,實是僧貧道不貧”，可以比勘。

虹 hóng

【虹梁】hóngliáng ❶指形如虹般拱起的房梁。伯 3890 號《類書》：“梁如虹形，故曰～也。”❷指拱橋。伯 2009 號《西州圖經·丁谷窟》：“雁塔飛空，～飲漢。”

〖紅梁〗同“虹梁”。伯 2641 號背《莫高窟再修功德記》：“乃因閒静，趨慕仙岩，睹先父之修葺未全，顒然傷歎；見白壁～不就，始乃發心。”伯 2505 號《書儀》：“雙鳧隨淥浦之游，兩燕繞～之樂。”伯 3199 號《齋文》：“召杍人於構葺，日影～；専功力以削成，月暉珠(朱)柱。”◎按：《玉臺新詠》卷九《龍笛曲》：“美人綿眇在雲堂，雕金鏤竹眠玉床。婉愛寥亮繞～，繞～，流月臺，駐狂風，鬱徘徊。”明無錫孫氏活字本(吴江吴兆宜顯令原注，長洲程琰東冶删補)“紅梁”下校：“一作虹梁。劉梁《七舉》：丹墀縹壁，紫柱～。”“虹梁”之作“紅梁”，除了同音通用外，當也與房梁多漆成紅色有關，且古人常以“虹梁”用於借對(以“虹”對“紫”“朱”等表顔色的詞)，於是“虹梁”有時便直接寫成了“紅梁”。

〖鴻梁〗即“虹梁”。“鴻”通“虹”。伯 3251 號曲子詞：“昨朝爲送行人早，五更未罷至雞叫，相送過～，水聲堪斷腸。唯愁離别苦，努力登長路。住(駐)馬處，再摇鞭，爲傳千萬言。”◎按：《白氏長慶集》卷七一附唐陶穀《龍門重修白樂天影堂記》：“遂上章法象緯以嚴端門，構～而路洛水。”

胡 hú

【胡餅】húbǐng 猶今之燒餅。伯 2049 號背《净土寺直歲保護牒》：“麥壹斗，無窮粟車來日買～用。”伯 2032 號背《净土寺食物等品入破曆》：“麥貳斗，粟貳斗，初交倉日買～沽酒，衆僧喫用。”又云：“麵貳斗伍勝，油半勝，冬至造～解齋用。”◎按東漢劉熙《釋名·釋飲食》：“～，作之大漫沍也，亦言以胡麻著上也。”

〖胡併〗同“胡餅”。伯 2040 號背《净土寺食物等品入破曆》：“麥貳斗，交倉日買～用。”斯 1366 號《庚辰(980)至壬午年(982)歸義軍衙内麵油破曆》：“十五日支打窟人上番～二十枚，用麵一斗，料油二升。”◎按：食旁俗書與亻旁形近，又“併”“餅”音同，故敦煌社會經濟文書中“餅”多寫作“併”。

〖胡并〗同“胡餅”。伯 2641 號《丁未年六月都頭知宴設司使呈設宴賬目》：“伏以今月十七日，何宰相馬群頭看馬，～貳拾枚，拾枚。”斯 1366 號《使衙油麵破曆》：“八日，供造鼓床木匠九人，逐日早上各麵一升，午時各～兩枚。”◎按：“并”爲“餅”字省借。

〖餬餅〗同“胡餅”。斯 2575 號《天成肆年(929)三月六日都僧統海晏置道場條令牓》：“應管受戒式叉沙彌尼等，逐日齋時准依總數幾人……齋時，新戒食料，人各餪餅兩事，餖餅一翻，～一枚，餑一個。”伯 2032 號背《净土寺食物等品入破曆》：“麵伍升，粟貳斗，羅平水造文書日，造～、沽酒用。”伯 3231 號《癸酉年至丙子年(974-976)平康鄉官齋籍》：“～頭：張友子、杜昌子，付麵三斗五升。”俄弗 365 號《妙法蓮華經講經文》：“恰似爐中～，喫來滿口馨香。還同坐上真經，聞了心中滅罪。若要造得胡餅，須教火下停騰。若要聽得真經，須藉法師都講。”◎按：後例“餬餅”“胡餅”先後雜出，“餬餅”即“胡餅”，“胡”字涉下“餅”字類化增旁。

【胡餅子】húbǐngzi 同"胡餅"。"子"爲名詞後綴。伯3234號背《净土寺西倉司麥豆布緤粟油等破曆》:"油壹抄,造小～,兵馬去時用。"又云:"油一抄,造小～,衬(?)筭日喫用。"參"胡餅"條。

〖胡併子〗即"胡餅子"。斯4687號《乾元寺董法律等齋餅曆》:"乾明孔法律,粟了;小油～二十五了。"伯4906號《衆僧東窟等油麵抄》:"油三合,造及小～用。"參上五條。

〖胡并子〗即"胡餅子"。伯2641號《丁未年六月都頭知宴設司使呈設宴賬目》:"十九日,壽昌迎于闐使,細供陸拾分壹胡并,又胡并壹伯枚,油～肆伯枚,每麵貳斗入油壹升。"又云:"廿日,太子迎于闐使,油～壹伯枚,每麵貳斗入油壹升。"參上六條。

【胡粉】húfěn 鉛粉,用以化妝、繪畫、塗牆等。伯3391號《雜集時用要字》:"針氈。～。燕指。"《前秦建元廿二年(386)劉弘妃隨葬衣物疏》①:"故黄丹一裹,故～一裹。"72TAM170:77《高昌章和十八年(548)光妃隨葬衣物疏》:"烟支～,青黛,黑黛,眉蟬,眉紙,竸斂(鏡奩)一枚,一切具。"(《唐吐》1-144)伯2912號背《胡粉等入破曆》:"～半兩,准麥兩石。"北大敦162號背《辰年正月十五日道場施物疏》:"黄丹貳兩,～三兩,施入修造。右弟子所施意者,爲身是興人,往來無定,今欲還家,願所在道路無諸障礙,早達彼鄉。今投道場,請爲念誦。"◎按《釋名·釋首飾》:"胡粉,胡,餬也,脂合以塗面也。"

〖糊粉〗同"胡粉"。66TAM48:2《高昌延昌卌六年(596)某甲隨葬衣物疏》:"雞鳴枕一枚,石灰一囊,烟～具。"(《唐吐》1-334)73TAM113:1《高昌義和四年(617)張順妻麴玉娥隨葬衣物疏》②:"釵髻一具并□具,(烟)支～具,象牙疏(梳)一。"(《唐吐》1-332)◎按:"糊"乃"胡"字受"粉"字影響的類化增旁字。參上條。

〖胡分〗同"胡粉"。64TAM23:16《高昌延和四年(605)某甲隨葬衣物疏》:"象牙梳一枚,(烟)支～具,針一萬枚,雞鳴枕一枚。"(《唐吐》1-306)參上二條。

【胡跪】húguì 來源於印度、西域的一種禮儀,右膝著地,豎左膝。伯3863號背《光啟三年金剛經神驗記事》:"又作儆戒,與數僧同處,球與一人面向北～,捧一盌清水而飲。又作一儆戒,見數人牽一人煞之,便作修治。"◎按:唐慧琳《音義》卷三六《金剛頂瑜伽修習毘盧遮那三摩地法》音義:"胡跪,右膝著地,豎左膝,危坐。或云'互跪'也。"

〖䠒跪〗同"胡跪"。伯2186號《普賢菩薩説證明經》:"爾時觀世音並共普賢菩薩來詣佛所,～受敕。唯願如來爲我演説,爲我解説。"斯543號背《文樣·戒懺文》:"欲歸命,各須～,右膝著地,合掌當心,以殷重心至成(誠)歸命。"斯5437號《漢將王陵變》:"兩盈(楹)不知,賺下落馬,～存(蹲)身,受口敕之次,便乃决鞭走過。"◎按《集韻·模韻》:"䠒,䠒跪,夷人屈膝禮。""䠒"字後起,實爲"胡"的類化增旁俗字。

〖互跪〗同"胡跪"。伯2148號《毗尼心》:"若欲舍戒者,當向一大比丘前～合掌,作如是言:'大德一心念,我比丘某甲,今舍大戒,還作白衣,願大德憶我是白衣。'如是三説。"◎按:或謂"互跪"是本字,恐係望形生訓。如宋釋道誠《釋氏要覽》卷中:"互跪,天竺之儀也,謂左右兩膝互跪著地,故釋子皆右膝。若言'胡跪',音訛也。"

---

① 本件係橘瑞超1912年在吐魯番挖獲,圖版載小笠原宣秀《吐魯番出土的宗教生活文書》一文,載《西域文化研究》第三《敦煌吐魯番社會經濟資料》下,1960年日本法藏館,圖版三十一下。

② 本件文書《吐魯番出土文書》圖録本定名爲《缺名隨葬衣物疏》,侯燦先生據本墓出土《張順妻麴玉娥墓表》定名,見侯燦,吴美琳著《吐魯番出土磚志集注下》,巴蜀書社,2003年,第713頁。

〖跍跪〗同“胡跪”。伯 2055 號《大般涅槃摩耶夫人品經》:“憍梵波提如～合掌白言:‘世尊,我小弟子阿難比丘今在娑羅林外,去此十二由旬,謂六萬四千億魔之所,違繞深入邪見,甚大苦惱。唯佛一人,無能救者。’”又云:“爾時迦葉繞棺三匝,即於棺前,～合掌唤言:‘大師大師,知弟子來已否?’”斯 2428 號《佛説延壽命經》:“爾時世尊在娑羅雙樹間臨般涅槃,有四衆比丘、比丘尼、優婆塞、優婆夷等皆來集會……～合掌,前白佛言……”◎按:字書多以“跍”爲“既”的俗字,但上揭引例中則皆爲“互”的類化增旁俗字。《龍龕·足部》:“既,通;跍,正:音帝,蹋也;又俗胡故反。”後一切音的“跍”即“互”俗字。

【胡祿】húlù 箭袋。伯 3391 號《雜集時用要字》:“鞭杖。～。弓袋。鉞斧。”64TAM15:6《唐西州初年唐憧海隨葬衣物疏》:“～弓箭一具,攀天思(絲)萬萬九千丈。”(《唐吐》2-20)伯 3878 號《己卯年軍資庫司判凭十五通》己卯年十月:“軍資庫司:伏以今月廿八日請(造)～,麻壹束。未蒙判憑,伏請處分。”◎按:“胡祿”或作“胡簶”“弧簶”“胡盝”“胡鹿”“胡簏”等,前字當以作“胡”爲是,蓋其物源出於胡地;而後字“簏”“簶”“盝”皆可;“弧”“鹿”“祿”則記音字。《新唐書·儀衛志上》:“每夜,第一鼜鼜,諸隊仗佩弓箭、～,出鋪立廊下。”《玉篇·竹部》:“簶,音祿,胡簶,箭室。”

〖箶簏〗同“胡祿”。伯 2609 號《俗務要名林·戎仗部》:“髀鞁,上傍禮反,下楚加反。～,上音胡,下音祿。”◎按《廣韻·模韻》:“箶,箶簏,箭室。”《史記·魏公子列傳》“平原君負韊矢”唐司馬貞索隱:“韊音蘭,謂以盛矢,如今之胡簏而短也。”“箶簏”同“胡簏”,“箶”即“胡”字涉下字類化增旁耳。

華 huā/huá

【華報】huābào 現世的報應。佛教語。伯 2928 號《佛説藥師經》:“若他方怨賊偷竊,惡人、怨家、債主欲來侵陵,心當存念藥師琉璃光佛,則不爲。以善男子善女人禮敬藥師琉璃光如來功德所致～如是,況果報也?”◎按:後漢失譯人名《受十善戒經·十施報品第二》:“爾時世尊告舍利弗:‘殺生之業,在地獄中;雖復受苦,此名～,方生人中,多病短命。復生四生諸衆生中,受種種苦,無量無邊,不可稱計。’”“華報”相對於“果報”而言,“果報”著眼於來世,今生作善惡業,來世受苦樂報;“華報”著眼於現世,今生作善惡業,今生即受苦樂報也。

〖花報〗同“華報”。斯 779 號《諸經要略文》:“《龍樹論》云:‘若人食胡荽入佛塔中,墮大地獄,具足十劫,受大極苦～,作穢糞中,經無量劫。’”斯 2735 號《涅槃經義記》:“‘因害父’訖‘不可附近’以來,明逆害父已,見受～,體生其創,臭穢位增也。”◎按:後漢安世高譯《佛説鬼問目連經》:“一鬼問言:我一生以來,恒患頭痛,何罪所致?目連答言:汝爲人時,好以杖打衆生頭,今受～,果入地獄。”北涼曇無讖譯《大般涅槃經》卷十九梵行品第八之五:“爾時王舍大城阿闍世王,其性弊惡,喜行殺戮……父王無辜,横加逆害。因害父已……遍體生瘡,其瘡臭穢,不可附近。尋自念言,我今此身,已受～;地獄果報,將近不遠。”後例“花報”與“果報”相對而言,果報指來世下地獄,“花報”則指“遍體生瘡”等現世眼前的報應。“花”乃“華”的後起俗字。

【華色】huásè ❶華麗的色彩。伯 2461 號《太上洞玄靈寶智慧上品大戒》:“第一戒者,目無廣瞻,亂諸～,忘(亡)精失童,光不明徹。”◎按魏曹植《車渠椀賦》:“命公輸之巧匠,窮妍麗之殊形。～粲爛,文或點成。”❷美色,美麗的容貌。斯 107 號《太上洞玄靈寶升玄内教經》:

“世人不問男女，皆好少壯，淫著～，意得相入，不避死活，共相追逐，不能相離一時之間。”伯2990號《太上洞玄靈寶升玄内教善勝還國經第五》：“七當思念聖人形想（相）端嚴，～豐潔，然亦非常，會有遷變，非定一想。”◎按《文選・宋玉〈登徒子好色賦〉》：“此郊之姝，～含光，體美容冶，不待飾裝。”西晋法炬譯《佛説優填王經》：“拘留國有逝心，名摩因提，生女端正，～世間少雙。父睹女容，一國稀有，名曰無比。”

〖花色〗同“華色”。美色。中村139號《搜神記》“王道馮”條：“小少之時，共同村人唐叔諧女文榆，～，相知共爲夫妻。”◎按：“花”乃“華”的後起分化俗字。晋干寶《搜神記》卷十五：“少時與同村人唐叔偕女，小名父（文）喻，容色俱美，誓爲夫婦。”“花色”對應後者的“容色俱美”，當是指“文榆”而言。

三　綜合條目

迴 huí

【迴】❶改變，轉换。伯2044號背《釋門文範》：“追慕不及，修之以齋。得枯樹枝條，再生花果；覆盆之事，重見花（光）暉。～素幕爲珠軒，變凶庭爲吉户。”伯4911號《布薩等念誦文》：“烈（列）薰茹于席上，暢嬌姿於會中，未若變穢業爲净因，～惡緣而作善行。”斯1156號背《捉季布傳文》：“皇帝登時聞此語，～嗔作喜却交存。”伯4514號《大聖地藏菩薩像》：“此真言，明有大威力，能滅决定重罪、業障，能除災患、延壽護身。普勸四衆志心念持，～願同生無量壽國。”前二例“迴”“變”對文同義。❷讓給，换給。斯2204號《父母恩重贊》：“弟五漸漸長成人，愁飢愁渴又愁寒；乾處常～兒女卧，濕處母身自家眠。”臺圖32號《盂蘭盆經講經文》：“漸漸孩兒長大時，咽苦吐甘爲孩子；乾處唯留與子眠，濕處～將母自卧。”◎按《隋書・李敏傳》：“樂平公主之將薨也，遺言於煬帝曰：‘妾無子息，唯有一女；不自憂死，但深憐之。今湯沐邑，乞～與敏。’帝從之。”唐釋法照《净土五會念佛略法事儀贊・父母恩重贊》：“母身在濕處，將兒～就乾。”❸買取。伯2714號《十二時・日昳未》：“或腰疼，或冷痹，只道偶然乖攝理。尋求處士贖靈丹，囑託往還～藥餌。”例中“贖”“迴”對文近義。❹次。量詞。伯3633號《辛未年七月沙州百姓一萬人上回鶻大聖天可汗狀》：“已後使次，伏乞發遣好人。若似前～長，乞不發遣。”伯3480號《詩文集・落花篇》：“紛紛林裏滿林芳，一～風起一～香。”大谷2836號《長安三年（703）三月敦煌縣録董文徹牒》：“其桑麻累年勸種，百姓並足自供。望請檢校營田官，便即月别點閲縈子及布，城内縣官自巡。如有一家不緝績者，罰一～車馱遠使。庶望規模遞洽，純樸相依。”（圖版據《敦煌社會經濟文獻真迹釋録》2-328）

附按：《集韻・隊韻》胡對切：“回，曲也。或作迴。”“迴”字《説文》不載，乃“回”的後起字。但敦煌寫本文獻多用“迴”字（亦寫作“廻”“廽”等形，下文統一録作“迴”），而罕用“回”字，故此用“迴”作字頭。

【廻】同“迴”。北敦1997號《大般涅槃經》（北本）卷二：“一向動者名曰地動，周廻旋轉名大地動。”又云：“譬如人醉，其心悀眩，見諸山河石辟（壁）草木宫殿屋舍日月星辰皆悉廻轉。”“如彼醉人，見上日月，實非廻轉，生廻轉想。”伯2442號《太上洞玄靈寶長夜九幽府玉匱明真科》："勇猛平正心，迪惡滅奸凶。三官所畏敬，得爲天人宗。"又云："當説經時，諸天日月星宿，朗曜普照九地無極世界、長夜之府、九幽之中。長徒餓鬼，讀作死魂，身受光明，普見命根，於是自悟，一時迪心，咸使思善，念還福門。"◎按："回"字俗字作"囬"，相應地"迴"字俗作"廻"，"囬"旁受形近的"曲"影響，故"廻"又訛變作"迪"。可洪《音義》第伍册《悲華經》第四卷音義："～向，上户灰反。"是其例。同樣地，其他從回旁的字亦皆可寫從"曲"，如"洄"俗作"浀"（可洪《音義》第拾壹册《十住婆沙論》第十二卷音義："浀復，上音迴，下音伏……正作洄澓也。"），"蛔"俗作"蛐"（可洪《音義》第拾三册《治禪病秘要法》上卷音義："蛐虫，上户灰反，人腹中長虫也。正作蚘、蛕、蛔三形。""虫"爲"蟲"俗寫，後一截圖字乃"蛔"字之訛），皆可資比勘。至於前引伯 2442 號寫本前一例的"迪"，則可能是"迴"與其俗字"迪"交互影響的結果。六朝碑刻"曲"或作"䀠"（可洪《音義》第貳册《小品般若經》第六卷音義："諂䀠，上丑染反，下丘玉反。"下字亦正"曲"的俗字），可參。當然也有可能是"迴"先變作"迪"，進而右上部不成字的偏旁又改作成字的"迪"。日本北川博邦編《偏類碑别字》引《左馮翊太守□□□六世孫合宗造四面像》"迴"寫作"迪"；北魏《郭法洛等造像記》有"道士楊迪壽"，其中的截圖字《漢魏六朝碑刻異體字典》定作"迴"字，都是"迪"形的寫法較早出現的例子。

附按：《龍龕・辵部》："迪，音曲。"此字《漢語大字典》《中華字海》亦有音無義。《字典考證》以此字爲"迴"之訛字，甚是。行均以其右上部作"曲"，遂讀作"曲"音，望形而生音，釋家解字之通病耳。

【迴拗】huíǎo 改變，扭轉。伯 2305 號背《解座文匯抄》："經營克可生機措，分定不由人計料。富貴須知宿種來，如今必定難～。"◎按《集韻・爻韻》於交切："拗，戾也。"參看上文"迴"條義項①。

【迴博】huíbó 交换，交易。伯 3394 號《大中六年僧張月光博地契》："已上園舍及車道、井水共計，并田地，貳拾伍畝。大中年壬申十月廿七日，官有處分，許～田地，各取穩▨(便)。僧張月光子父將上件宜秋平都南枝渠園舍地、道、池、井水計貳拾伍畝，博僧吕智通孟授葱同渠地伍畦，共拾壹畝兩段。壹博已後，各自收地，入官措案爲定，永爲主己。"◎按：《通典》卷九錢幣下："至天寶之初，兩京用錢稍好，米粟豐賤。數載之後，漸又濫惡，府縣不許好錢加價～，令好惡通用。富商奸人漸收好錢，潛將往江淮南，每一錢貨得私鑄惡錢五文，假託官錢，將入京私用。""迴博"同義複詞，"迴"猶"博"也，皆交换義。參上"迴"條及"博"字條。

【迴殘】huícán 一個會計周期或工程項目錢物收支的結餘。亦作"回殘"。73TAM506：4/32-14 之四《唐天寶十四載(755)雜事司申堪會上載郡坊在槽馬减料數牒》："當載帖館馬料，今□□柒伯伍拾玖碩貳斗壹勝柒合伍勺，□還天十二載以前諸館帖馬料，餘會同，具～，見在數如前，請處分。"(《唐吐》4-496)斯 4191 號背《亥年三月寺主義深諸色斛斗入破計會牒》："准上通用麥豆三拾碩柒斗，内拾碩豆～，蘇柒勝，見在。"斯 4701 號《庚子年十二月十四日都司倉常住斛斗案》："庚子年十二月十四日，徒衆就後殿齊坐筭會。先執倉常住倉司法律法進、法律惠文等八人所主持斛斗，從去庚子年正月一日入筭後，除破用兑利外，合管～：麥壹伯伍拾碩貳升陸合，粟壹伯肆拾碩壹斗伍升捌合……"◎按：唐圓照集《代宗朝贈司空大辨正廣智三藏和上表制集》卷五《進造文殊閣狀一首》："右具破用數如前。應買入、雜施入、～、見在如後……"唐元結《唐元次山文集》(明正德刊本)卷十上元元年《請收養孤弱狀》："乞令諸將，有孤兒投軍者，許收驅使；有孤弱子弟者，許令存養。當軍小兒，先取回殘及回易雜利給養。"清趙翼《陔餘叢考》卷四三"迴殘"條："凡買物應用後仍减價賣之，俗謂之回殘。此二字見《舊唐書·王毛仲傳》:毛仲管閑廄馬,凡芻粟之類,吏下不敢盜竊,每歲~,常致數萬斛。又《新唐書·食貨志》:太和九年,以天下回殘錢置常平倉本錢。"趙翼所釋不盡準確。

【迴戈】huígē ❶回師。伯 2122 號背《佛説阿彌陀經押座文》:"北狄雄軍早~,邏莎城頭烽火静。"斯 2144 號《韓擒虎話本》:"羅侯得書,滿目淚流,心口思量:'我主上由(猶)自捺(擒)將,假饒得勝~,公(功)歸何處?'"伯 2187 號《破魔變》:"魔王見此,且却回軍,羅刹叩頭,由(猶)稱死罪。~便發,却往魔宫。"◎按:"迴戈"亦作"回戈",本指掉轉兵戈,如《漢書·揚雄傳·長楊賦》(清武英殿刻本):"夫天兵四臨,幽都先加;回戈邪指,南越相夷;靡節西征,羌僰東馳。"引申指回師及一般的返回義。❷返回。北大敦 102 號《佛説八陽神呪經》題記:"甲戌年七月三日,清信佛弟子兵馬使李吉順、兵馬使康奴子二人,奉命充使甘州,久坐多時,發心寫此《八陽神呪經》一卷。一爲先亡父母,神生净土;二爲吉順等一行,無之(諸)災彰(鄣),病患得差,願早~,流傳信士。"❸改變,返悔。伯 3257 號《後晋開運二年(945)寡婦阿龍等口分地案牒》:"其義成地分賜進君,更不~。其地便任阿龍及義成男女爲主者。"

〖迴過〗同"迴戈"。"過"通"戈"。斯 2144 號《韓擒虎話本》:"如今賊軍府迫,甚人去得?若也得勝~,具表奏聞。"又云:"蠻奴拜舞謝恩,奏而言曰:'臣願請軍,敬(更)與隋駕(家)兵士交戰,得勝~,册立大王,面南稱尊,不是好事?'"又:"前後不經旬日,楊素戰蕭磨呵得勝~,直詣閤門,所司入奏。"◎按:伯 2652 號背《諸雜謝賀·謝打賊得功》:"謹奉上命,奔逐殘賊,司空福助於軍前,龍神潛威於野外,軍旅雄勇,活捉生擒,將仕(士)不失於雄名,平善迴過戈於蓮府。"其中的"過"原卷已點去,并利用原字的末筆改寫作"戈",可證此二字寫本同音多誤。敦煌文獻中有皆出於"八十老人"之手的《金剛般若波羅蜜經》抄本近百件①,其中羽 73 號、斯 5544 號尾題後署"西川戈家真印本",而更多的抄本"戈家"則作"過家"(如斯 5534 號"西川過家印真本",斯 5444 號、斯 5451 號、斯 5669 號、伯 2876 號、俄敦 11043 號、北敦 8888 號"西川過家真印本",斯 5965 號"西川過家真本"),二者應有一誤,如果從衆的話,則"戈家"當是"過家"抄誤,可見當時這兩個字確實經常混用。

〖迴弋〗同"迴戈"。"弋"爲"戈"字訛省。斯 2607 號《曲子詞抄》:"時清海晏,定風波。恩光六塞,瑞氣遍山坡。風(調)雨順,野老行歌。四寒(塞)休征罷戰,放將仕(士)盡~。"

【迴骸起死】huíháiqǐsǐ 使死人復活。喻醫術或道術高明。伯 2399 號《太上洞玄靈寶空洞靈章》:"上帝設禮,召魔制神,威伏群靈,~,拔度諸難,萬遍道備,朽屍成仙,馳騁龍駕,白日登晨,其道高妙,四萬劫一傳。"伯 2606 號《太上洞玄靈寶無量度人上品妙經》:"中有南上司命司録,延壽益筭,度厄尊神,~,無量度人。"伯 2257 號《太上大道玉清經卷第二》:"千劫萬劫難一遇,爲我廣説業因緣。~永長存,使我形神無變遷。"◎按:《赤松子章曆》(《正統道藏》本)卷三扶衰度厄保護章:"伏聞大道含澤,拯拔黎民,使枯骨重榮,~。"北敦 2983 號《太上洞淵三昧神咒大齋儀》:"行道除萬惡,功德甚巍巍。道士心精研,積善起死屍。""迴骸起死"與"起死屍"同義。參下"迴喪起死""迴屍起死"條。

【迴换】huíhuàn ❶交换,交易。73TAM509:8/28-1(a)《唐開元二十一年(733)推勘天山縣車坊翟敏才死牛及孳生牛無印案卷》(七):"又款其牛爲未食青草□長(官)□□□分明,敏

① 這些寫本抄寫者署名爲"八十二老人""八十三老人(翁)""八十四老人"或"八十八老人"等,皆出於同一人之手,我們統稱爲"八十老人"抄本。參看羅慕君《敦煌〈金剛經〉八十老人抄本考》,《古籍研究》2017 年第 2 期。

才實不～。又坊内東人,自從十七年▨(配)入坊□□□改動。實若～,坊豈能減口,請問即知者。”(《唐吐》4-305)斯3877號背《天成(復)貳年(902)赤心鄉百姓曹大行與令狐進通回换舍地契》:“天成(復)貳年壬戌歲拾參日,赤心鄉百姓曹大行,遂將前件舍地～與洪潤鄉百姓令狐進通,取同坊南壁上進通上(件)屋舍兩口。”斯9227號《某年六月永安寺僧紹進爲所换舍被慶安所占上表并判》:“永安寺僧紹進上表:右伏以紹進自小出家,配名與永安寺爲僧,西院得堂一口,修飾爲主。昨因開元寺僧慈音移就永安寺居住,紹進遂將西院堂一口,～東院紹智舍兩口。”❷改變,改易。伯3641號《梁武帝問志公和尚如何修道》:“勤照勘,勿散亂。有錯失,急～。見酒色,心莫染。”伯3487號《懺悔文》:“或爲典吏,職掌驅馳;上下相通,～文簿。”伯3887號《懺悔詞・綺語》:“耳隨言惑,心逐文迷。改轉他情,～人志。”

〖佪换〗同“迴换”。伯2232號《懺悔皈依文》:“誸賣奴婢,碾磨賢良。博弈(易)牛驢,～羊馬。”◎按:敦煌寫本“佪”或用作“回(迴)”。如伯2292號《維摩詰經講經文》:“道場之語讚揚開,我即歡忻幾萬佪。”是其比。

【迴惶】huíhuáng 驚恐不安,心神不定。胡適舊藏《降魔變文》:“良久沉吟情不悦,心裹～便忸怩。”斯2614號《大目乾連冥間救母變文》:“長者聞語意以悲,心裹～出語遲。”上圖16號《歡喜國王緣》:“説了夫人及大王,兩情相顧又～。”◎按:蕭齊僧祐《釋迦譜》卷五阿育王造八萬四千塔記第三十一:“鳥見影顧眄～,悲鳴振迅,清暢和雅。”

〖佪惶〗同“迴惶”。斯1441號背《云謡集雜曲子・柳青娘》:“出門斜撚同心弄,意～,固使横波認王(玉)郎。”伯2305號背《解座文匯抄》:“心～,生熱惱,冤恨健時不預造。”臺圖32號《盂蘭盆經講經文》:“時餉之間不得見,～惆悵似湯煎。”◎按:三國諸葛亮《諸葛武侯文集》(正誼堂全書本)卷二《心書・應機》:“見機之道,莫大於不意。猶猛虎失險,童子曳戟而追之;蜂蠆入袖,壯夫～而失色。故出其不意,圖變實虚也。”

〖烔煌〗同“迴惶”。伯4560號《孝順樂贊》:“須臾第七又烔煌,三年乳甫(哺)痛悲傷。肚(吐)熱充寒抬舉以,争合辜負阿耶孃。”截圖字應爲“烔”字俗訛。◎按:當“迴惶”或“佪惶”之“惶”誤寫作“煌”,“迴”或“佪”又受“煌”類化偏旁,於是前字便寫作了“烔”。

〖灰惶〗同“迴惶”。“灰”與“迴”或“佪”音近通用。伯2943號《開寶四年五月一日内親從都頭知瓜州衙推氾願長等狀》:“昨又都河水斷,至今未回。百姓思量無計,意内～。”

【迴迴惶惶】huíhuíhuánghuáng 猶“迴惶”。驚恐不安。斯2614號《大目乾連冥間救母變文》:“行經數步,即至奈河之上,見無數罪人,脱衣掛在樹上,大哭數聲,欲過不過,～,五五三三,抱頭哭啼。”◎按《唐孫樵集》卷一《出蜀賦》:“念初心之來斯,豈窮愁而徒疑。忽佪佪以惶惶,蹇東西而獨悲。”“佪佪惶惶”猶“迴迴惶惶”。

【迴己】huíjǐ 换作自己,謂設身處地。俄弗256號《王梵志詩・人生一世裹》:“人生一世裹,能得幾時活?～審思量,何忍相劫奪?”◎按:後秦鳩摩羅什譯《大智度論》卷十三釋初品中中戒相義第二十二:“復次,～易處,以自制心:‘若彼侵我妻,我則忿恚;我若侵彼,彼亦何異?’恕己自制,故應不作。”

【迴納】huínà 奉還,指封還對方賜示的名帖之屬。伯4092號《新集雜别紙・回洺州團判短封》:“伏蒙仁私,以月旦垂榮示,悚荷之至,豈任下情。矩(短)封過儀,難已(以)當勝。謹復狀～陳謝。”◎按:古人面見或寫信給上司、座師或貴官,多附名帖於信中,對方謙遜,常封還。清惲敬《與李汀州》:“八月初一日得手書,擲還手版,命此後並此去之,敬當如命。”清俞樾《茶香室續鈔》卷六“台銜回納”條:“宋洪邁《容齋一筆》云:‘神宗有御筆一紙,乃爲潁王時封還李受門狀者。狀云右諫議大夫天章閣待制兼侍講李受起居皇子大王,而其外封題云台銜回納,下云皇子忠武軍節度使檢校太尉同中書門下平章事上柱國潁王名謹封。名乃親書。'按今時上司於所屬官,必還其手版。讀此,知宋時親王於從官亦如此,由來久矣。"可參。

【迴乾就濕】huígānjiùshī 謂母親育兒時,把乾處讓給孩子睡而自己睡到孩子尿濕之處。比喻母親養育兒女的辛苦。伯 3919 號《佛説父母恩重經》:"爾時如來告阿難曰:'諦聽諦聽,父母恩德有其十種。何等爲十?一者懷擔守護恩,二者臨産受苦恩,三者生子妄(忘)憂恩,四者咽苦吐甘恩,五者~恩,六者洗濯不净恩……'"北敦 9245 號《佛説父母恩重經》:"飢時須食,非母不哺;渴時須飲,非母不乳;母若不乳,悲▨(啼)□□;□(母)中飢時,咽苦吐甘;~。"伯 2418 號《父母恩重經講經文》:"慈母德,實堪哀,十月三年受苦災;冒熱衝寒勞氣力,~費心懷。"伯 3821 號《十二時行孝文》:"正南午,侍奉尊親莫辭訴,~長成人,如今去(豈)合論辛苦。"斯 4571 號《維摩詰經講經文》:"~,恐男女之片時不安;洗浣濯時,怕癡騃之等閒失色。"斯 778 號《王梵志詩・遥看世間人》:"本是長眠鬼,暫來地上立。欲似養兒氈,迴乾且就濕。前死深理却,後死續即入。"◎按:浙江天台國清寺翻印《佛説父母恩重難報經》(題"姚秦三藏法師鳩摩羅什奉詔譯"):"第五,~恩。頌曰:母願身投濕,將兒移就乾。……但令孩兒穩,慈母不求安。"伯 2418 號《父母恩重經講經文》:"每將乾處交(教)兒卧,濕處尋常母自眠。"伯 2843 號《孝順樂》:"勝處安排與兒卧,心中猶怕練(凍)兒身。"寶文堂刻本大鼓書《父母恩難報》:"左邊尿濕右邊睡,右邊溺濕托孃身。"皆演繹"迴乾就濕"之意。從現存文獻看,這個成語較早作"推乾去濕",後作"推乾就濕",再作"迴乾就濕""迴乾去濕",含義基本相同("推"指推讓,"迴"指讓給、换給,"去""就"則皆表示動作的趨向,猶言"往")。參看上文"迴"條義項②、下文"迴乾去濕"條及"推乾去濕""推乾就濕"條。

【迴乾去濕】huígānqùshī 義同"迴乾就濕"。斯 1807 號《西方净土贊》:"憶念一歲與三歲,慈母乳養恒抱持。~將勢契(?),終日竟夜不辭疲。"◎按:參看上文"迴"條義項②。

【迴喪起死】huísāngqǐsǐ 使死人復活。喻醫術或道術高明。斯 2440 號《温室經講唱押座文》:"父號衹婆慈愍賢,下針之疾立輕便;名高八國爲長者,~閻浮中。"◎按:斯 5614 號題張仲景撰《五臟論一卷》:"扁鵲能迴喪車,起死人。""迴喪起死"似乎是"迴喪車起死人"之節略。但"喪"字古可指屍體(如《三國志・魏志・武帝紀》:"購求信喪不得,衆乃刻木如信形狀,祭而哭焉。"),故"迴喪起死"或即"迴骸起死","喪"猶"骸"。參上"迴骸起死"條。

【迴色】huísè 加工後的食品。迴,轉换;色,品類。斯 4782 號《乾元寺堂齋修造兩司都師文謙諸色斛斗入破計會狀》:"從丑年二月廿日於前都師神寶幢手下交入見斛斗,兼自年新附磑課、油梁課直,及諸家散施麥、粟、油、麵、豆、米、紙、布、絹、~、折色等,總貳伯陸碩貳勝半。"其下"迴殘"類有麥"貳拾壹碩柒斗迴造白麵入","新附入"類有"麥貳拾伍碩迴造白麵入","迴色"就是指這種某物"迴造"所得的食品。參下"迴造"條。

【迴屍起死】huíshīqǐsǐ 使死人復活。喻醫術或道術高明。伯 2606 號《太上洞玄靈寶無量度人上品妙經》:"誦之十過,諸天遥唱,萬帝設禮,河海静嘿……群魔束形,鬼精滅爽,~,白骨成人。"其中的"迴屍"北敦 4099 號、伯 2355 號作"迴尸","屍""尸"古混用字。◎按:《太上洞真賢門經》(《正統道藏》本)有"~天尊"。參上"迴骸起死"條。

【迴濕就乾】huíshījiùgān 義同"迴乾就濕",指父母讓孩子避開濕處以就乾處。用以比喻父母的養育之恩。斯 5647 號《文樣・父母遺書一道》:"吾爲汝父,愛念恩深。庭訓立身,汝須莫忘。好心襁負,豈忘乳餔(哺)之恩。~,終天難報。"底卷"迴"下有一"乾"字,塗去,下行接寫“濕就乾”三字。“迴乾就濕”是父母迴讓乾處,“迴濕就乾”則是父母使孩子迴讓尿濕之處,二者表述不同,而含義相同。參見“迴乾就濕”條。

【迴易】huíyì 交换,改换,交易。伯 2942 號《唐永泰年間河西巡撫使判集·甘州兵健冬裝,肅州及瓜州並訴無物支給》:“瓜州既許相資,計亦即令付了休明;肅州少物,今請～皮裘。押衙此行,須成彼事,先博得麥,寄在戚昌,楊珽有書,寫白入案。切宜勾當,以濟時須。”伯 2507 號《開元水部式》:“若橋所見匠不充,亦申所司量配。自餘供橋調度并雜物一事以[上],仰以當橋所换不任用物～便充。”伯 2215 號《量處重輕物儀》:“若諸部相融,分賣明顯,故律令～田地,論許轉貿房堂。”

【迴造】huízào 加工原糧爲可食用的成品。迴,轉换。OR. 8211/969-72《唐于闐某寺支用簿》:“其粟便付長者～,供寺用。”(《中亞》2-329)斯 5050 號《某寺諸色斛斗入破曆》:“黄麻壹石肆斗,付梁户～用。”斯 6829 號背《丙戌年正月十一日已後緣修造破用斛斗布等曆》:“廿三日出麥肆碩捌斗,付唐十一～白麵。”斯 542 號背《戌年沙州諸寺丁壯車牛役部》:“安保德煮酒一日,～粟一馱半。”斯 1053 號背《丁卯至戊辰年某寺諸色斛斗破曆》:“黄麻陸碩,～充佛食用。……黄麻兩碩捌斗,～油肆斗用。”斯 1733 號背《某寺子丑寅年以前入麥麵計會》:“四月十三日,入～麵伍碩陸斗。”斯 542 號背《戌年沙州諸寺丁壯車牛役部》:龍興寺,“張光子,六月修倉兩日;車頭,～米粟一馱半”;“李庭秀,團頭,～粟一馱半”。又:“靈修寺,索進國,修倉五日;～米壹馱半;卯年,守囚五日。”◎按《通典》卷六食貨六賦税下:天寶中“其度支歲計粟則二千五百餘萬石”原注:“三百萬折充絹布,添入兩京庫;三百萬迴充米豆,供尚食及諸司官廚等料,併入京倉;四百萬江淮～米,轉入京,充官禄及諸司糧料;五百萬留當州官禄及遞糧;一千萬諸道節度軍糧及貯備當州倉。”參看上文“迴”條義項①。

【作者附記】

蔣紹愚先生是近代漢語學科的開創者之一,先後撰著或主編了《唐詩語言研究》《近代漢語研究概況》《近代漢語語法資料彙編》《近代漢語研究》等一系列近代漢語方面的拓荒性著作,影響了整整一代學人。蔣先生也十分重視敦煌文獻資料在近代漢語研究中的作用,他的論著中大量引用了敦煌變文、王梵志詩等敦煌寫本文獻用例;爲保證這些引例的準確可靠,他還曾親自去法國國家圖書館和大英圖書館查核敦煌寫本原卷。他 1988 年發表的《〈敦煌變文集〉(上册)校補》一文,就是這一讀書工作的結晶。他説:“近代漢語語料的整理是近代漢語研究的基礎。基礎不打好,近代漢語的研究是無從談起的。”(《近十年間近代漢語研究的回顧與前瞻》,《古漢語研究》1998 年第 4 期,下同)他的示範性工作,對我們後來對敦煌變文的全面校勘産生了直接而重要的影響。

蔣先生是先師蔣禮鴻先生和郭在貽先生的摯友,也正因爲這一關係,我們這些蔣門、郭門弟子很早就與蔣先生多有交往。1987 年,郭先生主編《敦煌語言文學論文集》(浙江古籍出版社 1988 年版),約蔣紹愚先生撰稿,我負責具體編務;後來蔣先生等主編《近代漢語研究》(商務印書館 1992 年版),收入了郭在貽師與我合寫的《俗字研究與俗文學作品的校讀》一文。因爲這些機緣,當年我與蔣先生就有零星的接觸。那時我住在杭大新村,與蔣先生父親的住處僅一牆之隔,藉此便利,也曾有機會多次當面向他請教。1994 年 10 月,蔣先生還和江藍生老師等一起,遠赴成都主持我的博士論文答辯,給了我很多的鼓勵和肯定。我博士畢業後,申請去北京大學中文系做博士後研究,也得到了蔣先生諸多幫助(當時北大中文系每年只有一個博士後名額,競争非常激烈)。蔣先生還與我的合作導師裘錫圭先生和郭錫良先生等商量,推薦我留在北大中文系古漢語教研室任教。後來只是因爲我個人的原因,這一動議没能實現,有負老師們的厚望,讓人愧疚和遺憾。對我的科研工作,無論是早期與郭先生及黄征師弟合作進行的敦煌變文校理,還是後來的漢語俗字研究,蔣先生都給予了很多的關心和支持。他在一篇文章中談到近代漢語語料的整理時,在列舉項楚《敦煌變文選注》《王梵志詩校注》,郭在貽、張涌泉、黄征《敦煌變文集校議》,蔣冀騁《敦煌文書校讀研究》,黄征、張涌泉《敦煌變文校注》等書後説:“敦煌變文和王梵志詩都是敦煌寫本,有很多俗字、草字,以前有不少學者做過校勘工作,上述幾種著作由於作者有很高的學術素養,在前人研究的基礎上總結提高,達到了很高的水平,使這些重要的資料有了一個可作依據的本子。這是近十年來在近代漢語研究資料整理方面的一大貢獻。”他還説:“近代漢語的研究還有一個重要部分:近代漢語俗字的研究。……張涌泉《漢語俗字研究》《敦煌俗字研究》是兩部開創性的著作,得到了學術界很高的評價。”蔣先生對拙著的肯定,無疑只是前輩學者對後學的提攜和勉勵,但對一個蹒跚前行中的青年學子而言,却又顯得彌足珍貴。這些年,我在漢語俗字、敦煌文獻整理、寫本學研究等方面取得的一些微薄的成績,正是蔣先生等前輩學者悉心指導、培養和關懷的結果。我目前正在進行的《敦煌文獻語言大詞典》,也是在蔣先生等前輩的鼓勵下才有勇氣著手進行的。飲水思源,師恩難忘!值此先生八十華誕之際,謹擷取拙著《敦煌文獻語言大詞典》中的若干條目,芹獻於此,祝福先生健康長壽!

通信地址:浙江省杭州市臨安區錦北街道錦繡錢塘紫竹苑3號
郵　　編:311300
E-mail:zjzhangyongquan@163.com

變，變相及變文之義*

辛嶋静志（撰） 裘雲青（譯）

内容提要① 對於以“變”“變文”爲題的18件敦煌卷子②，有許多學者做過研究，探討“變”“變文”的意義③，但迄今仍未有令人滿意的答案。儘管如一些學者業已指出的那樣，“變”“變文”確與“畫”有關④，但對它們的定義依舊不清，一些當代出版的與“畫”並無絲毫關係的敦煌文書也被稱作“變文”。此外，對於“變”是如何與“畫”發生聯繫的也未爲人所知。因此我們應做的首先是對比漢譯佛典中的“變”和與其對應的其他語言的用例，明確“變”在漢譯中的意思，之後再看非漢譯文獻中的例子，然後明確“變相”，最後是“變文”和“轉變”的意思。

關鍵詞 變 變相 變文 敦煌文獻 漢譯佛典語言

一 漢譯中“變”義爲“像”

（一）漢譯《善見律毗婆沙》⑤中“變”義爲“像，畫像”

*Samanta-pāsādikā*是覺音（Buddhaghosa）對南傳巴利《律藏》所做注釋，僧伽跋陀羅（Saṃghabhadra）於公元489年在廣州將其譯爲漢語，即漢譯《善見律毗婆沙》（T.⑥ 24, no. 1462）。其中在728b18–23出現了“變”，義爲“像”：

(1) 油筒法者，用角、竹、胡蘆、貞木，不得作男女形狀作狀。隱囊、覆地、脚巾、經行、机囊、掃帚、糞箕、染盆、漉水器、磨脚、瓦石、澡洗板、鉢支、三杖鉢

* 感謝裘雲青女士使用資料庫爲筆者查找漢語佛典中出現的所有“變”字用例；李争融女士核對了漢譯引用内容——譯者按：本文最初是辛嶋静志於2016年在浙江大學舉辦的“紀念蔣禮鴻先生誕辰100週年暨第九届中古漢語學術研討會”上的發言，後於同年在創價大學佛教高等研究所年報使用英文發表（“Meanings of *bian* 變, *bianxiang* 變相 and *bianwen* 變文”, *ARIRIAB*, vol. 19 (2016)：257-278）。感謝《漢語史學報》刊布其漢語翻譯。在整理及校對過程中，浙江大學盧鷺博士進行了細緻的校對，在此對盧鷺博士的大力協助深表謝意。如文中有誤，責任皆在譯者。

① 整理者按：本文原稿未列出“内容提要”與“關鍵詞”，此處“内容提要”爲原文“前言”，“關鍵詞”系整理者代爲補充。

② 這些卷子是：破魔變、降魔變、八相變、頻婆娑羅王后宮綵女功德意供養塔生天因緣變、漢將王陵變（2部寫本）、漢八年楚滅漢興王陵變、舜子變、劉家太子變、醜變、降魔變文（2部寫本）、大目乾連冥間救母變文（4部寫本）、大目犍連變文以及舜子至孝變文。參照金岡照光（1990：65f）；另可參考高井龍（2011：257-285）關於“醜變”的討論。

③ 參照Mair（1989：36-72）；金岡照光（1990：61-84）；Wu（1992：111-192）；荒見泰史（2003：72-89）；于向東（2009：25-67）；荒見泰史（2010：3-61）。梅維恒介紹了約40種解釋，他堅持認爲“變”是“神變（supernatural transformation）”。

④ 參照同上Mair（1989）；金岡照光（1989：65-82）；荒見泰史（2003）等。

⑤ Skt. *Samantapāsādikā*

⑥ 《大正新修大藏經》（高楠順次郎（Junjirō Takakusu）、渡邊海旭（Kaikyoku Watanabe）校訂，共100卷，東京，1924-1934）。以下皆以T表示。

支、鉢蓋、多羅葉、扇，如是諸物，得作倒巨刻鏤諸變。①

與此部分對應的巴利文寫本讀作：

(2) *telabhājanesu visāṇe vā nāḷiyaṃ vā ... ṭhapetvā itthirūpaṃ purisarūpañ ca avasesaṃ sabbam pi vaṇṇamaṭṭhakammaṃ* (← °*maṭṭa*° ②) *vaṭṭati. mañcapīṭhe bhisibimbohane bhūmattharaṇe* (←°*ṇa*) *pādapuñchane ... pattapidhāne tālavaṇṭe ca vījane* (←*vijāne*) *etesu sabbaṃ mālākammādi-vaṇṇamaṭṭhakammaṃ* (←°*maṭṭa*°) *vaṭṭati*（“在角或竹製作的油筒上，可以作男人、女人形象之外的裝飾。在床、椅子、靠墊、枕套、地毯、地墊……碗蓋、棕櫚葉扇、扇子上，可以作花環圖案等裝飾。”）③.

顯然，此處的“變”與*vaṇṇamaṭṭhakamma*（Skt. *④*varṇamṛṣṭa-karman*；“畫圖及擦亮；裝飾”）和*mālākamma*（“花環圖案”；參照*latā-kamma*“攀緣植物圖案”）的*kamma*（Skt. *karman*；“圖案”）一致。

（二）漢譯《不空羂索神變真言經》⑤中“變”義爲“像”

菩提流志（Bodhiruci，活躍於693–722年）於公元709年將*Amoghapāśakalparāja*譯爲漢語，漢譯題爲《不空羂索神變真言經》（T. 20, no. 1092）。其中有以下描述：

(3) 復於其外作十肘院，淨治塗地。當壇西門八肘圓壇，基高二肘，如法圖畫。唯開東門，種種幡華敷列莊飾。中置淨土阿彌陀佛變，面東，以諸華、香、飲、食、香水布獻供養。當壇北門八肘方壇，基高二肘，如法圖畫。唯開南門，種種幡華敷置莊嚴。中置毘盧遮那佛變、地藏菩薩變、彌勒菩薩變、不空奮怒王變，面南，以諸華、香、飲、食、香水布獻供養。當壇東門八肘方壇，基高二肘，如法圖畫。唯開西門，種種幡華敷列莊嚴。中置釋迦牟尼佛變、執金剛祕密主菩薩變、不空羂索悉地王變、不空大奮怒王變，面西，以諸華、香、飲、食、香水布獻供養。當壇南門八肘方壇，基高三（異讀爲“二”）肘，壇外四面作飾山形，如法圖畫。唯開北門，種種幡蓋（異讀爲“華”）敷置莊嚴。中置不空羂索觀世音菩薩變、世間王如來變、曼殊室利菩薩變、除一切障菩薩像，面北，以諸香華、飲、食、香水、白栴檀香、沈水香、蘇合香、龍腦香、鬱金香敷獻供養。（T. 20, no. 1092, 302c13-303a2）

此處“變”指雕像或塑像。

筆者將與此對應的同一經典的梵文本部分（80 *verso* 7-81 *recto* 3）⑥譯爲漢語如下：

“（主曼陀羅）西部，高出地面的圓壇上，面對（主）曼陀羅，應懸掛精美的（畫

① 在同一文本的相似的語境中，又用“形模”表示“變”的意思：刀子法者，不得刻鏤作禽獸形模。（728b10f）參照P.V. Bapat、平川彰（1970：225f）。

② °*maṭṭa*°應換*maṭṭha*。

③ *telabhājanesu visāṇe vā nāḷiyaṃ vā ... ṭhapetvā itthirūpaṃ purisarūpañ ca avasesaṃ sabbam pi vaṇṇamaṭṭhakammaṃ* (←°*maṭṭa*°) *vaṭṭati. mañcapīṭhe bhisibimbohane bhūmattharaṇe* (←°*ṇa*) *pādapuñchane ... pattapidhāne tālavaṇṭe ca vījane* (←*vijāne*) *etesu sabbaṃ mālākammādi-vaṇṇamaṭṭhakammaṃ* (←°*maṭṭa*°) *vaṭṭati*（巴利本《一切善見律注》，Sp II 293.12-20）。

④ * 表示推定的詞形。在文獻中還未確認。

⑤ Skt. *Amoghapāśakalparāja*

⑥ 寫本該部分現保存在拉薩，日本大正大學已完成了拉丁轉寫：*Annual of the Institute for Comprehensive Studies of Buddhism*, Taisho University, Tokyo, vol. 26 (2004): 179-180

着）阿彌陀（Sukhāvatī）的布。之後還應放置阿彌陀像（*bimba*）、神聖的觀世音像及大勢至菩薩（的像）。

（主曼陀羅）東部，高出地面的方壇上，面對（主）圓壇，應懸掛（畫着）Vimokṣamaṇḍala的布。之後還應放置釋迦牟尼像（*bimba*）、神聖的執金剛（Vajradhara）、不空羂索奮怒（Amoghapāśakrodha）（的像）。

（主曼陀羅）南部，高聳的山形壇上，面對（主）曼陀羅，應懸掛（畫着）不空羂索（Amoghapāśa）的布，還應放置世間王（Lokendrarāja）如來、曼殊室利（Mañjuśrī）以及除一切障菩薩（Sarvanivaraṇaviṣkambhin）（的像）。

（主曼陀羅）北部，如前面同樣形狀的高聳的壇上，面對（主）曼陀羅，應懸掛（畫着）奮怒王（Krodharāja）的布。還應放置毗盧遮那（Vairocana）如來、彌勒（Maitreya）以及地藏（Kṣitigarbha）（的像）。

在所有這些（小曼陀羅堂）中，應裝飾放置神像的地方：即，應用絲綢和花環裝飾；應用所有裝飾品裝飾；應拿進一個裝滿水的水罐；應放置大量香；應放置多種美味的（飲料？）和多種食物；應放置多種果實；應放置多種供養食物；應將混合着檀木、蘆薈木、嘟嚕迦草、樟腦、麝香、藏紅花的香供奉在畫布前。”①

上面引用的漢譯中的“變”及與其對應的梵文*bimba*（“像”②）意思顯然都不是“畫”，而是“塑像，雕像”。

（三）“變”在《根本説一切有部毘奈耶雜事》③中義爲“畫”

義净於公元710年前後翻譯的《根本説一切有部毘奈耶雜事》（*Mūlasarvāstivāda-vinaya*）（T. 24, no. 1451, 283a26-b11）上下文中“變”義爲“畫”：

(4) 給孤長者施園之後，作如是念：“若不彩畫，便不端嚴。佛若許者，我欲莊飾。”即往白佛。佛言：“隨意當畫。”聞佛聽已，集諸彩色，并喚畫工。報言：“此是彩色可畫寺中。”答曰：“從何處作？欲畫何物？”報言：“我亦未知。當往問佛。”佛言：“長者！於門兩頰，應作執杖藥叉。次傍一面，作大神通變。又於一面，畫作

---

① *paścimadiśābhāgena uccaparimaṇḍale Sukhāvatīvyūhaduṣyapaṭaṃ* (←°*paṭe*) *maṇḍalam abhimukhaṃ sthāpya Amitābhabiṃbaṃ āryĀvalokiteśvaraṃ Mahāsthāmaprāptañ ca sthāpayaṃ, pūrvvadiśābhāge catu[ra]sram-uccasthāne* (←°*āna*) *Vimokṣamaṇḍala{ṃ}duṣya<ṃ> maṇḍalam abhimukhaṃ sthāpya Śākyamunibimbaṃ āryaVajradharaṃ Amoghapāśakrodhañ ca sthāpayaṃ, dakṣiṇadiśābhāge Amoghapāśaduṣyaṃ parvvatākāra-uccasthāne maṇḍalam abhimukhaṃ sthāpya Lokendrarājas tathāgataṃ sthāpya Mañjuśrī Sarvvanivaraṇaviṣkambhīṇañ ca sthāpayaṃ, uttarasmi diśābhāge Krodharājaduṣya maṇḍalaṃ abhimukhaṃ sthāpya Vairocanas tathāgataṃ Maitreyaṃ Kṣitigarbhañ ca sthāpayam evamākāram uccasthānaṃ. sarvveṣv alaṃkṛtāsanaṃ karttavyaṃ, paṭṭadāmābhyalaṃkṛtañ ca karttavyaṃ, sarvvālaṅkāravi[bhū]ṣitāṃ pūrṇṇakumbho paricaritaṃ gandhamaṇḍa[la]kaṃñ ca kārayam nānāvividharasārasāgraśukla nānārūpabhakṣaprakāra-āhāro paricitaṃ nānāphalaracitaṃ piṇḍapātaṃ nicitaṃ piṇḍapātaṃ sthāpayitavyaṃ. candanāgarutu[ru]ṣkakarpūra-kāstūrikakuṃkumamiśrako duṣyapaṭe dhūpo dātavya.*

② 梵文本《法華經》中，“*bimba*”有“畫”和“塑像”兩個意思：SP 24.8. *vaiḍūryamadhye va suvarṇabimbaṃ*（“像[放在]天青石中的黄金雕像”）；SP 50.13. *ratnāmayān bimba*（“寶石做的雕像”）；SP 50.15-16. *ye saptaratnāmaya tatra kecid ye tāmrikā vā tatha kāṃsikā vā | kārāpayīṣū sugatāna bimbā*（“其他擁有用七種寶石，用紫銅，用黄銅做的佛的雕像的人……”）；SP 52.5 *ālekhya bhittau sugatāna bimbān* (← *bimbam*)（“在牆上畫佛們形象的畫後……”）。參照IBInsc I, pp. 187, Kurkihar 52, *bimba saugata*（“一座佛的塑像”；931年）。

③ Skt. *Mūlasarvāstivādavinaya*

五趣生死之輪。簷下，畫作（異讀爲“畫”）本生事。佛殿門傍，畫持鬘藥叉。於講堂處，畫老宿苾芻宣揚法要。於食堂處，畫持餅藥叉。於庫門傍，畫執寶藥叉①。安水堂處，畫龍持水瓶，著妙瓔珞。浴室火堂，依天使經法式畫之。并畫少多地獄變。於瞻病堂，畫如來像躬自看病。大小行處，畫作死屍形容可畏。若於房内，應畫白骨髑髏。”是時長者從佛聞已，禮足而去。

同一律的藏文本讀法與漢譯本幾乎相同。筆者將佛講述應畫什麽的部分翻譯爲漢語如下：

(5) 佛說：“長者！如果你想（畫）就畫吧！大門上畫手執權杖的夜叉後，你應讓（畫者）在一間位於大門上面的屋子（*sgo khang*）（的牆上）畫大神通（*cho 'phrul chen po*）和五趣生死之輪；走廊（或院子；*khyams*）（的牆上）畫本生故事；本堂門上應畫手持花環的夜叉；在講堂畫年老比丘認真宣揚教法；在食堂畫夜叉手持食物；在倉庫門上畫執鉤（*aṅkuśa*）夜叉；在安水房畫佩戴各種裝飾，持水瓶的龍；在熱浴室房畫天神經故事並在火爐房畫一系列地獄畫（*dmyal ba'i rabs*）；在照顧生病（比丘）的房間畫如來親自看護一個生病（比丘）；在厠所地上畫恐怖的火葬場；在每一（比丘的）房間門上畫白骨和骷髏。”②

對比漢譯和藏譯——一般來說藏譯更忠實於梵文原本——我們可知，漢譯中的“大神通變”和“地獄變”顯然不是“變化，神通力，奇蹟”，而是畫者（Tib. *ri mo* = Skt. *citrakara*?）畫的“畫”。因此，“大神通變”和“地獄變”分别義爲“大神通的畫”和“地獄的畫”。儘管如此，藏本顯示，漢譯的印度原本寫本中可能没有表現“變”的詞，换言之，義净爲了使譯文前後關係更爲清晰而增加了“變”字。義净不用更爲通俗的“圖”而用“變”的理由何在？以下就此問題做一考證。

二 非漢譯文獻中“變”義爲“畫”

上述引用分别翻譯於公元489年、709年、710年的三部漢譯中，“變”分别義爲“圖案”“塑像”（= Skt. *bimba*）和“畫”，前唐非漢譯文獻也可佐證③。

（一）《高僧法顯傳》中“變”義爲“塑像”

就筆者所查，“變”最早出現在法顯（337–422年）《高僧法顯傳》（約414年；T. 51,

---

① 藏本與此對應處讀作*lcags kyu*“鉤”（= Skt. *aṅkuśa*）。

② Derge, no. 6, *tha* 225b3-6; Peking, no. 1035, *de* 213a3-7. *bcom ldan 'das kyis bka' stsal pa | khyim bdag gal te de lta na song la | re shig* (Pk. *shig*) *phyi sgor gnod sbyin lag na dbyug thogs 'drir bcug nas | sgo khang du ni cho 'phrul chen po dang 'khor ba'i 'khor lo cha lnga pa | khyams su ni skyes pa'i rabs kyi phreng ba | dri gtsang khang gi sgor ni gnod sbyin lag na phreng ba thogs pa dag | rim gro'i khang par ni dge slong gnas brtan gnas brtan chos rnam par gtan la 'bebs par byed pa | bkad sar ni gnod sbyin lag na zas thogs pa dag | mdzod kyi sgor ni gnod sbyin lag na lcags kyu thogs pa dag | chu'i khang par ni klu lag na bum pa thogs pa rgyan sna tshogs kyis brgyan ba dag | khrus khang ngam* (Pk. *dam* [s.e.]) *| bsro gang du ni lha'i mdo las 'byung ba'am | gzhan dmyal ba'i rabs | nad pa'i sman khang du ni de bzhin gshegs pa nad pa'i nad g-yog mdzad pa | chab khung sar ni dur khrod shin tu 'jigs su rung ba | gnas khang gi sgor ni rus pa'i keng rus dang | mgo'i thod pa bri'o |*

③ 很多學者都曾對以下材料做過調查，如金岡照光（1990：82-84）。

no. 2085）裏對於錫蘭的佛齒節日慶祝的描述中。4世紀佛齒自羯陵伽國被拿到錫蘭，保存在王宮，國王僅於每年的第三月中旬拿出一次，並將其放在一座無畏山寺派的寺院中。九十天後佛齒被重新放回王宮的寺院。將舍利從王宮移置無畏山寺派寺院之前十天，國王向公衆宣布此事。

(6) 如是唱已，王便夾道兩邊作菩薩五百身已來種種變現，或作須大拏（Sudāna），或作睒（Śyāma）變①，或作象王，或作鹿、馬。如是形像皆彩畫莊挍，狀若生人。然後佛齒乃出，中道而行，隨路供養，到無畏精舍佛堂上，道俗雲集，燒香然燈，種種法事晝夜不息。（T. 51, no. 2085, 865bb1-6）

（二）《洛陽伽藍記》中"變"義爲"浮雕"

楊衒之《洛陽伽藍記》（約公元547年；T. 51, no. 2092）第五卷引述了僧人宋雲和惠生519–522年遊歷印度的遊記。以下一段是關於他們在犍陀羅時的描述。

(7) 宋雲以奴婢二人奉雀離浮圖②，永充灑掃。惠生遂減割行資，妙簡良匠，以銅（異讀爲"鍮"）摹寫雀離浮屠儀一軀及釋迦四塔變③。（T. 51, no. 2092, 1021c12-14）

筆者認爲，上述引用文中"變"指"浮雕"，《鑒真傳》中的文字可作佐證。真人元開779年編輯的《東大和上東征傳》（T. 51, no. 2089, 988-994）講述，鑒真（688-763）爲了弘揚佛法，六次東渡日本失敗，終於在754年第七次東渡到達日本。《東大和上東征傳》中有一段關於著名的寧波阿育王寺的描述：

(8) 塔非金非玉，非石非土，非銅非鐵，紫烏色，刻鏤非常：一面薩埵王子變，一面捨眼變，一面出腦變，一面救鴿變。④（T. 51, no. 2089, 989c1-4）

（三）《梁書》中"變"義爲"畫"

629年《梁書·諸夷列傳》中言及位於建康的著名長干寺的歷史，記述中寺院內有一阿育王塔。記述中的"變"義爲"畫"：

(9) 及大同中，出舊塔舍利。敕市寺側數百家宅地，以廣寺域，造諸堂殿並瑞像周回閣等，窮於輪奐焉。其圖諸經變，並吳人張繇⑤運手。繇丹青之工，一時冠絶。

由此，上引三部前唐時代文獻中的"變"意思不是"變化"，而是"塑像""浮雕"

① *Shǎn* 睒（MC. śjäm）是 BHS. *Śyāma*的音譯。參照饒宗頤（1980：627-640；=1993：319-335）。

② 有名的佛塔，位於白沙瓦。目前尚不能確定"雀離"（MC. tsjak lje）是否音譯詞。筆者贊同定方晟（1980：31-36）和一些其他學者的看法，即該詞是音譯詞。"雀梨"（MC. tsjak li）和該詞非常近似，據説一個位於庫車，名爲"雀梨"的寺院就是在"雀離"之後被命名的。事實上酈道元（？–527年）《水經注》第二卷中引述雀梨寺院時，使用的是"雀離"。"浮圖"是一個非常古老的音譯詞，它不僅有"佛陀"的意思，還有"佛塔"的意思。

③ 也許指建在佛前世獻身之處的犍陀羅的四塔：(1)割股救獵鷹嘴下的鴿子；(2)把自己的眼睛施予他人；(3)以己頭施人；(4)投身餓虎。參照法顯《高僧法顯傳》（T. 51, no. 2085, 858a29-b11）：昔天帝釋試菩薩化作鷹鴿割肉貿鴿處……佛爲菩薩時亦於此國以眼施人……佛爲菩薩時，於此處以頭施人……投身餧餓虎處……名爲四大塔也；另參照Chavannes（1903：427，注2）。

④ 參照前注。

⑤ 張繇，也稱張僧繇。張彥遠《歷代名畫記》（847年）第七卷有其詳細生平。

和“畫”。

三　唐朝以後文獻中的“變”

上引漢譯佛經及非漢譯文獻中，“變”顯而易見指“塑像”“浮雕”和“畫”，自唐代以後的文獻也證實了這一點。

（一）“變”和“經變”義爲“表現經典主題的畫”

筆者認爲，《梁書》（629年）中的“經變”指“表現經典主題的畫”①。善導（613–681年）著《觀念阿彌陀佛相海三昧功德法門》（T. 47, no. 1959）的文字可以證明筆者的看法：

(10) 又若有人，依《觀經》等畫造凈土莊嚴變，日夜觀想寶地者，現生念念除滅八十億劫生死之罪。又依經畫變，觀想寶樹、寶池、寶樓莊嚴者，現生除滅無量億阿僧祇劫生死之罪。（T. 47, no. 1959, 25a8-12）

“經變”還出現在慧立及彥琮688年著玄奘傳記《大唐大慈恩寺三藏法師傳》（T. 50, no. 2053）中。當佛光王太子，即後來的唐中宗（656–710年），十二月滿月時，玄奘送給他一件法衣和一封信。玄奘寫道：

(11)“輒敢進金字般若心經一卷并函、報恩經變一部、袈裟法服一具……”（T. 50, no. 2053, 272b12f）②

除此之外，9世紀中葉張彥遠（約815–877年）著《歷代名畫記》中“經變”出現多次，義爲“表現經典主題的（壁）畫”。尤其在第三卷有一章詳盡講述了長安、洛陽以及郊外佛教和道教寺院中的壁畫。該章除“經變”③之外，還涉及了表現很多不同經典主題的畫，如“《華嚴》變”④“《除災患》⑤變”⑥“《十輪》變”“《十輪經》變”⑦“《本行經》變”⑧“《業報差別》變”⑨“《凈土經》變”⑩“《日藏月藏經》變”⑪“《金光明經》

① 見上文263頁，“（三）《梁書》中‘變’義爲‘畫’”。

② = T. 52, no. 2119, 825a16f 參照同前Mair（1989：167）；鄭阿財（2011：303-321）。

③ “慈恩寺……塔……殿内，楊庭光畫經變，色損。資聖寺……大三門東南壁，姚景畫經變。寺西門直西院外神，及院内經變，楊廷光畫。”“經變”也出現在同一《歷代名畫記》第九卷中。“楊庭光，與吴（玄道）同時。佛像、經變、雜畫、山水極妙。頗有似吴生處，但下筆稍細耳。盧稜伽，吴弟子也。畫迹似吴，但才力有限。頗能細畫，咫尺間山水寥廓，物像精備。經變、佛事，是其所長。”

④ 懿德寺……中三門東西《華嚴》變，並妙。敬愛寺……西禪院北壁《華嚴》變。

⑤ 僧祐（445–518年）《出三藏記集》提及一部經典《除災患經》（T. 55, no. 2145, 7b4f）。譯者白延翻譯於3世紀中葉，現佚失。參照西秦（385–431年）聖堅譯《除恐災患經》。

⑥ 天宮寺　三門，吴畫《除災患》變。

⑦ 敬愛寺……東禪院殿内《十輪》變，東壁《西方》變。……山亭院《十輪經》變、《華嚴經》，並武静藏畫。

⑧ 菩提寺……東壁，董諤畫《本行經》變。聖慈寺　西北禪院，程遜畫，《本行經》變，維摩詰并諸功德，楊廷光畫。化度寺　楊廷光、楊仙喬畫《本行經》變，盧稜伽畫《地獄》變，今殘兩頭少許耳。

⑨ 敬愛寺……《日藏月藏經》變及《業報差别》變。參照T. 1, no. 80 佛爲首迦長者説業報差别經。

⑩ 大雲寺　門東兩壁鬼神、佛殿上菩薩六軀，《凈土經》變。

⑪ 敬愛寺……《日藏月藏經》變及《業報差别》變。……其《日藏月藏經》變，有病龍。

變”①“《金剛經》變”②等。此外，第七和第八卷描述畫者的風格和作品時，作者提及了“《法華》變”③和“《寶積經》變”④。

同一《歷代名畫記》中還出現了言及道教經典《明真經》的“變”⑤。

《六祖壇經》是慧能（638–713年）口説，他的弟子法海集録的一部文獻。一般認爲《六祖壇經》完成於8世紀，但實際上直至13世紀一直繼續在補充和修訂。其中提到了“《楞伽》變”，意思是表現《楞伽經》主題的畫⑥。

段成式（803？–863年）寫於843–853年的《寺塔記》中也言及一幅畫，畫的題材是鳩摩羅什譯《大智度論》中的“色偈”⑦。

（二）地獄變、净土變、維摩變等

“地獄變”義爲“地獄的畫”，最早見於根本説一切有部*Kṣudrakavastu*（雜事）的漢譯《根本説一切有部毘奈耶雜事》（約710年）⑧。在此之後的文獻中也可找到同樣用法，如上引《歷代名畫記》（約9世紀中葉）⑨、段成式（803–863年）《寺塔記》（843–853年）⑩及《酉陽雜俎》（約860年）⑪等。

描繪净土的畫似乎非常流行，例如表現净土的“净土變”及與其類似的表現西方（净土）的（壁）畫“西方變”常出現在唐代以後的文本中。杜甫762年有一首題爲“觀薛稷少保書畫壁”的詩，中就有“西方變”⑫。“净土變”和“西方變”也出現在《歷代名畫記》⑬和《寺塔記》中⑭。

在東亞《維摩詰經》題材的畫也曾同樣十分流行。《歷代名畫記》中出現了“維摩變”

① 興唐寺……東南角，吴弟子李生畫《金光明經》變。

② 興唐寺……南廊，吴畫《金剛經》變及郗后等，并自題。

③ 展子虔……〈法華變、白麻紙……〉。

④ 善果弟儒童。〈中品上。《釋迦會圖》、《寶積經》變，傳於代〉。

⑤ 龍興觀……殿内東壁，吴畫《明真經》變。開元觀　西廊院天尊殿前龍虎君、《明真經》變，及西壁，並楊廷光畫。

⑥ 時大師堂前有三間房廊。於此廊下，供養欲畫《楞伽》變。（T. 48, no. 2007, 337b17）五祖平旦，遂唤（←换）盧供奉來，南廊下（異讀—）畫《楞伽》變。（同，337c3）同一内容也出現在道原1004年著《景德傳燈録》中：其壁本欲令處士盧珍繪《楞伽》變相。（T. 51, no. 2076, 222c24f）這裏用“變相”代替了“變”。

⑦ 平康坊菩薩寺　食堂東壁上，吴道玄畫《智度論》色偈變。偈是吴自題，筆跡遒勁，如磔鬼神毛髮。（T. 51, no. 2093, 1023b20-23）段成式另一著書《酉陽雜俎續集》（約860–863年）引用了同一句子，但缺少了髮字。“色偈”大約指出現在《大智度論》T. 25, no. 1509, 124b27-c27描寫花的多種顔色的部分。

⑧ 見261–262頁“（三）‘變’在《根本説一切有部毘奈耶雜事》中義爲‘畫’”。

⑨ 第三和第四卷中出現了8次：慈恩寺……塔之東南中門外偏，張孝師畫地獄變，已剥落。寶剎寺……西廊陳靜眼畫地獄變，又有楊廷光畫。净域寺　三階院東壁，張孝師畫地獄變。等。

⑩ 常樂坊趙景公寺……南中三門裏東壁上，吴道玄白畫地獄變。筆力勁怒，變狀陰怪。覩之，不覺毛戴。吴畫中得意處。（T. 51, no. 2093, 1023a16-19）《酉陽雜俎》第五卷引用了該段。

⑪ 其第三卷中：地獄一百三十六。……今佛寺中畫地獄變，唯隔子獄，稍如經説，其苦具悉。圖人間者曾無一據。

⑫ 少保有古風，得之陝郊篇。惜哉功名忤，但見書畫傳。我遊梓州東，遺跡涪江邊。畫藏青蓮界，書入金榜懸。仰看垂露姿，不崩亦不騫。鬱鬱三大字，蛟龍岌相纏。又揮西方變，發地扶屋椽。慘澹壁飛動，到今色未填。此行疊壯觀，郭薛俱才賢。

⑬ 第三卷：雲花寺　小佛殿有趙武端畫净土變；昭成寺……香爐兩頭净土變、藥師變，程遜畫。光宅寺……又尹琳畫西方變。興唐寺……小殿内，吴畫神、菩薩、帝釋，西壁西方變，亦吴畫。等。

⑭ 常樂坊趙景公寺……范長壽畫西方變及十六對事，寶池{池}尤妙絶。諦視之，覺水入深壁。（T. 51, no. 2093, 1023a16-21）《酉陽雜俎》第五卷引用了該段，把“深壁”改爲“浮壁”。

“維摩詰變”“維摩詰行變”①，《寺塔記》（843–853年）中出現了“維摩變”②。

釋迦牟尼佛涅槃題材的畫也很普遍。《歷代名畫記》中有“涅槃變”③的文字，同樣題材的壁畫在《歷代名畫記》中被稱作“涅槃變相”④或“滅度變相”⑤。

《歷代名畫記》還言及了許多佛教内容的壁畫，尤其是在敬愛寺建築内的很多壁畫，如：維摩詰、毗盧遮那佛、法華太子變，西方佛（阿彌陀佛）、《觀無量壽經》的十六觀、閻羅王變、《華嚴》變、西方彌勒變、《日藏月藏經》變、《業報差別》變、《十輪》變、西方變⑥等。這些文字讓我們很自然地聯想到敦煌莫高窟217窟的壁畫。

《歷代名畫記》還言及了其他寺院中的“降魔變”⑦“彌勒下生變”⑧“彌勒變”⑨“藥師變”⑩“金剛變”⑪及“雜佛變”⑫。

（三）唐代以後文獻中“變”之意義

顯而易見，上述引用文中“變”義爲“佛教主題的畫”。一類畫被稱爲“圖”，也多次出現在上引《歷代名畫記》中，如“東封圖”“西域記圖”“醉道士圖”“唐朝七聖圖”“高祖及諸王圖”“妓女圖”等。無論是畫還是壁畫，“圖”指佛教以外題材的畫。

但《歷代名畫記》中有一例“變”泛指“畫”，是在言及吴道玄時出現的：

> (12) 吴道玄者……往往於佛寺畫壁，縱以怪石崩灘，若可捫酌。又於蜀道，寫貌山水。由是山水之變，始於吴，成於二李（李將軍、李中書）。

上引杜甫詩中有“西方變”，仇兆鰲（1638–1717年）作注曰：“西方變，言所畫西方諸佛變相。《酉陽雜俎》：‘唐人謂畫亦曰變。’”後一半常爲人引用，但事實上現存段成式《酉陽雜俎》版本（約860年）中並没有這一句。筆者認爲，“唐人”的用法十分古怪，唐代的人是否會用“唐人”指同一時代的人呢?

---

① 第三卷：安國寺……殿内維摩變，吴畫；薦福寺……西廊菩提院，吴畫維摩詰行變。第六卷：袁倩……又維摩詰變一卷。

② （平康坊菩薩寺……）佛殿内槽東壁維摩變。（T. 51, no. 2093, 1023b27）《酉陽雜俎》第五卷引用了該段，其中還有另一處：安邑坊玄法寺……東廊南觀音院，盧奢那堂内槽北面壁畫維摩變。該句没有出現在T. 51, no. 2093中。

③ 第三卷：安國寺……東北涅槃變，楊廷光畫。褒義寺……佛殿西壁涅槃變，盧稜迦畫，自題。第八卷：楊契丹……又寶刹寺一壁佛涅槃變、維摩等，亦爲妙作，與田（僧亮）同品。

④ 第三卷：寶刹寺 佛殿南，楊契丹畫涅槃等變相。

⑤ 第三卷：永泰寺……東精舍，鄭法士畫滅度變相。

⑥ 第三卷：敬愛寺 維摩詰、盧舍那〈並劉行臣描，趙龕成。自餘並聖曆已後，劉茂德、皇甫節恭成〉、法華太子變〈劉茂德成，即行臣子〉。西壁，西方佛會〈趙武端描〉、十六觀及閻羅王變〈劉阿祖描〉。西禪院北壁，《華嚴》變〈張法受描〉。北壁門西一間，佛會及山水〈何長壽描〉、人物等〈張法受描，趙龕成〉。東西兩壁，西方彌勒變。并禪院門外道，西行道僧〈並神龍後，王韶應描，董忠成〉。禪院内西廊壁，畫〈開元十年吴道子描〉《日藏月藏經》變及《業報差別》變〈吴道子描，翟琰成。《罪福報應》是雜手成，所以色損也〉。東禪院殿内《十輪》變〈武静藏描〉。東壁西方變。

⑦ 第三卷：光宅寺 東菩提院内北壁東西偏，尉遲畫降魔等變。

⑧ 第三卷：千福寺……彌勒下生變。

⑨ 在第八卷關於畫者董伯仁，作者寫道：《周明帝畋游圖》、雜畫臺閣様、彌勒變、《弘農田家圖》、《隋文帝上廐名馬圖》，傳於代。

⑩ 第三卷：昭成寺……香爐兩頭净土變、藥師變，程遜畫。

⑪ 第三卷：興唐寺……院内次北廊向東，塔院内西壁，吴畫金剛變，工人成色損。

⑫ 在第八卷關於畫者楊契丹，作者寫道：《隋朝正會圖》、《幸洛陽圖》、《豆盧寧像》、《貴戚游宴圖》、雜佛變，傳於代。

四　“變相”之意義

正如上所見，《歷代名畫記》（約9世紀中葉）稱表現釋迦牟尼佛涅槃主題的畫爲“涅槃變相”①，或“滅度變相”②，或“涅槃變”。由此我們可知，“變”和“變相”爲同義詞。該書中“變相”僅出現了2次，而“變”則至少出現了51次③。

“變相”始出現於唐代。

李白（701–762年）有一詩題爲“金銀泥畫西方净土變相讚”，此題目中的“變相”即“（壁）畫”義。

此外，在文諗（生卒年月不明）及少康（？–805年）撰寫的《往生西方净土瑞應傳》（T. 51, no. 2070；774年以後）中有若干“變相”，義爲“佛教主題的畫”，如“地獄變相”④“西方變相”和“净土變相”⑤等。

在段成式《酉陽雜俎》（約860年）第五卷中有“維摩問疾變相”⑥的文字。

今天人們認爲《六祖壇經》寫於8世紀，但實際上直至13世紀皆在不斷增補和修改。其中言及一幅《楞伽經》主題的壁畫（即“楞伽變”）時也使用了“變相”二字⑦。

據説澄觀（738–839年）曾寫一首題爲《華嚴刹海變相讚》的詩⑧；他的弟子宗密（780–841年）對《大方廣佛華嚴經・普賢行願品》作注，提及描繪的七處九會的“變相”⑨。

之後的文獻中廣泛使用“變相”⑩。

如上所見，“變”的出現遠早於“變相”。所以“變”並非是“變相”的省略，事實是，爲了使“變”的意思更爲明確，在很久以後造出了“變相”。並且我們可以得出這樣的結論：“變相”猶言“畫；佛教主題的壁畫”。

---

① 第三卷：寶刹寺　佛殿南，楊契丹畫涅槃等變相。

② 第三卷：永泰寺……東精舍，鄭法士畫滅度變相。

③ 與《歷代名畫記》相對比，另一記録唐代名畫的黄休復著《益州名畫録》（1005年）中“變相”出現了27次，而“變”未出現。

④ 後周朝静靄禪師在俗時，入寺，見地獄變相，謂同輩曰：“審業如之。誰免斯苦？”遂白母出家。（104c12-13）

⑤ 唐朝善導禪師，姓朱，泗州人也，少出家。時見西方變相，歎曰：“何當託質蓮臺棲神净土？”（105b24-25）寫《彌陀經》十萬卷，畫净土變相二百鋪，所見塔廟無不修葺。（105c6-7）

⑥ 大歷中，荆州有術士，從南來，止於陟屺寺，好酒，少有醒時。因寺中大齋會，人衆數千，術士忽曰：“余有一技，可代抃瓦盂珠之歡也。”乃合彩色於一器中，驔步抓目，徐祝數十言，方欲水再三噀壁上，成維摩問疾變相，五色相宣如新寫。

⑦ 五祖平旦，遂喚（←換）盧供奉來南廊下（異讀爲“南廊”）畫《楞伽》變。五祖忽見此偈，請記。乃謂供奉曰：“弘忍與供奉錢三十千，深勞遠來，不畫變相也。《金剛經》云：凡所有相，皆是虛妄。不如留（←流）此偈，令迷人誦。依此修行，不墮三惡<道>。依法修行，{人}有大利益。”（T. 48, no. 2007, 337c3-8）

⑧ X. 58, no. 1015, 555b13-16

⑨ 二、供養。“瑞鳥銜華”：僧法誠，於藍谷造華嚴堂，畫七處九會變相，兼寫此經，專精供養。每有瑞鳥，形色非常，銜華入室，旋遶供養也。（X. 5, no. 229, 302a2-4）

⑩ 例如：彌陀變相（X. 43, no. 737, 263c11）；如聞天下諸道觀，皆畫化胡成佛變相（T. 50, no. 2061, 813c8-9 又參見：T. 49, no. 2035, 371b-9 如聞道觀，皆畫化胡成佛之相）；净土變相（T. 49, no. 2035, 280c9）；畫西方變相一軸（同. 282b26）；中宗勅毀化胡經及畫壁變相。違者科罪。（同，474c8-9）

五 “變像”和“像變”皆義爲“畫，壁畫”

“變像”與“變”意思相同。

“變像”最早見於慧皎《高僧傳》（530年）慧遠傳中：

(13) 秦主姚興欽德風名，歎其才思，致書慇懃，信餉連接，贈以龜茲國細縷雜變像，以申欵心，又令姚嵩獻其珠像。（T. 50, no. 2059, 360a22-24）

道宣（596–667年）《中天竺舍衛國祇洹寺圖經》中有“複殿化壁釋迦如來自書八相變像圖，此書是佛臨滅時，當殿大像自然發音……”（T. 45, no. 1899, 889c4f）

菩提流志（活躍於693–722年）在他的翻譯中表現“（佛或菩薩）的壁畫”時，既使用“變像”，也使用“像變”：

(14) 若畫千手千眼觀世音菩薩摩訶薩像變者，當用白氎縱廣十肘或二十肘。是菩薩身作閻浮檀金色，面有三眼，臂有千手，於千手掌各有一眼。首戴寶冠，冠有化佛。……（《千手千眼觀世音菩薩姥陀羅尼身經》，T. 20, no. 1058, 101b1-4）

(15) 趣成就者，如法依法當畫像變。（《一字佛頂輪王經》，T. 19, no. 951, 238a1）……是大變像名如來身最頂輪王大成就像。（同，T. 19, no. 951, 238a26f）……是妙變像，無量無數一切諸佛常共讚歎。（同，T. 19, no. 951, 239b14）①

菩提流志再次將此經翻譯爲漢語時，對同一部分作了一些修改②。

六 印度原本中的“變”

總結上述内容如下：

（一）~（三）：“變”有多種意思：

“塑像”；約公元414年（見262–263頁2.1）

“圖案”= Pā. *vaṇṇamaṭṭhakamma*（“裝飾”）或 *kamma*（“圖案”）；公元489年（見259–260頁1.1）

“浮雕”；約公元547年（見263頁2.2）

“畫”；公元629年（見263–264頁2.3）；約公元710年（見261–262頁1.3）

“表現佛經（主題）的畫”；7世紀後（見264–265頁3.1）

“像，塑像”= Skt. *bimba*（“像，畫，塑像”）；公元709年（見260–261頁1.2）

“表現佛經（主題）的壁畫”；9世紀中葉（見264–265頁3.1）

（四）：“變相”義爲“畫；表現佛教題材的壁畫”；8世紀後

（五）：“變像”和“像變”，義爲“像，畫，壁畫”

因此，“變”並非僅僅意味着“畫，壁畫”，它還有“像，塑像，浮雕，圖案”的意思。雖然找到與其對應的印度原本的詞語非常困難，但它不應是有些人説的那樣，是

---

① 不空（705–774年）譯爲：當依儀軌，應作先行。先行已，然後畫像。（《菩提場所説一字頂輪王經》，T. 19, no. 950, 198b17-18）.

② 復有像變。（《五佛頂三昧陀羅尼經》，T. 19, no. 952, 273b28）是變像名如來身最勝輪王大成就像。（同，273c22）是妙變像無量無數一切諸佛常皆讚歎。（同，274b23） *maṇḍala*①。這種錯誤的推測也許是來自前文260–261頁（1.2）所引用的密教文獻，但如前所述，該用例的“變”與*bimba*對應，該梵文詞義爲“像，塑像”，也許是“變”的原語，但其更多僅指一個神或神格，而非一個情景，如地獄、净土等。此外，梵語*prātihārya*（“奇蹟，神奇”）在漢譯中常被譯爲“變”“變現”“神變”等；*nirmāṇa*（“變化，化作”）和*nirmita*（同前）也被譯爲“變”“變化”。這些“變”與我們正在考察的“變”顯然無關②。

梵文*citra*義爲“多樣顏色；像，畫。浮雕，雕刻着完整身體的浮雕”③，“立體像”④，以及“奇蹟；斑駁的；多樣的；奇怪的，美好的”等，語義與漢字“變”（“變化”“不尋常的自然現象”［例如“天變”］；“奇怪的，神秘的”［例如“怪變”；日語“変”意思爲“奇怪的，神秘的”］）十分接近⑤。此外，還有複合詞*citra-pusta*“彩色黏土”（塗上顏色的黏土像或陶像）⑥、*citra-bimba*（“神畫像”）⑦、*citrābhāsa*（“神畫像”；可畫在牆上、金屬上或布上⑧；畫在*paṭa*［布，板子或盤子］或牆上的畫⑨）、*citrārdha*（“半浮雕或畫身體一半的畫”）⑩。另外，現代印度語言中也用*citra*表示“用作講解故事的畫”這一意味，如：*narak citra*（“地獄繪”；古吉拉特语，來自梵語*naraka-citra*）⑪，*citrakathī*（“解繪者”；藉助展示圖片來講解故事的人）⑫，以及*citrakar* / *citrakār*（“畫家”，在西孟加拉用來表示“藉助繪製並展示圖畫來講解故事的人”）⑬。

筆者認爲，塗上了顏色的像、浮雕和畫可能在印度被稱爲*citra*、*citrābhāsa*等。在中國人們將傳統繪畫稱爲“圖”，而將印度這類與中國傳統繪畫毫不相同、色彩艷麗的繪畫、雕刻稱爲“變”。因爲與中國傳統藝術不同，所以“奇異，不常見，奇怪”，因此用作“變”。“變”最早見於《高僧法顯傳》（約414年）⑭，之後，就像我們在上面看到的那樣，“變”被用於表現各種來自印度的藝術作品，而絲毫没有考慮其原語的意義。中國人使用“變”來表現來自印度的佛教繪畫、雕刻，用以區別中國傳統的繪畫。但佛教經典中經常出現的*citra*（“畫”）和*citrakara*（“畫者”），在漢譯中則常被譯爲“畫”和“畫師”，而非“變”和“變師”，也許是因爲譯者更喜歡使用慣用詞彙的緣故。

---

① 關德棟（1947）認爲“變”是*maṇḍala*的音譯詞，這一看法與周紹良、白化文（1982）的觀點相同。但從語音學角度而言，不存在這樣的可能。參照Mair（1989：59f）。

② 參照Mair（1988：1）；Mair（1989：48-58）。（整理者按：原稿在參考文獻中未列出“Mair 1988”所對應的論著，此處可能是指梅維恆1988年由University of Hawaii Press出版的著作*Painting and Performance: Chinese Picture Recitation and Its Indian Genesis*，該書第1頁中將“變文”解釋爲“transformation texts”。）

③ Acharya（1934：195 = 1946：173），s.v. *CHITRA*. “a variety of colour; an image, painting, high or full relief; a full relief or image whose whole body is fully shown”. 該詞在印地語中義爲“畫，照片，肖像”。

④ 參照 TAK II 244, s.v. *citra*, “[three-dimensional] cult image”。

⑤ 周一良（1947）曾提出，“變”可能是Skt. *citra* 的翻譯，又見周一良（1996：162-169；= 1998：294-302）。參照Mair（1989：63）。

⑥ 參照 TAK II 245, s.v.。

⑦ 參照 TAK II 245, s.v.。

⑧ 參照 TAK II 245, s.v.。

⑨ Acharya（1934：196；= 1946：174）s.v. *CHITRĀBHĀSA*。

⑩ Acharya（1934：196 = 1946：175），s.v. *CHITRĀRDHA*。

⑪ 參照Mair 1989：106f。

⑫ 參照Mair 1989：86f。

⑬ 參照Mair 1989:87f。

⑭ 見262–263頁“（一）《高僧法顯傳》中‘變’義爲‘塑像’”。

七 敦煌寫本中“變”和“變文”以及晚唐詩歌中“轉變”的意思

幾部寫於920–980年的敦煌寫本①的題目中也有“變”，例如《破魔變》《降魔變》《八相變》《舜子變》《劉家太子變》等②。筆者認爲，這些題目中的“變”指“畫”，因此分別是“（佛）打敗魔王的畫”“（佛）征服魔王的畫”“（釋迦牟尼佛一生的）八個重要事情的畫”“舜子的畫”“劉姓家太子的畫”，而寫本的内容正是用來講解這些畫的臺詞，筆者將在下文予以説明。

最初這些“變”特指佛教主題的畫，但以後也用來指佛教傳入前的中國歷史事件和人物内容的畫。一些寫於10世紀的敦煌寫本的題目可證明筆者這一推論，例如，舜子變、舜子至孝變文、劉家太子變、漢將王陵變等。此外，晚唐期吉師老（生卒年不詳，約9–10世紀）有一首詩題爲《看蜀女轉昭君變》③，講述的是著名的王昭君出塞（公元前33年）故事。筆者想順帶解釋一下始現於晚唐的“轉變”④的意思。“轉變”可能義爲“打開畫軸”，並把畫軸展示給觀衆，就像下面日本奈良道成寺住持手持畫卷講故事的照片一樣：

上圖爲道成寺解繪（絵解き*Etoki*）情景，大阪四天王寺僧人拍攝⑤。

“變文”一詞出現在幾部敦煌寫本題目中，它們是：《降魔變文》《大目乾連冥間救母變文》《大目犍連變文》《舜子至孝變文》，這幾部經均寫於10世紀⑥。值得注意的是，“變文”一詞也是在這一時期才出現的⑦。

在印度、中亞及東亞曾有專門的僧人或法師（*dharmabhāṇaka*），他們用手指畫，給民

① 參照荒見泰史（2003：75-77）。

② 參照第259頁脚注2。

③ 《看蜀女轉昭君變》：妖姬未著石榴裙，自道家連錦水濆。檀口解知千載事，清詞堪歎九秋文。翠眉顰處楚邊月，畫卷開時塞外雲。説盡綺羅當日恨，昭君傳意向文君。（引自《全唐詩》第774卷）參照Mair（1989：152f）。

④ 例如上引《（看蜀女）轉（昭君）變》。李遠（802–870？年）有詩曰《轉變人》（一個打開卷上畫的人）：綺城春雨灑輕埃，同看蕭娘抱變來。時世險妝偏窈窕，風流新畫獨徘徊。場邊公子車輿合，帳裏明妃錦繡開。休向巫山覓雲雨，石幢陂下是陽臺。（引自最近在韓國發現的一部唐詩集《十抄詩》（*Sib Chosi*）；參照金程宇 Kim 2007：38-67）。此外還有以下例子：李林甫……乃設詭計。詐令僧設齋，或於要路轉變，其衆中有單貧者，即縛之，置密室中，授以絮衣，連枷作隊，急遞赴役。（胡璩 [活躍於9世紀後？]《譚賓録》引自《太平廣記》[977–978年]第269卷）；每日上皇與高公親看掃除庭院，芟薙草木，或講經論議，轉變説話。（郭湜 [700–788年]《高力士傳》引自14世紀《説郛》第111卷）。參照高井龍（2010：75f）。

⑤ 感謝照片中的道成寺住持小野俊成（Shunjō Ono）以及大阪四天王寺提供並允許筆者使用該照片。

⑥ 參照荒見泰史（2003：75-77）；高井龍（2010：78f）。

⑦ 參照高井龍（2010：78f）。

衆講述佛教故事。這些僧人或法師給來到寺院的信徒們詳細地講解每一幅壁畫上的故事情節，不僅如此，他們還攜帶着畫卷，去鄉村和城鎮給人們講解。因此，筆者推測，“變文”所意味的不是别的，正是這些講故事的僧人們使用的臺詞，即“講解某一幅畫的臺詞”。

正如前文265–266頁（3.2）所述，《歷代名畫記》講述了在一個寺院有一幅“降魔變”的壁畫①；而在敦煌發現的《降魔變文》則是解釋一幅描繪着同一主題的畫的臺詞。從這一意義上來説，“降魔變文”這一複合詞應讀作“降魔變”和“文”，而非“降魔”和“變文”。因此，上引題目分别義爲“講解（佛）降魔故事的畫的臺詞”“講解大目乾連冥間救母故事的畫的臺詞”“講解大目犍連故事的畫的臺詞”“講解舜子至孝故事的畫的臺詞”。

1965年在土庫曼斯坦的梅爾夫②出土了用佛教梵語書寫的寫本，大約寫於5世紀左右，其中有約200個佛教故事——筆者稱之爲《梅爾夫的譬喻集萃》（The *Avadāna* Anthology from Merv）③。在這一故事集中出現的*vistareṇa vācyaṃ*、*vistareṇa vaktavyam* 以及*vistareṇa karttavyaṃ*，都意味着“應該詳細講述（某某故事）”。可以設想，這個寫本是爲一位講故事的僧人而寫，而這個僧人一定是牢記了這些故事，因此無需將其中細節一一寫出。很有可能是一個講故事的大師爲了讓這些故事得以流傳下去，自己或命他人寫下了這一寫本，傳給他的繼承人或弟子。對於這位大師及其弟子而言，他們熟知這些故事，因此没有必要把這些故事完整地寫下來。從頭到第127個故事基本上是散文，而第131–193則由很簡短的散文和一兩句詩構成。例如第159個故事，題爲“樹”，内容是這樣的：④

對於孫陀利的死的誹謗（這個故事）應該詳細講述。猴群的頭目念了一首詩：

> “當然對於那些有很多事要做的人而言，同樣的事會發生。咱們（慢慢地）吃（樹上的）鎮頭迦果！（爲了抓我們）他們還必須砍倒很多樹！”
>
> 佛説：“比丘們，你們可能這樣想（：那時猴群的頭目是誰？……”）其餘部分應詳細講述。

《梅爾夫的譬喻集萃》的形式與變文的形式相似。

現在很多人爲求方便，常用“變文”指代敦煌寫本中由散文、偈頌結合的白話説唱文本，但這種用法是錯誤的。“變文”一詞不應用於一部與畫毫無關係的寫本上。

八 講故事的僧人

敦煌出土的一些畫“行脚僧”的畫上，這些“行脚僧”多頭戴帽子，手拿蒲扇，身背卷軸，身邊有一只老虎爲伴⑤。大多數人誤認爲這是從中國到印度的僧人，比如玄奘；還有一些人認爲表現的是傳道僧人身負經卷，從一個村落走到另一個村落。如果是傳道僧人，那麽他們一定記得經典，不必要背負如此多的經卷，因此畫上的僧人必然是講故事僧，他

---

① 在其第三卷中有：光宅寺　東菩提院内北壁東西偏，尉遲畫降魔等變。

② 譯者按：梅爾夫（Merv）古稱“木鹿城”，見於《後漢書·西域傳》。

③ Karashima and Vorobyova-Desyatovskaya（2015：145-505）。

④ 參照前 Karashima and Vorobyova-Desyatovskaya（2015：294）。

⑤ 參照 Akiyama（1965）；Mair（1986：29-42）；謝繼勝（2010：204-224）；更多例子見Feltham（2012）。

們身上背負的卷子——與印度貝葉經寫本或一般寬度僅30cm左右的中國的經卷完全不同——不是别的，正是我們現在正在探討的“變”，即畫卷，就像前文奈良道成寺“解繪”的照片一樣。蘇珊·惠特菲爾德（Susan Whitfield）將大英圖書館内一幅這類主題的畫命名爲“an itinerant storyteller”（一個巡迴講故事者），筆者認爲，她的解釋非常正確（見下圖）。

左：9世紀末；斯坦因，第二次探險隊，敦煌第17窟；現保存在大英博物館；照片來自Whitfield《*The Silk Road: Trade, Travel, War and Faith*》128頁（ed. Susan Whitfield with Ursula Sims- Williams, 2004，Chicago: Serindia Publications）。

右: 9世紀, 敦煌, 現爲韓国國立中央博物館收藏。照片來自韓國首爾三和出版社1986年出版《中央아시아美術: 國立中央博物館所蔵》（《国立中央博物館收藏品》），no. 22。

僧人用畫講故事的傳統在日本流傳了下來, 日語叫作“絵解き”（*etoki*, “講解畫”）。

在日本奈良葛城市當麻寺僧人講畫的情景（絵解き*Etoki*）①

① 感謝照片中的當麻寺僧人松村實秀（Jisshū Matsumura）允許筆者使用該照片。

後記

在亞洲研究的衆多領域，都已呈現出深度專業化的態勢，其結果是當今很多學者都陷入了所謂“竪井心理”（silo mentality），不與其他研究方向較接近的學者交换信息。每當筆者讀上個世紀東方學的大家，如列維（Sylvain Lévi；1863–1935年）、沙畹（Édouard Chavannes；1865–1918年）、拉瓦類布散（Louis de La Vallée-Poussin；1869–1938年）、伯希和（Paul Eugène Pelliot；1878–1945年）、戴密微（Paul Demiéville；1894–1979年）及拉冒特（Étienne Lamotte；1903–1983年）等的著作，總是感歎於他們對於印度學、漢學及佛教學理解之深刻、學識之淵博。筆者相信，如此深刻的理解和淵博的學識源於他們大量的原典閱讀以及與相鄰專業學者間的交流。

敦煌出土的寫本是印度和中國文化的混合體，研究這些写本時不僅需要漢學方面的知識，同時也需要對於印度學的研究的了解。“變”和“變文”並非産生在敦煌，而是在通過“畫”宣揚佛法的過程中，逐漸自印度經中亞傳播到至東亞。爲了追溯這一軌跡，我們需要讀多種語言書寫的原典，並與相關專業的專家學者進行交流。“變文”與上述《梅爾夫的譬喻集萃》及近年在巴基斯坦出土的犍陀羅語佛教故事寫本①的對比研究意義非常。

縮略語及符號表

IBInsc = 塚本啓祥. インド仏教碑銘の研究[M]. part I, Text, Notes and Japanese Translation; part II, Indices, Maps and Illustrations; part III, Inscriptions in Northern Areas, Pakistan, Kyoto: Heirakuji Shoten 平樂寺書店，1996-2003.

s.e. = scribal error（訛誤字）

Sp = *Samantapāsādikā*, Buddhaghosa's Commentary on the *Vinaya Piṭaka* 覺音《一切善見律注》[M]. ed. J. Takakusu 高楠順次郎 and M. Nagai 長井真琴, 7 vols., London, 1924-1947: PTS, [2]1966-1982.

SP = *Saddharmapuṇḍarīka* 梵語法華經[M]. Hendrik Kern and Bunyiu Nanjio 南條文雄 (ed.), St. Petersbourg, 1908-1912: Académie Impériale des Sciences (Bibliotheca Buddhica X); repr.: Tokyo, 1977: Meicho-Fukyū-Kai 名著普及會.

Skt. = Sanskrit（梵語）

Sp(Ch.tr) = *Shan-Chien-P'i-P'o-Sha* 善見律毘婆沙: *A Chinese version by Saṅghabhadra of Samantapāsādikā: Commentary on Pali Vinaya*[M], trans. by P.V. Bapat, in collaboration with A. Hirakawa 平川彰, Poona, 1970: Bhandarkar Oriental Research Institute (Bhandarkar Oriental Series, no. 10).

T = *Taishō Shinshū Daizōkyō* 大正新修大藏經[M]，ed. Junjirō Takakusu 高楠順次郎, Kaikyoku Watanabe 渡邊海旭, 100 vols., Tokyo, 1924-1934.

TAK = *Tāntrikābhidhānakośa = Dictionnaire des termes techniques de la littérature hindoue tantrique = A Dictionary of Technical Terms from Hindu Tantric Literature = Wörterbuch zur Terminologie hinduistischer Tantren*[M], sous la direction de H. Brunner, G. Oberhammer *et al.*, I (2000), II (2004), III (2013); Wien: Verlag der Österreichischen Akademie der Wis- senschaften (Österreichische Akademie der Wissenschaften, Philosophisch-Historische Klasse, Sitzungsberichte, 681, 714, 839; Beiträge zur Kultur- und Geistesgeschichte Asiens, Nr. 35, 44, 76).

X = 卍新纂續藏 = 新纂大日本續藏經[M], ed. Koshō Kawamura 河村孝照 *et al.*, Tokyo, 1975-1989: Kokusho Kankōkai 国書刊行会, 90 vols.

① 參照Lenz（2003）、Lenz（2010）。

*= 推定的詞形。在文獻中還未確認。如，*snāru
{} = 多餘字
<　> = 遺漏字
← = α ← β: 漢字（或梵語）β應換作α
- = 没有對應

參考文獻

[1] Acharya, Prasanna Kumar. *A Dictionary of Hindu Architecture: Treating of Sanskrit Architectural Terms with Illustrative Quotations from Silpaśāstras, General Literature and Archaeological Records*[M]. London: Oxford University Press (Monasara Series, vol. 1); repr.: New Delhi [2]1981: Oriental Books Reprint Corporation, 1934.

[2] Acharya, Prasanna Kumar. *An Encyclopaedia of Hindu Architecture*[M]. London: Oxford University Press (Manasara Series, vol. VII); repr.: New Delhi 1993: Munshiram Manoharlal Publishers, 1946.

[3] Arami, Hiroshi 荒見泰史. 変と変文[J]. 国文学解釈と鑑賞，東京：至文堂，no. 68.6, 2003：72-89.

[4] Arami, Hiroshi 荒見泰史. 敦煌變文寫本的研究[M]. 華林博士文庫，9，北京：中華書局，2010.

[5] Chavannes, Édouard. "Voyage de Song-yun dans l'Udyāna et le Gandhāra: 518-522 p. C." [J]. in: *Bulletin de l'Ecole française d'Extrême-Orient*, 3, 1903: 379-441.

[6] Feltham, Heleanor. *Encounter with a Tiger Traveling West*[M]. Sino-Platonic Papers, no. 231, Philadelphia: Department of East Asian Languages and Civilizations, University of Pennsylvania, 2012.

[7] 關德棟. 略説"變"字的來源[N]. 上海大晚報，1947-04-14.（= 周 / 白 1982: 235-238）

[8] 国立中央博物館. 中央아시아美術：國立中央博物館所蔵[M]. 首爾：三和出版社，1986.

[9] Kanaoka, Shōkō 金岡照光（編）. 敦煌の文学文献[M]. 東京：大東出版社，1990.

[10] Karashima, Seishi 辛嶋静志 and M. I. Vorobyova-Desyatovskaya. "The *Avadāna* Anthology from Merv, Turkmenistan", in: *Buddhist Manuscripts from Central Asia: The St. Petersburg Sanskrit Fragments* (StPSF)[M]. ed. Seishi Karashima and Margarita I. Vorobyova-Desyatovskaya, 2015: 145-505.

[11] Kim, Jeong-u 金程宇. 域外漢籍叢考[M]. 北京：中華書局，2007.

[12] Lenz, Timothy. *A New Version of the Gāndhārī Dharmapada and a Collection of Previous-Birth Stories: British Library Kharoṣṭhī Fragments 16 + 25*[M]. Seattle: University of Washington Press (Gandhāran Buddhist Texts 3), 2003.

[13] Lenz, Timothy. *Gandharan Avadanas: British Library Kharosthi Fragments 1-3 and 21 and Supplementary Fragments A-C*[M]. Seattle: University of Washington Press (Gandhāran Buddhist Texts 6), 2010.

[14] Mair, Victor H. 梅維恒. "The Origins of an Iconographical Form of the Pilgrim Hsuan-tsang"[J], in: *Tang Studies* 4: 29-42. Boston: Maney Publishing, 1986.

[15] Mair, Victor H. 梅維恒. *T'ang Transformatiosn Texts: A Study of the Buddhist Contribution to the Rise of Vernacular Fiction and Drama in China*[M]. Cambridge, Mass.: Harvard University Press (Harvard-Yenching Institute Monograph Series, 28), 1989.

[16] 饒宗頤. 從"睒變"論變文與圖繪之關係[C]. 東洋学論集：池田末利博士古稀記念，池田末利博士古稀記念事業實行委員會，1980：627-640（=1993：319-335）

[17] 饒宗頤. 梵學集[M]. 上海：上海古籍出版社，1993.

[18] Sadakata, Akira 定方晟. 雀離浮図の名について[J]. 印度學佛教學研究, 57, 1980: 31-36.

[19] Akiyama, Terukazu 秋山光和. 敦煌画「虎をつれた行脚僧」をめぐる考察 -- ペリオ将来絹絵二遺例の紹介を中心に[J]. 美術研究，東京文化財研究所，no. 238, 1965: 1-21.

[20] Takai, Ryū 高井龍. "変"から"変文"へ[J]. アジア社会文化研究，11，2010：58-82.

[21] Takai, Ryū 高井龍. 「金剛醜女縁」寫本の基礎的研究[J]. 京都：敦煌寫本研究年報，5，2011：257-285.

[22] Whitfield, Susan and Ursula Sims- Williams (ed.). *The Silk Road: Trade, Travel, War and Faith*[M]. Chicago: Serindia Publications, 2004.

[23] Wu Hung. 巫鴻 "What is Bianxiang? -- On the Relationship Between Dunhuang Art and Dunhuang Literature"[J]. in: *Harvard Journal of Asiatic Studies*, vol. 52, no. 1, 1992: 111-192.
[24] 謝繼勝（主編）. 藏傳佛教藝術發展史（2卷）[M]. 上海：上海書畫出版社，2010.
[25] 于向東. 敦煌變相與變文研究[M]. 兰州：甘肅教育出版社，2009.
[26] 鄭阿財. 敦煌講經文是否爲變文争議之平議[J]. 上海：敦煌吐魯番研究，12，2011：303-321.
[27] 周紹良、白化文. 敦煌變文論文録[M]. 上海：上海古籍出版社，1982.
[28] 周一良. 讀《唐代俗講考》[J]. 天津大公報圖書週刊，6，1947.（＝1996：162-169.＝1998：294-302.＝周 / 白 1982：157-164.）
[29] 周一良. 唐代密宗[M]. 錢文忠譯. 上海：上海遠東出版社，1996.
[30] 周一良. 周一良集（第3卷）・佛教史與敦煌學[M]，瀋陽：遼寧教育出版社，1998.

Meanings of *bian* (變), *bianxiang* (變相) and *bianwen* (變文)

Seishi Karashima
Translated by Qiu Yunqing

Abstract: Concerning the meanings of *bian* (變) and *bianwen* (變文), which appear in the titles of 18 Dunhuang manuscripts, there have been dozens of articles written, but their meanings and definitions remain obscure. As is pointed out, they are clearly related to paintings. However, as their meanings have not been clearly defined, some Dunhuang documents, which are apparently nothing to do with paintings, are often incorrectly labelled in modern publications as *bianwen*. In addition, it is not yet clear how they are related to paintings. At first, we shall investigate the meaning of *bian* (變) in Chinese translations, which have parallels in other languages, and then in non-translation texts. After that, we shall examine the meaning of *bianxiang* (變相), and finally clarify what *bianwen* (變文) means.

Key words: *bian* (變), *bianxiang* (變相), *bianwen* (變文), Dunhuang manuscript, language of Chinese Buddhist text

通信地址：東京都八王子市丹木町1-236創價大學國際佛教高等研究所
郵　　編：192-8577
E-mail：iriab@soka.ac.jp

早期寫經與刻經互證瑣議 *

——以《太子須大拏經》爲例

方一新

内容提要　利用傳世刻本大藏經進行語言研究，應用古寫經、較早期刻經對校，兼參玄應《一切經音義》、慧琳《一切經音義》等佛經音義書，比勘異同，訂正訛誤，使研究建立在扎實可信的基礎之上。以西秦聖堅翻譯的《太子須大拏經》"字面生澀而義晦"的"三顛""凸臆"以及"字面普通而義别"的"速—促""心感—心慼"幾組詞語爲例。

關鍵詞　古寫經　佛經音義　三顛　凸臆　促　心感

近二三十年來，利用漢譯佛經進行研究已經成爲漢語史研究領域的常態，學者們常常利用譯經材料，進行相關研究，取得了不少可觀的成果。

以往較多利用的是日本刊行的《大正新修大藏經》[日本大正年間(約 1922—1932)刊行，簡稱《大正藏》]，後來，《中華大藏經》《高麗藏》《磧砂藏》《嘉興藏》等刻經陸續出版，也給人們利用提供了便利。

值得注意的是，敦煌遺書中絶大多數是佛經寫卷，這些寫經對傳世佛經的校勘有較大的參考價值；日本收藏的古寫經(如已經公開的金剛寺本、七寺本寫經)也有相當大的校勘價值。時賢如落合俊典、衣川賢次、梁曉虹、王招國(定源)等已在這方面作過研究，予人啟迪。

筆者一直有一個想法：傳世刊刻的大藏經，應用古寫經、較早期刻經對校，兼參玄應《一切經音義》、慧琳《一切經音義》、可洪《新集藏經音義隨函録》等佛經音義書，訂正訛誤，方能提高其科學性和準確性，方便使用。今以西秦聖堅翻譯的《太子須大拏經》的數則詞語爲例，對利用古寫經、較早期刻經對校傳世本大藏經的途徑、作用略述一二，不當之處，請方家正之。

一　注意"字面生澀而義晦者"，比較互證

利用漢譯佛經，應該注意"字面生澀而義晦者"，參考早期或較早期刻經及相關寫經、佛經音義書，儘量做到比較互證，避免先入爲主，倉促取捨。以"三顛""凸臆"二詞語爲例。

1. 三顛

(1)《太子須大拏經》："時鳩留國有一貧窮婆羅門，年四十乃取婦，婦大端正。婆羅

* 國家社會科學基金重大項目"漢語詞彙通史"(14ZDB093)的中期成果。修改過程中蒙王雲路教授、真大成副教授以及路方鴿、孫尊章、岳曉峰、盧鷺、孟奕辰、李乃琦等幾位博士是正，在此一併致謝。

門有十二醜：身體黑如漆，面上三顀。”大正藏校記：顀＝腄【宋】，＝䣨【元】【明】

顀，同“憔”。《説文・頁部》：“顀，顀頟也。”“三顀”説不通，當有訛誤。

可供比勘的是，顀，宋元以來刻經、古寫經系列有多個異文，較爲複雜；這些異文材料，爲字詞理解提供了綫索。

高麗藏初雕本作䨹

普寧藏、徑山藏作䣨

高麗藏再雕本作顀

南宋資福藏作腄

日本金剛寺藏古寫經亦作腄

日本七寺藏古寫經作䭔

諸本字形紛繁錯出，然則究竟何者爲是？

1.1　先看“顀”(chuí)。高丽藏再雕本作“顀”。

在諸多較早刻經、古寫經中，唯有高麗藏再雕本作“顀”；“顀”“顀”形近，當有一誤。

與《太子須大拏經》“面上三顀”例位置相應處，玄應《一切經音義》卷五《太子須大拏經》以“三顀”出條，云：“直追反。《説文》：‘額出也。’今江南言顀頭胅額，乃以顀（當作‘顀’——引者）爲後枕高胅之名也。經文作膇，未見所出。”《慧琳音義》卷三三引同。

《玄應音義》所謂“顀頭胅額”，殆即指人的額頭凸出、鼓出的樣子。根據《玄應音義》此條材料可知，《太子須大拏經》“面上三顀”，“三”表示多，“顀”應作“顀”，乃狀（腦袋）鼓出、凸出貌。句意蓋謂臉上長了數個類似肉瘤的凸出物。“顀”由指額頭凸出轉爲形容長有數個贅疣凸出的肉瘤，詞義是一脈相承的。有玄應、慧琳的佛經音義書爲佐證，似可證明“顀”爲較早的字形；大正藏誤作“顀”，不通，賴有高麗藏再雕本，得以校正爲“顀”。

另外，《玄應音義》“乃以顀爲後枕高胅之名也”一句的“顀”當作“顀”，也説明“顀”“顀”二字形近易誤。

1.2　次看“䨹”“䣨”。高麗藏初雕本作䨹，元普寧藏、明徑山藏作䣨，“䨹”即“䣨”之俗體。

《漢語大字典》：“䣨䨹(zhānduī)，也單用作‘䣨’。《篇海類編・身體類・面部》：‘䣨，醜面皃。’”

䣨(䨹)從“𠂤”聲，𠂤，本爲“堆”的古字。《説文・𠂤部》：“𠂤，小𨸏也。象形。”徐鍇繫傳：“𠂤，今俗作堆。”引申之，從“𠂤”得聲之字，常有堆積、凸出、贅疣義。

1.3　再看“腄”(chuí)。日本金剛寺藏古寫經作“三腄”，與今宋本（南宋資福藏）、《中華大藏經》本相合，值得注意。

《説文・頁部》：“腄，瘢胝也。从肉，垂聲。”朱駿聲通訓定聲：“腄，俗謂之老繭。”本義謂瘢胝，繭疤，既可指頭臉疙疙瘩瘩，贅疣凸出；也可指身體（四肢）初具形狀，凸起鼓出。

日本七寺本寫經則作“䭔”（用漆和灰以塗器物），較生僻；疑即“腄”之换旁異体字。

上揭各例異文，有從“隹”得聲的，“顀”是也；有從“𠂤”“追”得聲的，“膇”“䭔”是也；有從“垂”得聲的，“腄”“埵”“硾”“菙”諸字是也；它們讀音相近，詞義相通，故譯經中常見通用。

如此看來，《太子須大拏經》所云“面上三顀”的“顀”，是個錯字，本當作“顀”，原謂額頭突出，轉指臉上長有贅疣凸出的幾個肉瘤，形容相貌難看、醜陋。以同音或音近换聲旁通假，借作“腄”“䨹”“䣨”“膇”等，所謂音近義通之詞是也。

能知道這些異文,還在於對較早期刻經與古寫經的調查、考證,因此,對字面生僻的疑難字詞,最好能多繫聯一些相關的刻本與寫本,舉一反三,有助於抉擇、判斷。

刻經與寫經互證,早期或較早期佛經與中土典籍互證,有時或與古詞古義有關,以“凸臗”爲例。

2. 凸臗

(8)《太子須大拏經》:“大腹凸臗,脚復繚戾。”

這裏的“凸臗”,也有異文:大正藏校記:凸臗＝胅寬【宋】,＝凸髖【元】【明】。

大正藏作凸臗。

南宋資福藏作胅寬,中華大藏經、可洪音義同。金剛寺本寫經正作胅寬。

七寺本寫經作肤寬。

普寧藏、徑山藏作凸髖,玄應音義、慧琳音義同。

高麗藏初雕本作胅臗。

高麗藏再雕本作凸臗,是大正藏所本。

這裏,寬、髖、臗並同,指人的髖骨①。係組成骨盆的大骨,左右各一,形狀不規則,由髂骨、坐骨、恥骨合成。通稱胯骨。《素問·氣交變大論》:“甚則屈不能伸,髖髀如別。”

玄應《一切經音義》卷十四《四分律》三十一卷音義“凸髖”條:“徒結反。《抱朴子》曰:‘凸起也。’下又作臗。同苦丸、苦昆二反。”

兹將寫經、刻經的異文列表如下:

寫經	刻經	音義書	上字形	下字形	讀音
金剛寺本	南宋資福藏 中華大藏經	可洪音義	胅 徒結切 定母屑韻	寬 屋寬大也。从宀,萈聲	dié kuān
	高麗藏初雕本		胅	臗	同上
七寺本			肤(胅)	寬	同上
	元普寧藏、明徑山藏	玄應音義 慧琳音義	凸 陀骨切(又徒結切) 定母没韻	髖	tū kuān
	高麗藏再雕本 大正新修大藏經		凸	臗	同上

值得注意的是,日本金剛寺本寫經作胅寬,日本七寺寫經作“肤寬”②,“肤”即“胅”之俗寫。與南宋資福藏、中華大藏經並同。

在這個雙音節的詞語裏,上字,宋元以來刻經、日本古寫經金剛寺本不約而同均作“胅”。

---

① 髖,本指臀部。《説文·骨部》:“髖,髀上也。”桂馥義證:“髀上也者,《一切經音義》二引同。又十四引《廣雅》:‘髖,臀也。’《埤蒼》:‘髖,尻也。’《集韻》引《廣雅》:‘髖,尻也。’”

② 七寺寫經作“肤”,即“胅”之俗寫。該寫經從“失”之字或寫作“夫”,如“我即失父王意”,“失”,七寺本作“夫”,可相比照。

胅,是中古産生的新詞,《説文·肉部》:"胅,骨差也。"指骨頭錯位。

(9)《睡虎地秦墓竹簡·法律答問》79號簡:"妻悍,夫毆治之,夬(决)其耳,若折支(肢)指、胅膻(體),問夫可(何)論? 當耐。"

(10)《張家山漢簡·二年律令·賊律》27-28號簡:"鬭而以釖及金鐵鋭、錘、椎傷人,皆完爲城旦舂。其非用此物而旫人,折枳、齒、指,胅體,斷觖(决)鼻、耳者,耐。其毋傷也,下爵毆上爵,罰金四兩。"以上律文,在《唐律疏議》中對應爲"折跌人支體",注:"折支者、折骨跌體者,骨差跌,失其常處。"①段注"胅"云:"謂骨節差忒不相值,故胅出也。蘇林《漢書注》云:'窅胅,窅謂入,胅謂出。'《爾雅注》云:胅起高二尺許。《山海經》'結匈國'注云:臆前胅出如人結喉。玄應書頞頭胅額皆是窅胅。《倉頡篇》作'容胅',葛洪《字苑》作'凹凸',今俗通用作坳突。"

因此,"胅"的本義是指骨頭錯位,引申出凸出、高出義。

胅,玄應《一切經音義》卷一《大方廣佛華嚴經》第十八卷音義:"力周反。《通俗文》:'肉胅曰瘤。'《三蒼》:'瘤,小腫也。'尾即無瘤,經文作流注之流,非也。胅,音徒結反。"又卷五《太子須大拏經》音義"三頞"條:"直追反。《説文》:'額出也。'今江南言頞頭胅額,乃以頞爲後枕高胅之名也,經文作膇,未見所出。"

《廣雅·釋詁二》:"胅,腫也。"《説文·疒部》:"瘤,腫也。"然則"胅"即肉瘤。

可洪《新集藏經音義隨函録》卷二〇"牙雹"條:步角反。内(應作肉)胅起皃也。正作臊、砲二形。又應和尚以皰替之,步孝反。"

又卷六"胅寛"條:"上田結反,下苦官反。高起也。正作凸髖。"

胅,早期或省形作"失"。

(11)姚秦鳩摩羅什譯《坐禪三昧經》卷上:"五十六者,腹不見不出。五十七者,不凸腹。"凸,元普寧藏、明徑山藏及日本宫内廳圖書寮本均作"失";失,即胅,指凸出,鼓出。

(12)姚秦鳩摩羅什譯《大智度論》卷八八:"八十隨形好具足,唯佛菩薩有之;餘人正可有少許,或指纖長,或失腹,有如是等無威德之好,不足言。"失腹,即胅腹,指腹部凸起,發福。

"胅"是中古以來産生的新詞,典籍習見:

(13)《爾雅·釋畜》"犦牛"晋郭璞注:"領上肉犦胅起,高二尺許。"

(14)《肘後備急方》卷四"治卒大腹水病方·附方":"又方:卒患腫滿,普有人忽脚胅腫,漸上至膝,足不可踐地。"

(15)又卷四"治虚損羸瘦不堪勞動方":"其根在五藏六府之中,或皮燥而無光,蒸作之時,四肢漸細,足胅腫者。"

至於"凸",也是一個較早見到的佛經用字。《玉篇·亞部》:"凸,起皃。"《廣韻·没韻》:"凸,凸出皃。"較早用例,殆爲東晋十六國時期的譯經。

(16)失譯附秦録《無明羅刹集》卷上:"眼如電光,頭上火然,鼻大疱凸,雙牙鋒出。"

(17)姚秦佛陀耶舍共竺佛念等譯《四分律》卷三五:"時龍王身脹滿房中,窓户嚮孔中,身皆凸出。"

(18)姚秦佛陀耶舍共竺佛念等譯《四分律》卷三一:"時彼祠祀衆中,第一上座大婆

---

① 此二例蒙友生路方鴿博士檢示,專此申謝。

羅門,是王大臣,有十二醜:瞎、僂、凸背、瘿、黄色、黄頭、眼青、鋸齒、齒黑、手脚曲戾、身不與人等、凸髖。"

(19)唐定宾撰《四分律疏飾宗義記》卷七"彌劫摩納移十二醜"下注:"十二醜者:一膒屢,二凸瘠,三瘿,四黄色,五黄頭,六眼青,七鋸齒,八齒黑,第九、第十手脚曲戾,十一身不與人等,十二凸臗也。"

(20)唐道世《法苑珠林》卷六七引《罪業報應教化地獄經》:"大腹凸髖,脚復繚戾。"

也有聲近義通之詞,如:

垤。

(21)元魏菩提留支譯《大薩遮尼乾子所説經》卷三:"彼轉輪王所有床寶,立能平正,安隱不動,不高不下,不廣不狹,不長不短,不坤不垤,不堅不軟,不澁不滑,柔軟得所。"不坤不垤,宋資福藏作"不埤不垤",元普寧藏、明徑山藏、日本宫内廳本、聖語藏本均作"不凹不凸"。可洪《新集藏經音義隨函録》卷六"不垤"條:"徒結反。正作凸。"均可證"垤"與"凸"同。

眣。玄應《一切經音義》卷一《大威德陁羅尼經》第一卷音義"目眣"條:"徒結反。《字書》:'目出也。'又作凸。"

垤、眣當即"凸"字,與"肤"亦屬聲近義通,並可通用。

雖然作"肤"、作"凸"存在異文,也較難斷定孰先孰後,但較早的刻經、金剛寺、七寺本寫經作"肤",後來刻經方作"凸",則是不争的事實。

筆者推測:在表示(身體相關部位)凸出、鼓出,凹凸不平這一義位上,"肤""凸"是古今詞的關係,而判定這一關係的根據,就是早期的刻經與古寫經。

二 注意"字面普通而義别者",掘發古詞奥義

閱讀、利用較早期佛經,除了需要注意"字面生澀而義晦者"外,更需要注意的是那些看上去簡單,但極易誤解的"字面普通而義别者",掘發特殊的古詞奥義,以"速—促""心感—心感"兩組詞語爲例。

3. 速—促

(22)《太子須大拏經》:"王語太子:'速出國去,徙汝著檀特山中十二年。'"

速,宋資福藏、元普寧藏、明徑山藏均作"促",金剛寺本寫經同——"促"均謂急忙,趕緊也,這一類的異文很珍貴。七寺本寫經作"從"。

(23)《太子須大拏經》:"速疾出去,不聽汝也。"

速,宋資福藏、元普寧藏、明徑山藏均作"促"。金剛寺本亦作:"促出國去,不聽汝也。"七寺本則作"從疾出去",與諸本不同。

(24)《太子須大拏經》:"速將衒賣之,更求可使者。"

速,金剛寺本作"促",詞義同上。七寺本作:"從將行衒賣,更求可使者。"

(25)《太子須大拏經》:"王遣使者,速迎太子還。"

速,宋資福藏、元普寧藏、明徑山藏均作“促”,金剛寺本亦作“促”;七寺本作“從”。

從以上各例看,今刻本作“速”者,較早的刻經大都作“促”,乃急忙、趕緊義;日本金剛寺本古寫經亦作“促”。可謂不謀而合。唯七寺本寫經多作“從”,是爲異文。

東漢以來,“促”即有迅速、馬上義,載籍習見,如:

(26)舊題三國吴竺律炎譯《三摩竭經》:“諸尼揵皆瞋恚三摩竭所,即告王言:‘從何得此熒惑不吉利之人在王宫?促遣令去;若不遣去者,當壞敗王國中。’”

(27)三国吴康僧會譯《六度集經》卷二:“王夫人者,本大國王女,端正無雙,手足柔軟,生長深宫不更寒苦。又復重身,懷妊數月,步隨大家,舉身皆痛,足底破傷,不能復前,疲極在後。時婆羅門還顧罵言:‘汝今作婢,當如婢法,不可以汝本時之態。’夫人長跪白言:‘不敢!但小疲極,住止息耳。’喊言:‘疾來,促隨我後。’前到國市,别賣奴婢,各與一主,相去數里。”

(28)又:“其後數日,時婢[挽>娩]娠所生男兒,夫人恚言:‘汝爲婢使,那得此兒?’促取殺之。”

(29)西晋竺法護譯《生經》卷一:“於是婬女,以偈頌曰:‘假使卿身無財業,何爲立志求難致?如卿所作無羞慚,馳走促出離我家。’”

(30)又卷三:“王及夫人,歡喜無量。便角睮眼,色視夫人。王遥見之,心懷忿怒,促勅侍者:‘斬其頭來。何以睮眼視吾夫人?’”

(31)又卷五:“烏以偈答婦曰:‘我身吉祥有所緣,於今天時大霖雨,汝促開户無惱我,且持食來活我命。’”

(32)失譯今附東晋録《菩薩本行經》卷中:“須達答言:‘此非是火也。初夜四天王來下見我,中夜第二天帝來下見我,後夜第七梵天來下見我,是天身上光明之焰,非是火也。’使聞其語,即往白王,王聞如是,心驚毛竪。王言:‘此人福德殊特乃爾,我今云何而毁辱之?’即勅吏言:‘促放出去,勿使稽遲。’便放令去。”

(33)舊題後漢安世高譯《太子慕魄經》:“生世如寄,無一可怙,年衰歲移,老命促疾,不可逡蠕,去道日遠。”

(34)西晋竺法護譯《普曜經》卷四:“聖百福相威光巍巍,雨衆天華地六反震動,華遍佛國。但聞天言:‘促促開門。’”

(35)南朝宋求那跋陀羅譯《大意經》:“海神便出衆寶以與大意,大意不取,告言:‘不用是輩,但欲得我珠耳,促還我珠,終不相置也。’海神知其意感,便出珠還之。”

上揭各例“促”義並同。正因爲“促”在中古時期産生了急速、急忙、趕緊義,故每每與“速”形成異文。從金剛寺寫經及較早期刻經看,原即作“促”的可能性較大。而七寺本古寫經多作“從”者,當是“促”與“從”字形相近,因而致誤,應從其餘各本作“促”。

“促”還有誤成它字的可能。

(36)西晋竺法護譯《修行道地經》卷一:“急急呼醫:‘捉來上車!’”捉,宋資福藏、元普寧藏、明徑山藏及日本宫内廳本皆作“促”。

考察相關的異譯經,則作:

(37)後漢安世高譯《道地經》:“呼醫已,急駕車使上。”北凉曇無讖譯《大般涅槃經》

卷二〇:“頭蒙塵土,著弊壞衣,載故壞車,語彼醫言:‘速疾上車。’”①

與“捉”對應的分别是“急”和“速疾”,顯然,“捉”當是“促”的誤字,表急忙、迅疾之義;二字形近,較易訛誤。

4. 心感—心慼

留意“字面普通而義别”的詞語,有可能發現古寫經、較早期刻經所體現的詞語演變的有價值的綫索,進而追蹤、考察詞義演變的“史”的軌迹。以“心感—心慼”一組詞爲例。

(38)《太子須大拏經》:“王聞人求太子,心感且恚,言:‘但坐是輩故,逐我太子。今此人復來耶?’”大正藏校記:感＝慼【元】【明】

按:金剛寺本、七寺本寫經均作“心感”②,與高麗藏、資福藏同。元普寧藏、明徑山藏作“心慼”,誤。除了“感”“慼”形近,也有因不明“心感”之義而誤改的可能。

(39)失譯附後漢録《雜譬喻經》卷下:“昔有老母,唯有一子,得病命終,載著塚間,停尸哀感,不能自勝。”感,宋資福藏、元普寧藏、明徑山藏均作“慼”。

(40)題三國吴支謙譯《黑氏梵志經》:“愁感惘惘,心懷湯火,坐起不安,爲長歎息。”感,明徑山藏作“戚”,日本宫内廳本作“慼”。

(41)西晋竺法護譯《如幻三昧經》卷上:“人尊滅度已,將無懷憂感。”感,宋資福藏作“戚”,日本宫内廳本作“慼”。

(42)西晋竺法護譯《普曜經》卷三:“益衆伎女、[綵＞婇]女娱樂,令太子悦,不懷憂感。”感,宋資福藏、元普寧藏、明徑山藏均作“慼”③。

據初步調查,唐代以前的漢文佛典中,未見“心慼”的説法;“心慼(心戚)”最早見於唐代佛典,如:

(43)唐玄奘譯《阿毘達磨順正理論》卷十一:“若觸憂根便起惡作,爾時惡作理同憂根,故説惡作有如是相,謂令心慼。惡作心品若離憂根,誰令心慼?”

(44)唐棲復集《法華經玄贊要集》卷十三:“心戚名憂,憂是戚行。”

“心慼(心戚)”蓋謂(心裏)感傷、憂傷,故常與“憂”並提共現。

與“心戚(心戚)”唐前佛典文獻未見不同,“心感”是中古譯經習語。

“慼”有(因感觸而)悲傷、傷心義,《廣雅·釋詁二》:“慼,慯也。”《玉篇·心部》:“慼,傷也。”《文選·王粲〈登樓賦〉》:“心悽愴以感發兮,意忉怛而憯惻。”《三國志·魏志·邴原傳》裴注引《原别傳》:“師問曰:‘童子何悲?’原曰:‘孤者易傷,貧者易感。’”

考中古譯經中,“心感”有二義:

一爲(因感觸、感慨而引發的)悲愴、傷痛義。

(45)三国吴康僧會譯《六度集經》卷二:“今兒戲具,泥象泥牛、泥馬泥猪,雜巧諸物縱横于地,覩之心感,吾且發狂,將爲虎狼鬼�盜賊吞乎?”這是母親(須大拏妻曼坻)只見到兒女的玩具,未見到自己兒女,極度悲愴傷痛時説的話。

① 此條異文材料蒙盧鷺博士檢示,特致謝忱。

② 七寺本作:“王聞人來索太子,心感且恚,白念言:‘但坐是輩故,逐太子。’”文字稍有不同,但“心感”相同。

③ 以上4例“感”“慼”(戚)異文的用例,均蒙友生盧鷺檢示,特致謝忱。

(46)南朝梁寶唱集《經律異相》卷四〇引《五無反復經》:"婦爲梵志説譬喻,又語奴子:'大家已死。'奴子亦説譬喻。梵志聞之,心感目冥,不識東西。"

(47)《法苑珠林》卷五二(出《五無返復經》):"復語其奴:'大家已死,何不啼哭?'奴復説譬喻言:'我之大家,因緣和合。我如犢子,隨逐大牛。人殺大牛,犢子在邊,不能救護大牛之命,愁憂啼哭,無所補益。'梵志聞已,心感自責,不識東西。"

這兩例,也是因爲梵志聽説"舍衛國人多孝養",到該國後,看到有一家的兒子被毒蛇咬死,但全家大小都很淡定,並無表現出悲傷,而感傷不已。

"心感"與"悲感"或爲異文:

(48)失譯附秦録《毗尼母經》卷三:"我在波婆國道中聞如來已入涅槃,語五百比丘,皆悲感懊惱。"悲感,元普寧藏、明徑山藏均作"心感",磧砂藏亦作"心感"①。

一爲(因蒙受他人的恩惠、施捨等,)内心感動、感悟。

(49)北涼曇無讖譯《佛所行讚》卷四:"又阿低梨子,名曰優波離,見彼諸王子,大臣子出家,心感情開解,亦受出家法。"

(50)南朝梁寶唱等集《經律異相》卷四四:"客言:'君子不孝,用錢作惡,一時都盡。令我來殺君,取君金銀。我見君念子,待遇我厚,令我心感。'"

也可與别的詞連用,組成雙音節複合詞:

(51)西晋竺法護譯《普曜經》卷四:"王心感絶,自投於地,舉聲稱怨:'嗚呼!一子勸化宫中,大小歡悦。捨無數衆,今爲所到,永絶我望,何所恃怙?'"

(52)後秦弗若多羅譯《十誦律》卷二六:"爾時世尊,以慈心感覆,彼即信悟;尋爲説法,示教利喜。"

(53)《法苑珠林》卷十三:"育王既統此洲,學鬼王制獄,怨酷尤甚。文殊現處鑊中,火熾水清,生青蓮華。王心感悟,即日毀獄。"

"心感""心慼(心戚)"雖均可表示憂傷、傷痛的情緒,但"心感"有"感"而發,因情景而觸動,表達的悲愴、傷痛義相當强烈,中古譯經多見;"心慼(心戚)"則並無明顯的觸發、引動,表達的悲傷、傷痛義也比較平緩,唐代以後佛典方有用例,二詞的時代性及詞義差别正在於此。

總之,現在利用漢譯佛經,有了比以往更好的條件,有一定數量的較早期刻經、古寫經可供對勘;特别是涉及字詞産生年代、詞義發展演變及規律時,理應謹慎選擇版本,必要時用多種刻經、寫經對校,庶幾不會因爲版本錯誤,文字訛誤,而得出錯誤的結論。

參考文獻

[1]陳明. 十月成胎與七日一變——印度胎相學説的分類及其對我國的影響[M]//國學研究(第13卷). 北京:北京大學出版社,2004:167-216.

[2]方一新. 東漢魏晋南北朝史書詞語箋釋[M]. 合肥:黄山書社,1997.

[3]韓小荆.《可洪音義》研究——以文字爲中心[M]. 成都:巴蜀書社,2009.

[4]徐時儀.《一切經音義》三種合刊[M]. 上海:上海古籍出版社,2000.

[5]鄭賢章.《新集藏經音義隨函録》研究[M]. 長沙:湖南師範大學出版社,2007.

① 此例蒙盧鷺博士檢示,特致謝忱。

Discussions on the Mutual Reflection between Ancient Buddhist Manuscripts and Early Engraved Classics

Fang Yixin

Abstract: This paper compares the similarities and the differences, also corrects the errors of the Buddhist Sutras using the block-printed canon of Buddhist sutras, applying the ancient Buddhist manuscripts and the early engraved classics for proofreading, and also referring to the phonetic notation and paraphrase of Xuan Ying's *Yiqiejingyinyi* and Hui Lin's *Yiqiejingyinyi*, so as to establish a solid and a credible foundation for the language study. In the *Prince Sudana Sutra* translated by Shengjian in the Western Qin, the words "*sanqiao*(三顟)" and "*tukuan*(凸臗)" are taken as examples, which are unintelligible, and the pairs of words "*su*(速) with *cu*(促)" and "*xingan*(心感) with *xinqi*(心慼)" are also taken as examples, which are common but have difference in meaning.

Key words: the ancient Buddhist manuscripts, the Buddhist phonetic notation and paraphrase, *sanqiao*(三顟), *tukuan*(凸臗), *cu*(促), *xingan*(心感)

通信地址:浙江省杭州市西湖區餘杭塘路 866 號浙江大學紫金港校區西區人文大樓中文系/漢語史研究中心

郵　　編:310058

E-mail:fyxin@zju. edu. cn

辭書同形字義例不合舉例*

張文冠

内容提要 不識、誤解同形字是導致辭書義例不合的重要原因之一。文章列舉了辭書中“獠”“脞”“恔”“髟”“籙”“𤆍”“祔”“跳”等義例不合的同形字。加强同形字研究,有助於辨析辭書中的義例不合現象,进而提高辭書的質量。

關鍵詞 辭書 同形字 義例不合

蔣紹愚(2019)指出:“書證是辭書很重要的一個部分。書證合適與否,也關係到辭書的質量。……要正確理解書證,不能義例不合。”①“所謂義例不合,是説辭書在引例時,釋義和例證不吻合,釋義説甲,却舉了乙義的例子,例證不能爲釋義服務。”(方一新,2010:317)導致辭書義例不合的原因是多方面的,其中一個比較重要的原因即是不識、誤解同形字。

同形字有廣、狹之分。廣義的同形字指表示不同詞的字,其產生的途徑主要有分頭造字、字形演變、借用舊形和字形混用等;狹義同形字一般只包括分頭造字和字形演變兩種類型②。由於字形完全相同,無論廣義還是狹義同形字,都具有非常强的迷惑性。《漢語大字典》《中華字海》和《漢語大詞典》③等語文辭書所收録的同形字,時常出現“釋義是一回事,而舉的例子又是另外一回事”(趙振鐸,2001:170)的情况,即通常所説的義例不合。

從辭書收録同形字音義是否全面的角度,可以將辭書同形字的義例不合分成兩種類型。第一種類型是,辭書收録了同形字的各個音義,然而在引證時却將表B義的例子誤置於音義A之下。例如:

【獠】

(一)lǎo《集韻》魯晧切,上晧來。同“獠(獠)”。我國古代對西南地區少數民族的蔑稱。《集韻·巧韻》:“**獠**,西南夷種。”又《晧韻》:“**獠**,西南夷謂之**獠**。或从犬,亦作**獠**。”

(二)sāo 妖淫。清翟灝《通俗編·婦女》:“《楊升菴外集》**獠**音搔,今駡**獠**奴本此。按:今駡者之意,乃謂婦女人妖淫,並不謂其賤陋。”楊樹達《積微居小説金石論叢·長沙方言續

* 基金項目:國家社會科學基金青年項目“中古近代漢語同形字考釋與研究”(項目号:15CYY027);教育部人文社科基金項目“東漢注釋語料同義並列雙音詞的核心義研究”(項目号:19YJC740090)。

① “書證”之含義有廣、狹之分,狹義的“書證”僅指字書、韻書中的音義,張涌泉(2006):“辭書學界通常把列舉前代字書、韻書中的音義稱爲書證,而把古今文獻中的實際用例稱爲例證。”而蔣先生所説的“書證”則是廣義的書證,包括狹義的“書證”和“例證”。

② 關於同形字的定義和範圍,詳可參裘錫圭(1988:208-218/2013:201-209)和張文冠(2014)。

③ 下分别簡稱作《大字典》《字海》和《大詞典》。

考》:"曹君孟其云:'《南史》:王琨獠婢所生獠猶媚說(悦)人也。'今長沙猶曰獠丫頭。"《南史·王華傳附王琨》:"父懌不辨菽麥,時以爲殷道矜之流。人無肯與婚,家以獠婢恭心侍之,遂生琨。"(《大字典》1446a)

按:《南史》中的"獠"當同"獠"。

《南史》例中的"獠婢",《大字典》當作"妖淫"義的例證,而《大詞典》則釋作"賤婢"(卷五106b),較《大字典》更爲準確,但仍未得確詁。

其實,"獠婢"即"獠婢",《册府元龜》卷九五四即作"獠婢"(中華書局景宋刻本)。芮逸夫(1941)指出:"獠之名始見於《南史》……按獠爲獠之别稱。《集韻·晧韻》:'獠,西南夷謂之獠。或从犬,亦作獠。一曰,土人自謂獠,獠别種。'明鄺露《赤雅》云:'土目命其女奴曰獠婢。'蓋謂獠婢也,與杜甫所云獠奴之義相同。""獠(獠)"本謂西南少數民族,"獠(獠)婢"則是指奴婢中的獠(獠)族之人。

另外,據《南齊書》及《南史》的記載,王琨初名"崑崙",之所以取此名,也與其母"獠婢"的身份有關。對此,周一良(1985:240)曾有闡述:"(《南齊書》)卷三二王琨傳載,'父懌不慧,侍婢生琨,名爲昆侖。懌後娶南陽樂玄女,無子,改琨名,立以爲嗣。'《南史》二三本傳稱琨母爲獠婢,獠字同僚字,爲西南少數民族。蓋王琨似其母,皮膚近黑,故取名昆侖。"

因此,《南史》"獠婢"之"獠"並非"妖淫"義,而是同"獠(獠)",此例應當置於字頭(一)之下。至於表"妖淫"義的"獠",筆者懷疑與"騷""臊"等有關。

【䏶】

bì《洪武正韻》部比切。①胃。唐鄭還古《博異志》:"須還吾心,還吾䏶,則怨可釋矣。"②同"髀"。大腿。《字彙補·肉部》:"䏶,與髀同,股也。"(《大字典》2227b,參《字海》906b、《大詞典》卷六 1281a)

按:1."䏶"確有"胃"義,本字作"膍""肶"。

《正字通·肉部》:"䏶,俗'膍'字。膍,或作'肶'。""膍""肶"一般與"胵"字連用表示"胃",《説文·肉部》:"膍,鳥膍胵。或从比。""䏶"亦是如此。其例如:

(1)唐王燾《外臺秘要》卷一一《睡中尿床不自覺方》:"雄雞喉嚨及矢白、䏶胵裹黄皮燒末,麥粥清盡服之。"(《四庫》本)

(2)《本草綱目》卷三八《服器部·鍋蓋》:"主治牙疳、陰疳,取黑垢同雞䏶胵、黄皮灰、蠶繭灰、枯礬等,分爲末,米泔洗後,頻傅之。"(明金陵初刻本)

2.《博異志》例中的"䏶"當同"髀"。

《博異志》中的"䏶"並没有與"胵"連用,故《大字典》將其釋作"胃"頗爲可疑。爲説明問題,我們不妨將其上下文完整列出:

(3)《太平廣記》卷一二二《報應二十一·馬奉忠》引《博異志》:"唐元和四年,憲宗伐王承宗。中尉吐突承璀獲恒陽生口馬奉忠等三十人,馳詣闕,憲宗令斬之於東市西坡資聖寺側。斬畢,勝業坊王忠憲者,屬羽林軍,弟忠弁行營,爲恒陽所殺。忠憲含弟之讎,聞恒陽生口至,乃佩刃往視之。敕斬畢,忠憲乃剖其心兼兩䏶肉,歸而食之。至夜,有紫衣人扣門,忠憲出見,自云馬奉忠。忠憲與坐,問所須,答:'何以苦剖我心、割我肉。'忠憲曰:'汝非鬼耶?'對曰:'是。'忠憲云:'我弟爲汝逆賊所殺,我乃不反兵之仇,以直報怨，汝何怪也？'奉忠曰：'我恒陽寇，是國賊，我以死謝國矣。汝弟爲恒陽所殺，則罪在恒陽帥，我不殺汝弟，汝何妄報。吾子不聞父子之罪尚不相及，而汝妄報衆雠，則汝雠極多矣。須還吾心，還吾脞，則怨可釋矣。'忠憲知失理云：'與汝萬錢可乎？'答曰：'還我無冤，然亦貫公歲月可矣。'言畢遂滅，忠憲乃設酒饌、紙錢萬貫於資聖寺前送之。經年，忠憲兩脞漸瘦，又言語倒錯惑亂如失心人，更三歲而卒。"（明嘉靖談愷刻本）

所謂"還吾脞"中的"脞"，即上下文"剖其心兼兩脞肉""兩脞漸瘦"中的"脞"。"胃"只有一個，且無胃漸瘦、割胃肉之理，"兩脞"顯然指兩條大腿，其本字作"髀"。《大字典》未聯繫上下文，而將其誤視作"胃"義之例證①。

第二種類型是，辭書只收録了同形字的部分音義，却將表失收音義的例證誤置於已收音義之下，從而造成義例不合。例如：

【恈】

hài《廣韻》胡槩切，去工匣。愁苦。《説文・心部》："恈，苦也。"《玉篇・心部》："恈，恨苦也。"《廣韻・代韻》："恈，患苦。"《太平經・分别貧富法》："今小生聞是，心大悲而恐恈。"（《大字典》2461a，參《字海》590c）

按：《太平經》例中的"恈"義謂"恐懼"，本字作"駭"。

"恈"在《太平經》一書中多次出現，除《大字典》所舉外，他例如：

(4)《太平經・非法第一》："'驚即面青，何也？''肝者主人，人者憂也，反恈肝膽爲發怒，故上出青也。'"（《正統道藏》本）

(5)《太平經・校文邪正法第七十八》："純今見明師正衆文諸書，迺爲天談也，吾恐恈驚，不知可先後，當以何能正得此書實哉。"

(6)《太平經・拘校三古文法第一百三十二》："'邪言邪文誤辭，以治家也，則父子夫婦亂，更相憎惡，而常鬭辯不絶，遂爲凶家，子知之耶？''唯唯，可恈哉，見天師言，誠怖惶，愚生不深計，不知是惡致此也。'"

《太平經》諸例中的"恈"，俞理明（2001：1）皆視同"駭"，誠是。《六書故・動物一》："駭，馬驚擾也。又作侅、恈。"蓋"驚駭"是一種心理狀態，故字又可从"忄"。

除了《太平經》，同"駭"的"恈"在其他文獻也有用例：

(7)明時泰、王繹等纂修《（嘉靖）范縣志》卷六五代張直《宿顧城》："驚恈問主人，爲我剖荒迷。"（明嘉靖刻本）

(8)蕭德馨修，熊紹龍纂《（民國）中牟縣志》卷三《人事志》："傷民恈恉，羈客悽悲。"（民國二十五年石印本）

例(7)中的"驚恈"亦即"驚駭"，例(8)中的"恈恉"同"駭恉"，義謂"驚駭恐懼"。

清許瀚《攀古小廬雜著》卷五《與菉友論〈説文〉異部重文》："《馬部》：'駭，驚也。'《心部》：'恈，苦也。'《馬部》：'騷，擾也。'《心部》：'慅，動也。'驚之與苦、擾之與動，義亦皆相因似，痛恫、駭恈、騷慅，皆同字也。""駭""恈"同字，當無異議，然"恈"之本義"苦"與"驚"義是否"相因"，則需

① 同"髀"的"脞"在中古時即已産生，詳可參姚永銘（2003：128-129）。

相關的類同詞義引申爲佐。筆者更傾向二義並無關聯，表“苦”義的“恔”與表“驚”義的“恔”是同形關係。《大字典》等辭書“恔”條下應當增設“同‘駭’。恐懼”，並引《太平經》等例。

【齴】

yǎn㊀《廣韻》魚蹇切，上獮疑。①笑。《集韻・獮韻》：“齴，《博雅》：‘笑也。’”②同“齞”。牙齒外露。《玉篇・齒部》：“齴，露齒貌。”《正字通・齒部》：“齴，同齞。露齒貌。”[①]《南史・王玄謨傳》：“孝武狎侮群臣，各有稱目……顏師伯缺齒，號之曰齴。”清吴偉業《兔缺》：“病同師伯齴，方問仲堪醫。”……（《大字典》5115a，參《字海》1752b、《大詞典》卷一二 1457b）

按：《南史》中的“齴”義謂“缺齒”，字本作“齾”。

《南史・王玄謨傳》中的“齴”亦見於《宋書》本傳，例言顏師伯因缺齒，故號之曰“齴”[②]，“缺齒”與“露齒”實不相涉。《南史》例不當置於“牙齒外露”義下。

《説文・齒部》：“齾，缺齒也。从齒獻聲。”清桂馥義證：“缺齒也者，《宋書・王玄謨傳》：‘顏師伯缺齒，號之曰齴。’馥案：《玉篇》：‘齴，露齒。’非缺齒，當作齾。”桂馥蓋將“齴”視爲“齾”之誤字，而徐復（1996：58）則認爲：“《説文》缺齒之字作齾，五鎋切。齴爲音近假借字。”此説近是。

从“彦”“獻”之字往往爲異體，如“喭”同“讞”“囐”，《玄應音義》卷一三《佛般泥洹經》卷下音義“弔唁”條：“（唁，）又作喭、讞、這，三形同。”“唁”“喭”亦作“囐”，《集韻・願韻》：“唁，弔生曰唁，古从獻。”故筆者認爲，“齴”可視作“齾”之换聲符字。同“齾”的“齴”，在辭書中當别立一義。

【籬】

lí《集韻》憐題切，平齊來。竹名。《玉篇・竹部》：“籬，竹。”《元史・禮樂志五》：“次男子五人，冠黑紗帽，服繡鶴氅，朱履，策龍頭籬杖，齊舞唱前曲一闋，樂止。”（《大字典》3229b，參《字海》1257c、《大詞典》卷八 1276a）

按：《元史》中的“籬”又同“藜”，“籬杖”當即“藜杖”。

據《玉篇》等字書，“籬”確有“竹名”義，然《大字典》所舉《元史》例中的“籬”，《續文獻通考》卷一五五引作“藜”（明萬曆三十年松江府刻本），俗書“⺮”“艹”相混，“籬”恐爲“藜”之俗寫，“藜杖”乃用藜莖做的手杖。《説文・艸部》：“藜，草也。”清桂馥《義證》：“藜又可爲杖，《韓詩外傳》‘原憲楮冠藜杖’是也。”《大詞典》“藜杖”條：“用藜的老莖做的手杖。質輕而堅實。《晋書・山濤傳》：‘魏帝嘗賜景帝春服，帝以賜濤，又以母老，並賜藜杖一枚。’明徐復祚《投梭記・敘飲》：‘藜杖西山且挾書，蹉跎光景徂。’”（卷八 1276a）

同“藜”的“籬”亦不僅見於《元史》。他例如：

(9)宋陳起《江湖小集》卷二三《正月十四夜》：“自笑蓬窗勤苦士，何當太乙爲燃籬。”（補配《四庫》本）

---

① 表“露齒”義的“齴”當同“齞”，《説文・齒部》：“齞，齒見皃。”亦作“齳”，《集韻・準韻》：“齳，《博雅》：‘笑也。’又《諄韻》：‘齳，笑露齒。’”

② 吴偉業《兔缺》詩一例顯然是語本《宋書》，“兔缺”乃上唇居中的部位有縱向缺裂，故而露出門牙等，由此可以看出，吴偉業亦將《宋書》例中的“齴”誤解爲“露齒”義。

例中“籬”即“藜”，“燃藜”語本晋王嘉《拾遺記·後漢》：“劉向於成帝之末，校書天禄閣，專精覃思。夜，有老人著黄衣，植青藜杖，登閣而進，見向暗中獨坐誦書。老父乃吹杖端，烟然，因以見向，説開闢已前。向因受《洪範五行》之文，恐辭説繁廣忘之，乃裂裳及紳，以記其言。”（明《漢魏叢書》本）

(10)元黄溍《金華黄先生文集》卷一《甲辰清明日陪諸公入南山拜胡侍郎墓回汎舟湖中作》：“前趨一里趨廟門，杖籬不得辭微辛。”（《四部叢刊》景元鈔本）

例中“籬”，是書《續金華叢書》本作“藜”①。

因此，辭書“籬”字條下應當增設“同‘藜’”，並引《元史》等例。

【坬】

guà《集韻》古罵切，去禡見。①土堆。《玉篇·土部》：“坬，土埵也。”明湯顯祖《牡丹亭·訣謁》：“前山低坬後山堆，跎背。”②山坡。劉斌《軍隊的媽媽》：“她簡直是在駕雲，一步高，一步低，朝着坬的方向撲去。”（《大字典》465b，參《字海》223a）

guà《廣韻》古罵切，去禡，見。土堆。亦爲地名用字。柳青《領導變工隊的經驗》：“又如五兒坬上糞穀每垧以二工計算，大家都同意。”（《大詞典》卷二 1087a）

按：《牡丹亭》《軍隊的媽媽》《領導變工隊的經驗》等例中的“坬”義謂“低窪(處)”，字同“窊”“㽇”“溛”“窪”“洼”等。

“穴”“土”二旁，常可互易，如“坪”同“窨”，而“坬”亦同“窊”，義謂“低下”，《説文·穴部》：“窊，污衺下也。”清段玉裁注：“凡下皆得謂之窊。”《廣韻·禡韻》：“窊，下處也。”《牡丹亭》例中的“前山低坬後山堆”指腹凹背凸，“低坬”當是同義連言。

同用“窊”的“坬”也出現在近現代方言中，《漢語方言大詞典》“坬”字條：“山的低下的地方。晋語。陜西米脂。清光緒三三年《米脂縣志》：‘坬，音蛙，去聲，山之低下處也。’”（1999：3084）

《大字典》所舉《軍隊的媽媽》例，描述的是發生在陜北神府根據地的事情，“朝着坬的方向撲去”指從山上向山下低處行走。文中還有地名“王家坬”，“坬”亦可作地名。例如：

(11)《(嘉慶)重修一統志》卷二五〇《綏德直隸州·祠廟》：“清風祠，在州西七十里殷家坬南。”（《四部叢刊》景清鈔本）

《大詞典》所舉《領導變工隊的經驗》例中的“五兒坬”也是地名。柳青此文全名爲《米脂民豐區三鄉領導變工隊的經驗》，“五兒坬”當是米脂的地名，結合《米脂縣志》中的“坬，音蛙，去聲，山之低下處也”，可以判定“五兒坬”的“坬”亦當同“窊”。

“窊”字又作“㽇”，《字海》“㽇”：“wà 音襪。山之汙下。見清光緒年間修《畿輔通志·輿地略·方言》。”（238a）

(12)清姚國齡修《(道光)安定縣志》卷一《輿地志·方言》：“㽇，《字典》音窪，山坡地邊溝處謂之溝，省作坬。”（清鈔本）

“㽇”或是由“窊”增“土”旁所致，或是“坬”字增“穴”旁的結果。字亦作“溛”“窪”“洼”等，

① “籬”又偶同“籬”，《飛劍記》第十三回：“何惠娘娘將笊籬抛起，活喇喇化作一隻丹鳳。”（明萃慶堂刊本）例中“笊籬”即“笊籬”。

例多不舉。

因此，辭書"坬"字條當增設"同'窊''溛'。低窪。可用作地名"，並舉《牡丹亭》《領導變工隊的經驗》等例。

【袡】

shāo《廣韻》所交切，平肴生。①衣襟。《方言》卷四："袡謂之袩。"郭璞注："袩即衣衽也。"明湯顯祖《紫簫記・就婚》："襯體紅袡，燭夜花房如茜。"②緣。《集韻・爻韻》："袡，緣也。"(《大字典》3297b，參《字海》1145b)

按：《紫簫記》例中的"袡"當同"綃"。

例言"襯體紅袡"，然"衣襟"並不貼身，故辭書釋義有誤。《紫簫記》例中的"袡"，《群音類選》卷一六引作"綃"(明胡氏文會堂刻本)，"袡"當是"綃"之換旁字。

"襯體"常與"紅綃"連用。例如：

(13)《太平廣記》卷六八"郭翰"條引《靈怪集》："乃携手升堂，解衣共卧，其襯體輕紅綃衣，似小香囊，氣盈一室。"(明嘉靖談愷刻本)

(14)《御定詞譜》卷一八宋陳允平《側犯》："冰肌玉骨，襯體紅綃瑩。"(中國書店景康熙内府刻本)

二例中的"紅綃"，指紅色絲綢做的貼身衣服。《紫簫記》中的"紅袡"同"紅綃"，因此，辭書"袡"字條下當增設"同'綃'"，並以《紫簫記》充作例證。

【踄】

bù《廣韻》傍各切，入鐸並。又《集韻》蒲故切。步行。《説文・足部》："踄，蹈也。"徐灝注箋："步、踄古今字。"①《西遊記》第十一回："唐王謝道：'有勞先生遠踄。'"《古今小説・窮馬周遭際賣䭔媪》："口易興波，足能踄陸。"《徐霞客遊記・粤西遊日記一》："既倦山踄，復厭市行。"(《大字典》頁 3952c—3953a)

bù《廣韻》傍各切，入鐸，並。《集韻》蒲故切，去莫，並。步行。《西遊記》第十一回："唐王謝道：'有勞先生遠踄。'"明湯顯祖《與徐三秀才石梁觀水》詩："與子踄飛梁，北斗正文昌。"(《大詞典》卷一〇 484b)

按：1.《西遊記》例中的"踄"同"涉"。

周志鋒(1998:71-72)指出"踄"又是"涉"的换旁字，筆者懷疑《西遊記》例中的"踄"亦同"涉"。同"涉"的"踄"，在近代漢語中多有其例。例如：

(15)唐李商隱《李義山文集》卷一《爲懷州李中丞謝上表》："副介不離于痼疾，故人免嘆于凋零。敢矜跋踄之劳，自被生成之賜。"(《四部叢刊》景稽瑞樓鈔本)

例中"跋踄"即"跋涉"，是書《四庫》本正作"跋涉"。

① "步""踄"古今字，此説明人業已發之，明趙撝謙《六書本義》卷六："步，蒲故切，行也。……亦作踄。"(《四庫》本)其例如：S. 2748《本業瓔珞經疏》："師子遊踄者，法身師子遊在一切應化大六之身也。"例中"踄"，《大正藏》本姚秦竺佛念譯《菩薩瓔珞本業經》卷上作"步"。

(16)宋何溪汶《竹莊詩話》卷六載唐杜甫《贈秘書監江夏李公邕》:“眄睞已皆虚,跋踄曾不泥。”(《四庫》本)

例中“跋踄”,《杜工部集》(《續古逸叢書》景宋本配汲古閣本)、《全唐詩》(揚州詩局本)、《錢注杜詩》(清康熙刻本)、《集千家注杜詩》(《四庫》本)等皆作“跋涉”。

(17)元王實甫《北西廂秘本》卷四:“想人生最苦離别,可憐你千里關山獨自跋踄。似這般挂肚牽腸,倒不如義斷恩絶,雖然是一時間花殘月缺。”(明崇禎刊本)

例中的“跋踄”亦即“跋涉”。

(18)明賀復徵《文章辨體彙選》卷三四五《送參議陳公之官廣西序田汝成》:“予嘗踄南海,跋夜郎,翺翔桂林,陸沈炎裔,訪古撫今。”(補配《四庫》本)

(19)清李祖陶《國朝文録·海峰先生文録》卷一《江汶川詩集序》:“(江汶川)性好遊覽,跋山踄水,崎嶇燕秦萬里之外。”(清道光十九年瑞州府鳳儀書院刻本)

二例中“踄”與“跋”對文,亦同“涉”。

以上諸例中的“踄”,蓋是“涉”受“跋”偏旁類化所致。文獻中亦有“踄”脱離“跋”字而獨用表“涉”者。其例如:

(20)馮夢龍輯《太霞新奏》卷一沈子勺《姻緣翻甘詞》注語:“子勺即伯英先生胞弟,亦精詞學。今詞家知伯英而不知子勺,則以子勺久踄宦途,所著多簏藏伯英間。”(啟明天刻本)

例中“久踄宦途”即“久涉宦途”,“涉”義謂“經歷”。

(21)明王在晋《越鐫》卷九《遊西天目山記》:“乃興致勃勃,欲西會東游,畢而日且晡矣。命輿人亟行荒僻路,長踄大溪,而飲馬渡水。”(明萬曆三十九年刻本)

例中“長踄大溪”即“長涉大溪”。

(22)明鄒迪光《始青閣稿》卷二一《與許伯清》:“屏居九龍時,時聞利城之下有許伯清隱士者,紆體衡門,坐卧萬卷,雀羅當户,蒿草没人,百里外杖屨,數百里外竿牘絶不交踄。”(明天啟刻本)

例中“交踄”即“交涉”。

《廣社》:“涉、踄,跋渡行厲。”據此,明人已將“踄”視作“涉”之異體。《大字典》《大詞典》所引《西遊記》例中的“遠踄”當同“遠涉”,義謂“長途跋涉”。其例如:

(23)《漢書·趙充國傳》:“從今盡三月,虜馬羸瘦,必不敢捐其妻子於他種中,遠涉河山而來爲寇。”

“遠涉”在《西遊記》一書中亦有用例。例如:

(24)《西遊記》第四十三回:“行者轉身叩頭道:‘有勞菩薩遠涉,弟子當送一程。’”第八十六回:“長老聞言,翻身下馬道:‘有勞遠涉,既是大路,請樵哥回府。’”(明金陵世德堂本)

在《西遊記》一書中,“遠踄”“遠涉”同時出現,反映了當時正俗並用的用字面貌。

2.《徐霞客遊記》、湯顯祖《與徐三秀才石梁觀水》二例中的“踄”同“陟”。

形旁“足”“阝”可以互易,如“躋”同“隮”,《集韻·齊韻》:“躋,或作隮。”故“陟”亦可换旁作“踄”。例如:

(25)《唐大詔令集》卷四八《李宗閔平章事制》:“是宜再踄中樞,直修衮職,咨爾良輔,其聽朕言。”(《適園叢書》刊明鈔本)

例中“踄”即“陟”,義謂由“低处向高处走”,《説文·阜部》:“陟,登也。”“陟中樞”義謂升職到朝内做官。

(26)《慧琳音義》卷三四《菩薩生地經》音義“檛捶”條:“(檛,)跡瓜反。”

例中“跡”即“陟”。檢《經典釋文》卷一八《左傳》音義之四:“檛,陟瓜反。”《廣韻・麻韻》:“檛,陟瓜切。”

(27)南唐徐鍇《説文解字篆韻譜・禡部》:“吒,跡駕切。”

例中“跡”,《廣韻・禡韻》《説文解字繫傳・口部》皆作“陟”。

(28)宋李廷忠撰《橘山四六》卷一八《賀雷知院進書轉官》:“每念繁文之無統,非通儒爲之折衷。”明孫雲翼注引《韻會》:“衷,跡仲切。”(《四庫》本)

例中“跡仲切”,《廣韻・送韻》作“陟仲切”。

(29)清王岱《了菴詩文集》文集卷八《靈隱》:“老僧九十,鬚髮鬒黑,躋跡如飛,自言歲鍊秋石半以服食,半以售人,全山下上俱資此。”(清乾隆刻本)

例中“躋跡”即“隮陟”“躋陟”,義謂“登”。

同“陟”的“跡”在《徐霞客遊記》一書中也有用例。例如:

(30)明徐弘祖《徐霞客遊記・楚遊日記》:“有積高二三尺者,途爲之阻,聞其上登跡更難。”(清嘉慶十三年葉廷甲增校本)

(31)同上:“其先只南面崇山,北皆支岡條下;至是北亦有山横列,路遂東行兩山之間。升跡岡坳十里,抵孟橋西之彭家村,乃宿。”

(32)同上:“層岩上突,無可攀跡,其上則黑霧密翳矣。”

“跡”在《徐霞客遊記》一書中凡十見,包括《大字典》所引例在内的十例皆是“陟”之换旁俗字。

《大詞典》引湯顯祖詩中“與子跡飛梁”,此詩語本《文選》卷一八三國魏嵇康《琴賦》:“於是遯世之士,榮期綺季之疇,乃相與登飛梁,越幽壑,援瓊枝,陟峻崿,以游乎其下。”“跡飛梁”與“登飛梁”同義,故湯顯祖詩中“跡”亦爲“陟”之换旁字。

《大字典》《大詞典》等辭書“跡”字條失收“同‘涉’”“同‘陟’”,並將這兩種用法的用例誤置於“步行”義之下,當改。

“釋義借引例以證實,引例由釋文而明義,義例必須一致,這是辭書編纂的基本要求,也是保障辭書釋義準確、體例嚴謹的重要方面”(周志鋒,1998:123)。義例不一致,也就是義例不合,顯然有損於辭書的質量,不利於辭書查閱者了解字義,對解讀相關文獻而言,也會起到誤導的負面作用。

通過以上所舉諸例,我們不難發現,由於對同形字缺乏詳細分析和全面認識,導致辭書在收録同形字時,産生了義例不合、虚假例證等情况。爲了達到義例一致的要求,在辭書編纂及修訂過程中,我們需要高度重視漢字中數量衆多的同形字,加强對同形字的研究。具體而言,首先,我們應當樹立起同形字廣泛存在的觀念。其次,在遇到同形字的個案時,“仔細推敲引用的例句,吃透原文的意思”(趙振鐸,2001:170),辨析清楚例句中同形字所表示的音義究竟爲何,然後將例句放置在合適的義項或字頭之下;如果例句中同形字所表示的音義,現有辭書失收,則據相關例句增設義項或字頭。如此,方可減少乃至杜絶誤識、不解同形字所帶來的義例不合現象,進而提高辭書的質量。

參考文獻

[1]漢語大字典編輯委員會. 漢語大字典(第二版)[M]. 成都:四川辭書出版社,武漢:崇文書局,2010.
[2]蔣紹愚. 古漢語辭書的編纂和資料的運用[J]. 辭書研究,2019(2):17.
[3]冷玉龍,韋一心. 中華字海[M]. 北京:中華書局,中國友誼出版公司,1994.
[4]羅竹風. 漢語大詞典[M]. 上海:漢語大詞典出版社,1986-1993.
[5]裘錫圭. 文字學概要[M]. 北京:商務印書館,1988/2013.
[6]芮逸夫. 西南少數民族蟲獸偏旁命名考略[J]. "國立中央研究院歷史語言研究所"人類學集刊,1941(2):141.
[7]徐復. 後讀書雜志[M]. 上海:上海古籍出版社,1996.
[8]許寶華,宫田一郎. 漢語方言大詞典[M]. 北京:中華書局,1999.
[9]姚永銘. 慧琳《一切經音義》研究[M]. 南京:江蘇古籍出版社,2003.
[10]俞理明. 太平經正讀[M]. 成都:巴蜀書社,2001.
[11]張文冠. 近代漢語同形字研究[D]. 杭州:浙江大學,2014.
[12]張涌泉. 校勘在大型字典編纂中的作用例釋[J]. 中國文字學報,2006(1):136.
[13]趙振鐸. 字典論[M]. 上海:上海辭書出版社,2001.
[14]周一良. 魏晋南北朝史札記[M]. 北京:中華書局,1985.
[15]周志鋒. 大字典論稿[M]. 杭州:浙江教育出版社,1998.

Examples of Contradiction between Definitions and Illustrations of the Chinese Homographs in Dictionaries

Zhang Wenguan

Abstract: Incognizances and misunderstands about the Chinese homographs is one of the important reasons of definitions and illustrative sentences contradict each other about the Chinese homographs in the dictionaries. The paper lists some examples of the definitions and illustrative sentences contradict each other about the Chinese homographs ,such as *lao* (獠),*bi*(髀),*hai*(恔),*yan*(鼴),*li*(䊍),*wa*(坬),*xiao*(褙),*she*(跇),*zhi*(跇). Strengthening the research in the Chinese homographs is beneficial to correct definitions and illustrative sentences contradict each other,and then improve the quality of dictionaries.

Key words: dictionaries, Chinese homographs, definitions and iillustrative sentences contradict each other

通信地址:浙江省杭州市西湖區餘杭塘路866號浙江大學紫金港校區西區人文大樓古籍研究所/漢語史研究中心
郵　編:310028
E-mail:0018105@zju. edu. cn

《古本戲曲叢刊》俗寫札記*

吴小萱

内容提要　戲曲中存在着大量俗寫，常常會影響文本的解讀。本文以《古本戲曲叢刊》爲考察對象，對其中的若干俗寫進行了考釋，括出正字，明其所以，庶幾有助於該書的解讀和俗字的研究。

關鍵詞　《古本戲曲叢刊》　俗寫　考釋

由國家圖書館出版社自1954年起陸續分集出版的《古本戲曲叢刊》(以下簡稱《叢刊》)，按照時代順序和戲曲文獻類别，收録了宋元戲文、明清傳奇、元明清雜劇，並及曲選、曲譜、曲目等珍稀古籍資料，較爲全面地反映了這一時期語言文字使用的真實情況，是研究近代漢語重要的原始材料。《叢刊》在用字方面異寫别構繁多，對準確釋讀帶來了一定困難。本文選取其中若干俗寫進行辨析，希望對文本的解讀和俗字的研究有所裨益。

［扎］

《叢刊》清泰縣梅氏綴玉軒鈔本《附四大慶·三本》第三場:"弟輩借花獻佛奉敬壽酒一杯，兄弟扎大碗斟來。"下文:"爲奢六十歲前頭就勿思量討個扎阿嫂?"(5/13/178)①"夜已深了，幸巧無人知覺，不免扎立珠藏好，移舟到金沙洲停泊去也。"(5/17/178)

按:上舉同場所見三例中的"扎"，從字形上看皆似"扎"，該本中此類寫法另又出現了46次，但顯然都不能按"扎"字的意思理解。

"扎"當是"把"字，字形的訛變與草書簡寫有關。"把"字書寫時右旁"巴"中的小豎常與點不别。如晋王羲之《普覺國師碑》:"上命既迫，臣無以辭，把龜毛筆書没字碑。"大德癸卯本元趙孟頫《急救章》:"捃獲秉把插捌把，桐梓樅松榆椿樗。"明陳邦彦亦將小點向下移位後寫作了"把"，又有《叢刊》明舊抄本《上林春》卷上第二折:"他見我兩人不合，把兄弟招留家去已經數載，這也不在話下。"(2/15/211)。書法爲求寫意，筆畫的位置相對隨意。

若再寫得草一些，右旁可徑寫成横折彎鈎後加一小點兩筆，并與左旁"扌"的提筆相連。如《叢刊》清舊抄本《石麟鏡》卷下第廿一齣:"他必有巧機関，預把神謀筭。"(3/62/181)清舊抄本《五代榮》卷上第一齣:"瓜瓞棉棉難料，試問人間肖，把陰功培造。"(3/101/181)清舊抄

*　基金項目:國家社會科學基金重大項目"宋元明清文獻字用研究"(項目編號:19ZDA315);國家社會科學基金重點項目"元明戲曲文獻字詞關係研究"(項目編號:17AYY016)。

本文在修改過程中得到了業師曾良先生和周志鋒先生的指點和幫助，匿名評審專家和編輯部亦对文章提出了寶貴的修改意見，謹此致謝！尚存問題概由作者負責。

①　爲便於覆核，文中引自《叢刊》的例句後面均用括號注明所在集數、頁碼及總頁數。在引用其他如《漢語大字典》(簡稱《大字典》)《中華字海》《漢語方言大詞典》(簡稱《漢方》)等辭書時亦注明所在頁碼和欄數，引《漢語大詞典》(簡稱《大詞典》)時還注出了所在卷數。

本《乾坤嘯》卷上第十一齣:“昨日韋娘娘,喚我入宫,密地付我利器一把,教我藏於聖上衣飾之内。”(3/59/191)

這樣一來,“把”字右旁寫成豎彎鈎是非常自然的。清舊抄本《御雪豹》卷上第十四齣:“爲貪奴容姿,頓起邪思,假忘取文帋偷回,故把奴賺出茅茨。”(3/61/159)下文“把冤情洞悉虚假,千載受恩孽。”(3/62/159)卷下第廿七齣:“寶劍起光芒,把你來試試。”(3/133/159)

而俗書中另有直接省去“把”字右旁中間那一小豎的。這是因爲右旁“巴”篆書作“㔾”,隸定後可徑作“巳”。如《叢刊》明舊鈔本《一合相・雪逅》:“外邊的雪足足積起尺把來了。”(5/40-41/189)清舊抄本《太平錢》卷上第三齣:“我兒把盞。”(3/12/133)清舊抄本《新編臙脂雪傳奇》卷上第十四齣:“我秋愛川只因韓若水被莫瞎子這千刀萬剐的,竟把大夥强盜粧在他名下……”(3/64/133)《偏類碑别字・手部》引《唐張君政墓志銘》亦收“把”形。

那麽,按照相似的字形變化規律,“把”字右旁連筆後亦可變成恰巧與正字“扎”同形的“扎”。

[萴]

《叢刊》明脈望館鈔校本《忠義士豫讓吞炭》第四折:“(衆搜科,末跳出,衆扯住科,末)[十二月]把這萴鐶放憁,我早則見你也那英雄。”(4/42/160)

按:正字的“葥”或指“葥子”,是種藥草;或指“上古部落首領名”(《大字典》3461/b),顯然與引例無關。《雜劇選》本(88 頁)和《全元曲》本(1159 頁)中皆照録原文字形;另有《嘉興鄉土語文讀本》選了此文,寫的是“把這葥鍓放憁”(225 頁)。《大字典》將“鍓”看作是“剪”字的異體(4561/a),難契例句文意;《中華字海・補遺》:“鍓,音義待考。”(1777/b)則將其看作疑難字。

雖異文不能爲原字的正確釋讀提供直接證據,但“葥鍓”之説,特别是“鍓”字的出現仍具有啟發意義。因爲另有同本《河南府張鼎勘頭巾》第二折:“若問成了,我將你喜孜孜加官賜賞;若問不成呵,嘗我這明晃晃勢劍銅鍓。”(4/118/144)此例中的“鍓”右旁即與“前”幾乎不别,可與“鍓”合併考察。

俗書中“貝”“月”二旁形近不别,故又有同本《張孔目智勘魔合羅》第三折:“問不成呵,將你個賽隋何,欺盧賈,挺曹司,番舊案,赤瓦不剌海猢孫頭,長我那明晃晃勢劍銅鍘。”(4/147/167)《包龍圖智勘後庭花》第三折:“與你勢劍銅鍘,限三日便與我問成這樁事……莫不是這老子賣弄這勢劍銅鍘。”(4/111-112/191)

還有明末刊本《節義鴛鴦冢嬌紅記》卷下第三十四齣:“前番兵犯境,飽掠而去,内外大臣皆欲借名陞賞,爲此加某太尉職銜,兼賜勢劍銅鍘。”(2/67-68/211)第四十二齣:“他現有勢劍銅鍘,先斬後聞。”(2/121/211)

雖“鍓”“鍘”“鍘”三形有别,但組合關係都是一致的,《大詞典》:“勢劍銅鏩,尚方劍和銅鍘。表示皇帝授權,可以先斬後奏。”(2/816/b)“鏩”即“鍘”,同“鍘”。從音義角度看,“鍘”以“則”爲聲,古或借“扎”“札”爲之,周志鋒(1998:83)有論。而“鍘”的主要對象多是草料,易金爲艸後則有了“萴”這個本質上從艸則聲的異構俗字,“把這萴鐶放憁”就是“把這鍘環放鬆”的意思。“鍓”則可看作是“鍘”字復增艸頭的結果,訛變後即有“鍓/鍓”二形。

《大字典》另有“劕”條:“(二)zhá 碎切。《蜀語》:‘碎切曰劕。’”(393/b)釋義不是最準確。實際上,這裏的“劕”可以看作“鍘”的省旁俗字。姜亮夫《昭通方言疏證・釋詁三》:“劕,今或以鍘爲之。”説解甚明。因爲《集韻・祭韻》：“劕，或作𠠔。”所以“劕”本質上從竹則聲。“𠠔”則是“劕”的换旁訛寫。

[命]

《叢刊》清綴玉軒鈔本《附四大慶》頭本第二場：“只見蓋個命娘賊，對了泰山上個塊石頭拜一個勿住。”(5/16/172)又第五場：“我就是更踢你個癡命娘賊一脚没好。”(5/44/172)

按：“命娘賊”難解，應有誤字。

其實這是個在明清文獻中常用的詈詞，本當作“肏娘賊”。同書二本第七場：“阿呀，介個餓殺丕、肏娘賊，竟捉我推介個大斛(筋①)斗。”(5/123/172)字即不誤。《明清善本小説叢刊》清遊戲主人《新鐫笑林廣記》第四卷：“矮子大怒，駡曰：‘肏娘賊，若拿我做扇墜，我就兜心一脚踢殺你。’”清刻本《綴白裘》四集二卷《鳴鳳記・放易》：“介個肏娘賊介慳吝個，一個頭弗肯出嚇，落裏去捉一個飛來頭。”皆是其例。

“肏”字可俗變寫作“肏”。《不登大雅文庫珍本戲曲叢刊》不登大雅堂抄本《桃符記傳奇》卷上第十齣：“哇，肏娘賊，那説我個血有得拉你喫。”(317頁)清乾隆四十二年刻本《綴白裘》八編《荆釵記・開眼》：“肏娘賊，吃子俚厾兩年飯脚水，就護俚厾哉。”同句清刻本字正作“肏娘賊”。同乾隆刻本《綴白裘》四編《鳴鳳記・方易》也有該字，寫作“肏”，清刻本亦作“肏”，中華書局本作“肏”(86頁)。

“肏”俗寫成“肏”應與“肉”旁的俗寫有關。《改併四聲篇海・冂部》：“肉，如六切，骨肉也。”《字鑑・入声》：“肉，俗作肉。”《不登大雅文庫珍本戲曲叢刊》明舊抄本《金瓶梅・出罪》：“武松是誤傷人侖，在監中好酒好肉與他吃了。”(144頁)從“肉”的“腐”字也有此變。同書抄本《金瓶梅(殘卷)》第十八齣：“他看了腐臭形骸，却當做芬芬芳芳麝。”(332頁)此類訛變易通，因此，“肏”亦可寫作“肏”。

而“命”字可俗寫成“侖”。《宋元以來俗字譜》“命”字下引《古今雜劇》《太平樂府》皆作“侖”。《叢刊》清雍正沈氏鈔本《正昭陽》卷上第一齣：“君昏听信讒言，險一侖白羅捐。”(5/6/154)例多不備舉。

“侖”與“肏”及其俗寫“肏”在字形上都頗爲接近，有訛混的可能。《古本小説集成》清刊本《五美緣全傳》第二十七回：“萬象花文芳這驢肏的，是天下最没良心的人。”(417頁)《明清善本小説叢刊》本《新鐫笑林廣記》卷十二：“這肏娘賊個膿血，滴來你個裏面，還是撒來我個裏頭。”這裏的“肏”就與“侖”更接近些。而手民不辨兩字之微别，反回改俗字，寫作正字“命”，反失了該詞本來的面貌，讓人摸不着頭腦。

[站]

《叢刊》清康熙來鶴堂刊光緒遞修本《香雪亭新編耆英會記》卷下第二十七齣：“飛鳶站站誰慣經，須知蒼梧路斷送殘生。”(5/127/141)

按：“站站”一詞令人費解。其實，該詞本當是“跕”二字的連用。“站”“跕”二字在表“立”

① “斛”當是“筋”的訛誤。“筋”可寫作“觔”，這裏是受後“斗”字的影響，改换了偏旁。

義時互通，這在明清文獻中極爲常見，不另舉例贅述。

但“跕”字本亦有他音他義，此即是。《洪武正韻·葉韻》：“跕，墮貌。”唐元稹《和樂天送客遊嶺南二十韻》：“鳶跕方知瘴，蛇蘇不待春。”宋陸游《冬夜作短歌》：“况如馬新息，萬里聽鳶跕。”皆與原例的語義相似。

“跕”字也可叠用，義同。《集韻·帖韻》：“跕，跕跕，墮落也。”四庫本南宋李流謙《澹齋集》卷八《七言絶句詩·過長橋予醉卧不及觀用仲甄韻》：“長橋萬古入騷吟，跕跕輕帆卷夕陰。”下出注曰：“卷一作‘墮’。”(1133/660/a)又《後漢書·馬援傳》：“仰視飛鳶跕跕墮水中。”李賢注：“跕跕，墮貌也。”例句之説當由此化用。其字音亦非 zhàn，而當是丁愜切，dié。

[⿰女買]

《叢刊》清舊抄本《英雄概傳奇》卷上第十五折：“我且叫阿⿰女買娘出來，再算計。阿⿰女買娘，你個好兒子拉里要家婆了，快點出來。(老上)[前腔]兒家何事，兒家何事，切切呼娘定有詞。”(3/93/221)下文“(丑喜)娘嚇，你説得有理，我快活殺哉。阿⿰女買，哪哪，右邊個騷塊也有耳朵個……”(3/96-97/201)又清舊抄本《人中龍傳奇》卷上第七折：“自家康阿保便是，家住大樹村中。區區學生個爹爹，叫做康榮……我個阿⿰女買娘，就是本地賣婆康媽媽。”(3/36/201)“(丑)弗要罵嚇，你個媒人，還要我里阿⿰女買做來。”(3/37/201)

按：《集韻·佳韻》：“⿰女買，莫佳切，音瞶。意黠也。”《大字典》中雖引此説但不見例證(1156/b)，且該義施於上述諸例皆不愜①。

從文意看，首例中前説“阿⿰女買娘”，後説“好兒子”，下老生又徑回説“兒家”“呼娘何事”；第二例中前説“娘”，後説“阿⿰女買”；第三例中先説“爹爹”，後説“阿⿰女買娘”，因此我們認爲，“阿⿰女買娘”“阿⿰女買”皆指母親。

《英雄概傳奇》由葉稚斐撰寫；《人中龍傳奇》作者是盛際時，皆江蘇吴縣人②。《金鎖記》的作者是葉憲祖，浙江餘姚人③。三人皆生活在吴語區，故疑該字字形的産生與稱“母親”時的吴語發音有關。

明方以智《通雅·稱謂》：“齊人呼母爲𡜊，李賀稱母阿彌，江南曰阿媽，或作姥……皆母字之轉也。”1919 年《太倉州志》：“呼母曰媽媽，曰阿媽。”任嘉禾等《哭喪歌》上：“是伲阿媽肚裏出赦心。”而《漢方》“買”條下有：“⑦〈名〉母親。吴語。”(2342/b)《甬言稽詁·釋親》：“母呼‘姆買’，本皆母之變音。”《六書故》卷九“母”條下有按語：“古書母、馬同音，皆莫古切。今世俗母、馬同音，皆莫假切。”戴侗本永嘉人，所説“莫假切”即是 mǎ，現代温州方言對“母親”的稱呼仍沿用此音④。因此，“⿰女買”當是“買”的記音衍生字，因形容女性故增女旁。“阿⿰女買”“姆買”均爲雙音節合讀表示母親。

該字或可因形近音近寫得與“媚”同形，如同本《人中龍傳奇》卷下第十七折：“(丑笑介)

① 《正字通·女部》有云：“⿰女買，俗字。舊注沿《篇海》音埋，意黠也。誤。”此處僅從例證文意出發辨别該形的詞義。

② 《揚州畫舫録》卷五：“《英雄概》……八種，吴縣葉稚斐作。”“《人中龍》……吴縣盛際時作。”

③ 《曲品》卷上：“葉憲祖，桐柏餘姚人。”光緒五年刻本《廣州府志》卷二十一《職官表》五：“葉憲祖，浙江餘姚人，進士，四十七年任。”

④ 相關温州方言的材料可參陳源源(2017：486-487)。

阿媚亦來哉。"(3/107/201)"阿媚,你道此人像囉個?"(3/108/201)"(丑)個弗消爹爹掉勿落,竟抗伊來阿媚房裏便罷。"(3/110/201)

還有寫成與"嬻"同形的,如明舊抄本《金鎖記》卷上第十三齣:"母親餓不慣,瘦得牙齒巴……(副白)原還子渠規矩,阿嬻唱喏……(丑)勿要説哉。大男兒,做娘個餓殺快再。"(3/62/189)"母親""阿嬻""娘"三詞並舉,可證"嬻"亦指母親。又第十四齣:"阿嬻,原來還有寡媳在家,與他做一家兒過活倒好。"(3/75/189)又第十七齣:"(白)大男兒來囉哩?(副上)來哉來哉,阿呀阿嬻,爲儂介個光景?"(3/96/189)《説文·女部》:"嬻,媟嬻也。从女,賣聲。"顯然與所舉例證中要表達的語義無關,當屬同形字,與上"媚"同理。"買""賣"本同源,僅聲調有別,文獻中混用也不罕見。

[挡]

《叢刊》清雍正沈氏鈔本《正昭陽》下卷第二十齣:"太后娘娘從幼挡育,愛如珍寶,並未聞有生母。"(5/106/154)又第廿五齣:"轉展自猜疑,往事依然無拠。孩提挡佑,重似山嶷。"(5/134/154)(嶷,高;高峻)

按:"挡"形似"挡"字,但施於句中不通,當另求正字。

實際上,此乃"撫"的訛俗字,字形的變化可從"無"字的草書寫法中推斷出来。晉王羲之《一朝帖》:"然恐一朝放愚互釀,不顧大計,一日之囗,諸女[illegible]復消息,懸心。"故宫博物院藏本宋蔡襄《脚氣帖》:"三衢蒙書,无便,不時還答,慚愓慚愓。"又如《叢刊》清舊鈔本《四大慶·頭本》第三齣:"我兒可知道,開到荼蘼花事了,今日又得奇花數種,此番不開口,却也无花可覓矣。"(5/124/107)清舊鈔本《珊瑚鞭·話鍾情》:"紅鵑强爲留春起,下工夫芳林慢啼。梅豆青舒荼蘼香,細揀春風,一塊無愁地。"句後有小字注曰:"那得无愁。"(5/9/136)"无愁"即前所説"無愁"也。

以上諸種草書寫法皆已弱化了原字的豎畫,楷化後與"当"形近。同本《正昭陽》同卷第廿四齣:"雖不敢加害於我,那臭名委實難當。再思熟審,当萬全之策便好……可恨吕端寇準潛匿璿宫,不理朝政,荒淫当度。"(5/131/154)"璇宫"指"王宫"(《大詞典》4/630/b)第廿五齣:"頭顱破,奔歸泉。神天佑,保当虞。"(5/136/154)《古本小説集成》刊本《鴛鴦針》第三回:"(徐鵬子)道:'你還拿去,我不敢受,我也当處收放。恐相公娘子查出,不當穩便。'"(93頁)上諸例中的"当"均是"無"字。

那麽,從"無"的"撫"也可同理訛變作"挡"。同本《正昭陽》同卷第二十齣下文:"拠包先生所奏,朕非太后所生,只是挡育之恩,如仝已出。"(5/107/154)又第廿四齣:"老身只爲皇儲一事,費盡多少心機,挡祐皇兒,繼承大統。"(5/130/154)末例正與上第廿五齣的"挡佑"相同。手民在傳抄過程中不辨本字,又未通文意,僅從字形出發,極易訛寫成了右旁似"当"的"挡",便徹底失去了"撫"字本來的面貌。

[扨]

《叢刊》清道光鈔本《附九蓮燈·闖界》:"你哭哀哀把冤情扨,爲主身亡堪羨,管取慈悲賜九蓮。"(5/160/165)

按：字書中未見有從扌從办之形。我們認爲此乃“辨”的俗寫。清刻本《綴白裘》九集一卷《九蓮燈・闖界》中正作“辨”，中華書局本亦作“辨”(48 頁)，異文可證。明清戲曲中常有將“辨”寫作“办”的，以《叢刊》清舊抄本《九蓮燈》爲例，第六齣：“誰办東西，誰識真非。”(5/39/165)下文“(外白)那内侍怎麼恙(樣)一個人？(付唱)黄昏未办容儀。”(5/44/165)第七齣：“心懷毒事，蒙蔽公卿。吾所思他行，苦苦办雄雌。”(53/165)“辨”寫作“办”，曾良(2009：161)已有詳論。又因“辨”屬動詞，故在俗寫時會另增“扌”旁以强調其動作性。

“⿰扌办”還可作“辦(办)”的增旁俗字，如《叢刊》明舊抄本《竊符記》卷上第八折：“有這等事，快取衣冠來，快⿰扌办香案伺候。”(3/150/219)這是因爲“辨”與“辦”實際上是同源的，清李賡芸《炳燭編》卷二：“辨、辦本是一字耳。隸變力或作刀，或作刂，而刀又譌作力，遂以辦爲辨論之辨，以辦爲辦具之辦，大謬。”

除此之外，還見有徑用“办”形指代“辮”字的。《叢刊》明富春堂刊本《蘇英皇后鸚鵡記》卷上第十三折：“(末)相公不要哭，可救剪下頭髮一办與我去回報朝廷便罷了。”(1/54/136)“(末)丞相你把頭髮一办與我，今夜疾忙將火化了，我明日要去復命。”(1/55/136)又第十四折：“昨已奏過君王，差全忠指揮去看視，又叫剪頭髮一办來看，不免在此間待他回報，多少是好。”(1/57/136)“办”在此顯然用非本字，而當是個能指稱頭髮的量詞。“辮”與“辨”“辦”等字亦同源，且在語音、字形上皆相近。《康熙字典・糸部》：“辮，並音辨。”《增廣字學舉隅・辨似》中也羅列了“辯”“辨”“辦”“瓣”“辮”五字加以區分。

徵引書目

北京大學圖書館《不登大雅文庫珍本戲曲叢刊》，學苑出版社，2003。

古本小説集成編輯委員會《古本小説集成》，上海古籍出版社，1990-1995。

古本戲曲叢刊編刊委員會《古本戲曲叢刊》，國家圖書館出版社，1954-2016。

臺灣政治大學古典小説研究中心《明清善本小説叢刊》，天一出版社，1984。

清・錢德蒼《綴白裘》，汪協如點校，中華書局，1941。

上海社會科學院長三角城市歷史文化研究中心《嘉興鄉土語文讀本》，浙江大學出版社，2011。

王玉章《雜劇選》，商務印書館，1912。

張月中，王鋼《全元曲》，中州古籍出版社，1996。

參考文獻

[1]陳源源. 漢語史視角下的明清吴語方言字研究[M]. 杭州：浙江大學出版社，2017：486-487.

[2]姜亮夫. 昭通方言疏證[M]//沈善洪，胡廷武主編. 姜亮夫全集：第 16 册. 昆明：雲南人民出版社，2002：66.

[3]李芳. “古典戲曲文獻與文本研究——以《古本戲曲叢刊》爲中心”學術研討會綜述[J]. 文學遺産，2017(6)：186-187.

[4]張涌泉. 漢語俗字研究[M]. 長沙：嶽麓書社，1995：100.

[5]曾良. 明清通俗小説語彙研究[M]. 南昌：江西教育出版社，2009：161.

[6]周志鋒. 大字典論稿[M]. 杭州：浙江教育出版社，1998：83.

Notes of Folk Forms in the Block-printed Edition of the Ancient Drama

Wu Xiaoxuan

Abstract: There are a large number of folk forms in the traditional dramas, which always affect the interpretation of the text. Based on *the Block-printed Edition of the Ancient Drama*, this paper does a philological study on the proper explanations of some folk forms. In the process of research, we would find out the right words and explain reasons. We hope it can contribute to the interpretation of the book and the study of common words.

Key words: *Block-printed Edition of the Ancient Drama*, folk forms, explanation

通信地址:安徽省合肥市蜀山區安徽大學龍河校區 304 樓 409 室
郵　　編:230039
E-mail:929547312@qq. com

時間後置詞"脚下"的歷史考察

汪燕潔

内容提要 敦煌文獻中"脚下"可接在時間名詞之後表時間範圍,相當於"……時",《漢語大詞典》《近代漢語詞典》等大型辭書均未收録該義項,筆者所見,論者寥寥。方位詞通過隱喻來指示時間是常見的引申規律,本文以此爲基礎,考察時間後置詞"脚下"的歷史來源,兼對文獻和方言中"脚下"諸義項的引申脉絡進行梳理。

關鍵詞 脚下 方位 時間 考源

敦煌文獻中"脚下"可接在時間名詞之後表時間範圍,《漢語大詞典》(第6卷)(2011)、《近代漢語詞典》(2015)等大型辭書均未收録該義項,筆者所見,論者寥寥。方位詞通過隱喻來指示時間是常見的引申規律,本文以此爲基礎,運用詞例求義法①嘗試對時間後置詞"脚下"做初步的歷史考察。

一 "脚下"的來源

"脚下"作方位短語,指脚下方區域,中古已見。如:

(1)至河,無舟楫,后乃負帝以濟河,河流迅急,惟覺脚下如有乘踐,則神物之助焉。(東晋王嘉《拾遺記》卷六《後漢》)

(2)是時舍迷婆帝入慈三昧,王挽弓射之,箭墮足下。第二箭還向王脚下。(姚秦鳩摩羅什譯《坐禪三昧經》卷下)

(3)於是彼使,前入化城,既覩大王,情甚驚悚,自念我君,無狀招禍;然不得已,以書示之。化王得書,蹋著脚下。(北魏慧覺等譯《賢愚經》卷七《大劫賓寧品第三十一》)

(4)《脚下履》(南朝陳徐陵《玉臺新咏集》卷五梁沈約)

(5)無門雪向頭中出,得路雲從脚下生。(《全唐詩》卷六七〇秦韜玉《問古》)

(6)鸕鷀不打脚下塘。(《全唐詩》卷八七七佚名《鸕鷀諺》)

此義從古沿用至今,如南昌話"脚下"指脚底下或脚的周圍(李榮,2002:3903),南通話"脚下"引申指附近(許寶華、宫田一郎,1999:5646)。"脚下"又可作名詞,指脚底,即今脚掌。如:

(7)世尊即爲王説恕奴二十億童子,脚下金色毛長四寸,福德如是。(東晋佛陀跋陀羅共法顯譯《摩訶僧祇律》卷三一《明雜跋渠法之九》)

① 詞例是指不同的詞具有相同的詞義演變軌迹的語言現象。運用已知詞例探求未知詞義的方法叫作詞例求義法。參看楊琳(2011:73)。

(8)黄色童子捉金剛鑽,鑽兩脚下、鑽兩掌、鑽心兩邊。(南朝宋沮渠京聲譯《治禪病祕要法》卷上《治阿練若亂心病七十二種法》)

(9)有一比丘患眼,佛言:"聽著眼藥、灌鼻,以油酥摩頂上,以鹽酥摩脚下。"(南朝宋佛陀什共竺道生等譯《五分律》卷二六《第五分雜法》)

(10)便摩兩手掌心令熱,拭面三九過,將上至脚下三過,起摇頭七過。(東晉《洞真上清神州七轉七變舞天經》其二《神州七轉上經》)

(11)帝美鬚眉,身長八尺七寸,脚下有文,色如銀印,厚一分。(南朝梁蕭繹《金樓子》卷一《興王篇》)

(12)烏癩候:手足頑痺,鍼刺不痛,脚下不得蹹地。(隋巢元方《諸病源候論》卷二《風病諸候下》)

脚位於人體下端,跟方位"下"意義契合,中古時期"脚下"在隱喻機制作用下凝固成一個複合方位名詞,指物體下方區域或泛化的空間方位。

1. 物體下方區域

(13)漢道士從外國來,將子於山西脚下種,極高大。今有四樹,一年三花。(北魏賈思勰《齊民要術》卷十《槃多》)

(14)其阿婆乃於床脚下取天衣,遂乃視之。(句道興《搜神記·行孝第一》)[比較S. 2144《韓擒虎話本》:"若也不信,行到龍床底下,見其靈襯(櫬),方可便信。"]

(15)此小兒三度到我樹下偷桃,我捉得,繫著織機脚下,放之而去之,今已長成。(P. 3645《前漢劉家太子傳》)

(16)復有梵本經四卷。原注:脚下注云似是長安中出。(唐智昇《開元釋教録》卷四《總括群經録上之四》)

(17)須臾之間,净能不見神人。當時傾心在道,更無退心。便開符讀之,脚下分明悉住(注)鬼神名字,皆論世上精魅。(S. 6836《葉净能詩》)

後二例"脚下"都指書籍正文下方區域,"脚注"由此得名。今上海,湖南臨武、長沙、安化、耒陽等地"脚下"仍指方位下面(許寶華、宫田一郎,1999:5646)。宋時"地名+脚下"還可指地域的處所、位置。如:

(18)京師二相公廟,在城西内城脚下,舉人入京者,必往謁祈夢。(南宋洪邁《夷堅乙志》卷一九《二相公廟》)

"城西内城脚下"指在城西内城範圍内。

(19)我有兩説在此:有領我田疇耕種的,有店房生意客身的,有在我門下效勞得一官半職的,有長安脚下有什麼親故的,這幾項人,都不要隨我去了。(明袁于令《隋史遺文》第三回)

"長安脚下"指長安城内。

(20)此處乃是皇城脚下、天子所歸;二乃又是開封府;三乃是曹家府,凶顯(險)怕人,不可胡言亂語。(《明成化説唱詞話叢刊·新刊説唱包龍圖斷曹國舅公案傳》)

(21)(乾隆)十七年(1752)開採廣東省豐順縣地脚下鉛山。(清崑岡等修,劉啟端等纂《欽定大清會典事例》卷二四三《户部·雜賦》)

"豐順縣地脚下"指在豐順縣境内。江蘇如東"哪裏"説成"哪脚下",廣東揭陽"涂脚下"指地上(許寶華、宫田一郎,1999:4129、5115),都是這種用法的遺留。

2. 某人所管轄、負責的範圍

(22)張郎郎八十畝〔納在本户脚下〕,張〈風蓋〉颰三十畝〔納粟一石四斗五升〕,郝章仵三十畝〔納麥壹石三斗納粟壹碩柒斗足〕,孟什德三十畝〔在當户脚下納了〕,孟安安三十畝〔納粟壹碩六斗,在當户脚下〕。(S. 2214《年代不明納支黄麻地子曆》)

(23)大兄初番和之日,齊周阝(附)父脚下,附作奴。後至僉牟使上析出(衍)出爲户。(P. 3774《丑年十二月沙州僧龍藏牒》)

(24)今聞吾惺悟之時,所有家産、田莊、畜牧、什物等,已上并以分配當自脚下,謹録如後。(S. 343. V. 11《析産遺囑》)

(25)出鏁貝鏡一面與梁舍人,附在尼僧脚下。(P. 3774《丑年十二月沙州僧龍藏牒》)

(26)若與他人同犯,據逐人脚下所犯斤兩,依輕重斷遣。(北宋王溥《五代會要》卷二七《鹽鐵雜條下》)

(27)臣等參詳:請今後應犯竊盜,不計幾人同行,將逐人脚下贓物,都并爲一處。(北宋竇儀《刑統》卷一九《强盜竊盜》)

(28)我死後,也求母舅作主,尋個好頭腦,教他轉嫁了罷。所遺薄田并脚下住房,都交付與思恒賢弟收管。(清五色石主人《八洞天》卷八)

(29)飛熊聞説:“既然如此,某家脚下有黄金二錠,你們祇管來取。”鐵駒聞言,誤信爲真,向前去取,却被飛熊將脚一縮,把鐵駒掀翻在地,用脚踏住。(清何夢梅《大明正德皇游江南傳》第十回)

此處“脚下”指在某人名義之下,即附屬於某人,相當於“名下”。

(30)後唐長興四年五月七日(933),諸道鹽鐵轉運使奏:……所有元本家業莊田,如是全家逃走者,即行點納。仍許般載脚户、經過店主并脚下人力等糾告,等第支與優給。(北宋王溥《五代會要》卷二六《鹽鐵雜條上》)

(31)後齊逐兵馬至到山南下蹟,便見賊踪壹拾捌騎,脚下煞小牛叁頭。(P. 2482V-1《常樂副使田員宗啟》)

(32)今後應有臣寮及使臣,脚下已有官馬,因差遣并不得乞借官馬。[南宋趙汝愚《宋朝諸臣奏議》卷一四六龐籍《上仁宗答詔論時政》,天聖七年(1029)]

(33)本司五月間,曾差使臣管押馬三十九匹,往第八將交割,有渭州蕃落第二十指揮十將李孚,用錢物將脚下瘦弱馬换却第八將馬。[南宋李燾《續資治通鑒長編》卷四九三《哲宗・紹聖四年(1097)》]

(34)欲乞前期旬日間,權暫於環慶路輟借蕃官慕化并部落子二百人及逐人脚下馬,過本路使唤。[《續資治通鑒長編》卷四九九《哲宗・元符元年(1098)》]

(35)侯巡撫祇坐到日西時分,酒過數巡,歌唱兩摺下來,令左右拿五兩銀子,分賞厨役、茶酒、樂工、脚下人等。(明蘭陵笑笑生《金瓶梅詞話》第七十六回)

此處“脚下”指在某人管轄下,相當於“手下”。

(36)脚下六枝分。原文注:脚下者,門下也。四祖下横出一宗。六枝者,牛頭融禪師等六祖。(《祖堂集》卷二)

(37)(四祖)告衆曰:“吾未至此山時,於武德七年秋,於廬山頂上東北而望,見此蘄州雙峰山頂,上有紫雲如蓋,下有白氣横分六道。”四祖問五祖曰:“汝識此瑞不?”五祖

曰:"莫是師脚下横出一枝佛法不?"(《祖堂集》卷三)

(38)問僧:"看什麽經?"云:"已有人問了。"師云:"你爲什麽在我脚下?"僧云:"恰是。"(南宋賾藏主《古尊宿語録》卷一八《雲門匡真禪師廣録下》)

(39)看他脚下兒孫却也當仁不讓。(明道盛《晦臺元鏡禪師語録·余泗泉老居士小像贊》)

此處"脚下"相當於"門下"。

以上各例"脚下"多跟在指人名詞或代詞之後,有時名詞可省略,但在具體語境中都能補足,如例(28)指"我"脚下,例(31)指賊脚下,例(33)指李孚脚下。"脚下"不表具體的空間處所,而是泛指(某人所管轄、負責的)範圍或方面,有時可譯作"這/那裏"。如:

(40)若是正面工夫衹是數學,後學求聖人之道,自有正當常行大路,正不必向康節脚下喫辛苦、討道理也。(南宋王柏《魯齋集》卷一七《回葉成父》)

(41)人須將三代以前規模在胸次,一一從聖經看來。庶親到地位涉歷,可以自得。若衹在諸儒脚下盤旋,終不濟事。(南宋羅璧《識遺》卷二《擔頭上看花》)

(42)子貢揀極高大底來説,聖人衹就低小處説。今不看聖人意,却就子貢脚下起意。纔隨子貢意,便陷落墨氏所謂"老吾老以及人之老",此却是低小處發脚,即非子貢意。(南宋陳埴《木鍾集》卷一《論語》)

(43)學顔閔不成,乃就李長源脚下生活,可悲也!(明黄道周《黄漳浦文選》卷四《與吴梅谷書》)

"脚跟下"也有泛指處所範圍的用法,具體語境中可譯作"自己處、自己這裏",常見於禪宗語録。如:

(44)目前諸法,總在諸人脚跟下。(南宋師明《續古尊宿語要》第三集《楊岐會禪師語》)

(45)深得他雲門脚跟下大事。(北宋克勤《碧巖録》卷二)[比較南宋紹隆等《圓悟佛果禪師語録》卷一三《小參六》:"須知人人分上有一段事,輝騰今古,逈絶見知。"]

(46)祖師諸佛單傳顯示,不出人人脚跟下本有之性。(北宋克勤《佛果圜悟真覺禪師心要》卷下《示楊州僧正淨慧大師》)

(47)但此事不從他得,衹是人人脚跟下本有底一段事。(南宋宗會等《無準師範禪師語録》卷三《示周司户》)

(48)若是宿昔蘊大根利智,便能於脚跟直下承當,不從他得,了然自悟,廓徹靈明,廣大虚寂。(南宋紹隆等《圓悟佛果禪師語録》卷一四《示吴教授》)[比較南宋錢世昭《錢氏私志》:"三世諸佛衹是一個有血性的漢子,子瞻若能脚下承當,把一二十年富貴功名賤如泥土,努力向前,珍珍重重也!"]

(49)欲學此道,當於自己脚跟下理會,纔涉秋毫知見,即蹉過脚跟下消息。脚跟下消息通了,種種知見無非盡是脚跟下事,故祖師云:正説知見時,知見即是心。當心即知見,知見即如今。若如今不越一念,向脚跟下頓亡知見,便與祖師把手共行。(南宋蘊聞《大慧普覺禪師語録》卷一九《示東峰居士》)

(50)直下一刀兩段,便從脚跟下做將去,不必將心等悟,亦不須計較得在何時。(《大慧普覺禪師語録》卷二十《示羅知縣》)[比較南宋黎靖德《朱子語類》卷一一三《訓門人》:"也不問在這裏不在這裏,也不説要如何頓段做工夫,衹自脚下便做將去。"]

例(48)比較例“脚下”(第6卷)《漢語大詞典》(2011:1272)釋作“現在;馬上”,《近代漢語詞典》(2015:946)釋作“當下;馬上”,不確。佛印禪師用佛法度蘇軾,讓他“脚下承當”是説要從自己處領悟禪法,《圓悟佛果禪師語録》又作“向自己根脚下承當”(卷一二《小參五》)“向本分田地上承當”(卷十《小參三》),例(50)“從脚跟下做將去”“自脚下便做將去”説的都是這個意思。禪宗認爲“本心即佛心”,因此禪宗明心悟性、超越生死的本分大事又被稱作自己事、自家事。如五代静、筠《祖堂集》卷八:“你見他千經萬論説成底事,不得自在,不超始終,蓋爲不明自己事。若明自己事,即轉他一切事爲闍梨自己受用具。”南宋賾藏主《古尊宿語録》卷十《并州承天嵩禪師語録》:“(僧)問:‘如何是學人的用心處?’師云:‘著衣喫飯自家事。’”既是自己本分事,自不用從别處討尋,直下從自己處做工夫即可。

3. 某一時間範圍

(51)右緣安定阿姊師身亡,准例合有贈送,人各粟一斗。幸請諸公等,帖至,限今日脚下,於燉煌蘭喏門前取齊。捉二人後到,罰酒一角;全不來者,罰酒壹瓮。(S. 4660《戊子年六月兄弟社轉帖》)

(52)右緣安三阿父身亡,准例合有贈送。人各粟一蚪,祭盤准舊例,并送葬。帖至,限今日脚下,於凶家取齊。如有後到,罰酒壹角;全不來,罰酒半瓮。(P. 4978《戊子年七月兄弟社轉帖》)

(53)右緣温押牙阿嫂身故,合有弔酒,人各粟一斗。幸請諸公等,帖至,限今日脚下,於新蘭若取齊。[捉]二人後到,罰酒一角;全不來者,罰酒半瓮。(P. 5032《戊午年六月十八日社司轉帖》)

(54)限今日脚下月直家取齊。(P. 2679P3《社司轉帖》)

(55)右緣王郎身故,准條合右(有)吊酒壹瓮,人各粟一斗。幸請諸公等,帖至,限至今月十日脚下并身及粟,李家門前取齊。捉二人後[到],罰[酒]壹角;全不來者,罰酒半[瓮]。(S. 3714《親情社轉帖》)

敦煌文獻中“脚下”跟在“今日”“今月十日”等具體日期後指時間。比較S. 5137. V4《親情社轉帖》:“帖至,限今月十五日齋時鐘聲,於多寶蘭若内取齊。”P. 3434. V《社司轉帖》:“帖至,限今月廿一日卯時,於官樓蘭若門前取齊。”P. 5032《戊午年六月六日渠人轉帖》:“帖至,限今月七日辰時,并身及粟於武通子家取齊。”當日期後有具體時辰時則不用“脚下”。從前文敘述的事實可以看出,“脚下”在唐代由表示實體的空間範圍,擴大到泛指某人所管轄、負責的範圍(泛化的範圍)。空間概念是最基本的概念,用空間概念來表達較爲抽象的時間概念是很自然的,因此“脚下”可指時間範圍。

二 “脚下”指時間意義辨證

黑維强(2010:474)認爲“脚下”表時間時指“某一時辰,似爲日暮時分”。論據有三條:(1)“脚下”跟“卯時”“辰時”“巳時”等所處位置相同,應也指某一時辰;(2)“脚下”由物體近地面的部分進一步擴大使用範圍,就有了時間的“脚下”,大約是日暮時分;(3)“轉帖”需要一定時間,“取齊”的時間就可能設在日暮。作者的三條理由均爲推測,没有實證。若是具體時辰何不直接説明而要用“脚下”? 事實上敦煌社邑文書中這類轉帖在表示取齊期限時并非都指出具體時辰，如 P. 3441. V《某年三月十三日社司轉帖》："幸請諸公等，帖至，限今月十三日於靈修寺門前取齊。"P. 3779《乙酉年四月廿七日徒衆轉帖》："帖至，限今月廿八日於寺内取［齊］。"S. 4444. V《社司轉帖》："幸請諸公等，帖至，限今月八日於□□門前取齊。"P. 3070《沙州燉煌縣行用水細則與渠人行人轉帖》："帖至，限今月十三日南門取齊。"這裏的"取齊"時間都是具體某一天，跟"今日脚下""今月十日脚下"表意相當，加上"脚下"衹是强調在這段時間範圍内。契約文書中還有用方位詞"内"表示時間範圍的，如 P. 2686《巳年二月六日普光寺人户李和和等便麥契》："其麥粟并限至秋八月内送納足。"比較 S. 1291《某年三月一日曹清奴便豆麥契》："自限至秋七月還納。""内"加或不加意思差不多，可與日期後加"脚下"比證。

劉艷紅(2010:248)指出："從指示空間通過隱喻來指示時間，幾乎是唐五代時期意義泛化的所有方位詞的共同特點。"因此，討論"脚下"指時間的用法應在這一普遍規律指導下進行。這類詞例有"行""處""下"等，如 P. 3496《太子成道變文》："皇宫行有諸伎女。"《全唐詩》卷一唐太宗《帝京篇十首》其六："萍間日彩亂，荷處香風舉。"這裏的"行""處"都表處所。S. 1725《大唐吉凶書儀》："飲酒之行食三口，男女俱起。"P. 2418《父母恩重經講經文》："聞語笑時無意聽，見歌歡處不臺(抬)頭。"這裏的"行""處"指時間。

最有可比性的是"下"①，"下"表方位時跟方位詞"脚下"意義相當，如"山下""山脚下"；"城下""城脚下"。同時又都引申指泛化的處所、範圍。如：

(56)王恭隨父在會稽，王大自都來拜墓，恭暫往墓下看之。(南朝宋劉義慶《世説新語》卷中之上《識鑒第七》)

(57)王陵先到標下，灌嬰不來。(P. 3627《漢將王陵變》)

"墓下"即墓所，"標下"即標記處。

(58)時崔湜亦爲吏部侍郎掌選，有銓人引過，分疏云："某能翹關負米。"湜曰："君壯，何不兵部選?"答曰："外邊人皆云'崔侍郎下，有氣力者即存'。"(唐張鷟《朝野僉載》卷一)

(59)有錢石上好，無錢劉下好，士大夫張下好。(《全唐詩》卷八七六佚名《選人語》)

"崔侍郎下"即崔侍郎那裏，"劉下""張下"指姓劉的那裏、姓張的那裏。

(60)羽下精兵六十萬，團軍下却五花營。(P. 3627《漢將王陵變》)

(61)會昌二年四月十八日，緣田牟不待朝旨已出兵拒可汗下兵馬，故有此處分。(唐李德裕《會昌一品集》卷一三《條疏太原以北邊備事宜狀》原注)

(62)次將保謙下趙愿伯入田地。［72TAM151:16《高昌義和四年(617)役課條》］

例(62)趙愿伯是將保謙的人力。例(60)—(62)中"下"相當於"手下"，與上節例(30)—(35)用法相近。

(63)將无賀下康阿和兒兩車，康世和壹車，張祐兒壹車。……將天奴下趙蒲桃壹車，牛園子壹車。［73TAM520:6/2《高昌延昌三十四年(594)調薪文書一》］

(64)安校尉下：銀錢六文，銅錢卅一文。韓校尉下：銀錢六，銅錢［伍］十文。［趙］師下：銀錢十文，銅［錢］六十文，更銅錢廿十六文。張師下：銀［錢］七文，銅［錢］［卅］文。(64TAM4:46/1《唐支用錢練帳一》)

(65)高長史下蒲桃：高長史陸拾步，畦海幢壹畝半究(玖)拾步，曹廷海貳畝陸拾步，

① 以下例句部分引自江藍生(1998)和劉艷紅(2010)。

氾善祐貳畝半陸拾步，車相祐貳畝陸拾步。（68TAM99:04《高昌勘合高長史等蔔萄園畝數帳》）

此處"下"相當於"名下"，與上節例(22)—(29)用法相近。

以上"下"泛指處所、範圍，語法意義是指示某人那邊，或某人方面（江藍生，1998）。"下"由泛化的範圍意義進一步虚化指時間範圍①。如：

(66)正當慮吾危朝廷邪？吾今下唯除奸凶耳。（唐房玄齡等《晋書》卷七十《甘卓傳》）

(67)聖主徑饒今日下，可得知陵□□中。（BD14666《李陵變文》）

(68)四我於今日下供養諸佛想，五我於今日下永離惡趣想。（唐慧沼《金光明最勝王經疏》卷第五本）

(69)府君舉止多風雅，誰爲淪亡今日下？露滴郊原秋草梢，行人泣血相逢灑。（《唐故洛州河南郡竇府君夫人墓志銘》天祐十八年(921)）

"今下""今日下"都指今天，可與"今日脚下"比證。方言中仍見使用，如"今下"梅縣（温美姬，2009:37）、廣州（李如龍，2001:294）、惠州、福建下洋等地指現在，宜春、高安周家指今天（許寶華、宮田一郎，1999:733）。

有時爲了滿足雙音步的韻律要求，在"下"之前添"之"字，此時時間範圍義更加突出。如：

(70)遂乃嗢喻本典，徒少問辯："曹司上下，説公白健。今日之下，乞與些些方便。還有紙筆當直，莫言空手冷面。"（P.3666《鷰子賦》）

(71)侍者去看，來報和尚，和尚令師來堂裏打搥，云："老漢在這裏住，聚得千七百人，今日之下，祇得半個聖人。"（五代静、筠《祖堂集》卷十）

(72)太子既生之下，感得九龍吐水，沐浴一身。（BD03024《八相變》）

"今日之下"即今日，"太子既生之下"即"太子既生之時"。

綜上，"脚下"跟"下"由指實體空間方位"下"泛指處所、範圍，投射到時間域，因而可以指時間範圍，相當於"……時"，"今日脚下"即指今日。

三　"脚下"的其他意義

《漢語大詞典》"脚下"詞條下還列有"現在"和"鞋子"兩個義項。這兩個義項都可從"脚下"表方位義引申而來。"脚下"指"現在"的例子如：

(73)若欲將心待悟，將心待休歇，從脚下參到彌勒下生，亦不能得悟，亦不能得休歇，轉加迷悶耳。（南宋藴聞《大慧普覺禪師語録》卷二五《答曾侍郎》）

(74)再説胡宗憲之妻褚氏亦在脚下分娩，收生婆早已接在家中。（清通元子《玉蟾記》第四回）

---

① 據江藍生、汪維輝等考證，"下"跟在時間詞之後表時間範圍的用法魏晋南北朝時已見。如西晋陸雲《陸士龍文集》卷八《與平原書》："想冬下體中佳，能定之耳。"北魏賈思勰《齊民要術》卷六《養牛馬驢騾》："諺曰：'羸牛劣馬寒食下。'言其乏食瘦瘠，春中必死。"參看江藍生(1988:218)、汪維輝(2007:34-35)。

(75)脚下您那鋪子裏,每月做多少錢的手工啊?[明治十四年(1881)《官話指南》]

(76)您看脚下的光景是怎麽了結呢?[明治三十九年(1906)《清語正規》]

人們常根據身體的體驗來説明空間和時間,"脚下"指脚下方區域,近在咫尺,由空間域轉入時間域,即指較近的時間。例(75)(76)是日本明治時期學習北京官話的教材,今東北、北京等地"脚下"仍有指現在的用法,陳明娥(2014:64)指出"脚下"指現在、目前"具有明顯的北方官話特色"。上海話中"脚下"指臨近的時候,二者引申方式一致。我們認爲"脚下"作時間名詞表現在義跟表時間範圍義的"脚下"没有演變關係。首先,"脚下"作後置詞表時間範圍僅見敦煌文獻,用例有限,不具備進一步發展的條件,且距"脚下"作時間名詞存在時間斷層。其次,"脚下"跟"目下""眼下"結構相當,詞義引申路徑相似,可資比證。"目下""眼下"都由近距離的空間義眼前直接引申指時間義目前、現在,"脚下"由此引申也在情理之中。

空間方位可轉指空間裏的存在物,鞋子穿在脚下,故"脚下"又指鞋子。如:

(77)許宣見脚下濕,脱下了新鞋襪,走出四聖觀來尋船,不見一隻。(明馮夢龍《警世通言》卷二八)

(78)便是雨不得住,鞋兒都踏濕了,教青青回家取傘和脚下。(《警世通言》卷二八)

方言中"脚下"還可指次序靠後的,如梅縣"脚下個"指排行最小的(李榮,2002:3903),安徽池州"他脚下還有個妹妹"。

尋繹諸義,均以"脚下"方位義爲起點,通過隱喻或轉喻引申而來。除去今僅見方言的用法,文獻中"脚下"至少應設 8 個義位。粗檢《漢語大詞典》《近代漢語詞典》等辭書,均有未備。今將"脚下"詞義引申序列略述於下,以備參考。

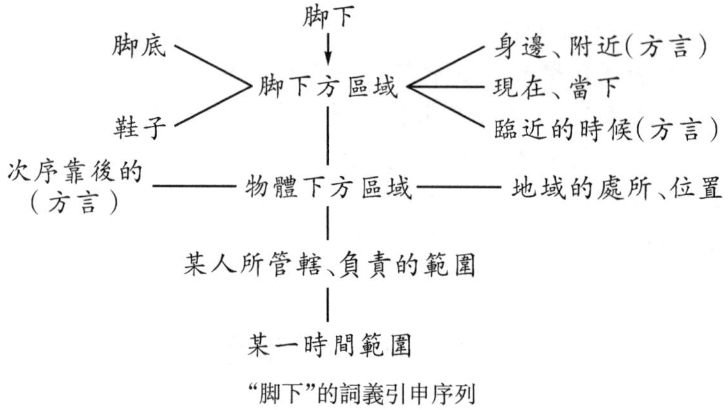

"脚下"的詞義引申序列

參考文獻

[1]白維國主編. 近代漢語詞典[M]. 上海:上海教育出版社,2015:946-947.

[2]陳明娥. 日本明治時期北京官話課本詞彙研究[M]. 厦門:厦門大學出版社,2014:64.

[3]漢語大詞典編輯委員會主編. 漢語大詞典(第 6 卷)[M]. 上海:上海辭書出版社,2011:1272.

[4]黑維强. 敦煌、吐魯番社會經濟文獻詞彙研究[M]. 北京:民族出版社,2010:474.

[5]江藍生. 後置詞"行"考辨[J]. 語文研究,1998(1):1-10,15.

[6]江藍生. 魏晋南北朝小説詞語匯釋[M]. 北京:語文出版社,1988:218.

[7]李榮主編. 現代漢語方言大詞典[M]. 南京:江蘇教育出版社,2002:3903.

[8]李如龍. 漢語方言的比較研究[M]. 北京:商務印書館,2001:294.

[9]劉艷紅. 唐五代方位詞研究[D]. 天津:南開大學,2010.
[10]汪維輝.《齊民要術》詞彙語法研究[M]. 上海:上海教育出版社,2007:34-35.
[11]温美姬. 梅縣方言古語詞研究[M]. 廣州:華南理工大學出版社,2009:37.
[12]許寶華,[日]宫田一郎主編. 漢語方言大詞典[M]. 北京:中華書局,1999:733,4129,5115,5646.
[13]楊琳. 訓詁方法新探[M]. 北京:商務印書館,2011:73.

Historical Survey of the Time Postposition *jiao xia* (脚下)

Wang Yanjie

Abstract: The word "*jiao xia* (脚下)"can denote time in Dunhuang documents, but large Chinese Dictionaries such as the *Large Dictionary of Chinese* and *the Mordern Chinese Dictionary* didn't include this meaning. According to what I'm informed, few people have discussed this problem. It's a common rule that nouns of locality extend to mean time by a metaphor. This paper is based on the rule and make a preliminary historical survey of the time word "*jiao xia* (脚下)". At the same time, we try to tease out the development of its meanings in documents and dialects.

Key words: *jiao xia* (脚下), position, time, derivation

通信地址:安徽省蕪湖市九華南路 189 號安徽師範大學文學院
郵　　編:241002
E-mail: wyanjie9003@sina. com

《快嘴李翠蓮記》詞語札記二則

張　堯

内容提要　《快嘴李翠蓮記》一文中，"四鬢"並非"雙鬢"或"四鬇"之訛，而是確指額鬢兩個位置的髮脚；"僥幸"的狡詐狠毒義來自於同音異寫和近義替换。

關鍵詞　《快嘴李翠蓮記》　四鬢　僥幸　考釋

明代話本集《清平山堂話本》中收録的《快嘴李翠蓮記》（以下簡稱《快嘴》）一文用俗韻文和白話寫成，語言通俗淺近、饒有趣味，但其中仍有個別詞語解釋含混，給語料的閲讀和理解造成障礙。現選擇"四鬢""僥幸"二則疑難詞，就各家注釋相異或不詳處試加討論。

一　四鬢

且説張狼進得房就脱衣服，正要上床，被翠蓮喝一聲便道："……若是惱咱性兒起，揪住耳朵采頭髮。扯破了衣裳抓碎了臉，漏風的巴掌順臉括。扯碎了網巾你休要怪，擒了四鬢怨不得咱。這裏不是烟花巷，又不是小娘兒家。不管三七二十一，我一頓拳頭打得你滿地爬。"

《白話小説語言詞典》《金瓶梅詞典》收録了"四鬢"一詞，並將之解釋爲"鬢髮"（《金》後有"又作'四髮'"）；《中華活葉文選》和《古代説唱辨體析篇》將該詞解釋作"左右前後的頭髮"；其餘各選集的編注者大多認爲"四鬢"一詞有文字上的錯誤：《話本選》《話本選注》《宋元明話本小説選》《古代白話短篇小説選》（注釋本）等都認爲"鬢"爲"鬇"之訛；《近代漢語讀本》（修訂本）、《古代白話文獻選讀》疑"四"爲錯文；《清平山堂話本校注》沿用了劉堅的觀點，但並未指出可能正確的原文。因此考察"四鬢"的詞義首先要考慮字形問題。

"鬇""鬢"之争其實是"鬇""鬂"之辨。"鬂"作爲"鬢"的異體與"鬇"字形十分相似，存在混淆的可能。該字在刻本①中字形作[illegible]，字的下部比較模糊，與"鬂、鬇"均有相似之處。僅憑字形，我們無法判斷孰是孰非，還是要從詞的角度入手。從詞義看，"鬇"最早見於《廣韻》，與"鬡"連文，無釋義；稍晚的《集韻》和《類篇》釋"鬇鬡"爲"髮亂"。除"鬇鬡（鬤）"聯緜成詞外，文獻中不見"鬇"字其他用法，因此"四鬇"一詞缺少例證。在"扯碎了網巾你休要怪，擒了四□怨不得咱"一句中，"四□"充當動詞"擒"的賓語，可以與"網巾"對舉，應該是名詞性成分。此處"鬢"在句法上説得通，而"鬇"作爲聯綿形容詞"鬇鬡（鬤）"中的詞素不可拆分，無法單獨

① 《古本小説集成》收録的《清平山堂話本》以日本内閣文庫館藏的十五篇影印本爲底本，中里見敬（2007）贊同長澤規矩也（1928）的觀點，認爲内閣文庫藏本從紙張使用情況來看屬於嘉靖時期刻本。文中所據刻本即爲《古本小説集成》的内閣影印本。

使用,也就不能滿足此處的句法要求。由此我們可以基本確定“四鬢”之“鬢”字正確。

確定了鬂爲“鬂(鬢)”字後,再來看“四”。由於認爲“四”屬錯文的幾位注者没有給出他們認爲正確的注文,我們姑且認爲“四鬢”是現代漢語和歷史文獻中常見詞“雙鬢”或“兩鬢”的錯文。不過,無論是“雙”還是“兩”都與“四”相去甚遠,字形上基本不存在訛混的可能,而且明清文獻中也的確存在“四鬢”一詞。如:

(1)床前拖下三魂喪,枕上揪來四鬂蓬。(《海浮山堂詞稿》卷三《李争冬有犯》)

(2)解烏雲四鬂婆娑,理青絲兩手分撥。(《海浮山堂詞稿》卷三《剪髮嘲羅山甫》)

(3)玉質冰肌,蟬翼輕鬆四鬂齊。(《海浮山堂詞稿》卷三《詠所見》)

(4)四鬢掙掙剪蒼額,本乖乖。(《雍熙樂府》卷十九《西厢百詠》)

(5)嫂子,人説你打得動不得了,你這不還好好的麽?又説把頭髮合四鬢都撏盡了,這頂上不還有頭髮麽?(《醒世姻緣傳》第七十四回)

(6)取漱口水,通著打四鬢并髮,令自乾。日久去頭風,固齒,去酒刺,烏鬢髮。(《證治準繩》卷三十八)

從上述例子可知“四”字不誤,錯文的可能基本能够排除。

回到詞義上來,“雙鬢、兩鬢”指人兩側鬢脚很好理解,相應的“四鬢”就不太好懂了:人只有兩個鬢脚,怎麽會平白又多出兩個來呢?對此,《中華活葉文選》和《古代説唱辨體析篇》認爲“四鬢”指的是“前後左右的頭髮”。如果放寬標準來看,按照《漢語大詞典》對“鬢”的解釋,“臉旁邊靠近耳朵的頭髮”姑且都可以泛稱作“鬢”,但腦後的頭髮是無論如何不能稱“鬢”的。從文獻中的用法來看,例(5)(6)中“四鬢”與“髮、頭髮”並列,例(2)(3)中以“烏雲、蟬翼”喻髮,也與“四鬢”相對照,可知“四鬢”所指的位置是與大面積的頭髮構成對立的。無論從詞義還是文獻用例來看,頭髮密集的腦後部都不能與耳部周圍合稱爲“四鬢”,因此不能將“四鬢”籠統解釋成“前後左右的頭髮”。

張惠英(1992)、王汝梅(2007/2015)在討論《金瓶梅詞話》中的“四鬢”一詞時引用了姚靈犀(1940/1989/2013)的觀點,認爲吴語中“四”“水”音近,“四鬢”即是“水鬢”。然而《金瓶梅詞話》中“水鬢”和“四鬢”同時存在:

(7)a. 西門慶恰進門檻,看見二人家常都帶着銀絲䯼髻,露着四鬂。(第十一回)

b. 惟金蓮不戴冠兒,拖著一窩子杭州攢翠雲子網兒,露着四鬢。(第二十七回)

c. 纘上戴着銀絲䯼髻,還墊出一絲香雲䯼髻,内安着許多玫瑰花瓣兒,露着四鬢,打扮的就是活觀音。(第二十八回)

(8)a. 那婦人比初見時越發標致,吃了酒粉面上透出紅白來。兩道水鬂描畫的長長的,端的平欺神仙、賽過嫦娥。(第四回)

b. 因看見玉樓金蓮打扮,他便把䯼髻墊的高高的,頭髮梳的虚籠籠的,水鬢描的長長的,在上邊遞茶遞水。(第二十二回)

c. 見他上穿着紫綾襖兒、玄色段金比甲、玉色裙子,下邊顯着趫趫的兩只脚兒,生的長挑身材,紫膛色瓜子臉,描的水鬢長長的。(第三十七回)

d. 身上穿紫潞紬襖兒、玄色披襖兒、白挑綫絹裙子,下邊露兩只金蓮,拖的水鬢長長的。(第四十二回)

e. 賊没廉恥的貨,一個大摔瓜長淫婦,喬眉喬樣,描的那水鬢長長的,搽的那嘴唇鮮紅的。(第六十一回)

f. 那何官人又見王六兒長挑身材，紫膛色瓜子面皮，描的大大水鬢，涎鄧鄧一雙星眼眼光如醉，抹的鮮紅嘴唇。(第九十八回)

(7)(8)兩組例句分别是《金瓶梅詞話》中“四鬢”和“水鬢”的使用情况：例(7)中“四鬢”用作“露”的賓語，描寫的是髮型，强調部位；例(8)中“水鬢”用作“描、掩”的賓語，描寫的是妝容，强調打理方式。二詞出現的環境和描寫的對象都不一致，由此可知，即使在《金瓶梅詞話》中，“四鬢”和“水鬢”也不是同一個詞。回到本文其他例句上來看，例(3)(5)(6)及《快嘴》原文中的“四鬢”强調的都是部位而非妝容；例(1)(2)中“四鬢”更是與“三魂”“兩手”對舉，説明“四”確實是數字而非“水”字同音或其他虚指情況。因此我們認爲“四鬢”不是“水鬢”的音近訛誤。

《中國古代名物大典》將“四鬢”解釋爲“額前兩端及雙目外側的兩個鬢角之髮”，揚之水(2011)認爲“明代把兩鬢與額角算在一起合稱‘四鬢’”，王汝梅(2007/2015)書中又有“額頭的兩端及雙目的外側各有鬢角，俗稱上鬢、下鬢，合而爲四，故稱四鬢”的説法。然而查考歷史文獻，我們尚未發現“上鬢”“下鬢”等提法，也没有找到“四鬢”是額角鬢角合稱的明確記述，只有明代的頭飾名稱可以爲我們理解“四鬢”的説法提供一些旁證。根據出土的明代頭面實物(圖一)①、畫像中的頭面圖樣(圖二)和歷史文獻(《客座贅語》《雲間據目抄》《三才圖會》)記載的對照結果來看，明代有兩大類佩戴在髮鬢的頭飾。其一爲“掩鬢”，佩於鬢邊；其二爲“(壓)鬢釵”，佩於額角②。佩於不同位置的髮飾却都以“鬢”入名，可知明人對“鬢”的範圍定義得比今人寬。

綜合出土文物、文獻圖示和名物學家的考證結果，我們可以認爲“四鬢”是細分鬢髮部位的結果，具體説來可能是額脚鬢脚兩個部位的合稱。

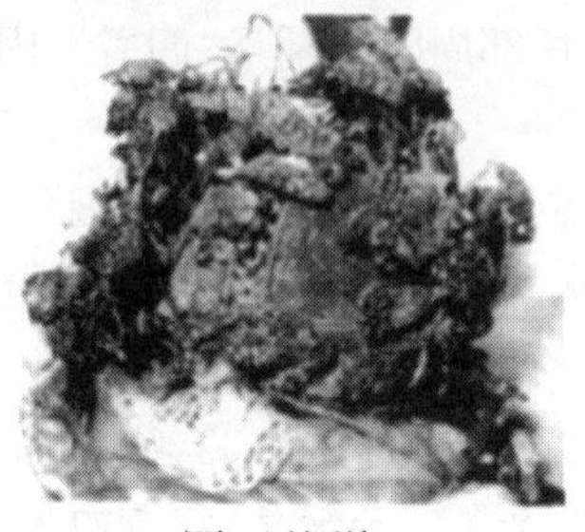

圖一 掩鬢

圖二 鬢釵

二 僥幸

翠蓮道：“婆婆休得耍水性，做大不尊小不敬。小姑不要忒僥幸，母親面前少言論。訾些輕事重報□，老蠢聽得便就信。言三語四把吾傷，説的話兒不中聽。我若有些長和短，不怕婆婆不償命！”

上述語料中，“僥幸”的詞義頗令人費解。李翠蓮罵小姑是因爲小姑到母親面前告狀，小

① 圖片引自揚之水(2011：38、48)。

② 二者佩戴位置稍有争議。揚之水認爲掩鬢佩於鬢邊，(壓)鬢釵倒插於額角；董進認爲(壓)鬢釵插在鬏髻底部左右兩側。無論具體位置如何，二者佩戴在“鬢”的不同部位是没有争議的。

姑本人不會因此有所收益，因此這裹的“僥幸”不是現代漢語中的常用義【意外獲得成功或免除災害】。《清平山堂話本校注》使用了“僥幸”的本義【企求非分】，但從上下文來看小姑與李翠蓮没有矛盾，告狀没有額外的企圖，更談不上非分，因此【企求非分】的本義在文中也講不通。《古代白話文獻選讀》和《近代漢語讀本》(修訂本)將這裹的“僥幸”解釋成【狠毒】；李崇興(1983)認爲《快嘴》中的“僥幸”一詞“與解作碰運氣得到成功或消除不利的意思不同”，他將“僥幸、狡悻、徼幸”歸併成同一個詞項，解釋成【狡詐】；在稍後編著的《元語言詞典》中，李更是將“僥幸”列作詞頭，與“狡悻”“徼幸”條合併，解釋爲【姦詐，狡詐】。相比之下，這幾個解釋於文意更爲合適。

問題在於，“僥幸”是如何獲得【狠毒】或【狡詐】義的？汪維輝、顧軍(2012)在論及致一詞誤解誤用義的產生因素時提到，字形和讀音都會對詞的理解產生干擾，進而造成誤解和誤用，使詞增加新的義項。根據李崇興(1983)列出的“狡悻、徼幸”等表【狡詐】義的其他形式，可以推測“僥幸”獲得此義可能與字形混用有關。

從字形上來看，“狡悻(幸)”的【狡詐】義十分明顯。該義在近代漢語中很常見，如：

(9)今日是會新親待客做筵席，倒準備着長休飯、永别杯。莫不找拜先靈打着面豹纛旗，你暢好是下的，使這般狡幸心機。(《元曲選·桃花女破法嫁周公》第三折)

(10)不肯干貧立事，子待狡幸成家。(《脈望館鈔校本古今雜劇·看錢奴買冤家債主》)

(11)彼狡倖脱魄已褫，方且依草附木思丐鄰境收羸尫。(《皇清文穎續編》卷七十《平定回部詩》)

從詞義上看，“僥”本義【貪求】，“狡”常用義【姦詐】，在形容人心、性格時兩詞有相近之處，可以連用，例如唐人元結《抔樽銘》中就有“時俗僥狡，日益僞薄”語。從詞音上看，“僥、狡”的音義在唐代就已經接近。按照《經典釋文》“僥，古堯反，徐古了反，字或作儌”和“狡，古卯反”的音注情況來看，二者僅存在有無介音的差别。到了近代漢語，這點微小的差别也消失了，二詞語音完全相同。音義皆近，在書寫時就有混同的可能。

事實上在字形混用的過程中，“僥幸”的確沾染了“狡幸”的詞義。《元語言詞典》“僥幸”條下引《元典章·臺綱二》：“若違制違例，傷官害政，形迹可疑，僥幸顯露，雖贓濫未形，其當該人吏，重者罷役，輕者降等。”其他“僥幸”明確表【姦詐】義的例子又有：

(12)其次則明燭情僞，不苛不察，欺罔無所容，隱微無所匿，使僥幸姦黠無所遁情，則亦莫予侮者矣。(《道園學古録》卷三十七《撫州路總管府推官廳壁題名記》)

(13)使四方有以窺朝廷，而姦佞僥幸之雄因而競起，此則分别邪正之一端也。(《經濟類編》卷三十三《論邪正疏》)

(14)憑着我懺劣村沙，誰敢道僥幸姦猾。莫説百姓人家，便是官宦賢達，綽見了包龍圖影兒也怕。(《元曲選·包龍圖智勘後庭花雜劇》第三折)

字形對意義混同的影響是雙向的，不止“僥幸”沾染了“狡悻”的詞義，“狡悻”也開始有了“僥幸”的寫法，在玄元真人的《太上玄靈北鬥本命延生真經注解》中就多次出現：

(15)(凡夫衆生)但嫉妒慳貪，迷真喪道，只顧眼前，一時欺心狡倖，不思他日萬種禍患臨身。

(16)(大衆)但只欺心狡倖，每求自己之榮，抱恨懷讎，……如有不信，略問一言：狡倖過人，過得於天否？

(17)(衆生)且以浮生在世,貪迷俗境,不顧真空,以狡倖取爲能,以欺心務爲智,以財利用爲榮,以聲色樂爲樂,遂致失其真道,永劫輪迴。

例(12)-(14)中的"僥幸"多爲【狡詐】義,與【狠毒】義有些不同。所以我們推測,《古代白話文獻選讀》和《近代漢語讀本》(修訂本)將"僥幸"注成"狠毒"應該還受到了其他因素的影響。

近代漢語中有"狡狠"一詞表【狡詐兇狠】義。由於"很、狠"經常混用,故"狡狠"又可作"狡很",如:

(18)西羌狡狠,必有窺邊之心。(《名臣碑傳琬琰集》卷十《范忠獻公雍墓誌銘》)

(19)身任舊臣,甘心新主,狡狠回遹。贊逆賊以亂人國,睨神器,孰不可忍耶!(《明經世文編》卷八十六《慶幸討戮宦賊永綏福祚疏》)

(20)嘉靖末年,吴江一個知縣,治行貪穢,心術狡狠。忽差心腹公人,賫了聘禮到蘇城求訪懶龍,要他到縣相見。(《二刻拍案驚奇》卷三十九)

(21)英國明知害人之物而不欲禁洋商販運,並欲禁中國内地自種,其用意殊極狡狠①。(《海防要覽》下卷《覆奏海防條議》)

(22)戎人狡很,臣但羈縻而已,非能制也。(《續資治通鑒》卷十二)

(23)張獻忠最狡很好殺,必爲後患。(《清文録續編》卷二《蘄守唐世照傳》)

《大詞典》"狡幸"條引關漢卿《五侯宴》"他可便心狡狠,倒换過文書"句,提到"狡狠"有"狡幸"異文,可知二詞詞義相近,渾言可以互通。

此外,文獻中"忄、亻"混寫十分常見,因此"幸"又有"悻、婞"兩個異體字。根據字書辭書,"悻、婞"也可表【狠】義。《經典釋文》"以敖"條:"司馬本作'悻',云很也。"《玉篇》:"悻,悻悻。狠怒也。"慧琳《一切經音義》卷九十七"佞幸"條:"下衡耿反,王逸注《楚辭》云:'婞,很也。'《説文》從人幸聲,或從女作婞。很音痕懇反。杜注《左傳》云:'很,猶戾惡也。'"

至此我們可以得出結論:"僥幸"由於與"狡幸"音同,在頻繁混寫的過程中獲得了【狡詐】義;"狡幸"與"狡狠"意義相近,二詞在用以描述性情時不太區分【姦詐狡猾】和【狡詐兇狠】的細微差别,使用時可以近義替换;"悻(婞)"本義爲【狠】,"僥幸"的異寫形式"僥悻(婞)"加强了【狠毒】義。音同造成了字形混用,義近造成詞素替换,兩個過程交織在一起,最終使"僥幸"這一詞形獲得了【狡詐狠毒】義。《快嘴》中小姑只是要母親管教李翠蓮,即便李翠蓮認爲小姑是在説壞話害她,這一行爲也達不到狡詐的程度,因此編者不用【狡詐】義,只把"僥幸"一詞注作"狠毒",這種解釋也是合理的。

徵引書目

唐・慧琳《一切經音義》,徐時儀編,《一切經音義三種校本合刊》修訂版,上海古籍出版社,2012。

唐・陸德明《經典釋文》,上海古籍出版社,2013。

南宋・杜大珪《名臣碑傳琬琰集》,宋刻元明遞修本。

元・虞集《道園學古録》,商務印書館,1938。

明・陳子龍等《明經世文編》,中華書局,1962。

① 又有"其用意殊極狡很"異文,見於《李文忠公奏稿》(民國景金陵原刊本)卷二十四。

明·馮惟敏《海浮山堂詞稿》,上海古籍出版社,1981。

明·郭勳輯《雍熙樂府》,《四部叢刊續編·集部》第1册,上海書店出版社,1934。

明·蘭陵笑笑生《全本金瓶梅詞話》,香港太平書局,1982。

明·凌濛初《二刻拍案驚奇》,《古本小説集成》編委會編,《古本小説集成》,上海古籍出版社,1994。

明·王肯堂《證治準繩》,上海古籍出版社,1991。

明·臧懋循輯《元曲選》,中華書局,1958。

清·畢沅《續資治通鑒》,上海古籍出版社,1987。

清·丁日昌、李鴻章《海防要覽》,顧廷龍主編,《續修四庫全書》編纂委員會編,《續修四庫全書·子部·兵家類》,上海古籍出版社,1996。

清·董誥等編《皇清文穎續編》,顧廷龍主編,《續修四庫全書》編纂委員會編,《續修四庫全書·集部·總集類》。

清·西周生《醒世姻緣傳》,《古本小説集成》編委會編,《古本小説集成》第4册,上海古籍出版社,1994。

古本戲曲叢刊編刊委員會輯《脈望館鈔校本古今雜劇》,文學古籍刊行社,1957。

參考文獻

[1]白維國編. 金瓶梅詞典[M]. 北京:中華書局,1991.

[2]白維國主編. 白話小説語言詞典[M]. 北京:商務印書館,2011.

[3]白維國主編. 近代漢語詞典[M]. 上海:上海教育出版社,2015.

[4]《漢語大詞典》編輯委員會編. 漢語大詞典[M]. 上海:漢語大詞典出版社,2003.

[5]何雲麟,張文潛. 古代白話短篇小説選(注釋本)[M]. 福州:福建教育出版社,1989.

[6]華夫主編. 中國古代名物大典[M]. 濟南:濟南出版社,1993.

[7]李崇興. 詞義札記[J]. 中國語文,1983(5).

[8]李崇興,黄樹先,邵則遂編著. 元語言詞典[M]. 上海:上海教育出版社,1998.

[9]劉光民編著. 古代説唱辨體析篇[M]. 北京:首都師範大學出版社,1996.

[10]劉堅編著. 古代白話文獻選讀[M]. 北京:商務印書館,1999。

[11]劉堅編著. 近代漢語讀本(修訂本)[M]. 上海:上海教育出版社,2005.

[12]汪維輝,顧軍. 論詞的"誤解誤用義"[J]. 語言研究,2012(3).

[13]王鍈,曾明德編. 詩詞曲語辭集釋[M]. 北京:語文出版社,1991.

[14]王汝梅. 王汝梅解讀金瓶梅[M]. 長春:時代文藝出版社,2007/2015.

[15]吴曉鈴等選注. 話本選[M]. 北京:人民出版社,1959.

[16]蕭欣橋選注. 宋元明話本小説選[M]. 南昌:江西人民出版社,1980.

[17]蕭欣橋編著. 古代短篇小説選析[M]. 天津:天津人民出版社,1987.

[18]揚之水. 奢華之色——宋元明金銀器研究(卷2)·明代金銀首飾[M]. 北京:中華書局,2011.

[19]姚靈犀. 瓶外卮言[M]. 天津:天津書局/天津古籍書店/南開大學出版社,1940/1989/2013.

[20]曾昭聰,劉玉紅校注. 清平山堂話本校注[M]. 合肥:黄山書社,2011.

[21]張惠英. 金瓶梅俚俗難詞解[M]. 北京:社會科學文獻出版社,1992.

[22]張相. 詩詞曲語辭匯釋[M]. 上海:中華書局,1953.

[23]中華書局上海編輯所編輯. 話本選注[M]. 北京:中華書局 1960.

[25]中華書局上海編輯所編輯. 中華活葉文選[M]. 合訂本. 上海:上海古籍出版社,1962.

[26][日]中里見敬. 論日本内閣文庫藏清平山堂所刊小説:以版式與刻字特點爲視角[J]. 明清小説研究,2007(4).

Notes on *Kuaizui Licuilian Ji*

Zhang Yao

Abstract: There are a few terms in *Kuaizui Licuilian Ji* whose semantics are not so clear, since some of their explanation in separate dictionaries contradict, while others lack explanation. The paper chooses two confusing terms and tries to find out their exact semantics in the context.

Key words: *Kuaizui Licuilian Ji*(快嘴李翠蓮記), *sibin*, *jiaoxing*, interpretation

通信地址:浙江省杭州市西湖區餘杭塘路 866 號浙江大學紫金港校區西區人文大樓漢語史研究中心

郵　編:310028

E-mail:zhangyao_crane@zju. edu. cn

敦煌社邑文書疑難字詞辨釋*

余　堅

内容提要　本文藉助國際敦煌項目網站公布的彩色照片，在前人研究的基礎上，對敦煌社邑文書中的“追遊”“月生一日”“行葉齊芳，[illegible]花争秀”等七條疑難語詞重新進行考辨。認爲“追遊”當作“追逐”；“月中一日”當作“月生一日”，即一月中的第一天，這種時間表達的方式與社邑助喪轉帖的實情相符；“[illegible]花争秀”當爲“意花争秀”；“尊卑人美”當作“尊卑乂美”；“牛[illegible]海衆”當爲“牛[香]巡海衆”；“豈[illegible]也哉”當爲“豈誣也哉”；“生死業同”當作“生死業風”。

關鍵詞　敦煌社邑文書　疑難字詞　考辨

敦煌社邑文書是記録唐五代宋初中國基層社會組織——社邑——基本活動的第一手材料。它真切地反映了當時社會下層百姓的日常生活，其語言鮮活直白，口語性較强，是中古社會史和漢語史研究不可多得的寶貴資料。上个世纪末，寧可、郝春文《敦煌社邑文書輯校》一書對敦煌社邑文書進行了最全面地搜輯整理，並作了較爲准確地釋文。在此基礎上，前賢就其中的字詞文句進行了較爲集中的校勘和訓釋，並發表了一系列高質量的論著①。筆者藉助國際敦煌項目（IDP）網站公布的彩色照片，參考前人的研究，對《輯校》整理的社邑文書進行了重新校讀。在此過程中，發現一些字詞的釋録與校勘仍有可商之處。今不揣淺陋，擇取其中七條進行辨釋。不妥之處，請讀者批評指正。

一　追遊

S. 6537V《某甲等謹立社條》：“凡爲立社，切要久居。本身若去（云）②亡，便須子孫丞（承）受，不得妾（妄）説辭理。恪（格）例合<u>追遊</u>，直至絶嗣無人，不許遺（遣）他枝春（眷）。”（《英藏》11/96）

按：句中“追遊”費解，檢異本 P. 3730V，作“追[illegible]遊”，中間一字下半部分較爲模糊，藉助彩色圖版尚可辨識。唐耕耦、陆宏基（1986：280）以 P. 3730V 爲底本，録作“追□遊”，蓋謂其

*　本文爲上海市教育委員會科研創新計劃資助項目“敦煌文獻通假字彙纂（編號：2017-01-07-00-07-E00054）”、出土文獻與中國古代文明研究協同創新中心博士創新資助項目（編號：CTWX2018BS007）的階段性成果之一。寫作過程中曾得到業師張小豔先生的指導和修改，匿名審稿專家提出寶貴修改意見，謹表謝忱！

①　關於敦煌社邑文書校勘、字詞訓釋等相關研究的大致面貌，可參見張小豔《敦煌社邑文書詞語輯考》（《敦煌吐魯番研究》第十三卷，上海古籍出版社，2013 年，第 97 頁）一文中的第 4 條注脚。

②　去，P. 3730V 字形作“云”，是，據改。

字難以辨識。寧可、郝春文(1997:42)以 S. 6537V 爲底本,録作“追遊”,郝春文(2006:64)録文同。劉傳啓(2017:88)録作“追□(凶)遊(衍)”,校云:“甲本(P. 3730V)‘追’後還有一字,僅存上部,疑是‘凶’字。遊,疑爲衍字。”即認爲 S. 6537V 中的“追遊”當作“追凶”(據 P. 3730V 於“追”後補“凶”,“遊”衍當删)。劉氏疑“”爲“凶”字,可從,只要將其字與原卷右起第 5 行的“(凶)”和第 8 行的“(凶)”字比勘,即可確信無疑;但他懷疑“遊”係衍文,似未穩。因爲 S. 6537V 與 P. 3730V 均有“遊”字,不太可能兩本皆衍。故“追遊”與“追凶遊”究竟當如何校讀,還需另求他解。

我們認爲,“遊”應爲“逐”之形誤,S. 6537V 中的“追遊”當作“追逐”;P. 3730V 中的“追凶遊”當作“追凶逐吉”,“逐”後脱“吉”字。理由如下:

“追凶逐吉”是對從事喪葬、吉慶等經濟與生活上互助性活動的一個概括性的指稱,是當時慣用的方俗語詞(張小豔,2013:152-158)。上舉社條對社員的規定可概括爲兩個方面:一是喪葬、吉慶之事的互助,即“追凶逐吉”;二是從事佛教活動。從上下文來看,該段文字是規定社員在“追凶逐吉”時不能輕易退出。“追遊”“追凶遊”前一句説“本身若云亡,便須子孫丞(承)受”,後兩句則講“追凶逐吉”的具體事宜,包括諸家在“横遭厄難”“立莊造舍”“男女婚姻”等時社員應當如何如何。因此“追遊”“追凶遊”所在文句只能是“追凶逐吉”或與之同義的表達。此外,與 S. 6537V 同卷的《拾伍人結社社條》中一段相似的文字:“立其條案,世代不移。本身若也盡終,便須男女丞(承)受。一准先例,更不改彰(張)。至有閉門無人,不許怡(惱)他枝眷。應有追凶格律,若立三馱名目,舉名請贈。”(《英藏》11/95)其中“應有追凶格律”與“恪(格)例合追遊”意思接近,“追凶”所對應的只能是“追逐”,而不是“追遊”。因此,將此句的“追遊”“追凶遊”校作“追逐”“追凶逐吉”在文例上是很自然的。與“追凶逐吉”相應的表述,在其他社邑文書中也頗爲常見,如 P. 3220V《社邑文書》:“追凶逐吉,自有常規;輕重科丞(懲),從來舊典。”(《法藏》22/197a)P. 3989《景福三年(894)敦煌義族社約》:“立此條後,於鄉城恪(格)令,便雖(須)追逐行下。”(《法藏》30/320a)S. 5629《敦煌郡某乙等社條壹道》:“今欲結此勝社,逐吉追凶,應有所勒條格,同心壹齊稟奉。”(《英藏》8/172b)皆其例。而“追遊”的文例,在社邑文書中却從未見到。

從異文的比對和構詞上來説,S. 6537V 之所以能省去“凶”(和“吉”)字,而徑作“追遊(逐)”,是因爲“追遊(逐)”本身就是“追凶逐吉”的省稱(張小豔,2013:156)。符合這種構詞特點的只能是“追逐”,而不是“追遊”。加之,“逐”和“遊”在字形上也相近,有訛誤的可能性。

由此看來,將“追遊”“追凶遊”校作“追逐”“追凶逐[吉]”,合於社邑文書的行文慣例,讀來文從字順①。

二　月生一日

P. 5032《某年六月索押牙妻身亡轉帖》:“右緣索押牙妻身亡,合有贈送。……幸請諸公

① 審稿專家認爲“遊”可能是“就”音訛,有一定道理。只是“遊”《廣韻》“以周切”,屬平聲餘母尤韻;“就”《廣韻》“疾僦切”,屬去聲從母宥韻。二者韻母雖同,但聲母較遠。敦煌文書中也未見到二者通用的例子。另外,“追逐”一詞在敦煌文書中較爲常見,但未見“追就”這種組合。綜上我們認爲,“追遊”是“追逐”之形訛可能性更大。

等，帖至，限今月月生一日卯時於凶家取齊。”（《法藏》34/107）

按：“月生一日”，唐耕耦、陆宏基（1986：403）同；寧可、郝春文（1997：86）作“月中一日”，黑维强（2010：312）從之。查核圖版，《法藏》所載較爲模糊，“月生一日”的“生”是該行的最後一字，位於紙張底部，字形作“”；國際敦煌項目（IDP）網站公布的彩色圖版較爲清晰，寫作“”。從字形看，其字爲“生”應無疑義。那麼，“生”是否“中”之誤呢？作“月中一日”是否可通呢？愚以爲，若僅從字形而言，不排除有這種可能；但結合當時喪葬互助的實際情況來講，作“月中一日”則不妥。

“月生一日”的“月生”，指每月從初一至十五或十六，月亮逐漸變亮直至滿月的這段時間。與“月生”相對的是“月死”，指滿月之後，“月亮”光亮的區域逐漸減少，直至晦暗的這段時間。東晉卑摩羅叉續譯《十誦律》卷六一：“譬如月十六日後，其光漸漸消滅盡。……譬如月生一日後，其光漸漸轉增上。”（《大正藏》T23/456a）唐徐堅《初學記》卷一：“朔，月初之名也。朔，蘇也，月死復蘇生也。”都是對這類月相的解釋。根據這類月相來紀日的最早用例，如睡虎地秦簡《日書》甲種：“作女子：月生一日、十一日、廿一日，女果以死，作女子事，必死。”（156 正，p101）又：“月生五日曰杵，九日曰舉，十二日曰見莫取，十四日奊（謑）詬，十五日曰臣代主。代主及奊（謑）詬，不可取妻。”（8 背－9 背，p103）劉樂賢（1994：210-211）進一步論述“月生某日”這種表達常出現在星占書中。而在敦煌文書中，“月生某日”也都是用來指具體某一天，並且全出現在日常生活的語境中，可見這類表達的泛化，如 P. 3192V《大中十二年（858）四月一日少事商量轉帖》：“右緣少事商量，幸請諸公等，並限今月月生三日卯時於大乘寺門取齊。……大中十二年四月一日社官李明振、録事左贇帖。”（《法藏》22/114a）“月生三日”即一月的第三天，文中“今月月生三日”即四月三日。P. 3246V《歸義軍時期磑課抄録》：“五月月生八日，吴漢漢家得麥柒㪷。”（《法藏》22/295a）S. 6233《某寺諸色斛斗什物破曆》：“月生四日出麥六斗，沽［酒］蘇都頭用；月生五日出麥七斗，寺家沽酒屈押卿①；……□（月）生六日□䴭一斗，付□□。”（《英藏》10/205）S. 6204《雜抄》：“乙亥年潤（閏）二月月生六日，張老將物，麥伍斗、粟伍斗。”（《英藏》10/180）因此，原文“月生一日”，即“月生”開始的第一日，也就是一月中的第一天。而“月中一日”，即一月中的某一日，是一個只規定了時間範圍，未明確具體日期的表達。這種未説明具體日期的表達，不符合社司通知社衆參與助喪時間的基本要求。一般來講，助喪類轉帖對社衆參與助喪的時間都有明確的規定，而且助喪的時間一般都在發帖的當天或第二天。遲到或不來都將受到處罰。爲清楚地説明這一特點，我們對《敦煌社邑文書輯校》與郝春文（2006：403-411）所搜集的 38 件助喪類轉帖中，同時載明助喪時間和發帖時間的 26 件轉帖作了排比，列表如下：

編號	助喪類轉帖	發帖時間	助喪時間
1	P. 3555＋P. 3288《丁巳年（957）裴富定婦亡轉帖》	某月一日	今日午時
2	P. 5032《戊午年（958?）六月十八日温押牙阿嫂身故轉帖》	六月十八日	今日脚下
3	P. 4991《壬申年（972）六月廿四日李達兄弟身亡轉帖》	六月廿四日	□（今）②日辰時

① “卿”，原卷只存上半部分，我們比照綜合下文“出麵二斗，寺家屈押卿”的“卿（僅存右上角）”的字形推斷其爲“卿”字。“押卿”具體所指待考，疑爲“押衙”之訛。

② “今”字原卷殘，但可以根據殘筆和在寫本中的相對位置補出。

4	S. 4660《戊子年(988)六月廿六日安定阿姊師身亡轉帖》	六月廿六日	今日脚下
5	P. 4987《戊子年(988)七月安三阿父身亡轉帖》	七月日	今日脚下
6	Дx. 2256《丙午年七月三日石□住男身亡轉帖》	七月三日	今日巳時
7	Дx. 2162《庚子年八月十四日何子升女身亡轉帖》	八月十四日	今日脚下
8	S. 5632《丁卯年(967)二月八日張憨兒母亡轉帖》	二月八日	今月九日辰時
9	P. 3070V《乾寧三年(897)閏二月九日社人李再興身亡轉帖抄》	二月九日	二月十日辰時
10	BD. 12304《丁卯年四月二日鄧南山母亡轉帖》	四月二日	今月三日
11	P. 3707《戊午年(958?)四月廿日傅郎母亡轉帖》	四月廿四日	今月廿五日卯時
12	BD. 9345《辛酉年(961)四月廿四日安醜定妻亡轉帖》	四月廿四日	今月廿五日卯時
13	S. 7931《□未廿五月六日□官母亡轉帖》	五月六日	今月七日辰時
14	S. 5486《壬寅年六月九日劉宅官女身故轉帖》	六月九日	今月十日
15	Дx. 4032《□巳年七月九日梁進通身亡轉帖》	七月九日	今月十日卯時
16	S. 6003《壬申年(972)七月廿九日社人□晟新婦身故轉帖》	七月廿九日	今月卅日辰時
17	P. 2842《甲辰年(944)八月九日郭保員弟身亡轉帖》	八月九日	八月九日巳時
18	S. 6981《癸亥年(903)八月十日張賢者阿婆身故轉帖》	八月十日	今月十一日辰時
19	P. 5003《某年九月四日社户王張六身亡轉帖》	九月四日酉時	九月五日寅時
20	Дx. 1439《丙戌年九月十九日劉員定妻身故轉帖》	九月十九日	今月廿日卯時
21	S. 6981《壬戌年十月十七日南街都頭榮親轉帖》	十月十七日	今月十八日卯時
22	P. 3164《乙酉年(925?)十一月廿六日康郎悉婦身故轉帖》	十一月廿六日	今月廿七日卯時
23	S. 2894V《壬申年(972)十二月廿一日裴留奴妻亡轉帖抄》	十二月廿一日	今月廿二日卯時
24	P. T. 1102《申年二月廿日索慶慶身亡轉帖》	二月廿日	今月廿二日卯時
25	S. 2894V《壬申年(973)十二月氾再昌妻亡轉帖抄》	十二月	今月廿九日卯時
26	S. 10184+S. 9929《社人身亡帖》	□月十六日	今月□日

由上表可知,26件助喪類轉帖中,第1—7號助喪的時間就在發帖當天,第8—23號助喪時間在發帖的第二天,僅第24號助喪的時間是在發帖的第三天,這可能因某些特殊情況所致。另外,第19號P. 5003《某年九月四日社户王張六身亡轉帖》(《法藏》34/5a)明確寫明了社户的身亡時間(九月四日申時)、葬送時間(九月五日)、助喪時間(九月五日寅時)和發帖時間(九月四日酉時),爲我們瞭解當時社邑助喪的時間規定提供了很好的參照。

總之,由於喪葬的特殊性,轉帖對社衆助喪的時間規定是具體、明確的,而且一般都在發帖的當天或第二天,"月中一日"這種未限定具體時間的表達不符合當時助喪的實際情况,當作"月生一日"。

三　行葉齊芳，□花争秀

P. 2341V《亡考文兼社齋文》："二爲合邑諸公等，或鍾鼎承家，[或]①羽儀資國；或文參八坐，或武貫三軍；或千里專城，或一同撫辦；或六條毗化，或五美傳風；或浪[跡]丘園，或棲神世表。莫不行葉齊芳，□花争秀。功名至拯(極)，世所推移。"(《法藏》12/160a)

按："□花争秀"的"□"，寧可、郝春文(1997：526)録作"方"，校爲"芳"，然"□"與"方"字形不夠吻合。黄征、吴偉(1995：727)録作"玄"，於形雖較切，但"玄花"詞義費解。我們認爲，其句"□花"與"行葉"相對，疑"□"爲"意"之草寫，整句當作"莫不行葉齊芳，意花争秀"。

字形上，敦煌文獻中"意"的草書與"□"形非常相近，如 P. 2176《妙法蓮華經玄贊》卷六："贊曰：釋令放意。識聲聞性，遠生近熟，名知意劣。自德甚大，彼怯能成，名爲子所難。"(《法藏》8/72a)句中前一"意"作"□"，後一"意"作"□"。上博 12《妙法蓮華經玄贊》卷二："意樂施有六意樂：一廣大、二無厭、三歡喜、四恩德、五無染、六善好。"(《上博》1/102a)例中前一"意"作"□"，後一"意"作"□"。文例上，敦煌願文中也有"意花"之語，且每與"行葉"對文，如 S. 6417《轉經文》："惟公乃風蘭播腹(馥)，月桂踈方(芳)；行葉先敷，意花早合。"(《英藏》11/60)P. 2226《散經文》："轉經施主風蘭孕馥，月桂踈芳；行業(葉)先敷，意花早合。"(《法藏》9/255a)是其例。

"行葉齊芳，意花争秀"乃稱頌齋主性行端正、思想純一。"行葉"喻人之品行，如唐謝觀《舜有膻行賦》："吾乃龍章鳳姿，……行葉揚芳，言蘭芬馥。以膏腴及萬姓，萬姓熙熙；以霈澤滂四門，四門穆穆。"唐武三思《大周無上孝明高皇后碑銘》："禮枝含秀，藻七誡於情田；行葉分芳，籠九師於性府。"宋王欽若《册府元龜》卷七四帝王部之命相第四："翰林學士承旨、知河東軍府事、正議大夫、尚書户部侍郎、知制誥、賜紫金魚袋趙瑩，儒中端士，席上正人，襟靈而萬里坦夷，行葉而四時繁茂。""意花"似與佛教義理有關。佛家常常會用一些具象的事物來譬喻某些抽象事物，以説明其性質，即所謂的"相"，如"法輪""心花""苦海""屠刀""煩惱河"等。"意花"則喻人的心志如花一般(芬芳、純潔等)，如隋《李静訓墓誌》："於是攝心八解，歸依六度，戒珠共明璫並曜，意花與香佩俱芬。"宋延一編《廣清凉傳》："忍草長新於性苑，意花不染於情田。"(《大正藏》T51/1121c)《索珠村觀音菩薩碑記》："意花不染，偏繁衍於椒聊；心樹争攀，遂蔓延於瓜瓞。"此三例中"意花"所對應的"戒珠""忍草""心樹"，也都是一種喻指，如"戒珠"指戒律莊嚴人身，潔白如珠玉；"忍草"指忍耐之心堅韌如草等。

四　尊卑人美

P. 2820《網社祈平善文》："伏願休宜日積，所爲也如願如心；禧戩時臻，所也克通遂。尊卑人美，門蘭(闌)肅清。"(《法藏》18/369a-b)

① 此當據上下文結構補一"或"字。

按:“尊卑人美”不辭,寧可、郝春文(1997:579)與黄征、趙鑫曄(2006:235)録文均作此。核圖版,字形作“乂”,顯非“人”字。“乂”第一劃爲折筆,第二劃與第一劃相交,其字形似“又”。然“又”於義不合,考慮到“又”與“乂”形近易訛,故疑其字爲“乂”之手寫形訛。“乂”形訛作“又”之例頗多,如 S. 5454《千字文》:“俊乂密物(勿),鄉(多)士寔寧。”(《英藏》7/105a)其中“乂”作“又”。P. 2313《願亡人》:“金剛寶劍,芟刈惱林。”(《法藏》11/267a)其中“刈”作“刈”。S. 617《俗務要名林》草部:“艾,五蓋反。”(《英藏》2/97a)其中“艾”作“艾”,皆其例。“乂”指才德出衆,與“美”詞義相類,可以並列。《廣韻・廢韻》:“乂,才也。”唐李百藥《北齊書・幼主紀・論》:“懷譎詭非常之才,運屈奇不測之智,網羅俊乂,明察臨下,文武名臣,盡其力用。”因此,“尊卑人美”當録作“尊卑乂美”。“尊卑乂美,門闌肅清”言年長的與年幼的都賢能美好,門庭肅静清平。

又,“所也克通遂”讀來也不通。寧可、郝春文(1997:579)在“所”“也”之間補一“爲”字,並將“克通遂”屬下讀,作“克通遂尊卑人美”;黄征、趙鑫曄(2006:235)認爲“所”“也”之間似可補一“作”字,“遂”屬下讀,作“所[作]也克通,遂尊卑人美”。兩家的校讀,仍未愜人意。本篇屬齋願文,行文講求對仗工整。比照上句“所爲也如願如心”的結構,本句“所也克通遂”中,“所”“也”之間可據黄征、趙鑫曄所言補一“作”字,而“通”“遂”之間則當補一“克”字,如是整句可校補、斷讀爲:“伏願休宜日積,所爲也如願如心;禧戩時臻,所[作]也克通[克]遂。”①

五　牛巡海衆

P. 2820《社衆弟子設供文》:“於是財袖(抽)五分,供偣六和;牛巡海衆之前,魚梵繞螭梁之石(後)②;勝利既作,諸佛必鑒於丹誠;景福斯隆,賢聖照臨於私懇。”(《法藏》18/369b)

按:“牛巡海衆”費解。寧可、郝春文(1997:608)照録,黄征、趙鑫曄(2006:246)對“巡”字的釋讀存疑,並推斷其下應脱一字,認爲“海衆”含義不明,俟考。蕭旭(2014:1641)疑“巡”即“𦣻(首)”之缺訛,並在其後補一“焚”字,整句作“牛首[焚]海衆之前”。認爲“牛首”即“牛頭”,指栴檀香。“海衆”指僧衆。

蕭旭先生的觀點很有啓發性,但有幾處猶似未穩。首先,認爲“巡”是“首”古形之缺訛,恐難以讓人信服。“首”本是象形字,象人頭形,下半部分是頭的主體,上半部分代表頭髮(裘錫圭,2013:118)。一般來説,構形部件省缺的情况本來就較少,且集中出現在會意字和形聲字上,大都是爲了書寫方便,省去一些繁複的構件(裘錫圭,2013:137-138、160-161;張涌泉,2015:126-131)。相對而言,象形字則出現簡化的情况較多,但不管其筆畫如何簡化,都至少

---

① 本條觀點來自業師張小豔先生。另外,“所也克通遂”句“所”“也”之間,我們原本補了一“行”字,後經審稿專家提示,二字間補“行”與前賢所補“爲”“作”並無太大差别。所言可從。考慮到補“爲”與上句重複,遂據改爲“作”。謹表謝忱。

② “螭梁之石”,蕭旭(2014:1641)認爲作“欐梁之后”,“后”用同“後”。愚按:“石”校作“後”是。“螭梁”則不必校改作“欐梁”。“螭梁”的“螭”是就梁柱上所雕刻的蟠螭紋飾而言的。蟠螭是古代器物和建築上非常常見的裝飾物,用蟠螭雕飾於梁木的用例,如魏何晏《景福殿賦》:“爾其結構,則修梁彩制,下褰上奇。桁梧複叠,勢合形離,赩如宛虹,赫如奔螭。”李善注:“宛虹奔螭,梁上之飾也。”唐孫溶《唐故前河南府録事天水趙公墓誌銘》:“視扶空之蝃棟,不足峥嶸;覩截海之螭梁,未爲硉兀。”

會保留字形的主體輪廓,以保證文字間的區分度。若將“巡”認作“首”,則是省去了“首”的主體部分,這不太符合文字的演變規律。另外,文字構形部件的簡省,也應是在頻繁使用的情況下發生的,但據筆者目力所及,尚未發現敦煌文書中存在類似這種形體的“首”字,也没有發現任何省變作該形的中間環節。

我們認爲“巡”其實就是“巡”之俗寫,敦煌文獻中不乏類似的寫法,如 P. 4093《甘棠集》卷三《上高尚書啓》:“伏奉某月某日牒,着攝陝州參軍充觀察巡官者,恩光忽被,奬擢非常,兢懼失客(容),捧戴無力。”(《法藏》31/123a)其中“巡”字形作“巡”。P. 2814《天成三年二月都知懸泉鎮遏使安進通狀》:“□□□(右伏以)當鎮所有諸處烽鋪、捉道及城上□宿巡檢,一依官中嚴旨,倍加謹急。逐月逐旬,不敢怠慢。巡守隄備尋常者。”(《法藏》18/351)前一“巡”作“巡”,後一作“巡”。S. 2575《天成三年(928)七月十二日都僧統海晏爲七月十五日莊嚴道場配借諸寺幡傘等帖》:“右常例,七月十五日應官巡寺,必須併借幢傘莊嚴道場。”(《英藏》4/96a)“巡”作“巡”。S. 4537V《天福九年(944)正月僧政善光爲巡禮西天上太傅乞公驗牒》:“先有鴻願之期,巡禮西天之境。”(《英藏》6/133a)“巡”作“巡”。因此,從字形上來説,將“巡”録作“巡”應無問題。

而從意義上來講,“巡”應指巡香儀式。巡香爲行香之一種,是齋主持香爐巡行道場的禮佛儀式。行香儀式起於南北朝,唐代因之①。S. 5593《義社印沙佛文》:“散食□(香)餐,焚香交(郊)外。以慈(玆)脱佛□□□(功德,迴)向巡遶勝因,惣用□□□(莊嚴上)界天仙,下方龍鬼。”(《英藏》8/109)唐吕温《南嶽彌陀寺承遠和尚碑》:“寺由是有彌陀之額,度生二七,會供千人。中貴巡香,守臣視饌;瑶圖花捧,寶字煙開;寵降九天,暉映三界。”五代王周《遊仙都觀》:“兩漢真仙在何處,巡香行遶蕊珠宫。”説的都是此類活動。另外,敦煌文獻中還留存有不少與行香有關的文書,如 S. 440/S. 2580/S. 5918/S. 6229/P. 4597《行香説偈文》、S. 5637和 P. 3545V《國忌睿宗大聖皇帝忌六月廿日》、P. 2815《河西節度使張議潮國忌日行香文式》、P. 2815V《行香文》、P. 2854《國祭日行香文》、P. 2854V《張議潮爲先聖恭僖皇后遠忌行香文》、P. 3574《行香除疫願文》、BD9338《某年五月八日尹寶寶齋上行香不到人物條記》、莫高窟第 276 窟《行香文》、P. 2825V《某年正月社齋轉帖》、S. 6417《貞明六年(920)二月社子某公爲三長邑義社齋文》、S. 1173《三長邑義社齋文抄》等,可以窺見當時行香之風氣。

其次,從對仗和詞義表達的准確性這個角度來説,“牛巡海衆之前”確實存在文字脱漏,但不應補一“焚”字,而應在“巡”之前補一“香”字。“牛[香]巡海衆”與“魚梵遶螭梁”是完全對應的。“牛香”如蕭旭先生所説,即牛頭香。“牛香”一詞文獻中經見,如宋遵式《天台智者大師齋忌禮讃文》:“玉指競鳴金殿響,牛香重發獸爐騰。”(《大正藏》T46/966c)宋胡宿《浮石寺》:“逢僧談《止觀》,數刻盡牛香。”寶香與梵音常常同現,用來描繪佛教寺院或道場中禮佛時的盛大場面,如 P. 3808《長興四年中興殿應聖節講經文》:“一聲絲竹,迎堯舜君暫出深宫;數隊幡花,引僧道衆高昇寶殿,……牛香苒惹,魚梵虚徐。”(《法藏》28/123b)S. 543V《課邑文》:“魚梵演逸,香氣滿空,尊儀絶然,聖凡同會。”(《英藏》2/40)S. 5637《國忌睿宗大聖皇帝忌六月廿日》:“厥今宏開玉殿,廣竪幢幡,鍾(鐘)梵盈場,香檀霧合者,誰之施作?”(《英藏》8/205a)胡适舊藏《降魔變文》:“琴箏懸在四隅頭,風吹萬道聲聊量(嘹亮)。亦有簫笛及箜篌,

① 周一良《魏晋南北朝史札記》“行香與行酒”條(472-473)、嚴耀中《從行香看禮制演變——兼析唐開成年間廢行香風波》對“行香”一詞的含義及行香禮制的演變論説較詳,可以參看。

銅跋(鈸)琵琶對方響。説法高坐寶莊嚴，爐焚牛頭香供養。九品隨願往來生，迦陵頻伽空裏颺。"皆其例。

總之，原文當録作"牛[香]巡海衆之前"。"牛[香]巡海衆之前，魚梵繞螭梁之後"是以互文的方式描述齋主禮佛祈願時道場的盛景。

六 詿

S. 8178《社齋文》："□(諸)仏見劫濁未清，苦輪而不息；法雖無得，緣則常慈，大聲隨類而必□□□□(告，一兩稱)物而皆洽。志(至)聖之作，豈詿也哉！"(《英藏》12/89a)

按：上段文字屬齋願文的號頭部分，類似文句也出現在 S. 4992《願文範本》、Дx. 141V《文範》中，可以對讀。"豈詿也哉"，S. 4992《願文範本》作"豈其者哉"，Дx. 141V《文範》作"豈其也哉"。"其"據文意當讀作"欺"，爲欺騙、欺妄之義。"至聖之作，豈其(欺)也哉"是總結前文，對佛法廣大無邊、普濟衆生的一種感歎。類似文句在敦煌齋願文中習見，如 P. 2857《建佛堂門樓文》："大哉旨(至)聖，情何以加！"(《法藏》19/144b) S. 2832《願文等範本》："此非至聖弘慈，安能若是?"(《英藏》4/247b)

句中"詿"字，寧可、郝春文(1997:587)録作"詿"。"詿"有欺騙之義，確實可與異文"其(欺)"對應，在詞義上可通，但與古人的用語習慣不合。我們認爲，"詿"應是"誣"之俗寫①。字形上，"巫"在文獻中常常寫作"坙"，又變作"丕""圣""𢀖""至"②，因此"誣"寫作"詿"也是很自然的。P. 4686p2V《書儀殘卷》："□□惡言誣謗□□"(《法藏》33/94a)其中"誣"作"誙"，與本卷字形相似。S. 5463《開蒙要訓》："勿忘(妄)誣謗。"(《英藏》7/114b)"誣"作"誙"。P. 3706《大佛名禮懺文》："誣謗君父，平(評)薄師長。"(《法藏》27/19a)又："强誣良善，憎嫉賢人。"(《法藏》27/24a)又："誣傍(謗)賢善，輕慢尊長。"(《法藏》27/25a)此三例"誣"皆作"誙"。《龍龕手鏡・言部第三》："誙誙：二俗。誙：通。誣：正。"可資參考。③ 詞義上，"誣"有欺騙、欺妄義，且"豈誣也哉"的表達在文獻中較爲習見，如南唐徐鉉《洪州奉新縣重建闓業觀碑銘》序："南方之强也，故沖氣之所萃，異人之所生，壇館之所宅，景福之所興，相乎域中，南楚爲盛。先聖之論，豈誣也哉?"即其例。

七 同

P. 3722V《遠忌文並邑文》："嘗聞天長地久，尚有傾倫(淪)；日月貞明，猶聞勃食④，況乎無常熾火，貴賤同炎；生死業同，賢愚等吹。至如深波大海，由(猶)變桑田；假合成身，安能長

① 本條觀點來自業師張小豔先生。

② 相關用例及"巫"與"坙""丕""圣""𢀖""至"等形之間的演變關係，詳見梁春勝《楷書部件演變研究》，線裝書局，2012 年，第 241-242 頁。

③ 已上五例皆匿名審稿專家提供，據以補充，並在此表示感謝。

④ "勃"，原卷作"勃"，係"勃"之俗寫。有關"勃食"詞義的考釋，詳參張小豔《敦煌社會經濟文獻詞語論考》"勃食"條，第 272-273 頁。

保？……至孝痛深同樹，悲貫蓼莪，終身之戀不追，滅性之悲何及。"(《法藏》27/172a)

按："生死業同"的"同"，寧可、郝春文(1997：593)、張小豔(2013：272)等録作"同"，字形頗切，但於文意不諧。愚以爲其字當爲"風"之俗寫。理由如下：

從文意看，"生死業同"費解，且與下句"賢愚等吹"不諧，應作"生死業風"。"業風"爲佛教術語，"業"即梵語 karman(羯磨)的意譯，指産生某種果報的行爲或作用力，是在因果輪回思想背景下産生的一個概念。"業風"是一種比喻，即把業的作用力比喻爲風。"生死業風"則指生死輪回的作用力就像風一樣。"無常熾火"和"生死業風"所在四句，把人世的生滅遷流比作火和風，無論貴賤賢愚，人人都要經歷，不可幸免。"業風"在敦煌齋願文中也習見，如BD. 17V《律師文》："豈謂業風罷扇，掩塵跡以冥真；愛火銷災，證灰身以永滅。"(《國圖》1/117)S. 5561《僧患文》："豈謂業風動性，水有逝流；狂(尪)疾纏身，力微難進。"(《英藏》8/24b)皆其例。

從寫本的書寫特點看，"風"寫得與"同"近似，在該卷中並非孤例。後句"至孝痛深同樹"的"同"，亦"風"之俗寫。"痛深風樹"與下句"悲貫蓼莪"均爲用典，常用於對亡親的悼念。"風樹"出自漢韓嬰《韓詩外傳》卷九"樹欲静而風不止，子欲養而親不待"一句，義即哀歎至親去世而不能盡孝。"蓼莪"源出《詩・小雅・蓼莪》篇。"痛深風樹"的表達在墓誌中較爲常見，如唐申諫臣《大唐故朝議郎行尚書都事上柱國夏侯府君(思泰)墓誌》："長子右衛兵曹參軍孚、次子左衛翊衛武舉及第兵部常選杲等，痛深風樹，悲纏陟岵。恐高岸爲谷，德音不留，蹠實爲誌，永傳不朽。"是其例。

徵引書目

《英藏敦煌文獻(漢文佛經以外部分)》(簡稱《英藏》)，四川人民出版社，1990-1995。

《法藏敦煌西域文獻》(簡稱《法藏》)，上海古籍出版社，1995-2005。

《俄藏敦煌文獻》(簡稱《俄藏》)，上海古籍出版社，1992-2001。

《國家圖書館藏敦煌遺書》(簡稱《國圖》)，北京圖書館出版社，2005-2012。

《上海博物館藏敦煌吐魯番文獻》(2 册)，上海古籍出版社，1993。

梁・蕭統《文選》，李善注，中華書局，1977。

唐・徐堅《初學記》，中華書局，2004。

唐・李百藥《北齊書》，中華書局，1972。

南唐・徐鉉著《徐鉉集校注》，李振中校注，中華書局，2016。

北宋・胡宿《文恭集》，中華書局，1985。

北宋・李昉等編《文苑英華》，中華書局，1966。

北宋・王欽若等編《册府元龜》，鳳凰出版社，2006。

遼・釋行均編《龍龕手鏡》，中華書局，1985。

清・董浩等編《全唐文》，中華書局，1983。

清・彭定求等編《全唐詩》，中華書局，1960。

睡虎地秦墓竹簡整理小組編《睡虎地秦墓竹簡》，文物出版社，1990。

故宫博物院編《故宫博物院藏歷代墓誌彙編》第 1 册，紫禁城出版社，2010。

楊年玉《三晋石刻大全・臨汾市永和縣卷》，三晉出版社，2015。

羅新、葉煒《新出魏晋南北朝墓誌疏證》，中華書局，2016。

參考文獻

[1]郝春文. 中古時期社邑研究[M]. 臺北:新文豐出版公司,2006.

[2]黑維强. 敦煌、吐魯番社會經濟文獻詞彙研究[M]. 北京:民族出版社,2010.

[3]黄征,吴偉. 敦煌願文集[M]. 長沙:嶽麓書院,1995.

[4]黄征,趙鑫曄.《敦煌願文集》校録訂補[J]. 敦煌學研究,2006(2):216-251.

[5]劉傳啓. 敦煌喪葬文書輯注[M]. 成都:巴蜀書社,2017.

[6]劉樂賢. 睡虎地秦簡日書研究[M]. 臺北:文津出版社,1994:210-211.

[7]梁春勝. 楷書部件演變研究[M]. 北京:綫裝書局,2012.

[8]寧可,郝春文. 敦煌社邑文書輯校[M]. 南京:江蘇古籍出版社,1997.

[9]唐耕耦,陸宏基編. 敦煌社會經濟文獻真蹟釋録[M]. 共5輯:第1輯,北京:書目文獻出版社,1986;第2至5輯,北京:全國圖書館文獻縮微複製中心,1990.

[10]蕭旭. 群書校補(續)——敦煌文獻校補(第七册)[M]. 新北:花木蘭文化出版社,2014.

[11]嚴耀中. 從行香看禮制演變——兼析唐開成年間廢行香風波[A]//嚴耀中主編. 論史傳經. 上海:上海古籍出版社,2004:149-163.

[12]張小豔. 敦煌社會經濟文獻詞語論考[M]. 上海:上海人民出版社,2013.

[13]周一良. 魏晉南北朝史札記(補訂本)[M]. 北京:中華書局,2015.

Differentiations and Explanations about the Words and Expressions in the Club Documents from Dunhuang

Yu Jian

Abstract: Based on the color photos released on the website of the International *Dun-Huang* Project and the former scholars' research, this paper make some new interpretations on the seven difficult words and expressions in the Club Documents from Dunhuang, such as *zhuiyou*(追遊), *yueshengyiri*(月生一日), *xingyeqifang* [illegible] *huazhengqiu*(行葉齊芳,[illegible]花争秀), etc. It has proved that *zhuiyou*(追遊) is *zhuizhu*(追逐)indeed; *yuezhongyiri*(月中一日) supposed to be *yueshengyiri*(月生一日), which is match to the fact of the club ceremonial funeral circular; [illegible] *huazhengqiu*([illegible]花争秀) should be *yihuazhengqiu*(意花争秀); *zunbeirenmei*(尊卑人美) is *zunbeiyimei*(尊卑乂美)instead; *niu* [illegible] *haizhong*(牛[illegible]海衆)is *niuxiangxunhaizhong*(牛[香]巡海衆) indeed; *qi* [illegible] *yezai*(豈[illegible]也哉) is *qiwuyezai*(豈誣也哉)indeed; *shengsiyetong*(生死業同) is *shengsiyefeng*(生死業風)indeed.

Key words: the Club Documents from Dunhuang, difficult words and expressions, differentiation and explanation

通信地址:上海市楊浦區邯鄲路220號復旦大學出土文獻與古文字研究中心
郵　　編:200433
E-mail:yujian9981@foxmail.com

編者的話

呈現在大家面前的，是我們《漢語史學報》第二十二輯。細心的讀者也許已經發現，較之以往各輯，本輯作者稍顯特殊，基本是由北京大學中文系蔣紹愚先生的弟子和我們漢語史研究中心的同事組成。這是因爲，本輯的編輯、出版，適逢尊敬的蔣紹愚先生八秩華誕，僅以此輯，爲先生壽。

蔣紹愚先生，當代著名的語言學家，在漢語歷史語法、詞彙研究等領域，著述豐碩，成就卓著，影響深遠。蔣先生 1940 年生於上海，祖籍浙江富陽。祖父蔣伯潛先生，是研究經學、文學、校讎目録學的大家，有《經學纂要》《十三經概論》《諸子通考》《校讎目録學纂要》等著作傳世。父親蔣祖怡先生，係原杭州大學中文系教授，兼副系主任，著名的文藝理論和中國文學批評史學家，撰有《論衡選》《王充卷》《文心雕龍論叢》等著作，也培養了一批優秀的人才，我校的韓泉欣教授、孫敏强教授等均出其門下。

家學淵源，耳濡目染，蔣紹愚先生 1957 年考入北京大學中文系，受業於王力、朱德熙、高名凱等學術名家，走上了學術道路。在漢語史研究領域開疆拓土，辛勤耕耘，在傳承與創新、理論與實踐結合上堪稱楷模。其代表性著作有《古漢語詞彙綱要》、《唐詩語言研究》、《近代漢語研究概況》(修訂後改名《近代漢語研究概要》)、《漢語詞彙語法史論文集》、《漢語詞彙語法史論文續集》、《漢語歷史詞彙學概要》等，澤被海内外。蔣先生年届耄耋，筆耕不輟，迄今仍活躍在漢語史研究的最前沿，新著叠出，令人敬佩。

蔣紹愚先生對浙大、對我們這些後學晚輩，一直傾全力扶持，關愛有加。2000 年，浙江大學漢語史研究中心入選教育部人文社科重點研究基地，按照教育部的建設要求，中心成立了學術委員會，有幸恭請蔣紹愚先生擔任學術委員會主任，延續至今。我們中心的諸多大事，都先徵求蔣先生的意見；基地的許多活動，如召開的學術會議，也都得到了蔣先生的大力支持，蔣先生每次都撥冗蒞會，從未缺席。蔣先生對基地工作的關懷指導、對後學的關心提攜，都是不遺餘力的，令人感動。2011 年春天，從 3 月到 5 月，蔣紹愚先生專程來到杭州，爲我們中心研究生系統講授“漢語歷史詞彙學”課，聽者不光是浙大的師生，杭城其他高校的師生也蜂擁而至，反響熱烈。大家一致認爲：在蔣先生的課上，無論是理論視野、研究方法，還是具體的論述、個案研究，都頗受啟發，獲益良多。

本輯採用了來稿、約稿相結合的方式[①]，組成了一個編委會，由蔣先生的高足楊榮祥、胡

---

① 需要提及的是：辛嶋静志教授大作《變、變相及變文之義》係提交 2016 年在杭州召開的“紀念蔣禮鴻先生誕辰 100 周年暨第九届中古漢語國際學術研討會”的論文(原稿用日文寫就，由裘雲青女士譯成漢語)，作者早就答應給我們學報，後因交流意外受阻，導致未能及時刊出。2019 年 7 月 23 日，辛嶋老師遽然辭世，學界震驚。蒙裘雲青老師首肯，盧鷺博士幫助整理，辛嶋老師此文才在本輯刊出。謹此説明，聊寄哀思，並向裘老師和盧鷺博士致謝。

敕瑞兩位教授和中心汪維輝兄、王雲路和我組成，共同承擔稿件的審讀工作。老師們的工作都很認真負責，很好地完成了審稿任務。在此，感謝惠賜大作的各位蔣門弟子、我們中心的各位老師！感謝幫助組稿、審稿的榮祥、敕瑞二兄，和維輝、雲路！謝謝本輯責編王誠副教授，謝謝編務劉芳同學！至於各篇文章的精彩之處，請讀者自己體會，限於篇幅，我就不在此贅言了。

方一新

2020年6月22日

圖書在版編目(CIP)數據

漢語史學報.第二十二輯 / 王雲路主編. — 上海:上海教育出版社,
2020.8
ISBN 978-7-5720-0002-7

Ⅰ.①漢… Ⅱ.①王… Ⅲ.①漢語史—叢刊 Ⅳ.①H1-09

中國版本圖書館CIP數據核字(2020)第099834號

責任編輯　徐川山
特約審讀　王瑞祥
封面設計　陸　弦
編　　務　王　誠　劉　芳

漢語史學報　第二十二輯
王雲路　主編

出版發行　上海教育出版社有限公司
官　　網　www.seph.com.cn
地　　址　上海市永福路123號
郵　　編　200031
印　　刷　上海葉大印務發展有限公司
開　　本　787×1092　1/16　印張 21　插頁 2
字　　數　470 千字
版　　次　2020年8月第1版
印　　次　2020年8月第1次印刷
書　　號　ISBN 978-7-5720-0002-7/H·0001
定　　價　98.00 元

如發現質量問題，讀者可向本社調换　電話：021-64377165